BAEDEKER

TOSKANA

www.baedeker.com

Verlag Karl Baedeker

Top-Reiseziele

Die Liste der Sehenswürdigkeiten in der Toskana ist lang. Ob Kulturstädte, idyllische Landschaften oder hübsche Badeorte – wir haben für Sie zusammengestellt, was Sie auf keinen Fall versäumen sollten.

❶ ✴✴ **Alpi Apuane**
Bieten eine abwechslungsreiche Vielfalt: Marmor, Berge, Wandern, Höhlentrekking, Meeresnähe.
Seite 152

❷ ✴✴ **Lucca**
Die ehemals reiche Seidenhändler-stadt ist eine Perle unter all den schönen toskanischen Städten.
Seite 297

❸ ✴✴ **Florenz**
Das touristische Highlight der Toskana schlechthin – hier lässt sich die Geschichte der Renaissance und des Humanismus mit Händen greifen.
Seite 230

❹ ✴✴ **Medici-Villen**
Prächtige Residenzen der wohl-habenden Familie rund um Florenz
Seite 281

❺ ✴✴ **La Verna**
Hier soll der hl. Franziskus die Wundmale Christi erhalten haben.
Seite 170

❻ ✴✴ **Pisa**
Jeder denkt sofort an den »Schie-fen Turm« – doch Pisa bietet weit mehr als den »Platz der Wunder«.
Seite 357

❼ ✴✴ **Chianti**
Weinregion und Kulturlandschaft
Seite 195

❽ ✴✴ **Arezzo**
Faszinierend: der Freskenzyklus von Piero della Francesca
Seite 156

❾ ✴✴ **San Gimignano**
Das »Manhattan der Toskana«
Seite 400

©BAEDEKER

Lust auf ...

...die tollsten Türme der Toskana, auf ungewöhnliche Museen, gute Ökoprodukte wie Bio-Weine oder Olivenöle, auf moderne Kunst zwischen all den Renaissance-Highlights, auf süße Köstlichkeiten oder Spa-Oasen, kurz: Ihr ganz persönliches Toskana-Erlebnis? Dann helfen vielleicht diese Anregungen.

AUSGEFALLENE MUSEEN

SPEZIELLE TÜRME

SÜSS UND BESONDERS

WELLNESS-HIGHLIGHTS

MODERNE KUNST

HINTERGRUND

PREISKATEGORIEN
Restaurants
(Preis für ein Hauptgericht)
€€€€ = über 25 €
€€€ = 18 – 25 €
€€ = 12 – 18 €
€ = bis 12 €
Hotels (Preis für ein DZ)
€€€€ = über 150 €
€€€ = 100 – 150 €
€€ = 70 – 100 €
€ = bis 70 €

Hinweis
Gebührenpflichtige Servicenummern sind mit einem Stern gekennzeichnet: *0180 …

ERLEBEN UND GENIESSEN

TOUREN

Immer gut besucht: die Piazza dei Miracoli in Pisa

REISEZIELE VON A BIS Z

Alltag in Lucca – radelnd durch die geschichtsträchtige Altstadt

PRAKTISCHE INFORMATIONEN

nachdenken • klimabewusst reisen
atmosfair

Der Dom von Siena mit seinem berühmten Fußbodenmosaik

HINTERGRUND

Wissenswertes über das Reiseziel im Herzen Italiens, über Land und Leute, Politik und Wirtschaft und über den Alltag in einer der schönsten und beliebtesten Ferienregionen Europas.

Fakten

Natur und Umwelt

Die Toskana ist eine alte Kulturlandschaft, deren heute so typische Zypressenalleen, Olivenhaine und Mohnfelder die einst hier beheimateten Pflanzen weitgehend ersetzten. Ursprünglich war die beliebte italienische Reiseregion von dichten Urwäldern bedeckt.

LANDSCHAFTEN

Die Toskana ist eine Landschaft in der Mitte Italiens sowie eine von 20 Regionen des Landes (Regione Toscana). Im Westen reicht sie bis an das Mittelmeer, im Norden und Osten grenzt sie an Ligurien, die Emilia-Romagna und die Marken, im Süden an Umbrien und das Latium.
Auch die sieben Inseln vor der Küste, im Toskanischen Archipel (Arcipelago Toscano), von denen Elba, Giglio und Capraia die größten sind, gehören zum Gebiet der Region.

Regione Toscana

Fällt der Name Toskana, dann denkt man an Olivenhaine, Weinberge und Zypressenalleen, die sich durch sanft gewelltes Hügelland schlängeln. Doch das Landschaftsbild der Region ist vielfältiger – und bei Weitem nicht immer so lieblich, wie es die Postkartenidyllen glauben machen.
Der überwiegende Teil der Region ist hügelig, der Nordwesten sogar gebirgig, der Südwesten dagegen, in der Maremma, an der Küste, eher flach und eine ehemalige Sumpflandschaft, heute zum Teil als Naturpark unter Schutz gestellt. Einem eher dicht besiedelten Gürtel im Norden, zwischen Pisa und Florenz, stehen vor allem im Süden schwach besiedelte Gebiete mit großen Ackerflächen, Wäldern und einsamen Gehöften gegenüber.

Landschaftsbild

Der Apennin, der ganz Italien kettenförmig durchzieht, bildet auch das **gebirgige »Rückgrat« der Toskana** und wird hier Toskanischer oder Etruskischer Apennin genannt. Die nördliche Toskana ist vom so genannten Nordapennin geprägt, der aus grauem Sandstein aufgebaut ist und knapp nördlich der Toskana im Monte Cimone (Emilia-Romagna) mit 2165 m seine größte Höhe erreicht. Dem Apennin südwestlich vorgelagert sind die Apuanischen Alpen, die mit schroffen, an Hochgebirge erinnernden Felsformen ebenfalls auf fast 2000 m Höhe ansteigen. Dieser steil aus der Küstenebene aufragende Gebirgszug ist berühmt für seine Marmorvorkommen, die u. a. in der Nähe von Carrara und Massa abgebaut werden.

Apennin und Apuanische Alpen

Rast in toskanischem Idyll

**Beckenland-
schaften und
Hügelland**

Zwischen Apennin und Küste bildeten sich im nördlichen und mittleren Teil der Toskana Becken, die wir heute als **Täler** wahrnehmen, so z. B. die Lunigiana, die Garfagnana, das Mugello, das Casentino und das Valdarno sowie das Val di Chiana. Ein völlig anderes Landschaftsbild zeigt die Toskana südlich des Arno. Trotz der teilweise beträchtlichen Höhe, die in den Colline Metallifere bis auf 1056 m reicht, entsteht hier nicht der Eindruck eines Gebirges. Keine zusammenhängenden Höhenzüge, sondern ein sanft gewelltes Hügelland, aus dem einzelne Berge herausragen, bestimmen das Bild dieser Gegend. Durch Bodenerosion sind die Hänge teilweise sehr steil, und es haben sich tiefe Schluchten und Erosionsrinnen gebildet, wie man sie z. B. bei Volterra oder an den so genannten Crete von Siena gut beobachten kann. Die Böden sind sehr fruchtbar und werden landwirtschaftlich intensiv genutzt. Die **höchste Erhebung** der Toskana ist mit 1738 m der Monte Amiata, ein erloschener Vulkankegel im äußersten Südosten der Region.

Küstenebene

Die Toskana hat eine rund 300 km lange Küstenlinie. Im Norden der Region ist die Küstenebene ein schmaler Streifen vor dem Hintergrund der Apuanischen Alpen, mit langen **Sandstränden** und einer gut ausgebauten touristischen Infrastruktur. Von der Mündung des Cecina-Flüsschens nach Süden bis nach Civitavecchia im Latium ist die Küstenebene unter dem Namen Maremma bekannt. Jahrhundertelang war diese sandige Ausgleichsküste wegen der Malariaverseuchung ihrer Sümpfe gefürchtet. Nachdem die Maremma während der Etruskerzeit schon einmal kultiviert und dicht besiedelt war, wurde sie ab dem 19. Jh. wieder nutzbar gemacht.

**Toskanische
Inseln**

Der **Toskanische Archipel** besteht aus sieben Hauptinseln und mehreren kleinen Inselchen, die der toskanischen Küste in jenem Bereich des Tyrrhenischen Meeres vorgelagert sind, der vom italienischen Festland im Osten und der zu Frankreich gehörenden Insel Korsika im Westen umschlossen wird. Das soziale und wirtschaftliche Leben des Archipels beschränkt sich weitgehend auf die vier Inseln Elba, Giglio, Giannutri und Capraia. Gorgona, das Standort einer italienischen Strafanstalt ist, kann nur mit einer Sondergenehmigung besucht werden. Zum Schutz von Flora und Fauna wurden bereits 1990 Teile des Toskanischen Archipels zum Nationalpark erklärt. Seit 1998 stehen die Inseln Montecristo (▶ Elba), Gorgona (▶ Livorno), Pianosa und Giannutri komplett unter Naturschutz, Capraia zu 85%, Elba zu 55% und Giglio zu 50%.

Flüsse

Die Toskana wird von mehreren Flüssen durchzogen, die ausnahmslos vom **Apennin** bzw. aus dem Hügelland dem **Mittelmeer** zuströmen. Neben dem Arno, der nördlich von Arezzo am Monte Falterona entspringt und als längster Fluss der Toskana über Florenz und Pisa

Typisch Toskana: Säulenzypressen, die eine Straße säumen

bis zum Meer fast 250 km zurücklegt, sind die wichtigsten Flüsse der Magra, der Serchio, die Cecina, der Ombrone und die Fiora. Typisch für alle Flüsse ist aufgrund der klimatischen Verhältnisse eine extrem unterschiedliche Wassermenge im Lauf des Jahres.

PFLANZEN

Die Toskana ist ein uralter Kulturraum, und dementsprechend weit zurückgedrängt sind die ursprünglich hier beheimateten Pflanzen und Tiere. Außerhalb der Städte und Fremdenverkehrszonen werden die meisten Flächen landwirtschaftlich genutzt, bestimmen Olivenhaine, Weinberge und Weizenfelder das Bild. Die drei charakteristischen Bäume der Region sind **Olivenbäume** mit ihren grün-silbrig glänzenden Blättern, schlanke, dunkelgrüne **Säulenzypressen** und **Pinien** mit schirmartigen Kronen.   **Kulturlandschaft**

Ursprünglich war die Toskana dicht bewaldet – je nach Höhenlage mit Eichen, Buchen und Tannen. Bereits im Altertum wurden diese Wälder jedoch weitgehend gerodet. Im Gebirge entstanden   **Macchia** durch die nachfolgende Abspülung der Humusdecke an vielen Stellen kahle Felsoberflächen ohne größeren Pflanzenwuchs, in den Hügel- und Beckenlandschaften des Gebirgsvorlandes bildete sich auf den nicht agrarisch genutzten Flächen die Macchia aus: immergrüne, niedrige Büsche mit kleinen, oft ledrigen Blättern als Verdunstungsschutz, die oft ein undurchdringliches Dickicht bilden und häufig Dornen tragen. Ebenso wie die in höheren Lagen anzutreffende mediterrane Heide gehört die Macchia zu den landschaftsprägenden Vegetationsformen der Toskana. Im Frühling verwandelt sie sich in ein farbenprächtiges Blütenmeer. Zahlreiche Arten enthalten **aromatische Harze und ätherische Öle**, die einen intensiven Duft verströmen. Dominante Pflanzen der Macchia sind Erika-Arten, Ginster, Lorbeer, Salbei, Erdbeerbaum (Arbutus), Wacholder, Zistrosen, Myrten, Mastixsträucher, Pistazien und Brombeeren.

Wälder Seit Beginn des 20. Jh.s, verstärkt seit Ende des Zweiten Weltkriegs, wird auch in der Toskana aufgeforstet. Heute beträgt der Anteil des Waldes an der Gesamtfläche wieder rund 37 %, sodass die Toskana zu den waldreichsten Regionen Italiens gehört. Schwerpunkte der **Aufforstungsprogramme** waren der Apennin und die anderen Gebirgslandschaften, wo sich heute wieder Buchen-, Ahorn-, Eschen-, Tannen-, Fichten- und Lärchenwälder ausdehnen. Bis ungefähr 900 m Höhe sind auch Esskastanien recht häufig zu finden. In den Küstenebenen der Toskana wurden Pinien, Kiefern, Schwarz- und Weißpappeln sowie örtlich auch Eukalyptusbäume gepflanzt. Im südlich gelegenen Küsten- und Hügelland findet man bisweilen auch Korkeichen.

TIERE

Die natürliche Tierwelt ist in der Toskana noch stärker als die Pflanzenwelt zurückgedrängt worden. So sind von den einst reichen Wildbeständen – Reh- und Rotwild, Wildschweine, Hasen – nur noch in relativ unzugänglichen Gebirgslagen nennenswerte Bestände übrig geblieben. Nicht nur die dichte Besiedlung sowie intensive wirtschaftliche Nutzung und das Verschwinden der ursprünglichen Waldformationen haben die frei lebenden Wildbestände erheblich reduziert, sondern auch Luft- und Gewässerverschmutzung sowie nicht zuletzt die als Volkssport betriebene Jagd, der alljährlich viele Vögel zum Opfer fallen. Etwa 30 000 der **weißen, langhornigen Rinder** leben in Herden in der Maremma, wo sie von berittenen Viehhirten (Butteri) gehütet werden. Auch die **Maremma-Pferde** der Butteri sind perfekt an das Klima in der Maremma angepasst.

Bevölkerung · Wirtschaft · Politik

Die Regione Toscana ist Italiens fünftgrößte Region, sie besitzt seit 1970 einen teilautonomen Status. Seit 1992 ist sie in zehn Provinzen unterteilt.

Mit einer Bevölkerungsdichte von 162 Einwohnern / km² liegt die Toskana deutlich unter dem italienischen Durchschnitt (199 Einw./km²). Doch innerhalb der Region gibt es große Unterschiede. In den **dicht besiedelten Küstengebieten** der Versilia und östlich davon, in den Großstadtregionen im Norden der Toskana, die zusammen etwa 20 % der Fläche ausmachen, leben rund 70 % der Bevölkerung. Das Hügelland der südlichen Toskana, vor allem die Provinzen Siena und Grosseto, sowie die Gebiete in den **Apenninen** sind dagegen sehr **dünn besiedelt**. Vor allem hier ging – wie in der gesamten Toskana – die Bevölkerungszahl in den letzten Jahrzehnten zurück. Einen gewissen Ausgleich bieten die Zuwanderer aus anderen Teilen Italiens und aus dem europäischen Ausland.

Bevölkerung

Von der Siedlungsstruktur her ist eine deutliche Zweiteilung in traditionell städtische und ländliche Gebiete noch heute ausgeprägt. Einerseits bestehen in den historischen Städten wie Florenz, Pisa

Städte, Dörfer und Fattorien

In Carrara haben Anarchismus und Kommunismus eine lange Tradition: zwei Genossen einer der zahlreichen Brigate Garibaldi.

Willkommen im Alltag

Wer die Toskana nicht nur als Tourist erleben und ganz normale Leute treffen möchte, ist mit diesen Angeboten auf dem besten Weg.

SPRACHKURSE MIT DEM QUENTCHEN MEHR …

Das Kulturzentrum C.C.I.C. »Piero della Francesca« in der Altstadt von Poppi verbindet in idealer Weise Sprach- mit Kulturerwerb. Es bietet Hotel- und Agriturismo-Übernachtungen, außerdem Wohnen bei italienischen Familien, dazu Kurse zum Leben von Piero della Francesca, Dante Alighieri, Koch- und Gourmetkurse, Schwerpunktkurse zur italienischen Oper und sogar Steinmetzkurse samt Exkursionen ins Casentino an.
Piazza Amerighi 1, Poppi,
Tel. 05 75 52 97 74, www.parlital.it/
deutsch/sprachschule.html

WOHNUNGSTAUSCH – B & B IN PRIVATHAUSHALTEN

Einen Einblick in den Alltag ermöglichen Aufenthalte bei Privatpersonen, wie sie z. B. B & B Italia in großer Auswahl anbietet – die unterschiedlichsten Kriterien werden berücksichtigt: Alter, Familie oder alleinstehend etc. Eine andere Möglichkeit sind Wohnungstausch oder die Aufnahme von Gästen aus der Toskana in der eigenen Wohnung. Im Gegenzug sind dann oft Aufenthalte bei Familien in der Toskana, allerdings nicht immer kostenfrei, möglich.
B&B Italia, www.bbitalia.it
Wohnungstausch z.B. www.airbnb.de

NATUR GEMEINSAM ERLEBEN

Engagierte Einheimische leiten Touren im Nationalpark des toskanischen Insel-Archipels (► Elba) oder im Parco Naturale della Maremma, dort z. B. Paolo Fanciulli (»Il pescatore«) in Talamone oder Naturalmente Toscana in Alberese.
www.paoloilpescatore.it
www.naturalmentetoscana.it

ARCHÄOLOGISCHE GRABUNGEN

Interessierte – nicht nur Studenten – können an Feldgrabungen teilnehmen, die zudem ausgesprochen interessante Exkursionen und Themenvorträge beinhalten. Die Teilnahme an verschiedenen Grabungen organisiert unter anderem die Universität Florenz in Kooperation mit CAMNES (Center for Mediteranean and Near Eastern Studies) und dem Institut Lorenzo de' Medici. Weitere Informationen geben auch die unten genannten Websites.

CAMNES, Via del Giglio 15, Florenz, Tel. 05 52 39 92 57, www.camnes.org
www.archeotoscana.beniculturali.it
www.archeoempoli.it/scavi.htm

ARBEITSWELT IN INDUSTRIE UND ÖKOBETRIEBEN

Viele Produktionsstätten sind attraktive Ziele. Dazu gehört auch die Pastafabrik Martelli in Lari bei Pisa, die man besichtigen kann. Auch viele Olivenbauern und Weingüter bieten Besichtigungen an, Letztere meist mit Weinprobe – was nicht immer ein kostengünstiges Vergnügen ist. In einigen Betrieben, wie dem Ökogut La Selva, gibt es gute Jobs für Praktikanten oder Wwoofer, die gegen freie Kost und Logis von Mai bis Oktober auf den Feldern und bei der Ernte helfen, ohne dass die Ferienfreuden am nur 3 km entfernten Meer zu kurz kommen. WWOOF Deutschland informiert über weitere Möglichkeiten, Ökoprojekte und Ökolandbau in der Toskana kennenzulernen.

Pastafabrik Martelli: www.martelli.info
La Selva: www.laselva-bio.eu
WWOOF Deutschland: www.wwoof.de

PISA INDIVIDUELL

Explizit individuelle, fachlich immer hochqualifizierte Führungen auf Italienisch, Deutsch oder Englisch bietet die Kooperative Pisatour; hier kann man Pisa – auch über kunsthistorische Details hinaus – in interessanten persönlichen Begegnungen kennenlernen.

www.pisatour.it

Die Toskana auf einen Blick

Lage:
In der Mitte Italiens

Fläche:
22 994 km²

Einwohner:
3,75 Mio.
Im Vergleich:
Rom: 2,84 Mio.
Berlin: 3,52 Mio.
Bayern: 12,84 Mio.

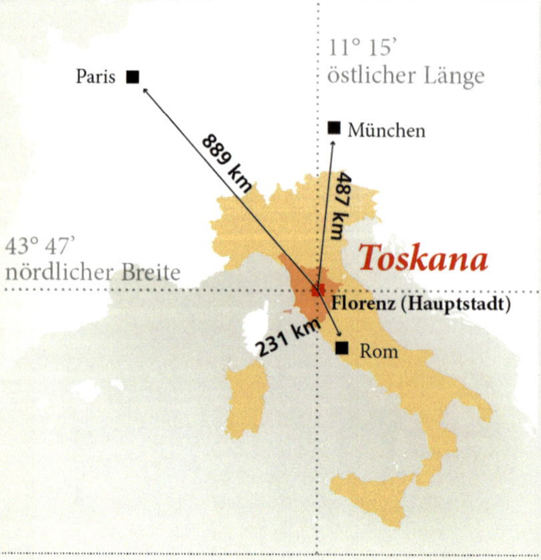

Paris ■

11° 15'
östlicher Länge

■ München

889 km

487 km

43° 47'
nördlicher Breite

Toskana

Florenz (Hauptstadt)

231 km

■ Rom

▶ Regione Toscana

Die Toskana ist eine der 20 Regionen Italiens. Sie gliedert sich in neun Provinzen und die Metropolitanstadt Florenz.

Hauptstadt:
Florenz (Firenze)

A: Arezzo
B: Firenze
C: Grosseto
D: Livorno
E: Lucca
F: Massa-Carrara
G: Pisa
H: Pistoia
I: Prato
K: Siena

F

Carrara
Massa

E

H

I

Viareggio

Lucca

Pisa

Florenz (Hauptstadt)

B

Livorno

A

G

San Gimignano

Siena

K

D

Messa
Marittima

Montalcino

Montepulciano

Portoferraio

C

▶ Wichtigste Exportbranchen

Maschinenindustrie, Bauwesen, landwirtschaftliche Erzeugnisse, Chemie, Bekleidungsindustrie, Papierherstellung

▶ Wirtschaft

Pro-Kopf-Einkommen:
ca. 27 500 Euro
Maximum: Prov. Florenz
33 750 Euro
Minimum: Prov. Massa-Carrara
22 750 Euro

Beschäftigungsstruktur:

Dienstleistungen

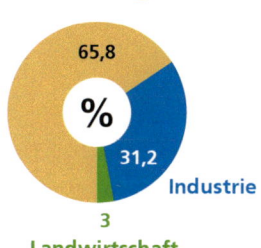

65,8
%
31,2
Industrie
3
Landwirtschaft

Arbeitslosenrate: **8,5 %**

Jugendarbeitslosigkeit
Mittelitalien (15-24 J.) **35,7%**

▶ Das Wetter

Durchschnittstemperaturen

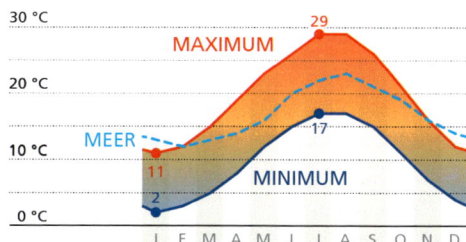

Niederschlag

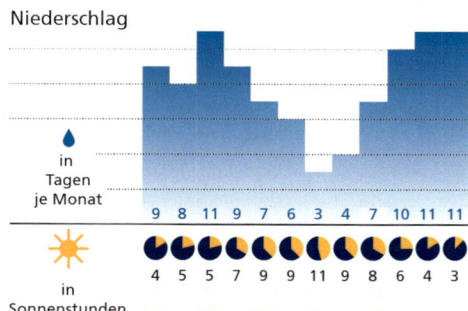

▶ Palio di Siena – das härteste Pferderennen der Welt

Auf der Piazza del Campo findet zwei Mal im Jahr das härteste Pferderennen der Welt statt. Die 17 Contrade repräsentieren die Stadtteile Sienas und treten gegeneinander an. Die Grafik zeigt die Siege der Contrade von 1900 bis 2015.

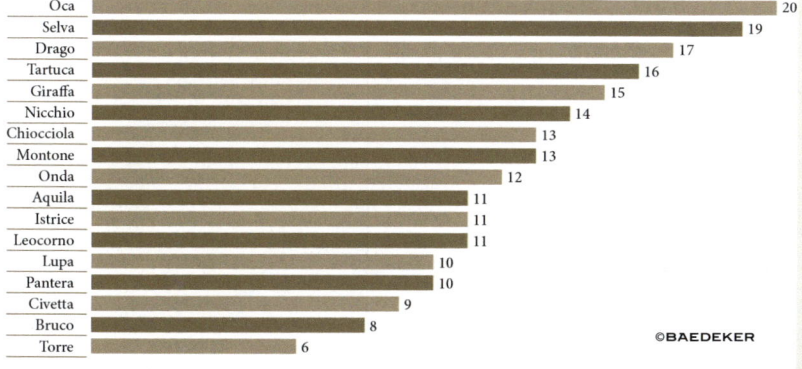

Contrada	Siege
Oca	20
Selva	19
Drago	17
Tartuca	16
Giraffa	15
Nicchio	14
Chiocciola	13
Montone	13
Onda	12
Aquila	11
Istrice	11
Leocorno	11
Lupa	10
Pantera	10
Civetta	9
Bruco	8
Torre	6

©BAEDEKER

oder Lucca eine über viele Jahrhunderte gewachsene Stadtkultur und städtische Lebensweise, andererseits gibt es in den Tälern und in den abgelegenen Hügellandschaften eine typisch ländliche Siedlungsstruktur mit Dörfern und vielen Einzelgehöften, die inmitten ihrer Felder liegen. Die Verbindung zwischen städtischer und ländlicher Siedlungs- und Lebensweise stellten früher die Villen der städtischen Großgrundbesitzer dar, die meist nur im Sommer oder zur Jagd bewohnt wurden. Sie waren Teil der **»Fattoria«**, des Gutshofes, während das Land im Zuge der **»Mezzadria«** (Halbpacht) an Bauern vergeben war, die in Einzelhöfen (Case Coloniche) inmitten des bewirtschafteten Landes siedelten. Zwar wurde das Mezzadria-System inzwischen aufgehoben und die bäuerliche Bevölkerung ist durch Abwanderung vom Land stark reduziert worden, doch bis heute prägt diese Siedlungsstruktur vor allem den Süden der Toskana. Inzwischen werden viele Fattorien als Ferienhäuser oder Zweitwohnsitze genutzt.

WIRTSCHAFT

Wirtschafts-struktur Die Toskana liegt ebenso wie das benachbarte Umbrien an der Schnittstelle zwischen dem wohlhabenden industrialisierten Norden Italiens und dem ärmeren Süden, dem Mezzogiorno. Auch innerhalb der Toskana gibt es ein **Gefälle** zwischen dem Norden mit den großen, wirtschaftlich bedeutenden Städten und dem dünn besiedelten Süden. Insgesamt besitzt die Region eine sehr vielseitige Wirtschaft. Wie überall ist der Anteil der Erwerbstätigen, die in der Landwirtschaft beschäftigt sind, stark rückläufig und liegt zurzeit bei unter 2 %. Rund 24 % arbeiten in Industrie oder Handwerk, mehr als 63 % im Dienstleistungssektor. Nicht nur politisch, auch wirtschaftlich kommt Florenz, der Hauptstadt der Toskana, als Handels- und Messeort, Sitz großer Verlage sowie eines herausragenden Wissenschaftszentrums eine besondere Bedeutung zu.

Landwirt-schaft Die Landwirtschaft ist nach wie vor der Wirtschaftsfaktor, der am stärksten das Gesicht der Region prägt. Jahrhundertelang herrschte in der Agrarstruktur die »Mezzadria« vor, die Halbpacht, bei der das Land städtischen Großgrundbesitzern gehörte, die es bei Übernahme der Hälfte der Kosten (z. B. für Saatgut) gegen die Ablieferung der Hälfte der Ernte sowie Erbringung sonstiger Dienstleistungen an Pächter vergaben. Die typische Bewirtschaftungsform war eine Mischkultur von Getreide, Wein und Oliven- oder Obstbäumen. Diese ist heute weitgehend verschwunden. Durch Auflösung der Pachtverhältnisse alter Art und Aufgabe vieler Klein- und Nebenerwerbsbetriebe kam es zur Bildung moderner Mittel- bis Großbetriebe mit starker Spezialisierung. Die Hauptanbauprodukte in der Tos-

Oliven sind neben Wein die wichtigsten Anbauprodukte.

kana sind Getreide, Zuckerrüben, Oliven, Wein (z. B. im bekannten Chianti-Hügelland zwischen Florenz und Siena), Obst, Gemüse und Sonnenblumen. Probleme bereitet den Betrieben auch hier die EU-weite Überproduktion, z. B. bei Wein und Zucker. Die Viehzucht (Rinder, Schweine) spielt nur eine untergeordnete Rolle, ebenso der Fischfang, der vor allem auf den Hafen Livorno konzentriert ist.

Die Gewinnung von Metallerzen, Marmor und Ton blickt in der Toskana auf eine lange Tradition zurück. Eisen-, Kupfer-, Blei-, Zink- und andere Erze (Quecksilber, Antimon) wurden seit der Antike und dem Mittelalter in den **Colline Metallifere**, auf Elba und am Monte Amiata abgebaut. Inzwischen sind sowohl der Bergbau als auch die Erzverhüttung eingestellt worden. Mangan- und Pyritabbau werden noch betrieben. Wichtig sind dagegen nach wie vor die Marmorbrüche bei Carrara und Massa in den Apuanischen Alpen und die angeschlossenen Verarbeitungsbetriebe. Der Abbau des weltberühmten weißen Marmors geht bis auf die Antike zurück, kämpft heute aber hart gegen ausländische Konkurrenz (▶ Baedeker Wissen S. 186 ff.). Ganz erheblich zurückgegangen ist ferner der Braunkohlenabbau am Ombrone. Die geothermische Energie der Colline Metallifere wird zunehmend genutzt und bei Larderello in einem großen Kraftwerk verstromt. **Bergbau**

Eine vielfältige Industrie entwickelte sich auf der Basis von Agrarprodukten. Hierzu gehören insbesondere Zucker-, Speiseöl-, Leder- und Schuhfabriken sowie Keltereibetriebe, aber auch die Holz verarbeitende Industrie einschließlich Möbel- und Papierfabriken am Rande der bewaldeten Gebirge. Auch die Textilverarbeitung hat eine lange **Industrie**

Tradition – die Toskana ist bis heute eines der Zentren der italienischen **Textil- und Bekleidungsindustrie**, die vor allem aus Klein- und Mittelbetrieben besteht und schwerpunktmäßig um Florenz, vor allem aber um Prato angesiedelt ist. Da in Prato nach dem Zweiten Weltkrieg aus Altkleidern neue Textilien hergestellt wurden, erhielt die Stadt den wenig schmeichelhaften Beinamen »Lumpenmetropole«. Heute indes ist sie weiterhin führend in der Herstellung feinster Stoffe in Handwerksbetrieben. Massenproduktion und individuelle Fertigung gibt es auch in der traditionsreichen **Glas- und Keramikindustrie** im Elsa-Tal bei Siena sowie in der Gold- und Silberschmuckbearbeitung in Arezzo. Die Investitionsgüterindustrie, vor allem Maschinen- und Fahrzeugbau, hat ihre Standorte hauptsächlich in dem Industriegürtel, der sich von Pistoia über Prato und Florenz sowie arnoabwärts über Pondedera bis zur Küste bei Livorno zieht.

Die Toskana rangiert nach Emilia-Romagna, Lombardei und Latium **Tourismus** an vierter Stelle der italienischen Urlaubsregionen. Jährlich werden 40 Mio. Ankünfte gezählt, davon ca. 21 Mio. mit Übernachtung. Italienische (21 Mio.) und ausländische Besucher (19 Mio.) halten sich in etwa die Waage. Florenz zählt jährlich ca. 7,5 Mio. Besucher. 40 % der Einnahmen aus dem Tourismus generieren die Strände der Versilia rund um Viareggio, gefolgt vom Städte- und Kulturtourismus. Einen Aufschwung erleben Thermalbäder und Aktivtourismus (Rad, Wandern, Golf etc.). Bedeutendste Wachstumsquelle beim Aufbruch Italiens ins 21. Jh. ist die Kulturwirtschaft mit einem landesweit jährlichen Plus von 3,0 % (sonstige Ökonomie: + 0,3 %). Führend ist die Toskana, die 2010 5,4 % des BIP in diesem Sektor erzielte. Italienweit die Nummer 1 in Sachen kreativer Kulturwirtschaft ist überraschend **Arezzo**. Schlaue Köpfe schaffen hier mit attraktiven Kulturangeboten 8,5 % der Einnahmen und 10 % der Arbeitsplätze. **Pisa** liegt italienweit auf Platz 5: Im Schatten des schiefen Turms werden jährlich auch dank des Tourismus 800 Mio. € mit Kulturaktivitäten erzielt, die 8,8 % der Arbeitsplätze sichern. **Florenz** rangiert italienweit auf Rang 9, insgesamt dürfte hier die Kulturwirtschaft ca. 29 % der Einnahmen aus dem Tourismus miterwirtschaftet haben (alle Zahlen: 2010/2011).

Schon in den Fünfzigerjahren hatten die weit gereisten Urlauber ihren Fotospaß mit dem »Schiefen Turm« in Pisa.

Wurzeln der städtischen Kultur

Wenn man von einer italienischen Region behaupten kann, dass hier die städtische Kultur ihre Wurzeln hat, dann ist dies vermutlich die Toskana. Auf die autonomen Etruskerstädte folgten die mittelalterlichen Stadtherrschaften, deren architektonisches Erbe bis heute das Bild der Toskana bestimmt.

VOR- UND FRÜHGESCHICHTE

Die frühesten archäologischen Funde stammen aus der Steinzeit, Überreste von einfachen Steinwerkzeugen und Knochen aus dem Paläolithikum, die in der Nähe von Arezzo und in den Apuanischen Alpen entdeckt wurden. In der Bronzezeit entwickelt sich unter den **ersten sesshaften Bewohnern der Toskana** eine eigenständige Kultur, die so genannte Belvedere-Cetona-Kultur. Auf dem namensgebenden Monte Cetona bei Chiusi fand man die Reste eines Dorfes aus der jüngeren Bronzezeit (1700 bis 1000 v. Chr.).

Früheste Zeugnisse

Zwischen 1000 und 800 v. Chr. vollzieht sich der Wandel zur früheisenzeitlichen Kultur, die im 8. Jh. v. Chr. ihren Höhepunkt erreicht. Benannt wurde diese in Nord- und Mittelitalien verbreitete Zivilisation nach dem Hauptfundort Villanova bei Bologna. Die letzte Phase der Villanova-Zivilisation fällt mit der frühesten Stufe der etruskischen Kultur zusammen, die sich in der Folgezeit zur ersten Hochkultur Italiens entwickeln sollte.

Villanova-Kultur

ETRUSKER

9. Jh. v. Chr.	Etrusker erscheinen auf der Apenninenhalbinsel.
ab dem 6. Jh. v. Chr.	Die Etrusker gründen Stadtstaaten auf dem Gebiet der heutigen Toskana und des Latium.
Ende 5. Jh. v. Chr.	Griechen beenden die Seeherrschaft der Etrusker.
3. Jh. v. Chr.	Untergang des Etruskerreiches

Die ersten namentlich bekannten Bewohner des toskanischen Kernlandes sind die Etrusker. Die Griechen, mit denen eine Verwandtschaft am ehesten zu vermuten ist, nennen sie Tyrrhenoi, während sie bei ihren römischen Nachbarn Tusci bzw. Etrusci heißen. Sie selbst bezeichnen sich als Rasenna. Obwohl weit über 10 000 In-

Wer waren die Etrusker?

Heute undenkbar: die Piazza della Signoria in Florenz, als sie noch für den Verkehr frei war

schriften aus dem etruskischen Zeitalter bekannt sind, bleibt ihre Herkunft ein Rätsel. Eine auf der Insel Lemnos entdeckte Inschrift zeigt dem Etruskischen ähnelnde Schriftzeichen, sogar Einflüsse aus Sardinien werden geprüft. Vermutlich mischte sich die Villanova-Zivilisation mit Kolonisatoren aus dem östlichen Mittelmeerraum.

Siedlungs-gebiet
Woher auch immer die Etrusker kamen, sie bemächtigten sich nicht mit kriegerischen Mitteln ihrer Siedlungsgebiete. Im 9. Jh. bewohnen sie nachweislich das Küstengebiet um die heutigen Städtchen Cerveteri und Tarquinia, ab dem 6. Jh. erstreckt sich Etrurien dann nach Norden bis in die Po-Ebene und bald darauf in den Süden bis nach Kampanien.

Loser Städtebund
Die Mehrheit des Volkes besteht aus Bauern, leibeigenen Pächtern oder Sklaven; an ihrer Spitze steht die Land besitzende Aristokratie. Die Etrusker verfolgen keinen Staatsgedanken, sondern errichten einen losen Städteverbund, in dem jede größere Stadt (sowie das dazugehörige Umland) eigenen politischen Zielen nachgeht. Die übergeordnete Organisationsform bildet der **Zwölfstädtebund**. Sechs dieser wichtigsten Etrusker-Städte (Lukumonien) liegen auf dem Gebiet der heutigen Toskana: Arezzo, Chiusi, Cortona, Rusellae (Roselle), Populonia und Volterra. Das religiös-kultische Zentrum des Städtebundes befindet sich im heiligen Fanum Voltumnae (Voltumnahain) bei Bolsena, wo sich die abgeordneten Stadtoberhäupter einmal jährlich beraten. Das Etruskerland ist dicht besiedelt, Volterra hat beispielsweise mehr als 50 000 Einwohner.

Handels-beziehungen
Macht und Reichtum verdanken die Etrusker vor allem ihren Bearbeitungskünsten von Eisen, Kupfer und silberhaltigem Blei. Ihr **Bergbau** konzentriert sich weitgehend auf Elba, dem etruskischen Ilva (= Eisen) und das Küstengebiet um Populonia. Die Metallerzeugnisse der Etrusker genießen in der antiken Welt ein hohes Ansehen, die Handelsbeziehungen sind weitreichend. Auf dem Landweg dringen sie bis nach Nordeuropa vor, und von ihren Heimathäfen verfrachten sie die kostbare Handelsware über das gesamte Mittelmeer bis nach Iberien, Gallien, Karthago und in den Vorderen Orient. Handelspolitische Auseinandersetzungen bleiben daher nicht aus. Nach dem Sieg über die Griechen um 540 v. Chr. in der Seeschlacht bei Alalia (Korsika) erringen die Etrusker die Vorherrschaft über das Tyrrhenische Meer.

Römische Invasion
Im 5. Jh. v. Chr. verlieren die Etrusker wichtige Seeschlachten gegen die rivalisierenden Griechen und Phönizier, und mit der Vorherrschaft im Tyrrhenischen Meer ist es längst vorbei, als die Römer 396 v. Chr. die erste Etruskerstadt Veji erobern. Der etruskische Städtebund gerät nach und nach unter den Einfluss des expandierenden

Römischen Reiches. Die fehlende Solidarität der etruskischen Stadtstaaten untereinander begünstigt die römische Invasion. Etrurien
wird jedoch Autonomie gewährt, und es darf das Metallgewerbe zu-
gunsten Roms fortsetzen. Erst als der Widerstand wächst und Etrurien der antirömischen Koalition beitritt, zeigt Rom seine Zähne. Die
Samnitenkriege von 343 bis 290 v. Chr. führen zum **Zusammenbruch der etruskischen Stadtstaaten**, und das besiegte Etrurien
wird zum unglücklichen Bundesgenossen Roms.

RÖMER

3. Jh. v. Chr.	Die Römer dringen in das Gebiet der Etrusker vor.
ab 88 v. Chr.	Römisches Bürgerrecht für die Bewohner Etruriens
297 n. Chr.	Etrurien wird zusammen mit Umbrien V. Region des Römischen Reiches.

Im 3. Jahrhundert v. Chr. verlieren die Etruskerstädte ihre Autonomie an die Römer. Im Gegensatz zu den Etruskern gehen diese daran, Mittelitalien flächendeckend zu unterwerfen. Um die nötige
Infrastruktur dafür zu schaffen, werden als Erstes **Militärstütz-
punkte, Brücken und Straßen** gebaut. Die 241 v. Chr. begonnene

Militärstütz-
punkte,
Tempel und
Thermen

**Steine mit Geschichte: die Römerstraße in der Etruskernekropole
Roselle (Rusellae)**

Via Aurelia verläuft entlang der tyrrhenischen Küste nach Pisa; die Via Cassia führt über Bolsena, Chiusi und Arezzo nach Fiesole; andere Heeresstraßen kommen hinzu. Einige Städte, insbesondere Volterra, Arezzo und Fiesole, erleben eine neue Blüte. Sie erhalten römische **Tempel, Theater, Thermen und Aquädukte**. Als Bundesgenosse leidet das römische Etrurien unter den Kriegen seiner Besatzer gegen Karthago, Gallien und die Diadochenreiche des Ostens. Der Bündnisbeitrag in Form von Soldaten und Finanzen ist beträchtlich. In der legendären Schlacht gegen Hannibal am Trasimenischen See (217 v. Chr.) schöpfen die Zwangsverbündeten und Feinde Roms neue Hoffnung, denn die Karthager schlagen die Römer vernichtend. Dennoch ist ihnen kein endgültiger Sieg vergönnt.

Wirtschaftlicher Niedergang Im 2. Jahrhundert v. Chr. zeigen sich erste Anzeichen eines wirtschaftlichen Niedergangs in Etrurien. Getreideimporte aus den römischen Kolonien führen zur Verödung weiter Agrargebiete und haben eine starke Landflucht zur Folge. Der Bergbau, der lange Zeit den Reichtum der Region ausmachte, stagniert. Die Küstenregion versumpft und die Malaria breitet sich aus. Nach den letzten Bundesgenossenkriegen von 91 bis 88 v. Chr. erhält Etrurien das römische Bürgerrecht. Die politische Gleichstellung, die damit verbunden ist, bedeutet aber auch das endgültige Aus jeglicher Eigenständigkeit.

Die Landflucht in Etrurien verstärkt sich drastisch. Mit dem neuen Bürgerrecht ausgestattet, zieht es Abertausende in die stetig wachsende Hauptstadt des Römischen Imperiums. Erst Octavian, seit 27 v. Chr. Augustus genannt, versucht mit einer Landreform und administrativen Maßnahmen den Verfall Etruriens aufzuhalten, der auch die Städte zu ergreifen droht. Etruria wird zur VII. Region, zusammen mit den nördlichen Gebieten des Latiums, aber die Gesamtlage verbessert sich nur geringfügig.

3. Jh. n. Chr. Region Tuscia In der Spätantike zieht Kaiser Diokletian die Grenzen seines Reiches neu. Im Jahr 297 n. Chr. wird das alte Etrurien zusammen mit Umbrien zur V. Region des Römischen Reiches erklärt und erhält den Namen Tuscia – die Bezeichnung »Toscana« kommt erst im 13. Jh. auf. Ökonomisch ist die Region durch massive Getreideimporte aus Ägypten und Sizilien fast ruiniert. Auch die Erzgewinnung und -verarbeitung haben kaum noch Bedeutung.

Untergang des Weströmischen Reichs Mit dem Untergang des Weströmischen Reiches – offiziell im Jahre 476 – erlischt auch das städtische Leben der Region Tuscia nahezu vollständig. Von der Vorherrschaft der Römer zeugen bald nur noch die Ruinen ihrer großartigen Tempel, Amphitheater, Thermenanlagen und Aquädukte.

MITTELALTER

6. Jh.	Langobardisches Herzogtum Tuscia
8. / 9. Jh.	Die Franken erobern das Langobardenreich und machen Tuscia zur Markgrafschaft.
12. / 13. Jh.	Städte blühen wirtschaftlich auf und werden politisch autonom; Konflikte zwischen Guelfen und Ghibellinen.
14. Jh.	Florenz entwickelt sich zu einem Zentrum der Geldwirtschaft.

Das Ende des Weströmischen Reiches hinterlässt ein Machtvakuum, in das zunächst die Völkerwanderungsstämme stoßen, die auf der Suche nach neuem Siedlungsgebiet sind. Mit den Langobarden, die ab 568 unter Alboin nach Norditalien kommen, brechen erstmals wieder bessere Zeiten an. Als agrarisch orientiertes Volk intensivieren sie die **Landwirtschaft** erneut und übernehmen die römischen Verwaltungsstrukturen. Hauptstadt des langobardischen Herzogtums Tuscia wird Lucca. Etwa zwei Jahrhunderte dauert die friedliche Langobardenherrschaft. Sie bringt Händler, Pilger und Handwerker ins Land. **Langobardenzeit**

Karl der Große dehnt das Frankenreich gegen Ende des 8. Jh.s nach Nord- und Mittelitalien aus und unterwirft die Langobarden. In Rom lässt er sich 800 zum römischen Kaiser krönen und übernimmt auch die Schutzherrschaft über den Kirchenstaat. Zur Sicherung der Reichsgrenzen wird Tuscia Markgrafschaft. In Lucca und San Miniato residieren fortan fränkische Markgrafen. Seit dem 10. Jh. versuchen die römisch-deutschen Kaiser ihre politische Macht in Norditalien zu stärken und bedienen sich dabei vor allem der Bischöfe, die sie für reichspolitische Zwecke einsetzen. Daneben erstarkt die **Markgrafschaft Tuscia**, die seit dem 11. Jh. im Besitz der Canossa ist. Besonders die Markgräfin Mathilde von Tuscia versteht es, ihren Landbesitz zu mehren und machtpolitisch zu nutzen. Auf der Burg von Canossa vermittelt sie 1077 während des Investiturstreits zwischen Kaiser Heinrich IV. und Papst Gregor VII. Nach dem Tode Mathildes 1115, die ihre Güter dem Papst vererbt, entbrennen über Generationen erneut Auseinandersetzungen zwischen Papst und Kaiser, von denen zunächst lokale Adelsgeschlechter wie die Guidi bei Florenz, die Gheradesca zwischen Pisa und Volterra und die Berardenga zwischen Siena und Arezzo machtpolitisch profitieren. **Franken in Mittelitalien**

See- und Fernhandel führen zum Aufstieg der Städte in wirtschaftlicher und politischer Hinsicht. In Arezzo, Lucca und Florenz blüht die Textilproduktion, in Siena floriert das Bankwesen, und Pisa wächst in die Rolle einer mächtigen Seerepublik mit Besitz- und Handelsrechten in nahezu allen wichtigen Anrainerländern des Mittelmee- **Aufstieg der Städte**

Wer hat den höchsten Wohnsitz? Der Adel von San Gimignano
konkurrierte im Mittelalter mit seinen hoch aufragenden Türmen.

res. Mit dem wirtschaftlichen Aufschwung erlangen die toskanischen
Städte erstmals auch die **politische Autonomie**; Volksversammlungen werden konstituiert, Konsuln und Podestà (Stadtvögte) auf Zeit
gewählt. Die wachsende Selbstbestimmung der Städte können weder
Kaiser noch Papst aufhalten. Sowohl die Städtepolitik des Stauferkai-
sers Friedrich Barbarossa als auch des Kaisers Friedrich II. scheitern
am erbitterten Widerstand der Kommunen, die sich zu Stadtstaaten
entwickeln und dabei immer häufiger mit Konflikten zwischen rivalisierenden Adels- und Patriziergeschlechtern konfrontiert werden.
Deshalb gehört es zur Taktik der Kommunen, sich der kaiserlichen
oder päpstlichen Unterstützung zu versichern. Nach den Schlachtru-
fen **»Ghibellinen«** (abgeleitet von Waiblingen als Bezeichnung für
die staufische Partei) und **»Guelfen«** (abgeleitet von Welfen für die
päpstliche Partei) entstehen die Bezeichnungen für die gegensätzli-
chen Parteien in den Kommunen während des Ringens einzelner
Familien um die politische Vorherrschaft in der jeweiligen Stadt. Rivalitäten zwischen den städtischen Machtzentren in der Toskana
bleiben nicht aus, vor allem Florenz liegt in ständigem Streit mit Siena. Im ausgehenden 13. Jh. ist die Seemachtsherrlichkeit Pisas bereits erloschen; die Rivalität mit Genua endet verhängnisvoll: 1284
verliert Pisa in der Seeschlacht von Meloria seine gesamte Flotte.

**Pisas
Niedergang,
Machtzent-
rum Florenz** Florenz profitiert, mehr als Lucca und Siena, vom Niedergang Pisas,
dessen Hafen versandet, woraufhin sich das toskanische Machtzent-
rum landeinwärts ins republikanische Florenz verlagert. Inzwischen
hat sich auf Handel und Gewerbe die Geldwirtschaft aufgebaut, und

aus den reichen Kaufmanns- und Handwerkszünften entsteht eine **städtische Oligarchie**, die von nun an die politischen Geschicke bestimmt. Noch in der zweiten Hälfte des 14. Jh.s werden Arezzo, Pistoia, Prato, Cortona, Volterra, San Gimignano und Colle di Val d'Elsa von der Guelfenmetropole Florenz zwar nicht militärisch unterworfen, doch zumindest wirtschaftlich abhängig. Im Jahr 1406 dehnt Florenz schließlich seine Herrschaft offiziell auf Pisa aus. Nur Lucca und Siena bewahren noch ihre Selbstständigkeit.

DIE HERRSCHAFT DER MEDICI

Anfang 15. Jh.	Cosimo begründet die Dynastie der Medici.
1569	Cosimo I. Medici wird Großherzog der Toskana.
1737	Die Medici-Dynastie stirbt aus; das Großherzogtum Toskana geht an die Habsburger.

Zu Beginn des 15. Jh.s streiten die Adelsfamilien in Florenz um die politische Vorherrschaft in der Metropole am Arno. Zunächst kann sich Rinaldo degli Albizzi behaupten und seinen Gegenspieler Cosimo de' Medici (1389 – 1464) ins Exil schicken. Ein Jahr später kehrt Cosimo, Il Vecchio (der Alte) genannt, unter dem Jubel des Volkes zurück, verbannt seine Gegner und mehrt seinen politischen Einfluss, indem er die wichtigsten Ämter der Kommune mit seinen treuen Gefolgsleuten besetzt. Cosimo stärkt einerseits die Wirtschaftskraft seines Familienunternehmens, andererseits hat er aber auch das Wohl der Stadt im Auge und tätigt zahlreiche Stiftungen (▶ Baedeker Wissen S. 34). *Cosimo Il Vecchio*

Nach der kurzen Amtszeit von Piero de' Medici betritt Lorenzo Il Magnifico (1449 – 1492) die politische Bühne. Wie kaum ein anderer verkörpert er in Regierungsstil, Lebensführung, Weltanschauung, Bildung und Mäzenatentum den Renaissance-Menschen. Zugleich sichert er unter Ausnutzung der Mittel der Medici-Bank bis an die Grenze zum Bankrott die kulturelle und politische Vorrangstellung von Florenz in der Toskana. 1492 stirbt Lorenzo 43-jährig. Dem **»Prächtigen«** folgt der **»Unglückliche«: Piero**. Er wird wegen seiner nachgiebigen Haltung gegenüber dem französischen König Karl VIII. vom Volk aus der Stadt gejagt. Der Dominikaner Girolamo Savonarola nutzt die Gunst der Stunde und proklamiert einen Got- *Lorenzo Il Magnifico*

? *Medici-Wappen*

BAEDEKER WISSEN

- Wussten Sie, woher die Kugeln im Medici-Wappen kommen? Sie symbolisieren Pillen, denn der Name der berühmtesten toskanischen Dynastie bedeutet »Ärzte«. Die Schutzheiligen der Medici waren die beiden frühchristlichen Ärzte Cosmas und Damian.

Kunst und Kommerz

Die Medici – dieser Name steht für Renaissancekunst und Mäzenatentum, aber auch für unermesslichen Reichtum und Geldgeschäfte im großen Stil. Im Gegensatz zu anderen vornehmen Florentiner Familien waren sie nicht schon im 14. Jh. zu Wohlstand und Einfluss gekommen. Ihr Aufstieg vollzog sich innerhalb eines Jahrhunderts, dem für Florenz so glorreichen Quattrocento.

Den Grundstock zum Reichtum der Familie legte **Giovanni di Bicci de Medici** (gest. 1429), indem er während der Kirchenspaltung von 1378 die Päpste in Rom reichlich mit Krediten versorgte. Als die Tiber-Stadt nach dem Ende des Schismas zur päpstlichen Residenz ausgebaut wurde, waren die Medici als Papstbankiers bereits gut eingeführt, und der junge Cosimo, später der Alte genannt, konnte weiterhin glänzende Geschäfte verbuchen. Die römische Filiale des Bankhauses erwirtschaftete damals 50–60 % aller mediceischen

Renditen bis zu 20 % zu erzielen. In vielen Städten gab es Filialen: in Venedig u. a. für den Orienthandel, in Brügge für den Nordeuropahandel, in Genf für den Handel mit Mitteleuropa, in London für den englischen Hof und den Wollhandel sowie in Mailand und Neapel als wichtige Fürsten- und Bischofssitze. Zudem besaß man das Monopol für Alaun, man handelte mit Wolle und Seide und vertrieb außerdem Luxusartikel.

Bankgeschäfte

Die Geschäftsbücher von 1397 bis 1420 belegen Steigerungen der Reingewinne von jährlich 5000 Goldflorin – multipliziert mit 100 ergibt sich der heutige Goldwert in Euro. Als **Cosimo der Alte** die Unternehmensleitung übernahm, wurden bis zum Jahr 1434 Zuwächse von über 8000 Goldflorin erreicht, später waren es sogar rund 13 000 Goldflorin pro Jahr. Der im Schenken großzügige, im Verleihen von Geld aber vorsichtige Cosimo achtete auf die Bonität der Kunden, die in der Regel der Kurie oder den Fürstenhäusern angehörten und zugleich den politischen Einfluss der Medici mehrten. Zudem ernannte er nur hervorragende Bankkaufleute zu Filialleitern und reinvestierte den größten Teil

Bankgewinne. Dabei kamen die Medici mit wenig Eigenkapital aus, denn die Einlagen der Kurialen waren hoch genug, um mit diesem Fremdkapital im Kreditgeschäft

In Botticellis »Anbetung der Könige« haben sich einige Mitglieder der mächtigen Medici abbilden lassen.

der Gewinne. Im Gegensatz dazu kümmerte sich sein Enkel **Lorenzo il Magnifico** wenig ums Geschäft und lebte gern über seine Verhältnisse, sodass das Bankhaus bei seinem Tod 1492 fast vor dem Bankrott stand. Die Vormachtstellung der Medici aber war durch die internationalen Verbindungen so gestärkt, dass sie trotz kurzer Vertreibung ab 1513 mit Unterstützung der Päpste die Geschicke der Stadt lenken durften und in den Fürstenstand erhoben wurden.

Mäzenatentum

Das wohlhabende Florentiner Großbürgertum legte einen beträchtlichen Teil seines Vermögens in Stiftungen an. So ließ auch Giovanni Tornabuoni, Leiter der Medici-Bankfiliale in Rom, die Hauptchorkapelle der Kirche Santa Maria Novella von Domenico Ghirlandaio mit wunderschönen Fresken ausschmücken – »als einen Akt der Ehrfurcht und der Liebe zu Gott

sowie zur Lobpreisung seines Hauses und seiner Familie«. Weitere **Beweggründe für das Mäzenatentum** erfährt man aus den Aufzeichnungen des Fernhandelskaufmanns Giovanni Rucellai (1403 bis 1481), der die Kirchenfassade finanzierte: »Ich glaube, ich habe mir mehr Ehre verdient dadurch, dass ich Geld ausgegeben habe, als dass ich es verdient habe.«

Welche Dimensionen diese Form der Öffentlichkeitsarbeit annahm, lässt sich den Aufstellungen Lorenzos des Prächtigen entnehmen, der nach Durchsicht der Medici-Geschäftsbücher von 1434 bis 1471 errechnete, dass seine Familie in diesem Zeitraum für Almosen, Stiftungen und Steuern rund 664 000 Goldflorin ausgegeben hatte. Davon entfielen 8000 Goldflorin für die Ausschmückung der Franziskanerkirche Santa Croce, 40 000 Goldflorin auf den Neubau des Klosters San Marco, 60 000 Goldflorin auf den Neubau der

Lorenzo der Prächtige. Ausschnitt aus dem Wandgemälde »Zug der Heiligen Drei Könige« von Benozzo Gozzoli

Pfarrkirche San Lorenzo durch Filippo Brunelleschi und 60 000 Goldflorin auf den Bau des Palazzo Medici. Das entsprach durchschnittlichen Ausgaben pro Jahr von rund 18 000 Goldflorin, die durch jährliche Unternehmensgewinne von rund 13 000 Goldflorin nicht gedeckt waren, allenfalls durch Grundbesitz.

Warum aber diese immensen Ausgaben? Zum einen stiftete man zur Beruhigung des schlechten Gewissens, denn **Kreditgeschäfte** waren anrüchig und von der Kirche geächtet. Durch frommes Mäzenatentum kam ihr das Geld jedoch zugute und sie billigte die Geschäftspraktiken indirekt, indem sie die Stiftungen annahm. Mit der Auswahl der zu unterstützenden Objekte und der Künstler bewiesen die Patrizier zugleich ihre Bildung, tugendhafte Gesinnung und den **kultivierten Gebrauch des erworbenen Vermögen**s. Last, but not least diente die Freigebigkeit politischen Zwecken, denn die zahlreichen großen Privataufträge schufen Arbeitsplätze, waren sichtbarer **Nachweis der wirtschaftlichen Leistungskraft** der Familien und brachte ihnen Wählerstimmen für kommunale Ämter. Wichtig war auch die Einsicht, dass nicht die Menschen selbst, wohl aber ihre gestifteten Kunstwerke die Zeit überdauern und den Ruhm der Familie mehren würden.

Sassetti-Kapelle

Wie subtil man **Religiosität** einerseits und **Wohlstand** und **politische Macht** andererseits in Bildwerken zur Schau stellen konnte, vermag die Sassetti-Kapelle in der Kirche Santa Trinità zu verdeutlichen. **Francesco Sassetti** war als Filialleiter und späterer Teilhaber der Medici-Bank in Lyon zu Wohlstand gelangt und beriet seit 1469 den jungen Lorenzo de Medici. In der Nebenchorkapelle von Santa Trinità ließ er seinen **sozialen Aufstieg** und die engen **Kontakte zur Medici-Familie** darstellen. Die »Bestätigung der Franziskaner-Ordensregel durch Papst Honorius III. im Jahre 1223« ist dabei in das zeitgenössische Florenz verlegt.

Im Vordergrund treten die **Familien Sassetti und Medici** als Zuschauer auf. Nahe dem päpstlichen Thron erscheinen rechts der kahlköpfige Francesco Sassetti mit seinem Sohn Frederigo, der schon als Knabe dem geistlichen Stand angehörte, neben ihm der dunkelhaarige Lorenzo de Medici sowie der altersgraue Antonio Pucci, ein Sassetti-Verwandter und Parteigänger der Medici. Auf der linken Seite gegenüber stehen Sassettis drei Söhne Teodore I., Cosimo und Galeazzo. Die Kinder Lorenzos des Prächtigen sind dargestellt, wie sie, angeführt von ihrem Erzieher Angelo Poliziano, eine Treppe heraufsteigen: zunächst der kleine **Giuliano**, dann **Piero** (der Nachfolger Lorenzos) und schließlich **Giovanni** (der spätere Papst Leo X.), ihnen folgen der Lehrer Matteo Franco und der Dichter Luigi Pulci. Interessant ist dabei insbesondere, dass nicht das Domviertel als Ort des Geschehens gewählt wurde, sondern das politische Zentrum von Florenz, ein deutlicher Hinweis darauf, dass es Sassetti mehr um eine Demonstration von Macht als um die Darstellung des Franz von Assisi ging.

Aufstieg zum Fürsten

Dass die bürgerlichen Medici bereits Mitte des 15. Jh.s fürstliches Ansehen hatten, macht u. a. der **»Zug der Heiligen Drei Könige«** in der Privatkapelle des Medici-Palastes deutlich, den Benozzo Gozzoli 1459/1460 malte. Er erhob die Familie in den Rang von Königen und bezog sich auf dem monumentalen Wandgemälde auf drei glanzvolle Ereignisse in Florenz unter maßgeblicher Beteiligung der Medici: das Konzil zur Vereinigung von Ost- und Westkirche 1439, das große Fest für Papst Pius II. und den Mailänder Herzog Galeazzo Sforza 1459 sowie die Prozessionen der Bruderschaft der Heiligen Drei Könige, die alljährlich unter Beteiligung der Medici stattfanden.

Ein weiterer Beleg des aristokratisch-königlichen Anspruchs der Medici ist die Altartafel mit der **»Anbetung der Könige«** (um 1475) in den Uffizien, auf der Sandro Botticelli die Florentiner Oberschicht verewigt hat. Zwar sind die Könige als Porträts von Cosimo dem Alten mit seinen Söhnen Giovanni und Piero der Heiligen Familie untergeordnet, aber sie sind in die Bildmitte gesetzt. An den Seiten erscheinen die jüngeren Medici, Cosimos Enkel, der nachdenkliche, dunkel gekleidete **Lorenzo** und sein lebensfroher, mit leuchtenden Gewändern bekleidete Bruder **Giuliano**, der bei der Pazzi-Verschwörung 1478 ermordet wurde. Das eigentliche Bildthema tritt in den Hintergrund und wird zum Vorwand genommen für eine prachtvolle Repräsentation der Medici und ihrer Anhänger.

tesstaat, der jedoch 1498 am Widerstand der Bevölkerung und des Papsttums scheitert. Savonarola wird hingerichtet und Florenz erhält wieder ein republikanisches Stadtregiment.

Alessandro Erst 1512 können die Medici mit Unterstützung auswärtiger Truppen in ihre Heimatstadt zurückkehren. Ihr politischer Erfolg ist zunächst wechselhaft, bis Kaiser Karl V. den jungen Alessandro de' Medici 1531 zum Herzog von Florenz erhebt. Alessandros Ermordung (1537) durch einen Verwandten bringt Cosimo I. (Sohn des legendären Condottiere Giovanni delle Bande Nere) an die Macht.

Cosimo I. Die imperialistische Politik Cosimos I. (1519 – 1574) richtet sich vor allem gegen die Nachbarstadt Siena, die ihre Unabhängigkeit immer noch zäh verteidigt. Doch Cosimo strebt einen lückenlosen toskanischen Flächenstaat an, nutzt geschickt die Rivalität zwischen den Mächten Spanien, Deutschland und Frankreich und lässt Siena 1555 von den kaiserlichen Truppen erobern. Die Nobilitierung der Medici-Familie erreicht ihren Höhepunkt, als er 1569 von Papst Pius V. den Titel des **Großherzogs der Toskana** erhält.

Die Dynastie stirbt aus Francesco I. und Ferdinando I. gehören bereits in die schwächere Phase der Medici-Ära, ihre einzige Sorge gilt einer einträglichen und machtsichernden Heiratspolitik mit viel **Prunk am Hof**. Cosimo II.

Verbrennung Savonarolas 1498 auf der Piazza della Signoria

und Ferdinando II. lassen sich die Zügel von ihren Müttern und Gattinnen gar aus der Hand nehmen. Cosimo III., ein religiöser Fanatiker, drangsaliert das Volk mit einer unbarmherzigen Steuerpolitik. Mit dem Tod des letzten, kinderlosen Medici, Gian Gastone, stirbt die Dynastie 1737 aus. Während der Ära der Medici verliert die Toskana trotz einer nochmaligen Kulturblüte ihre Bedeutung als europäisches Tuchhandelszentrum, auch Handel und Kreditwesen sind davon betroffen. Der städtische Geldadel sucht im 16. Jh. nach risikoarmen Geldanlagen und entdeckt den Land- und Großgrundbesitz neu – die malerische Kulturlandschaft der Toskana nimmt langsam Gestalt an, allerdings im Schatten des Feudalismus.

UNTER DEN HABSBURGERN

1799	Napoleon Bonaparte bemächtigt sich der Toskana. 1814 findet er auf Elba für ein Jahr Exil.
1848	Großherzog Leopold II. flieht vor den bürgerlichen Unruhen nach Neapel.

Als Großherzöge der Toskana folgen den Medici die Habsburger mit Franz Stephan von Lothringen, der als Kaiser Franz I. von Wien aus regiert. Die Großmachtpolitik Österreichs ist soldatenhungrig, und so werden viele junge Toskaner für den Armeedienst angeworben. Doch die habsburgische Fremdherrschaft zeigt sich auch reformfreudig im Sinne der Aufklärung. Die traditionellen Wirtschaftszweige werden saniert und eine **neue Rechtsordnung** verschafft den Bürgern Gleichheit vor dem Gesetz. Sorgenkind bleibt die Landwirtschaft mit ihren feudalistischen Strukturen: Mehr als ein Mitspracherecht für die Pächter sieht die Landreform nicht vor.

Fremdherrschaft und Aufklärung

Sohn und Nachfolger von Franz I. ist von 1765 bis 1790 **Erzherzog Leopold**, der die Reformpolitik seines Vaters konsequent fortsetzt. Er hebt die Inquisition auf und konfisziert die kirchlichen Ländereien in der Toskana. Die Abschaffung von Folter und Todesstrafe (1786) ist eine weitere, geradezu revolutionäre Maßnahme. Die gesetzliche Transformation der Pächter in Landbesitzer schafft er zwar nicht, jedoch können nach Missernten und Hungersnöten versumpfte Landwirtschaftsgebiete wie die Maremma und die Val di Chiana unter großen Anstrengungen wieder nutzbar gemacht werden. 1790 verlässt der beliebte Erzherzog seinen Amtssitz Florenz, um in Wien Nachfolger seines kinderlosen Bruders Kaiser Joseph II. zu werden. **Ferdinand III.**, der Sohn von Leopold, übernimmt die Regentschaft in der Toskana und gebärdet sich wesentlich reaktionärer. Seine Neutralitätspolitik wird von der napoleonischen Revolution jäh unterbrochen.

Unter den Erzherzögen Leopold und Ferdinand

Napoleon und Wiener Kongress 1796 erobert General Bonaparte Oberitalien und bemächtigt sich 1799 auch der Toskana, nachdem Ferdinand III. nach Wien geflohen ist. Der Franzose macht aus der habsburgischen Toskana einen **Marionettenstaat** namens »Königreich Etrurien«, der teilweise von seiner Schwester Elisa Bonaparte Baciocchi regiert wird.

Nach dem Zusammenbruch des französischen Imperiums findet Napoleon 1814 auf der Insel Elba vor der toskanischen Küste für ein Jahr Exil. Der **Wiener Kongress** (1814 / 1815) ordnet die politische Landkarte Europas neu. Ferdinand III. kehrt zurück und betreibt bis zu seinem Tod (1824) eine restaurative Politik im Großherzogtum Toskana. Das Fürstentum Lucca fällt im Zuge des Wiener Kongresses an die Bourbonen.

Das Volk rebelliert Leopold II. (1797 – 1870), Sohn Ferdinands III., lassen die gesellschaftspolitischen Impulse durch die französische Revolution im frühen 19. Jh. kaum noch Spielraum für eine Restaurationspolitik. Überall in Europa rebellieren nationalistische Freiheitsbewegungen gegen die alten Mächte und Dynastien, gegen Feudalstrukturen und Fürsten. Auch Leopold II. spürt den frischen Wind des **Risorgimento**, der italienischen Einigungs- und Unabhängigkeitsbewegung. In allen großen Städten des Landes häufen sich ab 1830 die Unruhen. Die Presse unterstützt die Risorgimento-Bewegung und Demokraten fordern eine verfassunggebende Versammlung. Großherzog Leopold II. sieht sich bald gezwungen, reformistische Anregungen der florentinischen Liberalen um Bettino Ricasoli anzunehmen. Während des ersten italienischen Unabhängigkeitskrieges gegen Österreich 1848/1849 begibt sich Leopold II. unter die Fittiche des Königs von Neapel. In Florenz übernehmen republikanisch-bürgerliche Kräfte die Regierung. Mit Hilfe österreichischer Truppen kehrt er 1852 nach Florenz zurück. Er hat alle progressiven Kräfte gegen sich. Doch die florentinisch-toskanische Befreiungsbewegung spürt, dass sie die Erneuerung nicht allein bewirken kann, und sucht deshalb den Schulterschluss mit Piemont und dem dortigen Ministerpräsidenten Camillo Benso di Cavour.

DIE TOSKANA IM VEREINTEN ITALIEN

17.3.1861 Die Toskana ist Teil des neu proklamierten Königreichs Italien.

L' Unità Im entscheidenden Befreiungskrieg von 1859 verliert Österreich Norditalien. Am 27. April 1859 dankt Leopold II. ab. Unter dem piemontesischen Königshaus, dem einzigen liberalen Verfassungsstaat im damaligen Italien, vollzieht sich 1859 – 1861 die Einigung Italiens: L' Unità. Am 15.3.1860 bekennt sich die Toskana per Plebiszit zum neu zu schaffenden Königreich Italien. Am 17.3.1861

Ab 1865 war Florenz für sechs Jahre die Hauptstadt Italiens.

wird sie Teil des Königreichs unter Vittorio Emanuele II. 1865 bis
1871 löst **Florenz** Turin als **Hauptstadt Italiens** ab, ehe der König
in Rom einzieht.

Die Toskana findet in dieser Zeit Anschluss an das industrielle Zeitalter. In Livorno, Florenz, Pistoia und Piombino siedelt sich die
Schwerindustrie an, Prato entwickelt sich zum Zentrum der Textilindustrie. Mit dem wirtschaftlichen Aufschwung findet auch eine
Politisierung der Arbeiterschaft statt. Die **Sozialisten** sind zwar auf
dem Vormarsch, doch in der zweiten Hälfte des 19. Jh.s amtieren in
den meisten Rathäusern der Toskana liberaldemokratische Politiker.
Trotz Industrialisierung bleibt die Toskana – dank der intensiven
Landwirtschaftspolitik der Habsburger – weitgehend ein Agrarland,
das immer noch nach dem jahrhundertealten Halbpachtsystem bewirtschaftet wird.

Industriali-
sierung

20. JAHRHUNDERT

1921	Gründung der Kommunistischen Partei Italiens in Livorno
1940	Italien tritt in den Zweiten Weltkrieg ein.
Sept. 1943	Italien kapituliert. Beim Rückzug der deutschen Wehrmacht werden Dörfer und Städte in der Toskana geplündert und zerstört.
1966	Der Arno überflutet die Innenstadt von Florenz.

Erster Weltkrieg

1915 greift Italien auf der Seite der Alliierten gegen seine ehemaligen Dreibundpartner Deutschland und Österreich in den Ersten Weltkrieg ein. Zwischen 1914 und 1918 läuft die toskanische Schwerindustrie auf Hochtouren.

1920er- und 1930er-Jahre

Nach Kriegsende strömen die italienischen Soldaten in ihre Heimatprovinzen zurück, stehen allerdings sogleich vor der Arbeitslosigkeit. Arbeiterstreiks und Bauernunruhen im ganzen Land entladen sich bald in einer ideologischen Radikalisierung der Parteien. Am 21. Januar 1921 wird im toskanischen Livorno die Kommunistische Partei Italiens (PCI) gegründet. Eineinhalb Jahre später bereitet die faschistische Bewegung unter **Benito Mussolini**, dem späteren Duce, die Übernahme der Staatsgewalt vor. Nach dem »Marsch auf Rom« im Oktober 1922 besetzen paramilitärische Organisationen der Faschisten alle Schlüsselpositionen des Landes, und der König ernennt Mussolini zum Ministerpräsidenten. Der antifaschistische Widerstand in der Toskana ist größer als anderswo, doch die schwarzen Garden setzen sich durch. Die populistische Politik Mussolinis begeistert die Massen. Die Arbeitsprogramme der Dreißigerjahre bringen spürbare wirtschaftliche Verbesserungen. Der Bau der zentralen Strecke des italienischen Eisenbahnnetzes (Florenz – Bologna) wird als Heldentat gefeiert. Die **Monarchie** besteht nur noch pro forma.

> **!** BAEDEKER TIPP
>
> *Die Toskana im Krieg*
>
> Das Gut La Foce im Tal der Orcia ist ein bezaubernder Ort, der wegen seiner Gartenanlagen Touristen aus aller Welt anzieht. Dass hier der Krieg gewütet haben soll, mag man heute kaum glauben. Iris Origos Tagebuch bringt diese Tatsache wieder in Erinnerung. Die Wahltoskanerin und einstige Besitzerin von La Foce erzählt von den Nöten der Bevölkerung, von der Solidarität mit den Partisanen, von Vergeltungsschlägen der abziehenden Deutschen und vom Warten auf die Alliierten. Iris Origo: Toskanisches Tagebuch 1943/44. Kriegsjahre im Val d'Orcia (Verlag C. H. Beck 1991).

Zweiter Weltkrieg

1940 tritt Italien in den Krieg ein. Toskanische Großstädte, vor allem Pisa, werden durch Luftangriffe der Alliierten teilweise zerstört. 1943 landen die Alliierten in Süditalien. Der faschistische Großrat entmachtet Mussolini, der im Juli 1943 verhaftet wird. Im September 1943 kapituliert Italien. Die Deutschen entwaffnen daraufhin die italienische Armee, stoßen aber in Nord- und Mittelitalien auf den Widerstand der Partisanen. Die italienische Resistenza dauert fast zwei Jahre. Während des Rückzugs der deutschen Truppen vernichtet die SS in den Provinzen Pisa, Arezzo, Siena und Florenz ganze Dorfgemeinden.

Italienische Republik

Am 2. Juni 1946 begründet ein klarer Volksentscheid die italienische Republik. Vittorio Emanuele III. dankt ab. Aus den ersten nationalen

Wahlen gehen die Christdemokraten (DC) als Sieger hervor, gefolgt von den Sozialisten (PSI) und den Kommunisten (PCI). Florenz wird offiziell Hauptstadt der Region Toskana. Die **ersten Regionalwahlen** gewinnt die PCI mit einer überwältigenden Mehrheit. In fast allen toskanischen Städten und Gemeinden stellt die PCI den Bürgermeister und die Spitze der Kommunalpolitiker. Bis in die späten Achtzigerjahre bleibt die PCI die stärkste Partei in der Toskana. 1950 tritt das Sila-Gesetz in Kraft, das eine teilweise Enteignung der toskanischen Großgrundbesitzer vorsieht – die Bauern werden endlich zu Landbesitzern.

Florenz wird am 4.11.1966 von der schwersten Flutkatastrophe seiner Geschichte getroffen. Der Arno tritt über die Ufer, der Wasserspiegel in der Innenstadt erreicht eine Höhe von sechs Metern. **Flutkatastrophe 1966**

Am 27. Mai 1993 fallen sechs Menschen einem Bombenattentat in der historischen Altstadt von Florenz zum Opfer. Durch die gewaltige Detonation entsteht zudem ein erheblicher Sachschaden am Süd- und Westflügel der Uffizien. Nach jahrelangen Renovierungsarbeiten erstrahlen die Uffizien 1998 in neuem Glanz. **1990er-Jahre**

21. JAHRHUNDERT

2011	Berlusconi tritt zurück. Es werden drastische Sparmaßnahmen beschlossen.
2012	Havarie der »Costa Concordia« vor der Insel Giglio
2014	Im Februar wird Matteo Renzi mit der Regierungsbildung beauftragt.

Die nationalen Wahlen im April bringen zum dritten Mal **Silvio Berlusconi** mit seiner Partei Popolo della Libertà (PdL), in der seine Forza Italia aufging, an die Macht. Die Toskana bleibt »links«, auch wenn das Wahlverhalten insbesondere der Altlinken (Reformkommunisten, Grüne) von Absentismus geprägt ist und hohe Verluste folgen. **2008**

Bei einem landesweiten Referendum im Juni 2011 stimmen Italien und die Toskana mit überwältigender Mehrheit unter anderem gegen eine Wiedereinführung der **Atomenergie**, gegen die Privatisierung der **Wasserversorgung** und gegen Gesetzesbestrebungen der Regierung, eventuellen Strafverfahren durch »rechtmäßige Verhinderung« fernzubleiben. **Referendum**

Im August/September 2011 sorgen Abwertungen durch Rating-Agenturen für weitere Probleme bei der Refinanzierung der hohen **Regierungswechsel**

Staatsverschuldung. Silvio Berlusconi tritt am 12.11.2011 zurück und macht den Weg für einen Neubeginn unter dem ehemaligen EU-Kommissar Mario Monti frei. Nach den Rücktritten Mario Montis im April 2013 und seines Nachfolgers Enrico Etta Anfang Februar 2014 wird noch im selben Monat der Sozialdemokrat Matteo Renzi mit der Regierungsbildung beauftragt.

Havarie der »Costa Concordia«

Im Januar 2012 rammt das Kreuzfahrtschiff »Costa Concordia« einen Felsen unmittelbar vor der **Insel Giglio** und schlägt leck. Das Schiff neigt sich seitlich um ca. 65 Grad. 32 der mehr als 4220 Passagiere und Besatzungsmitglieder kommen ums Leben, für das gesamte umliegende Küstengebiet, das zum Parco Nazionale dell' Arcipelago Toscano gehört, besteht die Gefahr einer Umweltkatastrophe durch auslaufendes Schweröl, das jedoch aus dem Schiff gepumpt werden kann. Erhebliche Probleme bereitet die Bergung des Kreuzfahrtriesen – erst im September 2013 kann das Wrack aufgerichtet werden, bis zum eigentlichen Abtransport vergehen noch einmal Monate. Gegen Reederei, Kapitän und weitere Personen der Schiffsführung werden Ermittlungen eingeleitet, da die »Costa Concordia« möglicherweise vorsätzlich einen deutlich zu küstennahen Kurs gefahren ist.

Das havarierte Kreuzfahrtschiff »Costa Concordia«, das im Januar 2012 direkt vor der Insel Giglio einen Felsen rammte

Nachdem noch unter der Regierung Berlusconi zwei Sparpakete in Sparkurs Höhe von 48 Mrd. und nochmals 54,2 Mrd. Euro und die Aufnahme einer wirksamen »Schuldenbremse« in die Verfassung beschlossen worden waren, ordnet die nachfolgende Regierung unter Mario Monti im Dezember 2011 mit dem »Decreto Salva-Italia« (Dekret zur Rettung Italiens) weitere drastische Haushaltskürzungen in Höhe von 24 Mrd. Euro an. 2012 und 2013 werden nochmals Kürzungen auf den Weg gebracht, die vor allem Italiens Gesundheitswesen und die Universitäten betreffen. Alle nationalen Feiertage werden auf Sonntage verlegt, um zusätzliche Arbeitstage zu schaffen. Die umstrittene Mehrwertsteuererhöhung von 21 auf 22 % tritt im Oktober 2013 in Kraft. Diese und andere Maßnahmen gelten dem **Abbau des immensen Schuldenbergs Italiens** in Höhe von 1900 Mrd. Euro bzw. etwa 120 % des BIP. Die Befürchtung, dass der rigorose Sparkurs zum Schrumpfen des italienischen BIP führen wird, macht 2012 Zusatzverhandlungen über neue Schuldentilgungsverfahren und das Auflegen zusätzlicher Wirtschaftsförderprogramme seitens der EU notwendig.

Im Zuge der Sparmaßnahmen werden auch Überlegungen angestellt, die Zahl der italienischen **Provinzen** und das Verhältnis der **Anzahl der Politiker zur Einwohnerzahl** zu reduzieren. Die Umsetzung von Reformen wird u. a. durch die häufigen Regierungswechsel blockiert.

2016 steht eine neue Bankenkrise ins Haus: mehrere italienische Banken, allen voran die älteste Bank der Welt, die Banca di Monte dei Paschi di Siena, kurz Mps, drohen zu kollabieren.

Kunst und Kultur

Kunstgeschichte

Rund 20 000 Kulturdenkmäler wurden in der Toskana gezählt – mehr als in jeder anderen Region Italiens. Dazu gehören Gräber aus der Etruskerzeit, mittelalterliche Stadtpaläste, Kirchen, Kapellen, außerdem Renaissance-Villen, herrliche Parks und private Gartenanlagen.

ETRUSKER UND RÖMER

Die erste ausgeprägte Kulturepoche in Italien bestimmten die Etrusker. Sie siedelten ab etwa 900 v. Chr. in dem Gebiet zwischen Arno, Tiber, dem Kamm des Apennin und dem Tyrrhenischen Meer. Zwischen dem 8. und 5. Jh. v. Chr. waren sie in einer Föderation von zwölf Städten organisiert: Arretium (Arezzo), Velathri (Volterra), Curtuns (Cortona), Perusia (Perugia), Clusium (Chiusi), Rusellae (Roselle), Populonia, Vatluna (Vetulonia), Volsinii (Orvieto), Vulci, Tarquinii (Tarquinia), Caere (Cerveteri) und Veji (Veio). Eine Trennungslinie zwischen etruskischer und römischer Kunst lässt sich weder räumlich noch zeitlich exakt ziehen.

Erste ausgeprägte Kulturepoche

Beispiele für den etruskischen Tempel gibt es keine in der Toskana, dennoch sei er an dieser Stelle erwähnt. Anders als der griechische Tempel wurde er nicht nach Art eines Monuments in die umgebende Natur gesetzt, sondern mit raumplanerischem Gefühl in die Landschaft eingebettet. Er ruhte auf einem Podium, orientierte sich axial auf einen Vorplatz und wies eine tiefe Vorhalle auf. Dieser räumliche Akzent bildete sich in den folgenden Jahrhunderten zu einem Markenzeichen römischer Baukunst heraus.

Tempel

Vor allem durch die Funde in den Nekropolen ist die Kunst der Etrusker überliefert. Ende des 8. Jh.s v. Chr. entwickelte sich der Typus des **Kammergrabes**, das als getreues Nachbild eines aristokratischen Hauses über mehrere Räume verfügt oder sogar mit großen Plätzen für Tanz und Spiel versehen ist. Erst im Laufe des 4. Jh.s weicht das Kammergrab dem großräumigen, reich bemalten Bestattungssaal (Tomba dei Rilievi in Cerveteri). Vasen, die mit Wein, Öl oder Korn gefüllt waren, Goldschmuck und kleine Kunstgegenstände, die den Toten als Grabbeigaben mitgegeben wurden, zeugen vom Jenseitsglauben der Etrusker. In Volterra und Chiusi wurden **Ascheurnen aus Alabaster und Tuffstein** hergestellt, die mit Reliefs verziert sind. Zur Darstellung kommen häufig mythologische Themen oder Festlichkeiten, oft architektonisch gerahmt von Säulen oder Gebälk.

Nekropolen, Gräberfunde

Neben dem Schiefen Turm eine der Hauptattraktionen in Pisa: das Baptisterium, das Elemente der Romanik und der Gotik vereint

Die abgebildeten Figuren sind nicht plastisch durchgeformt, ihre Expressivität ist vielmehr die Folge von Drehungen und Überlängungen. Umfangreiche Sammlungen von Ascheurnen der hellenistischen Periode (4. – 1. Jh. v. Chr.) besitzen das Guarnacci-Museum von Volterra und die Etruskermuseen von Chiusi, Cortona und Florenz.

Plastik Obwohl beispielsweise der »Bronzene Krieger« im Museo Archeologico in Florenz den griechischen Einfluss augenfällig macht, erreichte die etruskische Kultur auch auf dem Gebiet der Plastik eine zumindest partielle Eigenständigkeit. Einprägsame Beispiele für den archaischen Charakter etruskischer Plastik sind die gleichfalls in Florenz befindliche »Chimäre« sowie die im 5. Jh. v. Chr. geschaffene »Kapitolinische Wölfin«, die heute im Konservatorenpalast in Rom steht. In beiden Figuren liegt – bezeichnend für die Zeit – die Kraft des Ausdrucks im Typus, nicht im Einzelwesen. Im 2. Jh. v. Chr. verlor sich die Originalität etruskischer Kunst im Sog der römischen Mischkultur. Exemplarisch ist hierfür der »Arringatore« (Redner) aus dem Museo Archeologico in Florenz: Inschrift und typushafte Starre sind etruskisch, Habitus und Kleidung jedoch römisch.

Malerei Die etruskische Malerei ist seit dem 6. Jh. v. Chr. nachgewiesen und zeigt – auch beim Totenkult – **Darstellungen aus dem Leben**: Jagd, Fischfang und Bankette gehören zum Repertoire der Grabgemälde. Eindrucksvolles Beispiel ist der Gigant der Tomba del Tifone in Tarquinia / Latium (spätes 2. Jh. bis Anfang 1. Jh. v. Chr.). Ohne das hellenistische Vorbild wären das große Pathos der Bewegung, der leidenschaftliche Gesichtsausdruck, die Modellierung des Körpers und die reiche Farbskala nicht zu verstehen.

Römische Kulturgüter Ab dem 5. Jh. v. Chr. begann Rom, seinen Machtbereich auszudehnen und auch die etruskischen Städte zu erobern, bis 290 v. Chr. die letzten gefallen waren. Ein neues **Straßensystem**, das Rom mit den wichtigen Städten der Toskana verbinden sollte, wurde angelegt. Es entspricht im Wesentlichen den heutigen Straßenverläufen. Vom technischen Fachwissen der Etrusker, etwa auf dem Gebiet des Gewölbebaus oder der Hydraulik, profitierten die Römer. Städte wie Volterra, Arezzo oder Fiesole blühten auf, und es wurden Tempel, Theater und Thermen gebaut, häufig aus dem Material abgebrochener etruskischer Monumente. Der strenge axiale Grundriss römischer Stadtgründungen lässt sich an der Kolonialstadt Lucca heute noch gut ablesen: Die beiden Hauptstraßen Cardo und Decumanus kreuzen sich auf dem ehemaligen Forum, der heutigen Piazza San Michele. Parallel dazu haben sich auch die Straßenzüge erhalten, die die Stadt in einzelne Gebäudeinseln (Insulae) teilten. Da im Mittelalter das zerstörte Amphitheater als Unterbau für Häuser diente, ist dessen elliptische Form heute ebenfalls noch erkennbar.

ROMANIK

Die toskanische Romanik wird auch als **Proto-Renaissance** bezeichnet, da sie – anders als etwa in Frankreich oder Deutschland – die Renaissance vorbereitete und für diese als Vorbild ähnliche Bedeutung hatte wie die Antike. Zwei Bauwerke in **Florenz**, beide um die Mitte des 11. Jh.s errichtet, stehen am Beginn der Proto-Renaissance: das Baptisterium vor dem Dom und die Kirche San Miniato al Monte. Das 1059 begonnene Baptisterium, ein achteckiger, zweigeschossiger Zentralbau mit Chorkapelle, war so nahe am antiken Architekturverständnis, dass der Renaissancearchitekt Filippo Brunelleschi im frühen 15. Jh. das Bauwerk kopierte, in der Annahme, es handele sich wirklich um einen Bau der römischen Antike. Durch und durch von antikem Gedankengut inspiriert ist die Fassade von San Miniato al Monte, die mit ihrer weiß-grünen Marmorinkrustierung und ihrem geometrischen Dekor an einen Reliquienschrein erinnert. Doch nicht nur in Florenz, auch in Pisa, wo ab 1062 der größte und vom baukünstlerischem Standpunkt bedeutendste romanische Dom entstand, wurde Architekturgeschichte geschrieben. Ein Novum waren die Konzeption der **Kirche als kreuzförmige Anlage mit Querschiff** und die Kuppel über der Vierung, die auf byzantinische Vorbilder zurückgeht. Typisch für die pisanische Architektur sind die

Vorläufer der Renaissance

Der romanische Dom in Pisa: Erstmals wurde eine Kirche über kreuzförmigem Grundriss mit Querschiff gebaut.

Detail aus einem Kapitell in der Abbazia Sant' Antimo bei Montalcino

Blendarkaden mit Rautenmuster im unteren Bereich sowie die Pilasterreihen mit Architrav in den oberen Geschossen, die auf antike Vorbilder zurückgreifen. Hochromanisch sind die Zwerggalerien des Chores. Elemente unterschiedlichster Stile und Kulturregionen verschmolzen an der Bischofskirche von Pisa zu einer neuen Architektursprache, die in der Toskana als Vorbild für den städtischen Kirchenbau im 12. und 13. Jh. wirkte. Besonders deutlich wird dies an der Kirche San Michele in Foro in Lucca, die nicht nur den Grundriss einer dreischiffigen Säulenbasilika mit Querschiff übernimmt, sondern auch das Dekorationssystem mit den an allen Seiten um das Gebäude geführten Blendarkaden und Marmorinkrustationen.

Landkirchen Ab dem 11. Jh. wurden von Landgemeinden viele Pfarrkirchen meist außerhalb der dörflichen Siedlung gebaut. Diese schlichten, kleinen Landkirchen, **Pieve** genannt, folgen dem basilikalen Schema, haben eine oder drei Apsiden, ihre Pfeiler sind rechteckig und ohne Vorlagen, ihre Wände sind ungegliedert und ohne Schmuck.

Plastik Die Bauplastik nimmt, von Kapitellen abgesehen, in der italienischen Romanik einen geringeren Stellenwert ein. Guglielmo führte den Figurenschmuck am oberen Teil der Domfassade von Pisa aus, dessen Stil – von der Lombardei beeinflusst – Sinn für reiche dekorative Wirkung zeigt und Anregungen aus der byzantinischen, islamischen und der antiken Kunst aufnimmt. Zahlreiche Aufträge für Bildhauer gab es für die Ausgestaltung von Innenräumen: Taufbecken, Kanzeln und Altarschranken.

In den Fünfzigerjahren des 13. Jh.s erhielt der aus Süditalien kommende Nicola Pisano den Auftrag, die Kanzel des Baptisteriums in Pisa zu gestalten. Der Künstler, der seinen Namen in der rings um die Kanzel geführten Inschrift vermerkte, legte damit den Grundstock für die italienische Skulptur. Er löste sich von der bisherigen Kanzelform des Rechtecks und schuf ein frei stehendes Sechseck, das mit Reliefplatten versehen ist, ein Prinzip, nach dem fortan viele Kanzeln in der Toskana geschaffen wurden. Neuartig war auch die Konzeption der Reliefs, die die ganze Höhe der Brüstungsfelder einnehmen. Die Figuren heben sich nicht mehr silhouettenhaft von dem Reliefgrund ab, sondern vermitteln durch Überschneidungen einen Tiefenraum. Das **intensive Antikenstudium** des Bildhauers zeigt sich sowohl in der direkten Übernahme einzelner Figurationen als auch in der veränderten Auffassung der Reliefskulptur sowie in der Natürlichkeit, die viele Einzelfiguren kennzeichnet.

Nicola (Niccolò) Pisano

Die Tafelmalerei konnte auf keine durchgängige Tradition zurückgreifen. Weitreichende Folgen für die Malerei hatte eine Veränderung in der Liturgie: Da der Priester die Messe nicht mehr hinter, sondern vor dem Altar las, konnte dieser mit einem Tafelbild, einem so genannten Retabel, geschmückt werden. Für die Malerei ergab sich daraus eine neue Aufgabenstellung. Die ältesten Tafelbilder zeigen Christus inmitten von Szenen aus seinem Leben, später treten Heilige hinzu. Guido da Siena fertigte 1260 ein Retabel, auf dem Maria umgeben von vier Heiligen zu sehen ist. Ein häufig gewähltes Thema war auch Christus am Kreuz. Byzantinischer Einfluss ist daran zu erkennen, dass die Darstellung des lebenden Christus durch den toten mit einem leicht nach links gedrehten Körper ersetzt wurde, und an der streng hieratischen Ausgestaltung der Figuren auf allen frühen Tafeln.

Malerei

Ende des 11. Jh.s begann für die Städte ein wirtschaftlicher Aufschwung. Als Wahrzeichen einzelner adliger Familien entstanden die Geschlechtertürme, deren Höhe die Bedeutung des Besitzers anzeigte – 15 von ehemals 72 haben sich in San Gimignano erhalten. Eine bedeutende Bauaufgabe kam im 13. Jh. mit dem **Kommunalpalast** hinzu, dem Amtssitz des Podestà und anderer politischer Organe. Der Palazzo Pubblico in Siena und der Palazzo Vecchio in Florenz demonstrieren eindrücklich die erstarkte Macht der städtischen Bevölkerung. Durch den Abbruch vieler Häuser erhielt im 14. Jh. die **Piazza Signoria in Florenz** ihre jetzige Form. Zwischen ihr und dem Dom legte man eine monumentale Achse an mit wichtigen Gebäuden wie dem Palazzo Vecchio, der Loggia dei Lanzi, Orsanmichele, dem Campanile und dem Dom. Die Einwohner beteiligten sich auch aktiv an der Ausgestaltung ihrer direkten Umgebung: In Florenz ist schon seit dem Spätmittelalter der Brauch bekannt, öffentliche Auf-

Palazzi und Geschlechtertürme

träge für Bauvorhaben oder eine künstlerische Ausgestaltung als Wettbewerb auszuschreiben, an dem sich jeder beteiligen konnte. Eine weitere florentinische Besonderheit war es, die unterschiedlichen Zünfte mit der Errichtung, Pflege und Instandhaltung einzelner Bauwerke zu betrauen. In Siena wurde eine städtische Verschönerungskommission eingerichtet, die sich um die Ausgestaltung von Straßen und Plätzen kümmerte.

GOTIK

Kirchen

Als Stunde Null der Gotik in der Toskana gilt der Baubeginn der Zisterzienserabtei San Galgano (heute Ruine), die ab 1224 als dreischiffige, rippengewölbte Basilika mit Querhaus und flach abschließendem Chor errichtet wurde. Hierin folgt der Bau dem **Vorbild der burgundischen Zisterzienserkirchen**, während die Wandgliederung mit Arkaden, Scheintriforien und Lanzettfenstern neue Wege einschlägt. Das Formenvokabular dieser Kirche übte einen starken Einfluss auf die großen Bauprojekte der Zeit aus. Vor allem die Bettelordenskirchen bedienten sich dieses neuen Formenschatzes, wie man u. a. an San Domenico in Arezzo beobachten kann.

Siena und Florenz

Was Florenz und vor allem Pisa für die romanische Baukunst bedeutet hatten, war Siena für die Gotik. Im frühen 13. Jh. fassten die Sienesen zum ersten Mal den Plan, dem romanischen Dom ein neues Gesicht zu geben. Im Ostteil betraf die Umgestaltung das Querschiff, den geraden Chorabschluss, die quadratischen Chorseitenkapellen und die gewaltige Kuppel, die die sechseckige Vierung überspannt. Im ungewöhnlich hohen Langhaus wurden Gewölbe eingezogen. Die ab 1284 von **Giovanni Pisano** neu gestaltete Fassade sollte durch ihre Höhe und die Fülle des plastischen Schmucks an den drei Portalen einen größeren Kirchenraum vortäuschen, als das dahinter liegende Langhaus tatsächlich barg. Rund 50 Jahre später verfolgte man einen noch ehrgeizigeren Plan, der sich aber schließlich als nicht realisierbar erwies: Man wollte das Langhaus des Doms zum Querschiff der neuen Kirche umfunktionieren und ein Langhaus in viel größeren Dimensionen anfügen. Nachdem ein Teil des Seitenschiffs gebaut war, konstatierten Gutachter erhebliche statische Mängel, und der Erweiterungsbau wurde eingestellt. In Florenz war der Kampanile des Doms für zwei Jahrzehnte das Bauprojekt schlechthin. Von Giotto, der die Sockelzone festgelegt hatte, 1334 begonnen, wurde der Bau ab 1337 von **Andrea Pisano** fortgeführt. Durch Pisano erfuhr das Geschoss für die Plastik eine starke vertikale Ausrichtung, die in den weiteren Geschossen fortgesetzt wurde. Zu Ende geführt wurde das Bauwerk von Francesco Talenti, der wieder zu den kubischen Geschossen mit nach oben hin zunehmender Durchfensterung zurückkehrte.

Der bauplastische Schmuck der Domfassade von Siena gehört zum bedeutendsten Figurenprogramm der italienischen Gotik. Angeregt von der südwestfranzösischen Plastik schufen Giovanni Pisano und seine Werkstatt eine umfassende Folge von Skulpturen, die sich thematisch auf die Mariengeschichte und die Ankunft Christi beziehen. Im Unterschied zu den französischen Vorbildern, deren Figuren Teil der Architektur sind, stehen sie in Siena eigenständig neben dieser. Die Architektur wird zur Folie, vor der sich die Plastik entfaltet. An der Kanzel für den Sieneser Dom entwickelten die Pisani die Errungenschaften der Kanzel aus dem Pisaner Dom weiter: Die Grundform wird zum Achteck erweitert, die Bilderwelt mit den vielen kleinformatigen Figuren dominiert und scheint sich um die ganze Brüstung herumzuwinden. Unter dem Eindruck der französischen Plastik sind die Personen geschmeidiger mit weicheren Gewändern und ausdrucksstarken Physiognomien ausgestattet. Die Mitarbeiter und Nachfolger der Pisani, **Arnolfo di Cambio** und **Tino da Camaino**, ließen sich stärker von der internationalen Gotik beeinflussen, sodass die Plastik an Eigenständigkeit und Ausdruckskraft verlor. Die Arbeiten von Jacopo della Quercia zeugen von genauer Naturnachahmung und exaktem Antikenstudium, verbunden mit einem hohen Maß an gotischer Stilisierung.

Plastik: Giovanni Pisano

Siena ist die Stadt der Gotik. Berühmt ist der Dom, der als einer der wichtigsten italienischen Kirchenbauten der Epoche gilt.

Malerei:
Cimabue,
Duccio di
Buoninsegna

Die beiden Zentren der weiterhin stark von der byzantinischen Kunst beeinflussten Malerei waren ab der Mitte des 13. Jh.s Florenz und Siena, ihre wichtigsten Vertreter Cimabue und Duccio di Buoninsegna. Die Malweise des Florentiners Cimabue kennzeichnet eine wirklichkeitsferne Abstraktion, er versucht eine Vision der transzendenten Welt auf der Tafel festzuhalten. Der Sienese Duccio stellt die Muttergottes in der »Maestà«, die er 1311 für den Sieneser Dom schuf (heute im Museo dell' Opera), und die 1285 entstandene Madonna Rucellai (Florenz, Santa Maria Novella) ungezwungen, elegant, fast anmutig dar. Sein Menschenbild ist vom klassischen Maß bestimmt, die Körper seiner Figuren sind beachtlich differenziert gestaltet. Während Duccio seine Vorbilder in Byzanz fand, suchte sein Kollege Simone Martini, der zusammen mit den Gebrüdern Pietro und Ambrogio Lorenzetti die großen Altargemälde für die Sieneser Kirchen schuf, die seinen eher in der französischen Gotik.

Einen für die Entwicklung der Malerei richtungsweisenden Schritt vollzog **Giotto:** In seinen Fresken der Peruzzi-Kapelle und der Bardi-Kapelle in Santa Croce (Florenz) versucht er in ständigem Streben nach harmonischem Maß und Gleichgewicht neue Bewusstseinsinhalte zu erfassen und mitzuteilen. Detailrealismus und Farbenreichtum kennzeichnen die Gemälde des bereits zu Lebzeiten berühmt gewordenen Künstlers, dessen Einfluss sich in Florenz kein Malerkollege entziehen konnte.

Eine Aufgabe besonderer Art war in Pisa mit der **Bemalung** der großen **Wandfläche im Camposanto** zu bewältigen. Um die Mitte des 14. Jh.s arbeitete Francesco Traini an dem heute nur noch in Teilen bestehenden Fresko zu dem Thema Lebensfreude und Todesgewissheit mit Darstellungen des Weltgerichts, des Paradieses und der Hölle sowie der Begegnung von Rittern und Hofdamen mit dem Tod. Der Anlass zu der ausführlichen Behandlung dieses Themas ist in der großen Pest von 1348 zu sehen. Dank modernster Restaurierungstechniken konnte die Farbenpracht einiger Fresken wieder sichtbar gemacht werden.

RENAISSANCE

Anfänge der
Renaissance
im Quattro-
cento

Florenz war das Zentrum der Frührenaissance in Italien, die sich in den ersten Jahrzehnten des 15. Jh.s, das man in Italien als Quattrocento bezeichnet, herausbildete. Das Interesse der Künstler galt vor allem der physischen Welt, die man mit Hilfe wissenschaftlicher Methoden zwar realistisch, aber gleichzeitig mit idealem Charakter wiederzugeben versuchte. In den Werken der Antike sahen die Renaissancekünstler ihre Vorbilder. Eine Leitidee der Antikenbegeisterung war der Gedanke, dass die »Würde und Vortrefflichkeit des Menschen« in seiner Individualität begründet seien, nicht im göttlichen

Heilsstand. Jedem Menschen wurde ein individueller Wissens- und Wirkungskosmos zugestanden. Dies hatte für die Künste gravierende Folgen. Früher ein schlichter Handwerker, sah sich der Künstler nun als Humanist, der kraft seiner »virtù«, seiner Tüchtigkeit, individuell Gedachtes in individuellen Werken formuliert. Und tatsächlich gewinnen die künstlerischen Schöpfungen ein Niveau naturwissenschaftlicher, malerischer, kompositorischer und inhaltlicher Berechnung, das den Begriff des Handwerks bei Weitem übersteigt.

Zwei Persönlichkeiten haben die Renaissancearchitektur maßgeblich geprägt, Brunelleschi und Alberti. Filippo Brunelleschi (▶ Berühmte Persönlichkeiten), der Erbauer der Domkuppel in Florenz, gilt als der Erneuerer der Baukunst. Klare Gliederung, geometrisch proportionierte Formen, Gleichmaß der Raumdisposition auch bezüglich ihrer Beleuchtung, die Verwendung von antiken Motiven und die Aufnahme von Elementen der byzantinischen Tradition kennzeichnen seine Arbeiten. Leon Battista Alberti lieferte sozusagen den theoretischen Überbau mit seinen architekturtheoretischen Schriften. Außerdem betätigte sich der humanistisch Gebildete als Baumeister und Berater an Fürstenhöfen. **Architektur: Brunelleschi und Alberti**

Die klassische Renaissancefassade wurde an Santa Maria Novella in Florenz entwickelt und knüpfte mit ihren monumentalen Blendarkaden im Erdgeschoss und den weiß-grünen Inkrustationen an die Florentiner Proto-Renaissance an. Neu hinzu kamen u. a. die großen Voluten als Verbindung zwischen dem Langhaus und den niedrigeren Seitenschiffen. Ein wegweisender Bau war ferner die Kirche Santa Maria dei Carceri in Prato, die Giuliano da Sangallo entwarf. Mit dem Zentralbau wurde das alte Thema der Martyrienkirche wieder aufgenommen. **Kirchen**

Stärker denn je manifestierte sich der Stilwille in der profanen Architektur. Die burgartigen Wohnkomplexe der Adelsfamilien wurden durch die Stadtpaläste der Fürsten und der führenden Familien des Quattrocento (15. Jh.) abgelöst. Die Palazzi wurden durch ihren regelmäßigen Aufbau, eine klare Stockwerkseinteilung und eine symmetrische Fassadenanordnung auf eine monumentale Wirkung ausgerichtet. Eine wichtige Veränderung im Grundriss stellte die Verlegung der Treppe vom Hof in das Innere des Gebäudes dar, wodurch die quadratischen **Arkadenhöfe** entstanden. Wappen und allegorische Anspielungen an Friesen, Kapitellen, Tür- und Fensterrahmen verwiesen auf den Bauherrn. Die dreigeschossige Fassade des Palazzo Rucellai in Florenz (begonnen um 1457) übernahm mit ihrer Gliederung durch Pilaster, die dorisch im Erdgeschoss, ionisch im ersten und korinthisch im zweiten Obergeschoss ausgeführt wurden, die Säulenordnung des Kolosseums von Rom. **Profanbauten**

»Wiedergeburt« der Antike

Zu Beginn des 15. Jahrhunderts begannen die großen italienischen Architekten, sich für die Formensprache der Antike zu interessieren, Bauten der Griechen und Römer wurden Vorbilder für ihre eigenen Werke. Als Schöpfer der Renaissancearchitektur gilt Filippo Brunelleschi, nach dessen Plänen die Kuppel des Florentiner Doms gebaut wurde und der sein Wissen aus dem Studium griechisch-römischer Bauwerke bezog. In der Malerei war die Wiederentdeckung der Zentralperspektive wichtig, sie ermöglichte die Darstellung des dreidimensionalen Raums auf der Leinwand.

ITALIEN

▶ **Die wichtigsten Personen und Werke**

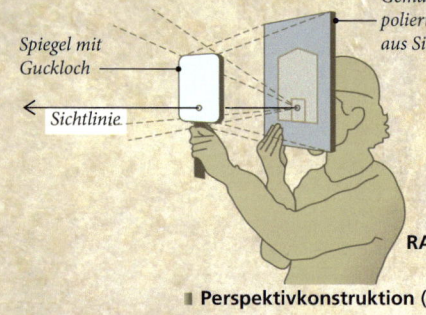

Spiegel mit
Guckloch

Sichtlinie

Gemälde mit
poliertem Himmel
aus Silber

Der vitruvianische Mensch (1492

RAFFAEL (1483–1520, Maler, Architekt)

▮ **Perspektivkonstruktion (1410)**

FILIPPO BRUNELLESCHI

(1377–1446, Architekt, Bildhauer)

BRAMANTE (1444–1514, Baumeister

David (Bronze, 1430–1433?,
▮ 1444–1446?)

DONATELLO (1386–1466, Bildhauer)

DEUTSCHSPRACHIGER RAUM

AGRIPPA VON NETTESHEIM (1486–1535, Theologe, Jurist, Arzt)

ALBRECHT DÜRER (1471–1528, Maler, Grafiker)

HANS HOLBEIN D. Ä. (1465–1524, Maler)

SEBASTIAN BRANT (1457–1521, Jurist, Dichter)

1400　　　　　　　　　　1450

**»QUATTROCENTO«
FRÜHRENAISSANCE IN ITALIEN**

GOTIK

MITTELALTER　　　　　　　　　　**RENAISSANC**

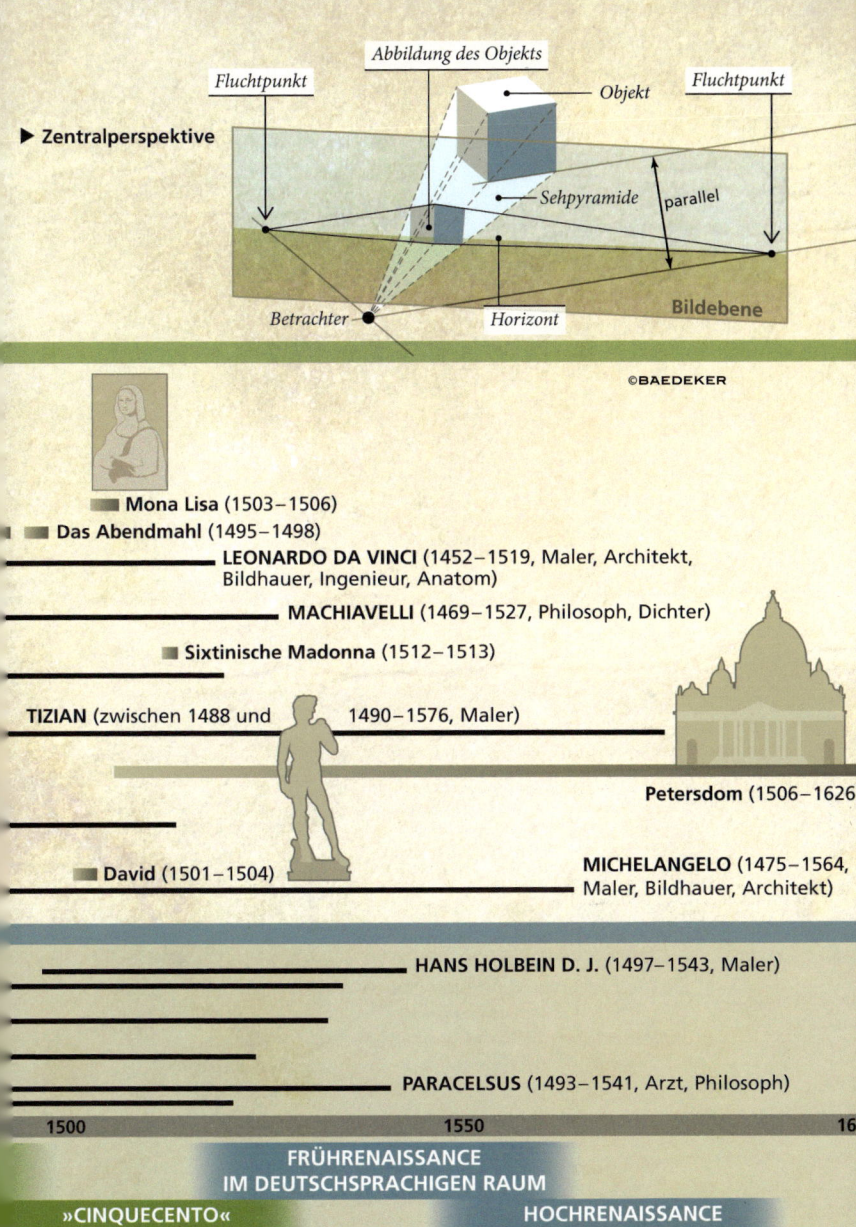

▶ **Zentralperspektive**

Fluchtpunkt

Abbildung des Objekts

Objekt

Fluchtpunkt

Sehpyramide   parallel

Betrachter   *Horizont*

Bildebene

©BAEDEKER

Mona Lisa (1503–1506)

Das Abendmahl (1495–1498)

LEONARDO DA VINCI (1452–1519, Maler, Architekt, Bildhauer, Ingenieur, Anatom)

MACHIAVELLI (1469–1527, Philosoph, Dichter)

Sixtinische Madonna (1512–1513)

TIZIAN (zwischen 1488 und 1490–1576, Maler)

Petersdom (1506–1626)

David (1501–1504)

MICHELANGELO (1475–1564, Maler, Bildhauer, Architekt)

HANS HOLBEIN D. J. (1497–1543, Maler)

PARACELSUS (1493–1541, Arzt, Philosoph)

1500   1550   160(

FRÜHRENAISSANCE IM DEUTSCHSPRACHIGEN RAUM

»CINQUECENTO« OCHRENAISSANCE IN ITALIEN

HOCHRENAISSANCE IM DEUTSCHSPRACHIGEN RAUM

SPÄTRENAISSANCE   BAROCK

Der berühmte »David« von Michelangelo auf der Piazza della
Signoria in Florenz. Das Original steht in der Galleria dell' Accademia.

Plastik In der Toskana blieben die Einflüsse Giovanni Pisanos bis zum Ende
des 14. Jh.s beherrschend, doch dann vollzog sich zu Beginn des
Quattrocento ein **grundlegender Wandel**. In Florenz entstand das
Bedürfnis, die unvollendeten Bauten fertigzustellen: die Bronzetüren
des Baptisteriums, den Statuenzyklus von Orsanmichele, den
Bauschmuck für den Dom und den Kampanile – alles anspruchsvol-
le Aufgaben für die Bildhauer, die die neue Vorstellung vom Menschen bildnerisch umsetzen sollten. Folgerichtig entstand die selbstständige, frei stehende Plastik, eine bahnbrechende Neuerung, die
außerhalb Italiens erst viel später aufgegriffen wurde. Eines der ersten Beispiele einer frei stehenden Plastik schuf **Donatello** (▶Be-
rühmte Persönlichkeiten) mit dem »David« um 1430/1433 (Florenz,
Museo Nazionale del Bargello). Das gründliche Studium am lebenden Modell war die Voraussetzung für die Gestaltung von Körper-
haltung und -oberfläche, auf der sich Knochen, Muskeln und Sehnen
abzeichnen. Die sinnliche Schönheit und die Nacktheit waren völlig
neu. Der Bildhauer lernte von der Antike, ohne sie zu kopieren, er
wusste sie individuell umzusetzen. Donatello veränderte auch die
Ausformung des Reliefs grundlegend, indem er den Grund zu einem
sphärischen dreidimensionalen Raum ausgestaltete. Bei **Lorenzo
Ghiberti** lässt sich dieser stilistische Umbruch sehr gut nachvollzie-

hen: Mit den 28 Reliefs an den Bronzetüren des Baptisteriums (Florenz, 1403 – 1424) schuf er ein Werk, das noch stark der Gotik verwandt ist und nur sehr zögerlich Motive der Frührenaissance aufnimmt. Dagegen ist die Formenwelt der Renaissance bei der Bronzestatuette des Stephanus 1427/1428 für Orsanmichele (Florenz) sehr ausgeprägt: Ruhe und Anmut strahlt der junge Märtyrer aus. **Andrea del Verrocchios** Arbeiten für Orsanmichele, darunter die Bronzegruppe »Christus und hl. Thomas«, entstanden meist im Auftrag der Medici. **Luca della Robbia** und sein Neffe Andrea übertrugen die Fayencetechnik auf die Großplastik und schufen eine Fülle von Majolikabildwerken. Zu Beginn beschränkten sie sich lediglich auf weiße Relieffiguren vor blauem Hintergrund, später wurden die Terrakotten farbenprächtig wie bei dem Bilderfries am Ospedale del Ceppo von Pistoia.

Vor allem (aber nicht nur) als Bildhauer betätigte sich der Universalkünstler **Michelangelo Buonarroti** (▶ Berühmte Persönlichkeiten). Wohl am berühmtesten sind sein viel kopierter Marmor-»David« (Galleria dell' Accademia, Florenz), das Gemälde »Die Heilige Familie« (Uffizien, Florenz) und die **Grabkapelle der Medici** bei San Lorenzo in Florenz. Zahlreiche Künstler Italiens kamen in die Arnometropole, um dort auch von seinem Vorbild zu lernen, bevor sie sich wieder in ihrer Heimat niederließen.

Als Masaccio 1427 mit der Ausstattung der Brancacci-Kapelle in Florenz begann, bestimmte noch die internationale Gotik den Stil der meisten seiner Kollegen. Mit den Brancacci-Fresken und dem gemalten Grabdenkmal mit der Hl. Dreifaltigkeit von Santa Maria Novella (Florenz) leitete er einen Umbruch ein: Die **Perspektivregeln** sind wissenschaftlich korrekt befolgt, die Körper sind in einen Raum eingebunden und mittels Licht und Schatten plastisch herausgearbeitet. Die Gestaltung des Bildes als perspektivischer Bildraum wurde von Paolo Uccello, Filippo Lippi und Andrea Castagno aufgenommen und weiterentwickelt, während außerhalb von Florenz die Bildsprache der internationalen Gotik noch lange gepflegt wurde. Die eher zeichnerisch-lineare Ausrichtung der Florentiner Malerei bereicherte Domenico Veneziano ab 1438 durch eine intensive Kolorierung. Mitte des 15. Jh.s setzte auch in der Malerei verstärkt eine Antikenrezeption ein. **Antonio del Pollaiuolo** war fasziniert von komplizierten antiken Bewegungsmotiven, die er in seinen Werken festzuhalten versuchte. Raum und Atmosphäre sollten den Ausdruck seiner Personen unterstreichen. Der Karmelitermönch **Fra Filippo Lippi** verklärte in seinen Werken biblisches Geschehen durch weltlich-irdische Schönheit wie beim 1452 – 1466 ausgeführten Freskenzyklus im Dom von Prato und der »Verkündigung« in San Lorenzo von Florenz. Erstaunliche **Plastizität und Wirklichkeitsnähe** kennzeichnen die von tiefer Gläubigkeit erfüllten Fresken Fra Angelicos im Floren-

Malerei,
Masaccio

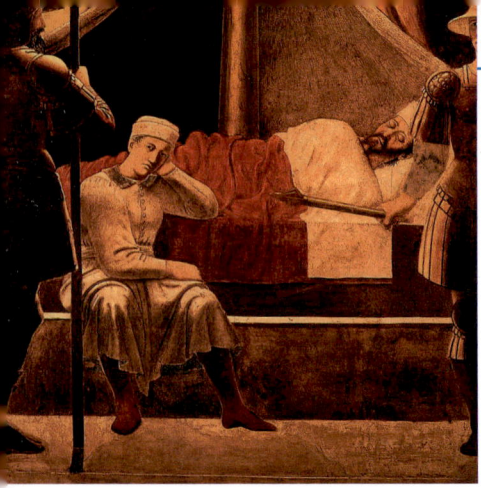

Ausschnitt aus dem berühmten Freskenzyklus, den Piero della Francesca in Arezzo schuf

tiner Kloster San Marco. Als gro-ßer Meister der Perspektive gilt **Piero della Francesca**; sein 1452 – 1464 entstandener Fres-kenzyklus für die Kirche San Francesco in Arezzo gehört zu den ausdrucksstärksten Werken der Renaissance-Malerei. Stim-mungsvolle, idealtypische Figu-ren und Formen malte der Flo-rentiner **Sandro Botticelli**, der seinen Gemälden zahlreiche Por-trätfiguren einfügte und seine Kompositionen betont linear konzipierte. Eine verträumte Me-lancholie scheint seine heid-nisch-mythologischen Bilder zu erfüllen, darunter die berühmte »Geburt der Venus« und »Der Früh-ling«, beide in den Uffizien in Florenz. Eine zentrale Gestalt für die Begründung der Malerei der Hochrenaissance war **Leonardo da Vinci** (▶ Berühmte Persönlichkeiten), der sich im Sinne eines »uomo universale« intensiv naturwissenschaftlich-technischen Studien wid-mete, Architekturpläne entwarf und auch Bühnenmaschinerien kon-struierte.

Manierismus   Nach einer Zeit absoluter Kunstblüte folgte ein Jahrhundert, das von Seuchen, Armut und Kriegen geprägt war. In der Hochrenaissance beherrschten die Künstler die klassische Formen- und Ideenwelt, das Verständnis der antiken Kunst hatte ein hohes Niveau erreicht, Mittel und Technik wurden vollkommen eingesetzt. Die Florentiner Kunst begann sich von dem strengen Naturvorbild zu lösen, das vollkom-mene Gleichgewicht der klassischen Kunst war nicht mehr Hauptan-liegen. Die Künstler wurden durch Zerfall, Laszivität und Tod her-ausgefordert, während zugleich Erfindung, Fantasie, Ausdruckskraft zu wichtigen Begriffen wurden. Neue Genres der Malerei wie die Landschaft und das Stillleben bildeten sich heraus. Zu den wichtigen Auftraggebern zählten neben der Kirche das Herzogshaus und die Adelsgeschlechter. Das theoretische Interesse an der Kunstgeschich-te erwachte, wovon die **Schriften Giorgio Vasaris** zu den Lebens- und Werkbeschreibungen italienischer Künstler zeugen. Als ein Bei-spiel sei der Brunnen von Giambologna im Park der Medici-Villa Pratolino bei Florenz aufgeführt. Die dortige Personifikation eines Gebirgszuges erhielt die Gestalt eines alten Riesen, dessen Glieder und Bart mit dem Felsgestein, aus dem er gehauen ist, zusammen-schmelzen. Die Grenzen zwischen Natur und Kunst, die sich gleich-berechtigt miteinander verbinden, verwischen.

In Florenz wurde schon 1582 in den – von Vasari ursprünglich als Verwaltungsgebäude konzipierten – Uffizien ein Museum eingerichtet, um die Kulturschätze, die sich aus der liturgischen Funktion befreit hatten, in der Stadt zu behalten und darüber hinaus Werke des 14.–16. Jh.s sowie Beispiele der umbrischen, emilianischen und venezianischen, der flämischen und deutschen Schule zu präsentieren.

Gründung der Uffizien

BAROCK

Die italienischen Zentren des Barock waren Rom, Bologna und Neapel. Florenz wollte nie eine Barockstadt werden, sondern hielt am Stadtbild der Renaissance fest. Die wenigen barocken Neu- oder Umbauten gerieten eher nüchtern und zurückhaltend. Es fehlen ihnen die ausladenden Treppenhäuser, die mit Dekoration überladenen Festsäle und die reich verzierten Portal- oder Fensterrahmungen. Eine kurze Blüte erlebte der **Spätbarock in Florenz** unter Großherzog Cosimo III., der in seinen großherzoglichen Werkstätten einige Künstler beschäftigte. Zu den wenigen Gebäuden, die im Barockstil umgestaltet wurden, gehört der Palazzo Pitti, der im 17. Jh. erweitert und neu ausgeschmückt wurde. Mit der Dekoration der Säle im Piano Nobile betraute man den viel beschäftigten Maler und Architekten Pietro da Cortona, einen Meister der illusionistischen Deckenmalerei. In der zweiten Hälfte des 17. Jh.s errichteten Pier Francesco Silvani und Antonio Ferri den Palazzo Corsini mit einem monumentalen Treppenhaus und einem reich dekorierten und mit Stuck verzierten großen Saal, wodurch das Gebäude dem römischen Barock näher steht als dem florentinischen. Die Ausmalung des Chores von Santa Maria Maddalena dei Pazzi durch Pier Francesco Silvani und Cirro Ferri ist zwar reich, aber vergleichsweise derb. Überhaupt erreichte weder die barocke Malerei noch die Architektur in der Toskana die Qualität des römischen Barock.

Die Toskana wird künstlerische Provinz

19. UND 20. JAHRHUNDERT

Bereits ab dem Barockzeitalter war die Toskana künstlerische Provinz. Das änderte sich auch im ausgehenden 18. und 19. Jh. nicht. Mit der Entdeckung der römischen Altertümer und ihrer Rezeption durch die Künstler rückten Rom und die Ausgrabungsstätten im südlichen Italien in den Mittelpunkt des Interesses. In der zweiten Hälfte des 19. Jh.s bildeten sich wie überall in Europa an verschiedenen Orten Malerschulen und -kolonien. Ende der 1860er-Jahre sammelte sich um den seit 1847 an der Akademie von Florenz lehrenden Giovanni Fattori die Malergruppe der **Macchiaioli,** die einen eigenständigen, an Camille Corot anknüpfenden Frühimpressionismus entwickelte.

19. Jahrhundert

Jugendstil Die Jugendstilbewegung hat in der Toskana mehr Spuren hinterlassen, als man es vielleicht von dieser Region erwarten würde. Jugendstilbauten bzw. interessante Architekturdetails dieses Stils – so z. B. Fensterrahmungen, Fassadenmalereien oder Schaufenster – findet man heute vor allem noch in **Viareggio**, wo nach dem großen Brand von 1917 fast die gesamte Strandpromenade im neuen Stil wieder hochgezogen wurde, aber auch in Lucca, Florenz, Pistoia und Pisa oder in Montecatini Terme. Der berühmteste Vertreter des Jugendstils in der Region war der aus Florenz gebürtige **Galileo Chini** (1873 – 1956), der 1896 eine Keramikmanufaktur gründete und schon bald auch im Ausland mit seinen Dekorationen Aufmerksamkeit erregte. Viele Anregungen verdankte er einem zweijährigen Aufenthalt in Bangkok, wo er an der Gestaltung des Königlichen Palastes beteiligt war. Später verlegte Chini seine Manufaktur von Florenz nach Borgo San Lorenzo. Aus der engen Zusammenarbeit zwischen Chini und dem Architekten Alfredo Belluomini entstand z. B. das berühmte, orientalisch anmutende Caffè Margherita in Viareggio.

Malerei Auch in Italien ging die Avantgardekunst vor allem von den Großstädten aus, waren doch Kunstrichtungen wie der Futurismus geradezu unabdingbar mit der Erfahrung des Großstadtlebens und der Industrialisierung der Gesellschaft verknüpft. Die meisten jungen Talente zog es deshalb in die Städte, so auch Gino Severini, der 1883 in Cortona geboren wurde und federführend mit Umberto Boccioni den Futurismus in der Malerei entwickelt hatte. Auch **Amadeo Modigliani** (▶ Berühmte Persönlichkeiten), der 1884 in Livorno geboren wurde, fand die Anregungen für seine Kunst nicht in seiner Heimatstadt, sondern vor allem in Paris, das um die Jahrhundertwende Künstler aus ganz Europa in seinen Bann zog. Einer der wenigen international bekannten Künstler, die eng mit ihrer toskanischen Heimat verbunden blieben, war der aus Pistoia gebürtige Marino Marini (1901 – 1980). In Pistoia gibt es mittlerweile ein Museum mit Werken des Bildhauers, ebenso in Florenz.

Architektur Zahlreiche herausragende Beispiele für Städtebau und Architektur des 20. Jh.s wird man in der Toskana nicht finden. Ein Grund dafür ist sicher darin zu suchen, dass die meisten Städte in der Toskana eine geschlossene historische Bausubstanz besitzen und dadurch wenig Raum bieten für neue Großprojekte. Zwischen 1933 und 1936 entstand der Bahnhof Santa Maria Novella in Florenz, der durch seine modernistische Formensprache zu den bedeutendsten Großbauten des italienischen Funktionalismus gehört, mit seiner Marmorverkleidung aber auch die örtliche Tradition aufnimmt. Einer der beteiligten Architekten war Giovanni Michelucci aus Pistoia, den seine Heimatstadt mittlerweile ebenfalls (wie Marini) mit einer Dauerausstellung würdigt.

Breiter gefächert sind die Möglichkeiten dort, wo es um Umnutzungen oder Restaurierungen bereits bestehender Gebäude geht. Als gelungenes Beispiel gilt der Umbau des 1994 wieder eröffneten Dommuseums in Lucca durch Pietro Carlo Pellegrini. Er fasste vier Gebäude aus unterschiedlichen Epochen zu einem Komplex zusammen, ohne die einzelnen architektonischen Eigentümlichkeiten zu verwischen.

Restaurierungen

ZEITGENÖSSISCHE KUNST

Auch wenn die Toskana keine Region ist, in der viele moderne oder zeitgenössische Künstler gearbeitet haben, so gibt es heute dennoch eine Reihe von Orten, an denen man ihrer Kunst begegnen kann. Besonders prominent ist der **Giardino dei Tarocchi**, ein märchenhafter Park mit fantastischen Skulpturen der im Mai 2002 verstorbenen Niki de Saint Phalle unweit von Capalbio. Der Skulpturenpark ist mittlerweile ein Besuchermagnet in der südlichen Toskana. Daniel Spoerri hat es Niki de Saint Phalle gleichgetan und bei Seggiano einen sehenswerten Skulpturengarten angelegt.

Spezielle Sammlungen und Ausstellungsorte

Auf zeitgenössische Kunst spezialisiert ist man in Prato, der ansonsten eher »kunstarmen« Nachbarstadt von Florenz: Seit 1988 werden im **Centro per l'Arte Contemporanea Luigi Pecci** Arbeiten von Richard Baquié, Willi Kopf sowie Anne und Patrick Poirier gezeigt.

Gratis und nur nach schriftlicher Voranmeldung 6 Wochen im Voraus kann man die sehenswerte private **Gori Collection** des Textilmagnaten Giuliano Gori nahe Montale bei Pistoia besichtigen. Die einzigartige Sammlung umfasst derzeit 56 Werke von Alberto Burri über Dani Karavan, Bukichi Inoue, A. R. Penck, Richard Serra, Robert Morris, Enrico Castellani, Emilio Vedova und Pietro Coletta (Fattoria di Celle – The Gori Collection, Via Montalese 7, 51030 Santomato di Pistoia, www.goricoll.it). Sehenswert sind zudem die Ausstellungen im **Lu.C.C.A** (Lucca Center of Contemporary Art, www.luccamuseum.com), im **BLU Palazzo d'Arte e Cultura** (www.palazzoblu.org) in Pisa sowie in Pisas **Centro Espositivo San Michele degli Scalzi** (www.comune.pisa.it/cultura/doc/CENTROSMS.htm).

Der in Volterra geborene Künstler Mauro Staccioli hat einen Teil seiner Großskulpturen 1972 bis 2009 markant rings um seine Heimatstadt platziert. Seine geometrischen Objekte sind z. B. an der Kirche San Lorenzo in Mazzolla, an der Zufahrt zur Fattoria Lischeto, an der Kirche Santa Lucia in Corbano oder an der Landstraße 68 (SR 68) nahe der Ortschaft La Mestola zu sehen.

Seit 2011 sind die Rasenflächen vor dem Flughafen Pisa durch neue Skulpturengruppen des Bildhauers Giovanni Maria Manganelli geschmückt. Sein Projekt »volarearte« (etwa »Kunst des Fliegens«) mit den neuen Installationen »Africa«, »Mare aperto«, »Oceano« sowie »Psiche« wird von An- wie Abreisenden begeistert aufgenommen.

ROBERTO BENIGNI (GEB. 1952)

Manche halten ihn für den modernen Charlie Chaplin, sicher ist **Komiker ,** jedenfalls, dass Roberto Benigni, 1952 in Misericordia bei Arezzo **Schauspieler,** geboren, derzeit zu den größten Multitalenten der Filmbranche ge- **FIlmemacher** hört. Der Komiker, Entertainer, Schauspieler und Filmemacher wurde zwar katholisch erzogen, dennoch (oder vielleicht gerade deshalb) ist die römisch-katholische Kirche seit seinen ersten Auf- tritten ein beliebtes Objekt seiner Komik und Satire. Anfang der 1970er-Jahre begann er seine Schauspielkarriere in Rom – mit alter- nativem Theater und One-Man-Shows. Sein Leinwanddebüt gab er 1977 in dem Streifen »Berlinguer ti voglio bene« von Giuseppe Ber- tolucci, dem Bruder von Starregisseur Bernardo. Neun Jahre später gelang ihm mit der Komödie »Down by Law« von Jim Jarmusch der internationale Durchbruch als Filmschauspieler. Sein bislang größ- ter Erfolg »La vita è bella« (Das Leben ist schön, 1997), in dem er die Hauptrolle spielt und Regie führt, bringt ihm höchste künstlerische Auszeichnungen und internationale Filmpreise ein, u. a. gleich drei Oscars.

GIOVANNI BOCCACCIO (1313 – 1375)

Als unehelicher Sohn eines großbürgerlichen Kaufmanns aus **Schöpfer des** Certaldo wurde Boccaccio vermutlich in Paris geboren. Er wuchs **Decamerone** in Florenz auf und ergriff zunächst den Beruf des Vaters. Han- delsreisen führten ihn nach Neapel, wo er sich zum Studium der alten Sprachen entschloss und anschließend als Autor lateinischer und italienischer Literaturwerke für viele Jahre dort blieb. Um 1340 hielt er sich wieder in Florenz auf, wo er mit dem Humanis- ten und Gelehrten Petrarca zusammentraf und sich mit ihm um die Wiederbelebung der lateinischen und griechischen Sprache und Literatur bemühte. Unter dem Eindruck der großen Pestepi- demie 1348 entstand sein berühmter Novellenzyklus »Il Decame- rone«, der heute als Ursprung der italienischen Prosa angesehen wird. In den 100 Erzählungen, die von zehn Personen an zehn Tagen vorgetragen werden, geht es um Fragen der Liebesmoral vor dem Hintergrund einer Katastrophe, die die Schranken der Gesetze, der Religion und Moral außer Kraft setzt. Neben vielen weiteren Werken schrieb der Bewunderer Dantes auch eine »Vita di Dante« (um 1360) und erhielt 1373 von der Stadt Florenz den ersten öffentlichen Lehrstuhl für die Deutung der »Göttlichen Komödie«.

Giacomo Puccini komponierte »La Bohème« und »Madame Butterfly« in seiner Villa am Lago di Massaciuccoli.

FILIPPO BRUNELLESCHI (1377 – 1446)

Renaissance-Baumeister

Der gebürtige Florentiner Baumeister und Bildhauer Brunelleschi gilt als eigentlicher Schöpfer der Renaissancearchitektur. Angeregt wurde er zu seinen Neuerungen durch die antiken Denkmäler, die er zusammen mit seinem Freund, dem Bildhauer Donatello, in Rom studierte. Umgesetzt hat er seine Erkenntnisse u. a. in den beiden florentinischen Kirchen San Lorenzo und Santo Spirito. In einer kühnen Synthese aus frühchristlichen basilikalen Baugedanken und antikisierender Formensprache (Säule, Pilaster, Kapitell, Gebälk) schuf Brunelleschi ein lichtdurchflutetes, proportional gleichgewichtiges Raumgefüge, in dem das Raumganze in ständiger Wechselwirkung mit den Einzelformen steht.

Zu Brunelleschis großen Ingenieurstaten zählt außerdem die gewaltige freitragende, doppelschalige Konstruktion der Domkuppel in Florenz. Aber auch für die malenden Kollegen hat Brunelleschi Bahnbrechendes geleistet: Aus der optischen Lehre von Euklid entwickelte er die zentralperspektivische Projektion, d. h. die wissenschaftlich exakte Darstellung eines dreidimensionalen Raums auf einer Fläche, was der Malerei ungeahnte Möglichkeiten eröffnete.

DANTE ALIGHIERI (1265 – 1321)

Verfasser der »Göttlichen Komödie«

Der Spross einer angesehenen florentinischen Patrizierfamilie wuchs in einem Stadtviertel nahe dem Dom auf, zu einer Zeit, als in den Städten Norditaliens der Kampf zwischen Ghibellinen und Guelfen tobte. Der junge Adelige studierte Rechtswissenschaft und ging danach in die Politik. Im selben Jahr, als er zum Mitglied der Signoria gewählt wurde (1300), brachen erneut blutige Kämpfe zwischen den Adelsgruppen in der Stadt aus, sodass der Papst den französischen Prinzen Karl von Valois nach Florenz schickte. Die Guelfen wurden der Verschwörung beschuldigt und ihre Anführer aus der Stadt verbannt. Das Urteil für ihren Anhänger Dante lautete lebenslange Verbannung, die später in eine Todesstrafe umgewandelt wurde. Verbittert und auf fremde Hilfe angewiesen, lebte Dante bis zu seinem Tod 1321 in Norditalien, zuletzt in Ravenna.

Während seiner Exiljahre entstanden seine wichtigsten Werke, darunter auch die in toskanischem Dialekt, dem Vorläufer der italienischen Nationalsprache, geschriebene »Commedia«, später mit dem Beinamen »Divina« versehen (Göttliche Komödie). Das aus 100 Gesängen in Versform komponierte, allegorische Gedicht thematisiert die grundlegenden Fragen zu Theologie und Philosophie, Kirche und Staat sowie die politisch-soziale Situation Italiens zur Zeit Dantes.

DONATELLO (UM 1386 – 1466)

Als der bedeutendste Bildhauer des 15. Jh.s wird Donatello (eigent- **Bildhauer**
lich Donato di Niccolò di Betto Bardi) von keinem anderen Künstler
seiner Zeit an Ausdruckskraft, Themenvielfalt und Reichtum des
Schaffens übertroffen. Als Lehrling arbeitete Donatello u. a. in der
Werkstatt von Ghiberti, als Meister schuf er in seiner Heimatstadt
Florenz Standbilder für den Dom sowie für die Kirche Orsanmiche-
le. Die Begegnung mit der römischen Antike führte ihn dann weit
über das mittelalterliche Kunstempfinden hinaus. Mit dem um 1430
entstandenen »David« (heute im Museo Nazionale del Bargello in
Florenz) schuf er die erste Aktdarstellung, mit dem »Denkmal des
Gattamelata« in Padua das erste Reiterstandbild und mit der Figu-
rengruppe »Judith tötet Holofernes« vor dem Florentiner Palazzo
Vecchio das erste vollkommen frei stehende Gruppenmonument.
Die Medici ehrten den Bildhauer, indem sie ihn in der Krypta Cosimos d. Ä. in San Lorenzo in Florenz beisetzen ließen.

GALILEO GALILEI (1564 – 1642)

Die Kirche brauchte lange, um ihren Irrtum einzugestehen: 1992 hob **»Und sie**
sie den Bann über Galileo Galilei auf – genau 360 Jahre, nachdem sie **bewegt sich**
seine Lehre als ketzerisch verurteilt hatte. Bereits mit 25 Jahren er- **doch!«**
hielt der Mathematiker, Physiker und Philosoph in seiner Vaterstadt **(▶Baedeker**
Pisa einen Lehrstuhl für Mathematik. Hier soll er auch Experimente **Wissen S. 68)**
durchgeführt haben, die ihn zu epochemachenden Erkenntnissen
führten: Der Kandelaber im Dom brachte ihn zur Erforschung der
Pendelbewegung, der Schiefe Turm diente ihm bei der Untersuchung
des freien Falls. In Padua, wo er ab 1592 lehrte, entwickelte er u. a.
die Fallgesetze. 1609 baute er das ein Jahr zuvor in Holland erfunde-
ne Fernrohr nach und erforschte mit ihm
den Sternenhimmel. Als Galilei öffentlich
für das bereits von Kopernikus begründete
heliozentrische Weltbild eintrat, brachte ihn
dies in heftigen Widerstreit mit der offiziel-
len Meinung der Kirche, die 1616 seine Lehre verbot. Zum Prozess kam es durch seine
1632 erschienene Schrift, in der Galilei dar-
legte, warum die Erde eine Kugel ist, die sich
um die Sonne dreht. Am 22. Juni 1633 er-
ging das Urteil: Abschwörung seiner Lehre
und unbefristete Haft, die er mit kurzen Unterbrechungen in Arcetri verbrachte. Legende ist Galileis berühmter Satz: »Und sie (die
Erde) bewegt sich doch!«

Und sie bewegt sich doch!

Dass Galileo Galilei diesen Satz sagte, nachdem er offiziell der kopernikanischen Theorie abgeschworen hatte, fällt in den Bereich der Legende. Tatsache ist aber, dass die Katholische Kirche erst 1992 Galileo rehabilitiert hat – 360 Jahre nachdem sie seine Lehre als ketzerisch verurteilt hat.

▶ **Geozentrisches Weltbild (schematisch; nach Ptolemäus/Aristoteles)**
Das geozentrische Weltbild stellte die Erde und somit auch den Menschen in den Mittelpunkt des Universums. Es gehörte zu den Grundüberzeugungen der Katholischen Kirche.

▶ **Stationen des Galileo Galilei**

In Padua ist Galileo Professor für Mathematik

PADUA

PISA FLORENZ

Geburtsort und erste Lehrstätte von Galileo

ROM

Die Familie stammt aus Florenz; nach dem Prozess verbringt Galileo den größten Teil seines Arrests im nahen Arcetri

In Rom wird Galileo der Prozess gemacht

▶ **Planeten und ihre Abstände zur Sonne in Mio. km (schematische Darstellung)**

ERIS PLUTO
● · - ● · - · · · Zwergplaneten - - - - - - - -

NEPTUN 4496

URANUS 2896

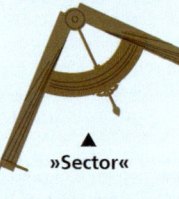
▲ **»Sector«**

▶ **Leben, Entdeckungen und Erfindungen des Galileo Galilei**

1564 Galileo Galilei wird geboren

1592–1610 Professor für **Mathematik** an der Universität von Padua

1593 Galileo erfindet eine **Wasserpumpe**, die von Pferden angetrieben wird. 1594 bekommt er dafür das Patent vom Venezianischen Senat.

1597 erfindet Galile[o] den **»Sector«**, ein Instrument zur Berechnung von Proportionen. Es wurd[e] u.a. eingesetzt in der Landvermessun[g] und in der Navigatio[n]

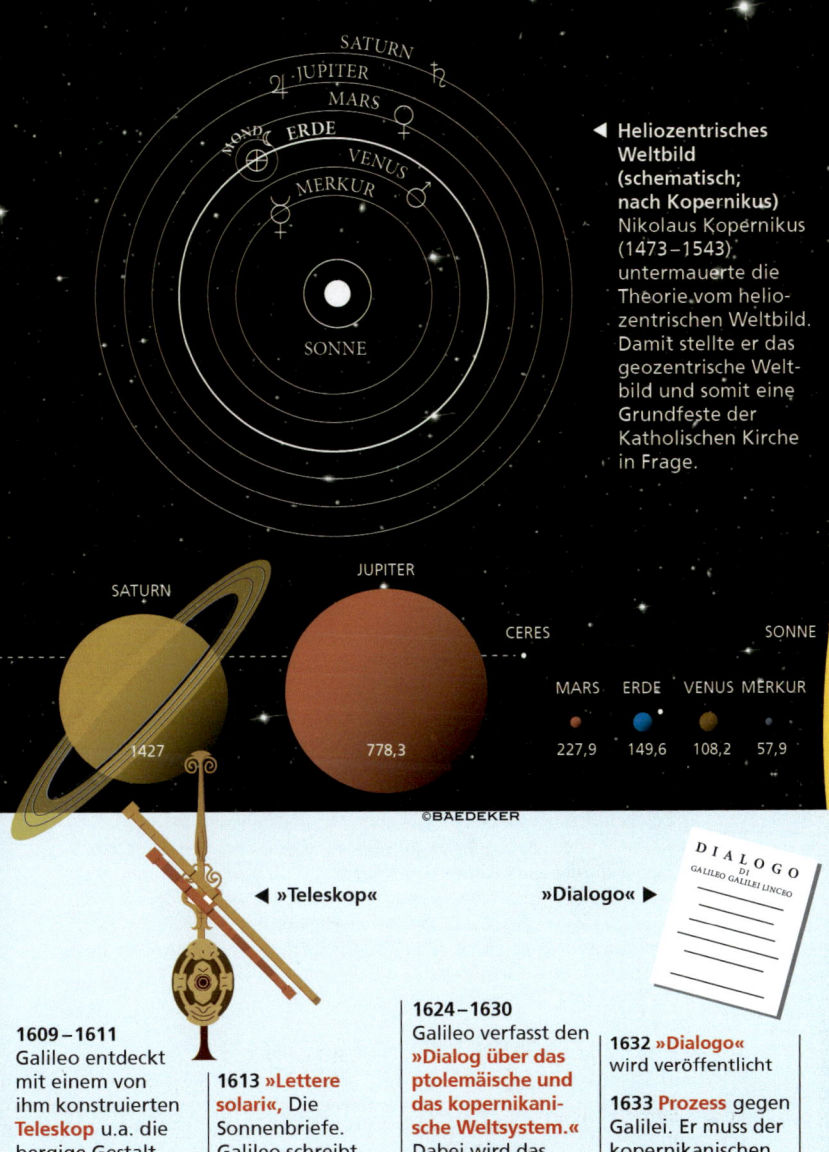

◀ **Heliozentrisches Weltbild (schematisch; nach Kopernikus)** Nikolaus Kopernikus (1473–1543) untermauerte die Theorie vom heliozentrischen Weltbild. Damit stellte er das geozentrische Weltbild und somit eine Grundfeste der Katholischen Kirche in Frage.

SATURN
JUPITER
MARS
MOND ERDE
VENUS
MERKUR
SONNE

SATURN
JUPITER
CERES
SONNE
MARS   ERDE   VENUS MERKUR
1427   778,3   227,9   149,6   108,2   57,9

©BAEDEKER

◀ »Teleskop«

»Dialogo« ▶

DIALOGO
DI
GALILEO GALILEI LINCEO

1609–1611
Galileo entdeckt mit einem von ihm konstruierten **Teleskop** u.a. die bergige Gestalt des Mondes, vier Jupitermonde und die Ringe des Saturns.

1613 »Lettere solari«, Die Sonnenbriefe. Galileo schreibt über seine Theorien und Beobachtungen der Sonnenflecken.

1624–1630
Galileo verfasst den **»Dialog über das ptolemäische und das kopernikanische Weltsystem.«** Dabei wird das kopernikanische (heliozentrische) Weltbild als das richtige dargestellt.

1632 »Dialogo« wird veröffentlicht

1633 Prozess gegen Galilei. Er muss der kopernikanischen Theorie abschwören und bekommt lebenslänglichen Hausarrest.

KATHARINA VON SIENA (1347 – 1380)

Hochverehrte Heilige

Neben Franz von Assisi ist sie vermutlich eine der prominentesten Heiligen in Italien. Die Tochter eines Wollfärbers legte bereits mit sieben Jahren das Gelübde der Jungfräulichkeit ab. Als Zwölfjährige verweigerte sie die Ehe, doch erst nach zahlreichen Demütigungen erlaubte ihre Familie ihr den Eintritt in den Dominikanerorden. Als Laienschwester verschrieb sie sich der Kranken- und Armenpflege, aber auch strengen Bußübungen, bei denen sie Ekstasen und Visionen im Gebet erlebte. Außerhalb der Klostermauern setzte sie sich für die Rückkehr der seit 1309 in Avignon residierenden Päpste nach Rom ein. Am 29. April 1380, mit nur 33 Jahren, brach Katharina in Rom tot zusammen, 81 Jahre später wurde sie von Papst Pius II. heiliggesprochen. Katharinas Körper wurde in Santa Maria sopra Minerva in Rom beigesetzt, ihr Haupt ruht in San Domenico in Siena.

LEONARDO DA VINCI (1452 – 1519)

Ingenieur, Künstler und Naturforscher

Das Renaissance-Genie Leonardo da Vinci vereinte herausragende Fähigkeiten als Maler, Bildhauer und Baumeister, außerdem als Naturforscher und Ingenieur. Leonardo wurde bereits mit 20 Jahren in die Malergilde von Florenz aufgenommen. Von 1482 bis 1498 wirkte er am Hof des Herzogs Lodovico Sforza in Mailand, danach lebte er nochmals in Florenz, in Mailand, in Rom, 1517 folgte er einer Einladung von König Franz I. nach Frankreich. Sein wohl berühmtestes Gemälde, die mit wundervoller Grazie rätselhaft lächelnde »Mona Lisa« (1503 – 1505), befindet sich heute im Pariser Louvre, ebenso »Die hl. Anna Selbdritt«. Da Vinci war auch als Festungsbaumeister tätig, widmete sich intensiv wissenschaftlichen Aufgaben, sezierte Leichen, schrieb einen Aufsatz über die Anatomie des menschlichen Körpers und illustrierte ihn mit Zeichnungen. Er führte Flugexperimente durch, beobachtete den Vogelflug, untersuchte Strömungsgesetze von Luft und Wasser, betrieb botanische und geologische Studien. Seine Zeichnungen, die Bewegungsstudien des menschlichen Körpers, naturwissenschaftliche Aufzeichnungen, Entwürfe für Bauten und technische Projekte beweisen eine einmalige Universalität.

NICCOLÒ MACHIAVELLI (1469 – 1527)

Verfechter der Staatsräson

Als Historiker war Niccolò Machiavelli der große Chronist seiner Vaterstadt Florenz. Als Kanzleisekretär der Republik Florenz (1498 bis 1512) war er ein überzeugter Anhänger des republikanischen Systems, in dem die Menschen am ehesten zur freien Selbstentfaltung gelangen konnten. Die römische Republik, die den Gemeinnutz zum

Wohle aller Bürger vor den Eigennutz gestellt hatte, diente ihm als Vorbild, wie er in seinen »Gedanken über Politik und Staatsführung« (Discorsi) ausführte. Bei der Analyse seiner eigenen Epoche gelangte er zu scharfsinnigen, aber wenig erfreulichen Erkenntnissen über die Regeln der Politik. So kann man in seiner berühmten Schrift »Der Fürst« (Il Principe) nachlesen: »Der Herrscher, der es am besten versteht, wie ein Fuchs zu handeln, ist noch immer am besten weggekommen. Aber wer diese Fähigkeit besitzt, muss sie geheim zu halten wissen, und er muss ein geschickter Heuchler und Betrüger sein.« Zu seinen Lebzeiten waren die Schriften Machiavellis nur einem kleinen Kreis von Intellektuellen bekannt.

MICHELANGELO BUONARROTI (1475 – 1564)

Caprese ist ein kleines Dorf im Casentino, einem stillen, abseits der großen Routen gelegenen Teil der Toskana. Hier wurde vor rund 635 Jahren der Maler, Bildhauer, Baumeister, Dichter und Forscher Michelangelo geboren. Mit 13 Jahren begann er seine Laufbahn als Lehrling in der Werkstatt des Florentiner Malers Domenico Ghirlandaio. Neben der Neigung zur Malerei entwickelte er mehr und mehr die Leidenschaft zur Bildhauerei. 1489 wurde der junge Michelangelo in die Bildhauer-Akademie der Mediceischen Gärten aufgenommen. 1494 verließ er Florenz, um in den folgenden vier Jahrzehnten zwischen der Arnostadt, Bologna und Rom zu pendeln. Danach lebte er – mit kurzen Unterbrechungen – bis zu seinem Tod in Rom. In der Toskana begegnet man vor allem in Florenz Werken des großen Universalkünstlers, z. B. in der Galleria dell' Accademia, wo das Original des berühmten »David« steht, oder in den Uffizien, wo seine »Heilige Familie« zu bewundern ist.

Universalgenie

AMADEO MODIGLIANI (1884 – 1920)

Die Hafenstadt Livorno ist die Heimat des Malers und Bildhauers Modigliani. Nach einem Kunststudium in Florenz und Venedig lebte er ab 1906 überwiegend in Paris, wo er Picasso und andere zeitgenössische Maler kennenlernte. Durch die Bekanntschaft mit dem rumänischen Bildhauer Brancusi kam er zur Skulptur. Seinen unverwechselbaren Stil entwickelte er unter dem Einfluss des Kubismus. Charakteristisch sind seine Porträts mit ovalen Gesichtsformen, lang gestreckten Hälsen, leicht versetzten, leblosen Augen und in Extremhaltungen sich windenden Körpern. Wie viele seiner Künstlerkollegen lebte Modigliani ein Leben jenseits bürgerlicher Maßstäbe. Von Krankheit, Alkohol und Drogen gezeichnet, starb der Künstler im Alter von nur 35 Jahren am 25. Januar 1920 an einer Erkältung.

Künstler

GIANNA NANNINI (GEB. 1956)

Rocksängerin Italiens berühmteste »Rockröhre« erblickte am 14. Juni 1956 in Siena das Licht der Welt. Ihre ersten Lieder schrieb sie bereits mit 14 Jah-

ren, und um Geld zu verdienen, arbeitete sie neben dem Klavierstudium in der traditionsreichen Konditorei ihrer Familie. Mit 19 Jahren, unmittelbar nach dem Abitur, schrieb sie sich an der Fakultät für Philosophie in Mailand ein, trat als Sängerin in Bars auf und erhielt ihren ersten Schallplattenvertrag. 1976 erschien ihre erste LP. Nach dem Riesenhit »America« von 1980 war ihr Name in ganz Europa ein Begriff. Gianna Nanninis Markenzeichen ist die kraftvolle, etwas raue Stimme, ihre musikalische Bandbreite reicht vom Hardrock über italienische Volkslieder bis hin zu einfühlsamen Balladen, wobei sie immer wieder öffentlich für Menschenrechte, Solidarität und Freiheit eintritt.

IRIS ORIGO (1902 – 1988)

Historikerin **und Wahl-** **Toskanerin** Die Wahl-Toskanerin Iris Origo widmete der mittelalterlichen Geschichte der Toskana zwei Bücher: »Der Heilige der Toskana«, eine Monografie über Bernardino von Siena, und »Im Namen Gottes und des Geschäfts«, eine Studie über den Kaufmann Francesco di Marco Datini. Die weit gereiste Historikerin angloamerikanischer Abstammung heiratete 1924 den Marchese Antonio Origo und zog mit ihm auf sein Gut La Foce bei Montepulciano. Sie lebte dort bis zu ihrem Tod 1988 – auch während des Zweiten Weltkrieges. Iris Origo und ihr Mann unterstützten die Partisanen und entflohene Kriegsgefangene der Deutschen. In ihrem Tagebuch hat sie diese Zeit minutiös festgehalten (▶ Baedeker-Tipp S. 42).

FRANCESCO PETRARCA (1304 – 1374)

Einer der **Begründer** **des** **Humanismus** Francesco Petrarca, Dichter, Gelehrter, Erforscher der klassischen Antike und damit einer der Begründer des Humanismus, wirkte an der Schwelle vom Mittelalter zur Renaissance. Der Beruf des Vaters bestimmte den Aufenthaltsort der Familie in Avignon, der damaligen Papstresidenz. Francesco studierte die Rechte. Er wurde bald berühmt, unternahm Reisen und gewann als Freund des Kardinals Colonna an Einfluss. Ein Schlüsselerlebnis nicht nur für ihn, sondern für das Lebensgefühl einer ganzen Epoche war seine Ersteigung des Mont Ventoux 1336, die erste bekannte Bergbesteigung um ihrer selbst willen in der Neuzeit. Später zog sich Petrarca auf sein Landgut bei Avignon zurück und widmete sich seinem literarischen Schaffen. Ab 1362 lebte er wieder in Italien.

PINOCCHIO

Die Geschichte der zum Leben erwachten Gliederpuppe mit der langen Nase ist seit Generationen sowohl in Romanform als auch als Film – zuletzt 2002 von Roberto Benigni – ein Gassenhauer. Erfunden wurde sie von Carlo Lorenzini, der unerkannt bleiben wollte und sich deshalb nach seinem Geburtsort Carlo Collodi nannte. Der Theaterkritiker und Begründer der Satirezeitschrift »Il Lampione« (Die Laterne) schrieb die Pinocchio-Geschichten als Fortsetzungsroman für das »Giornale per i Bambini«, ein Magazin für Kinder. 1878 wurden die Episoden zu einem Roman mit dem Titel »Die Abenteuer des Pinocchio« zusammengefasst. Heute ist das Buch in mehr als 80 Sprachen übersetzt und ein Klassiker der Kinderliteratur.

Legendäre Holzpuppe

GIACOMO PUCCINI (1858 – 1924)

Bereits zu Lebzeiten wurde der von Kritikern und Publikum gleichermaßen gefeierte Komponist zur Musiklegende, dessen stimmungsvolle Melodien für das Bürgertum der ausgehenden Belle Époque bis heute nichts von ihrer Faszination verloren haben. Als Sohn einer angesehenen Musikerfamilie aus Lucca übernahm er mit vierzehn Jahren das Organistenamt für die Luccheser Kirchen. Als er 1876 in Pisa Verdis »Aida« erlebte, war ihm klar: Er wollte Opern komponieren. 1880 bestand er die Aufnahmeprüfung für das Konservatorium in Mailand, ab 1884 protegierte ihn der einflussreiche Verleger Giulio Ricordi. Sein Privatleben gestaltete sich komplizierter: Er verliebte sich in die verheiratete Luccheserin Elvira Gemignani, die ihm nach Mailand folgte. Erst 19 Jahre später konnte die Beziehung legalisiert werden. Den Durchbruch brachte 1893 die Oper »Manon Lescaut«, 1896 folgte »La Bohème«, 1900 kam »Tosca« zur Uraufführung, 1904 verhalf die bewegende Liebesgeschichte der »Madame Butterfly« ihm schließlich zu Weltruhm. Die meisten seiner Opern entstanden in seiner Villa in Torre del Lago. In der Kapelle neben dem Arbeitszimmer hat Puccini seine letzte Ruhe gefunden.

Komponist

? **BAEDEKER WISSEN**

Puccini-Open-Air

Der Meister höchstpersönlich wollte, dass seine Opern unter freiem Himmel aufgeführt werden, und Puccini-Freunde griffen seine Gedanken auf: Seit über 50 Jahren wird im Juli/August das Puccini-Festival auf einer Seebühne in Torre del Lago veranstaltet.

ERLEBEN UND GENIESSEN

Welche kulinarischen Spezialitäten bietet die toskanische Küche und wo kann man am schönsten übernachten? Was hat es mit dem Super-Toskaner auf sich und in welchen Orten gibt es die besten Festivals und Events? Informationen dazu finden Sie in diesem Kapitel.

Essen und Trinken

Cucina toscana

Der weltweite Siegeszug der italienischen Küche hat dazu geführt, dass man heute fast überall italienisch essen gehen oder die Ingredienzien für ein italienisches Essen kaufen kann. Aber natürlich schmeckt es vor Ort, aus den Töpfen der heimischen Köche, immer noch am besten.

In der Toskana hat sich eine typisch toskanische Küche, die Cucina toscana, entwickelt, die als eigenständige, historisch gewachsene Regionalküche für sich in Anspruch nehmen kann, großen Anteil an der weltweiten Bedeutung der italienischen Kochkunst zu haben. Auch auf Caterina de Medicis Etablierung der feinen französischen Küche hatte sie Einfluss. Allerdings ist die toskanische ursprünglich keine höfische, sondern eher eine **deftig bäuerliche Landküche**. Sie lebt vor allem von frischen und hochwertigen lokalen Zutaten – von Gartengemüse, Kräutern, Hülsenfrüchten, Olivenöl, Huhn, Kaninchen, Schwein, Fisch und viel Rind. Zahlreiche Rezepte haben sich über die Jahrhunderte kaum verändert.

Deftige Landküche

Jede Provinz hat ihre lukullische Spezialität, ob nun Melonen oder Spinat (Val di Cornia), Zwiebeln (Certaldo), Pinienkerne (San Rossore), kleine Kichererbsen (Valdarno), Artischocken (Empoli, Livorno), rote Kartoffeln (Pratomagno, Casentino) oder Kirschen aus Lari (19 Sorten!). Besonders Pienza und die Provinz Grosseto (Ricotta) sind für Käse berühmt. Und toskanischer Schinken wäre ohne das Sieneser Schwein (Cinta Senese) undenkbar.

Regionale Spezialitäten

Hoch geschätzt werden in der Toskana die Lebensmittel. Zutaten wie Olivenöl oder Wein sind häufig geschützt, werden oft rein biologisch angebaut bzw. verarbeitet und sind beim Kauf auch als solche erkennbar. Produkte, die das **Gütesiegel DOP** (Denominazione d' Origine Protetta) tragen, sind z. B. Safran aus San Gimignano, Honig aus der Lunigiana, toskanischer Schinken und die Salami alla Cacciatore (nach Jägerart) sowie die Käsesorten Pecorino Romano und Pecorino Toscano. Mit dem Zeichen **IGP** (Indicazione Geografica Protetta) sind Basisingredienzien wie der marmorweiße Speck Lardo di Collonata oder Kastanien vom Monte Amiata gesichert. Sogar die süßen Riccarelli aus Siena hat man sich schützen lassen.
Und die Wertschätzung geht noch weiter – nichts wird weggeworfen, nicht einmal altes Brot. Im Gegenteil: Es bildet den Hauptbestandteil vieler Gerichte, die nur bedingt zur Cucina povera, zur Küche der Armen, zählen, sondern einer bäuerlichen Tradition entstammen.

Toskanische Lebensmittel

In der Toskana kann man auch in ungewöhnlichem Ambiente speisen.

AUSGIEBIGE MAHLZEITEN

Essgewohn-
heiten

Das italienische **Frühstück (Colazione)** beschränkt sich normalerweise auf einen Cappuccino, einen Espresso oder Caffè, also einen
starken Espresso, häufig mit Gebäck. Die Hotels sind in der Regel
aber auf ausländische Gäste eingestellt und bieten ein mehr oder weniger reichhaltiges Frühstücksbuffet an.

Das fröhlich familiäre, oft stundenlange Zusammensitzen bei einem
opulenten Mittagessen (ab 12.30/13.00 Uhr) oder Abendessen (ab
20.00/20.30 Uhr) ist in der Toskana »heilig«. **Mittag- und Abendessen** bestehen immer aus mehreren Gän-
gen: Vorspeise (Antipasto), gefolgt von einem ersten Gang (Primo) mit Teigwaren
oder Suppe und einem zweiten Gang (Secondo) mit einem Fleisch- oder Fischge-
richt. Gemüsebeilagen (Contorni) und Sa-
late werden separat dazu bestellt. Viele
Italiener starten auch mit Salaten. Zum Abschluss werden Käse (Formaggio), Kuchen
bzw. eine süße Spezialität (Dolce), Halbgefrorenes (Semifreddo) oder ein Eis (Gelato)
gereicht. Überhaupt: Die Toskana ist ein
Paradies für Süßmäuler: kein Essen ohne einen süßen Höhepunkt,
ehe Obst, Grappa oder Espresso rufen!

? BAEDEKER WISSEN

Preiskategorien

- Restaurants
  (Preis für ein Haupt-
  gericht)
  🍷🍷🍷🍷 = über 25 €
  🍷🍷🍷 = 18 – 25 €
  🍷🍷 = 12 – 18 €
  🍷 = bis 12 €

Im
Restaurant

Ausgedehnte Restaurantbesuche sind in der Toskana nie billig, oft
werden aber Menüs, spezielle Lunch- oder Tagesgerichte **günstig**
angeboten. Mehrwertsteuer (Iva) ist stets, die Bedienung meist inbegriffen (servizio compreso). Oft wird eine Extragebühr für Brot und
Gedeck (Pane e coperto) fällig. Dazu kommt ein **Trinkgeld** – man
rundet den Betrag auf oder gibt ca. 10 %. In Bars und Cafés beschleu-
nigt eine Extramünze am Tresen den Service. Am Tisch (al tavolo)
Serviertes wird beinahe grundsätzlich höher berechnet.

VON DEN ANTIPASTI BIS ZUM GRAPPA

Antipasti

Toskanischer Schinken (Prosciutto toscano) ist sehr schmackhaft
und stärker gesalzen als Parmaschinken. Toskaner Salami (Salame
toscano) wird kräftig gewürzt und mit großen Fettstücken und Pfef-
ferkörnern zubereitet. Sehr beliebt sind auch **Crostini**, kleine gerös-
tete Brotscheiben mit Belag – die klassische Variante ist eine köstliche, warme Paste aus Hühnerleber, Sardellen, Zwiebeln und Kräutern
in Weißwein. Eine Finocchiona gleicht auf den ersten Blick einer
großen Salami, ist aber jünger und vom Geschmack der eingearbei-
teten Fenchelsamen geprägt.

Ausgiebiges Mahl: stundenlanges Zusammensitzen in großer Runde

Sehr beliebte Primi sind **Pappa al Pomodoro**, ein schmackhaftes Mus aus Brot und Tomaten, und **Panzanella**, ein fantastisches, kalt serviertes Sommergericht (▶ S. 82/83). **Ribollita** bezeichnet eine dicke, stundenlang und vor dem Servieren nochmals aufgekochte Suppe mit je nach Region variierendem Gemüse. Immer aber spielt der toskanische Schwarzkohl eine wichtige Rolle, und meist fehlen auch die weißen Bohnen nicht (Wintergericht). **Zuppa di Pane** oder **Pancotto** ist Brotsuppe mit Tomaten, Knoblauch, Basilikum und Olivenöl, **Farinata** ein Brei aus Kichererbsenmehl und Wasser. Dazu kommt eine reiche Vielfalt an verschiedenen Pastaformen und -rezepten, die sich von Ort zu Ort und je nach Jahreszeit ändern.

Primo

Fagioli (weiße, gekochte Bohnen) sind eine klassische Beilage und werden mit etwas Olivenöl und Pfeffer abgeschmeckt. **Fagioli all'uccelletto** heißt ein mit Salbei gewürzter Eintopf aus Bohnen und Tomaten. Am besten schmeckt lokales Frischgemüse (Verdure) wie Spinaci (gekochte Spinatblätter), kurz in heißem Knoblauch-Olivenöl gewendet, oder in Olivenöl angebratene Zucchini-Stückchen. Besonders lecker: **Fiori fritti** und **Carciofi fritti**, in Brotteig gehüllte und in Olivenöl ausgebackene Zucchiniblüten und Artischockenviertel.

Contorni (Beilagen)

Arrosto misto ist meist eine eher trockene Angelegenheit, bei der auf einer Platte unterschiedliche gebratene Fleischstücke (Hähnchen, Kaninchen, Perlhuhn, Schweinekotelett, Rind etc.) serviert werden. Das berühmte Florentiner T-Bone-Steak, **Bistecca alla fiorentina**, stammt heute in der Regel aus Argentinien, nur noch selten wird man mit einem echten, in der Toskana aufgezogenen Chianina-Rind beglückt (▶ S. 82). In Brotteig getunkte und in Olivenöl ausgebackene

Secondo

Kaninchenfleischstücke (Coniglio fritto) kommen häufig mit Carciofi fritti auf den Tisch. **Arista** heißt ein würziger, nach Rosmarin duftender Schweinebraten aus dem Ofen, **Cinghiale in dolce e forte** wird ein in Chianti gekochtes süßsaures Wildschweinragout genannt, dessen Zutaten Staudensellerie, Rosmarin, Pinienkerne und Rosinen sind (▶ S. 83).

Käse (Formaggio) Der beste toskanische Käse (Formaggio) ist der Schafskäse (Pecorino) aus der südlichen Toskana. Frischer (fresco) und abgelagerter (stagionato) Pecorino werden vor allem in den Läden von Asciano, Pienza, Montepulciano und Montalcino angeboten.

Brot (Pane) Brot spielt bei fast jedem toskanischen Essen eine Rolle. Man isst es zum Schinken oder zum Käse, zum Antipasto, sogar zur Pasta, zum Fleisch, zum Gemüse – aber nicht zum Frühstück. Und: Dem Brot fehlt das Salz. **Pane toscano** wird – angeblich seit dem 12. Jh. als Ergebnis von Boykottquerelen zwischen Pisa und Florenz – ungesalzen gebacken, und schon Dante sagte: »Wie schmeckt das Brot der Fremde doch nach Salz«. Zum Glück haben die meisten Bäcker Mitgefühl mit den Fremden und backen auch ein Brot mit Salz (Pane salato). Besonderheiten sind das rechteckige Brot aus Prato (Bozza Pratese), die 2 kg schweren Brotlaibe aus Montegemoli (Provinz Pisa) oder das toskanische Fladenbrot (Castagnaccio toscano), das mit Kastanienmehl, Olivenöl, Rosinen und Pinienkernen zubereitet wird.

Süßes (Dolci) Mandeln sind eines der wichtigsten gemeinsamen Elemente der toskanischen Süßbackwaren. Sie prägen auch das bekannteste Gebäck der Toskana, die **Cantuccini** von Prato, jene niedlichen Mandelkekse, von denen behauptet wird, sie schmeckten am besten, wenn man sie in Vin Santo tunkt. Ebenfalls aus Prato stammt das Mandelgebäck

Ein echter toskanischer Genuss: der Pecorino

Bruti ma Buoni (Hässliche, aber Gute). Aus frischem, geröstetem Kastanienmehl wird der in der ganzen Toskana heimische Castagnaccio gebacken, ein wohlschmeckender Fladen. Fast in jedem Lokal und in jeder Konditorei (Pasticceria) erhält man die **Torta della Nonna** (Großmuttertorte) aus Mürbeteig, Vanillecreme, Pinienkernen und Mandeln. Jede größere Ortschaft hat jedoch ihr eigenes Dolce, auf das die Bewohner besonders stolz sind. Dazu gehören in Lucca **Buccellato** (Soldatenbrot), ein Eier-Hefegebäck mit Orangenschalen, Anis und Rosinen, in Volterra die **Cavallucci**, runde Honigkuchen mit Nüssen, kandierten Früchten und Anis, in Montalcino **Ossi di Morto** (Totenbeinchen), ein trockenes, flaches Gebäck aus Eischnee und Haselnüssen, in Poggibonsi **Pan co' Santi**, süßes Brot mit Sultaninen und Nüssen, in Lamporecchio (bei Vinci) die **Brigidini**, hauchdünne, knusprige Aniswaffeln, und in Siena das legendäre **Panforte**, ein lebkuchenartiges Gebäck mit Mandeln und kandierten Früchten.

Nicht alles ist gut, was Gelato heißt. Gelati, die etwas auf sich halten, sind nur wenige Stunden alt. Am besten schmeckt Eis aus der Eisdiele (Gelateria) mit eigener Produktion (Produzione propria) und regem Andrang.

Eis (Gelato)

Zum Essen bestellt man Wein, Bier oder Mineralwasser. Am Ende einer Mahlzeit trinkt man überall in Italien einen **Caffè espresso**. Bei ausländischen Italienreisenden ist **Cappuccino** beliebter, starker Kaffee mit heißer Milch und Milchschaum. Beim Stadtbummel am Vormittag gibt es nichts Besseres als einen Cappuccino. Aber Achtung: Wollen Sie nicht auf den ersten Blick als Tourist erkannt werden, dann ordern Sie nie einen Cappuccino nach dem Mittagessen. Milchkaffee trinken Italiener nur vormittags. Und noch etwas: Ein Kaffee im Stehen an der Theke (al banco) ist billiger als ein Kaffee, den man an einem der kleinen Tische (al tavolo) sitzend genießt.

Getränke

Ein Grappa setzt einem reichen Mahl den gehörigen Schlusspunkt. Nach ihm kommt gar nichts mehr, höchstens die Zigarre. Ein Grappa muss stark sein und trocken und angenehm fruchtig riechen. Allerdings: Mit Ausnahme des weltweit geschätzten Grappa di Brunello aus Montalcino ist die Weintrester-Kultur eher in Norditalien beheimatet. Doch die Toskana kann immerhin mit einem Spitzen-Grappabrenner aufwarten: Giovacchino Nannoni in Paganico (nicht weit von Montalcino). Nannoni destilliert für zahlreiche Weinproduzenten im Chianti und in Montalcino. Seine Brände sind nicht unter seinem eigenen Namen, sondern unter jenen der Winzer zu suchen (z. B. Altesino, Gabbiano, Nittardi, Mastroianni, Monte Vertine, Poggio Antico, Ornellaia oder Verrazzano). Im Zweifelsfall halte man Ausschau nach bekannten norditalienischen Destillaten.

Grappa – ein idealer Digestif

Typische Gerichte

Eher deftig sind die toskanischen Spezialitäten: viel Fleisch, auch Fisch und Meeresfrüchte, die unvermeintliche Pasta – und viele, mittlerweile delikat zubereitete Gerichte auf Brotbasis.

Bistecca alla fiorentina: 830 Rezepte sollen zur Zubereitung des fulminant über den Tellerrand lappenden, bis 1,5 kg schweren Steaks aus dem Mittelrücken des Chianina-Rindes existieren. Drei Finger dick sollte die Bistecca sein, die ihren Namen dem englischen Beefsteak und den Medici-Festen zu Ehren San Lorenzos verdankt, an denen riesige gegrillte Fleischportionen ans Volk verteilt wurden. Auf Niedrigflamme bräunt es beidseitig je 3-5 Minuten. Fertig ist die Bistecca, sobald sie auf der schmalen Seite stehen kann! Diese Wackelprobe gehört dazu. Traditionell wird sie innen noch blutig (al minuto) serviert. Gewürzt wird nie, doch frischer Zitronensaft darf nicht fehlen. Dazu werden Salat, manchmal auch Bohnen serviert. Ein kräftiger Roter (Chianti, Morellino di Scansano) gehört dazu.

Pappa al Pomodoro: Schlagerstar Rita Pavone machte diese Tomatensuppe bzw. dieses Tomatenmus, einen Klassiker der Cucina povera, in den 1960er-Jahren weltberühmt. Man benötigt altes, ungesalzenes toskanisches Brot, Olivenöl, selbstverständlich extravergine, Tomaten, ein wenig Knoblauch, Basilikum, Brühe, Salz und Pfeffer. Pappa al Pomodoro ist auch kalt sehr lecker!

Cacciucco alla Viareggina: In den Klassiker aus Viareggio, einen würzigen Fischeintopf, gehören Mittelmeerfisch, Tintenfisch, Muscheln, Olivenöl, Knoblauch, Chili, Weißwein, Tomaten, Weißbrotscheiben, Salz und Pfeffer. Die Kombination Fisch plus Koch-Tomate entdeckten zuerst Mitglieder der jüdischen Gemeinde in Livorno. Natürlich schmeckt ein frischer Cacciucco in Viareggio am besten!

Panzanella: Das kalt servierte einstige Arme-Leute-Gericht war früher nördlich der Linie Viareggio – Lucca – Florenz eher unbekannt. Altes, in Wasser eingeweichtes Brot (daher auch »Pan molle« genannt), rote Zwiebeln, Basilikum, Öl, Essig, Salz sind Hauptingredienzien des beliebten Dinnerstarters. Verfeinerungen des Weißbrotsalats mit Gurken, Minze, Tomaten, Rucola etc. sind keine Grenzen gesetzt.

Cinghiale in Umido: Wildschweinragout ist ein kulinarisches Muss, nicht nur im Casentino oder in der Maremma. Das Wildschweinfleisch wird 2 – 3 Tage in Karotten, Staudensellerie, Knoblauch, Rosmarin, Olivenöl und Weißweinessig mariniert, bevor es angebraten, mit der Marinade verfeinert und mit Weißwein abgelöscht wird. Tomatenmark und pürierte Tomaten werden dazugegeben. Im Chianti gibt es auch die süßsaure Variante: Ins Cinghiale in dolce e forte gehören Pinienkerne und Rosinen.

Weinland Toskana

Eine traditionsreichere Weinregion als die Toskana ist wohl kaum vorstellbar – zumindest nicht in Italien. Einige der toskanischen Weine sind weltberühmt, andere immer noch wahre Geheimtipps und wiederum andere braucht man sich nicht unbedingt zu merken.

Obwohl die Toskana vorwiegend als Rotweingebiet bekannt ist, hat der **Weißwein** eine ungleich längere Tradition. Weiße Sorten haben ihre Vorherrschaft jedoch nur an wenigen Orten halten können wie in Montecarlo und San Gimignano. Interessante Weißweine bietet die Küste bei Livorno und um Pisa aus der heimischen Sorte Vermentino. Der unter den weißen Sorten noch immer vorherrschende Trebbiano ergibt hingegen kaum eine befriedigende Qualität. Die meisten erfolgreichen weißen Neuschöpfungen basieren daher vorwiegend auf Sauvignon und Chardonnay.

Die Hauptsorte für alle traditionellen **Rotweine** der Toskana ist der Sangiovese in seinen verschiedensten Formen. Im Chianti wird häufig der Canaiolo mitverwendet; man verspricht sich von ihm ein intensiveres Bukett. Der Colorino wird beigegeben für die Farbe, die Malvasia Nera für den milderen Geschmack. In Gebieten mit direktem Meereseinfluss (Provinzen Livorno, Pisa und Grosseto) ergibt der Ciliegiolo im Verschnitt mit Sangiovese oder auch separat ausgebaut eigenständige und bemerkenswerte Rotweine. Da die Toskana eine sehr breite Palette an Mikroklimata aufweist – von den fruchtbaren Böden in warmer Meeresnähe bis zu den steinigen Böden auf kühlen 500 m Höhe im Chianti Classico oder in der Rufina –, konnten hier in den letzten Jahrzehnten auch viele fremde Sorten heimisch werden. Groß in Mode sind Cabernet Sauvignon und Merlot, seltener werden auch Blauburgunder und Syrah angebaut.

Wie beurteilen? Nach dem jüngsten italienischen Weingesetz von 1992 gibt es beim italienischen Wein mehrere Qualitätsstufen. Die Qualitätshierarchie beginnt mit den **Tafelweinen** (Vino Rosso oder Vino Bianco, ohne Jahrgangs- und Herkunftsangabe), es folgt darüber die Kategorie der **Tafelweine mit Herkunftsbezeichnung** (z. B. Vino Rosso Toscano) und an der Spitze stehen die **DOC- und die DOCG-Weine** (kontrollierte und garantierte Ursprungsbezeichnung). DOC- und DOCG-Weine werden vor dem Verkauf immer analytisch und degustatorisch geprüft. Gesetzlich neu, wenngleich bisher nur bruchstückhaft umgesetzt, ist auch die kontrollierte und gegebenenfalls garantierte Deklarierung von Unterzone, Gemeinde, Ortsteil, Mikrozone, Wein und Weinlage auf dem Etikett.

Für eine Weinprobe gibt es in der Toskana zahlreiche Gelegenheiten.

Je enger eine solche Ursprungsangabe gefasst ist, desto strenger sind die Qualitätsanforderungen an den Wein. Von den durchschnittlich etwa 300 Mio. l Wein, die jährlich in der Toskana produziert werden, tragen fast 40 % eine kontrollierte Ursprungsbezeichnung (DOC und DOCG) – im Vergleich zu Gesamtitalien (ca. 17 % DOC bzw. DOCG) ein hoher Anteil.

Als Super-Toskaner werden bestimmte **herausragende Kultweine** **Super-Toskaner** bezeichnete, die spätestens seit den 1990er-Jahren den Markt er-obern. Sie entstanden aufgrund der restriktiven Bestimmungen für das Prädikat DOC, nach dem beispielsweise Wein im Chianti maxi-mal 70 % Sangiovese-Trauben und mindestens 10 % der lokalen Weintrauben enthalten musste. Davon abweichende Weindesigner, die die Erzeugung von Spitzenprodukten in anderer Zusammenset-zung im Sinn hatten und der seit den 1970er-Jahren herrschenden Chianti-Weinschwemme mit neuen Qualitätsansprüchen begegnen wollten, wurden auf die niedrigste Weinbewertungskategorie »Tafel-wein« (Vino da Tavola) herabgestuft. Als erste dieser **Designerwei-ne** gelten der 1972 produzierte **Sassicaia** vom Gut Tenuta San Guido in **Bolgheri** sowie der 1971 produzierte **Tignanello** des Marchese Piero **Antinori** (Santa Cristina, Val di Pesa), beide 1978 ediert. Mit

In einer Enoteca in Montalcino

dem Weingesetz von 1992 wurde es möglich, die neue schlichte Landwein-Bezeichnung IGT (Indicazione Geografica Tipica) auch für diese Weine zu nutzen. Sie war bis 2009 gültig und wurde dann durch die neue EU-Weinmarktordnung vom Prädikat IGP (Indicazione Geografica Protetta, geschützte geografische Indikation) abgelöst, darf aber weiterhin aus Traditionsgründen benutzt werden. Teils wird der Begriff »Super-Toskaner« **verkaufsfördernd** auch auf andere toskanische Spitzenweine wie bestimmte Brunello-Jahrgänge ausgedehnt, da er erst einmal »nur« für herausragende Qualität steht und nicht weiter geschützt ist.

Ab den 1980er- und 1990er-Jahren folgten weitere Spitzenprodukte, angeführt vom aktuellen Star-Kultwein, dem **Ornellaia**, erneut aus **Bolgheri**, das sich zum neuen Wein-Eldorado der Toskana mauserte. Ebenfalls in Bolgheri beheimatet ist der Masseto, aber auch Solaia, Solengo oder Guado al Tasso finden weltweit Liebhaber. Die Preise für diese Liebhaberweine sprengen aktuell alle Grenzen. So wurden 13 Flaschen einer speziellen **Kunst-Edition** des Ornellaia, Jahrgang 2008, namens »El' Energia« und gestaltet von der Künstlerin Rebecca Horn, am 19.5.2011 auf einer Auktion in der Berliner Neuen Nationalgalerie für insgesamt 130 000 € versteigert. Neben zehn Flaschen Doppel-Magnum (3 l) und zwei Flaschen Imperiale (6 l) ging eine Flasche Salmanazar (9 l) für sagenhafte 40 000 € weg. Ganz normale 0,7-l-Flaschen Ornellaia bzw. Sassicaia von 2008 wurden 2011 in Bolgheri für 140 € angeboten, der Jahrgang 2006 war mit 170 € ausgepreist. Ein Masseto vom Weingut Ornellaia, Jahrgang 2005, kann in den USA durchaus 300 US-Dollar kosten, ein Solengo 2004 über 70 €. Da ist es prima, dass Neukreationen wie »Le Difese« vom Gut Tenuta San Guido (Bolgheri) oder ein einfacher und sehr guter Rosso di Bolgheri auch für weitaus weniger im Angebot sind (30 € und weniger). Als gute bis sehr gute Jahrgänge gelten aktuell wie auch beim Brunello 2001, 2004, 2006 und 2008.

Der nächste Weinboom ist derweil schon in Sicht. Vielerorts werden neue **Bioweine** kreiert, liegen im Trend und erobern mühelos den Handel. Besondere Beachtung verdient dabei der Morellino di Scansano aus biologisch angebauten Trauben.

Vor allem im Chianti, aber auch in anderen Weinregionen, verkaufen viele Weinerzeuger ihre Produkte direkt. Lange suchen muss man meist nicht nach den Hinweisschildern, die zu Weingütern führen – Cantina aperta (offener Keller), Degustazione Vini (Weinverkostung), Visita Cantina (Kellerbesichtigung) oder Vendita diretta (Direktverkauf) weisen den Weg. Wer allerdings glaubt, der Direktverkauf sei auch in jedem Fall die günstigste Variante, irrt: Oft fallen die Preise in den Weingütern sogar höher aus als in den Weinläden (Enotece) der umliegenden Ortschaften!

Wo einkaufen?

DIE KLASSISCHEN WEINGEBIETE

In der Toskana liegen 6 DOCG- sowie 11 DOC-Gebiete. Als DOCG firmieren der Brunello aus Montalcino, der Carmignano, der Chianti (samt der Lokalgebiete Colli Aretini, Colli Fiorentini, Colli Sebesi, Colline Pisane, Montalbano, Montespertoli und Rufina), der Chianti Classico, der Vernaccia aus San Gimignano sowie der Vino Nobile aus Montepulciano. Mit DOC-Prädikat ausgezeichnet sind der Ansonica von der Costa dell' Argentario, der Barco Reale aus Carmignano, der Bianco aus dem Valdinievole, der Bianco aus dem Gebiet Empoli, der Bianco aus Pitigliano, der Bianco Pisano aus San Torpè, der Bolgheri mit der Besonderheit, dass dem Bolgheri Sassicaia 1994 als bis dato einzigem Weingut Italiens die DOC-Ehrung verliehen wurde, der Candia aus den Colli Apuani, der Capalbio, das Gebiet Colli dell' Etruria Centrale sowie die Colli di Luni.

▶ Baedeker Wissen S. 200

Chianti

Bereits in der Antike war Montalcino berühmt für seinen (man staune!) Weißwein. Eigentlich ist das nicht besonders aufsehenerregend, da Rotwein eine relativ junge Erfindung der Weingeschichte ist. Mitte des 19. Jahrhunderts erkannte ein gewisser Clemente Santi die Vorzüge der toskanischen Sorte **Sangiovese**. Entgegen der damaligen Gepflogenheit, verschiedene Traubensorten gemeinsam zu vinifizieren, baute sein Enkel Ferruccio Biondi-Santi den Sangiovese separat aus und nannte den kraftvollen, gerbstoffreichen Wein **Brunello**. Erst mehr als 100 Jahre später, in den 1970er-Jahren, avancierte der Brunello zum Modewein und erzielte Spitzenpreise. In Montalcino schossen die Brunello-Winzer wie Pilze aus dem Boden, und heute zählt man mehr als 200 Brunello-Produzenten. Stammt

Montalcino

der Brunello aus tiefen Lagen im Süden Montalcinos, ist er schwer, dunkel und tanninreich, während die Weine aus hohen Lagen oder gar solchen im Norden des Städtchens sich durch mittlere Farbdichte, Eleganz, eine hohe Säure und feine Frucht auszeichnen. Wer nicht unbedingt 20 € und mehr für eine Flasche Brunello ausgeben möchte, kann eine preisgünstige Alternative wählen: Der junge, etwas leichtere und rustikalere Rosso di Montalcino ist meist ein guter Kauf!

Der 2008 von der Zeitschrift »L' Espresso« aufgedeckte **Wein-»Skandal«** um möglicherweise gepanschte Brunello-Weine des Jahrgangs 2003 war wohl nur halbwegs ein Skandal. Zwar sollen für den US-Markt Trauben aus Sizilien oder Süditalien beigemischt worden sein, um ein runderes Geschmacksergebnis zu erzielen, doch verschwanden diese Partien umgehend vom Markt. Dennoch bleibt der finanzielle Schaden – ohne Grund – beträchtlich: 2011 tauchten günstige Brunello-Weine des Jahrgangs 2005 sogar in Läden eines großen deutschen Billigdiscounters auf.

Die Weine: Brunello di Montalcino DOCG (Traubensorte: Sangiovese, auch Santo Grosso genannt; vorgeschriebene Lagerzeit: 4 Jahre, davon 3 Jahre im Holzfass, Riserva 5 Jahre). Rosso di Montalcino DOC (Traubensorte: Sangiovese; vorgeschriebene Lagerzeit: 1 Jahr; Lagerung im Holzfass ist nicht vorgeschrieben). Andere Weine: Moscadello DOC (ein süßer Dessertwein) sowie verschiedene weiße und rote Vini da Tavola und – heute seltener – der Chianti Colli Senesi DOCG.

Monte-pulciano Als Rotweingebiet ist Montepulciano um einiges älter als der erfolgreiche Nachbar Montalcino. Ein guter Vino Nobile ist weder schlechter noch besser als ein Brunello oder ein Chianti Classico, er ist nur anders. Vielleicht ist er sogar der zugänglichste der drei Sangiovese-Klassiker aus der Toskana. Meist ist seine Säure in ein fettes Fruchtpolster eingebettet und das Tannin von Kraft und Fülle aufgewogen. Das Hauptproblem ist, dass von den Betrieben, die heute Vino Nobile abfüllen, nur noch wenige als zuverlässig eingestuft werden können. Wenn er gelingt, ist der Nobile ein freundlicher, warmer und liebenswerter Wein, der in der Regel mit einem sehr guten Preis-Leistungs-Verhältnis aufwartet. Heterogener ist die Situation beim preiswerten Rosso di Montepulciano, bei dem man nur zu bekannten Namen greifen sollte.

Die Weine: Vino Nobile di Montepulciano DOCG (Traubensorten: Sangiovese, auch Prugnolo genannt, Canaiolo; vorgeschriebene Lagerzeit: 2 Jahre im Holzfass, Riserva 3 Jahre). Rosso di Montepulciano DOC (Traubensorten: wie Vino Nobile; vorgeschriebene Lagerzeit: 1 Jahr, Holz nicht vorgeschrieben). Andere Weine: Vin Santo (Dessertwein), weiße und rote Vini da Tavola, Chianti Colli Senesi DOCG.

Das unscheinbare Dörfchen Carmignano thront westlich von Florenz oben auf dem Montalbano-Hügelzug und lag schon immer im direkten Einzugsgebiet der Stadt. Obgleich der Montalbano durch seine topografische Beschaffenheit dem Weinbau keine großen, zusammenhängenden Flächen zur Verfügung stellt, galt sein Wein bereits im 14. Jh. als einer der besten und teuersten Florentiner Rotweine. Als Besonderheit ist zu erwähnen, dass der Cabernet-Anteil im Carmignano keine Referenz an die heutige Mode ist, sondern bereits im 18. Jh. üblich war. Seine Verehrer lieben vor allem seine Geschmeidigkeit und Eleganz.

Carmignano

Die Weine: Carmignano DOCG (Traubensorten: Sangiovese, Cabernet/15 %, Canaiolo/15 %; vorgeschriebene Lagerzeit 20 Monate, davon 1 Jahr im Holzfass, Riserva 2 Jahre). Andere Weine: Chianti Montalbano DOCG, Barco Reale DOC (leichter Rotwein), Vin Santo DOC.

Im rauen, zerklüfteten Sieve-Tal östlich von Florenz entstehen Rotweine von Struktur und Säure. Die Rufina-Weine sind meist sehr kraftvoll und mit einer stahligen Säure ausgestattet und werden für ihre Haltbarkeit geschätzt. Die Gegend geriet in der Vergangenheit bis auf zwei, drei Qualitätserzeuger ziemlich in Vergessenheit, bringt nun aber seit einigen Jahren wieder Weine hervor, die sich auf dem hohen Niveau der anderen Toskaner sehen lassen dürfen. Hoch über

Rufina und Pomino

Der historische Weinkeller der Badia a Coltibuona im Chianti

der Sieve, im Mini-Anbaugebiet Pomino (einziger Erzeuger ist Frescobaldi) entstehen ein außerordentlicher Weißwein und ein recht origineller Rotwein.

Die Weine: Chianti Rufina DOCG (Traubensorten: Sangiovese, Canaiolo; vorgeschriebene Lagerzeit: 8 Monate, Riserva 3 Jahre). Pomino Rosso DOC (Traubensorten: Sangiovese, Merlot, Cabernet, Canaiolo; vorgeschriebene Lagerzeit: 1 Jahr). Pomino Bianco DOC (Traubensorten: Pinot Bianco, Chardonnay, Trebbiano).

UNBEKANNTERE WEINGEBIETE

Colli Fiorentini

Die Region Colli Fiorentini umschließt ein breites Gebiet im Süden und im Osten von Florenz und wäre noch weit größer, wenn die Florentiner seinerzeit nicht einen beträchtlichen Teil ihrer Colli dem prestigereicheren Chianti Classico abgetreten hätten. Als Weingebiet sind die Colli Fiorentini sehr heterogen und scheinen eher einem politischen Kompromiss als einem agronomischen Gutachten zu entspringen. Trotzdem gibt es in diesem recht ursprünglich gebliebenen Teil der Toskana eine Handvoll Winzer, die gewillt ist, mit ihren Rotweinen – einige als Chianti, einige als Vino da Tavola – wirkliche Spitze zu erzeugen.

Die Weine: Chianti Colli Fiorentini DOCG (Traubensorten: Sangiovese, Canaiolo), Chianti DOCG (Traubensorten: Sangiovese, Canaiolo), rote Vini da Tavola.

Rote Trauben – Grundlage für viele edle Tropfen

Von den warmen, grünen Hügeln von Lucca kommt dieser Wein mit dem klangvollen Namen. Das Anbaugebiet ist sehr klein und die Weine waren nicht immer erwähnenswert. Seit einiger Zeit ist es jedoch recht spannend, die Qualitätsentwicklung der Rot- und Weißweine einiger Winzer mitzuverfolgen. **Montecarlo**
Die Weine: Montecarlo Bianco DOC (Traubensorte: Trebbiano u. a.), Montecarlo Rosso DOC (Traubensorten: Sangiovese, Canaiolo).

California heißt ein Dörfchen an der sogenannten Etruskerküste südlich von Livorno, und an Kalifornien erinnert auch die rasante Entwicklung und die Art der dortigen Weine. Bis vor wenigen Jahren war das Hinterland des Lieblingsstrandes der Florentiner weinbaulich gesehen Niemandsland. Eine prominente Ausnahme gab es jedoch: den berühmten Sassicaia des Marchese Incisa. Mit dem Jahrgang 1994 wurde nun dieser »Rädelsführer der toskanischen Vino-da-Tavola-Revolution« zur Gesetzestreue bekehrt und nennt sich seitdem ganz bieder **»Bolgheri DOC Sassicaia«.** Erst in der jüngeren Vergangenheit kamen der Ornellaia des Antinori-Bruders Lodovico und der Grattamacco von Meletti-Cavallari hinzu und erst kürzlich noch Piero Antinori mit seinem Guado al Tasso. In Riesenschritten zogen aber viele Weinproduzenten in den DOC-Gebieten Bolgheri, Montescudaio und Val di Cornia nach und machen von sich reden. Das warme Küstenklima erweist sich für den Anbau von Cabernet und Merlot, die die Mehrzahl der hiesigen Weine prägen, als ausgesprochen geeignet. Ihre Weine lassen die krautigen Aromen, die in schlechten Jahren manchmal die Cabernets der Zentraltoskana bestimmen, oder die oft bitteren Tannine der Merlots und Cabernets aus dem Friaul vollständig vermissen. **Küste südlich von Livorno**
Die Weine: Bolgheri DOC (weiß, rosé und rot), Montescudaio DOC (weiß und rot) und Val di Cornia DOC (weiß, rosé und rot).

Das Anbaugebiet des Morellino di Scansano umfasst ca. 58 000 ha im Süden der Toskana zwischen den Flüssen Ombrone und Albegna. Hierzu gehören die gesamte Gemarkung der Gemeinde Scansano (dem der Wein auch seinen Namen verdankt) sowie Teilgebiete der Gemeinden Manciano, Magliano in Toscana, Grosseto, Compagnatico, Semproniano, Montemerano und Roccalbenga. Charakteristisch für diesen Landstrich ist die sanft gewellte Hügellandschaft mit leuchtenden Farben und einem intensiven Licht. Die Durchschnittshöhe reicht von nicht einmal 100 m bis über 500 m, die Böden sind sehr unterschiedlich. Geprägt ist die Anbauzone von einem eindeutig mediterranen, warmen und sonnigen Klima. Der Sommer ist normalerweise trocken, der Herbst mild mit generell nicht sehr intensiven Niederschlägen, die in den Monaten Januar und Februar abnehmen und im Frühjahr wieder regelmäßiger niedergehen. Frost kommt sehr selten vor. Der Morellino di Scansano, der 1978 die DOC-Be- **Morellino di Scansano** zeichnung erhielt, soll aus mindestens 85 % Sangiovese (in der Gegend Morellino genannt) und maximal 15 % anderen roten Trauben empfohlener oder zugelassener Rebsorten wie Alicante, Ciliegiolo, Colorino, Merlot, Cabernet usw. erzeugt werden.

Vin Santo Es war einmal ein kostbarer Wein, den die Bauern in nur geringen Mengen in kleinen Holzfässchen auf ihrem Dachboden fünf, acht, ja zehn Jahre lang lagerten. Der Wein war **sehr süß und stark** und wurde den Gästen als besondere Ehrerbietung kredenzt. Einflussreichen Leuten, auf deren Gunst man angewiesen war, ließ der Bauer an Festtagen eine Flasche des **»heiligen Weins«** bringen. Niemals jedoch hätte man den Vin Santo gegen schnödes Geld verkauft. Die Zeiten haben sich geändert, und die einstige Kostbarkeit steht heute als Karikatur in jedem Supermarkt. Die Herstellung von echtem Vin Santo ist sehr aufwendig. Und wie könnte er, der aus getrockneten Trauben gepresst wird, jahrelang in kleinen Fässchen ruht und dabei seine Menge zu einem Bruchteil des ursprünglichen Volumens konzentriert, anders als enorm teuer sein? Die Begegnung mit einem wirklich großen Vin Santo – und das ist selten – ist ein unvergessliches Erlebnis, kaum ein anderer Süßwein vermag diese Geschmacksvielfalt, diese Tiefe, diese Harmonie zu erreichen. Empfehlenswerte Erzeuger mit hoch konzentriertem, in manchen Jahrgängen unvergesslichem Vin Santo sind Avignonesi (Montepulciano), Capezzana (Carmignano), Isole e Olena (Barberino/Chianti Classico), Montellori (Fucecchio), Paterno & Corzano (San Casciano/Colli Fiorentini), Poliziano (Montepulciano), San Giusto a Rentennano (Gaiole/Chianti Classico) und Selvapiana (Rufina). Stark im Trend sind neue weniger süße, eher trockene, sogar fruchtig herbe Vin Santi junger Nachwuchswinzer, die viele Liebhaber finden.

Ausgewählte Winzer

CHIANTI: BARBERINO VAL D'ELSA
Castello di Monsanto
Via Monsanto 8
Tel. 05 58 05 90 00
www.castellodimonsanto.it

Casa Emma
San Donato in Poggio
Tel. 05 58 07 22 39
www.casaemma.com

Le Filigare
Via Sicelle 35
Tel. 05 58 07 27 96
www.lefiligare.it

CHIANTI: CASTELLINA IN CHIANTI
Castellare in Castellina
Località Castellare
Tel. 05 77 74 29 03
www.castellare.it

San Fabiano Calcinaia
Località Cellole
Tel. 05 77 97 92 32
www.sanfabianocalcinaia.com

CHIANTI: GAIOLE IN CHIANTI
Badia a Coltibuono
Località Badia a Coltibuono
Tel. 05 77 74 61 10
www.coltibuono.com

Castello di Cacchiano
Località Monti in Chianti
Tel. 05 77 74 70 18
www.castellodicacchiano.it

Capannelle
Località Capannelle 13
Tel. 0 57 77 45 11
www.capannelle.it

Rocca di Montegrossi
Località Monti in Chianti
Gaiole in Chianti
Tel. 05 77 74 79 77
www.roccadimontegrossi.it

CHIANTI: GREVE IN CHIANTI
Castello di Querceto
Via Alessandro François 2
Tel. 05 58 59 21
www.castellodiquerceto.it

Viticcio
Via San Cresci 12/A
Tel. 0 55 85 42 10
www.fattoriaviticcio.com

MAREMMA
Tenuta dell' Ornellaia
Località Ornellaia 191
Fraz. Bolgheri
57022 Castagneto Carducci
Tel. 0 56 57 18 11
www.ornellaia.com

MONTALCINO
Tenute Silvio Nardi
Località Casale del Bosco
Tel. 05 77 80 82 69
www.tenutenardi.com

Siro Pacenti
Loc. Pelagrilli 1
Tel. 05 77 84 86 62
www.siropacenti.it

MONTEPULCIANO
Rendola
Loc. Pian d' Asso
Torrenieri
Tel. 05 71 40 97 50
www.rendola.com

MORELLINO DI SCANSANO
Fattoria Le Pupille
Loc. Istia d' Ombrone
Piaggie del Maiano 92a
Grosseto
Tel. 05 64 40 95 17
www.fattorialepupille.it

Kulinarisches Wunder

Die Bewohner der Toskana sind um vieles zu beneiden: um das milde Klima, die guten Weine, das Essen, ihre Lebensart, den Kulturreichtum; am meisten jedoch vielleicht um den Olivenbaum. Denn ohne ihn würde nicht nur der toskanischen Landschaft etwas fehlen, auch die toskanische Küche wäre um ihre wichtigste Zutat ärmer: das Olivenöl.

Die Olive enthält ein hochwertiges Öl, das durch einfache, kalte Pressung gewonnen und als einziges völlig naturbelassen konsumiert werden kann. Es erstaunt vielleicht, aber für Toskaner ist Wein ein ganz normales Lebensmittel. Weit mehr bedeutet ihnen das Olivenöl. Man schätzt die Arbeit, die in einem Liter steckt, man weiß, wie wenig Ertrag ein Baum bringt und wie viele Jahre vergehen, bis er Früchte trägt. Jeder Toskaner hat »seine« Ölmühle (frantoio), wo er sich um die Weihnachtszeit seinen Jahresbedarf an Olivenöl besorgt. Denn der Verbrauch ist hoch: Eine vierköpfige italienische Familie verbraucht etwa 1 Liter pro Woche.

Ernte ist Handarbeit

Vielen Kennern gilt das toskanische Olivenöl als das beste überhaupt. Ausschlaggebend sind neben Klima und Bodenqualität das dichte Netz der **Ölmühlen**, die ein sofortiges Pressen nach der Ernte gewährleisten, sowie Zeitpunkt und Art der Olivenlese. Seine Güte hängt entscheidend vom Reifezustand der Oliven bei der Ernte ab, die in den toskanischen Hügeln meist in den ersten Novembertagen beginnt und sich mindestens bis Weihnachten hinzieht. Zu diesem Zeitpunkt sind die Oliven noch unreif und auf dem Höhepunkt ihres Geschmacks. Die Schwierigkeit ist, dass die noch grünen, rotgrünen oder schwarzroten Oliven von Hand gelesen werden müssen, weil sie noch an den Ästchen haften und sich nur ungern in die aufgespannten **Netze** befördern lassen. Das Herunterschlagen würde sie verletzen und das ölhaltige Fruchtfleisch würde sich durch Oxidation und Fermentierungsprozesse negativ verändern.

Keine Zeit verlieren

Am verheerendsten für die Ölqualität wirkt sich das Liegenlassen am Boden oder in Netzen aus. Im Idealfall gelangen die Früchte innerhalb von 48 bis 72 Stunden vom Baum in die Ölmühle, denn je kürzer ihr Aufenthalt in Jutesäcken, Erntekistchen oder ausgebreitet in dünner Schicht auf einem Holz- oder Terrakottaboden, desto weniger steigt der qualitätsmindernde Gehalt an freien Fettsäuren und desto mehr bleibt von ihrem **fruchtigen Geschmack** erhalten. In dem Frantoio werden die Oliven von den Blättern befreit und gewaschen, danach gemahlen und gepresst. Während die einen auf alte, schwere Mühlsteine und die diskontinuierliche Pressung schwören, bestehen die anderen auf der Überlegenheit moderner mechani-

Bei der Ernte werden die Oliven in großen Netzen gesammelt.

scher Mühlen und kontinuierlicher Zentrifugalpressen. Mit beiden Methoden lassen sich hochwertige Öle erzeugen – Voraussetzung dafür ist, dass bei der traditionellen Pressung sauber gearbeitet wird und beim modernen Verfahren nicht etwa der Ausbeute zuliebe die Temperaturen zu hoch eingestellt werden.

Strenge Gesetze

Attribute wie »kaltgepresst« und »erste Pressung« klingen zwar bekömmlich, sind aber lediglich verkaufsfördernde Scheininformationen, die über die Qualität des Olivenöls nicht das Geringste aussagen. Laut EU-Bestimmung muss ein **Olio d' Oliva Extravergine** (auch »Natives Olivenöl Extra« höchste Qualitätsstufe) mittels kalter Pressung frischer Oliven gewonnen werden und darf einen Gehalt an freien Fettsäuren von 1% nicht übersteigen. Das Gleiche

gilt für **Olio d' Oliva Vergine** (»Natives Olivenöl«), jedoch mit einem Höchstgehalt an freien Fettsäuren von 2 %. **Olio d' Oliva** (Olivenöl) hingegen ist eine Mischung aus raffiniertem und Nativem Olivenöl (max. 1,5 % freie Fettsäuren). Olivenöl erfreut sich steigender Beliebtheit, wobei seine gesundheitlichen Vorzüge die geschmacklichen fast noch übersteigen. Abgesehen von seiner leichten Verdaulichkeit und dem hohen Gehalt an **Vitamin E**, vermindert es auch das Herzinfarktrisiko. Während nämlich mehrfach ungesättigte Fettsäuren wie im Sonnenblumen-, Maiskeim- oder Sojaöl im Blut den Gehalt von LDL- und HDL-Cholesterin gleichermaßen verringern, senken **einfach ungesättigte Fettsäuren** wie die Säure des Olivenöls nur das schädliche LDL-Cholesterin. Also kann man beim Genuss von Olivenöl auch noch etwas für seine Gesundheit tun ...

Ein Reigen an Festen

Ein Toskana-Urlaub ohne Teilnahme an einer Festivität scheint nahezu ausgeschlossen. Zwischen Arno und Monte Amiata überwiegen nach wie vor religiöse Feste, der Festtagskalender ist gut gefüllt und außerordentlich attraktiv.

Neben den Weihnachts-, Oster- und Pfingstfeierlichkeiten haben Feste für die Nationalheiligen Franz von Assisi und Caterina von Siena große Bedeutung, zudem in jedem Dorf die Patronatsfeste für die **Ortsheiligen**. Angelehnt an den religiösen Kalender ist auch der Karneval in Viareggio, der beliebteste Karneval in der Toskana.

Die nationalen Feiertage wie der Tag der Republikgründung (2.6.) sollen ab 2012 grundsätzlich auf Sonntage fallen – im Zuge von Sparmaßnahmen, um mehr Arbeitstage zu schaffen.

Die meisten **Dorffeste** finden im Herbst statt: in Form von Erntedankfesten (sagre) und meist mit Präsentationen lokaler Spezialitäten, wie etwa Trüffel oder Kastanien. Immer einen Besuch wert sind die Olivenöl- und Weinfeste, bei denen man meistens die neuen Oliven bzw. Weine probieren kann und leckere regionale Speisen bekommt.

Feste im Jahreslauf

Hoch im Kurs stehen die **Mittelalterfeste**. Darunter gibt es regelrecht ruhmreiche mit jahrhundertelanger Tradition wie der Palio in Siena. Auch der Bravio delle botti in Montepulciano hat Mittelalterliches zu bieten: 80 kg schwere Weinfässer werden in einem Kräftemessen der Stadtviertel durch die Straßen gerollt. Bei der Giostra del Saracino in Arezzo wird hoch zu Pferd gegen den hölzernen Sarazenenkönig Buratto gekämpft. In Pisa treten bei der Regatta di San Ranieri wiederum Stadtviertel gegeneinander an und beim Gioco del Ponte – ebenfalls in Pisa – sind Hunderte von Kostümierten und zahlreiche Pferde zu bewundern.

Mittelalterfeste

Eine feste Institution sind die klassischen Musikfestivals, allen voran Italiens ältestes, der **Maggio Musicale**, der von April bis Juni in Florenz stattfindet. Sehr gut besucht sind im Juni der Estate Fiesolana in Fiesole oder die **Puccini-Festivals** in Torre del Lago und Lucca, eine Besonderheit die frühabendlichen Open-Air-Klassikkonzerte in der Abtei von San Galgano. Luccas Summer Festival ist quasi Pflicht für Liebhaber von Rock, Klassik und Jazz. Pistoia lockt im Juli mit Blues. Unter der großen Zahl neuer Toskana-Festivals feiern die Konzertreihen im Teatro del Silenzio in Lajatico (Juni/Juli) nahe Volterra sowie das Musikfestival von Bolgheri (Juli) mit vielen Weltstars Erfolge.

Festspielsaison, Festivals und Events

Altes Plakat vom Karneval in Viareggio, seit Langem eines der populärsten Feste in der nördlichen Toskana

Das seit 1987 existierende, aus dem Festival Arezzo Wave hervorge-
gangene **Nachwuchsfestival Italia Wave** wird weiterhin von Arezzo
aus organisiert, findet nun aber italienweit in wechselnden Städten statt
(www.italiawave.com) und fördert junge Nachwuchs-Rockbands. Sen-
sationelle Besucherzahlen erzielt das **Comic-Festival** in Lucca (Ende
Okt./Anf. Nov.) – Comic-Autoren und -Zeichner, die Comic-Leser-
schaft und Verlage drängen sich zu Tausenden in den Altstadtgassen.

Torneo dei Butteri

Jedes Jahr am 15.8. treffen sich die **Maremma-Cowboys**, die Butteri,
in Alberese zum spektakulären Torneo dei Butteri, auch Rodeo della
Rosa genannt. Neuerdings gibt es noch eine zweite Butteri-Festivität in
Alberese: alljährlich am 1. Mai. Das Turnier in Alberese ist nicht das
einzige, das zu Ehren der Butteri stattfindet. Aber hier werden besondere Attraktionen gezeigt: Geschicklichkeit, Kraft und Ausdauer von Reitern und Maremma-Pferden werden auf einer Reihe von Reiterstafetten
vorgeführt. Dabei halten die Butteri in ihrem typischen Maremma-
Sattel, der Scafarda, mit einer Hand die Zügel, mit der anderen den »Uncino«, einen bis zu zwei Meter langen Cowboystab aus Macchia-Holz.
Ein Höhepunkt ist der **Kampf um die Rose**: Geteilt in zwei Reiter-
mannschaften – Rosa rossa (rote Rose) und Rosa gialla (gelbe Rose) –
wird unter großem Hallo versucht, sich gegenseitig die an den Schultern befestigten Rosen abzujagen. Mann gegen Mann wird geritten,
nicht selten mit direktem Körperkontakt. Siegreich ist die Mann-
schaft, die die meisten Rosen ergattert hat.
Publikumswirksam sind aber auch die **klassischen Rodeos**. Mannschaften aus je drei Reitern müssen mit dem Lasso ein in der Herde
»abgetauchtes« Kalb einfangen, es zu Boden bringen und festbinden.
Dabei flieht die gesamte Herde und die Cowboys nehmen die Verfol-
gung in wildem Galopp auf. Wird die vorgegebene Zeit, meist eine
Minute, überschritten, darf das Kalb auch anderweitig festgesetzt
werden. Informationen: Besucherzentrum Parco Naturale della Maremma, Tel. 05 64 40 70 98.
Tipp: Von Mai bis Oktober veranstaltet die Fattoria del Marrucheto-
ne in Roselle jeweils mittwochs um 18.00 Uhr Reiterspiele mit Ma-
remma-Kühen und -Kälbern. Informationen: Tel. 0 56 42 49 88, Dauer 90 Min.; danach bittet das Ristorante dei Butteri zu Tisch.

Sport

Der beliebteste Zeitvertreib der Toskaner ist **Fußball**, egal ob am TV
oder im Stadion. Straßenfeger sind alle Spiele der ersten **italienischen Fußballliga** (Seria A), die samstagabends und sonntagnach-
mittags und -abends stattfinden. Toskanische Mannschaften in der
ersten Liga sind der AC Florenz und der AC Siena.
Zweites großes Faible sind die Formula Uno, die **Formel-1-Grand-
Prix-Events** mit der Motorsport-Kultmarke Ferrari, und der Motor-
radsport. Eine der modernsten Rennstrecken der Welt gibt es im
Mugello etwa 30 km nordöstlich von Florenz.

Veranstaltungskalender

FEIERTAGE

1. Januar: Neujahr
(Capodanno)
6. Januar: Hl. Drei Könige
(Epifania)
Ostermontag
(Lunedi di Pasqua)
25. April: Tag der Befreiung 1945
von der deutschen Wehrmacht
(Anniversario della Liberazione)
1. Mai: Tag der Arbeit
(Festa dei Lavoratori)
2. Juni: Republikgründung
(Fondazione della Repubblica)
15. August: Mariä Himmelfahrt
(Ferragosta)
1. November: Allerheiligen
(Ognissanti)
8. Dezember: Mariä Empfängnis
(Immacolata)
25./26. Dezember: Weihnachten
(Natale)

FESTE UND EVENTS

FEBRUAR / MÄRZ
Karnevalsumzüge

In Pisa und Viareggio wird groß
Karneval gefeiert. Am bekanntesten ist der Umzug in Viareggio, bei dem aufwendig gebaute
und fantasievoll gestaltete Fest-
wagen durch die Straßen rollen.

MÄRZ / APRIL
Ostern

Am Ostersonntag ziehen in Flo-
renz alle um zwölf zum »Scoppio
del Carro« auf den Domplatz.
Dort wird ein Zünder in Form einer
Taube vom Domaltar an einem
Seil in einen festlich geschmückten
Holzwagen geschossen, um ihn
donnernd in Brand zu setzen –
Osterfeuer alla fiorentina.

**Die Sagra del Tordo, die im Oktober in Montalcino gefeiert wird,
stammt noch aus Zeiten der Drosseljagd.**

»*Geh und kehre als Sieger zurück!*«

Das ist leichter gesagt als getan beim Palio, dem berühmten Sieneser Pferderennen und italienischen Traditionsfest par excellence. Denn die Reiter, die diesen frommen Wunsch vom Geistlichen ihres Stadtbezirks mit auf den Weg bekommen, riskieren auf dem Campo Kopf und Kragen. Ohne Sattel, nur mit Zügel und Gerte, kleben die Jockeys auf dem Pferderücken, um in waghalsigem Tempo als Erste durchs Ziel zu preschen und das begehrte Siegesband davonzutragen.

Wenn auch die Zeugnisse vom ursprünglichen Ablauf des Palio nur spärlich sind, so weiß man doch mit Bestimmtheit, dass das Fest schon vor 1310 existierte, jenem Jahr, als der Stadtrat das Wettrennen amtlich bestätigte: Alljährlich sollte es am **16. August** zu Ehren der Heiligen Jungfrau, der Schutzpatronin Sienas, ausgetragen werden. Nicht zuletzt auch als Symbol der unabhängigen Kommune. Das Rennen am **2. Juli** zu Ehren der Madonna di Provenzano wird erst seit 1656 veranstaltet.

Ausgelassene Stimmung auf den Zuschauerrängen

17 Bezirke im Wettstreit

Beim Palio treten die 17 Contrade der verschiedenen Stadtbezirke Sienas gegeneinander an. Ihre Bezeichnung ist vermutlich eine Ableitung vom lateinischen Contrata, dem Ort, an dem Verträge geschlossen wurden. Geografisch stehen die Contrade für die kleinen Dörfer auf den Hügeln der Stadt, die sich im 13. Jh. angesichts des allgemeinen Zerfalls der Zentralregierung freiwillig zu einer Selbstverwaltung zusammenschlossen, die in Kriegszeiten auch die Verteidigung sicherte. Den Wehreinheiten der Contrade standen **Bannerträger** (Gonfalonieri) vor, deren Oberbefehlshaber der Capitano del Popolo war. Die Namen der Contrade wurden um 1370 festgelegt. Abgesehen von Ausnahmen (wie Torre für den Stadtteil mit dem Rathausturm und Onda mit dem Wellenwappen für die Verantwortlichen des Sieneser Hafens Talamone) handelt es sich fast ausschließlich um Tiernamen – Adler, Panther, Stachelschwein, Schildkröte, Wölfin oder Gans. Neben den militärischen und Verwaltungsaufgaben übernahmen die Contrade bald zunehmend wichtige Entscheidungs-

Auf der Piazza del Campo tobt in rasendem Tempo der waghalsige Kampf der Contrade um das begehrte Siegesband.

funktionen: Sie beantragten Gesetze, bauten Straßen, stellten die Zunftvorsteher (Priori) und organisierten die Bürgerwehr. Auch heute noch spielen sie eine Rolle im Leben der Stadt, und die Zugehörigkeit zu einer Contrada ist für jeden Sienesen, ob Mann oder Frau, eine Selbstverständlichkeit – als Contradialo wird man geboren und bleibt es, selbst wenn man wegziehen sollte.

Spektakel um eine Fahne

Mit dem **Palio** (von lat. pallium = Tuch) ist eigentlich die Siegestrophäe gemeint, eine seidene Marienfahne, die alljährlich von einem Künstler neu entworfen wird. Erste inoffizielle Rennabsprachen und das Training der meist sardischen Reiter (Fantini) beginnen schon Monate vor dem Rennen. Vier Wochen vor dem Start entscheidet

dann offiziell das Los über die drei Contrade, die zusammen mit den sieben, die im Vorjahr nicht teilgenommen hatten, zum Palio antreten dürfen. Fünf Tage vor dem Fest werden die hölzernen Tribünen mit den teuren Sitzplätzen aufgebaut. Wer das Spektakel von einem Sitzplatz aus verfolgen will, muss schon Monate im Voraus bestellen (bei der Touristeninformation). Die für das Rennen mit einem Zaun abgesperrte und dann nur über die Via Malborghetto zugängliche Mitte des Platzes (Nicchia) kostet keinen Eintritt. Für die Rennbahn wird rings um die abschüssige Piazza del Campo eine spezielle Mischung aus Tuff und ockergelbem Sand 20 cm hoch aufgeschüttet und auf 7,5 m Breite festgestampft. Ist der Sand auf der Piazza, hat das **Rennfieber** sein akutes Stadium erreicht.

Die Spannung steigt

Die Pferde werden am Vortag des Palio unter Aufsicht des Bürgermeisters auf dem Rathausplatz verlost. Wem das Glück hold ist, der kann einen schnellen Barbero in seinen Stall führen, wer Pech hat, muss mit einem müden Klepper, einem Brenna, vorliebnehmen und kann nur noch den Beistand der Schutzheiligen erflehen. Nachmittags finden dann die Ausscheidungsrennen statt, dreimal um den Platz. Ganz Siena ist inzwischen mit Contrade-Wappen und -Bannern geschmückt und fiebert dem großen Augenblick entgegen. Am Abend vor dem Palio veranstalten die teilnehmenden Contrade auf ihrem Hauptplatz ein Festmahl, bei dem letzte Absprachen getroffen werden. Bestehen be-

rechtigte Hoffnungen auf das Marienband? Oder verspricht das zugeloste Pferd kaum eine Chance auf den eigenen Sieg – dann wird man wenigstens die feindlichen Contrade ordentlich behindern. Am Rennmorgen kommen Pferd und Reiter zur **Einsegnung in die Contrada-Kirche**. »Va e torna vincitore – geh und kehre als Sieger zurück« lautet der Schlusssatz des Geistlichen. Um 12 Uhr werden die Reiter dem Bürgermeister vorgestellt, ab 15 Uhr beginnen sich die Contrade-Mitglieder für den historischen **Festumzug** am Domplatz zu sammeln. Was die Stadt ein ganzes Jahr lang herbeigesehnt, sich ausgemalt und vorbereitet hat, wird nun im letzten Moment fast unerträglich hinausgezögert. Ohne jede Eile, eher betont ge-

Faszinierende Vorführung der Fahnenschwinger zu Beginn des Palio

mächlich, bewegen sich die Bewohner Sienas beim monotonen Glockengeläut der Torre del Mangia die Straßen und Gassen zur Piazza del Campo hinunter. Die farbenprächtige **Passeggiata Storica**, die über die Via del Casato den bereits überfüllten Campo erreicht, wird von mittelalterlich gekleideten Fahnenschwingern, Trommlern und Pfeifern begleitet – an der Spitze die sechs Stabträger und der Fahnenträger der Gemeinde mit der schwarz-weißen Fahne von Siena. Dann kommen Musiker, gefolgt von den Bannerträgern jener Besitzungen, die einst der freien Stadtrepublik angehörten, hinter ihnen die drei Merkantil-Magistrate sowie die Vertreter der bedeutendsten Zünfte. Nun folgen die Komparsen der zehn teilnehmenden und der sieben nicht zugelassenen Contrade: je ein Trommler, zwei Fahnenträger, ein Hauptmann, vier Pagen, ein weiterer Bannerträger, ein Reiter auf dem Paradepferd und der Stallmeister mit dem Rennpferd am Zügel. Vertreten sind auch die sechs historischen Contrade (Bär, Eiche, Hahn, Löwe, Schwert, Viper), die 1675 wegen eines Aufruhrs für immer vom Rennen ausgeschlossen wurden. Bis zu zwei Stunden kann der Umzug dauern, bis dann endlich vier Chianina-Ochsen den geschmückten **Triumphwagen mit der Martinella-Glocke und der Siegestrophäe** an der jubelnden Menge vorbeiziehen. Ein letztes Mal werden die Fahnen in die Höhe geworfen, bevor die Glocke gegen 20 Uhr verstummt, die Pferde nervös aus dem Innenhof des Palazzo Pubblico tänzeln und unter immer lauteren Zurufen zwischen den beiden Startseilen in der ausgelosten Reihenfolge Aufstellung nehmen.

In Sekunden entschieden

Dann geht alles plötzlich ganz schnell. Das Seil (Canapo) fällt, ein Aufschrei geht durch die Menge, und das rasante Schauspiel nimmt seinen Lauf. Dreimal müssen die Pferde das schräge Oval des Platzes umrunden, wofür sie knapp 100 Sekunden brauchen. Spätestens in der zweiten Runde kommt es meist in der berüchtigten und daher mit Matratzen gepolsterten **Curva di San Martino** zu einem spektakulären, nicht selten lebensgefährlichen Sturz, dann noch eine Runde in rasendem Tempo, bis das erste Pferd, mit oder ohne Reiter, unter frenetischem Beifall als Sieger durchs Ziel geht. Und schon klettern die Ersten im Freudentaumel über die Balustraden, reißen den Sieger vom Pferd und tragen ihn mit dem Palio auf ihren Schultern im Triumph zum Dankes-Te-Deum – am **2. Juli** in der Provenzano-Kirche, am **16. August** im Dom. Nach kaum fünfzehn Minuten ist der Campo wieder beinahe leer, während die Gassen Sienas nun in Windeseile mit den Farben der siegreichen Contrada geschmückt werden und man sich an weiß gedeckten Tischreihen unter freiem Himmel zu einem ebenso ausgelassenen wie opulenten Festmahl zusammenfindet. **Das Kopfende am Festbankett der Champions ist dem siegreichen Pferd vorbehalten!**

Giostra del Saracino in Arezzo: Hoch zu Pferd wird gegen den hölzernen Sarazenenkönig gekämpft.

MAI
Giostra del Archidado
Traditionelles Bogenschützenfest in historischen Kostümen. Ende Mai wetteifern ausgewählte Vertreter der verschiedenen Stadtteile in Cortona um einen 15 cm großen Würfel, den sogenannten Dado.

JUNI
Giostra del Saracino
Am 3. Sonntag im Juni stehen sich die vier Stadtteile von Arezzo beim Kampf gegen den symbolischen Sarazenenkönig Buratto gegenüber. Der Sieger erhält die »goldene Lanze« (▶ S. 157).

Regatta di San Ranieri
Ruderregatta zwischen den vier Pisaner Stadtteilen auf dem Arno jedes Jahr am 17. Juni zu Ehren des Schutzpatrons. Die Bootsbesatzungen treten in historischen Kostümen an. Am letzten Sonntag im Juni verwandelt sich der Ponte di Mezzo zum Schauplatz des Gioco del Ponte, eines farbenprächtigen Wettkampfs zwischen historisch kostümierten Vertretern vom Nord- und Südufer des Arno.

Calcio in Costume
Johannistag (24.6.) in Florenz: Eine Art Fußballspiel in histori-

schen Kostümen auf der Piazza Santa Croce, bei dem die vier Florentiner Stadtviertel gegeneinander antreten, zuvor gibt es einen Umzug, an dem unter anderem Vertreter der Zünfte und auch die Fahnenschwinger der Uffizien teilnehmen.

JULI
Palio delle Contrade
▶ Baedeker Wissen S. 102

Giostra dell' Orso
Am 25.7. auf dem Domplatz in Pistoia: Fest zu Ehren des heiligen Jacopo. Bei einem Wettkampf hoch zu Pferd treten vier Mannschaften – die vier Stadtviertel – gegeneinander an (▶ S. 381).

AUGUST
Bravio delle botti
Bravio delle botti: Er ist ebenso wie der Palio in Siena ein Pferderennen, das seit 1372 am 29. August zu Ehren des Schutzpatrons von Montepulciano, San Giovanni Decollati, ausgetragen wird. Heute allerdings nicht mehr zu Pferd, sondern mit 80 kg schweren Fässern, die von den Vertretern der Stadtteile durch die Hauptstraße gerollt werden. Ihnen voran geht ein bunter Umzug mit mehr als 200 Rittern und Edelfräulein, Banner- und Waffenträgern in historischen Kostümen.

Eröffnung der Jagdsaison
Jedes Jahr am zweiten Sonntag im August wird in Montalcino die Jagdsaison eröffnet. Dabei treten die besten Bogenschützen der Quartieri (Stadtviertel) gegeneinander an – ein Vorgeschmack auf die Sagra del Tordo, das größere Fest im Oktober.

Torneo dei Butteri
Reiterwettkampf der Viehhirten in der Maremma. Am 15.8. kann man sich vom Können der »Cowboys der Maremma« in Alberese einen Eindruck verschaffen (▶ S. 316)

SEPTEMBER
Giostra del Saracino
Am 1. Sonntag im September wird in Arezzo der Kampf hoch zu Pferd nochmals ausgetragen (siehe auch Juni).

OKTOBER
Sagra del Tordo
Das Drosselfest in Montalcino stammt noch aus Zeiten der Drosseljagd. Ein Umzug mit festlich gekleideten Rittern und Burgfrauen zieht zur Fortezza hinauf, wo sich die besten Bogenschützen der Quartieri (Viertel) im Wettkampf messen. Krönung der Sagra del Tordo ist ein Festessen, bei dem einstmals die ergatterten Drosseln verspeist wurden.

Für junge Toskana-Fans

In Sachen Geburtenrate bildet Italien das Schlusslicht in Europa. Kein Wunder: Die Zahl der Eheschließungen ist rückläufig, das durchschnittliche Heiratsalter steigt; bei Frauen liegt es derzeit bei 30 Jahren, bei Männern bei 32 Jahren. Dennoch gilt die Toskana wie auch Gesamt-Italien weiterhin als familienfreundlich.

Das schlägt sich u. a. auch bei Angeboten für mit Kindern Reisende nieder. Beispielsweise ist das preiswerte Bereitstellen eines Kinderbetts im Hotelzimmer meistens selbstverständlich. Auch die Zahl der Trattorien und Restaurants mit günstigen Kindergerichten steigt. Für gelungene Familienferien bieten sich diverse Aktivitäten an: angefangen bei Radtouren beispielsweise in und um Lucca (▶ S. 300) bis hin zu Besuchen in den zahlreichen Naturparks. Die neuen Ökomuseen im Apennin mit Naturlehrpfaden und didaktisch aufbereitetem Programm für Besucher sind interessant für die gesamte Familie. Hilfreich für Museums- und Parkbesuche sind speziell illustrierte Kinderbücher in vielen angeschlossenen Buchläden. Neben Meer und Strand bieten sich für Urlaubstage mit Kindern auch die meist teuren Vergnügungsparks mit Achterbahn-Rummel an der Küste an.

Familienfreundliches Reiseziel

Der öffentliche Nahverkehr sowie die Firenze Card bieten **Rabatte**. Günstige Familientickets in Museen, Parks und Freizeiteinrichtungen sind eher selten, **freier Eintritt** für kleine Kinder und 50-Prozent-Rabatte für ältere Kinder bis 18 Jahre sind dagegen häufig. Ebenso haben übrigens EU-Bürger ab 65 Jahre oft freien Eintritt – Großeltern mit Enkeln sind also gut dran!

Günstige Tickets

Cool finden Kinder den Giardino (Garten) von Daniel Spoerri in Seggiano (www.danielspoerri.org; ▶ S. 336) oder den mit Schall-Installationen (z.B. Straßenbahngeräuschen) überraschenden Chianti-Skulpturenpark bei Gaiole (www.chiantisculpturepark.it; ▶ S. 204). Ein Erlebnis ist auch der Giardino dei Suoni (Garten der Töne) des Klangkünstlers Paul Fuchs in Boccheggiano bei Montieri (www.paulfuchs.com; ▶ S. 325).

Etwas Besonderes

Die Florentiner **Museumslandschaft** ist im Allgemeinen sehr kinderfreundlich, mehrere Museen sind auf Kinder eingestellt. Im Palazzo Vecchio kann man für 5 € ein Family Kit mit Utensilien für den Museumsbesuch kaufen.

Florenz für Kinder

Fabelhafte Fantasiewesen im Giardino dei Tarocchi bieten sich für ungewöhnliche Erkundungen an.

Der Palazzo Strozzi bietet an Wochenenden didaktisch sehr gut gemachte **Workshops und Führungen** – auch auf Englisch – für Familien mit Kindern, während der Woche auch für Jugendliche (www.palazzostrozzi.org; ▶ S. 264, Familienticket).

Sehr gute Noten erhält zudem die **Bottega dei Ragazzi** im MUDI (Kinderwerkstatt für 3- bis 11-Jährige, www.istitutodeglinnocenti.it; ▶ S. 274).

Familientouren mit Kit und App nach Fiesole und durch Florenz – durch die römische Stadt oder auf den Spuren der Medici – bietet Associazione MUS.E, Istituto degli innocenti an. Informationen zum Downloaden der App und zu den Kits gibt es auf www.familytour.it. Die Kits werden im Fiesole Museum und in Florenz im Palazzo Vecchio ausgeliehen.

Einen **Kindergarten** für 2- bis 6-Jährige bietet Dante Moruzzi im Mondo Bimbo nahe der Piazza Libertà (Via Madonna della Tosse, Tel. 05 55 53 29 46, www.mondobimbogroup.com).

Immer lohnen Aufstiege (Domkuppel, Giotto-Kampanile), Parkbesuche oder auch der nicht ganz billige Sprung ins kühle Nass der Piscina Bellariva Nannini (Lungarno Aldo Moro 6, Tel. 055 67 75 21) oder des Nannini-Hallenbades (Via Ripoli 70).

Tipps für Kids

Giardino dei Tarocchi

Ca. 15 km östlich von Orbetello bei Garavicchio
1.4. – 15.10. tgl. 14.30 – 19.30 Uhr
Eintritt: 12 € (Kinder bis 7 J. frei)
http://ilgiardinodeitarocchi.it/de
Ein kunterbunter Fabelpark:
Der Tarotgarten von Niki de Saint Phalle (▶ S.341) ist ein schönes Ziel für Kinder. Auf einem riesigen Gelände bevölkern eigenwillige Traumwesen ein spannendes Fantasieland.

Parco di Pinocchio

ca. 13 km östlich von Lucca in Collodi
1.3. – 1.11. tgl. 9.00 Uhr bis Sonnenuntergang, 2.11. – 28.2. Sa. 10.00 Uhr bis Sonnenuntergang
Eintritt: 27.2.–1.11. 11 €, sonst 10 €, Rabatte für Kinder und Senioren; www.pinocchio.it

Jedes Kind kennt Pinocchio mit seiner langen Nase. In einem Seitental zwischen Lucca und Pistoia liegt der Parco di Pinocchio (▶ S. 314), in dem Kinder seine Abenteuer nacherleben, auf historischen Karussells fahren, auf den Wisperpfad gehen oder an Mal- und Maskenbaukursen teilnehmen können.

Parco Preistorico Peccioli

ca. 30 km östlich von Livorno in Peccioli
Via dei Cappuccini
1.4. – 31.8. tgl. 9.00 – 19.00, sonst 9.00 – 18.00 Uhr
Eintritt: 5 €
Tel. 05 87 63 60 30
www.parcopreistorico.it
In der Nähe von Pisa locken 22 Dinosaurier-Skulpturen, vom Veloci- bis zum Oviraptor.

Parco »Selva del Buffardello«

San Romano in Garfagnana
Mitte Juni bis Anf. Sept. tgl.
10.00 – 19.00, übrige Zeit stark
eingeschränkte Öffnungszeiten
Eintritt: ab 1 m Körpergröße 12 €,
ab 1,40 m 18 €
Tel. 34 77 11 04 33
www.selvadelbuffardello.it
In den ganzjährig geöffneten
Abenteuerpark dürfen Kinder und
Jugendliche nur in Begleitung von
Erwachsenen. Hier warten ein
Akrobaten-Baumwipfelweg und
sieben Parcours auf kleine und
größere Abenteurer.

Florenz – Museen für Kinder

Die Florentiner Museumslandschaft ist recht kinderfreundlich,
mehrere Museen versuchen,
Kindern spielerisch Geschichte,
Wissenschaft, Kunst und Kultur
näherzubringen. Folgende Fioren-
tiner Museen sind empfehlenswert: Das Museo di Storia della
Scienza (► S. 256), das Museo
Stibbert (► S. 280) und das kurio-
se Wachsfigurenmuseum La
Specola (► S. 261).

Mondobimbo

Babysitter- und Betreuungsservice
in Florenz (Tel. 05 55 53 29 46)

SMS Museo d'Arte per Bambini

Siena
Complesso Museale Santa Maria
della Scala
Piazza del Duomo 2
tgl. 10.30 – 18.30 Uhr
Eintritt frei
Tel. 0 57 74 65 17
www.santamariadellascala.com
Kunst mit und für Kids: In Siena
gibt es ein Museum ausschließlich
für Kinder bis 11 Jahre! Im SMS
Museo d'Arte per Bambini werden die jungen Kunstfreunde mit
Workshops und Theater in die
Kunst und ihre Geschichte eingeführt werden und lernen, Gemälde zu betrachten und in Bildern
»zu lesen«. Schade nur, dass die
Anleitungen auf Italienisch sind!

Treno Natura

Visione del Mondo – Agenzia
Viaggi
Via dei Termini 83
Siena
Tel. 0 57 74 80 03
www.terresiena.it/trenonatura
Von April bis November geht es
mit einem Oldtimer-Triebwagen
oder einer Dampflok ins Val
d'Orcia, in die Crete oder rund
um den Monte Amiata. Es gibt
auch einen Etruskerzug nach
Chiusi und Züge von Grosseto
zum Trüffelmarkt in San Giovanni
Val d'Asso.

Parco Zoo

Poppi
tgl. 9.00 Uhr bis Sonnenuntergang
Eintritt: 8 €
www.parcozoopoppi.it
In Poppi im Casentino gibt es
einen ausschließlich der europäischen Fauna gewidmeten Zoo. Zu
sehen sind u. a. Luchse, Füchse,
Esel, Wölfe. Der 2 km lange
Rundweg ist auch für Kleine problemlos zu schaffen (► S. 172).

Shopping

Einkaufsparadies (mit Tücken)

Die Toskana ist wie ganz Italien ein Dorado für Fans von Urlaubsmitbringseln. Schuhe, Kleidung, etwas für den Haushalt, Schmuck, Pasta oder Wein: Wochen- und Spezialmärkte, Ladenzeilen, Shoppingmeilen, Boutiquen und Outlet Center bieten reichlich Auswahl in oft außergewöhnlich guter Qualität.

Vorsicht ist beim Kauf von Mode- oder sonstigen Imitaten geboten: Beim Ankauf von **»Fakes«** drohen in Italien Strafgelder – für den Käufer! Und die sind mit bis zu 10 000 € sehr hoch!

Die Tücken

Angesichts des riesigen Angebots an wohlschmeckenden Lebensmitteln und köstlichen landestypischen Produkten hat man die Qual der Wahl. Besonders gut einkaufen kann man Feinkost und andere frische Lebensmittel auf Wochenmärkten, die in der Toskana immer noch eine wichtige Institution des öffentlichen Lebens sind.
An erster Stelle stehen die toskanischen **Weine** und Liköre, allen voran die Super-Toskaner, wie Ornellaia oder Sassicaia aus Bolgheri, und andere Spitzenweine wie Brunello di Montalcino oder Vino Nobile di Montepulciano. Berühmt ist toskanisches **Olivenöl** (▶ Baedeker Wissen S. 94). Unter den **Käseprodukten** lohnen die haltbaren Pecorino-Sorten, und als Mitbringsel eignen sich ebenfalls luftgetrockneter Wildschweinschinken, andere **Wurstwaren**, **Trüffel** und getrocknete Steinpilze. Viele Delikatessenhändler bieten auch die Zusendung per Post an, teils kann man auch via E-Mail bestellen. Nicht nur Naschkatzen schätzen die vielen **Gebäckspezialitäten**, Sienas Panforte, Kastanienbrot aus Lucca oder die süßen Verführungen aus dem Chocolate Valley (▶ S. 132).

Kulinarische Souvenirs

Die Toskana ist bekannt für exquisite Mode und herausragend verarbeitete Lederwaren – Schuhe, Gürtel, Taschen, Geldbörsen, Handschuhe. Auch hochwertige **Accessoires**, Stoffe, Schmuck und Designerwaren lohnen. Vor allem Florenz, Lucca, Pisa und Siena bieten die gesamte Palette der bekanntesten **Markennamen**. In und um Prato und im Valdarno (Empoli) gibt es zahlreiche Outlet Center.

Mode von Armani bis Zegna

Marmorarbeiten aus Carrara oder Pietrasanta und Alabaster aus Volterra gehören zu den beliebtesten Mitbringseln. Hochwertige Keramikarbeiten kann man oft direkt in der Werkstatt kaufen. In Arezzo, Pisa oder Pietrasanta gibt es gute Antiquitätenmärkte. Ferner bietet die Toskana herausragende Kunstschmiedearbeiten (z. B. Messer aus Borgo San Lorenzo und dem Mugello), Korbwaren, kunstvolle Glaserzeugnisse sowie Designermöbel.

Kitsch und Kunst

Wer mit den Kreationen der toskanischen Modezaren nicht zufrieden ist, hat reichlich Auswahl an Stoffen und kann selbst schneidern.

Weiß und samtig

Was der Marmor für Carrara, ist Alabaster für Volterra. Die Verarbeitung des weichen Materials liefert der Stadt seit eh und je Arbeitsplätze – und den Touristen ein breites Angebot an Souvenirs.

Seit jeher war Alabaster bei Künstlern ausgesprochen beliebt, da er leicht zu bearbeiten ist. So gab es im Lauf der Geschichte viele Verwendungsmöglichkeiten: Im Alten Orient fertigte man beispielsweise aus weißem Alabaster Gefäße oder Statuetten; der gröbere, grünliche Alabaster diente in Assyrien hingegen als Material für großflächige Reliefs, Stufen, Becken und Ähnliches. Gefäße, Lampen und Kanopen waren die beliebtesten Albas-

Alabasterfiguren in Volterra

terobjekte im alten Ägypten, in der Antike wurde er vornehmlich für Vasen, Urnen und Reliefs verwendet. Das viel gepriesene Alabasterhandwerk Volterras erlebte seine große Blütezeit vor allem im 6. bis 1. Jh. v. Chr. unter den **Etruskern**, denen der reizvolle Naturstein neben Tuff und Terrakotta zur Herstellung ihrer Ascheurnen diente. Nachdem die Produktion mit dem Ende der römischen Herrschaft weitgehend eingestellt worden war, und im Mittelalter vermehrt das widerstandsfähigere und edlere Elfenbein gefragt war, begann die Alabasterverarbeitung erst wieder während der Renaissance. Die erste Kunsthandwerksschule für Alabaster rief Inghirami-Fei Ende des 18. Jh.s ins Leben, Mitte des 19. Jh.s zählte man über 60 Werkstätten, die das leicht zu bearbeitende Material nun zunehmend für die Massenproduktion nutzten. Heute liegt das Angebot der rund 100 Alabasterbetriebe irgendwo zwischen Kunst und Kitsch.

Ein besonderer Laden in Volterra ist **Opus Artis**, Piazza Minucci 1. Hier bietet Giorgio Pecchioni Alabaster- und »Etruskerflöten«, Alabaster-Trommeln, -Okarinen und -Hörner. Auf Pecchioni-Flöten werden Klassik- und Rockkonzerte gespielt – auch Ian Anderson von der Band Jethro Tull war begeistert,

Eine Alabasterwerkstatt, in der auch Touristen bei der Verarbeitung des weißsamtigen Materials zusehen können

ebenso sein Publikum. Sehr zu empfehlen ist ein Besuch in Pecchionis Alabaster-Werkstatt, Via A. Cinci 22 (Tel. 0 58 88 67 87, www. alabastrosonoro.com).

Eine Gips-Variante

Alabaster ist ein wasserhaltiges Kalziumsulfat, eine kristallin-feinkörnige Variante von Gips. Bei Volterra kommen vier verschiedene Alabaster-Arten vor: von dem im Untertagebau gewonnenen, nicht durchscheinenden, weißgrauen **Bardiglio**, der viele Farbnuancen und Strukturen aufweist und schon von den Etruskern für Graburnen verwendet wurde, über den etwa doppelt so kostspieligen milchigweißen, schwach strukturierten **Pietra a marmo**, der in der Gegend von Siena und bei Volterra im Übertagebau gewonnen wird, bis zum durchscheinenden, schwach marmorierten **Scaglione**, der in den Gruben von Castellina Marittima in Tiefen bis zu 300 m abgebaut wird und für den man gut das Dreifache anlegen muss. Doch als Nonplusultra gilt der transparente **Alabastro Agatha**, ein hellgelb bis dunkelbrauner, sehr fein strukturierter Stein, der bei Volterra und Siena vorkommt und etwa das Vierfache eines Bardiglios kostet. Wer sich nicht sicher ist und beim Kauf die Echtheit überprüfen will, kann folgende Probe machen: Er ritzt mit dem Fingernagel in das Material. Im Gegensatz zu Kunststoff ist das bei Alabaster nämlich leicht möglich.

Übernachten

Schlicht bis luxuriös

Mit mehr als 12 500 Beherbergungsangeboten gehört die Toskana zu den touristisch am besten entwickelten und gefragtesten Reisezielen in Europa. Das Angebot reicht von einfachen, günstigen Privatunterkünften bis hin zu luxuriösen Stadthotels oder Landvillen mit jedwedem Komfort.

Dass man sich in einer der beliebtesten Ferienregionen Italiens aufhält, zeigt sich am eher hohen Preisniveau. In der Vor- und Nachsaison kann man vor allem an der Küste oft ganz passable Preise aushandeln, ansonsten sind Hotels, Ferienhäusern und Appartements qualitativ wie preislich keine Obergrenzen gesetzt. In der Hauptsaison können die Preise für ein Haus auf 3000 € steigen. Ein exklusiver Sarazenen-Wachtturm im Naturpark Maremma wird für 9000 €/ Woche angeboten (Anfragen unter www.italhaus.com).

Teures Pflaster

In Florenz wird eine nach Sternen gestaffelte Übernachtungssteuer erhoben, die in den Tarifen nicht angegeben ist. Sie wird pro Person fällig und vor Ort an der Rezeption bezahlt. Mit einer Ausweitung dieser Steuer auch auf andere Städte ist zu rechnen.

Übernachtungssteuer

An Feiertagen, im Hochsommer und generell in Florenz, Siena, Lucca und Pisa ist frühzeitige Zimmerreservierung anzuraten. In den meisten anderen Städten ist dies nur zur Hauptreisezeit nötig.
Hotels der oberen Preiskategorien bieten auf ihren Internetseiten oft tagesaktuell günstigere Tarife, Spezialangebote kann man mitunter auch direkt mit der Rezeption aushandeln. Der Vergleich mit deutschsprachigen Hotelreservierungsseiten lohnt sich, sie bieten Sondertarife und erleichtern die Buchung. Auch Reiseveranstalter haben oft günstige Hotelpreise, mit und ohne Pauschalangebot.
In der Vor- und Nachsaison wird generell häufig Rabatt gewährt. Sparpotenzial ergibt sich manchmal auch durch die Frage nach Halb- oder Vollpension (Mezza pensione; Pensione completa).

Buchung

Hotels und Alberghi (Albergo = Gasthof, Pension) sind in Italien amtlich in fünf Kategorien eingeteilt, vom Luxushotel mit fünf Sternen bis zur einfachen Unterkunft mit einem Stern. Neben diesen gibt es aber auch kleinere, nicht klassifizierte Unterkünfte, die durchaus akzeptabel sind. Die Anzahl der Sterne gibt nur bedingt Auskunft über den tatsächlichen Komfort eines Hauses und die Preise, die je nach Saison und Gegend sehr stark variieren können. So bezahlt man

Hotels und Alberghi

Ländlich schön: kleines einfaches Zimmer mit Gartenterrasse – beste Voraussetzungen für einen erholsamen Schlaf

im Sommer an der Küste oder in Florenz für ein Doppelzimmer mitunter das Dreifache wie im Landesinnern. An der Küste sind viele Hotels nur zwischen April und Oktober geöffnet. Da die meisten Gäste hier länger als nur ein oder zwei Nächte bleiben, gibt es für einen Mindestaufenthalt von drei Tagen spezielle Konditionen und die Möglichkeit, Voll- (Pensione completa) oder Halbpension (Mezza pensione) zu buchen.

Albergo diffuso

Unter Albergo diffuso versteht man eine Übernachtungsmöglichkeit, die von einer zentralen Rezeption aus verwaltet wird, in der man Schlüssel für Zimmer oder Appartements in Häusern in der Nähe erhält. Meist liegen diese günstigen Alberghi in abgelegenen, von Abwanderung bedrohten Bergdörfern und sind in ausgebauten historischen Häusern eingerichtet.

Bed & Breakfast

In urbanen Zentren bieten sich alternativ B & B-Angebote an. Bed & Breakfast Italia vermittelt eine große Auswahl auf unterschiedlichstem Niveau und für diverse Zielgruppen – Zimmer mit Badmitbenutzung, Unterkünfte in namhaften historischen Gebäuden, Zimmer mit höchstem Komfort, nur für Frauen oder auch mit Haustieren.

Agriturismo

Ferien in freier Natur sind in: Im Agriturismo findet man etwa ein Drittel aller Bettenangebote der Toskana. Die Erfolgsgeschichte des Agriturismo begann vor einem Vierteljahrhundert mit den ersten Bauernhof-Angeboten südlich von Siena. Heute locken in der Toskana mehr als 4000 registrierte Fattorie, Poderi oder Landvillen mit gesunder Luft und gutem Schlaf für die gesamte Familie. Etwa 60 % aller Betriebe bieten mittlerweile auch ein Restaurant bzw. Verpflegung, viele haben Räder, Mountainbikes, Ausflüge und Exkursionen im Programm, manche auch Reitausflüge oder Reitstunden. Und neben Swimmingpools gibt es neuerdings auch vielfältige Wellness-Angebote in Kooperation mit Thermalbädern, und mancher Agriturismo ist längst zur **Luxusoase im Grünen** geworden.
Das offizielle **Klassifizierungssystem** für Landurlaub in der Toskana vergibt maximal drei Ähren (spighe). Mehr Ähren bedeuten nicht mehr Komfort, eher bessere ländliche Qualität.

Camping und Caravaning

Die meisten Campingplätze liegen an der Küste und auf den Inseln des toskanischen Archipels, vor allem auf Elba. Aber auch im Hinterland oder in der Umgebung großer Städte kann man Campingplätze finden. Allein auf Elba gibt es mehr als 30 zum Teil äußerst angenehme, sehr schön gelegene Plätze. Das verhältnismäßig hohe Preisniveau für Unterkünfte in Italien macht auch vor den Campingplätzen nicht Halt: Im Durchschnitt muss man für ein Zelt und zwei Personen mit ca. 20 Euro pro Nacht rechnen. Auskünfte gibt der ital. Campingverband (s. u., wichtige Adressen).

Wildes Campen ist verboten. Wer mit dem Wohnmobil oder Wohnwagen reist, kann sich eine Nacht am Straßenrand, auf Park- oder Rastplätzen aufhalten, wenn dies nicht ausdrücklich untersagt ist.

Jugendherbergen und Hostels sind eine einigermaßen preiswerte Alternative. Für Übernachtungen in Jugendherbergen braucht man einen internationalen Jugendherbergsausweis, eine Voranmeldung ist in der Saison unbedingt ratsam. Entlang der alten Pilgerwege bieten meist religiöse Einrichtungen kostengünstige, eher schlichte Unterkunft.   **Jugendherbergen**

Hotelempfehlungen

Preiskategorien
DZ pro Nacht
❻❻❻❻ über 150 €
❻❻❻ 100 – 150 €
❻❻ 70 – 100 €
❻ bis 70 €

WICHTIGE ADRESSEN

INFORMATION / BUCHUNG
Allgemein
www.turismo.intoscana.it

ALBERGO DIFFUSO
ADI
www.alberghidiffusi.it

AGRITURISMO
Agriturist Toscana
Via degli Alfani, 67
I-50100 Firenze
Tel. 0 55 28 78 38
www.agriturist.it
http://agriturist-tuscany.com/en
www.agriturismi.it/it/toscana
http://it.agriturismo.net/toscana/

**Federazione Coldiretti
Toscana / Terranostra**
Via della Villa Demidoff 64 / D
I-50127 Firenze
Tel. 05 53 24 56 55
www.toscana.coldiretti.it
www.terranostra.it

Turismo Verde Toscana
Via Iacopo Nardi 41
I-50132 Firenze
Tel. 05 52 33 89 11
www.turismoverde.it

BED & BREAKFAST
Bed & Breakfast Italia
Corso Vittorio Emanuele II 282
Rom, Tel. 06 94 80 44 01
www.bbitalia.it

CAMPING
**Confederazione Italiana
Campeggiatori**
Via Vittorio Emanuele II 11
I-50041 Calenzano / Firenze
Tel. 0 55 88 23 91
www.federcampeggio.it

JUGENDHERBERGEN
Associazione Italiana Alberghi per la Gioventù
Via Cavour 44, I-00184 Roma
Tel. 0 64 87 11 52
www.travel.it/hostels
www.aighostels.com

Deutsches Jugendherbergswerk DJH Reiseservice
Leonardo-da-Vinci-Weg 1
32760 Detmold
Tel. 05231 74 01-0
www.jugendherberge.de

Erholung in aller Ruhe

*Turismo Religioso boomt – und ist nicht selten mit Erholung verspre-
chendem Aktivurlaub in freier Natur verbunden, zu Fuß, per Rad oder
auf dem Pferd. Der EU-Ministerrat unterstützt die länderübergreifen-
den Projekte der Europa-Pilgerwege »Cammini d'Europa«, auch, um
strukturschwachen Gebieten auf die Beine zu helfen.*

Die katholische Organisation Acco-
glienza religiosa in Italia meldete
2011 knapp 3000 Einrichtungen
zum Nächtigen – auch für Nichtka-
tholiken. Allein die Toskana bietet
228 Klöster, Einsiedeleien, Konvente, landwirtschaftlich genutzte
Klausen oder Ferienhäuser. Ihre
Webseite www.hospites.it ist eine
Fundgrube für alle, die einmal in
den Genuss einer Klosternacht
kommen möchten.

Klöster sind keine Hotels, es gibt
»Übernachtungsauflagen«, und
die variieren: Mal sind nur Männer
oder Frauen, mal nur Verheiratete
erwünscht, mal nur Gruppen, mal
nur Individualreisende. Die großen
Casentino-Klöster öffnen ihre Tore
für beide Geschlechter und verfügen über eine gute Infrastruktur,
es gibt Schlafplätze für Jugend-
gruppen, aber auch Einzel- oder
Doppelzimmer mit Bad. Und auch
Heizungen – wie in La Verna.

Klosterbar

Wer in La Verna im Gäste-Refekto-
rium oder in der Foresteria über-
nachtet, findet auch eine Bar vor,
an der Espresso, Mineralwasser,
Alkoholika oder Kloster-Spezerei-
en verkauft werden. Solche »Klos-
terbars« werden allerdings nie im
abgeschirmten Mönchstrakt eingerichtet, in dem strenge Ordensregeln gelten. In La Vernas Restaurant wird dreimal täglich sehr gute
Qualität zu günstigen Preisen serviert. Am Essen nehmen immer
auch die sechs Franziskanermönche des Klosters, ihre geistlichen
Gäste und die hier lebenden Senioren teil: La Verna ist Kloster, Her-
berge und hochgeschätztes Alters-
stift zugleich.

Torschluss

Tagesbesucher wie Übernach-
tungsgäste müssen einige Auflagen beherzigen. Lärm, auch Kin-
derlärm, stört, die Kleiderordnung
ist zu respektieren. Das Rauchver-
bot ist ebenso zu achten wie die
durch Glockengeläut angekündig-
ten Tischzeiten. Exerzitien, Medita-
tions-, Fasten- oder Feiertage sind
zu achten. Die **Schließzeiten** bilden
den größten Unterschied zu
Normalherbergen. Schlag 21 Uhr
wird in La Verna alles verriegelt –
mit Ausnahme des Kirchhoftores.
Dieses letzte Schlupfloch schließt
Punkt 22 Uhr! Dann herrscht
Silentium. Doch diese letzte
Abendstunde mit Plausch unterm
Sternenhimmel ist für viele die be-
eindruckendste des Tages. Die
Nachtruhe dürfen Gäste nur don-
nerstags zwischen ein und zwei
Uhr stören – zur Andacht in der
Cappella delle Stimmate, wo der
heilige Franziskus die Wundmale
empfangen haben soll. Pünktlich

Klöster sind keine Hotels, aber asketische Kargheit erwartet die Gäste nicht.

um 7 Uhr öffnet morgens das Tor am Klosterkirchhof, die anderen Außentüren erst um 8 Uhr.
Wegen der rigorosen Schließzeiten ziehen es nicht wenige Toskana-Urlauber vor, im nahen Dorf zu übernachten, und die Frage, ob Klosterherbergen vieleicht zu viel Konkurrenz zur weltlichen Hotellerie sind, erübrigt sich. Das Dorf profitiere, heißt es unisono. Unschlagbares Plus der Klosterübernachtung bleiben aber der **tiefe, gesunde Erholungsschlaf**, die gute Luft, die angenehme Stille, herrliche Spaziergänge in den Klosterwäldern ringsum und teils auch die günstigen Tarife.

Klöster zur Wahl

Alle Toskana-Provinzen bieten diese Form der Gastlichkeit. Schön einquartieren kann man sich beispielsweise in der Foresteria im Monastero di San Girolamo in San Gimignano, in der Abbazia Santa Maria di Rosano in Pontassive, im Agriturismo La Chiusa in Pratovecchio oder in Sant' Antimo in Montalcino.

Informationen im Internet:
www.hospites.it
www.istituti-religiosi.org
www.turismoreligioso.eu/ospitalita_toscana.htm
http://static.repubblica.it/viaggi/pdf/monasteri-italiani/monasteri.pdf (religiöse Herbergen, von der Zeitung La Repubblica gelistet)
www.ora-et-labora.net/monasteriitaliani.html, **www.osb.org** (Übernachten bei Benediktinern)

www.monasterystays.com (Australier testeten viele der 500 Klöster und Konvente Italiens.)
www.camminideuropa.eu (Europa-Pilgerwege)
www.orpnet.org (Pilgerbüro Rom)

Baden, Wandern, Radeln

Ein Toskana-Urlaub muss nicht zwangsläufig eine Kulturreise sein. Die einmalig schöne Landschaft lädt zu Wanderungen, Spaziergängen und Radtouren ein, die Küste zum Wassersport. Man kann die Toskana auf Pilgerwegen durchwandern, mit dem Pferd an Weinstraßen entlangreiten, ganz klassisch mit der Vespa über sanfte Hügel und durch herrliche Zypressenalleen brausen oder sich Wellnessvergnügen hingeben.

MIT DEM RAD DURCH DIE TOSKANA

Radfahren ist Volkssport Nummer eins in der Toskana. Kein Wochenende, an dem nicht Gruppen bestens ausstaffierter Amateurfahrer auf ihren Rennrädern zu langen Touren ausschwärmen. Berge und gemächlichere Hügeletappen sind ideales ein Terrain für angehende Talente, die in die Stapfen der großen Pedalhelden der Toskana treten oder einfach nur für ihre körperliche Fitness sorgen wollen. Berühmteste Radsportlegende der Toskana ist **Gino Bartali** (1914 – 2000), der zweimal die Tour de France und dreimal den Giro d' Italia gewann. 2006 wurde in Gino Bartalis Geburtsort Ponte a Ema bei Florenz ein **Fahrradmuseum** eröffnet, das auch den Radsport in der Toskana

> **? | BAEDEKER WISSEN**
>
> *Gino Bartali ...*
>
> ... verband sein unverdächtiges Radtraining in der Mussolini-Zeit mit Kurierfahrten für die Widerstandsbewegung gegen die deutsche Besatzung und war so an der Rettung mehrerer Hundert Juden beteiligt. In dem Film »Der Assisi Untergrund« werden seine Aktivitäten gewürdigt.

würdigt. Das Museum organisiert 60 – 110 km lange Tagestouren ins Chianti-Gebiet. Auch Stars wie die in der Toskana geborenen Mario Cippolini und Francesco Casagrande und vor allem der zweimalige Weltmeister und Olympiasieger Paolo Bettini aus dem Dörfchen Bibbona bei Bolgheri sorgen dafür, dass Radeln extrem populär bleibt.

Museo del Ciclismo »Gino Bartali«: Via Chiantigiana, 177, Ponte a Ema (Bagno a Ripoli / Florenz), Fr., Sa. 10.00 – 13.00, So. bis 16.00 Uhr; Eintritt: 3,50 €; http://museicivicifiorentini.comune.fi.it/bartali/

Natürlich kann man die Toskana gut auf Nebenstrecken entdecken – allein oder auf geführten Touren. Hauptstraßen (Via Aurelia, Via Cassia) sollten aus Sicherheitsgründen gemieden werden.   **Touren durch die Toskana**

Wellness ist ein großes Thema in der Toskana mit ihren zahlreichen heißen Quellen.

Die Regione Toscana führt auf ihrer Website unter »Cicloturismo« mehrere Angebote auf (italienische Version): Touren für Sportliche und für Radsportler, Mountainbiketouren, Radtouren für Familien und Touren durch verschiedene Städte der Toskana (www.turismo.intoscana.it).

Besonders attraktiv sind der zu den 50 Toptouren weltweit zählende, auf vier Kursen (38, 75, 135 oder 205 km) absolvierbare **Rundweg L' Eroica** (zur Planung: www.eroica.it) und der **Sentiero della Bonifica** (Planung/Übernachtungstipps, Download PDF-Broschüre auf Deutsch: www.sentierodellabonifica.it), Letzterer verläuft an trockengelegten Gebieten des Canale Maestro della Chiana entlang in vier Etappen von Chiusi bis Arezzo.

! BAEDEKER TIPP

Mit der Vespa durch die Toskana

Mit dem Roller in Italien – klassischer geht es kaum. Versiliana Viaggi verleiht Vespa-Roller: Via P. E. Barsanti 63/65, Pietrasanta, Tel. 33 55 61 31 52, www.versilianaviaggi.it. Und organisiert gibt es die Toskana per Vespa hier: www.enjoyunique.de

Mit dem Parco Ciclistico del Chianti ist das 400 km lange Wegenetz im **Chianti** ein Paradies auch für Mountainbiker. Neben der L' Eroica ist die Tour »Chianti Classic« der Hit; Planung: http://www.turismo.intoscana.it/site/it/itinerario/Parco-Ciclistico-del-Chianti. Die **Provinz Siena** hat ein komplettes Radwegenetz entwickelt (http://www.terresiena.it/bici). Um **Monteriggioni** locken Tagestouren für Mountainbiker.

Entlang der **Etrusker-Riviera** sowie um Bolgheri und Paolo Bettinis Geburtsort Bibbona radeln an Sommerwochenenden Hunderte. Eine besondere Herausforderung bietet die **Maremma** mit der anspruchsvollen, 366 km langen Grand Tour (Planung: http://www.maremmainbicicletta.it/). Ebenso sind Bergtouren in den Apuanischen Alpen und im Apennin eher etwas für Profis. Und schließlich: Im **Casentino** locken mindestens 6 Touren (www.casentino.it).

Lucca
Bei deutschen Radurlaubern ist **Lucca** mit der angrenzenden Garfagnana besonders beliebt. Luccas Altstadt kann mit **E-Bikes** erradelt werden, die Nachfrage nach Mehrtagestouren übersteigt bisher das Angebot (Vorbereitung: www.luccatourist.it).

Florenz
Rund um Florenz verläuft der **Anello del Rinascimento**, der Valdarno und Valdisieve miteinschließt. Start/Ziel der 172 km langen, für Mountainbiker entwickelten zwei Varianten: Castello di Calenzano bei Prato (Planung: www.turismo.intoscana.it).

Versilia-Küste
Die Versilia-Küste zwischen Forte dei Marmi, Pietrasanta, Lido di Camaiore und Viareggio ist prima für Radler, hier gibt es teilweise sehr gut ausgebaute Radwege.

PILGERN, WANDERN, TREKKING

Einen neuen Boom erleben Wander- und Trekkingangebote, nicht zuletzt aufgrund der Wiederbelebung der **Via Francigena**, deren nördlicher Abschnitt durch die ▶Alpi Apuane verläuft. Der Franken-weg ist gut auch auf Einzeletappen sowie geführten Touren abzuwan-dern, etwa von San Miniato oder Monteriggioni bei Siena aus (▶ Sie-na). In das insgesamt 450 km lange Wegenetz der Via Francigena sind auch die beiden Varianten des alten Etruskerweges von Volterra nach Fiesole (Via Volterrana) integriert (www.viefrancigene.org, www.turismo.intoscana.it).

Neben zahlreichen Rundwegen in den Apuanischen Alpen, im Apen-nin und am Monte Amiata ist der 2011 eröffnete **Pilgerweg auf den Spuren des Franz von Assisi** (▶ Bibbiena · Casentino) interessant und gut mit Klosterbesuchen zu verbinden (www.camminodiassisi. it, www.caifirenze.it).

Heiß begehrt ist der sogenannte **Pilgerausweis** (carta credenziale) bzw. Pilgerbrief, in den an wichtigen Etappenpunkten (Pfarrhaus, Kloster, Rathaus etc.) eingestempelt wird. Anfragen für diese Pilger-hefte (Modulo richiesta credenziali) sind online bei der Assoziazione Via Francigena erhältlich. Nach Ankunft in Rom werden diese vom Pilgerbüro des Vatikan am Petersplatz (Opera Romana Pellegrinaggi) akzeptiert und eine Urkunde ausgehändigt.

Informationen über größere Wandertouren (Trekking) gibt es beim Italienischen Alpenverein Club Alpino Italiano. Um 1985 wurde die zehn Etappen lange Rundroute **Garfagnana Trekking** mit Start/Ziel in Castelnuovo di Garfagnana ausgebaut (Infos/Wegverlauf: www. alpiapuane.com). Wandervorschläge, Mountainbike-Touren, Kletter-steige und Reitwege auf Deutsch und Italienisch findet man unter www.parks.it/parco.alpi.apuane/Giti.html.

Übernachtungen in Biwaks und Berghütten (rifugi), in B & B oder Urlaub auf dem Bauernhof (agriturismo) werden in Zusammenarbeit mit dem italienischen Alpenverein CAI organisiert.

URLAUB AM WASSER

Die meisten toskanischen Mittelmeerstrände sind flach und feinsan-dig, felsige Küstenabschnitte gibt es nur bei Piombino und Populonia sowie im Bereich des Monte Argentario. Badeurlauber zieht es vor allem an die Strände der Versilia-Küste nach Forte dei Marmi, Lido di Camaiore und Viareggio. Ganz oben auf der Beliebtheitsskala ste-hen auch **Elba** und die **Isola del Giglio**, weniger stark frequentiert sind dagegen die Riviera degli Etruschi zwischen Livorno und Piom-bino sowie die Küste der Maremma, deren schönste Strände bei Pun-ta Ala und auf der Meerseite des Monte Argentario liegen.

Badestrände

Spa mit Stil

Neben der Schönheit der Strände am azurblauen Tyrrhenischen Meer und der beschaulichen Natur an glasklaren Bergseen, kühlen Wildbächen und Wasserfällen im Casentino oder im Apennin entdecken immer mehr Toskana-Besucher auch die Vorzüge der Thermalbäder.

Etwa 30 Thermalorte machen die Toskana zur thermenreichsten Region in Italien. Hier schwelgten Etruskerkönige und römische Staatsmänner, hier gaben sich etliche illustre Persönlichkeiten die Badetücher in die Hand. Federico Fellini erkannte das Körper und Seele versöhnende Bäderambiente für seinen Film »Achteinhalb«, der Spa-Finder entdeckte in der Toskana Europas bestes Spa-Resort – kein Wunder also, dass der Toskana-Tourismus sich ausgiebig dem »termalismo« widmet und man heute vielerorts mit raren Öl-Essenzen oder Raindrop-Massagen verwöhnt wird.

Genuss mit Geschichte

Den segensreichen, Körper und Geist befreienden Genuss des großen Blasenblubberns im vulkanischen Untergrund entdeckten schon die **Etrusker**, sie verewigten ihr Faible für die Freuden des Nasses sogar in Grabdenkmälern. Den **Römern** übergaben sie beneidenswert schöne, mit Tempeln und Altären geschmückte Orte inmitten der Gesundheit spendenden Natur. Mit der Kunst des Aquäduktbaus kamen Thermenfreuden auch in urbane Zentren: Die Thermen nahe Pisa (San Giuliano Terme) und nahe Florenz (Fonte Antica, Fonte Celeste) zeugen bis heute von dieser Tradition, die selbst im badeabsti-

nenten Mittelalter nicht abriss. Stets konkurrierten die kostenlose »Lichttherapie« der toskanischen Sonnenstrahlen, die natürliche Heilkraft des Wassers und der ungeheure Reichtum an erstklassigen, hochwertigen Lebensmitteln um die Gesundheit der Gäste. Hinzu kommen Kunst- und Kulturgenuss, wie ihn nur die Toskana bietet: Erholung auch im ästhetischen Sinne, wie sie schon Matilde von Canossa in den Thermen der Versilia schätzte. Wellness mit Stil zog auch in der Renaissance **Päpste** und **Hochadel** an.

Gesundheit

Heute führen **Montecatini** mit seinen stilvollen alten Hotels, Kurhäusern und Parks, **Monsummano Terme** und **Chianciano Terme** die Hitliste toskanischer Wellness- und Thermalkurfreuden an. Doch es muss nicht immer Marmor sein: Auch kleinere, feine Anlagen wie die in **Bagni di San Filippo, Bagno Vignoni** oder **San Casciano dei Bagni** bieten heilsame, stilvolle Toskana, mithin Erholung pur – sogar auf Krankenschein. Ausgefallene alternative Heilmethoden sind hier ebenso zu finden wie biologisch aufgebaute Naturheilmedizin. Doch stets gilt das gleiche Ziel: Die Antistress-Programme sollen für inneres Gleichgewicht und äußere

Schönheit, körperliche Fitness und ganzheitliches Wohlbefinden sorgen – in dampfenden Grotten, an plätschernden heißen Quellen, Kaskaden oder Sinterterrassen.

AUSWAHL AN THERMALBÄDERN
Terme di Montecatini
Montecatini Terme
Viale Verdi 41
Tel. 05 72 77 81
www.termemontecatini.it
Sehr vornehmes, elegantes Staatsbad – das größte der Toskana und eines der berühmtesten in Europa

Terme di Saturnia
58050 Saturnia
Tel. 05 64 60 01 11
www.termedisaturnia.it
Einmalig schöne Naturbecken, kostenloser Badespaß

Terme di Bagno Vignoni
San Quirico d' Orcia
Piazza delle Sorgenti 13
Tel. 05 77 88 71 50
www.termedibagnovignoni.it
Idyllischer Kurort mit großem Bassin aus dem 15. Jh. Unterhalb von Bagno Vignoni kann man sich in kleinen Naturbecken auch kostenlos erfrischen und entspannen.

Terme San Filippo
Castiglione d' Orcia
Loc. San Filippo 23
Tel. 05 77 87 29 82
www.termesanfilippo.com
Außerhalb des kleinen Kurorts Bagni di San Filippo befindet sich in einem bewaldeten Tal der Wasserfall »Fosso Bianco«. Das angesammelte warme Wasser lädt zum Baden ein.

Kaum zu überbieten: Wohlfühlbad in den Naturbecken bei Bagni di San Filippo

Terme di Chianciano
Chianciano Terme
Via delle Rose 12
Tel. 8 48 80 02 43 (Call Center)
www.termechianciano.it
Modernes, beliebtes Thermalbad, berühmt für seine Quellen

Bagni di Lucca
Piazza San Martino 11
Tel. 0 58 38 72 21
www.termebagnidilucca.it
Geöffnet April bis 20. Nov. Antiker Badeort, sehr beliebt in der Belle Époque bei Intellektuellen, Künstlern und dem Adel

Surfer werden an der Versilia-Küste glücklich.

Wassersport   Viele Sportangebote gibt es entlang der toskanischen Festlandküste: Baden, Beachvolleyball und Strandfußball, Badminton, Surfen, Kiten oder Schnorcheln sind zwischen Viareggio, Talamone und der Halbinsel Monte Argentario angesagt.

Elba und die Isola del Giglio sind Metropolen für Segler und Taucher. Zahlreiche **Segel- und Tauchschulen** bieten auch deutschsprachigen Unterricht.

... UND AUSSERDEM

Reiten   Auch Reiter finden im Hügelland der Toskana, insbesondere in der Maremma, **Reitschulen** und **Reiterhöfe** (Maneggi). Eine Übersicht gibt www.turismo.intoscana.it (Turismo equestre).

Auf verschiedenen **Reitwegen** kann man die Toskana hoch zu Pferd erkunden. Am spektakulärsten sind die mindestens 10 Reitausflugsmöglichkeiten im Naturpark Maremma. Besonders empfehlenswert sind auch Mehrtagestouren zu Pferd an den 23 toskanischen Weinstraßen entlang und die Reitwege (ippovie), z. B. die über sechs Etappen führende, 210 km lange **Via dei Cavalleggeri** durch die Provinzen Grosseto, Livorno und Pisa (Planung: http://eventi.intoscana.it/ippovie/scheda_Cavalleggeri.pdf). Auch der **Monte Amiata** kann auf dem oberen (L' Anello A – alto, 30 km lang) und auf dem unteren Reitweg (ippovia L' Anello B – basso, 80 km) umrundet werden (In-

formation: http://eventi.intoscana.
it/ippovie/scheda_Amiata.pdf).

Der **Ippovia di San Jacopo** führt
durchs Pistoiese und ist mit der Via
Francigena verbunden. Der Reitweg
durch die **Provinz Siena** ist insgesamt 175 km lang und auf drei verschiedenen Routen (25, 60, 90 km
Länge) zu bewältigen (Ippovia Terre
di Siena: http://eventi.intoscana.it/
ippovie/scheda_Siena.pdf).

Mit 39 **Golfplätzen** hat sich die Toskana fest als Topdestination im europäischen Golfsport etabliert. Ein
Verzeichnis aller Plätze und eine Turnierübersicht hält der nationale
Golfverband Federazione Italiana di Golf bereit.

ITALIENISCHER ALPENVEREIN
Club Alpino Italiano CAI
Via del Mezzetta 2/m, Florenz
Tel. 05 56 12 04 67
www.caifirenze.it
www.cai.it

GOLF
Federazione Italiana di Golf
Viale Tiziano 74, Rom
Tel. 0 63 23 18 25
www.federgolf.it

REITERHÖFE
Alberese Natura Srl
Strada del Mare 25
Spergolaia
58010 Alberese
Tel. 05 64 40 71 80
www.alberese.com

Pieve a Salti
Fattoria Pieve a Salti
53022 Buonconvento (Siena)
Tel. 05 77 80 72 44
www.reiten-toskana.com

TOUREN

Fünf Vorschläge für Entdeckungsfahrten über kurvige Straßen und durch idyllische Landschaften, zu Kultur-Highlights und zu unbekannten Zielen abseits der Hauptstraßen.

Tourenübersicht

So abwechslungsreich die Toskana ist, so unterschiedlich sind die Tourenvorschläge. Einige führen in die großen und kleinen Städte, die jede Menge Kunst und Kultur bieten, andere durch die einmalig schönen Landschaften. Am besten bringt man genügend Zeit mit, um sie alle auszuprobieren!

Tour 1 **Nördliches Hügelland: Von der Versilia-Küste nach Florenz**
Für alle, für die der Weg das Ziel ist: Das Seebad Viareggio an der Versilia-Küste ist Ausgangspunkt dieser Tour, die mit Pisa, Lucca, Pistoia und Florenz vier der schönsten toskanischen Städte berührt.
►Seite 133

Tour 2 **Durch das Casentino**
Ein Ausflug in eine abwechslungsreiche Berglandschaft mit einsam gelegenen Klöstern und kleinen, wenig besuchten Orten.
►Seite 136

Tour 3 **Im Herzen der Toskana**
Von Siena aus führt diese Tour durch die schönsten klassischen Toskana-Landschaften, in der hübsche Städtchen wie Pienza, der weltberühmte Weinort Montepulciano und das Thermalbad Chianciano Terme zum Stopp einladen.
►Seite 139

Tour 4 **Die Etruskische Riviera**
Die Riviera degli Etruschi erstreckt sich von Livorno bis Piombino – ein geschichtsträchtiger Landstreifen, der seinen Namen den zahlreichen archäologischen Funden aus der Etruskerzeit verdankt.
►Seite 142

Tour 5 **Heiße Quellen und alte Nekropolen**
Etruskische Nekropolen, erholsame Natur, Badefreuden auf dem Monte Argentario oder in den Quellen von Saturnia sowie alte Städtchen auf Tuffsteinfelsen erwarten Urlauber auf dieser Tour.
►Seite 145

Unterwegs in der Toskana

In die Toskana reisen die meisten Urlauber nach wie vor mit dem eigenen Auto, und das hat auch seine guten Gründe: Das Bahnnetz ist nicht gerade engmaschig, viele Orte, zumal viele besonders schö-

Das richtige Verkehrsmittel

ne kleine Ortschaften, sind nur mit dem Auto zu erreichen. Mit der Bahn durch die Toskana zu reisen ist aber auch nicht unmöglich (▶ Anreise, ▶ Verkehr) – vorausgesetzt, man bringt etwas Zeit mit und findet sich damit ab, dass man nicht jeden Ort erreichen kann.

Badefreuden und Kulturgenuss Wer vor allem der Badefreuden wegen in die Toskana fährt, muss natürlich an die Küste oder auf eine der Inseln. In Viareggio und in den meisten Orten an der Versilia-Küste sind die Preise allerdings sehr hoch. Wer Baden und Kunstgenuss verbinden will, ist aber gerade an diesem nördlichen Küstenabschnitt der Toskana genau richtig, denn Städte wie Pisa, Lucca, Pistoia oder selbst Florenz sind von der Küste aus über die Autobahn schnell zu erreichen. Man kann sich also ein Quartier am Meer suchen und Tagesausflüge zu den Kultur-Highlights unternehmen.

Für Naturliebhaber Naturliebhaber fühlen sich vielleicht wohler an der Küste südlich von Livorno, der sogenannten Etruskischen Riviera mit ihren langen Sandstränden und ausgedehnten Pinienwäldern. Schnelle Autobahnverbindungen ins »Hinterland« gibt es in der südlichen Toskana nicht, sodass man für Ausflüge ins Chianti oder nach Siena viel Fahrtzeit auf zum Teil kurvenreichen Landstraßen in Kauf nehmen muss.

Florenz, Siena und das dazwischen liegende Chianti sind geografisch und kulturell das **Herzstück der Toskana** – und demzufolge natürlich auch Spitzenreiter in Sachen Hotel- und Restaurantpreise. Was kann man also tun? Florenz lässt sich aufgrund der bestehenden Autobahnverbindung problemlos auch von Prato aus besichtigen, und für den Besuch von Siena kann man sich einen Standort etwas weiter im Westen oder im Süden aussuchen, beispielsweise in einem der Städtchen an der SS 2.

Für diejenigen, die vor allem Erholung suchen, sind die **»Randgebiete« der Toskana** besonders gut geeignet: Casentino und Pratomagno im Nordosten, die Garfagnana im

---

! BAEDEKER TIPP

Eine süße Nebensache

Durch die Toskana führt die Süßmäuler-Traumtour ins analog zum kalifornischen Silicon Valley so bezeichnete toskanische »Chocolate Valley«. Top-Schoko-Locations gibt es in mehreren kleinen Orten. In Pontedera östlich von Pisa wird man im Schokoladenparadies Amedei fündig (Via San Gervasio 29, La Rotta – Pontedera, www.amedei.it), allerfeinste Schokoladen und besten Espresso produziert Andrea Trinci in Cascine di Buti nördlich von Pontedera (Torrefazione Trinci, Via Olanda 18, Cascine di Buti, www.impressioni.it) und in Pistoia werden bei Bruno Corsini (Piazza San Francesco 42, www.brunocorsini.com) alle »Chocolate Valley«-Träume wahr. Für Konfekt und Torten ist Luca Mannori in Prato (Via Lazzerini 2, www.pasticceriamannoriprato.it) der perfekte Abschluss der Tour durchs Schokoladental.

Nordwesten, die Maremma im Südwesten oder das Gebiet um den Monte Amiata im Süden. In diesen Teilen der Toskana findet man noch viele ländliche und auch preisgünstigere Unterkünfte, die auf Urlaubsgäste eingestellt sind, die länger bleiben.

Nördliches Hügelland: Von der Versilia-Küste nach Florenz

Tour 1

Start und Ziel: Von Viareggio nach Florenz
Länge: ca. 180 km
Dauer: 3 – 7 Tage

Das Seebad Viareggio ist Ausgangspunkt dieser Route, die mit Pisa, Lucca, Pistoia und Florenz die schönsten toskanischen Städte berührt. Moderne Kunst, die inspirierende Heimat Puccinis, prächtige Landresidenzen, mondäne Thermen und sogar Pinocchio locken auf dieser Tour.

Allein für das relativ städtische Seebad ❶* **Viareggio** mit seinen Jugendstilvillen und alteingesessenen Hotels kann man einen vollen Tag einplanen, wollte man alles Sehenswerte kennenlernen – Badevergnügen am Strand nicht eingerechnet! Kunstfreunden ist unbedingt die Galleria di Arte Moderna e Contemporanea (GAMC) mit hochrangiger Kunst des 20. Jh.s zu empfehlen, Karnevalsfreunden dagegen bietet Viareggio das Museum in der Cittadella del Carnevale. Opernfans pilgern ins nahe **Torre del Lago**, wo **Puccini** in seiner Villa am See komponierte. Heute ist sein Domizil Museum, und im Grande Teatro »Giacomo Puccini« am Seeufer kann man vor fantastischer Kulisse seine Werke erleben.

Altes Seebad und Karnevalshochburg

Gut 20 km sind es nach ❷** **Pisa** mit seinem legendären Schiefen Turm, Dom, Baptisterium und Camposanto am Platz der Wunder, dem sehenswerten historischen Zentrum am Arnoufer und dem Universitätsviertel. Wichtigste Einkaufs- und Flaniergasse in der Altstadt ist der berühmte Borgo Stretto. Kunst gibt es in Pisa allerorten: Die bedeutendste Sammlung findet man im Nationalmuseum, zeitgenössische Kunst bietet der Palazzo Blu in spektakulären Sonderausstellungen, aktuelles Pisaner Kulturleben pulsiert außerdem im neuen Centro Espositivo San Michele degli Scalzi (Centro SMS) am Stadtpark Parco delle Piagge.

Mehr als nur der Schiefe Turm

Ein Muss in ❸** **Lucca** ist ein Gang über die Stadtmauer, außerdem eine Besichtigung des Doms San Martino und des Nationalmuseums

Gesamtkunstwerk Lucca

in der Villa Guinigi sowie ein Bummel auf der Via Fillungo. Und wieder etwas für Puccini-Fans: In der Via Fillungo befindet sich das Lieblingscafé des Opernkomponisten, der in Lucca geboren wurde, und sein Geburtshaus ist zu besichtigen. Freunde moderner Kunst zieht es ins Lu.C.C.A Museum. An der Piazza Santa Maria, an der sich die Touristeninformation befindet, bietet Cicli Bizzarri (www.ciclibizzarri.net) ausgefallene, Antonio Poli (www.biciclettepoli.com) normale Zweiräder für ganztägige Exkursionen.

Pinocchios Geburtsort Auf der SS 435 kommt man schnell in den Geburtsort der spitznasigen Holzpuppe Pinocchio, ❹**Collodi**. Im Familienpark locken das Korsarenschiff und Skulpturen wie die sprechende Grille, »Mörder« und ein Carabiniere. Glanzpunkt im benachbarten Giardino Garzoni ist das Schmetterlingshaus. In der Taverna dei Miracoli gibt's anschließend Pizza. Wer ein Faible für Zitrusgewächse hat, macht auf der Fahrt in das 4 Kilometer entfernte Pescia einen Abstecher von der SS 435 nach Süden und besucht den Giardino degli Agrumi in Castellare di Pescia (www.giardinodegliagrumi.it). Ein Stück weiter südwestlich sollte man in der Fattoria Il Poggio (Via San Piero 39, www.fattoriailpoggio.com) den erstklassigen DOC-Wein aus Montecarlo kosten. In ❺**Pescia** lädt die schöne Piazza Mazzini zu einem Bummel ein.

Montecatini Terme Von Pescia gibt es eine Panoramastraße über Vellano und Marliana nach Montecatini Terme – sie führt durch eine schöne Landschaft

mit sattgrünen Tälern, die mit der Schweiz verglichen und deshalb auch »Svizzera pesciatina« genannt wird. Wer den Kurbezirk des weltberühmten Thermalbades ➏*Montecatini Terme besichtigt hat, sollte noch der Aussicht wegen mit der Standseilbahn nach Montecatini Alto hinauffahren; die Wagen »Gigio« und »Gigia« sind auch für Kinder eine Attraktion. Paolo Bargilli verkauft Montecatinis berühmte Oblaten, am besten schmecken sie mit Eis (Cialde di Montecatini, Viale P. Grocco 2, www.cialdedimontecatini.it).

Um ➐*Pistoia einen vollen Tag autofrei genießen zu können, parkt man am besten entlang der Stadtmauer oder auf dem Parcheggio Cellini, von dem der Shuttlebus »M« abfährt. Die Piazza della Sala und die Piazza del Duomo mit dem Dom San Zeno, Kampanile, Baptisterium und Palazzo Pretorio sind ebenso Pflicht wie das Museo Civico, San Giovanni Fuorcivitas und Sant' Andrea. Wer etwas Ausgefallenes möchte: Die Tour »Unterirdisches Pistoia« (Pistoia Sotterranea) ab Ospedale del Ceppo ist ein Renner. Muße bietet das Café im Hortensienkreuzgang des Museo Marini (Corso Silvano Fedi 30, www.fondazionemarinomarini.it), das offiziell zur stressfreien Zone erklärt wurde.

Pistoia

Von Pistoia sind es nur noch ca. 40 km bis Florenz – auf der Schnellstraße. Wesentlich abwechslungsreicher ist der kleine Umweg durch die Hügel nach Vinci. Auf dem Weg liegt das Dörfchen **Lamporecchio**. Es ist berühmt für die süßen **Brigidini**, die auf keinem Toskana-Fest fehlen. Aus dem Handkarrengeschäft um die Leckerei aus Eiern, Mehl, Zucker, Salz, Vanille und Anissamen erwuchs eine veritable Industrie. Die Pasticceria Carli (Piazza Francesco Berni 20) stellt sie noch original her.
In ➑Vinci, dem Geburtsort Leonardos, begeistern außer dem Museo Leonardiano die von Mimmo Paladino gestaltete Piazza dei Guidi und der Skulpturenweg. Ein (Rad-)Wanderweg führt zum etwa drei Kilometer entfernten Geburtshaus Leonardos.
➒**Poggio a Caiano besitzt Italiens einziges Museum für Stillleben, das in einer der schönsten Renaissancevillen der Medici-Familie eingerichtet ist. Wer noch Zeit für ➓*Prato findet, sollte das Castello dell' Imperatore, den Dom Santo Stefano samt Fresken von Filippo Lippi und das Centro per l' Arte Contemporanea Luigi Pecci (www.centropecci.it) mit dem Skulpturenpark nicht versäumen. Shopping-Vergnügen bieten die Outlet-Center. Das Ziel der Tour ist schließlich ⓫**Florenz, wo die wichtigsten Kulturhighlights der Toskana warten.

Vor den Toren von Florenz

Tour 2   # Durch das Casentino

Start und Ziel: Von Florenz nach Arezzo
Länge: ca. 200 km
Dauer: 2 – 3 Tage

Das Casentino, Quellgebiet des Arno, ist eine bewaldete Berglandschaft mit einsam gelegenen Klöstern und kleinen, wenig besuchten Orten. Erst im Süden erreicht man mit der Kunststadt Arezzo wieder die viel befahrenen Touristenpfade.

In die Berge!   Man verlässt ❶**Florenz** nach Osten über die SS 67 in Richtung Pontassieve, wo man die Sieve überquert, die hier in den Arno mün-

det. Wenig später wechselt man auf die SS 70, die in vielen Kurven zum ❷**＊Consuma-Pass** hinaufführt. Hier oben in 1060 m Höhe hat man einen fantastischen Blick in die faszinierende Bergwelt.

Klosterruhe

Vom Passo di Consuma lässt sich gut ein Abstecher zum Kloster ❸**＊Vallombrosa** machen, das abgeschieden in den Wäldern der Reserva Naturale di Vallombrosa liegt. Man kann auf dem Kapellenweg spazieren gehen oder einfach die kühle gute Luft an der Teichanlage genießen. In der Klosterapotheke werden Delikatessen, Kosmetika, mächtige Holzkreuze, kleine Madonnen und winzige Engel zum Kauf angeboten.

Romanisches Kleinod

Jenseits des Passo di Consuma geht es auf der serpentinenreichen Panoramastraße SS 70 weiter in Richtung Poppi. Nach etwa 10 km zweigt eine Straße nach Pratovecchio bzw. Stia ab. An der Strecke steht inmitten einer landschaftlichen Idylle die romanische ❹**＊Pieve di Romena**, in der man sich vor allem die Kapitelle genauer ansehen sollte, die u. a. Szenen aus dem Leben des Apostels Petrus zeigen. Im benachbarten Castello di Romena war schon Dante Alighieri zu Gast, er beschrieb sie in seiner »Göttlichen Komödie«. Als Teil der Ökomuseen im Casentino ist die von Ottaviano Flamini restaurierte Anlage zu besichtigen.

Typische Casentino-Städtchen

❺**＊Stia** besitzt eine kleine, ausgesprochen hübsche Altstadt. Lohnend ist ein Besuch der alten Wollmanufaktur, in der das Museo dell' Arte della Lana eingerichtet ist – Stia ist traditionell Standort der Wollproduktion, und die hier erzeugten Wollwaren sind über die Region hinaus bekannt. Wer etwas zu essen sucht: Sehr gut speist man im Ristorante Falterona gli Accaniti (Piazza Tanucci 9).

Rund 14 km entfernt liegt ❻**＊Poppi**, ein typisches Casentino-Städtchen mit einem schönen Altstadtkern, in dem vor allem die Arkadengänge ins Auge fallen. Oberhalb des Zentrums ragt der Turm der Burg auf. Wie auch das Castello di Romena ist die Burg von Poppi im Auftrag der Grafen Guidi im 13. Jh. entstanden, sie war Hauptsitz der Adelsfamilie, die im Mittelalter im Casentino das Sagen hatte. Die Burg und der Zoo von Poppi eignen sich auch gut für eine Besichtigung mit Kindern.

Zu den Mönchen in Camaldoli

Der imposante Klosterkomplex ❼*****Camaldoli** ist das Mutterhaus der benediktinischen Kamaldulenser. Er geht auf ein zu Beginn des 11. Jh.s gegründetes Kloster des Eremitenordens zurück. Schöner, da weniger trubelig, ist die Auffahrt in die Stille des Eremo di Camaldoli mit seinen 20 Mönchszellen, die jeweils einen kleinen Garten haben. Klares, eiskaltes Bergquellwasser sprudelt aus einem Hahn über einem kleinen Becken am Tor zur Einsiedelei. Der Eremo wurde vom heiligen Romuald von Camaldoli noch nach dem Klosterbau eingerichtet – ihm mangelte es schon damals an Ruhe im neu entstandenen Kloster.

Pilgerwege

Bei gutem Wetter ist die schöne Strecke über den Passo Fangacci (1233 m) nach Badia Prataglia zu empfehlen, ansonsten nimmt man die Straße durch den Luftkurort Serravalle. In ❽ **Badia Prataglia** lohnt die alte Abteikirche. Das Dorf könnte bald aus dem Dornröschenschlaf erwachen: Der Assisi-Pilgerweg führt bereits durch den kleinen Ort. 2012 kam die EU-geförderte Pilgerstraße Via Teutonica hinzu. Eine gute Einkehrmöglichkeit in Badia Prataglia ist die Pizzeria La Foresta gegenüber der Kirche.

An der Via Teutonica liegt auch ❾ **Bibbiena**, heute das industrielle Zentrum des Casentino, das wenig touristisch ist, aber eine sehenswerte Altstadt hat. Das Theatermuseum präsentiert Europas antike wie barocke Theatergeschichte, Seidenkostüme und Perücken. Welturaufführungen von noch niemals gespielten Opern, deren Partituren das Museum besitzt, werden im Teatro Dovici in Bibbiena veranstaltet.

Franziskus-Wallfahrtsstätte

Gut 25 km sind es bis zu der wunderbar gelegenen Wallfahrtsstätte ❿ **La Verna** mit der Cappella delle Stimmate. Das Kloster geht auf eine Gründung des hl. Franziskus von Assisi zurück, der hier der Überlieferung nach am 14. September 1224 die Wundmale Christi erhielt. Jedes Jahr am 14. September ist La Verna Ziel zahlreicher Pilger. Im Kloster kann man günstig übernachten und speisen.

Geburtsort von Michelangelo

Von Chiusi della Verna lohnt sich ein Abstecher in den Geburtsort von Michelangelo Buonarroti ⓫ **Caprese Michelangelo**. Bis 1875 behauptete man in Chiusi della Verna, Michelangelo sei dort geboren worden. Als man aber eine Kopie der Geburtsurkunde fand, stellte sich heraus, dass Caprese der Geburtsort war. In dem wenig bekannten, aber durchaus reizvollen kleinen Ort dreht sich alles um den zweiten bedeutenden Renaissance-Künstler neben Leonardo da Vinci: ein aus mehreren Häusern bestehender Museumskomplex, die Michelangelo-Bibliothek und mehrere Kopien seiner Skulpturen.

Nach Arezzo

Eine landschaftlich reizvolle Strecke führt quer durch das Catenaia-Massiv über Chitignano nach Rássina. Von dort schlängelt sich die

SS 71 durch das Arnotal nach ⑫ ****Arezzo**. Neben vielen anderen Sehenswürdigkeiten sind es hier die Fresken von Piero della Francesca in der Kirche San Francesco, die man auf gar keinen Fall versäumen sollte.

Im Herzen der Toskana   **Tour 3**

Start und Ziel: Rundreise von Siena aus
Länge: ca. 230 km
Dauer: 3 Tage

Siena ist ein guter Ausgangspunkt für die Erkundung der südöstlichen Toskana. An dieser Route, die durch die schönsten klassischen Toskana-Landschaften führt, liegen hübsche Städtchen wie Pienza oder der weltberühmte Weinort Montepulciano sowie das Thermalbad Chianciano Terme. Diese Tour sollte man mit viel Zeit genießen.

Für ❶ ****Siena** sollte man ein paar Tage einplanen – die Metropole ist kunsthistorisch herausragend, voller bedeutender Baudenkmäler und außerdem ein verführerisches Einkaufsparadies.
Startpunkt Siena

Auf dem Weg nach Asciano beleben Schafherden die herbe Schönheit der von Wind und Wetter modellierten, oft wüst wirkenden ***Crete Senesi**. Das Städtchen ❷ **Asciano** ist ein Zentrum der Pecorino-Käseherstellung. Jeden zweiten Sonntag im Monat findet der Mercationo delle Crete statt, an den Ständen werden neben Bioware auch Kunsthandwerk ausgestellt. Liebhaber des guten Essens, die sich für das schwarze Gold der Toskana interessieren, können überlegen, auf dem nächsten Tourabschnitt einen Abstecher zu Italiens erstem **Trüffelmuseum** im Kastell von San Giovanni d' Asso (http://museotartufo.museisenesi.org) zu machen.

Etwa 8 km hinter Asciano taucht hinter hohen Zypressen das Kloster ❸ ****Monte Oliveto Maggiore** auf, der Hauptsitz der Olivetaner. Die mittelalterliche Benediktinerabtei wurde im frühen 14. Jh. gebaut und war bald schon geistliches und kulturelles Zentrum dieser Region. Im Kreuzgang ist der berühmte **Freskenzyklus** zu besichtigen, der Szenen aus dem Leben des hl. Benedikt von Norcia darstellt. Die schattige Terrasse der Bar La Torre am Eingang zur Abtei bietet Erfrischungen und klösterliche Muße.
Monte Oliveto Maggiore

Die romantische kleine Backsteinstadt ❹ **Buonconvento**, die im 14. Jh. von einer Ziegelmauer umbaut wurde, ist wichtiger Knotenpunkt an der viel befahrenen Via Cassia. Jeden letzten Sonntag im Monat
Backstein-Kleinod

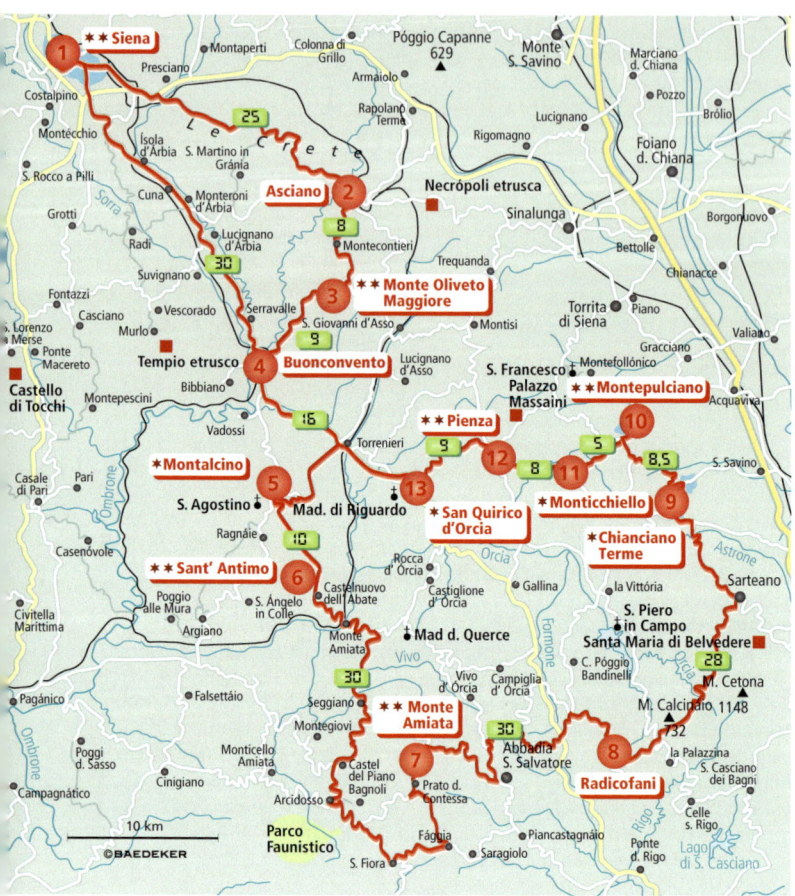

treffen sich Bauern und Produzenten aus der Umgebung zum Mercato Agricolo della Filiera Corta. »Chilometro zero« (Null Kilometer) heißt das Motto – Käse, Honig, Öl und Wein sind lokale Produkte, die dem Gebot der kurzen Wege entsprechend hier auf dem Markt angeboten werden.

Teure Weine   Die gepflegten Weinberge bei **5** ***Montalcino** kündigen schon an, dass hier ein edler Tropfen reift. Der dunkelrote Brunello di Montalcino ist die Nobelmarke der Toskana, und das mittelalterliche Städtchen gleicht einem offenen Weinmarkt. Angebote für die bis 400 € teure, dunkelrote Nobelweinmarke sind nicht zu übersehen. Degustation bietet das Brunello-Weingut, dem ein sehenswertes Glasmuseum angeschlossen ist.

Von Montalcino geht es zu der Abteikirche ❻**Sant' Antimo**, einer der schönsten und größten romanischen Landkirchen der Region, die in magischer Stille in einem Talschluss liegt, umgeben von Wiesen und Olivenhainen. Sant' Antimo war im Hochmittelalter eines der wichtigsten und reichsten Klöster der Toskana. Im Rahmen von Andachten oder Messen kann man in der Kirche gregorianische Gesänge hören.

Sant' Antimo in idyllischer Landschaft

Auf dem Weg zum Monte Amiata lohnt ein Besuch des **Skulpturengartens von Daniel Spoerri**, der eigene Arbeiten und Werke von internationalen Künstlern auf seinem parkähnlichen Anwesen ausstellt. Bei Spoerri kann man auch übernachten und im »Non solo Eat Art«-Restaurant speisen (www.danielspoerri.org).

Weithin sieht man den 1738 m hohen Gipfel des ❼**Monte Amiata**, eines erloschenen Vulkans, der oft bis spät ins Frühjahr schneebedeckt bleibt. Die Bergstraße zum Gipfel zieht sich durch Nadel-, Misch- und Hochwälder bis auf alpine Höhen. Auf kurvenreichen Straßen durch Kastanien- und Buchenwälder erreicht man **Abbadia San Salvatore**. Die sehenswerte Abtei, die der Siedlung den Namen gab, liegt oberhalb der Ortschaft; eindrucksvoll ist vor allem ihre fünfschiffige Krypta aus vorromanischer Zeit. Wer in Abbadia San Salvatore übernachten möchte, findet eine gute Unterkunft im Hotel Kappa Due – K 2 (www.hotelk2.net); abends schmeckt das Monte-Amiata-Bier »Bastarda Rossa« besonders gut.

Monte Amiata

Die Strecke Richtung Radicofani ist extrem kurvenreich, bietet aber schöne Ausblicke in die dünn besiedelte Hügellandschaft. Gutshöfe auf Hügelkuppen, zu denen schmale Sträßchen führen, prägen das Bild. Der einzige größere Ort ist ❽**Radicofani** etwas oberhalb der alten Römerstraße Via Cassia, den man wegen des hoch aufragenden Kastellturms schon von Weitem sieht. Um 1296 sorgte hier der räuberische Rebell Ghino di Tacco für erhebliche Aufregung, Dante verbannte den Raufbold umgehend ins Fegefeuer (6. Gesang, 13-15). Amiata-Würste und -Schinken stellen die Metzgermeister Alfideo Rossi (Via Dei Forni 14, www.macelleriarossi.it) und Sandi (Via Renato Magi 5a, www.macelleriasandi.it) her.

Mitten im Nichts: Radicofani

❾*Chianciano Terme**, der größte Kurort in der Toskana, ist heute eine mondäne Wellnesswelt. Überraschenderweise besitzt die Stadt, die mit ihren riesigen Hotelkomplexen auf den ersten Blick nicht sehr einladend wirkt, ein apartes historisches Zentrum.

Wein und Wellness

Was Chianciano für Wellnessfans ist, dürfte ❿**Montepulciano** für Weinliebhaber sein. Bekannt ist der Vino Nobile di Montepulciano, probieren kann man in der Enoteca des Consorzio del Vino Nobile. Wer nicht nur des Weins wegen kommt, findet hier eines der schönsten und besterhaltenen alten Toskana-Städtchen.

Sehenswerte Orte bei Pienza

Ein nächstes Kleinod ist ⑪***Monticchiello**, das geradezu als mittelalterliches Gesamtkunstwerk gelten kann. Berühmtheit erlangte das sommerliche Straßentheaterfestival Teatro povero, das von den Leuten aus dem Dorf in den 1970er-Jahren initiiert wurde, sie selbst stehen auch auf der Bühne. Ein Museum informiert über diese ungewöhnliche Theatergeschichte.

Das 8 km entfernte ⑫****Pienza** ist ein Muss: eine am Reißbrett entstandene Renaissancestadt, die die einmalig schöne Hügellandschaft überragt. Zusammen mit dem quasi benachbarten San Quirico d'Orcia wurde Pienza zum **UNESCO-Weltkulturerbe** erklärt. Kostenfrei parkt man an der Via della Circonvallazione unterhalb der Piazza Pio II. mit dem Dom, dem Palazzo Borgia und dem Palazzo Piccolomini. An zweiter Stelle hinter der Kultur steht der Käse aus Pienza. Der **Pecorino** gilt als einer der besten Italiens, bei Le Bontà di Pio (Corso Rossellino 6, www.lebontadipio.com) kann man ihn kaufen. Im September gibt es ein bekanntes Käsefest.

Ein letzter sympathischer Ort auf dieser Tour ist ⑬***San Quirico d'Orcia** mit einem wunderbaren italienischen Garten und einer romanischen Kirche, an deren Portalen man jede Menge Figuren studieren kann. Auf der SS 2 fährt man zurück nach Siena.

Tour 4   Die Etruskische Riviera

Start und Ziel: Von Livorno nach Populonia
Länge: ca. 120 km
Dauer: 2 – 3 Tage

Die Riviera degli Etruschi erstreckt sich von Livorno bis Piombino – ein geschichtsträchtiger Landstreifen, der seinen Namen den zahlreichen archäologischen Funden der Etruskerzeit verdankt. Lange Küstenstriche wechseln mit sattem Grün, mediterraner Macchia, Pinienwäldern oder Sumpfgebieten.

Livorno

Nach ❶ **Livorno** sollte man schon am Abend vor dem Start anreisen. Das Stadtviertel Venezia Nuova lädt zum Abendbummel, Bar- und Restaurantbesuch. Am nächsten Tag bietet sich ein Besuch der Synagoge an, und ein Muss ist die zentrale Markthalle mit einem tollen Fischmarkt und einer koscheren Metzgerei. Familien können sich gut das Aquarium und eventuell eine Bootsfahrt auf den Medici-Kanälen vornehmen.

Die Via Aurelia (SS 1) führt gen Süden aus der Stadt hinaus und verläuft zunächst lange parallel zur Küste. Etwa 25 Kilometer lang ist dieser ausgesprochen reizvolle Streckenabschnitt bis ② **Rosignano Marittimo.** Schon von Weitem sieht man das alte Bergdorf, das sich in schöner Lage auf einer Anhöhe etwa 3 km von der Küste entfernt erstreckt und von einer Burg überragt wird. Man hat von hier oben einen weiten Blick auf den Küstenstreifen und die sich südlich anschließende flachere Region.

Auf der Weiterfahrt bietet sich ein Halt am ***Strand von Vada** an, der als einer der schönsten an diesem Küstenabschnitt gilt. Nur wenige Kilometer südlich liegt ③ **Cecina.** Im Ortsteil La Cinquantina steht die Villa Guerrazzi, die ein archäologisches Museum beherbergt, in dem faszinierende frühgeschichtliche und etruskisch-römische Funde zu sehen sind. Weit touristischer als Cecina ist der Küstenort Marina di Cecina mit schönem Strand und Aquapark.

Weiter geht es in östlicher Richtung hinauf nach Montescudaio. Schilder verweisen auf die »Strada del Vino« (Weinstraße) und auf kleine Weinbauern, die in Montescudaio Wein und meist auch Olivenöl zu akzeptablen Preisen anbieten. Über Guardistallo und Casale Marittimo führt die Panoramastraße in das mittelalterliche Bibbona und weiter durch das Anbaugebiet des berühmten Ornellaiaweins. Kurz vor ④***Bolgheri** biegt man auf die einzigartige **Zypressenallee,** die von der Kirche San Guido, jenseits der SS 1, über fünf Kilometer schnurgerade in den Ort führt. Jeder Italiener kennt die berühmten Zeilen des Dichters und Nobelpreisträgers Giosuè Carducci (1835 – 1907) »Davanti a San Guido...«, die Bolgheri be-

Strada del Vino e dell' Olio

schrieben und unsterblich gemacht haben. Das neue Lieblingsdorf deutscher Toskana-Urlauber ist märchenhaft herausgeputzt, mit Blumen geschmückt, ein »Klein-Rothenburg«. Weinberatung, -degustation und Kellertouren auf Englisch und Deutsch sowie Übernachtungen in Agriturismo-Betrieben bietet das Consorzio La Strada del Vino e dell' Olio Costa degli Etruschi an (Loc. S. Guido 45, Tel. 05 65 74 97 68, www.lastradadelvino.com).

Uralte Bergdörfer   An der Straße nach ❺ **Castagneto Carducci** liegt das mondäne Weingut Ornellaia (Località Ornellaia 191, Fraz. Bolgheri, www. ornellaia.com). Oben in Castagneto wohnte Giosuè Carducci, dem das Städtchen seinen Namen verdankt; in seinem früheren Wohnhaus ist ein Museum mit Sitz des Literaturparks eingerichtet. Dem an der Strada del Vino e dell' Olio allgegenwärtigen Olivenöl ist das Museo dell' Olio gewidmet. Ein gutes Lokal ist die Enoteca Castagnetana.

Kurvenreich ist die weitere Fahrt durch Steineichen- und Kastanienwälder nach ❻ **Sassetta**, ein Dörfchen, das man auf keinen Fall auslassen sollte, es ist ideal auch für einen längeren Aufenthalt. Die Region eignet sich gut für interessante Wander- und Trekkingtouren, Radfahrer müssen hier gut trainiert sein. Autofahrer parken am besten auf dem kleinen Parkplatz vor der Pizzeria Maria Pia und schlendern dann zu Fuß durchs Bergdorf. Auf der Piazzetta

Unvergleichlich: die sanfthügelige Toskana-Landschaft

della Chiesa gibt es im Sommer oft kleine Klassikkonzerte.

Ein wahrhaft schöner Abschnitt der Weinstraße führt in den abgelegenen mittelalterlichen Ort **Suvereto**, dessen Ursprünge bis vor das Jahr 1000 zurückreichen. Das malerische Städtchen ❼＊**Campiglia Marittima** thront hoch über der umliegenden Landschaft. Im Archäologischen Museum erhält man die Kombi-Tickets »Archeo-Card« bzw. »Passepartout« für die Museumsparks ringsum.

Durch das untere Corniatal steuert man dann zuletzt den kleinen Ort

> **!** | **BAEDEKER TIPP**
>
> *Biohof Podere SS. Annunziata II*
>
> Kurz vor dem schicken Badeort San Vincenzo produziert und verkauft dieser Familien-Biohof Seifen, Salamis, Ricotta-Käse, Bio-Produkte und Olivenöl. Bei B&B-Buchung (7 App.) kommt man auch in den Genuss des Pools und des Restaurants, in dem Barbecue und Pizza aus dem Steinofen angeboten werden (Via del Castelluccio 142, Tel. 05 65 70 21 44, www.ssannunziata.it).

❽＊**Populonia** an. Hier findet sich eine der bedeutendsten etruskischen Nekropolen der Toskana – über 80 Hektar erstreckt sich der **Parco Archeologico Baratti e Populonia** auf einem Höhenrücken über dem Golf von Baratti. Einmalig ist von hier die Aussicht auf den Golf. Einen halben, besser einen ganzen Tag sollte man für den Besuch des archäologischen Parks einplanen. Informationen zu Riesenrundgräbern oder Schlackeabraum der Erzgießereien bekommt man am besten im Rahmen von Führungen. Im Info-Zentrum ca. 400 m vom Museumsparkplatz in San Cerbone gibt es eine kleine Bar mit Holzbänken und akzeptablem Angebot.

Der Abschluss eines solchen Museumstages ist sicher am schönsten an den von Pinien gesäumten **Sandstränden** des Golfs: Hier bietet die Etruskerküste all jene Vorzüge, die schon die badefreudigen, sinnenfrohen Etrusker vor 2500 Jahren schätzten.   **Badestrände**

Heiße Quellen und alte Nekropolen   **Tour 5**

Start und Ziel: Von Vetulonia nach Pitigliano
Länge: ca. 150 km
Dauer: 2 – 3 Tage

Etruskische Nekropolen, eine erholsame, geschützte Naturlandschaft, Badefreuden auf dem Monte Argentario oder in den Quellen von Saturnia sowie alte Städtchen auf Tuffsteinfelsen erwarten Toskana-Urlauber auf dieser Route.

Auf den Spuren der Etrusker

Bevor Direktorin Dr. Simona Rafanelli das Portal zum Archäologie-museum in ❶ *Vetulonia aufschließt, könnte der Tag mit einem Cappuccino-Frühstück in der Vecchia Cantina gegenüber dem Museum beginnen, die Fosco Barberini unaufgeregt bewirtschaftet. Es gibt sogar einen kleinen Garten. Mit Audioguides ausgerüstet kann man danach den sagenhaften Schmuckschätzen oder den neu entdeckten Beziehungen der Etrusker zu Sardinien nachspüren. Dank der aus Florenz zurückerstatteten Exponate dringt man tief in die Welt der Etrusker ein. Die Ausstellung endet mit dem 2007 entdeckten Höhepunkt, einem goldenen Skarabäusring. Sehenswert sind auch die Ausgrabungen unterhalb des gemächlich vor sich hindäm-mernden Bergdorfs: Rund um die Villa der Medea wohnten einst 10 000 Menschen. Nach wie vor werden hier Grabungen vorgenommen. Insbesondere die Riesen-Rundgräber der Nekropole sind einen Besuch wert, allen voran die **Tomba del Diavolino**.

Auch für ❷ ****Roselle** sollte man Zeit einplanen – mindestens einen halben Tag –, um die Reste des antiken Rusellae zu besichtigen. Das etruskische Rusellae wurde zu Beginn des 3. Jh.s v. Chr. von den Römern eingenommen. Zu sehen sind heute noch Teile einer Umfassungsmauer aus dem 7. vorchristlichen Jahrhundert.

❸ ***Grosseto** ist die Hauptstadt der flachen Maremma, sie entwickelte sich im Mittelalter aus einer Burg an der Via Aurelia, die Pisa mit Rom verband. Die fahrradfreundliche, gepflegte Provinzhauptstadt, deren Altstadt von einer mit Bastionen verstärkten Befestigung umzogen ist, boomt und wächst und hat mit dem Aquarium und dem hervorragend aufbereiteten MuseoLab zwei neue Attraktionen zu bieten.

In der Maremma

Auf der schmalen Landstraße nach ❹ **Alberese** mit der gleichnamigen Marina herrscht »Traffico Limitato«, d. h. max. 250 Fahrzeuge pro Tag dürfen passieren, denn Alberese liegt im **Parco Naturale della Maremma**. Dieses letzte Rückzugsgebiet frei lebender Rinder und Pferde sowie Vogelschutzgebiet schließt auch den Küstenstreifen ein. Wanderwege führen durch die urwüchsige Weide-, Macchia-, Sumpf- und Küstenlandschaft.

Im äußersten Süden des Naturreservats liegt der beliebte Fischer- und Badeort ❺ **Talamone**, der vom Campingplatz bis zum Klippenhotel Capo d' Uomo alle Unterkunftsmöglichkeiten bietet und ein Dorado für Surfer und Schnorchler ist. Paolo »il Pescatore« Fanciulli, TV-bekannter Umweltaktivist, veranstaltet Bootstouren zu den Fischgründen und anschließende Jeepausflüge mit Lagerfeuer und Essen, die in Talamone starten.

Auf der Weiterfahrt nach ❻ **Magliano** geht es in das Kerngebiet der südlichen Maremma (Maremma Alta), ein Weideland von ganz besonderem landschaftlichen Reiz, das nur an wenigen Stellen über 100 m ansteigt. Mit etwas Glück sieht man hier auch die langhörnigen Maremma-Rinder. Magliano ist von einer nahezu intakten mittelalterlichen Stadtmauer umgeben, sehenswert ist die Renaissance-Tafel »Madonna del Latte« in der Chiesa della Santissima Annunziata etwas außerhalb. Sie zählt zu den bedeutendsten Kunstwerken in der Maremma. Für das leibliche Wohl sorgt die Trattoria Aurora (Via Chiasso Lavagnini 12/14) mit einem schönen Sommergarten.

Heimat der Langhorn-Rinder

Auf einer ruhigen Landstraße geht die Fahrt weiter nach Orbetello und von dort auf die Halbinsel ❼ ***Monte Argentario**, die mit ihren Strandbuchten, Jachthäfen und ehemaligen Fischerorten bei einheimischen und ausländischen Touristen beliebt ist. Auf dem Monte Argentario haben überwiegend wohlhabende Urlauber ihr Refugium. Susanna Agnelli, Enkelin des Fiat-Gründers und von 1974 bis

Monte Argentario

Magische Momente – wenn das Licht die Landschaft verzaubert ...

1984 Bürgermeisterin von Monte Argentario, verhinderte, dass hier Hotelburgen errichtet wurden. Heute sieht man auf dem Weg nach **Porto Santo Stefano**, dem Zentrum der Halbinsel, sogar Werbung für »Bio-Strände«.

Capalbio, Giardino dei Tarocchi

Ein Rundgang auf der mittelalterlichen Stadtmauer der hübschen kleinen Stadt ❽ **Capalbio** ist eine angenehme Unterbrechung der Autotour. Mit Glück wird im Kastell von Capalbio gerade eine interessante Kunstausstellung gezeigt.
Ein Erlebnis besonderer Art ist Niki de Saint Phalles ungewöhnlicher Skulpturenpark ❾★**Giardino dei Tarocchi** an der Grenze zum Latium. Zwischen 1979 und 1997 hat sich die Künstlerin hier in einem alten Steinbruch eine eigene Traumlandschaft mit fantastischen Wesen geschaffen, Vorlagen dafür fand sie in dem Kartenspiel Tarot bzw. Tarock.

Saturnia: Luxuriöses »dolce far niente«

Über La Sgrilla und Manciano ist man in einer halben Autostunde in ❿★**Saturnia**, das für sich in Anspruch nimmt, der wohl älteste bekannte Thermalort Italiens zu sein. Saturnia blickt auf eine beinahe 3000 Jahre alte Kurtradition zurück, hier entdeckten die Etrusker das »dolce far niente«. Heute locken Wellness-Angebote oder gar eine

Regentropfen-Massage im Blackrose Spa des Resort Terme di Saturnia, dem größten Thermalresort Europas – Zeit für die Wellness-Oase sollte eingeplant werden. Wer Wellness in freier Natur bevorzugt, folgt dem Hinweisschild zu den Cascate del Molino – Wasserfälle und Sinterbecken mit dampfendem Schwefelwasser für jedermann zu jeder Zeit.

Ab Saturnia schlängelt sich die Landstraße in vielen Windungen durch eine bizarre, grün, grau und olivfarben leuchtende Tuffstein- landschaft, die zu den schönsten Gebieten der Toskana zählt. Das etruskische **⑪*Sovana** offenbart sich als lang gezogene Dorfidylle mit gewaltiger Burgruine. Bei Sovana erstreckt sich eine weitläufige Etrusker-Nekropole, beschilderte Pfade führen zu den wichtigsten Grabkammern, allen voran die **Tom- ba Ildebranda**. Anmutig auf einer schroffen Felskante über zerklüfteter Karstlandschaft thront das benach- barte **Sorano**. In den Tuffsteinwän- den bei Sorano kann man höhlenar- tige Grabkammern sehen, die im 3. und 2. Jh. v. Chr. angelegt wurden.

Tuffsteinorte Sovana und Sorano

> **BAEDEKER TIPP**
>
> *Unikate mit Esprit*
>
> Sehr schöne Keramikteller, Ker- zenleuchter und Vasen mit ausge- fallenen Motiven verkauft der Kunstkeramiker Roberto Polidori in Pitigliano (Via Roma 156, Tel. 05 64 61 54 94, Tel. 05 64 61 93 30, www.robertopolidoriceramista.it).

Den Schlusspunkt der Route durch das etruskisch-römische Grenz- land bildet **⑫*Pitigliano**, das fantastisch auf einem langen Felssporn angelegt wurde und wie eine gemeißelte Häuserkrone aus dem Grün aufragt. Die Felsenkeller unterhalb der Stadt werden noch heute zur Lagerung des Bianco di Pitigliano benutzt. Schön ist ein Bummel durch die Altstadt mit einem Besuch des Palazzo Orsini und des ehe- maligen jüdischen Gettos.

Pitigliano

REISEZIELE VON A BIS Z

In der Toskana gibt es unendlich viel zu entdecken: nicht nur kulturelle Highlights wie Florenz und Siena, sondern auch nette kleine Orte und idyllische Landschaften mit sanften Hügeln, Zypressenalleen und Mohnfeldern.

** Alpi Apuane · Garfagnana

⚓ E/F 3–6

Provinzen: Massa-Carrara (MS), Lucca (LU)

Die faszinierende Bergwelt der Apuanischen Alpen im Nordwesten der Toskana ist seit 1985 in großen Teilen als Naturpark geschützt. Eingebettet zwischen diesem Karstgebirge und dem Apennin liegt die Garfagnana, ein Tal mit einsamen Hochebenen, Kastanienwäldern, wilden Flüssen und Höhlen.

Gebirgszug
Die Bezeichnung für den Gebirgszug, der parallel zum Apennin und zur Küste verläuft, leitet sich von den ligurischen Apuanern ab und wurde erstmals von Giovanni Boccaccio gebraucht. Die höchste Erhebung ist der **Monte Pisanino** (1947 m), aber auch Monte Cavallo, Sagro, Tambura und Pizzo d' Uccello liegen nur knapp unter 2000 m. Die Apuanischen Alpen und die Garfagnana sind hoch attraktiv zum Wandern, Radfahren, Mountainbiking, Reiten und Höhlentrekking, es gibt diverse Tourenangebote. Für Wanderer ist vor allem die **Via Francigena** (Franken-Pilgerweg) sehr spannend. Bereits seit dem 6./7. Jh. erschließt die Via Francigena dieses Gebiet in zwei Wegvarianten, erst kürzlich wurde sie wiederbelebt (▶ S. 123).

L' Orto Botanico »Pietro Pellegrini«
In Pian della Fioba oberhalb von Massa lassen sich die Apuanischen Alpen im Orto Botanico »Pietro Pellegrini« auch im Kleinformat erleben. Der 3 ha große Garten in 850 – 950 m Höhe zeigt endemische Flora und Artefakte aus römischer Zeit (3./2. Jh. v. Chr.).
❶ Mai – Sept. tgl. 9.00 – 12.00, 15.00 – 19.00 Uhr; www.parcapuane.it/ob

* CASTELNUOVO DI GARFAGNANA

»Herz der Garfagnana«
In Castelnuovo (6100 Einw.) im Tal des Serchio schlägt das Herz der Garfagnana. Besonders zu Karneval, zum Patronatsfest St. Peter und Paul am 29.6. und donnerstagvormittags während des seit dem Mittelalter stattfindenden »Mercato dei banquetti« lohnt ein Besuch des Städtchens. Die Rocca, Literaturpreise und der Wanderweg »Sentiero dell' Ariosto« rund um die Festung Alfonso II erinnern an den Dichter Ludovico Ariosto, den Verfasser des »Rasenden Roland«, der 1522 – 1525 Beamter in der damaligen Provinzhauptstadt war.
Von der Piazza Umberto I geht es hinauf zum Eingangstor in die befestigte Altstadt mit ihrer in der Renaissance umgebauten Burg. Hinter dem Tor führt die rechte der beiden schmalen Gassen zum Domplatz mit schöner Aussicht auf die bewaldeten Hänge. Der ab 1504

Alpi Apuane · Garfagnana erleben

AUSKUNFT
Castelnuovo di Garfagnana
Pro Loco:
Via Cavalieri di Vittorio Veneto
Tel. 05 83 64 10 07
www.castelnuovogarfagnana.org

Turismo Garfagnana/Centro Visite »Alpi
Apuane«:
Piazza delle Erbe 1
Tel. 05 83 64 42 42
www.turismo.garfagnana.eu/de

Barga
Via di Mezzo 45/47
Tel. 05 83 72 47 45
www.comune.barga.lu.it

VERANSTALTUNGEN
MAGIX: »Festival della magia e
dell' illusionismo« (Zauber-Festival):
an jeweils einem Tag im Aug./Sept.;
Antiquitätenmarkt in Barga (jeden 2. So.
im Monat)

ESSEN
Osteria Vecchio Mulino ●●
Castelnuovo di Garfagnana
Via Vittorio Emanuele 12
Tel. 05 83 621 92
www.vecchiomulino.info
Mo. Ruhetag

Stimmungsvolle Osteria. Dem Slow Food
verpflichtet kochen Andrea und Cinzia
Bertucci nach Rezepten von Mamma
Rosa, verkaufen pikanten Käse und
Lokaltypisches wie in kleine Würfel
geschnittene Riesen-Mortadella oder
traditionelle Salamis wie Mondiole
(aus Mortadella), Biroldi, Golette und
Pancetta.

Osteria I Macelli ●
Borgo a Mozzano
Via di Cerreto
Tel. 0 58 38 87 00
Mi. Ruhetag
Leckere Garfagnana-Küche, guter
Service und kompetente Beratung
durch Lara und Samuele. Im historischen
Zentrum, nur einige Schritte von der
»Teufelsbrücke« entfernt.

ÜBERNACHTEN
La Pergola ●●
Barga
Via San Antonio 1
Tel. 05 83 71 12 39
http://hotel-lapergola.com
Familienhotel mit 30 hübschen Zimmern
und einer schönen Sonnenterrasse.
Zudem gibt es 5 Apartments für bis
zu 4 Personen, die wochenweise
vermietet werden.

errichtete **Dom St. Peter und Paul** steht auf einem normannischen
Vorgängerbau (10. Jh.). Er birgt ein bemerkenswertes Holzkruzifix
(»Christo Nero«; 15. Jh.) und die Terrakottagruppe »Hl. Josef und
zwei Engel«, die der Schule der della Robbia oder Andrea del Verrocchio zugeschrieben wird. An der Piazza delle Erbe verkauft das Besucherzentrum Turismo Garfagnana Wanderkarten, ortstypische
Produkte (Kartoffelbrot, Kastanienmehl, Pilze) und organisiert Aufenthalte in Berghütten. Biologen bieten Ein- und Mehrtages-Exkur-
sionen auch für Radler und Reiter.

Ein nahe gelegenes Ziel ist der **Parco dell' Orecchiella** in San Romano di Garfagnana mit Bärengehege, Wölfen, Hirschen, Wildschweinen, Naturkundemuseum und Botanischem Garten.

Parco dell' Orecchiella: 15.6. – 15.9. tgl. 9.00 – 19.00, 1.4. – 14.6. und 16.9. – 31.10. Sa. und So. 10.00 – 17.00 Uhr; Eintritt: 2 €

Castiglione di Garfagnana

Die von Luigi Pellegrini zusammengetragene Sammlung des **Ethnografischen Museums »Don Luigi Pellegrini«** in Castiglione di Garfagnana, 5 km nordöstlich von Castelnuovo, zeigt in einem seit 1110 bekannten ehemaligen Pilgerhospiz einen Überblick über traditionelle Trachten sowie Handwerks- und Gebrauchsgegenstände aus der Garfagnana.

❶ Via del Voltone 14, 1.6. – 30.9. Di. – So. 10.00 – 13.00, 14.00 – 18.30, Juli/Aug. auch Mo., 1.4. – 31.5. nur bis 16.30, 1.10. – 31.3. 10.00 – 13.00, 14.00 – 16.30 Uhr; Eintritt: 2,50 €; www.sanpellegrinoinalpe.it

*Ponte tibetano

Am reizvollen Lago di Vagli am Fuß des Monte Pisanino wurde 2011 die Eröffnung des Ponte tibetano angekündigt. Die Tibet-Hängebrücke aus Seilen, Holz und Stahl ist mit 200 m eine der längsten weltweit und quert den See in 4 m Höhe. 1,6 Mio. € wurden verbaut, um den Blick auf das 1953 in den Fluten des Stausees versunkene Dorf **Fabbrica di Careggine** zu ermöglichen. Später soll eine transparente Glaskuppel für klare Sicht in die Tiefe sorgen. Letztmals 1994, als das Wasser des Sees zur Reinigung der 92 m hohen Staumauer abgelassen wurde, waren 2 Türme und 31 Hausruinen der im 13. Jh. gegründeten Gemeinde zu bestaunen.

* BARGA

Den Reichtum der einstigen Stadt der Seidenweber (heute 10 000 Einw.) dokumentieren der sehenswerte Dom San Cristoforo, der Palazzo del Podestà oder die Paläste Balduini, Pancrazi oder Angeli. Schon früh stritten Pisa, Lucca, Florenz und das Haus Este (Modena) um das militärstrategisch wichtige Barga. Die Stadttore zeugen davon, allen voran die Porta Reale mit dem Stadtwappen, einer Barca (Segler). Im Teatro dei Differenti finden alljährlich Opern- und Jazzfestivals statt.

Durch das Centro storico geht man zum **Dom** und zur Piazza Arringo davor mit bester Aussicht ins Umland. Blickfang an der romanischen Domfassade ist das Portal aus dem 12. Jh. mit einem fein gearbeiteten Relief, das die Weinlese darstellt. Im Innern gilt das Hauptaugenmerk der **Marmorkanzel** (2. Hälfte des 13. Jh.s). Sie wird von Marmorsäulen getragen, von denen eine auf einem hockenden Bärtigen und zwei auf Löwen ruhen. Am Ende des Hauptschiffs steht eine Statue des hl. Christophorus aus dem Hochmittelalter.

Von der Terrasse vor dem Dom von Barga reicht der Blick über die Dächer hinweg auf die nahen Gipfel der Apuanischen Alpen.

Von Barga empfiehlt sich ein Abstecher (ca. 9 km) in den Parco Naturale delle Alpi Apuane zur Grotta del Vento bei Fornovolasco. Die auf einer Länge von 2,5 km begehbare Tropfsteinhöhle mit bizarren Stalaktiten und Stalagmiten entlang eines unterirdischen Flusses gilt als touristische Hauptattraktion der Garfagnana. Die drei unterschiedlichen Rundgänge dauern ein bis drei Stunden.

**Grotta del Vento

❶ 1.4.–1.11. tgl., Rundgang 1: 10.00 – 12.00, 14.00 – 18.00, Rundgang 2: 11.00, 15.00, 16.00, 17.00; Rundgang 3: 10.00, 14.00 Uhr, 2.11. – 31.3. Mo. – Sa. nur Rundgang 1, Sa. u. So. alle Touren, www.grottadelvento.com; Eintritt: 9 € (Rundweg 1), 14 € (Rundweg 2), 20 € (Rundweg 3).

BAGNI DI LUCCA

Bagni di Lucca ist ein gern von Italienern besuchter Thermalkurort am Flüsschen Lima, einem Nebenfluss des Serchio. Laut Volksglauben brodelt zwischen Bagni Caldi und Ponte a Serraglio ein unterirdischer Vulkan, aus dem sich die 40 – 47 °C warmen Thermalwasserdämpfe in der Grotta Grande und der nach Napoleons Schwester benannten Grotta Paolina speisen. Tatsächlich stammt das sulfat-, bikarbonat- und kalkreiche Thermalwasser aber aus der bis 54 °C heißen Sorgente »Doccione«. Matilde von Canossa besuchte das Thermalbad im 11. Jahrhundert. Einen Höhepunkt erlebte Bagni di Lucca während der Belle Époque: Shelley, Byron, Puccini, Mascagni und Henry James kurten hier. Heinrich Heine hielt 1829 seine Eindrücke in »Die Bäder von Lucca« fest.

Bad mit Tradition

BAEDEKER TIPP

!

Lust auf wilde Bergwelt?

In Botri, etwa 13 km nördlich von Bagni di Lucca, liegt der Eingang in eine Schlucht, die zur Riserva Naturale dell' Orrido di Botri gehört. Vom 15.6. – 15.9. werden 4-stündige Führungen in die Schlucht angeboten (Sa., So. 9.45 Uhr). Festes Schuhwerk erforderlich, Helm wird gestellt, Kleidung zum Wechseln empfohlen. Information: Loc. Ponte a Gaio, Montefegatesi, www.orridodibotri.toscana.it

Seit 2008 bietet das Centro Benessere eine große Palette an Beauty- und Wellness-Angeboten. In den Thermalzentren widmet man sich Hautproblemen, Antirheuma- und Antistressbehandlungen, Wellness und Wohlbefinden. Dampfbäder, Mandelölmassagen, Fango-, Balneo- und Aromatherapien, Schokoladen- oder Golden Breast-Treatments sind im Programm (www.bagnidiluccaterme.info/de).

In *Borgo a Mozzano (8500 Einw.) im unteren Serchio-Tal steht das Wahrzeichen der Garfagnana: der 97 m lange **Ponte della Maddalena**, der in einem 37,8 m breiten Bogen den Fluss überspannt. Unter den Einheimischen wird die ungewöhnliche Steinbrücke auch Teufelsbrücke genannt – vermutlich weil sie eine ingenieurstechnische Meisterleistung war, die man nur als Werk des Teufels interpretieren konnte. Dank Matilde von Canossa ist eine erste Brücke (11. Jh.) verbürgt, die heutige geht auf das 14. Jh. zurück. Anfang des 16. Jh.s erhielt sie aufgrund eines nahen Oratoriums den Namen Magdalenenbrücke. Die dort aufgestellte »Maddalena in terra« aus der Della-Robbia-Schule ist heute in der Kirche San Jacopo zu sehen.

** Arezzo

— ✦ I 14

Provinz: Arezzo (AR)
Höhe: 296 m ü. d. M.
Einwohnerzahl: 100 200

Dass Roberto Benigni für seinen berühmten Streifen »Das Leben ist schön« die Plätze und Gassen von Arezzo als Kulisse wählte, war kein Zufall: Das alte Zentrum der Stadt gehört zu den schönsten in der Toskana. Für Kunstfreunde gibt es noch einen anderen Grund, die Provinzhauptstadt am Rande der Ebene des Val di Chiana zu besuchen: die Fresken von Piero della Francesca in der Basilika San Francesco.

Geschichte   Schon Umbrer und Etrusker siedelten auf dem Hügel über dem fruchtbaren Umland. Die etruskische Stadt gehörte dem Bund der zwölf großen Lukumonien an. Unter den Römern entstand Arretium

Arezzo erleben

AUSKUNFT
Piazza della Libertà 1
(Atrium des Palazzo Comunale)
Tel. 05 75 40 19 45
http://turismo.provincia.arezzo.it

Infostelle Arezzo Turismo:
Emiciclo Giovanni Paolo II
(an der Rolltreppe)
Tel. 0575 1 82 27 70
www.arezzoturismo.it

PARKEN
Man parkt kostenfrei an der Piazza
Pietri, von dort geht es per Rolltreppe
hinauf in die Altstadt.

VERANSTALTUNG
Giostra del Saracino
Am ersten Sonntag im September treten
acht Vertreter aus den vier Stadtteilen
zu einem 1593 erstmals urkundlich
erwähnten, nicht ganz ungefährlichen
Reiterturnier an. Mit Lanzen bewaffnet
kämpfen sie gegen den hölzernen
Sarazenenkönig Buratto. Wehe dem
Reiter, der zu lange galoppiert – ihm
droht der Morgenstern der Drehpuppe.
Dem Sieger gebührt die »goldene
Lanze«. Mit der Giostra di San Donato
findet am dritten Junisonntag eine
zweite Veranstaltung statt
(www.giostradelsaracino.arezzo.it).

ESSEN
❶ *Buca di San Francesco* ❸❸❸
Via San Francesco 1
Tel. 0 57 52 32 71
www.bucadisanfrancesco.it
Mo. abend und Di. Ruhetag
Alteingesessenes beliebtes Restaurant –
schon Charlie Chaplin und Salvador

Dalí ließen sich in diesem Palazzo aus
dem 14. Jh. kulinarisch verwöhnen.

❷ *La Lancia d'Oro* ❸❸❸
Piazza Grande 18/19
Tel. 0 57 52 10 33
www.ristorantelanciadoro.it
So. abend, Mo. und Nov. geschl.
Im Sommer sitzt man hier unter den
Loggien von Vasari angenehm im Schat-
ten. Maurizio und sein Team bieten
traditionelle Küche, frische Pasta, sehr
gute Weinauswahl (Tignanello, Brunello,
Rosso di Bolgheri). Spezialitäten: Filetto
di manzo (vom Chianina-Rind) oder als
Antipasto Birne mit Trüffeln und Kartof-
fel-Soufflé auf Safransauce

❸ *Antica Osteria l'Agania* ❸❸
Via Mazzini 10
Tel. 05 75 29 53 81
www.agania.com
Mo. Ruhetag (außer Juni–Sept.)
Beliebte Trattoria im historischen Zent-
rum von Arezzo mit typisch toskanischen
Gerichten, wie Brotsuppe Panzanella
oder Bohneneintopf Ribollita

ÜBERNACHTEN
❶ *Hotel Graziella Patio* ❸❸❸❸
Via Cavour 23
Tel. 05 75 40 19 62
www.hotelpatio.it
Palazzo in der Altstadt mit 7 individuell
gestalteten Zimmern und Suiten namens
Utz, Baalbek, Arkady oder Cobra Verde,
inspiriert von den Reisen und Büchern
Bruce Chatwins.

❷ *Hotel Arezzo Badia di Pomaio*
❸❸ – ❸❸❸
Localitá Pomaio 4

Tel. 05 75 35 32 10
www.hotelbadiadipomaio.it
Schönes Hotel in einem restaurierten
Kloster von 1645 in 650 m Höhe, direkt
vor den Toren Arezzos. Mit Pool und
gutem Gewölberestaurant. Das Abendessen kann man unterm Sternenhimmel
einnehmen.

❸ *B & B Tarussio* ⊙⊙
Via Isonzo 41
Tel. 05 75 90 10 35
www.bbtarussio.it
Weiße Villa aus dem frühen 20. Jh., nur
150 m vom Bahnhof. Eine gute Alterna-
tive zu den teureren Altstadthotels mit
Parkmöglichkeit und Internet.

Arezzo

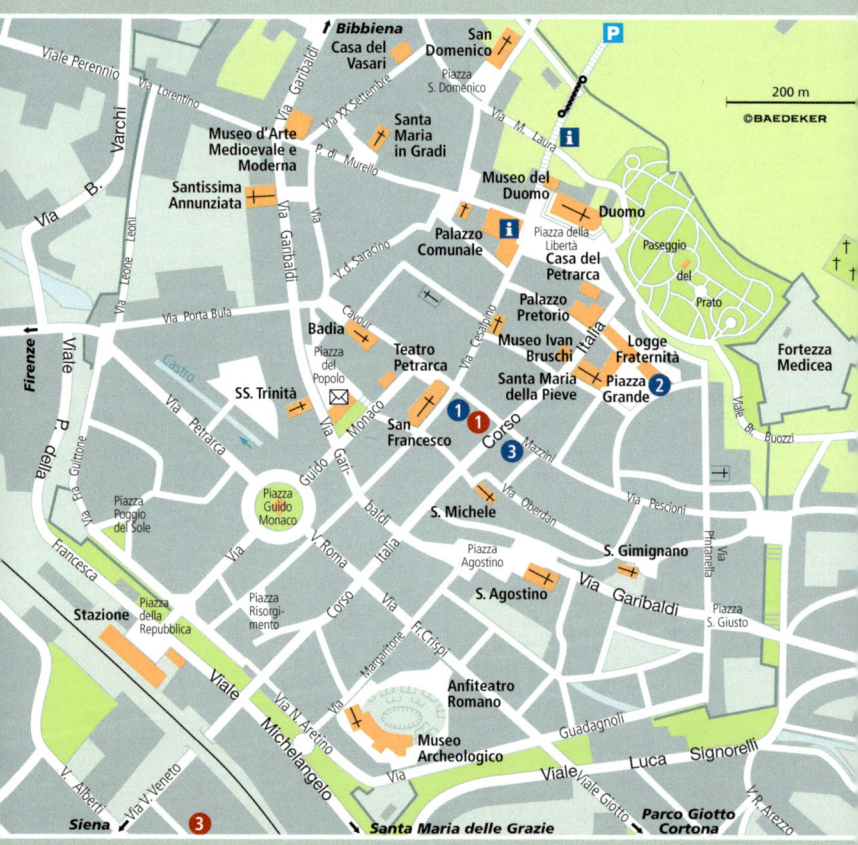

Essen
❶ Buca di San Francesco
❷ La Lancia d'Oro
❸ Antica Osteria l'Agania

Übernachten
❶ Graziella Patio
❷ Badia di Pomaio
❸ B & B Tarussio

Rolltreppe

294 v. Chr. als Militärstation an der Via Cassia. In republikanischer Zeit erhielt es ein Forum, ein Theater und Thermen. Bekannt wurde Arezzo in der Augustinischen Ära durch seine Gießereien und korallenfarbig lackierten Vasen. Ab 1098 regierten gewählte Konsuln die Stadtrepublik, die sich gegen Florenz und Siena behauptete. Erst in der Schlacht von Campaldino (1289) erlitt die kaisertreue Ghibellinenstadt durch die Florentiner eine Niederlage. 1337 ging Arezzo für 40 000 Gulden an Florenz über, von dem es fortan abhängig blieb.

** SAN FRANCESCO

❶ 1.4. – 31.8. Mo. – Fr. 9.00 – 19.00, Sa. 9.00 – 18.00, So. 13.00 – 18.00 Uhr; 1.9. – 31.3. bis 17.30 Uhr; Fresken, Anmeldung: Tel. 05 75 35 27 27; Eintritt: 8 €; www.pierodellafrancesca-ticketoffice.it; max. 25 Besucher gleichzeitig, Besuchszeit ist auf 30 Min. limitiert.

Die wuchtige Bettelkirche San Francesco steht im Herzen der Altstadt an einem Platz mit schönen Straßencafés, u. a. dem berühmten Caffè dei Costanti. Ihr unscheinbares, schmuckloses Äußeres lässt nicht erahnen, dass sich hier ein Kunstwerk von Weltrang verbirgt, das nach langer Restaurierung in neuem Glanz erstrahlt. Die Kirche wurde 1290 begonnen und 1377 im Stil der toskanischen Gotik vollendet. Im 15. Jh. kamen u. a. die Seitenkapellen und um 1600 der Glockenturm hinzu. Das Rundfenster von Guillaume de Marcillatber über dem Portal stellt Papst Honorius III. dar, der die Ordensregel des hl. Franziskus billigt. Der 53 m lange, einschiffige Innenraum besticht durch seine Wandmalereien. Als die großen Barockaltäre zu Beginn des 20. Jh.s entfernt wurden, kamen beachtliche Fresken von Spinello Aretino und seinen Schülern zum Vorschein, darunter an der Eingangswand das »Gastmahl beim Pharisäer« (um 1440) von Parri di Spinello sowie die »Verlobung der hl. Katharina«, die »Taufe Jesu« und die »Verkündigung« von Spinello Aretino selbst, der auch in der rechten Chorkapelle den Zyklus über das Leben des hl. Michael und in der linken eine Kreuzigungsgruppe malte. Die »Verkündigung« in der Capella Tarlati wird Luca Signorelli zugeschrieben, die Darstellungen über die Vita des hl. Bernhardin von Siena (um 1460) an der rechten Langhauswand und zur Legende um den hl. Antonius von Padua (um 1480) in der linken Seitenkapelle stammen von Lorentino d' Arezzo.

Kunsthistorischer Höhepunkt sind die restaurierten Fresken von Piero della Francesca (1420 – 1492) zur Kreuzeslegende in der **Cappella Bacci** (Hauptchorkapelle). Aus der Nähe sind die Fresken nur nach Anmeldung (prenotazione, kostenpflichtig) zu sehen.
Der Auftrag für die Ausmalung der Kapelle war bereits 1447 von der wohlhabenden Kaufmannsfamilie Bacci an den Florentiner Bicci di

**Freskenzyklus von Piero della Francesca

Lorenzo ergangen, der die Triumphbogenwand (»Schöpfung« bis »Jüngstes Gericht«) und das Chorgewölbe (»Kirchenlehrer«) bis 1452 ausschmückte. Nach dessen Tod setzte Piero della Francesca auf Wunsch von Giovanni Bacci die Arbeiten fort. 1464 war der Auftrag abgeschlossen. Der Hauptmeister der italienischen Frührenaissance nahm die um 1275 verfasste »Legenda Aurea« auf, die vom Schicksal des Leben spendenden Kreuzesholzes Christi erzählt. Er schuf mit diesem Zyklus eines der ausdrucksstärksten Werke der italienischen Renaissance-Malerei. Die Geschichte reicht vom Tod Adams bis zur Perserschlacht (7. Jh.). Die Bildanordnung ist – anders als nachfolgend beschrieben – nicht chronologisch.

Rechte Seitenwand, oben: Nachdem Seth auf dem Grab seines Vaters Adam nach Weisung des Erzengels Michael einen Zweig vom Baum der Erkenntnis gepflanzt hat, erwächst dort der Spross der Hoffnung auf Errettung.

Rechte Seitenwand, Mitte: Die kniende Königin von Saba erkennt das geheiligte Holz und prophezeit, dass es zum Werkzeug des Leidens Christi wird. Der Händedruck zwischen der Königin von Saba und König Salomon, der den Hut der römischen Kardinäle und die päpstlichen Gewänder der Patriarchen von Konstantinopel trägt, symbolisiert die Vereinigung der Kirche der Zirkumzision und der Kirche der Menschheit aus dem Volk Gottes.

Stirnwand, rechts Mitte: Unter großer Anstrengung transportieren drei Männer das Holz zum Tempelbau nach Jerusalem. Szenen zum Neuen Testament fehlen. Auch die Kreuzigung wurde von Piero della Francesca nicht dargestellt, da schon damals ein Kruzifix aus dem 13. Jh. vor dem Altar in den Freskenzyklus einbezogen war.

Stirnwand, rechts unten: Der römische Kaiser Konstantin träumt vor der Entscheidungsschlacht gegen Maxentius (312) vom Zeichen des Kreuzes, unter dem er siegen wird. Mit den raffinierten Lichteffekten, die das Chorfenster als Lichtquelle miteinbeziehen, schuf Piero della Francesca hier **eine der ersten Nachtszenen der europäischen Kunst.**

Rechte Seitenwand, unten: Konstantin – auf einem Schimmel mit dem Kreuz in der Hand – bezwingt am Ponte Milvio Maxentius, der im Tiber den Tod findet.

Stirnwand, links unten: Ein Engel verkündet Maria ihren Tod und ihre Himmelfahrt; die Siegespalme in der Hand des Engels symbolisiert die Inkarnation des Gottessohnes.

Stirnwand, links Mitte: Der im Brunnenschacht gefolterte Levit Judas zeigt der Kaisermutter Helena die Stelle, an der das wahre Kreuz Christi begraben liegt.

Linke Seitenwand, Mitte: Auf dem Golgatha-Hügel werden drei Kreuze gefunden, aber nur das hl. Kreuz kann einen Toten zum Leben erwecken; das im Hintergrund abgebildete Jerusalem ist eine Darstellung Arezzos.

Rechte Seitenwand, unten: Chosroe II. erobert 614 Jerusalem, raubt das Kreuz und lässt sich daraus einen Thron anfertigen, doch der byzantinische Kaiser Herakleios gewinnt das Kreuz in einer Schlacht zurück und verurteilt den besiegten Perserkönig vor seinem verwaisten Thron zum Tod. Neben der zerfetzten Mohrenflagge wehen in der Mitte des Bildes das siegreiche Banner der Kreuzzüge (weißes Kreuz auf rotem Grund) und die Flaggen der deutsch-römischen Kaiser; die grüne Flagge mit einem mystischen Vogel postuliert Einheit und Liebe.
Linke Seitenwand, oben Herakleios bringt das Kreuz nach Jerusalem zurück. Adams Spross hat Früchte getragen, die Gläubigen beten ihn an. Zwei Propheten schließen den Zyklus an der Stirnwand oben links und rechts ab.

> **❗ BAEDEKER TIPP**
>
> ### *Biglietto Cumulativo*
>
> Das Kombiticket »Biglietto Cumulativo« für San Francesco/Cappella Bacci, Archäologisches Nationalmuseum, Museo Statale di Arte Medievale e Moderna und Museo di Casa Vasari ist zwei Tage gültig und kostet 12 €.

Galleria Comunale d' Arte Contemporanea

Die Galleria Comunale d' Arte Contemporanea an der Piazza San Francesco kauft über den »Premio Arezzo« moderne Kunst an und veranstaltet sehenswerte temporäre Ausstellungen in der Kirche Sant' Ignazio (Via Carducci) und im Palazzo Chianini Vincenzi.

UM DIE PIAZZA GRANDE

**Piazza Grande

Die Piazza Grande, der sich steil neigende Hauptplatz Arezzos mit stattlichen alten Häusern, in deren Werkstattläden Antiquitätengeschäfte und Antiquariate zum Stöbern verführen, ist der schönste Platz der Stadt. Einen architektonischen Akzent setzt der halbrunde Chor der Kirche Santa Maria della Pieve. Rechts davon erheben sich die Renaissancefassade des im 17. / 18. Jh. erbauten Palazzo del Tribunale und der elegante Palazzo della Fraternità dei Laici, während die Nordseite des Platzes von Vasaris Loggien beherrscht wird, unter deren Arkaden Restaurants und Cafés zu finden sind.

* Santa Maria della Pieve

Die bedeutendste romanische und überdies älteste Kirche der Stadt ist Santa Maria della Pieve oder kurz »la Pieve« genannt. Sie bestand schon im 12. Jh., wurde nach Zerstörungen im 13. Jh. wieder aufgebaut und im 16. Jh. von Vasari modernisiert. Die zum Corso d' Italia ausgerichtete Fassade wurde im 13. Jh. einer älteren vorgesetzt; anders als bei den meisten Kirchen entspricht sie nicht dem Querschnitt des Langhauses. In den Zwerggalerien über dem Portalgeschoss erhöht sich mit jedem Geschoss die Säulenzahl, was den Eindruck perspektivischer Verjüngung verstärkt. Sieht man die fünf

Die Arkaden der Piazza Grande: schöner Platz für einen Cappuccino

Reihen Zwillingsfenster am Kampanile, so versteht man, warum der um 1330 erbaute, elegante Torre »Turm der hundert Löcher« genannt wird. Das Innere der dreischiffigen Basilika ist von strenger Klarheit. Unter dem erhöht angeordneten Presbyterium, dem vor 1200 begonnenen ältesten Teil der Kirche, befindet sich die Krypta mit einer Reliquienbüste des hl. Donatus, des Stadtpatrons von Arezzo. Die mit Edelsteinen besetzte, vergoldete Silberarbeit ist auf 1346 datiert. Besondere Beachtung verdient das ab 1320 von dem Sieneser Pietro Lorenzetti gemalte Marien-Polyptychon über dem Altar. In der Taufkapelle unterhalb des Turms ist das Taufbecken mit drei Reliefszenen aus dem Leben Johannes' des Täufers (um 1333) bemerkenswert.

❶ Mo. – Sa. 8.00 – 13.00, 15.00 – 19.00, So. bis 18.30 Uhr

Museo Ivan Bruschi

Im Palazzo del Capitano del Popolo, Corso Italia 14, gegenüber dem Eingang der Santa Maria della Pieve, lebte Ivan Bruschi, dessen Kunstsammlung mit Werken vom 7. Jh. v. Chr. bis zur Gegenwart hier ausgestellt ist.

❶ 1.4. – 31.10. Di. – So. 10.00 – 19.00, 1.11. – 31.3. Di. – So. 10.00 – 13.00, 14.00 – 18.00 Uhr; Eintritt: 5 €; www.fondazionebruschi.it

Palazzo della Fraternità dei Laici

Unmittelbar an den Palazzo del Tribunale schließt sich der Palazzo della Fraternità dei Laici an, ein von der karitativen Laienbruderschaft Santa Maria della Misericordia im 14. und 15. Jh. errichteter Bau, dessen Fassade in Formen der Gotik 1375 von Baldino di Cino und Niccolò di Francesco begonnen und im Stil der Renaissance 1433 von Bernardo Rossellino vollendet wurde. Den Glockenstuhl fügte Giorgio Vasari Mitte des 16. Jh.s an. Im Palastmuseum lohnt vor allem der Turmaufstieg. Sehenswert ist auch eine astrologische Uhr aus dem 16. Jahrhundert.

❶ tgl. 10.30 – 18.00 Uhr; Eintritt: 4 €

Ebenfalls nach Plänen Vasaris wurde zwischen 1573 und 1581 an der Nordseite der Piazza Grande der antiken Vorbildern nachempfundene Palazzo delle Logge erbaut. Vor dem Palazzo steht eine Nachbildung des sogenannten Petrone, eines mittelalterlichen Prangers.

Palazzo delle Logge

Der Palazzo Pretorio unweit nördlich der Kirche Santa Maria wurde 1322 aus drei Patrizierhäusern erbaut und im 15. und 16. Jh. erheblich verändert. Früher war er Sitz der Justizverwaltung, heute ist hier die Stadtbibliothek untergebracht. Die Fassade trägt zahlreiche Wappen der Podestà und Kommissare vom 15. bis 18. Jahrhundert.

Palazzo Pretorio

Zum gleichen Gebäudeblock gehört an der Via dell' Orto die Casa del Petrarca (Nr. 28), angeblich das Geburtshaus des Dichters. Francesco Petrarca kam zwar auch in dieser Straße zur Welt, das Gebäude wurde aber erst im 17. Jh. errichtet, im Zweiten Weltkrieg größtenteils zerstört und 1948 wieder aufgebaut. Heute ist das Haus Sitz der renommierten Accademia Petrarca di Lettere, Arti e Scienze, die das Andenken des großen Humanisten bewahrt und seit 1974 den begehrten Petrarca-Literaturpreis verleiht.

Casa del Petrarca

❶ Mo. u. Fr. 11.30 – 15.30, Sa., So. 10.30 – 16.30 Uhr; Eintritt: 4 €; www.accademiapetrarca.it

Bis zum 13. Jh. stand die Bischofskirche von Arezzo außerhalb der Stadtmauern auf dem Piota-Hügel, wo der hl. Donatus 304 das Martyrium erlitten hatte und begraben worden war. Als die Aretiner 1111 verlangten, den Bischofssitz in die Stadt zu verlegen, kam es zum Aufstand, dem das mittelalterliche Gotteshaus zum Opfer fiel. 1277 wurde an der Stelle der einstigen Benediktinerkirche San Pietro Maggiore auf Betreiben des Bischofs Guglielmino degli Ubertini mit dem Bau des Doms begonnen, der sich bis ins frühe 20. Jh. hinzog.

*Duomo

Das **Innere** der dreischiffigen Pfeilerbasilika ist gemäß den Vorschriften der Bettelorden schmucklos. Attraktion im südlichen Seitenschiff sind die großformatigen Glasgemälde des aus Frankreich stammenden Dominikanermönchs Guillaume de Marcillat (1467 bis 1529). Beachtenswert sind dort auch das Grabmal des 1276 verstorbenen Aretiner Papstes Gregor X. und die Grabkapelle des Ciuccio Tarlati von 1334. Der Hauptaltar birgt das reich verzierte spätgotische Marmorgrabmal mit den Reliquien des hl. Donatus. Im nördlichen Seitenschiff hinterließ Piero della Francesca ein Fresko mit der Darstellung der »Hl. Magdalena« (1459). Unter dem Eindruck eines Marien-

> **!** BAEDEKER TIPP
>
> *Gesucht – gefunden*
>
> Arezzo ist ein Mekka für Antiquitätenliebhaber – dank seiner vielen Geschäfte eigentlich das ganze Jahr über, ganz besonders aber jeden ersten Sonntag im Monat, wenn auf der Piazza Grande der Antiquitätenmarkt (Fiera Antiquaria) abgehalten wird (www.fieraantiquaria.org).

wunders baute man 1796 – 1817 an das nördliche Seitenschiff die Kapelle der Madonna del Conforto (»Trostreiche Madonna«). In der ehemaligen Sakristei zeigt das Dommuseum Goldschmiedearbeiten, Altarbilder und ein frühromanisches Kruzifix (11. Jh.).

Dom: *tgl. 7.00 – 12.30, 15.00 – 18.30 Uhr*

Passeggio del Prato, Fortezza Medicea

Ein Spaziergang führt durch die Grünanlagen des Passeggio del Prato zum Denkmal für Francesco Petrarca. Der weitläufige Park zieht sich bis zur Medici-Festung, die auf Fundamenten aus dem 13. Jh. steht. Cosimo I. erteilte Giuliano da Sangallo Mitte des 16. Jh.s den Auftrag, die Befestigungsanlagen zu erweitern, mit neuem Mauerwall und Bollwerken zu versehen; oben bietet sich ein schöner Blick.

Palazzo Comunale

Ein wuchtiger, mittelalterlicher Turm kennzeichnet den Palazzo Comunale westlich des Doms. Das heutige Rathaus der Stadt wurde 1333 als Amtssitz für die Vorsteher der Zünfte erbaut, nach 1384 residierten hier die Verwaltungskommissare aus Florenz, die auch die Fassade mit ihren Wappen schmücken ließen. Im Palazzo Comunale sind in einer Dauerausstellung über 1000 Objekte der Sammlung Casi aus den Bereichen Kino und Computer, Kalkulatoren, TV und mechanische Musikmaschinen zu sehen.

❶ *Di., Do., Sa. und 1. So./Monat 10.00 – 17.00 Uhr; Eintritt: 3 €; www.faustocasi.it*

WESTLICHE ALTSTADT

San Domenico

Die schlichte einschiffige Kirche San Domenico am gleichnamigen Platz wurde 1275 von der Familie Tarlati di Pietramala gestiftet. Das kostbarste Stück der Ausstattung befindet sich seit 2001 wieder an seinem Platz in der Apsis: das 1265 entstandene ***Kruzifix von Cimabue,** ein Frühwerk des berühmten Künstlers, das den Einfluss byzantinischer Vorbilder erkennen lässt, aber mit seiner Darstellung eines leidenden Christus auch bereits in die Zukunft weist. Beachtenswert sind außerdem die Fresken von Aretiner Malern, so die um 1390 entstandenen Szenen aus dem Leben der hll. Philippus und Jakobus von Spinello Aretino an der Eingangswand und die »Kreuzigung« von seinem Sohn Parri (um 1450). Informationen zur Restaurierung des Cimabue-Kreuzes: www.cimabuearezzo.it.

❶ *tgl. 7.00 – 13.00, 15.30 – 19.00 Uhr*

*Casa di Giorgio Vasari

Der Maler und Baumeister Giorgio Vasari (1511 – 1574) hat nicht nur architektonische Meisterleistungen vollbracht; seine **Biografien italienischer Künstler** gehören zu den wichtigsten Quellen der italienischen Kunstgeschichte. 1540 erwarb Vasari das zweistöckige Haus Nr. 55 in der heutigen Via XX Settembre und malte die Räume aus. Die Malereien sollten die Bedeutung der Künste veranschaulichen. Vasari bediente sich dazu allegorischer Darstellungen, wie z. B. auf dem Deckengemälde in der Camera Nuziale, oder Künstlerporträts. Zu sehen sind außerdem Vasaris Modell des Palazzo delle Logge an der Piazza Grande sowie Gemälde von Zeitgenossen, u. a. von Jacopo Zucchi, Perin del Vaga und Francesco Vanni.

Allegorie der Dichtkunst nach Vasari

❶ Mo., Mi. – Sa. 8.30 – 19.30, So. 8.30 – 13.30 Uhr, Eintritt: 4 €

Entworfen wurde der elegante Palazzo Bruni-Ciocchi oder Palazzo della Dogana (da hier im 19. Jh. ein Zolldepot eingerichtet war) in der Via San Lorentino vermutlich von Bernardo Rosselino. Auftraggeber war Donato, der Sohn des berühmten Florentiner Kanzlers Leonardo Bruni. Der um 1450 im Stil der Frührenaissance erbaute Palazzo ist heute **Sitz des Museums für mittelalterliche und moderne Kunst**. Besucher erhalten einen ausgezeichneten Überblick über die Aretiner Malerei bis zum Ende des 16. Jh.s, mit Werken von Margarito d'Arezzo, Spinello Aretino und seinem Sohn Parri, von Bartolomeo della Gatta, Luca Signorelli, Rosso Fiorentino und Vasari. Zu den toskanischen Meistern des 17. bis 19. Jh.s gehören Cigoli, Fattori und Signorini. Außerdem besitzt das Museum kostbare Majoliken, Goldschmiedearbeiten und Elfenbeinschnitzereien.

*Museo Nazionale d'Arte Medievale e Moderna

❶ Via San Lorentino 8; Einlass tgl. 10.00, 12.00, 16.00, 18.00 Uhr

Über eine Treppe gelangt man zur Kirche Santa Maria in Gradi, die der Florentiner Architekt Bartolommeo Ammanati (1511 – 1592) auf den Fundamenten einer romanischen Kirche errichtete. Außer dem 1631 erbauten Glockenturm verdienen im Inneren eine Terrakotta-Gruppe (Schutzmantel-Madonna) von Andrea della Robbia und die Krypta der ursprünglichen Kirche Beachtung. Wenige Schritte südwestlich an der Via Garibaldi schufen die Renaissance-Baumeister Bartolomeo della Gatta und Antonio da Sangallo d. Ä. zwischen 1490 und 1520 die Verkündigungskirche. Das rechte der drei Portale stammt noch von einem gotischen Oratorium an dieser Stelle, ebenso das darüberliegende Verkündigungsfresko (1370). Der Innenraum beeindruckt durch die von Marcillat geschaffenen Glasfenster.

Santa Maria in Gradi und Santissima Annunziata

Die zweite große Renaissance-Kirche Arezzos ist die den hll. Flora und Lucilla geweihte Abtei (daher auch Chiesa di Badia), die im 14. Jh. von Benediktinern des Klosters Monte Cassino gegründet wurde. Ihre heutige Gestalt erhielt sie durch grundlegende Umbau-

Sante Flora e Lucilla (Chiesa di Badia)

ten, die Giorgio Vasari Mitte des 16. Jh.s im Stil der Spätrenaissance vornahm. Von ihm stammt auch der monumentale Hochaltar (1562). Ein hervorragendes Beispiel hochbarocker Wandmalerei liefert die 1703 von dem Trentiner **Andrea Pozzo** ausgeführte Scheinkuppel im Mittelschiff: Durch das geschickte Spiel mit Perspektiven, Licht und Schatten entsteht der Eindruck einer gewaltigen Kuppel.

SÜDLICHE ALTSTADT

Chimäre

Vor dem Hauptbahnhof begegnet man dem Wahrzeichen von Arezzo, der wilden Chimäre. In dem dämonischen Fabelwesen vereinen sich die Kraft des Löwen, die Klugheit der Schlange und die Ausgeglichenheit der Ziege. Das Bronzedenkmal ist die Kopie einer Etruskerstatue aus dem 4. Jh. v. Chr., die heute im Archäologischen Museum von Florenz aufbewahrt wird.

Anfiteatro Romano

Bedeutendstes Zeugnis der römischen Epoche sind die Überreste des Amphitheaters, dessen Eingang in der Via F. Crispi liegt. Der elliptische Bau (1./2. Jh.) konnte einst 8000 bis 10 000 Zuschauer fassen. Seine Längsachse maß 121 m, die Querachse 68 m. In späterer Zeit verfiel das Theater, da man es als Steinbruch benutzte.

*Museo Archeologico Mecenate

Im ehemaligen Kloster San Bernardo, das 1547 von Olivetanermönchen auf den Ruinen des römischen Amphitheaters in einem Teil der Tribünenkonstruktion errichtet wurde, ist das Museo Archeologico Mecenate untergebracht. Zu sehen sind **Fundstücke aus etruskischer und römischer Zeit,** darunter Terrakotta-Schmuck eines Tempels aus dem 5. Jh. v. Chr., etruskische Reliefs und Votivgaben, römische Kleinbronzen und Mosaiken sowie die typischen Aretiner »Vasi corallini«, korallenfarbene Tonvasen mit Terra-Sigillata-Dekor, die während der römischen Kaiserzeit begehrte Exportartikel waren.
❶ Via Margaritone 10; Mo – Sa. 8.30 – 19.30, So. ab 13.30 Uhr; Eintritt: 6 €

Museo Aziendale Gori & Zucchi (Uno-A-Erre)

Im Museum Uno-A-Erre wird die Geschichte der italienischen Juwelenherstellung anhand von 400 Objekten und der Firmengeschichte von Gori & Zucchi ab 1926 präsentiert. Insbesondere die Arbeiten von Dalí, Manzù, Messina und Gio' Pomodoro wecken Interesse.
❶ Via Fiorentina 550; Mo. 14.00 – 18.00, Di. – Fr. 9.00 – 18.00, Sa. 9.00 bis 13.00 Uhr; Eintritt frei; www.unoaerre.it

Santa Maria delle Grazie

Etwa 2 km südlich der Altstadt steht die spätgotische Wallfahrtskirche Santa Maria delle Grazie. Laut Überlieferung kam 1428 der hl. Bernhardin von Siena an diesen Ort, an dem sich in früherer Zeit ein Quellheiligtum befunden hatte. Er ließ die Spuren des heidnischen Kultes tilgen und eine Kapelle errichten. 1449 begann man zu Ehren der Schutzmantel-Madonna (Madonna delle Grazie) den heutigen Bau, dem Benedetto da Maiano 1478 einen grazilen Portikus vorsetzte. Gegen Ende des 15. Jh.s schuf Andrea della Robbia aus Marmor und Terrakotta den prachtvollen Hauptaltar mit der Pietà.

Bibbiena · Casentino

⊹ G 13

Provinz: Arezzo (AR)
Höhe: 425 m ü. d. M.
Einwohnerzahl: 12 750

Bibbiena liegt gut 30 km nördlich von Arezzo auf einem Hügel an der Einmündung des Archiano in den Arno. Die Stadt ist ein günstiger Ausgangspunkt für Ausflüge ins Casentino, jenen Höhenrücken, der das obere Arnotal im Nordosten begrenzt, eine abgeschiedene, stark bewaldete Berglandschaft mit teils noch recht unberührter Natur.

Die möglicherweise von den Etruskern gegründete Stadt war aufgrund ihrer Lage bis ins 15. Jahrhundert hinein heiß umkämpft. Florenz und Arezzo, die beide das Durchgangstal im äußersten Nordosten der Toskana für sich beanspruchten, lieferten sich hier erbitterte Schlachten. Bereits im frühen Mittelalter entstanden im Casentino kleine, völlig abseits gelegene Klostergemeinschaften wie das Eremitenkloster Camaldoli und das berühmte Franziskanerkloster La Verna, heute ein bedeutender Wallfahrtsort. Westlich vom casentinischen Quellgebiet des Arno erstreckt sich das Pratomagno-Gebirge mit herrlichen Kastanien-, Tannen- und Buchenwäldern.

Umkämpfte Stadt

> ! BAEDEKER TIPP
>
> *Nächtliche Exkursionen*
>
> Die Kooperative »óros« – ihr Name steht etymologisch für »Montagna sacra« (heiliges Gebirge) – bietet Themenausflüge in den Parco Nazionale delle Foreste Casentinesi (Monte Sacro/La Verna, Monte Falterona), z. B. auch Nachtexkursionen zum Park-Planetarium. Information: Via Rachiana 18, Badia Prataglia, Tel. 05 75 55 94 77, www.orostoscana.it

Bibbiena bietet keine Sensationen, aber ein **geschlossenes Altstadtbild,** in dem Souvenirgeschäfte eher unterrepräsentiert sind. Die Via G. Borghi führt hinauf zur Piazza Tarlati, dem hoch gelegenen Hauptplatz mit Uhrturm und Palazzo Vecchietti Poltri. Im **Palazzo Comunale** wird die Ausstellung **»Paesaggi del Casentino«** (Dörfer im Casentino) gezeigt. Im gleichen Gebäude präsentiert das **Museo del Teatro** die Geschichte des abendländischen Theaters. Arbeiten von Andrea Palladio, von Barock-Büh-

Sehenswertes in Bibbiena

nenbildnern wie Niccolò Sabbatini und Giacomo Torelli, Seidenkostüme und Perücken sind ausgestellt. Im **Teatro Dovizi** finden Welturaufführungen bisher unveröffentlichter Opern statt, deren Partituren im Theatermuseum verwahrt werden. In der Kirche San Lorenzo sind Terrakotten aus der Della-Robbia-Werkstatt zu bewundern.

»Paesaggi del Casentino«: Di. – Sa. 9.00 – 13.00 Uhr; Eintritt frei
Museo del Teatro: Do. – Sa. 10.00 – 12.00, 15.30 – 18.30, So. 10.00 – 12.00 Uhr; Eintritt frei; http://lacittadelteatro.it

AUSFLUG NACH CAMALDOLI

Mutterhaus des Kamaldulenserordens Inmitten einer herrlichen Waldlandschaft liegt etwa 20 km nördlich von Bibbiena in den Bergen des Casentino die Abtei Camaldoli, das Zentrum des Kamaldulenserordens. Gegründet wurde der Orden im Zuge der großen abendländischen Kirchenreform. Die Ordensangehörigen zogen sich zur Meditation an entlegene Plätze zurück. Im Casentino überließ Graf Maldolo d' Arezzo dem hl. Romuald (gest. 1027) und seinen Glaubensbrüdern ein Stück Land, auf dem ab 1012 das Stammkloster in 830 m Höhe gebaut wurde. Nach dem großzügigen Stifter nannte man es Ca(sa di) Maldolo. Wenig später zogen ein paar Mönche weiter hinauf, um im jetzigen Eremo di Camaldoli ganz für sich zu sein. Die päpstliche Ordensanerkennung ließ die Kamaldulenserkongregation aufblühen.

Monastero di Camaldoli Das 1012 gegründete Kloster besteht aus einem Komplex mit Kreuzgang, Konventsgebäuden, Pilgerhospiz (Foresteria) und Kirche. Die 1509 – 1524 anstelle eines Vorgängerbaus errichtete Klosterkirche erhielt im späten 18. Jahrhundert ihre barocke Gestalt. Giorgio Vasari schuf mehrere Bilder für die Innenausstattung. Die **Apotheke** (16. Jahrhundert) mit handgeschnitzten Regalen und Laboratorium ist einen Besuch wert. Im Pilgerhospiz werden Tagungen und Seminare veranstaltet.

! BAEDEKER TIPP

Hausgemachtes

Nach traditionellen Rezepten gebrannte Kräuterliköre, verschiedene Teesorten, Marmeladen und wohlriechende Salben sind nur einige der Köstlichkeiten, die man in der Klosterapotheke erwerben kann.

*Eremo di Camaldoli Schon kurz nach der Gründung des Klosters richtete sich der hl. Romuald mit einigen Mönchen auf 1100 m Höhe in der Einsamkeit ein. So entstand auf dem »lieblichen Feld«, von Wäldern umgeben, der Eremo di Camaldoli, eine Gruppe von Mönchszellen mit einer Erlöserkirche. Für das barocke Aussehen der Chiesa del Salvatore sorgten

Bibbiena · Casentino erleben

AUSKUNFT
Casentino Sviluppo e Turismo
Via Roma 203
Ponte a Poppi
Tel. 05 75 52 05 11
www.turismo.casentino.toscana.it

ESSEN
Il Tirabusció ✪✪
Via Borghi 73, Bibbiena
Tel. 05 75 59 54 74
www.tirabuscio.it
Mo. sowie Di. mittags geschl. Der
Zugang zu dem ausgezeichneten
Restaurant ist in der Via Rosa Scoti,
gegenüber dem Teatro Davizi. 160 Weine
machen dem Tirabusció (Korkenzieher)
alle Ehre. Albertos Küche richtet sich immer nach der Saison. Prosciutto (Schinken) vom grauen Casentinoschwein oder
Tortelli aus roten Kartoffeln aus Cetica
probieren!

Foresteria del Monastero ✪
Camaldoli
Tel. 05 75 55 60 13
www.camaldoli.it
Günstige, gute Küche, Vorbestellung in
der angeschlossenen Bar ist erwünscht.

In der Foresteria kann man auch schön
und preiswert übernachten. Kein
Ruhetag.

ÜBERNACHTEN
Albergo Falterona ✪✪
Stia
Piazza Tanucci 85
Tel. 05 75 58 35 45
www.albergofalterona.it
Stadthotel in einem alten Palazzo. Die
23 Zimmer sind klein und recht anspre-
chend möbliert.

Albergo San Lorenzo ✪ – ✪✪
Poppi
Piazza Bordoni 2 – 5
Tel. 05 75 52 01 76
www.poppi-sanlorenzo.com
Interessante Übernachtungsmöglichkeit
für Kunstliebhaber: An den Wänden des
San Lorenzo Art-Hotel hängen Werke
von A.R. Penck, Jean-Yves Klein und
diversen anderen, teilweise namhaften
Künstlern. Die romanische Kirche San
Lorenzo dient als Galerie und Seminar-
raum. Die 10 Zimmer sind einfach und
geschmackvoll ausgestattet; mit Garten
und Wellnessangebot.

Erneuerungen in den Jahren 1658, 1708 und 1714. Im Innern schildern Fresken aus dem 17. Jh. Stationen aus dem Leben des hl. Romuald. Durch ein Gitter kann man die **20 Mönchszellen** betrachten,
kleine Häuschen in fünf Reihen mit jeweils einer Gartenparzelle, von
denen fünf laut Überlieferung noch vom Ordensgründer errichtet
worden sein sollen. Andere gehen auf illustre Stifter zurück, wie die
von Papst Leo X. eingerichtete Zelle, in der einst Maria de Medici
gewohnt haben soll, und die Zelle des Herzogs Ranuccio Farnese.
Durch die Foresteria Vecchia kommt man in die bescheidene Zelle
des hl. Romuald, zu der auch eine winzige Kapelle und ein Studier-
kämmerchen gehörten.
❶ tgl. 8.30 – 12.30, 15.00 – 19.00 Uhr

AUSFLUG ZUM KLOSTER LA VERNA

**Berühmte
Wallfahrts-
stätte

Serpentinen führen von Bibbiena 26 km hinauf zum Wallfahrtsort (1128 m) am Fuß des Monte Penna (1289 m). Vom Santuario aus führen Wanderwege in den Parco Foreste Casentinesi (www.parco-forestecasentinesi.it). Der berühmteste Heilige Italiens, Franziskus von Assisi, zog sich, nachdem er die Leitung des Franziskanerordens abgegeben hatte, in die Bergeinsamkeit des Casentino zurück. Graf Orlando Cattini aus Chiusi, der die Predigten des Bettelmönchs gehört hatte, schenkte ihm 1213 den Berg La Verna, wo die Franziskaner zunächst in einfachsten Hütten lebten. Der Überlieferung nach erhielt Franziskus hier am 14. September 1224, zwei Jahre vor seinem Tod, die Wundmale Christi. La Verna gilt seither als geheiligte Stätte. Vor allem am 14. September und am 3. Oktober, dem Todestag des hl. Franziskus, ist der Andrang der Pilger besonders groß.

Vom Parkplatz im Wald sind es 400 m zu Fuß bis zum Eingang des weitläufigen Klosterkomplexes. Der Weg mündet auf einen weiten Platz, Quadrante genannt, von dem aus man zu den wichtigsten Sehenswürdigkeiten der heiligen Stätte kommt. 1348 wurde auf Geheiß des Grafen Tarlato di Pietramala mit dem Bau der großen Kirche (Chiesa Maggiore) begonnen, deren Fertigstellung sich bis ins

Franziskanermönche vor dem Kloster La Verna

16. Jh.s zog. Beachtenswert sind die schönen **Terrakotten von Andrea della Robbia:** »Madonna mit Heiligen« und »Anbetung des Kindes« (1479), »Verkündigung« (1480), »Die hll. Antonius Abbas und Franziskus« und »Himmelfahrt« (1499). Älteren Datums ist die daran anschließende kleine Kirche Santa Maria degli Angeli, für die der hl. Franziskus selbst im Jahr 1216 den Grundstein legte. Im Inneren sind Terrakotta-Arbeiten aus der Werkstatt der della Robbia zu sehen, ferner ein Epitaph für den Stifter Graf Orlando Cattani.

Durch den »Gang der Stigmata«, der mit Fresken zum Leben des hl. Franziskus ausgeschmückt ist, geht es vom Quadrante zu einer Gruppe von Kapellen und der Hauptsehenswürdigkeit, der Cappella delle Stimmate (Kapelle der Wundmale). Auf halbem Weg führt eine Tür in einen Felsspalt, hier hatte sich der hl. Franziskus in einer aus großen Felsblöcken gebildeten Höhle eine spartanische Schlafstatt eingerichtet. In der 1263 erbauten Stimmate-Kapelle bezeichnet ein Marmorrahmen auf dem Boden jene Stelle, an der Franziskus das **Wunder der Stigmatisation** erfahren haben soll. Decke und Wände waren ursprünglich mit Fresken ausgemalt, die jedoch verloren gingen oder beseitigt wurden, um der großen Altarwand von Andrea della Robbia (1481) Platz zu machen. Aus der Kreuzkapelle, die vor der Stigmatakapelle liegt, sollte man ins Freie treten: Ein schmaler, gesicherter Weg führt um den steilen Felsen herum – bei gutem Wetter bietet sich ein herrlicher Blick über das Casentino. Ein schöner Wanderweg führt auf den Gipfel des 1289 m hohen Monte Penna.

*Cappella delle Stimmate

Sanktuarium: tgl. 6.30 – 19.30, Sommer bis 22.00 Uhr
Cappella delle Stimmate: tgl. 8.00 – 17.00, Sommer bis 19.00 Uhr
www.santuariolaverna.org

Caprese Michelangelo 10 km südlich von Chiusi della Verna bietet schöne Aussichten in die zerklüftete Bergwelt des südlichen Casentino. Von dem 1600-Seelen-Ort würde man kaum sprechen, wäre hier nicht Michelangelo Buonarroti (▶ Berühmte Persönlichkeiten) geboren. Sicher ist man sich dessen übrigens erst seit 1875, als eine Abschrift der Geburtsurkunde gefunden wurde, die Michelangelos Vater Lodovico, damals Bürgermeister von Caprese, angefertigt hatte. Danach wurde Michelangelo am 6. März 1475 in Caprese geboren. Chiusi della Verna hatte bis dato ebenfalls Anspruch darauf erhoben, der Geburtsort des Meisters zu sein. Caprese widmet sich Michelangelo im **Museo Michelangiolesco,** das aus mehreren Häusern besteht. Im vermeintlichen Geburtshaus, der Casa del Podestà, werden u. a. fotografische Reproduktionen von Fresken Michelangelos und ein Dokumentarfilm zum Leben des Künstlers gezeigt. Im Palazzo Clusini sind Ticketverkauf, die Michelangelo-Bibliothek und eine Sammlung italienischer Kleinplastiken des 19. Jh.s untergebracht. Im Museumskomplex und im Garten des Corte Alta wird Michelangelo

Caprese Michelangelo

durch 15 Gipskopien seiner Skulpturen gewürdigt. Ebenfalls im Garten des Corte Alta finden sich Skulpturen von mittlerweile 98 Bildhauern des 20. Jahrhunderts.

❶ Mitte Juni – Mitte Sept. Mo. – Fr. 10.30 – 18.30, Sa., So. 10.00 – 19.00, April, Mai bis Mitte Juni Di. – Fr. 11.00 – 18.00, Sa. – So. 10.30 – 18.30, 16.9. – 31.10. Di. – Fr. 10.30 – 18.30, 1.11. – 31.3. Fr. – So. 11.00 bis 17.00 Uhr; Eintritt: 4 €; www.capresemichelangelo.net/costume/museo

ÜBER POPPI NACH VALLOMBROSA

*Poppi   Folgt man von Bibbiena dem Arnotal durch Wiesen, Rebhänge und Olivenhaine flussaufwärts, erreicht man nach 6 km Poppi (6400 Einw.). Von der Unterstadt am Fluss geht es über eine alte Steinbrücke den bewaldeten Hügel hinauf in das Städtchen mit **schönen alten Bogengängen** und einem hübschen Platz, auf dem der kuppelbekrönte Zentralbau eines Oratoriums aus dem 17. Jh. steht. Eine steile Auffahrt führt von Poppis Zentrum hinauf zum **Kastell**, von dem sich eine **wunderbare Aussicht auf die Hügellandschaft des Casentino** bietet. Die mächtigen Grafen Guidi hatten die Burg im 13. Jahrhundert errichten lassen. Der zweistöckige Flügel des Gebäudes umgibt einen eleganten Innenhof mit geschwungenem Treppenaufgang, Holzgalerien und den Wappen der Florentiner Statthalter

> **!**
>
> BAEDEKER TIPP
>
> *Pilgern im Casentino*
>
> Der Pilgerweg »Cammino di Assisi« führt auf den Spuren des hl. Franz von Assisi aus der Emilia-Romagna bei Corniolo ins Naturparkgebiet des Hoch-Casentino und zu den Klöstern Camaldoli und La Verna. Über Caprese Michelangelo, Pieve Santo Stefano und Sansepolcro erreicht er dann Umbrien. Etappen, Unterkünfte und Tipps für Wanderer: www.camminodiassisi.it

am Torhaus. Gut erhalten ist die Burgkapelle mit Fresken aus dem 14. Jh., die vermutlich von Taddeo Gaddi stammen. Zum Bibliotheksbesitz gehören kostbare Inkunabeln und Handschriften.

Im **Parco Zoo,** durch den ein 2 km langer Rundweg führt, leben auf 50 ha Büffel, Wildschweine, Luchse, Füchse, Esel und Wölfe.

Kastell: tgl. 10.00 – 19.30 Uhr, 6.11. – 25.12. und 10.1. – 20.3. nur Do. – So.; Eintritt: 5 €; www.buonconte.com

Zoo: tgl. 9.00 Uhr bis Sonnenuntergang, Dez. – Apr. 9.00 – 12.30, 14.00 – 17.00 Uhr; Eintritt: 8 €; www.parcozoopoppi.it

Castello di
Romena   Die Grafen Guidi ließen nahe Romena einen Hügel am Arno-Westufer durch eine **Burg** bewehren, die 1357 an Florenz fiel. Dante Alighieri war hier zu Gast und beschrieb die Burg in seiner »Göttlichen Komödie«. Im Museum sind archäologische Funde und Waffen ausgestellt. Unterhalb der Burg steht die ***Pieve di San Pietro,** eine klei-

ne romanische Landkirche (um 1150), in deren Inneren die reich verzierten **Kapitelle** mit Pflanzendarstellungen, Köpfen wilder Dämonen und Szenen aus der Vita des Apostels Petrus zu sehen sind.

Burgmuseum: Juli/Aug. tgl. 10.00 – 19.00, sonst Do. – So. 10.00 – 17.00/18.00 Uhr; 1.11. – 15.3. geschl.; Eintritt: 3 €

Pieve di San Pietro: tgl. 10.00 – 12.00, 15.00 – 18.00 Uhr

Das einst durch Wollweberei reich gewordene Stia wartet rund um die Piazza Bernardo Tanucci mit einigen Sehenswürdigkeiten auf. Zu den Ökomuseen des Casentino zählt das **Museo dell'Arte della Lana** in Stias alter Wollmanufaktur. In 14 Sälen geht es um die Herstellung der berühmten Wollprodukte aus Stia.
*Stia

Der **Palagio Fiorentino** beherbergt ein Museum zur Förderung moderner und zeitgenössischer toskanischer und italienischer Kunst. Den Kern bilden Werke aus der Privatsammlung Vicky Galati Indelli, u. a. von Marino Marini und Emilio Vedova. Zu den rund 200 Exponaten gehören Werke von Remo Brindisi, Pietro Cascella, Primo Conti, Leonardo Cremonini, Salvatore Fiume, Bruno Innocenti, Mino Maccari, Quinto Martini, Giò Pomodoro, Ottone Rosai.

Museo dell' Arte della Lana: Via G. Sertori 2; Di., Mi. Fr. 10.00 – 13.00, Do. – Sa. 10.00 – 13.00, 15.00 – 18.00 (im Sommer 16.00 – 19.00) Uhr; Eintritt: 5 €; www.museodellalana.it

Museum im Palagio Fiorentino: Via Vittorio Veneto 35; 1.6. – 30.9. Sa. 16.00 – 19.00, So. 10.00 – 13.00, 16.00 – 19.00 Uhr; Eintritt: 1 €

Knapp 13 km westlich von Romena erreicht man über den 1060 m hohen Consuma-Pass das einsame Waldland des Pratomagno, das Naturfreunden und Wanderern unvergessliche Landschaftseindrücke verspricht. Höhenwanderwege führen zum Monte Secchieta und zum Falterona-Massiv, dem Quellgebiet des Arno.
*Passo della Consuma

Vor der Passhöhe biegt links eine Straße zum 8 km südlich gelegenen Dörfchen Montemignaio ab. Seine **romanische Pfarrkirche** gab laut Überlieferung Matilde von Canossa in Auftrag.
Monte-mignaio

Anfang des 11. Jh.s ließen sich in den einsamen Wäldern unterhalb des Monte Secchieta zwei Mönche des Klosters Settimo als Einsiedler nieder. Zu ihnen gesellte sich 1028 der Florentiner Adlige Giovanni Gualberto de Visdomi, der wenig später im Valle Ombrosa eine Kapelle errichten ließ. Im Jahr 1038 gründete Gualberto den **Orden der Vallombrosaner,** der 1055 vom Papst bestätigt wurde. Bereits 20 Jahre nach seinem Tod, 1073, wurde Gualberto heiliggesprochen. Im 12. Jh. wuchs der Klosterbesitz durch Schenkungen, im 15. Jh. erhielten die Äbte sogar den weltlichen Titel der Markgrafen von Canneto und Monteverdi. Mitte des 15. Jh.s entstand die wehrhafte, später gebrandschatzte Klosteranlage, im ausgehenden 16. Jh. wurden die
*Vallombrosa

stattliche Klosterbibliothek und der kleine Kreuzgang gebaut. Mitte des 17. Jh.s verlieh Gherardo Silvani der Fassade ihr heutiges Aussehen. 1866 wurde das Kloster säkularisiert, und erst 1963 zogen wieder Mönche ein. In der romanischen Klosterkirche erzählen Fresken und Gemälde aus dem Leben des Ordensgründers, im linken Querhaus birgt die Giovanni-Gualberto-Kapelle einen Schrein (um 1500) mit einer Armreliquie des Heiligen. In der Klosterapotheke werden Liköre, Messweine, Schokolade und Kosmetika verkauft.

Reggello   Talwärts in Richtung Arno lohnt sich ein Stopp in Reggello. In der romanischen Kirche **San Pietro a Cascia** ist ein Kruzifix aus dem 15. Jh. sehenswert, im Museum für sakrale Kunst »Masaccio« das berühmte ***Triptychon von Masaccio** aus San Giovenale (St. Juvenal; von 1422).

❶ Via Casaromolo 2a, Loc. Cascia; Di., Do. 15.00 – 19.30, Sa., So. 9.30 bis 12.30, 15.00 – 19.30 Uhr; Juni – Sept. jeder erste und dritte Sa. im Monat auch 21.00 – 23.00 Uhr; Eintritt: 3 €; www.museomasaccio.it

Borgo San Lorenzo · Mugello

✧ **F 11**

Provinz: Florenz/Firenze (FI)
Höhe: 193 m ü. d. M.
Einwohnerzahl: 18 100

Borgo San Lorenzo liegt im Herzen des Mugello, einer Landschaft im Nordosten der Toskana, in der die Künstler Giotto und Fra Angelico geboren wurden und die Medici zwei ihrer schönsten Landvillen errichten ließen.

Etwa 30 km nordöstlich von Florenz schlängelt sich die Sieve durch die Hügel- und Berglandschaft des Mugello. Das Mugello Alto ist vom bergigen Gebirgskamm des Apennin geprägt, die Landschaft bei Borgo San Lorenzo im oberen Sieve-Tal (Val di Sieve) dagegen sanft gewellt, die Böden werden landwirtschaftlich genutzt.

Geschichte   Während des Hochmittelalters gehörte Borgo San Lorenzo zum Besitz der **Ubaldini**, die sich lange gegen die Vorherrschaft von Florenz wehren konnten. Als die Arnometropole aber 1290 für 3000 Gold-Florin sämtliche Verfügungsrechte über das Mugello-Gebiet erwarb, war das Schicksal von Borgo San Lorenzo besiegelt. Mitte des 14. Jh.s unterstrichen die Florentiner ihren Besitzanspruch, indem sie den Stadtkern mit einer Festungsmauer umzogen. Die Albizi, die hartnäckigsten Gegner der Medici, besetzten Borgo 1440. 1529/1530 errichteten die kaiserlichen Truppen ein Militärlager in Borgo und eroberten von hier aus Florenz nach achtmonatiger Belagerung.

SEHENSWERTES IN BORGO SAN LORENZO

Hauptsehenswürdigkeit in Borgo San Lorenzo ist die 941 erstmals erwähnte romanische Pfarrkirche in der Via San Francesco mit dem typischen Grundriss einer früh-christlichen Basilika ohne Querschiff. Eine Inschrift mit dem Datum 1263 verrät das Baujahr des romanisch-gotischen sechseckigen Kampanile. Im 16. Jh. entstand der angrenzende Klosterkomplex. Im Innern sind Tafelbilder und Terrakotta-Arbeiten des 15. – 17. Jh.s zu sehen. Am bedeutendsten ist die Giotto zugeschriebene »Schwarze Madonna« aus dem Jahr 1290.

*Pieve di San Lorenzo

> **BAEDEKER TIPP !**
>
> *Jugendstil in der Toskana?*
>
> Manchmal findet man Vertreter für eine Bauepoche gerade dort, wo man sie eigentlich nicht vermutet. Das Rathaus von Borgo San Lorenzo an der Piazza Dante ist ein solches Beispiel. Die Jugendstilausstattung aus dem Jahr 1931 stammt von Tito Chini.

Das Oratorium an der Piazza Cavour wurde 1714 – 1743 nach Plänen des Florentiner Architekten Girolamo Ticciati errichtet, um ein als wundertätig verehrtes Holzkruzifix (14. Jh.) aufzunehmen.

Oratorio del SS. Crocifisso dei Miracoli

In der Patriziervilla Pecori Giraldi etwas weiter östlich findet man die Touristeninformation, ein Literaturcafé und das Museo della Manifattura Chini. Der berühmteste Spross der Künstlerfamilie Chini war **Galileo Chini** (1873 – 1956), der 1896 eine Keramikmanufaktur in Borgo San Lorenzo gründete und mit seinen Dekorationen den Jugendstil in der Toskana geprägt hat.

Museo della Manifattura Chini

❶ Do. – So. 9.00 – 13.00, 15.00 – 19.00 Uhr. Eintritt: 5 €; www.villapecori.it

Von der mittelalterlichen Stadtbefestigung sind heute nur noch zwei der einst fünf Tore erhalten: die Porta dell' Orologio, die einen rechteckigen Glockenturm mit Uhr stützt, und die Porta Fiorentina mit einem seltenen Rund- und Spitzbogen sienesischer Machart.

Porta Fiorentina und Porta dell' Orologio

AUSFLÜGE IN DAS MUGELLO · VAL DI SIEVE

Aus Scarperia, 10 km nordwestlich von Borgo San Lorenzo, kommen angeblich **die besten Messer Italiens.** Viele kennen Scarperia aber aus einem ganz anderen Grund: 1 km östlich des Städtchens liegt die Autorennbahn des Mugello (Autodromo Internazionale del Mugel-

Scarperia

Borgo San Lorenzo erleben

AUSKUNFT
Comunità Montana del Mugello
Villa Pecori Giraldi
Piazzale Lavacchini
Borgo San Lorenzo
Tel. 05 58 45 62 30
www.mugellotoscana.it

ESSEN
Cosimo de' Medici ⓔⓔ
Barberino di Mugello
Viale del Lago 19
Tel. 05 58 42 03 70
www.ristorantecosimodemedici.com
So.abend, Mo. geschl.
Im Cosimo de' Medici wird hervorragende toskanische Küche serviert: frische Pasta, exzellente Steinpilzgerichte, Pappardelle al cinghiale (Wildschwein), und dazu sind 150 Weine im Angebot. Die Bistecca alla Fiorentina schneidet der Chef persönlich am Tisch.

Trattoria Il Camino ⓔ – ⓔⓔ
Viale Baccarini 38
Marradi
Tel. 05 58 04 50 69
www.ristoranteilcamino.net
Mi geschl.
Rita kocht, Simona zaubert exzellente Dolci (Il Bicchierino probieren) und Mirco empfiehlt den passenden Wein zu Mugello-Spezialitäten.

ÜBERNACHTEN
Casa Palmira ⓔⓔ
Via Faentina 4 Loc. Feriolo
Polcanto
Tel. 05 58 40 97 49
www.casapalmira.it
Eine stilvolle Unterkunft im Grünen mit sechs Zimmern; außerdem gehört zur Casa Palmira auch noch ein kleines Haus, das man mieten kann. Assunta und Stefano sorgen liebevoll für ihre Gäste und organisieren diverse Kurse, Workshops und Ausflüge.

lo), auf der seit 1974 internationale Auto- und Motorradrennen ausgetragen werden. Am zentralen Platz von Scarperia steht der wuchtige Palazzo Pretorio, 1306 nach Plänen von Arnolfo di Cambio errichtet und einst Amtssitz der florentinischen Vikare, deren Stein- und Majolikawappen die Außenwände schmücken. Hier ist das Messermuseum ***Museo dei Ferri Taglienti** untergebracht, das die örtliche Handwerkskunst dokumentiert – schon im 15. Jh. war Scarperia als »Stadt der Messer« bekannt. Im Ort lohnt der Besuch einer der fünf noch aktiven Messerschmieden, z. B. Saladini (seit 1840) oder Berti (seit 1895). Führungen gibt es durch die bis 1970 betriebene Antica Bottega dei Coltellinai in der Via Solferini. Gegenüber dem Palazzo befindet sich die einschiffige **Chiesa della Prepositura**, die bis 1812 zum angrenzenden Augustinerkloster gehörte. Prunkstück der Kirche ist ein Rundrelief mit einer Madonna mit Kind.

Museo dei Ferri Taglienti: 1.6. – 15.9. Mi. – Fr. 15.30 – 19.30, Sa. und So. 10.00 – 13.00, 15.30 – 19.30 Uhr; sonst nur Sa. und So. 10.00 – 13.00, 15.00 – 18.30 Uhr; Eintritt 3 €

In der benachbarten Ortschaft Sant' Agata gibt es ein schönes Bei-   ***Pieve di**
spiel romanischer Kirchenbaukunst. Die Pfarrkirche ist nahezu voll-   **Sant'Agata**
ständig aus hellem Stein (Pietra alberese) errichtet. Sechs schlanke
Säulen gliedern den Innenraum in drei Schiffe und stützen den hölzernen Dachstuhl. Das achteckige Taufbecken (1503) ist aus einem
Sandsteinblock (Pietra arenaria) geformt.

Das mittelalterliche Städtchen an der Sieve 5 km westlich von Borgo   **San Piero a**
San Lorenzo profilierte sich nach der Vertreibung der Ubaldini als   **Sieve**
treuester Verbündeter der Medici. In unmittelbarer Umgebung von
San Piero a Sieve errichteten die Medici im 15. Jh. zwei ihrer schönsten Landvillen und finanzierten den Ausbau des stadtnahen Klosters
Bosco ai Frati. In San Piero schufen die Medici-Architekten Baldas-
sarre Lanci und Bernardo Buontalenti die damals größte Festung des
Mugello, **San Martino.** Große Militärkonflikte wurden hier allerdings nie ausgetragen. Die Medici-Festung ist heute in Privatbesitz.

3 km nördlich von San Piero a Sieve liegt der Klosterkomplex Bosco   ***Kloster**
ai Frati, eines der ältesten Klöster der Toskana. Es wird heute noch   **Bosco ai Frati**
von Mönchen bewohnt und kann besichtigt werden. Vermutlich sie-
delten hier schon im 6. Jh. Basilianermönche, als Klostergründer
gelten jedoch die Ubaldini di Soli, die es 1206 den Franziskanermön-
chen überließen. 1420 erwarb Cosimo de Medici den Komplex. Der
Hofarchitekt der Medici, Michelozzo di Bartolomeo Michelozzi, be-
endete 1438 den Um- und Ausbau der Klosteranlage, die unter Ferdinando II. de Medici im 17. Jh. barockisiert wurde. An der schlichten Fassade und im Innern der Saalkirche prunkt gleich mehrmals
das herrschaftliche **Medici-Wappen:** Schildkröte und/oder 6 Kugeln. Sogar der vergoldete Hauptaltar (1626) birgt die mediceischen
Insignien der weltlichen Macht. In dem kleinen Museo d'Arte Sacra
ist das Schmuckstück ein hölzernes Kruzifix von Donatello.
❶ Mo. – Sa. 10.00 – 12.00, 18.00 – 19.00, So. ab 11.30 Uhr

Diesen wehrhaften **Landsitz der Medici** erreicht man von San Piero   **Castello del**
a Sieve über die SS 65 in Richtung Florenz (Abzweigung nach ca.   **Trebbio**
1 km rechts). In dem dichten Zypressenwäldchen thront der gut erhaltene Landsitz, den sich Cosimo il Vecchio Mitte des 15. Jh.s erbauen ließ. Der Festungscharakter mit Turm und Wehrgang erinnert
an die Medici-Villa von Careggi bei Florenz, der angrenzende Garten
ist ein seltenes Beispiel spätmittelalterlicher Gartengestaltung. Die
prunkvoll ausgestattete Villa und der märchenhafte Park können von
Ostern bis Okt. im Rahmen von Führungen besichtigt werden.
Voranmeldung: Tel. 0 55 84 80 88

Ein weiterer **Medici-Landsitz** steht an der SS 65 zwischen San Piero   **Villa di**
a Sieve und Barberino di Mugello. Die umliegenden Wiesen, Wein-   **Cafaggiolo**

berge, Obstgärten und Wälder lassen die landschaftlichen Reize von einst erahnen, als es den mediceischen Hofstaat zur Sommerfrische hierher zog – die Villa di Cafaggiolo war **der beliebteste Sommersitz von Cosimo il Vecchio.** 1451, nach Fertigstellung des Castello del Trebbio, begann Michelozzo mit der Errichtung der Landvilla. In den Nebengebäuden war im 16. Jh. eine renommierte Keramik- und Porzellanmanufaktur untergebracht (keine Besichtigung).

Barberino di Mugello

Die Ortschaft Barberino di Mugello liegt an der gleichnamigen Auffahrt zur Autobahn Firenze – Bologna. Das Kastell auf einer Hügelkuppe am nordöstlichen Stadtrand gehörte im Hochmittelalter zum Besitz der Ubaldini und der Cattani di Cambiate; die Wappen der beiden Adelsgeschlechter am Mauerwerk sind noch unversehrt. Während des 17. Jh.s machten die Erben der Cattani aus dem Kastell eine Fattoria (keine Besichtigung).

Villa Demidoff

Sehr lohnend ist der Park der Medici-Villa Demidoff in Pratolino mit manieristischen Figuren und der Brunnenstatue des Apennin von Giambologna.

❶ April – Okt. Fr. Sa., So. 10.00 – 20.00, Okt. bis 19.00 Uhr; Eintritt frei

ÖSTLICH VON BORGO SAN LORENZO

Vicchio

In bzw. bei Vicchio östlich von Borgo San Lorenzo wurden die Maler **Fra Angelico** (geb. ca. 1395) und **Giotto di Bondone** (geb. 1267) geboren. Fra Angelico trat später in den Dominikanerorden in Fiesole ein, Giotto zog nach Florenz, wo er bedeutende Werke in der Peruzzi-Kapelle und der Bardi-Kapelle in Santa Croce hinterließ. In Vespignano zwischen Borgo San Lorenzo und Vicchio wurde im vermeintlichen Geburtshaus von Giotto die **Casa di Giotto** eingerichtet, in der Leben und Werk Giottos präsentiert werden.

Auch der berühmte Florentiner Goldschmied **Benvenuto Cellini** weilte zwischen 1559 und 1571 in Vicchio. Sehr willkommen scheint er nicht gewesen zu sein, denn er überlebte nur knapp ein Giftattentat. An seinem Wohnhaus, der Casa di Cellini, erinnert ein Gedenkstein an den Aufenthalt. Giotto wird mit einer Bronzestatue auf der zentralen Piazza geehrt. Das **Museo di Arte Sacra e Religiosità Populare** an der Piazza Don Milani zeigt u. a. Fresken aus der Schule Giottos und Terrakotta-Arbeiten aus der della Robbia-Schule.

Casa di Giotto und Museo di Arte Sacra e Religiosità Populare: 1.6. bis 30.9. Sa. 15.00 – 19.00, So. 10.00 – 13.00, 15.00 – 19.00, sonst So. 10.00 bis 13.00, 15.00 – 19.00 Uhr; Eintritt: 4 €; www.comune.vicchio.fi.it

San Godenzo

Am 8. Juni 1302 traf sich in San Godenzo 20 km östlich von Vicchio der verbannte Ghibellinenführer **Dante Alighieri** mit den Herren

Erntezeit: Oliven werden in großen Netzen aufgefangen

des Mugello, den Ubaldini, um gegen das guelfische Florenz vorzugehen; die gemeinsam gehegten Pläne scheiterten jedoch. Im 6. Jh. lebte der hl. Gaudenzio hier. Über seinem Eremitengrab gründete Bischof Jacopo il Bavaro 1028 eine Benediktinerabtei. Die schlichte romanische Pfeilerbasilika im Ort wird mit der Basilika von Fiesole und mit San Miniato al Monte in Florenz verglichen. Zur Ausstattung gehören ein Madonnen-Polyptychon aus der Giotto-Schule und eine Holzplastik des hl. Sebastian von Baccio d'Agnolo (1507). In der Krypta ruht der mumifizierte Leichnam des hl. Gaudenzio.

In dem 6 km südöstlich gelegenen Bergdorf Castagno d'Andrea wurde der Renaissancemaler Andrea del Castagno (1423–1457) geboren. Das Besucherzentrum des Parco Nazionale Foreste Casentinesi in Castagno d'Andrea zeigt eine virtuelle Präsentation seiner Hauptwerke. Wanderwege führen auf den 1654 m hohen Monte Falterona. Auf der SS 67 die Sieve in Richtung Rufina entlang kommt man in das größte Weinanbaugebiet des Mugello. Riesige **Weinhänge und -terrassen** überziehen das fruchtbare untere Sieve-Tal. Etwa 4 km vor Rufina lohnt sich ein Abstecher auf den 992 m hohen Monte Giovi, eine etwas zeitaufwändige, aber reizvolle Fahrt auf schmaler Landstraße über Tamburino. Der Monte Giovi war am Ende des Zweiten Weltkriegs Rückzugsgebiet der Partisanen des stark umkämpften Mugello – hier verlief die »Gotenlinie«, die letzte deutsche Verteidigungslinie. Heute gehören die Hänge des Monte Giovi zum Naturpark der Casentino-Wälder.

Castagno d'Andrea

Im Zentrum des gleichnamigen Weinbaugebiets laden zahlreiche Enoteche zum Weinkauf mit Weinprobe ein. Lohnend ist ein Spaziergang hinauf zur *Villa di Poggioreale (16. Jh.), die oft als Medici-Villa bezeichnet wird. Tatsächlich gehörte sie jedoch zum Besitz der Landgrafen Mormorai und später der Berardi. Die Villa beher-

Rufina

bergt das sehenswerte **Museo della Vite e del Vino,** das über Weinbau und Rebsorten informiert.

❶ Di.–So. 9.30 – 12.30, 16.00 – 19.00, Juli, Aug. nur vorm., Okt.–März Di.–Do. 9.30–12.30, Mi., Fr., Sa., 1. So./Monat 9.30 – 12.30, 15.00 bis 18.00 Uhr; Eintritt: 4 €

Pontassieve Der Name der Kleinstadt am Zusammenfluss von Sieve und Arno entstand in Zusammenhang mit der anmutigen, zweibogigen Ziegelsteinbrücke über die Sieve, die Cosimo I. 1555 nach Plänen seines Architekten Bartolomeo Ammannati hatte errichten lassen.

* Carrara · Massa

— ✧ E 3

Provinz: Massa-Carrara (MS)
Höhe: 80 m ü. d. M.
Einwohnerzahl: 65 600 (Carrara), 70 800 (Massa)

Carrara ist die Kapitale der Marmorproduktion. Dem weißen Stein verdankt sie Weltberühmtheit und ihren Namen: »Kar« bzw. »kair« ist keltisch und bedeutet Stein – Carrara wohl »Steinbruch«.

Provinzhauptstadt Beinahe nahtlos geht Carrara, das sich am Westabhang der ▶ Alpi Apuane ausbreitet, in Massa über, die Hauptstadt der Provinz Massa-Carrara. Mit der berühmteren Nachbarstadt verbindet Massa mehr als nur die geografische Nähe. Beide Städte waren vom 15. bis zum 18. Jh. im Besitz der Familie **Malaspina** und später Teil der Lunigiana (und fühlen sich deshalb eher Ligurien als der Toskana zugehörig), und beide sind bis heute vom Marmorabbau geprägt.

Geschichte Die Anfänge von Carrara gehen bis auf vorrömische Zeit zurück. Erste Erwähnung findet Carrara 963 in einer Schenkungsurkunde Kaiser Ottos I. an die Bischöfe der Nachbarstadt Luni. Im 11. Jh. fiel Carrara an Pisa, das von hier seinen Marmor zum Bau des Campo dei Miracoli bezog. Damit begann der unaufhaltsame Aufstieg zum Zentrum der italienischen Marmorgewinnung. 1322 ging die Stadt an Lucca über, 1329 an Genua, 1343 an die Visconti und 1442 zusammen mit Massa an die Markgrafschaft der Malaspina.

SEHENSWERTES IN CARRARA

*Altstadt, Duomo Carraras Stadtbild wurde im 19. und 20. Jh. geprägt. Der älteste Teil liegt nahe dem Flüsschen Carrione zwischen der Accademia di Belle

Arti, der von barocken Palazzi gesäumten **Piazza Alberica** und dem Dom Sant'Andrea. Dieser steht relativ eng umbaut an einem kleinen Platz oberhalb der Piazza Alberica – eine dreischiffige, mit Marmor verkleidete Basilika, die im 11. Jh. begonnen und im 14. Jh. vollendet wurde. Ihre im pisanischen Stil gestaltete Fassade ist im unteren Teil durch frühromanische Blendarkaden gegliedert, der obere wird beherrscht von einer Fensterrose. Der **viergeschossige Kampanile** wurde um 1280 nach ligurischen Vorbildern erbaut. Das einheitliche romanische Innere hat einen offenen Dachstuhl und kleine Obergadenfenster, die kaum Licht hereinlassen. Auffällig sind die Kapitelle, überwiegend aus dem 12. Jh., und die Marmorkanzel aus dem 16. Jh., deren Treppe aus einem einzigen Marmorblock gearbeitet wurde. Im rechten Seitenschiff befindet sich das Grab des hl. Ceccardo (15. Jh.), des Schutzpatrons der Stadt. Den Hauptaltar schuf Francesco Bergamini, das Tafelkreuz (14. Jh.) im Chor stammt vermutlich von Angelo Puccinelli. Im linken Seitenschiff sind die Überreste des ehemaligen Marmoraufsatzes des Hauptaltars zu sehen.

Wer die Begegnung mit jungen Künstlern sucht, kann sie hier finden – in der Via Roma im historischen Zentrum, in einem alten Stadtpalast, hat seit 1805 die Kunstakademie ihren Sitz. Gegründet wurde sie 1769 von Maria Theresia Cybo Malaspina.

Accademia di Belle Arti

Im Zentrum von Carrara, der Stadt des Marmors

Carrara · Massa erleben

AUSKUNFT
Massa
Lungomare Vespucci 24
Marina di Massa, Tel. 05 85 24 00 63
www.aptmassacarrara.it

VERANSTALTUNGEN
Biennale Internazionale di Scultura, Simposio, Marmorwoche
Alle zwei Jahre findet die Biennale statt, Piazza Gramsci, Piazza Erba und Via Plebsicito verwandeln sich zu Freiluft-ateliers. Im Juni treffen sich Bildhauer aus aller Welt zum Simposio di Scultura. 2011 fand erstmals die Carrara Marble Week (Marmorwoche) an der Kunst-akademie und auf der Via Roma statt. Info: www.marbleweeks.it

ESSEN
La Petite Cuisine €€€
Via Verdi 4, Carrara, Tel. 0 58 57 02 26
So. Ruhetag, Mo. abends geschl. (im Hochsommer geöffnet). Hübsches Lokal, in dem leichte Küche und grandiose Fischgerichte serviert werden.

Ristorante Venanzio €€ – €€€
Località Colonnata, Piazza Palestro 3
Tel. 05 85 75 80 33
www.ristorantevenanzio.com
Do. und So. abend (Ausnahme: Aug.) sowie 20.12. – 25.1. geschl.
Alessio Lucchetti und Roberto Ferlini set-zen die Rezepte des berühmten Venanzio

Vannucci um und bieten den schneewei-ßen Lardo (Speck). Besonders gut sind Filetto al lardo in salsa di Chianti oder die Hausspezialität Crespelle ai fiori di zucca.

Osteria del Borgo €€
Via Beatrice 17/19, Massa
Tel. 05 85 81 06 80
Di. Ruhetag; zwei Wochen im Sept. sowie Feb. geschl.
In der Osteria del Borgo werden in fami-liärer Atmosphäre typische traditionelle Gerichte serviert, z. B. Maialino di latte al forno (Milchschwein aus dem Ofen).

ÜBERNACHTEN
Hotel Villa Maremonti €€€€
Viale Lungomare di Levante 51
Massa (Marina dei Ronchi)
Tel. 05 85 24 10 08
www.hotelmaremonti.com
Sehr gepflegtes Hotel in einer Villa aus dem 19. Jh. mit bezauberndem Garten und Pool. Die Zimmer nach hinten sind ruhig, nach vorne hat man eine Terrasse und Meerblick.

Hotel Michelangelo Carrara €€€€
Corso Carlo Rosselli 3, Carrara
Tel. 05 85 77 71 61
www.michelangelocarrara.it
Im Palazzo dei Conti del Medico sind 28 Z. mit Stilmöbeln unterschiedlicher Epochen eingerichtet, 6 Z. auch mit Jacuzzi; WLAN, Fahrradverleih.

*Museo Civico del Marmo An der Straße nach Marina di Carrara südwestlich außerhalb des Stadtzentrums informiert das **städtische Marmormuseum** u. a. über Abbautechniken der Antike.
❶ Viale XX Settembre;1.5. – 30.9. Mo. – Sa. 9.30 – 13.00, 15.30 – 18.00, 1.10. – 30.4. Mo. – Sa. 9.00 – 12.30, 14.30 – 17.00 Uhr; Eintritt: 5 €; http://giove.isti.cnr.it/museo2/home.en.php

UMGEBUNG VON CARRARA

Eine vierspurige Straße verbindet Carrara mit Marina di Carrara, das sowohl der weltweit größte Marmorumschlaghafen als auch ein moderner Badeort mit rechtwinkligem Straßennetz und neu gestaltetem, etwas sterilem Hauptplatz (Piazza Menconi) ist. Der Jachthafen, auf den man von Carrara kommend direkt zufährt, bildet den Puffer zwischen dem Marmorhafen im Süden und den Stabilimenti, den Badeanlagen, die den Blick auf den breiten Sandstrand versperren.

Marina di Carrara

Südlich von Marina di Carrara folgt das etwas charmantere Marina di Massa, das Seebad von Massa. Im Zentrum bestimmen alte **Villen mit üppigen Gärten,** Palmen und Jasminbüsche das Ortsbild. Baden kann man am feinsandigen, eher schmalen Strand.

Marina di Massa

Den spektakulärsten Blick auf die Steinbrüche von Carrara hat man vom Campo Cecina, einem 1300 m hohen Gipfel nördlich von Colonnata, zu dem eine kurvenreiche Straße führt (von der SS 446 ausgeschildert). Oben lichtet sich der Wald und gibt den Blick frei in das Bergmassiv, in das der Marmorabbau tiefe Wunden geschlagen hat.

**Campo Cecina

Sehr lohnend ist ein Besuch der Marmorbrüche. Derzeit gibt es noch einige Hundert in der Gegend von Carrara. Von den Brüchen, in denen bis heute abgebaut wird, sind die ***Cave di Fantiscritti** in 450 m Höhe und die **Brüche von Colonnata** in 532 m Höhe die größten und interessantesten. Beide sind mit dem Auto oder Bus gut zu erreichen. In Fantiscritti kann man den 1963 für die Marmorbahn Ferrovia marmifera angelegten Stollen im Steinbruch Ravaccione Nr. 84 besichtigen. Minibusse fahren 600 m in den Marmor-Dom hinein (ca. 15 °C). Wie gefährlich und hart das **Leben im Marmorbruch** war und ist, erfährt man am besten im **Cava Museo,** einem etwas skurrilen Freilichtmuseum mitten im Abbaugebiet von Fantiscritti. Präzise werden hier auch die Techniken des Marmorabbaus erläutert. Sogar eine komplett eingerichtete Bergarbeiterhütte steht auf dem Museumsgelände. Initiator und Betreiber des privaten Museums ist

Marmorbrüche

! BAEDEKER TIPP

Lardo di Colonnata

Der delikate weiße Speck »Lardo di Colonnata« wird bis zu 6 Monate in Marmorgefäßen gelagert, bevor er hauchdünn aufgeschnitten serviert wird. Am besten schmeckt er auf ungesalzenem Brot mit einem Glas Wein. Das ehemalige »Arme-Leute-Essen« sollte man natürlich in einer der netten Trattorien probieren. Besonders hübsch sitzt man auf der Terrasse der »Larderia Lardarium« von Alessandro Guadagni, die seit Kurzem auch einprägsam als »Lard Rock Café« firmiert (Via Fossacava 9).

Eine Schulklasse in den Marmorbrüchen von Fantiscritti

Walter Danesi, der meistens in Fantiscritti anzutreffen ist und gern Auskunft über die Steinbrüche und sein Lebenswerk gibt.
Cave di Fantiscritti tgl. 11.00 – 18.00, Juli, Aug. ab 10.00, April, Sept., Okt. bis 17.00 Uhr; Eintr.: 10 €; Buchung: Marmo Tour, Tel. 33 97 65 74 70, www.marmotour.com
Cava Museo: Dez. – März Mo. – Sa. 10.30 – 13.30, So. 11.00 – 17.00, April – Nov. tgl. 9.00 – 19.00 Uhr; Eintritt frei; www.cavamuseo.com

*Colonnata Zwischen Fantiscritti und Carrara zweigt eine kurvenreiche Straße in das hoch gelegene **Bergarbeiterdorf** Colonnata ab, in dessen Steinbrüchen sich bereits die Römer ihren Marmor holten. An Sommerwochenenden und im August ist die Straße nach Colonnata mitunter wegen zu hoher Auslastung gesperrt; dann pendelt ein Minibus (Navetta). Nach Colonnata komme man vor allem wegen des **Lardo** (weißer Speck).

SEHENSWERTES IN MASSA

*Piazza Aranci Das Schönste an Massa sind die **Orangenbäume.** In zwei Reihen stehen sie um die Piazza Aranci im Herzen der von Alberico I. im

16. Jh. angelegten Altstadt. In der Platzmitte erinnert ein Brunnen-obelisk an die Einigung Italiens im Jahr 1860. Die Südseite nimmt der prachtvolle Palazzo Cybo-Malaspina ein. Der Innenhof mit Log-gia wurde 1665 von Giovanni Francesco Bergamini ausgeführt, der eine bereits bestehende Villa des 15. Jh.s erweiterte. Die üppig ver-zierte Fassade ergänzte Alessandro Bergamini um 1701.

Der 1389 spätgotisch begonnene Dom wurde später im Renaissance- und Barockstil umgestaltet und erhielt 1936 eine klassizistische Fas-sade aus Carraramarmor. Die Cappella del Santissimo Sacramento rechts vom Altar, die Grabkapelle der Malaspina, birgt ein fragmen-tarisch erhaltenes **Madonnenfresko von Pinturicchio** (Ende 15. Jh.). Das Madonnen-Triptychon daneben (um 1460) stammt ver-mutlich von Bernardino del Castelletto. Devotionalien des 17./18. Jh.s zeigt das Diözesanmuseum.

Duomo, Museo d'Arte Sacra

Oberhalb der Stadt thront die Malaspina-Burg (La Rocca), eines der imposantesten Festungswerke der Toskana. Bereits im 11. Jh. stand hier ein Wehrturm, der im 13. Jh. mit einem Mauerring verstärkt wurde. Die Markgrafen Malaspina ließen im 15./16. Jh. den L-förmi-gen Renaissancepalast mit kunstvoller Marmordekoration erbauen. In der Burg ist heute eine Kunstakademie untergebracht.

*Castello Malaspina

* AUSFLUG IN DIE LUNIGIANA

Vom Tyrrhenischen Meer bis zu den Ausläufern des Apennin er-streckt sich im äußersten Nordwesten der Toskana die abwechs-lungsreiche Landschaft der Lunigiana, die das Magra-Tal und seine Seitentäler umfasst. Den Namen verdankt das Gebiet der von den Römern gegründeten Stadt Luni. Typisch für die Lunigiana sind die vielen, größtenteils von den Markgrafen Malaspina errichteten Burgen.

*Magra-Tal

Eine erste Verteidigungsanlage entstand auf dem Monte Grosso be-reits im Frühmittelalter zur Kontrolle der Straße, die die Täler der Lunigiana mit der Küste verband. Im 13. Jh. ließ die Familie Malaspi-na das bestehende Festungswerk verstärken, 1340 ging das Lehnsgut an Spinetta Malaspina über, der die zylindrischen, zinnenbewehrten Türme erbauen ließ. Durch das Projekt »Castello in Movimento« (Burg in Bewegung) ist das Castello Malaspina zu einem Kulturzen-trum aufgestiegen, Schriftsteller und bildende Künstler arbeiten hier, es finden Tanz-, Theater- und Schreibworkshops statt.

*Fosdinovo, Castello Malaspina

❶ Via Papiriana 2, Führungen: 1.5. – 30.9. Mi. – Mo. 11.00, 12.00, 16.00, 17.00, 18.00, 1.10. – 30.4. Sa. 15.00, 16.00, 17.00, So. 11.00, 12.00, 15.00, 16.00, 17.00 Uhr; Eintritt: 6 €; www.castellodifosdinovo.it

Carrara-Marmor

*Aus der Ferne wirken sie wie Schneefelder – die gigantischen weißen Marmor-
brüche oberhalb von Carrara, die bis auf 1000 m Höhe in den Gebirgsstock der
Apuanischen Alpen hinaufreichen. Kein anderer Naturstein besitzt die
Wertschätzung des feinkörnigen weißen
Marmors, dessen Name sich vom
griechischen »Mármaros«
(gebrochener Stein)
ableiten lässt.*

Apuanische Alpen

Becken
von Torano

Becken von
Fantiscritti

Becken v
Colonna

Bedizzano

Torano

Gragnana

Sorgnano

Codena

Carrara

©BAEDEKER

Avenza

▶ In Stein gemeißelt:
Statuen aus Carrara-Marmor

Michelangelo
»David«
(1504, Florenz)

Gian Lorenzo Bernini
»Medusa«
(1630er, Rom)

Donatello
»Evangelist Johannes«
(1408 – 1415, Florenz)

Antonio Canova
»Amor und Psych
(1793, Paris)

**Transport
heute und
früher**

olonnata

ücke der Marmorbahn

ergiola

○ Stadt
■ Tunnel
✹ historischer Steinbruch
★ Museum

▶ **Der Steinhauer**
Vor der industriellen Revolution
übten Steinhauer drei Tätigkeiten
aus:

1 **Marmische/
Marmorarii**
… brachen
grobe Blöcke
aus den
Steinwänden.

2
Quadratarii
… bearbeiteten
die rohen
Blöcke
mit dem
Spitzeisen
und brachten
sie in rechtwinklige
Form.

3 **Sectores serrarii**
… spalteten die
Platten.

Heute wird
Carrara-Marmor
mit Seilsägen und
Schrämen aus dem Fels
gesägt. Der Stein in den ca. 150
Brüchen über und unter Tage reicht
voraussichtlich noch 300 Jahre.

**Hoch hinaus: Bauwerke mit
verbautem Carrara-Marmor**

Petersdom
in Rom
(1506 – 1626)

World Trade Center
in New York
(1966 – 1973)

Dom
in Florenz
(1436 vollendet)

Campanile
von Pisa
(1173– 1370)

Dauerhaft und wertvoll

Aus der Ferne wirken sie wie Schneefelder – die gigantischen Treppen der weißen Marmorbrüche oberhalb von Carrara, die bis auf 1000 m Höhe in den Gebirgsstock der Apuanischen Alpen hinaufreichen. Kein anderer Naturstein besitzt die Wertschätzung des feinkörnigen weißen Marmors, dessen Name vom griechischen Mármaros für »gebrochener Stein« abgeleitet ist.

Chemisch betrachtet ist Marmor Kalkstein. Die Apuanischen Alpen waren vor über 200 Mio. Jahren von einem Meer bedeckt, an dessen Boden sich abgestorbene Schalentiere und organische Substanzen unter dem Druck des Wassers verfestigten und zu einem außergewöhnlich reinen Kalkstein kristallisierten. Als sich vor etwa 50 Mio. Jahren die afrikanische und die europäische Kontinentalplatte übereinander schoben, senkte sich das Gebiet, und der Kalkstein wurde durch **extremen Druck** und **hohe Temperaturen** in Marmor umgewandelt. Nach weiteren Jahrmillionen kam es zur Hebung der Apuanischen Alpen und zum Auftauchen des Marmors in dem fast 2000 m hohen Gebirgsmassiv.

Die Haupteigenschaft des harten, homogenen Gesteins ist seine **Dauerhaftigkeit**, die jedem Wetter trotzt und dem Zahn der Zeit fast ewig standhält. Fremdbestandteile verändern das ursprünglich schneeweiße Gestein zu gestreiftem, geflammtem, geflecktem, gemasertem, geädertem, buntem Marmor. Spuren von Metallsalzen verursachen beim Entstehungsprozess meistens **Verfärbungen**: Eisenoxid bewirkt rote Tönungen, Eisensulfid färbt bläulich-schwarz, Brauneisen, Eisen- und Mangankarbonat sowie Eisenhydroxid ergeben gelbe und braune Töne, eisenhaltige Silikate führen zu grünen Färbungen. In Carrara werden neben dem viel gepriesenen Statuario mehr als 60 unterschiedliche Marmorsorten gewonnen.

Das weiße Gold

Was die Natur in Jahrmillionen vollbracht hat, ist den Apuanischen Alpen nur mit Schwerstarbeit zu entreißen. Schon Kaiser Augustus schickte Sklaven in die Marmorbrüche Carraras, um weiße Blöcke für Triumphbögen und Prachtvillen des antiken Rom zu gewinnen. Mit dem Niedergang des römischen Imperiums gingen ab dem 4. Jh. auch die Bestellungen im ligurischen Luni, dem damaligen Verarbeitungszentrum des kostbaren Materials, zurück.

1185 wurden die aufstrebenden Marmorbrüche Carraras urkundlich als Lieferanten von Genua und Pisa erwähnt, richtig berühmt wurden sie erst in der **Renaissance**, als Bildhauer und Baumeister hier nach makellos weißen Blöcken für ihre Skulpturen, Paläste und Kirchen suchten. Ob Pisani, Bernini, Donatello oder Henry Moore, sie alle verlangten nach dem **»weißen Gold der Toskana«**. Michelangelo ließ es sich nicht nehmen, selbst vor Ort das beste Material für seinen »David« auszuwählen. Aber auch heutige Stararchitekten sind sich der repräsentativen Wirkung des teuren Steins bewusst, man denke nur an den Regierungssitz in Brasilia oder symbolträchtige Marmorpaläste im Wüstensand Saudi-Arabiens.

Derzeitige Schätzungen gehen davon aus, dass die **Marmorvorkommen** noch mindestens 300 Jahre reichen. Fast 3500 Beschäftigte zählt die Marmorindustrie heute, rund 1200 davon in den 300 Steinbrüchen. Der **Preis** pro Kubikmeter durchschnittlicher Marmorqualität liegt bei etwa 1000 Euro, für eine bearbeitete Säule mittlerer Größe muss man derweil schon 20 000 Euro und mehr veranschlagen.

Eisenkeil und Drahtsäge

Die ersten »Marmische«, wie die Arbeiter hier genannt werden, bauten natürliche Felsspalten aus, in die sie **Holzpfähle aus Feigenholz** trieben, die dann mit Wasser getränkt wurden, sodass die Ausdehnung des Holzes die Blöcke spaltete. In römischer Zeit bohrte man zudem **Eisenkeile** längs der Schnittlinie in den Marmorblock, um ihn langsam vom Felsen zu sprengen. Noch Mitte des 19. Jh.s wurde so von den rund 3000 Arbeitern in den damals 600 Steinbrüchen Rohmarmor gewonnen.

Einen entscheidenden Fortschritt brachte 1885 die Einführung einer mit Motorkraft betriebenen **Drahtseilsäge**. Die Jahresproduktion erhöhte sich daraufhin auf fast 200 000 t. Bei dieser bis heute angewandten Abbaumethode dringt ein 4 bis 6 mm dicker Spiraldraht, der im geschlossenen Kreislauf über Rollen gelenkt wird, parallel zur Gesteinsschicht in den Fels ein und befördert dabei unter ständiger Wasserzufuhr das eigentliche Schleif- und Schneidmittel: Kieselsand. Er ist in der Lage, ca. 20 cm

Fließender Stoff in Marmor gemeißelt

Ein Bildhauer bei der Arbeit

pro Stunde in den harten Marmor einzuschneiden. Die gewaltigen, bis zu 400 t schweren Blöcke (Bancata) werden anschließend mit Diamantsägen auf Transportgröße zurechtgestutzt. Jüngste Versuche, Marmor mit Hilfe von Lasertechnik zu schneiden, haben sich bislang noch als zu kostspielig erwiesen.

Die **Arbeit in den Marmorbrüchen** war immer gefährlich – nicht ohne Grund ließ man dort in der Antike **Sklaven und Gefangene** schuften. Eine der riskantesten Aufgaben war bis zur Industrialisierung der Abtransport der gigantischen Marmorklötze mit Hilfe primitiver Holzschlitten, die, nur mit Hanfseilen gesichert, durch Seifenschmierung auf **Rundhölzern** zu Tal glitten. Nicht selten waren Todesopfer zu beklagen, wenn einer der riesigen Blöcke außer Kontrolle geriet und Arbeiter unter sich begrub – noch heute ertönen die Buccine-Hörner im Tal, wenn die Arbeit mit dem Marmor wieder ein Opfer gefordert hat.

Um die Jahrhundertwende übernahmen dann **Aufzüge und Seil-** **bahnen** den Transport zur Verladerampe. 1876 bis 1891 wurde eine 20 km lange Eisenbahnstrecke gebaut, die über 16 Brücken und durch 15 Tunnel auf teilweise abenteuerlicher Strecke zum Meer hinabführte.

Heute wird im Gebiet der Marmorbrüche überall mit **moderner Großtechnik** gearbeitet; PS-starke Bagger heben die bis zu 25 t schweren Blöcke auf große Lastkraftwagen für den Transport zu den Hafenanlagen in Marina di Carrara, Marina di Massa und Marina di Pietrasanta. Von dort wird der Marmor in alle Welt exportiert. Der Weg bis zur Küste ist allerdings nach wie vor äußerst kurvenreich, eng und hat streckenweise ein Gefälle bis zu 20 % – ein unkonzentrierter Moment, und die tonnenschwere Last kann schnell zur tödlichen Gefahr werden.

Marmor für alle

In den **Souvenirläden** von Carrara und am Rande der Serpentinenstraßen zu den Steinbrüchen wird alles Erdenkliche aus Marmor angeboten, vom viel kopierten »David« über Tischplatten bis zu Schachfiguren und Aschenbechern.

Der **Besuch der Steinbrüche** ist ohne spezielle Erlaubnis möglich, doch ist bei der Besichtigung Vorsicht geboten. Wer sich über die Geschichte des Steins, seine Abbaumethoden und seine Verwendung informieren möchte, sollte auf jeden Fall zwei Museen besuchen: Walter Danesis Freilichtmuseum in Fantiscritti und das Marmormuseum in Carrara.

Die mächtige Brunella-Burg von Aulla ca. 15 km nördlich bewacht
den Zusammenfluss von Aulla und Magra. Der Ende des 13. Jh.s begonnene Festungsbau wurde Anfang des 16. Jh.s erweitert. Lohnend
ist das Museum der Naturgeschichte der Lunigiana, der angrenzende
Park lädt zu Spaziergängen ein.

***Aulla,
Fortezza
della Brunella**

❶ März – Mai, Okt. Di. – So. 9.00 – 12.00, 15.00 – 18.00, Park bis 18.30
Uhr; Juni – Sept. 9.00 – 12.00, 16.00 – 19.00, Park bis 19.30 Uhr, Nov. –
Feb. 9.00 – 12.00, 14.00 – 17.00, Park bis 17.30 Uhr; Eintritt: 3,50 €

Führungen durch den Kulturpark »Grotte di Equi« und den Archeo-
parco Equi Terme zeigen die Attraktionen des Kurorts, der für seine
Funde aus der Altsteinzeit und die Schwefelheilquelle bekannt ist.

Equi Terme

❶ 1.7. – 31.8. Mo. – Fr. 10.30 – 12.30, 14.30 – 18.00, Sa., So. 10.30 –
18.00 Uhr, April – Juni, Sept., Okt. eingeschränkte Öffnungszeiten;
Eintritt: 12 € (Grotte, Museen und Geotrails); www.grottediequi.it

Das bis 1350 entstandene Verrucola-Schloss mit Kirche und Renais-
sance-Loggia (15. Jh.) gehört heute dem Bildhauer Pietro Cascella,
dessen Werke in zwei Sälen ausgestellt sind (nur Fr. 13.00 – 17.00
Uhr, Eintritt frei). Die Buchdrucktradition ab 1470 thematisiert das
Museo della Stampa im Palazzo Fantoni, u. a. mit dem Prototyp einer
Schreibmaschine von 1802 (Tel. 0 58 59 20 75; n. V.).

***Fivizzano,
Castello della
Verrucola**

Knapp 10 km nördlich von Aulla liegt das verträumte Dorf Villafranca. Die Festung Malgrate ist heute in Privatbesitz, es werden Kunstausstellungen gezeigt. Zentrales Bauelement ist der mittelalterliche
Hauptturm. Mitte des 14. Jh.s wurde mit dem Umbau der Festung
zur Malaspina-Residenz begonnen. 1641 übernahmen die Marchesi
Ariberti aus Cremona das Lehngut.
Von alten Handwerkskünsten wie Korbflechten, Schnitzen, Schmie-
de- und Steinmetzarbeiten und traditionellen Formen der Landwirtschaft (u. a. Kastanienverwertung) erzählt das **Museo Etnografico**,
das in einer ehemaligen Mühle untergebracht ist.

**Villafranca,
Castello di
Malgrate**

Museo Etnografico: Via dei Mulini 71, Juni – Sept. Di. – So. 9.30 – 12.30,
15.30 – 18.30 Uhr; Okt. – Mai Di. – Fr. 9.30 – 12.30 Uhr, nachmittags n. V.,
So. 14.30 – 17.30 Uhr; Eintritt: 2,50 €
Kunstausstellungen im Kastell n. V.: Tel. 01 87 49 44 00, Eintritt 2 €

Ende des 10. Jh.s wurde der Grundstein für das Castiglione-Schloss
von Bagnone 2 km östlich gelegt, 1351 ging das Lehen an den Marchese Franceschino Malaspina, der den östlichen Seitenflügel umbauen und den Wehrturm errichten ließ. Ab 1451 war die Burg für
ca. drei Jahrhunderte Sitz der Florentiner Herrschaft im Magra-Tal.

**Bagnone,
Castiglione
del Terziere**

Zentrum der Lunigiana ist das sympathische Städtchen Pontremoli
13 km nordwestlich. Das ***Museo delle Statue-Stele Lunigianesi**

Pontremoli

im Piagnaro-Schloss (16. – 19. Jh.) besitzt eine Sammlung aller in der Lunigiana gefundenen monolithischen Stelen im Original oder in Kopie. Die ca. 60 Sandsteinfiguren – weiblichen oder männlichen Geschlechts – wurden im 2. und 1. Jtd. v. Chr. von den Talbewohnern zur Götter- und Heldenverehrung gefertigt.

❶ 1.5. – 30.9. Di. – So. 9.00 – 12.30, 15.00 – 18.00, 1.10. – 30.4. Di. – So. 9.00 – 12.30, 14.30 – 17.30 Uhr; Eintritt: 5 €; www.statuestele.org

Certaldo

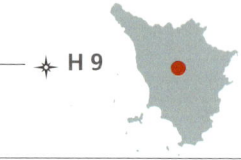

✦ H 9

Provinz: Florenz/Firenze (FI)
Höhe: 130 m ü. d. M.
Einwohnerzahl: 16 400

Etwa 40 km südwestlich von Florenz erreicht man im Hügelland zwischen Weizenfeldern und Olivenhainen das Städtchen Certaldo. Interessant ist die kleine charmante Oberstadt, Certaldo Alto, auch »Castello« genannt, wo der Dichter Boccaccio seine letzten Lebensjahre verbrachte.

✱ CERTALDO ALTO

Charmante Oberstadt

Ihre Lage hoch oben auf dem Berg, der geschlossene, weitgehend intakte Mauerring und der rote Ziegelstein, aus dem alle Häuser gebaut sind, verleihen der Oberstadt von Certaldo einen beeindruckend einheitlichen, aber auch geradezu **festungsartigen Charakter.** Der kleine Ort ist schnell besichtigt. Nur ein paar Schritte von der Station der Seilbahn entfernt lohnt der Blick in den Hof des Hotel-Restaurants Il Castello. Hier oder in der Osteria del Vicario am Palazzo Pretorio sollte man Certaldos Spezialität, süße Zwiebeln (cipolle), probieren.

Casa del Boccaccio, Museo del Arte Sacra

Unterhalb des Palazzo Pretorio steht die Casa del Boccaccio. Ihr Turm, von dem sich ein umfassender Panoramablick bis San Gimignano bietet, ist zugänglich. In der ehemaligen Klosterkirche Santi Jacopo e Filippo befindet sich Boccaccios (▶ Berühmte Persönlichkeiten) mutmaßliches Grabmal mit vier selbst verfassten Versen. Im Konvent des einstigen Klosters zeigt das **Museo del Arte Sacra** Altartafeln, Skulpturen und Kirchengerät aus Certaldos Sakralbauten.

Casa del Boccaccio 1.4. – 31.10. tgl. 9.30 – 13.30, 14.30 – 19.00, 1.11. – 31.3. bis 16.30 Uhr (Di. geschl.); Eintritt 5 €; www.casaboccaccio.it
Grabmal Boccaccios: tgl. 9.30 – 19.00 Uhr
Museo del Arte Sacra: s. Casa del Boccaccio

In dem wuchtigen, mittelalterlichen Palast mit reichem Wappen-   ***Palazzo**
schmuck an der Fassade residierten die Grafen Alberti, später die   **Pretorio**
Florentiner Verwaltungsbeamten.

Von der vorderen Loggia wurden
ab 1530 Gerichtsurteile und neue
Gesetze verkündet. Man betritt
den schönen Innenhof, den ebenfalls Wappenmedaillons, Renais-
sancefresken und ein kleiner
Brunnen zieren. In den ehemaligen Amtsräumen, die heute für
Ausstellungen genutzt werden,
sind Fresken zu sehen, u. a. eine
Pietà (1484), die Pier Francesco
Fiorentino zugeschrieben wird,
sowie »Der ungläubige Thomas«
(1490), vermutlich von Benozzo
Gozzoli. An den Wänden der St.-
Thomas-Kapelle aus dem 13. Jh.
erzählen Freskenfragmente von
den 24 Florentiner Podestà. In
den alten Gefängniszellen sind
noch die eingeritzten Zeichen der
Gefangenen zu erkennen. Vom
Turm bietet sich ein schöner
Rundblick auf die zauberhafte
Hügellandschaft.   **Palazzo Pretorio, einst Gerichtsstätte und**
❶ s. Casa del Boccaccio   **Sitz der Florentiner Statthalter**

UMGEBUNG VON CERTALDO

Das 10 km nordwestlich gelegene Landstädtchen im Elsa-Tal (24 000   **Castel-**
Einw.) geht auf eine römische Siedlung zurück und war im Mittelal-   **fiorentino**
ter als Castel Timignano im Besitz der Grafen Alberti di Vernio. Im
12. Jahrhundert wurde Castelfiorentino (»Florentinische Burg«) zum
Bollwerk gegen die Sienesen ausgebaut. Sehenswert ist das Museum
*BEGO (Museo Benozzo Gozzoli), das sich dem künstlerischen
Genie des Valdelsa, Benozzo Gozzoli, widmet und dessen bedeutende Fresken präsentiert. Auf dem Freskenzyklus (1484 – 1490) aus
dem nahen Oratorium Madonna della Tosse an der Straße nach Castelnuovo sind die Madonna mit Heiligen, Grablegung und Himmelfahrt Mariens samt heiligem Gürtel als Symbol der jungfräulichen
Geburt Christi dargestellt. Der 1490 von Gozzoli für die Cappella
della Visitazione geschaffene Tabernakel (Tabernacolo della Visitazione) zeigt die vier Evangelisten, Szenen aus dem Leben des hl. Joa-

Certaldo erleben

AUSKUNFT

Pro Loco Certaldo
Via Boccaccio 18 (Certaldo Alto)
Tel. 05 71 65 67 21
www.comune.certaldo.fi.it

VERANSTALTUNG

Die »Mercantia«, eine Mischung aus
Theater- und Musikfestival und Mittelal-
termarkt, findet jedes Jahr in der 3. Juli-
woche statt. Die alten Gemäuer von
Certaldo bilden eine wunderbare Kulisse
(www.mercantiacertaldo.it).
Attraktiv sind im Juli das Tignano Festival
per l' Ambiente (Klassik, Poesie, Theater,
Kleinkunst) und das Tignano Music Festi-
val (Rock) auf der Piazza des Kastells von
Tignano (www.tignano.it) bei Barberino
Val d' Elsa.

ESSEN

Osteria del Vicario ⊜⊜⊜⊜
Certaldo Alto
Via Rivellino 3
Tel. 05 71 66 78 09
www.osteriadelvicario.com
So. abends und Mo. Ruhetag, Jan. geschl. In dem ehemaligen Kloster verführen Sara Conforti und Andrea Mancini
mit Orangen-/Fenchelsalat, Kaninchen-
filet mit Mandeln und Zwiebeln, Lingui-
ne mit Artischocken oder Kartoffel-
Ravioli mit Trüffelfüllung. Bezaubernd
ist die überdachte Terrasse, von der sich
ein schöner Blick über die Hügel bietet.
Man kann auch übernachten: in 4 schönen Zimmern, einst Mönchszellen, mit
Renaissancebetten (DZ 85-100 €).

ÜBERNACHTEN

La Rocca Chianti ⊜
Strada del Cerro 7
Tavarnelle Val di Pesa
Tel. 05 58 05 01 06
www.laroccachianti.it
Claudia und Angelo Rizzone sprechen
Deutsch und bieten ein altes Bauernhaus
im Grünen mit schönem Garten und ein-
fachen Zimmern. Gästefahrräder stehen
zur Verfügung.

SEILBAHN ODER FUSSWEG

Die schmale Straße hinauf nach Certaldo
Alto ist für den Verkehr gesperrt. Als
Alternative zum steilen Treppenweg gibt
es eine Standseilbahn (Funicolare), die
im 15-Minuten-Takt zwischen Piazza
Boccaccio und Porta Alberti fährt (15.4.-
15.10. tgl. 7.30 – 1.00, 16.10. – 14.4.
tgl. 7.30 – 19.30 Uhr; Ticket: 2 €)

chim, die Erzengel Michael und Raffael sowie Szenen aus dem Marienleben.
BEGO: Via Testaferrata; Mo. – Fr. 9.00 – 13.00, Di., Do. 16.00 – 19.00, Sa.,
So. 10.00 – 12.00, 16.00 – 19.00 Uhr; Eintritt: 3 €;
www.museobenozzogozzoli.it

*Barberino Val d' Elsa 15 km östlich von Certaldo liegt inmitten ausgedehnter Rebhänge an
der alten Via Regia und am Pilgerweg Via Francigena die Landge-
meinde Barberino Val d' Elsa (4300 Einw.) mit einem gut erhaltenen
mittelalterlichen Ortskern. Die Festungsmauern dienten den Florentinern im Kampf gegen Siena. Die beiden Stadttore, die Porta Ro-

mana und die Porta Fiorentina, stammen aus dem 14. Jh., desgleichen das von Cecco Barberino erbaute Pilgerhospiz am Ende der Via Francesco da Barberino. Der Palazzo Pretorio an der zentralen Piazza Barberini ist mit Wappenschildern geschmückt, deren älteste auf das 15. Jh. datiert sind. In der Kirche San Bartolomeo daneben sind Freskenreste aus dem 14. / 15. Jh. (Mariä Verkündigung) erhalten.

** Chianti

─────────── ⊹ G – I 10 – 12

Provinzen: Florenz/Firenze (FI), Siena (SI)

Wer in Florenz oder Siena Stadtluft und pralles Kulturprogramm genossen hat und sich nach ländlichen Impressionen sehnt, sollte ins Chianti fahren, das seine Besucher mit einer sanft gewellten Hügellandschaft, mit Olivengärten, Wäldern und Weinbergen empfängt.

Mitten durch das **berühmte Weinanbaugebiet** südlich von Florenz führt die Chiantigiana, die etwa 70 km lange Weinstraße. Es geht vorbei an Weingütern, Gutshöfen und majestätischen Burgen und durch hübsche kleine Städtchen und mittelalterliche Dörfer.

ERSTE ETAPPE:
VON FLORENZ NACH CASTELLINA IN CHIANTI

Das Städtchen bezaubert durch seine Lage in den Weinbergen und zieht zum Weinfest im September und zum samstäglichen Wochenmarkt viele Besucher an. Ziel von Gläubigen ist das wundertätige Bildnis der Jungfrau Maria im Sanktuarium Santa Maria. Es wird legendär dem Apostel Lukas zugeschrieben, wurde angeblich unter Kiefern (in prunetis) versteckt und verlieh dem Ort seinen Namen. Impruneta ist zudem bekannt für seine **Töpfer- und Terracottakunst.** Schon die Dachziegel der Florentiner Domkuppel wurden in den hiesigen Öfen gebrannt. Noch heute hat das traditionsreiche Handwerk Konjunktur. Mario Mariani, Via di Cappello 29, fertigt Terracotta-Töpfe nach historisch verbürgter Technik im Holz-

*Impruneta

> **!** **BAEDEKER TIPP**
>
> *Nicht nur für Insider*
>
> Merum hieß bei den Römern der reine Wein, der so süß und stark war, dass er vom Wirt erst mit Wasser zu »vinum« verdünnt werden musste. Merum heißt auch die zweimonatlich erscheinende Publikation, die den Liebhaber italienischer Weine unabhängig und kritisch infomiert, sodass er sich in den Weingebieten des Chianti zielsicher orientieren kann. Näheres unter www.merum.info

Chianti erleben

AUSKUNFT
Gaiole in Chianti
Via Ricasoli 50
Tel. 05 77 74 94 11
www.comune.gaiole.si.it

Radda in Chianti
Piazza Matteotti 9–11
Tel. 05 58 54 68 99
www.comune.greve-in-chianti.fi.it

Radda in Chianti
Piazza Castello 1
Tel. 05 77 73 84 94

Castellina in Chianti
Via Ferruccio 40
Tel. 05 77 74 13 92
www.comune.castellina.si.it

Websites
www.chianti.com
www.terresiena.it

WEINFESTE
Jeder Ort feiert im Sept. oder Okt. sein
Weinfest – das Fest in Greve dauert eine
Woche (Mitte September). Informatio-
nen erteilen die Tourismusbüros in Greve
und Castellina.

FAHRRADVERLEIH
In der Touristeninformation von Castellina in Chianti (Adresse s. o.) gibt es nicht
nur hervorragendes Prospektmaterial,
sondern auch Mietfahrräder.

ESSEN
Monna Ginevra €€€ – €€€€
Gaiole in Chianti, Molinaccio
Tel. 05 77 74 62 12
www.lepozzedilecchi.it

Mi. geschl. Francesca und Donato
servieren erstklassige Küche mit
lokalen Produkten, im Sommer auch auf
der Gartenterrasse.

Ristorante Relais Vignale €€€
Radda in Chianti, Via Pianigiani 9
Tel. 05 77 73 80 91
www.vignale.it
Kein Ruhetag (nur 1.4. – 31.10.
geöffnet)
Gediegenes Restaurant mit schöner
Balkonterrasse und Enoteca

Albergaccio €€€
Castellina in Chianti
Via Fiorentina 63
Tel. 05 77 74 10 42
www.albergacciocast.com
So., Mi., Do. mittags geschl.
Sonia Visman und Francesco Cacciatori
schwören auf kreative Landesküche.
Spezialitäten: Basilikum-Ravioli mit
Pinienkernen oder Mandelbisquits mit
Kirschen in Chiantiwein.

Badia a Coltibuono €€€
Gaiole in Chianti
Loc. Badia a Coltibuono (5 km nördl.
von Gaiole)
Tel. 05 77 74 90 31
www.coltibuono.com
Kein Ruhetag, 8.11. – 4.3. geschl. Die
Schönes Ambiente: Man sitzt in den
Klostergewölben, im Sommer auch
unter der Rosenpergola.

Osteria Mangiando Mangiando €€
Greve in Chianti
Piazza Matteotti 80
Tel. 05 58 54 63 72
www.mangiandomangiando.it

www.slowfoodsiena.it
Mo. Ruhetag, Jan., Feb. geschl.
Freundlich und familiär. Mirna und
Salvatore Toscano schätzen Slow Food
und bieten italienische Spezialitäten,
z. B. vom Chianina-Rind. Gut sind die
Tagliatelle con suga di cinta senese.

Ristorante Locanda Borgo Antico ❸❸

Strada SP16 Chianti – Valdarno
Loc. Sugame
Tel. 0 55 85 10 24
www.ilborgoantico.it
Di. Ruhetag. Patrizia und Stefano haben
eine stilvolle Trattoria in einem alten
Bauernhaus und bringen Florentiner
Küche auf den Tisch. Besonders gut ist
das Risotto mit Birnen und Gorgonzola.

Oltre il Giardino ❸❸

Panzano – Greve in Chianti
Piazza Bucciarelli 42
Tel. 0 55 85 28 28
Mo. Ruhetag. Hier sind die hausgemachte Pasta oder die ausgewählten Käsesorten zu empfehlen. Im Sommer sitzt man
auf der schönen Aussichtsterrasse.

ÜBERNACHTEN

Relais Vignale ❸❸❸❸

Radda in Chianti, Via Pianigiani 9
Tel. 05 77 73 83 00
www.vignale.it
37 Zi., 5 Suiten
Eine der besten Adressen im Chianti –
man nächtigt in historischem Ambiente.
Das Hotel ist auch Sitz des Weinkonsorti-
ums Chianti Classico; Gourmets sollten
das Restaurant testen.

Belvedere di San Leonino ❸❸❸

Castellina in Chianti
Loc. San Leonino

Tel. 05 77 74 08 87
www.hotelsanleonino.com
Dieses Hotel im toskanischen Landhaus-
stil hat 29 schön eingerichtete Zimmer
zum Wohlfühlen und einen gepflegten
Garten mit Pool.

Residenzia del Sogno ❸❸❸

Castellina in Chianti
Loc. Pietrafitta 50
Tel. 05 77 74 13 94
www.residenziadelsogno.com
10 Z., 3 App. Eine bezaubernde Unterkunft in einem liebevoll restaurierten
Anwesen an der Chiantigiana. Das Haus
ist mit Stilmöbeln eingerichtet.

Podere Le Vigne ❸❸

Radda in Chianti
Loc. Podere le Vigne (1 km außerhalb)
Tel. 05 77 73 81 24
www.lodgingchianti.it
Das alte Gutshaus bietet Ruhe und
rustikalen Charme. Mit Pool, Bar und
Restaurant.

La Fonte del Cieco ❸❸

Via Ricasoli 18
Gaiole in Chianti
Tel. 347 3 50 85 36
www.lafontedelcieco.it
Nette Unterkunft im Zentrum von Gaiole
mit acht geschmackvoll eingerichteten
Zimmern.

Pensione Elio Pistolesi ❸

Via Roma 46
Radda in Chianti
Tel. 05 77 73 81 24
www.lodgingchianti.it
Pension mitten in Radda. Es ist hier
vielleicht nicht immer ganz so ruhig,
aber dafür wohnt man zentral und
sehr günstig.

ofen. Familie Masini befeuert Öfen des 1681 bekannt gewordenen Meisters Vanni di Imprunet, Via dei Fornaci 57-59 (www.fornace-masini.it). Eine der ältesten Terracotta-Werkstätten betreibt Ugo Poggi, Via Imprunetana 16 (www.poggiugo.it).

*Castello Vicchiomaggio

Eingerahmt von Zypressen thront auf einem Hügel 4 km vor Greve das Castello Vicchiomaggio, dessen älteste Teile – Turm und Einfriedungsmauer – noch aus dem 13. Jh. stammen. Es heißt, in der restaurierten Villa, die heute ein Weingut mit Hotel und Restaurant beherbergt, soll Leonardo da Vinci logiert haben – zumindest wird das Kastell in einem seiner Werke erwähnt (www.vicchiomaggio.it).

*Castello di Verrazzano

Im benachbarten Castello di Verrazzano hat die Chiantiproduktion eine bis ins 12. Jh. zurückreichende Tradition. Berühmtester Spross der Familie Verrazzano war Giovanni (1485 – 1528), der 1524 als erster Europäer die Halbinsel Manhattan sichtete. Die New Yorker Brücke zwischen Brooklyn und Staten Island ist nach ihm benannt. Die Weinkeller von Schloss Verrazzano können besichtigt werden. **Weinverkauf an der SS 222**: Mo. – Sa. 10.00 – 18.00 Uhr; Führungen: Mo. – Fr. 10.00, 15.00 Uhr; Eintritt:18 €; www.verrazzano.com

Umgeben von Weinbergen und hohen Mauern: Montefioralle ist ein Bilderbuchdorf im Chianti.

Von der SS 222 bietet sich etwa 1,5 km vor Greve ein Abstecher in östlicher Richtung an. Ein steiler Weg führt zwischen Weingärten und Olivenbäumen hinauf zum mittelalterlichen Schloss Uzzano, dessen Restaurant mit toskanischen Spezialitäten verwöhnt. Die Familie Capponi ließ das Kastell Mitte des 16. Jh.s zur Villa umbauen, 1641 ging das Anwesen in den Besitz der Grafen Masetti über.

Castello di Uzzano

Park: Mo. – Fr. 8.00 – 12.00, 14.00 – 18.00, im Sommer bis 19.00 Uhr

Das Anwesen mit Renaissance-Villa erhielt 2011 eine Auszeichnung für schöne Architektur, Parks und Gärten im Bereich Weintourismus. Das fotogene Gut diente sogar schon als Drehort. Ob hier im Jahr 1479 tatsächlich Leonardo da Vincis Vorbild für die »Mona Lisa« geboren wurde, wie oft behauptet wird, sei dahingestellt.

Castello Vignamaggio

Führungen durch Garten und Weinkeller: tgl. 10.30, 15.30 Uhr n.V.; Eintritt: 10 €; www.vignamaggio.com

> **!** BAEDEKER TIPP
>
> ### *Ländlicher Luxus*
>
> Die Übernachtung in der Villa hat ihren Preis: DZ 150 – 200 €, Suite 230 – 450 €; Appartements (luxuriöser Agriturismo in restaurierten Bauernhäuschen ringsum): 200 – 275 € (2-4 Pers.). Information: Tel. 05 58 5 46 61, www.vignamaggio.com

*****Greve** ist das kleinstädtische Weinzentrum des Chianti. Auf der dreieckigen Piazza Matteotti erinnert ein Standbild an **Giovanni da Verrazzano,** dessen Stammsitz nicht weit entfernt ist (s. o.). Blumengeschmückte Laubenhäuser mit gemütlichen Trattorien und Cafés säumen den Platz, der sich beim einwöchigen Weinfest (Rassegna del Chianti Classico) Mitte September in eine Enoteca unter freiem Himmel verwandelt. Das **Museo d' Arte Sacra di San Francesco** zeigt Gemälde, Skulpturen und Sakrales aus Greve, u. a. Werke von Baccio da Montelupo. Kleiner Shopping-Tipp: Hervorragende Würste kann man in der Macelleria Falorni am Marktplatz von Greve kaufen. Natürlich gibt es Wildschweinsalami, die toskanische Spezialität, aber auch Fenchelsalami, Schinken und viele andere Delikatessen (www.falorni.it).

Museo d' Arte Sacra di San Francesco: Via San Francesco 4; 1.4. – 31.10. Di., Do., Fr. 16.00 – 19.00, Sa., So. 10.00 – 13.00, 16.00 – 19.00; 1.11. – 31.3. So. 10.00 – 13.00, 15.00 – 18.00 Uhr; Eintritt: 5 €; www.chiantivaldarno.it/musei

Unbedingt zu empfehlen ist das 2 km oberhalb von Greve liegende Kastell-Dorf Montefioralle, von dem man eine herrliche Aussicht hat und in dem ein ausgezeichnetes Olivenöl produziert wird. Das Auto parkt man auf dem Parkplatz hinter dem Ort, in Montefioralle selbst dürfen nur Bewohner fahren. Dass Montefioralle kein Geheimtipp mehr ist, zeigt sich im Sommer nicht zuletzt an der Anwesenheit von Hobbymalern in den steilen, mit Blumen geschmückten Gassen.

*****Montefioralle**

Wein mit Tradition

Das Wort Chianti blickt auf eine lange Geschichte zurück. Zunächst war es ein etruskischer Familienname, im Mittelalter stand es für einen Militärbund der Feudalherren von Radda, Gaiole und Castellina, wurde dann zum Namen dieses Gebiets und später auch seiner Weine, um schließlich den Sammelbegriff für einen populären toskanischen Weintyp abzugeben.

Das ursprüngliche Chianti-Gebiet umfasste laut dem Bando-Erlass Cosimos III. von 1716 nur die Ländereien von Radda, Gaiole und Castellina. 1932 kamen im Norden Teile von Greve, San Casciano und Tavernelle und im Süden von Castelnuovo Berardenga dazu. 1967 folgte mit der Einführung der Ursprungsbezeichnung DOC die gesetzliche Anerkennung des mittlerweile auf große Teile der Toskana ausgeweiteten Produktionsgebiets. Entscheidend war das Jahr 1841, als Bettino Ricasoli auf den riesigen Ländereien von Schloss Brolio sein Konzept eines modernen Chianti mit einer Mischung aus Sangiovese, Malvasia (weiß) und Canaiolo in die Tat umsetzte. Dass in Zeiten der großen Nachfrage dann auch der Massenträger Trebbiano in die Chianti-Mischung aufgenommen wurde, dass man weiter die Hektarerträge ohne Rücksicht auf die Qualität enorm steigerte und Chianti-Reben auch in ungeeigneten Gebieten anpflanzte, waren wohl die Hauptfehler, die zur großen Absatzkrise des Chianti in den 1970er-Jahren führten. Im folgenden Jahrzehnt setzte dann aber eine Entwicklung in puncto Qualität ein, die den Chianti Classico zu einem der ausdrucksvollsten italienischen Weine avancieren ließ.

Der schwarze Hahn

Bereits im 14. Jh. stellte man bei San Gimignano die berühmten, strohumflochtenen Fiasco-Flaschen her, die zum Wahrzeichen des Chianti in aller Welt wurden. Heute muss das originelle Gefäß indessen mehr und mehr der Bordeaux-Flasche weichen. Dennoch gibt es ihn noch, diesen spritzigen, frischfruchtigen Chianti von damals. Oftmals verspricht das nackte, rosafarbene Engelchen am Flaschenhals (Konsortium Chianti Putto) solch unkompliziertes, sympathisches Trinkvergnügen. Allerdings sind heutzutage selbst die einfachen **Annata-Chianti** von einer kräftigen Statur und kernigen Gerbstoffen geprägt, sodass man sie vor dem Trinken besser zwei oder drei Jahre lagert. Noch kräftiger, meist mit einer gesunden Dosis Tannin und in ihrer Jugend noch vom Holz gezeichnet, sind die für eine längere Lagerung ausgelegten **Riserva-Chianti**. Einen schwarzen Hahn am Flaschenhals tragen die Chianti Classico von Mitgliedern des Gallo-Nero-Konsortiums.

Chianti Classico

Die Fläche, auf der Chianti (einschließlich aller Unterzonen) erzeugt werden darf, bedeckt etwa

23 000 ha der insgesamt 32 000 ha großen DOC-Gebiete der Toskana. Von den erzeugten 90 Mio. Litern Chianti ist jedoch ziemlich genau die Hälfte gewöhnlicher Chianti ohne jegliche Zusatzbezeichnung. Weitere 25 Mio. Liter sind Chianti Classico, der Rest entfällt auf andere Teilgebiete. Weder das Rufina-Gebiet östlich von Florenz im Sieve-Tal noch der Montalbano im Westen von Florenz noch die Hügel von Arezzo, Pisa oder Siena haben mit dem eigentlichen Chianti-Gebiet viel gemein, abgesehen von der Rebsorte (Sangiovese). Trotzdem beschlossen die Weinbau-Politiker in einer unglücklichen Stunde, dass auch die dortigen Rotweine fortan Chianti heißen sollten, während das ursprüngliche Gebiet zum **Chianti Classico** erhoben wurde. Abgesehen von einer Handvoll Chianti Rufina und exzellenten Chianti Colli Fiorentini stammen die besten Chianti nach wie vor aus dem Classico-Gebiet.

Spitzenlagen

Eigentlich ist das Chianti Classico weniger ein Wein- als ein Waldgebiet. Nur ein Zehntel der 70 000 ha großen Fläche **zwischen Florenz und Siena** sind Weinberge. Die besten Lagen des Classico liegen zwischen 250 und 450 m hoch, haben steinige, unfruchtbare Alberese- oder Galestro-Böden und Südost-, Süd- oder Südwestneigung. Gute Anbaubedingungen findet man im Norden, u. a. bei Greve, und im Süden bei Castelnuovo Berardenga. Die Bilderbuch-Lagen, wo Böden, Mikroklima, Höhe und Sonneneinstrahlung optimal zu-

sammenspielen und der Sangiovese sein Bestes geben kann, findet man im Sonnenkessel Conca d' Oro beim Dörfchen Panzano, auf den Hügeln um Gaiole und weiter südlich im Ortsteil Monti, bei Radda und rund um Castellina. Sehr hohe Lagen ergeben knochige, strenge, manchmal etwas freudlose Weine, während tiefe, meist fruchtbarere und heiße Lagen zwar Chiantis mit Kraft und Fülle, aber mit wenig Kontur hervorbringen. Das neue **Produktionsdisziplinar**, das die Qualitätsparameter enthält, an die die Produktion des Chianti Classico gebunden ist, sieht folgende Sorten vor: Sangiovese (75 – 100 %), Canaiolo (bis 10 %), Malvasia und Trebbiano (bis 10 %), andere Sorten (bis 15 %). Riserva darf nur aus roten Trauben gekeltert werden. Die vorgeschriebene Lagerzeit beträgt heute für Annata ein Jahr, für Riserva zwei Jahre.

Der schwarze Hahn am Flaschenhals ist das Markenzeichen des Gallo-Nero-Konsortiums.

*Badia a Passignano Auf schmaler Straße geht es weiter zur Badia a Passignano (6 km), die mit ihren Türmen und Zinnen wie eine Festung wirkt. Schon von Weitem sieht man die gotische Klosteranlage im Schatten hoher Zypressen, die San Giovanni Gualberto 1049 gründete. Das »Letzte Abendmahl« im Refektorium schuf Domenico Ghirlandaio 1476. Die Abtei, die seit den 1980er-Jahren wieder von Vallombrosanern bewohnt wird, kann samt Refektorium nur So. nachmittags mit Führung besichtigt werden (www.badia-a-passignano.com).

Panzano in Chianti Attraktionen im kleinen Panzano sind der sonntägliche Wochenmarkt und das Chianti-Weinfest im September. Einen Blick lohnt die romanische Kirche Pieve di San Leolino, sie birgt ein Triptychon des Meisters von Panzano aus dem 13. Jahrhundert.

*Castellina in Chianti Rund um Castellina wird die Landschaft hügeliger und waldreich. Der erste Blick auf das Städtchen ist enttäuschend, aber die Hauptstraße im mittelalterlichen Ortskern mit einigen stolzen Palazzi und kleinen Delikatessen- und Weingeschäften lädt zu einer Entdeckung ein. Von der Aussichtsplattform der kleinen **Burg** bietet sich ein wunderbarer Blick in die Chianti-Landschaft. Das **archäologische Museum** in der Burg zeigt Funde aus den Etruskernekropolen des Chianti. Ein Gefühl der Enge bekommt man dagegen in der **Via delle Volte** an der Ostseite der Stadtmauer, die vollständig von Häusern überbaut ist. Dennoch schlendert fast jeder Besucher einmal durch diese alte Gasse, in der sich Galerien und Geschäfte mit originellen Souvenirs niedergelassen haben. Dass der ehemalige Grenzort zwischen Florenz und Siena schon in etruskischer Zeit besiedelt war, belegt der Grabhügel aus dem 7. Jh. v. Chr. mit quadratischer gewölbter Kammer am nördlichen Ortsausgang.

Archäologisches Museum: 1.4. – 31.10. Do. – Di. 10.00 – 18.30 Uhr, 1.11. – 31.3. nur So. 11.00 – 18.00 Uhr; Eintritt: 5 €

ZWEITE ETAPPE: VON CASTELLINA NACH SIENA

*Radda in Chianti In den Sonnentälern der Monti del Chianti reifen die edelsten **DOCG-Weine** der Gegend. Radda gehörte vor dem Jahr 1000 den Grafen Guidi, ging 1203 an die Florentinische Republik über und war ab 1415 Hauptsitz der Chianti-Liga. Das mittelalterliche Städtchen thront auf einer Hügelspitze. Geparkt wird entlang der alten Stadtmauer, die zugleich eine Art Aussichtsbalkon bildet. An der Via Roma im Zentrum steht der Palazzo del Podestà (15. Jh.), heute Sitz der Touristeninformation. Die Palastuhr schlägt seit dem Mittelalter die Stunden. Das **Museum für sakrale Kunst** im Konvent Santa Maria in Prato zeigt eine Madonna mit Kind von Bernardo Daddi und eine Terrakotta-Statue des hl. Antonius von Padua.

Museum: Do. – Mo. 10.00 – 13.00, Fr. – So. auch 16.00 – 19.00 Uhr

Weinbergidylle im Chianti

Nicht einmal 50 Einwohner zählt Volpaia, eines der hübschesten Dörfer im südlichen Chianti, 5 km nördlich von Radda. Das Kastell des Weilers wurde bereits 1172 schriftlich erwähnt. Seine Besitzerin, die Verlegertochter Giovanella Stianti-Mascheroni, produziert ausgesuchte Spitzenweine wie den fast ausschließlich aus Sangiovese-Grosso-Trauben gekelterten Coltassala. Jedes Jahr im September finden in der Burg Ausstellungen zum Thema Wein und Kunst statt.

*Volpaia

Auch das 13 km entfernte, im Tal liegende Nachbardorf ist berühmt für seine ausgezeichneten Weingüter und deren Direktverkauf (Venditta diretta), besitzt aber sonst keinen besonderen Charme. Die westlich des Ortes gelegene romanische Pfarrkirche Santa Maria a Spaltenna wurde in der ersten Hälfte des 12. Jh.s erbaut. Das dazugehörige ehemalige Kloster ist heute eine Nobelherberge.

Gaiole in Chianti

Die 5 km nördlich gelegene, 1049 geweihte Abtei von Coltibuono wurde 1402 von Benediktinermönchen aus Vallombrosa übernommen, die den Kreuzgang und die Wohn- und Wirtschaftsgebäude erneuerten. Nach Besichtigung der romanischen Klosterkirche kann man mit herrlichem Ausblick über das Arnotal speisen

*Badia a Coltibuono

Führungen: mit Weinprobe Tel. 05 77 7 44 81; www.coltibuono.com

*Chianti-
Skulpturen-
park

Südlich von Gaiole lohnt sich der Chianti-Skulpturenpark bei **Pievasciata**, einem Dorf, in dem viel zeitgenössische Kunst zu sehen ist. Der Reiz des Skulpturenparks liegt in der Symbiose von Landschaft und Skulpturen zeitgenössischer Künstler. Sehenswert sind das Labyrinth und das Amphitheater aus Carrara-Marmor und schwarzem Granit aus Zimbabwe, in dem berühmte »Zuschauer« wie Hitchcock, Fellini oder Charlie Chaplin sitzen. Im Sommer gibt es ein gutes Kulturprogramm mit **Opern** und **Jazzkonzerten**.
❶ 1.4. – 31.10. tgl. 10.00 Uhr bis Sonnenuntergang; Eintritt: 10 €; www.chiantisculpturepark.it

Castello di
Meleto

Auf der östlichen Route der Chiantigiana (484), der **»Strada dei Castelli del Chianti«** (»Straße der Chianti-Schlösser«), taucht nach 4 km Meleto auf. Runde Türme (11. Jh.) markieren das **Kastell**, das die Familie Firidolfi im 13. Jh. zur starken Festung der Chianti-Liga ausbaute und das bis 1498 allen Belagerungen trotzte.
Strada dei Castelli del Chianti: www.castelli-del-chianti.com
Kastell: Führung/Weinprobe: tgl. 11.30, 15.30, 17.00 Uhr; www.castellomeleto.it

*Castello di
Brolio

8 km südöstlich thront auf einem 530 m hohen Bergrücken das Kastell, dessen Geschichte eng mit der Familie Ricasoli verbunden ist, die seit dem 13. Jahrhundert die Region beherrschte. Immer wieder war das Bollwerk nahe der Grenze Florenz – Siena heftig umkämpft. Nach wiederholten Zerstörungen kam es im 16. Jh. zu umfangreichen Neubauten. Bettino Ricasoli (1809 – 1890), der 1841 durch seinen Rebenverschnitt das klassische Konzept des körperreichen Chianti entwickelte, ließ die Burg um 1860 zu einem neogotischen Schloss umbauen. Sehenswert sind die Kunstsammlung Ricasoli mit Werken des 14.–19. Jh.s, Weinkeller und Gärten.
Kunstsammlung Ricasoli: März – Nov. Di. – So. 10.30 – 12.30, 14.30 – 17.30 Uhr; Abendführungen Di., Sa. 18.00 Uhr
Gärten: Di. – So. 10.30 – 12.30, 14.00 – 17.30 Uhr; Eintritt: Gärten 5 €, Museum mit Gärten 8 €
Kastell und Weinkeller: März – Nov. tgl. 15.00, Mo., Fr. auch 17.00, Mo., Mi., Fr. und So. auch 10.30 Uhr
Enoteca: April – Okt. Mo. – Fr. 9.00 – 19.30, Sa., So. 11.00 – 19.00 Uhr
Kastell, Cantina und Weinberge: Di., Do. 10.30 Uhr; www.ricasoli.it

Fonterutoli,
Quercegrossa

Zwischen dem 998 erstmals urkundlich erwähnten Weindorf Fonterutoli, das eine hübsche Piazzetta besitzt, und Quercegrossa verdichten sich die landschaftlichen Reize an der Chiantigiana erneut: Es geht vorbei an bewaldeten Hügelkuppen, Weingärten und Olivenhainen, dunklen Zypressenreihen, frei stehenden Gutshöfen und Landhäusern. Schließlich schiebt sich der rostrote Häuserkranz von Siena ins Bild.

Chiusi

✦ **L 14**

Provinz: Siena (SI)
Höhe: 375 m ü. d. M.
Einwohnerzahl: 8900

Wer sich für Kunst und Kultur der Etrusker interessiert, ist hier richtig: In Chiusi, einem beschaulichen Städtchen knapp 20 km südöstlich von Montepulciano auf einem hohen Tuffsteinplateau gelegen, gibt es ein ausgezeichnetes Etruskermuseum.

Im 6. Jh. v. Chr. stieg die Siedlung – damals »Chamars« genannt – zu einer bedeutenden Etruskermetropole auf und wurde Mitglied des Zwölfstädtebundes. Seine Blütezeit erlebte Chiusi unter König Porsenna, der 520 v. Chr. gegen Rom antrat, nachdem die aufstrebende Tiberrepublik Porsennas Verbündeten Tarquinius Superbus aus der Stadt gejagt hatte. Das sagenumwobene, von Plinius erwähnte labyrinthische Grab Porsennas wurde 1840 unter einem 15 m hohen Tumulus entdeckt. Als »Clusium« trat die Stadt 296 v. Chr. dem expandierenden Imperium Romanum bei. Im Mittelalter wechselten sich Orvieto, Siena und Florenz in der Herrschaft ab, bevor Chiusi 1556 dem Großherzogtum Toskana einverleibt wurde.

SEHENSWERTES IN CHIUSI

Zentrum der überschaubaren Stadt ist der Domplatz. Unter dem Platz lag einst das römische Forum. Die Geschichte des Doms reicht bis ins 6. Jh. zurück, der Glockenturm wurde im 12. Jh. gebaut. Seine heutige Gestalt erhielt das Gotteshaus im 13. Jh. und durch weniger glückliche Restaurierungen zwischen 1887 und 1895, denen auch die Mosaikimitationen im Innern ihre Entstehung verdanken. Die 18 antiken Säulen im Kircheninnenraum stammen vermutlich aus römischen Häusern der Umgebung.

*Domplatz, Duomo San Secondiano

Das Museo della Cattedrale besitzt 22 kostbare Chorbücher mit Miniaturen (15. Jh.) aus der Abtei Monte Oliveto Maggiore. Vom Museum aus geht es in den Bischofsgarten und in das **Labirinto di Porsenna,** ein unterirdisches Gang- bzw. Kanalsystem aus etruskischer Zeit mit Zisterne (1. Jh. v. Chr.), das bis ins 1. Jh. als Wasserleitungsnetz und Fluchtweg genutzt wurde.
An der Museumskasse sind auch Tickets für die frühchristlichen **Katakomben** Santa Mustiola und Santa Caterina d'Alessandria erhältlich. Santa Mustiola, benannt nach der Ortsheiligen von Chiusi, die 274 n. Chr. nach erlittenem Martyrium hier beigesetzt wurde, liegt

Museo della Cattedrale

etwa 1 km vom Centro Storico Richtung Lago di Chiusi. Die Katakomben der hl. Katharina von Alexandria liegen 2 km entfernt in Chiusi Scalo.

Museo della Cattedrale: So. ganzjährig 9.45 – 12.45, 16.00 – 18.30; 1.6. bis 15.10., 24.12. – 6.1. tgl. 9.45 – 12.45, 16.00 – 18.30, 16.10. – 23.12., 1.4. bis 31.5. tgl. vorm., 7.1. – 31.3. Di., Do., Sa. vorm.; Eintritt: 2 €

Labirinto di Porsenna: Führungen während der Öffnungszeiten des Museo della Cattedrale: 10.10, 10.50, 11.30, 12.10, 16.10, 16.50, 17.30 und 18.10 Uhr; Eintritt: 3 €

Katakomben: Führungen während der Öffnungszeiten des Museo della Cattedrale: 11.00 und 16.30 (Winter 17.30) Uhr; Eintritt: 5 €

Museo Civio della Città Sotterranea

Das Museum widmet sich an drei Orten der **unterirdischen Stadt.** Zugang und Kasse (Via Il Cimina 2) liegen rechts des Palazzo delle Logge (Piazza XX Settembre), der ersten Station (»Il Labirinto«): In der ehemaligen typografischen Werkstatt Gentilini sind Grabungsgeschichte, Geologisches und die Funktionsweise des hydraulischen Systems der Etrusker illustriert. Station 2 (»Attività produttive«) in Lagern und Kellern des Palazzo Bonci Casuccini beschäftigt sich mit dem Verhältnis Mensch – Natur im Tal des antiken Flusses Clanis, dem Chiusi seinen Namen verdankt. Station 3 (»Epigrafia«) liegt unter den Palästen an der Via Petrarca und der Via Serafino Petrozzi. Hier werden 300 etruskische Urnen und Grabinschriften gezeigt.

Führungen: Mai – Okt. Di. – So. 10.15, 11.30, 12.45, 15.15, 16.30, 17.45 Uhr; Nov. – März Do. – So. 10.10, 11.10, 12.10, Sa., So. auch 15.10, 16.10, 17.10 Uhr; Eintritt: 3 €

*Museo Archeologico Nazionale

Das traditionsreiche Archäologische Nationalmuseum (Via Porsenna) mit neoklassizistischer Tempelfassade von 1870 zeigt etruskische, griechische und römische Funde. Ausgestellt sind Ascheurnen – u. a. eine Urne aus dem 2. Jh. v. Chr., deren farbiges Relief den Kampf der Ödipussöhne Eteoklas und Polyneikes zeigt –, Sarkophage, abgenommene Wandfresken und Fotografien der Wandmalereien in den geschlossenen Gräbern sowie Masken aus Bronzeblech oder Ton. Besonders interessant sind die Kanopen, aus Terrakotta gefertigte Deckel der Villanovakultur in der Form von plastischen Porträts der Verstorbenen, und die Cippi, reliefverzierte Grabsteine.

❶ tgl. 9.00 – 20.00 Uhr; Eintritt 4 €

*Etruskergräber

Rund um Chiusi bewahren die etruskischen Grabstätten **Tomba della Pellegrina** und **Tomba del Leone** Wandmalereien, die durch Begrenzung der Besucherzahl geschützt sind. Die kreuzförmige Tomba della Pellegrina (»Grab der Pilgerin«; 3. Jh. v. Chr.) ist ein Dromosgrab (Ganggrab). Die **Tomba della Scimmia**, das »Grab des Affen«, aus dem 5. Jh. in Poggio Renzo (Richtung Lago di Chiusi) besitzt eine

Chiusi erleben

AUSKUNFT
Pro Loco Chiusi
Via Porsenna 79
Tel. 05 78 22 76 67
www.prolocochiusi.it

VERANSTALTUNGEN
Palio delle Torri und Mittelalterfest (letzte zwei Juniwochen); direkt danach das Fest zu Ehren der hl. Mustiola (2. Juli) mit Urnenöffnung.

ESSEN
La Pace ●●●
Via del Teatro 5
Celle sul Rigo (zwischen Radicofani und San Casciano dei Bagni)
Tel. 0 57 85 37 16
Di. Ruhetag
Ein ländliches Lokal wie aus dem Bilderbuch: äußerlich unscheinbar – versteckt in einer Gasse im winzigen alten Dorfkern auf der Spitze des Hügels – und in der Einrichtung eher spartanisch, aber mit wunderbarer regionaler Küche. Ausländische Gäste trifft man hier selten, es kommen Familien aus dem Ort.

La Solita Zuppa ●
Via Porsenna 21
Tel. 0 57 82 10 06
www.lasolitazuppa.it
Di. Ruhetag. Suppen sind die Spezialität des Restaurants, in dem man in Gewölben des 18. Jh.s sitzt. Mittags wie abends gute, günstige Menüs.

ÜBERNACHTEN
Frateria di Padre Eligio ●●●●
Convento di San Francesco
Via San Francesco 2
Cetona
Tel. 05 78 23 82 61
www.lafrateria.it
Eine einzigartige Mischung aus Nobelhotel und Klosterherberge mit 7 Zimmern, vor vielen Jahren von Padre Eligio im ältesten Franziskanerkloster der Toskana (1212) als »Projekt Mondo x« gegründet, mit dem der Geistliche drogensüchtigen Jugendlichen die Resozialisierung ermöglichte. Angeschlossen ist ein berühmtes Restaurant.

Sette Querce ●●●
Viale Manciati 2
San Casciano dei Bagni
Tel. 0 57 85 81 74
www.settequerce.it
Wer die leuchtenden Stoffe der Engländerin Tricia Guild liebt, wird dieses Designhotel mögen. Die Suiten sind zwar klein, aber sehr geschmackvoll eingerichtet. Mit Balkon oder Terrasse.

La Fattoria ●●
Loc. Paccianese 48
Tel. 0 57 82 14 07
www.lafattoriachiusi.it
Renovierter Bauernhof mit 8 komfortablen Zimmern in der Nähe des Lago di Chiusi. Auch Camping ist möglich. Im Angebot sind Mountainbike-Verleih und Reitmöglichkeiten.

fast vollständig ausgemalte Grabkammer mit Szenen einer Totenfeier, Musikanten, Sportwettkämpfen und der Darstellung eines Affen. Die östlich der Stadt liegende **Tomba del Colle** (»Grab des Hügels«; frühes 5. Jh. v. Chr.) ist nicht zugänglich. Die Wandmalereien, ein

Gastmahl und ein Wagenrennen eleganter Zweispänner, sind mittels Fotografien im Archäologischen Nationalmuseum dokumentiert.

❶ Besichtigung der Grabstätten nur n. V. im Archäolog. Nationalmuseum (Tel. 0 57 82 01 77): März – Okt. Di., Do., Sa. 11.00 und 16.00, Nov. – März Di., Do., Sa. 11.00 und 14.30 Uhr; Eintritt: 2 €

✳ VON CHIUSI NACH RADICOFANI

Sarteano 10 km westlich von Chiusi liegt der Thermalort Sarteano. In der Antike waren die heißen Quellen als »Bagno Santo« bekannt. Sie speisen heute drei Becken mit 24 °C warmem Wasser im Schwimmbadkomplex »Parco delle Piscine«. Funde aus den Etruskernekropolen zeigt das **Archäologische Museum.** Die 2003 in der Nekropole Pianacce entdeckte **Tomba della Quadriga Infernale** zählt zu den bedeutendsten Etruskerfunden des 20. Jahrhunderts. Das Travertin-Grab im Dromos-Stil mit einem 20 m langen Gang besitzt ikonografisch herausragende Darstellungen. Die von je zwei Löwen und Greifen gezogene Quadriga lenkt ein Dämon. Eine Wand zeigt zwei Männer beim Bankett, eine weitere schmückt eine dreiköpfige Schlange. Das festungsartige Kastell mit schönem Park geht auf das Jahr 1038 zurück. Die neoklassizistische Kirche San Martino beherbergt eine Marienverkündigung (1552), ein Meisterwerk des Sienesen Domenico Beccafumi.

Archäologisches Museum: Via Roma 24; 1.4. – 2.11. Di.–So. 10.30 bis 12.30, 16.00 – 19.00 Uhr (sonst nur an Feiertagen); Eintritt: 4 €; www.museosarteano.it

Tomba della Quadriga Infernale: Führungen Sa. 9.30 und 18.00, Winter 11.30 Uhr; Eintritt: 5 €; www.museosarteano.it

Cetona Eine kurvenreiche Landstraße führt ins 6 km südlich gelegene Cetona (3000 Einw.). Die Rocca am höchsten Punkt des Orts ist heute in Privatbesitz und kann nicht besichtigt werden. Von der weitläufigen Piazza Garibaldi geht es über die Via Roma steil hinauf zum Altstadtkern. Nach 200 m stößt man links auf den imposanten Palazzo Minutelli aus dem 17. Jh., in dem das Rathaus und das interessante **Museum des Monte Cetona** untergebracht sind. Anschaulich wird die frühe Besiedlung in der zweiten Hälfte der Altsteinzeit bis zum Ende der Bronzezeit dokumentiert. Fast alle Funde stammen aus dem nahe gelegenen Gebiet Belvedere, wo sich damals Siedlungsschwerpunkte befanden. Der **Archäologische Naturpark** (Parco Archeologico Naturalistico di Belverde) schützt die Travertinhöhlen.

Museum des Monte Cetona Juli – Sept. Di.–So. 10.00 – 13.00, 16.00 bis 19.00, Okt. – Jun Sa., So. 10.00 – 13.00, 15.00 – 17.00 Uhr; Eintritt: 4 €

Archäologischer Naturpark: 1.7. – 30.9. Di.– So. 10.00 – 13.00, 15.00 bis 19.00, Okt. – Juni So. 10.00 – 13.00, 15.00 – 17.00 Uhr; Eintritt: 6 €; www.comune.cetona.siena.it

San Casciano 14 km südöstlich ist seit der Antike für seine Thermen bekannt – gut 40 Quellen sollen hier sprudeln. Wellness bietet das **Centro Termale Fonteverde**. Wichtigste Heilquelle ist das Bagno della Ficoncella, dessen Wunderwasser Großherzog Ferdinand I. mit einem Portikus würdigte. Im ehemaligen Kurhaus (17. Jh.) wurde das **Fonteverde Natural Spa Resort** ⊙⊙⊙⊙ (www.fonteverdespa.com) eingerichtet, das als eines der besten Spa Resorts weltweit gilt.

*San Casciano dei Bagni

17 km südwestlich von Sarteano liegt Radicofani. Schon lange bevor man die unspektakuläre Kleinstadt erreicht, sieht man den Turm ihrer Rocca, der in der ebenso herbe wie faszinierend schönen Hügellandschaft der südlichen Toskana ein guter Orientierungspunkt ist. In den Mauern der im 18. Jh. zerstörten Burg ist das archäologische **Museo del Cassero** eingerichtet. Die romanische Dorfkirche S. Pietro besitzt Terrakotten von Andrea della Robbia. Unterhalb von Radicofani steht an der alten Römerstraße Via Cassia der Palazzo La Villa, im 16. Jh. als Zoll- und Poststation erbaut und später ein Hotel, in dem viele Berühmtheiten, u. a. auch Charles Dickens, abstiegen. **Museo del Cassero:** 1.11. – 31.3. Sa., So. 10.00 – 17.00, 1.4. – 30.6., 1.9. bis 31.10. tgl. 10.00 – 19.00, 1.7. – 31.8. tgl. 10.00 – 24.00 Uhr; Eintritt: 3 €

*Radicofani

> **!** **BAEDEKER TIPP**
>
> *Fattoria La Palazzina*
>
> Die wunderschöne und absolut ruhige Aussichtslage, die liebevoll, altmodisch eingerichteten Zimmer und der herrlich gelegene Pool sind nur drei von vielen Pluspunkten der Villa aus dem 18. Jahrhundert. Das Frühstücksbuffet mit selbst gemachten Tartes, Kuchen und Salaten stellt jedes Hotel-Frühstück in den Schatten. Im Angebot sind auch 5 Appartements, 3 Suiten und 1 Ferienhaus (Radicofani, Le Vigne, ca. 4 km von Radicofani Richtung Celle sul Rigo, www.fattorialapalazzina.com).

* Colle di Val d' Elsa

I 9

Provinz: Siena (SI)
Höhe: 140 – 250 m ü. d. M.
Einwohnerzahl: 21 550

Die prosperierende Stadt ist als Zentrum der Glasindustrie bekannt. Diese hat sich überwiegend in der modernen Unterstadt Colle Basso angesiedelt und realisiert jährlich 95 % der italienischen und 15 % der Gesamtweltproduktion. Überraschend hübsch – obwohl oder gerade weil nicht besonders herausgeputzt – ist die historische Oberstadt Colle Alto.

Colle di Val d' Elsa erleben

AUSKUNFT
Pro Loco Colle di Val d' Elsa
Piazza Arnolfo di Cambio 10
Tel. 05 77 92 13 34
www.comune.colle-di-val-d-elsa.si.it

ESSEN
Arnolfo ❻❻❻❻
Via XX Settembre 50
Colle di Val d' Elsa
Tel. 05 77 92 05 49
www.arnolfo.com
Di., Mi. Ruhetag, Jan., Feb., Anf. Aug. geschl.
Gaetano und Giovanni Trovato führen ein Spitzenrestaurant (2 Michelin-Sterne) in einem alten Palazzo in der Oberstadt. Übernachtung im Palazzo möglich.

Il Cardinale ❻❻❻
Via Piemonte 10, Loc. La Badia
Colle di Val d' Elsa
Tel. 05 77 92 20 89
www.ristorantedasimone.it
Schönes Restaurant am Rand von Colle di Val d'Elsa, im Sommer wird auf einer Terrasse im Grünen gedeckt. Die Küche ist außerordentlich kreativ, die meisten Gerichte wird man noch nie in ähnlicher Zubereitung gegessen haben.

Angolo di Sapia ❻❻
Via del Castello 14b
Colle di Val d'Elsa
Tel. 05 77 92 14 53
Eine gute Adresse oben in Castello: bodenständige Gerichte, angenehmes Interieur.

ÜBERNACHTEN
Palazzo Pacini ❻❻/❻❻❻
Via Gracco del Secco 14
Colle di Val d' Elsa
Tel. 05 77 92 40 80
www.palazzopacini.com
Ein schönes Stadthotel in Colle di Val d'Elsa, das in einem alten Stadtpalast eingezogen ist. Die 14 Zimmer sind gediegen eingerichtet, es gibt keine Zimmernummern, sondern Zimmernamen. Ein hübscher Frühstücksraum und eine Terrasse mit tollem Blick.

*Colle Alto Die Oberstadt besteht aus zwei lebendigen Zentren: dem **Borgo**, der direkt hinter den mächtigen Rundtürmen der Renaissancefestung Porta Nuova beginnt, und dem Viertel **Castello,** das durch eine Brücke mit dem Borgo verbunden ist. Nach Castello fährt von Colle Basso ein Fahrstuhl (Via Garibaldi) hinauf. Im Borgo fallen mehrere Renaissancepaläste auf wie der Palazzo Renieri (Palazzo Comunale) oder der vornehme Palazzo Campana. Das mittelalterlich wirkende Castello prägen Backsteinhäuser und enge, überwölbte Gassen, an der schmalen Via del Castello findet man Geschäfte mit Kristallglasartikeln. Mittelpunkt von Castello ist die Piazza del Duomo mit dem 1619 geweihten Dom. Die Domkanzel schuf Ende des 15. Jh.s Giuliano da Maiano. Das archäologische **Museo R. Bianchi Bandinelli** im Palazzo Pretorio zeigt Funde aus der Nekropole Monteriggioni. Das **Museo Civico e Diocesano** im Palazzo dei Priori präsentiert Sakrales und Exponate zur Stadtgeschichte.

Ein Museum, das allein wegen der einfallsreichen Aufmachung lohnt: In der früheren Glas- und Kristallfabrik Boschi nahe der Kirche San Agostino wurde das **Museo del Cristallo** eingerichtet, das sich der vorindustriellen Glasherstellung (15. – 17. Jh.) und der Entwicklung der Glasindustrie in Colle zwischen 1820 und 1963 widmet. Unikate prominenter Glasdesigner (Ettore Sottsass Jr., Angelo Mangiarotti) und der einzigartige »Kristallwald«, durch den man wandelt, sind Höhepunkte der Glasschau.

Museo R. Bianchi Bandinelli: Piazza Duomo 42; 1.5. – 30.9. Di. – So. 10.30 – 12.30, 16.30 – 19.30, 1.10. – 30.4. Di. – Fr. 15.30 – 17.30, Sa., So. 10.00 – 12.00, 15.30 – 18.30 Uhr; Eintritt: 3 €

Museo Civico e Diocesano: Via del Castello 31; 1.5. – 31.10. Di. – So. 11.00 – 12.30, 16.00 – 19.30, 1.11. – 30.4. Di. – So. 10.00 – 12.00, 15.30 bis 18.30 Uhr; Eintritt: 3 €

Museo del Cristallo: Via dei Fossi 8a, Di. – Fr. 15.30 – 17.30, Sa., So. 10.30 bis 12.30, 15.30 – 18.30 Uhr; Eintritt: 3 €

✴✴ Cortona

✦ **K 14**

Provinz: Arezzo (AR)
Höhe: 500 – 651 m ü. d. M.
Einwohnerzahl: 23 100

Die Heimatstadt des berühmten Renaissancemalers Luca Signorelli gehört sicher zu den hübschesten Städten in der Toskana – und das nicht zuletzt wegen ihrer aussichtsreichen Lage am steilen Hang des Monte San Egidio am Rand des Val di Chiana.

Zwischen der Medicifestung am höchsten Punkt der Stadt und dem Eingang in die Stadt an der Porta Sant' Agostino oder an der Piazza Garibaldi liegen nicht weniger als 150 Höhenmeter. Zur Piazza Garibaldi führt vom Parkplatz Pacheggio Spirito Santo aus eine Rolltreppe (Scala mobile) hinauf.

Geschichte

Vermutlich entwickelte sich Cortona aus einem Siedlungsplatz der Umbrer. Im 8. Jh. v. Chr. eroberten die Etrusker den Hügel und gliederten »Curtuns« ihrem Zwölfstädtebund an. Ende des 4. Jh.s v. Chr. schloss die Stadt ein Bündnis mit Rom, 130 v. Chr. erhielt sie römisches Bürgerrecht und wurde später römische Kolonie. Als freie Kommune erlebte die Stadt im 12./13. Jh. eine Blütezeit. 1325 wurde sie zum Bischofssitz erhoben. 1409 bemächtigte sich König Ladislaus von Neapel der Stadt, um sie 1411 an Florenz zu verkaufen. Cortona liegt an der alten Pilgerstraße Via Teutonica.

Cortona erleben

AUSKUNFT
Uffizio Informazioni
Turistiche Cortona
Piazza Signorelli 9 (Palazzo Casali)
Tel. 05 75 63 72 23
www.comunedicortona.it

VERANSTALTUNGEN
Tuscan Sun Festival mit Weltstars wie
Martha Argerich, Sharon Stone oder
Jeremy Irons (Juli/August; www.tuscan-
sunfestival.com). Die Giostra del' Archi-
dado (hist. Armbrustschießen; letzte
Maiwoche) fand erstmals 1397 statt.
Zur Sagra della Bistecca (14./15.8.) gibt
es Steaks vom Chianina-Rind; Vegetarier
kommen eher am 20./21.8. zur Sagra
del Fungo Porcino (Steinpilz).

ESSEN
❶ *Osteria del Teatro* €€
Via Maffei 2
Tel. 05 75 63 05 56
www.osteria-del-teatro.it
Mi. Ruhetag, Nov. geschl.
Gemütliche Osteria, die auch bei
Einheimischen sehr beliebt ist. Käse
mit frischem Trüffel oder Gnocchi mit
Auberginen und Büffelmozzarella
sollte man probieren.

❷ *Trattoria La Grotta* €
Piazza Baldelli 3
Tel. 05 75 63 02 71
www.trattorialagrotta.it
Dienstag Ruhetag. Im Sommer sind die
schönsten Plätze dieser Trattoria drau-
ßen auf der winzigen Piazza Baldelli.
Sehr lecker sind die hausgemachten
Pasta-Gerichte – und danach ein
Semifreddo all' Amaretto.

❸ *La Bucaccia* €
Via Ghibellina 17
Tel. 05 75 60 60 39
www.labucaccia.it
Ende Jan. zwei Wochen geschl.
Chefin Agostina empfiehlt ihre Kastani-
enravioli »Sant' Egidio« und natürlich
vor allem die Gerichte der traditionellen
Cortona-Küche. Serviert wird in den
Gewölben des Palazzo Cattani aus dem
12. Jh. (mit Kamin).

ÜBERNACHTEN
❶ *Relais & Chateau*
Il Falconiere €€€€
Loc. San Martino 370
(bei Cortona)
Tel. 05 75 61 26 79
www.ilfalconiere.it
Wer Sinn für Nostalgisches hat, wird das
stilvoll eingerichtete alte Landhaus mit
22 Zimmern mögen. Besonders schön
sind die beiden Zimmer in der ehemaligen Kapelle San Girolamo. Es gibt einen
Spa-Bereich und das Sterne-Restaurant
»Il Falconiere«.

❷ *San Michele* €€ – €€€€
Via Guelfa 15
Tel. 05 75 60 43 48
www.cortonaluxuryaccommodation.com
Gediegenes Hotel in den Mauern des
Palazzo Baldelli. Mitten im Zentrum von
Cortona.

❸ *Hotel Athens* €
Via Sant' Antonio 12
Tel. 05 75 63 05 08
Preiswertes Hotel in schöner Lage in
der oberen Altstadt. Die 22 Zimmer sind
einfach, aber geräumig.

SEHENSWERTES IN CORTONA

Fährt man nach Cortona, sieht man die 1485 errichtete Renaissance-kirche Madonna del Calcinaio markant am Hang unterhalb der Stadt stehen. Sie wurde an der Stelle eines hier gefundenen wundertätigen Madonnenbilds gebaut. In der Nähe liegen **etruskische Gräber** sowie Grabanlagen aus hellenistischer Zeit. Die bekannteste ist die fälschlich mit Pythagoras in Verbindung gebrachte, 1808 von französischen Soldaten beschädigte **Tanella di Pitagora** (2. Jh. v. Chr.). **Vor den Toren der Stadt**

Ein gut erhaltener Mauerring umschließt die an den Hang gebaute Altstadt. Möglicher Ausgangspunkt für die Stadtbesichtigung ist die Porta Sant'Agostino (großer Parkplatz). Steil geht es hinauf durch die Via Guelfa zum Zentrum, der Piazza della Repubblica. Beherrschend ist an der Westseite der Palazzo Comunale, der bereits 1241 urkundlich belegt ist, im 16. Jahrhundert erweitert und 1896 etwas ungeschickt restauriert wurde. Der Uhrturm und die Freitreppe wurden im 16. Jh. gebaut, aus dieser Zeit stammen auch die Bemalungen der Deckenbalken im großen Ratsherrensaal. Die Ostseite des Platzes nimmt der Palazzo del Popolo (14. – 16. Jahrhundert) ein. ***Piazza della Repubblica**

Charakteristisch für Cortona sind die Totentüren (Porte del Morto), schmale, hohe Türen direkt neben den Haupteingängen mittelalterlicher Häuser. Sie wurden nur benutzt, um die Toten aus dem Haus zu tragen. Eine schöne Totentür sieht man am Palazzo Cinaglia in der Via Roma, nicht weit vom Palazzo Comunale entfernt. **Porte del Morto**

Durch die Gasse neben der Freitreppe des Palazzo Comunale geht es weiter aufwärts zur Piazza Signorelli, die vom Palazzo Fierli, dem **Palazzo Casali**

Stimmungsvoll: die abendliche Altstadt

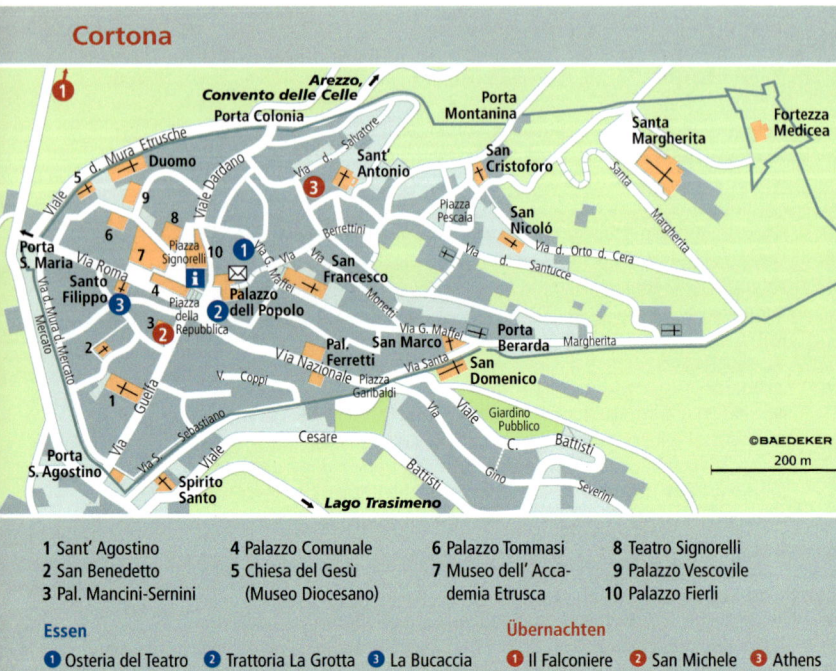

Cortona

1 Sant' Agostino
2 San Benedetto
3 Pal. Mancini-Sernini

4 Palazzo Comunale
5 Chiesa del Gesù
  (Museo Diocesano)

6 Palazzo Tommasi
7 Museo dell'Acca-
  demia Etrusca

8 Teatro Signorelli
9 Palazzo Vescovile
10 Palazzo Fierli

Essen
❶ Osteria del Teatro ❷ Trattoria La Grotta ❸ La Bucaccia

Übernachten
❶ Il Falconiere ❷ San Michele ❸ Athens

Teatro Signorelli und dem Palazzo Casali eingefasst wird. Letzterer
verdankt seinen Namen der Familie Casali, die ihn im 13. Jh. erbau-
en ließ und bis 1409 bewohnte. An der 1608 umgestalteten Fassade
und an den Wänden des Innenhofs sind **Wappen** der Florentiner
Stadtvögte sowie ein Steinwappen mit dem Goldenen Vlies des
Francesco dei Medici zu sehen, der 1570 Statthalter war. Anfang des
16. Jh.s war im Palast die Werkstatt des Malers Luca Signorelli, seit
der Mitte des 18. Jh.s hat hier die Etruskische Akademie ihren Sitz.

*Museo dell'
Accademia
Etrusca
(MAEC)

Das Etruskermuseum lohnt wegen seiner zum Teil sehr seltenen Exponate. Herausragend ist der etruskische **Radleuchter** (5. Jh. v. Chr.)
mit 16 verzierten Dochtschnäbeln und dem Haupt der Medusa, Del-
finen und 16 geflügelten Harpyien auf der Unterseite. Von etruskischer Kunstfertigkeit zeugen die **Bronzestatuetten,** etwa der Blitze
schleudernde Zeus und eine geflügelte Göttin (beide 7./6. Jh. v. Chr.).
Aus hellenistischer Zeit stammen die Ascheurnen aus Alabaster und
Terrakotta (6./5. Jh. v. Chr.). Ägyptische und römische Funde sowie
Werke von Gino Severini ergänzen die Sammlung.

Zwei Wege führen zu den wichtigsten Punkten des **Archäologischen Parks.** Spektakulär ist der **Circuito Extraurbano** außerhalb der Stadt zu Etruskergräbern wie der Tomba di Mezzavia (3./2. Jh. v. Chr.) und den zwei *Tumulusgräbern von Sodo (6. Jh. v. Chr.) am Rio Loreto (Parken/Tickets am Tumulus 1). Im dortigen Centro Restauri sind Funde ausgestellt. Weiter geht es zur Tannela Angori, zur **Tannela di Pitagora,** die Vasari 1566 besichtigte, zum Tumulus von Camucia (200 m Umfang), zu den Mosaiken der antiken Römervilla in Ossaia (ca. 50 v. bis 80 n. Chr.) sowie zum Paläontologischen Museum »Don Sante Felici« im Ortsteil Farneta, das Fossilien aus dem Pleistozän zeigt. Ein Spazierweg mit sieben Stopps verbindet die Sehenswürdigkeiten in Farneta (1 Std. 40 Min.).

MAEC: Piazza Signorelli 9; 1.4. – 31.10. tgl. 10.00 – 19.00, 1.11. – 31.3. Di. bis So. 10.00 – 17.00 Uhr, im Juni auch abends geöffnet; Eintritt: 8 €; www.cortonamaec.org

Tumulusgräber: Tumulus 1: April – Okt. Di., Fr. und So. 9.30 – 12.30 Uhr; Eintritt: 2 €; Tumulus 2: Di. – So. 9.30 – 12.30 Uhr; Eintritt frei

Der über einer romanischen Kirche erbaute Dom ist in seiner Renaissance-Gestalt überwiegend ein Werk von Giuliano da Sangallo (1445 – 1516). Der barocke Hochaltar (1664) wurde von dem Cortonesen Francesco Mazzuoli geschaffen. Ein Teil der Gemälde im Chor wird Schülern von Luca Signorelli zugeschrieben.

Duomo Santa Maria

Die 1498 – 1505 errichtete Kirche direkt gegenüber dem Dom erhielt 1543, als man sie nach Plänen von Giorgio Vasari veränderte, ein zweites Stockwerk. Im oberen Kirchenschiff ist das ****Museo Diocesano** mit einer bedeutenden Sammlung untergebracht. Wichtigstes Werk ist die farbenprächtige **»Verkündigung« von Fra Angelico.** Das 1433/1434 für San Domenico ausgeführte Gemälde zeigt naturalistische Züge und verweist in seinem Formbewusstsein bereits auf die Renaissance. Von Fra Angelico stammt auch ein Triptychon mit Szenen aus dem Leben des hl. Domenikus auf der Predella. In der »Heimsuchung« mit Ansichten des Trasimenischen Sees und des Ortes Castiglione del Lago ließ sich der Künstler offenkundig von der Umgebung Cortonas inspirieren, der Lago Trasimeno liegt 15 km entfernt in Umbrien. Beachtung verdienen auch Pietro Lorenzettis »Madonna mit Kind und vier Engeln« und eine der Schule Duccio di Buoninsegnas zugeschriebene »Madonna«, außerdem die von Luca Signorelli und Sassetta gemalten Altartafeln und das Vagnucci-Reliquiar (1457) aus vergoldeter Bronze, Silber und Edelsteinen. Die Gewölbe im unteren Kirchenschiff wurden von Giorgio Vasari mit Fresken ausgemalt. Die zwölf biblischen Figuren dort stammen von Christoforo Gerardi (16. Jh.), auch Doceno genannt.

Chiesa del Gesù

❶1.4. – 30.9. tgl. 10.00 – 19.00, 1.10. – 31.10. Di. – So. 10.00 – 19.00, 1.11. – 31.3. Di. – So. 10.00 – 17.00 Uhr; Eintritt: 5 €

San Francesco   Mit dem Bau der Kirche San Francesco, östlich oberhalb der Piazza
della Repubblica, wurde 1245 begonnen. Damit ist sie die zweitältes-
te Franziskanerkirche nach der in Assisi. Das Äußere der gotischen
Kirche ist schmucklos, das Innere wurde 1526 im frühbarocken Stil
verändert. Den bedeutendsten Kirchenschatz brachte Bruder Elia im
13. Jh. aus Konstantinopel mit: eine Kreuzesreliquie, die mit einer
byzantinischen Elfenbeintafel in einer Rahmung aus dem 16. Jh. versehen wurde. Im Chor ist der Kirchengründer, Fra Elia da Cortona,
begraben. Auch Luca Signorelli soll hier 1523 bestattet worden sein.

*Via Naziona-   An der Piazza della Repubblica beginnt die Via Nazionale mit vielen
le, Piazza   Geschäften, Bars und Cafés. Die Haupteinkaufsstraße mündet in die
Garibaldi, San   Piazza Garibaldi, einem beliebten Treffpunkt in Cortona. Südlich
Domenico   außerhalb der Stadtmauer steht die Kirche San Domenico, einst Teil
eines Dominikanerklosters, dem eine Zeit lang der Maler **Fra Angelico** (um 1400 – 1455) angehörte. Die im frühen 15. Jh. in der
schmucklosen Bauweise der Bettelorden errichtete Kirche besitzt ein
schönes Triptychon von Lorenzo Gherini (15. Jh.), das die Krönung
der Maria zeigt. An der Wand des Presbyteriums ist eine »Himmelfahrt Mariens« von Bartolomeo della Gatta (15. Jh.) zu sehen, die
Lünette schmückt eine »Madonna mit Heiligen« von Fra Angelico.
Wer nach dem Kulturprogramm eine Pause einlegen möchte, findet
im angrenzenden Giardino Pubblico den richtigen Ort.

Auf der Piazza della Repubblica in Cortona

In die kleine, schlichte Kirche aus dem 15. Jh. zwischen Piazza Re-   **San Nicolò**
pubblica und Medicifestung sollte man kurz hineinschauen – wegen
der beidseitig bemalten Prozessionsstandarte von Luca Signorelli, die
als Altarbild dient.

Die Via Santa Margherita führt östlich den Berg hinauf zu der 1897   **Santuario di**
geweihten Wallfahrtskirche Santa Margherita, einem Bau im byzan-   **Santa**
tinischen Stil. Auch wenn die hl. Margareta von Cortona (1247 bis   **Margherita**
1297), deren sterbliche Überreste in einem Grabmal (1362) in einem
silbernen Reliquienschrein ruhen (1646), wenig Glück in der Ehe
fand, ist die Kirche heutzutage für Trauungen sehr beliebt. Vom Kir-
chenplatz bietet sich ein schöner Blick auf das ▶ Val di Chiana.

Das Innere der 1556 errichteten, auch als Fortezza del Girifalco be-   **Fortezza**
kannten Festung wird für Kunstausstellungen und das Mittelalter-   **Medicea**
Event »Medioevo in Fortezza« genutzt.
❶ 1.4. – 30.6. 10.00 – 18.00, 1.7. – 10.10. 11.00 – 13.30, 14.30 – 19.00
Uhr; Eintritt: 3 €.

Der Franziskanerkonvent, knapp 4 km nordöstlich an der Flanke des   ***Convento**
Monte Sant' Egidio gelegen, ist ein **Ensemble von Mönchszellen**,   **delle Celle**
deren erste 1211 – 1221 durch Franziskus von Assisi gegründet wurden. Zu besichtigen sind die kleine Kirche von 1573 und einige Klosterzellen, darunter auch jene des heiligen Franziskus. Übernachtung
für Gruppen möglich (Tel. 05 75 60 33 62).

✶✶ Elba / Isola d' Elba

——————————————————————— ✈ **M/N 3 – 5**

Provinz: Livorno
Fläche: 223,5 km²
Einwohnerzahl: 31 600

**Elba ist die größte und bekannteste Insel des Toskanischen
Archipels. Mit zahlreichen Jachthäfen, herrlichen Badesträn-
den, dem abwechslungsreichen Landesinneren und einer guten touristischen Infrastruktur wundert es nicht, dass die Insel
zu den viel besuchten Urlaubszielen in Italien gehört.**

Die meisten Urlauber nehmen die Autofähre von Piombino auf   **Ausführlich**
dem Festland nach Portoferraio auf Elba, in den Hauptreisezeiten   **beschrieben**
ist eine Reservierung unbedingt ratsam. Die Autofähren der beiden   **im Baedeker-**
Schifffahrtsgesellschaften Toremar und Moby Lines verkehren in   **Reiseführer**
der Hauptsaison zwischen 5.30 und 22.30 Uhr, die Überfahrt dau-   **»Elba«**
ert etwa eine Stunde. Außerdem gibt es Verbindungen von Piombi-

Elba erleben

ANREISE MIT DER FÄHRE
Fährgesellschaften
www.toremar.it
www.mobylines.it
www.aquavision.it

Hafen Piombino
Tel. 05 65 22 92 10
www.ap.piombinoelba.it

Information und Buchung in
Deutschland:
Moby Lines Europe GmbH
Wilhelmstr. 36 – 38
D-65183 Wiesbaden
Tel. (0611) 1 40 20
www.mobylines.de

ANREISE PER FLUGZEUG
Skywork Airlines
www.flyskywork.com
Flüge ab München und Bern

Aeroporto Marina
di Campo
Marina di Campo
Tel. 05 65 97 60 11
www.elbaisland-airport.it

AUSKUNFT
Agenzia per il Turismo
dell' Archipelago Toscano
Portoferraio
Calata Italia 44
Tel. 05 65 91 46 71
www.visitelba.info

ESSEN
Osteria dei Quattro Gatti
🄲🄲 – 🄲🄲🄲
Porto Azzurro, Piazza Mercato 4
Tel. 05 65 952 40

Nur abends. Osteria im historischen
Teil von Porto Azzurro. Es gibt gute
Fischgerichte.

Osteria del Noce 🄲🄲 – 🄲🄲🄲
Marciana, Via della Madonna 14
www.osteriadelnoce.it
Sehr empfehlenswertes kleines Slow-
Food-Lokal unterhalb der Festung

Emanuel all' Enfola 🄲🄲
Località Capo Enfola (6 km westlich
von Portoferraio)
Tel. 05 65 93 90 03
Mi. Ruhetag. Fischvergnügen pur!
Serviert wird im Garten unter einem
alten Feigenbaum mit Blick aufs Meer.

Osteria Libertaria 🄲🄲
Calata Matteotti 12
57037 Portoferraio
Tel. 05 65 91 49 78
Mo. Ruhetag, 15.10. bis Ostern geschl.
Trendlokal am Meer. Osio Mazzei serviert
z.B. Spaghetti frutti di mare und Gambe-
roni in Wodka-Curry-Sauce.

ÜBERNACHTEN
Hermitage 🄲🄲🄲🄲
Portoferraio – Biodola, Via Biodola
Tel. 05 65 97 40
www.hotelhermitage.it
Nobelhotel (130 Zi.) an der exklusivsten
Bucht der Insel. Großzügige Anlage mit
Ferienhäuschen zwischen Strand und
Felsen direkt am Meer. Freizeitangebot:
Wellness, Golf, Segeln, Tauchen, Surf-
schule u.v.m.

Belmare 🄲🄲🄲
Porto Azzurro
Banchina IV Novembre 21

Tel. 0 56 59 50 12
www.elba-hotelbelmare.it
Ein kleines Ferienhotel an der Strandpromenade von Porto Azzurro. Aus einigen
Zimmern hat man einen herrlichen Blick
aufs Meer. Segeltörns, Mountainbike-,
Trekking- und Kajaktouren werden
organisiert.

Country Hotel & Residence Da Pilade ❸❸❸
Capoliveri, Loc. Mola
Tel. 05 65 96 86 35
www.hoteldapilade.it
Ganzjährig geöffnetes, familiär geführ-
tes Hotel mit 24 Zimmern und Apartments. Üppiges Frühstücksbuffet.

no nach Cavo (40 Min.) und nach Rio Marina (45 Min.) auf Elba.
Von Piombino aus fahren auch Tragflächenboote (Aliscafo) nach
Portoferraio (30 Min.) und nach Cavo (15 Min.). Auf die kleine
Nachbarinsel Pianosa kommt man mit Fähren ab Piombino bzw. ab
Rio Marina.

Geschichte

Die an Bodenschätzen reiche Insel war bereits in der Bronzezeit bewohnt. Die Etrusker begründeten mit der Nutzung der Erzvorkommen ihre Vorherrschaft in Italien, und auch die Römer beuteten die
Gruben jahrhundertelang aus, nachdem sie um 246 v. Chr. auf Elba
mehrere Kolonien gegründet hatten. Im Mittelalter wurde Elba
mehrfach von sarazenischen Piraten heimgesucht, im 11. Jh. übernahm die Republik Pisa die Herrschaft. Auf die Medici (1546 – 1559)
folgten bis 1799 die spanischen Habsburger und schließlich Frankreich. Im Mai 1814 wurde die Insel dem verbannten **Napoleon** mit
vollen Souveränitätsrechten überlassen – er blieb bis zum 26. Februar 1815. Bis weit ins 20. Jh. hinein wurde auf Elba Roheisen produziert, erst 1982 schloss das letzte Werk seine Tore.

Fährhafen Piombino

Der Name Piombino leitet sich von »piombo« für Blei ab – in Populonia (▶Livorno) wurde schon im Altertum Erz von der Insel verhüt-
tet. Das ＊**Museo Archeologico del Territorio di Populonia,** Piazza
della Cittadella 8, besitzt über 3000 Artefakte, u. a. eine silberne Am-
phore und ein Fischmosaik aus dem 1. Jh. v. Christus. Die Restaurierung der Feste (13. Jh.) hat auch den Hafen aufgewertet. Das **Museo
del Castello e della Cittá di Piombino** widmet sich 800 Jahren
Burggeschichte und der Verbindung zu Meer und Hinterland.

Museo Archeologico del Territorio di Populonia: Juni – Anf. Okt. Di. bis
So. 10.00 – 18.00, Juli/Aug. Fr. 15.00 – 23.00 Uhr, in den übrigen Monaten
eingeschränkte Öffnungszeiten, meist nur Sa., So. 10.00 – 17.00; Eintr.: 6 €;
www.parchivaldicornia.it

Museo del Castello e della Cittá di Piombino: Juni, Sept. Di. – So. 10.00
bis 13.00, 15.00 – 19.00, Juli/Aug. Di. – So. 10.00 – 13.00, 16.00 – 20.00
Uhr, März – Mai, Okt. nur am Wochenende; Eintritt: 4 €

*Parco Nazionale dell' Arcipelago Toscano

Zum Toskanischen Archipel gehören sieben Hauptinseln (»Park der sieben Sterne«): Elba, die Inseln Montecristo, Pianosa, ▶ Giglio, Giannutri, Capraia und Gorgona sowie unbewohnte Schollen und Felsen im Meer. Alle Inseln können besucht werden. Der 1996 gegründete **Nationalpark Toskanischer Inselarchipel** umfasst eine Fläche von über 70 000 ha, davon zwei Drittel auf See. Die Parkverwaltung kümmert sich um die behutsame Erschließung der Inselwelt und veranstaltet u. a. Wanderfestivals (www.tuscanywalkingfestival.it). Die Lega Ambiente Arcipelago Toscano bietet umweltverträgliche Trekkingtouren und Ausflüge an.

Parkbesucherzentren: Casa del Parco »Fortezza Pisana«, Marciana, Casa del Parco »Franco Franchini«, Rio nell' Elba, (beide 21.4. – 31.10.); »Info Park Are@«, Portoferraio, Landungssteg der Tragflügelboote
Lega Ambiente Arcipelago Toscano: Salita Napoleone, Portoferraio, www.virtualelba.it/elba-utility/legambiente

* PORTOFERRAIO UND UMGEBUNG

Hauptstadt des Archipels

Portoferraio (12 300 Einw.) an der Nordküste liegt auf einer felsigen Landzunge an einem Naturhafen. Der Stadtname bedeutet »Eisenhafen«. Fähren legen am Ponte Massimo an. Die auf dem **Felssporn** ins Meer ragende Altstadt war einst durch einen Wassergraben, der erst 1919 zugeschüttet wurde, von der Insel abgeschnitten. In Erinnerung an die Zugbrücke zwischen Altstadt und Hauptinsel heißt das Viertel um die breite Viale Manzoni »Ponticell« (kleine Brücke). Ab 1548 ließ Cosimo I. de Medici die Stadt zur Festung ausbauen und schuf damit ein Musterwerk militärischer Renaissance-Architektur.

Ausgangspunkt für Stadtbesichtigungen ist der alte Fischereihafen Darsena, heute auch Anlegeplatz für Jachten. Hier herrscht im Sommer Hochbetrieb. Das Tor am Hafenbecken, Porta a Mare oder Porta Medicea, entstand im Zuge des Baus der mediceischen Befestigungsanlagen. Über die lang gestreckte Piazza Cavour kommt man auf die Piazza della Repubblica mit dem Dom (Baubeginn 1549).

*Chiesa della Misericordia, Pinacoteca Foresiana

In der Chiesa della Misericordia (Via Garibaldi) wird alljährlich am 5. Mai eine Seelenmesse für Napoleon gelesen. Zu sehen ist ein Tino da Camaino (1285 – 1337) zugeschriebenes Madonnenbild. Das **Kirchenmuseum** zeigt eine bronzene Totenmaske Napoleons und den Gipsabguss seiner Hand von der Insel St. Helena.

Im ehemaligen Franziskanerkloster gegenüber sind in der **Pinacoteca Foresiana** Gemälde und Möbel der Familie Foresi zu sehen, außerdem die **Bibliothek** mit 40 000 Bänden aus fünf Jahrhunderten.

Kirchenmuseum: tgl. 9.30 – 12.00, 15.00 – 17.00 Uhr; Eintritt: 1 €
Pinacoteca Foresiana: Mi., Do. 9.00 – 12.00 Uhr; Eintritt: 3 €
Bibliothek: Mo., Mi., Fr. 9.00 – 12.00, Di., Do. 15.00 – 18.00 Uhr

Traumstrand: der Cavoli Beach östlich von Campo nell' Elba

Östlich der Piazza Napoleone steht oberhalb des Leuchtturms das **Forte Stella,** einst Quartier der Garde Napoleons. Westlich der Piazza erhebt sich die Falkenfeste (Forte Falcone). Im Forte Inglese, um 1700 unter Großherzog Cosimo III. erbaut, ist ein Künstlertreff eingerichtet worden. Sehenswert sind die ab 1555 unter Großherzog Cosimo I. erbauten Bastionen, **Fortezze Medicee,** samt Gärten (Zugang Via Guarazzi).

Forte Stella: tgl. 10.00 – 13.00, 15.00 – 18.00 Uhr; Eintritt: 1,50 €
Fortezze Medicee: 3.4. – 14.6., 16.9. – 31.10. tgl. 10.00 – 13.00, 15.30 bis 19.00, 15.6. – 15.9. tgl. 8.00 – 20.00 Uhr; Eintritt: 3 €

Forte Stella, Forte Falcone, Bastionen

Die schlichte Villa dei Mulini ließ sich Napoleon 1814 zur Stadtresidenz ausbauen. Im Schlafzimmer steht eines der wenigen Originalmöbelstücke, das **Prunkbett Napoleons,** weitere Möbel stammen aus dem Palazzo Pitti. Napoleons Privatbibliothek umfasst ca. 2000 Bände. Das Obergeschoss bewohnte Pauline Borghese, Napoleons Schwester. Vom schattigen Garten aus genießt man einen traumhaft schönen Blick auf das Forte Stella und die Festlandküste.

❶ Mo. – Sa. 9.00 – 19.00, So. 9.00 – 13.00, 3.7. – 15.9. Do. – Sa. auch bis 23.30 Uhr; Eintritt: 7 €

*Villa dei Mulini

Das Museum am Darsena-Hafen zeigt Funde aus der Frühgeschichte und Antike, die teilweise aus gesunkenen Wracks stammen.

Museo Civico Archeologico: 3.4. – 14.6., 15.9. – 31.10. tgl. außer Do. 10.00 – 13.00, 15.30 – 19.00; 15.6. – 14.9. tgl. 9.00 – 14.25, 18.00 – 24.00 Uhr; Eintritt: 3 €

*Museo Civico Archeologico

Teatro dei Vigilanti

In der säkularisierten Chiesa del Carmine wurde 1814 unter Napoleon das hufeisenförmige Teatro dei Vigilanti (Piazza Gramsci) gebaut. Die Einweihung am 24.1.1815 wurde nach Napoleons Waterloo-Niederlage im Mai 1815 wiederholt.

Teatro dei Vigilanti: Mo. – Sa. 9.00 – 13.00 Uhr; Eintritt: 3 €

*Villa Romana delle Grotte

1960 wurde in Le Grotte 6 km westlich von Portoferraio eine **römische Villa** (1. Jh. n. Chr.) freigelegt, die ein beheiztes Schwimmbad und Kanalisation mit zirkulierendem heißem Wasser besaß.

*Villa Demidoff, Villa San Martino

6 km südwestlich von Portoferraio ließ sich der russische Fürst Anatolio Demidoff 1852 am Abhang des Monte San Martino einen prunkvollen Landsitz im neoklassizistischen Stil erbauen. Links neben dem Palast führt ein Weg hinauf zu der vergleichsweise schlichten Sommerresidenz des Kaisers, pompös ist nur der Napoleons Siege glorifizierende **Speisesaal im ägyptischen Stil.** Das 10 000 m² große **Freilichtmuseum Italo Bolano** im Valle di San Martino lohnt einen Abstecher; zu sehen sind 24 Exponate des von Elba stammenden Künstlers, im Art Center finden Wechselausstellungen statt.

Villa Demidoff: Mo. – Sa. 9.00 – 19.00, So. 9.00 – 13.00 Uhr; Eintritt: 7 €
Museum Italo Bolano: Mo. – Sa. 10.00 – 13.00, 16.00 – 19.00 Uhr; Eintritt frei.

Terme San Giovanni

Die Thermen von San Giovanni in der Bucht von Portoferraio haben Antistress- und Antismogkuren, Peeling mit Meeresalgen-Gelee und Anti-Zellulite- oder Schlankheitskuren im Programm. Außerdem wird der »Limo« angeboten, ein heilender, eisenhaltiger Fango-Schlamm. Dieser Meeresfango hilft bei Arthrose, Rheumaerkrankungen, Akne oder Schuppenflechte.

❶ 20.4. – 31.10.; www.termelbane.com

* RUNDFAHRT ÜBER DIE INSEL ELBA

*Procchio, Marciana Marina, Patresi

18 km westlich von Portoferraio liegt die einladende Badebucht von Procchio mit einem der schönsten Strände der Insel. Das hübsche Hafenstädtchen Marciana Marina wird von einem »Sarazenenturm« überragt, der in pisanischer Zeit erbaut wurde. In den Küstengewässern vor Patresi wurde ein Unterwasser-Park mit neun Statuen angelegt, die sich thematisch auf die griechische Mythologie beziehen.

*Marciana (Alta)

8 km landeinwärts liegt Marciana, Elbas Weinproduktionszentrum. Das Dorf bezaubert durch verwinkelte Gassen und die Reste der um 1450 von der Familie Appiani ausgebauten pisanischen Festung. Unterhalb zeigt das **Archäologische Museum** (Via del Pretorio 66) etruskische und römische Funde. Auch die Ausstellung im National-

parkhaus an der Feste lohnt. Ein Pflasterweg führt in 40 Minuten vorbei an zwölf Kapellen zur ältesten Wallfahrtskirche Elbas, Madonna del Monte, mit einem Bild der Jungfrau Maria (15. Jahrhundert). 1995 wurden Fresken entdeckt, die Sodoma zugeschrieben werden.

Archäologisches Museum: 29.5. – 10.9. Mi. – Mo. 10.00 – 12.30, 15.30 bis 19.00, Di. 9.00 – 13.00, 14.30 – 18.30 Uhr; Eintritt: 2 €.

Höchste Erhebung der Insel ist der 1018 m hohe Monte Capanne, auf den man auch per Seilbahn fahren kann. Seine Entstehung verdankt der steinerne Panettone einer untermeerischen Magmabewegung. Gipfelstürmern bietet sich an klaren Tagen von der Granitspitze ein großartiges Panorama des gesamten Archipels.

*Monte Capanne

❶ Seilbahn Marciana – Monte Capanne: April – Okt. tgl. 10.00 – 13.00, 14.20 – 17.00, letzte Talfahrt 17.30; Juli – Sept. letzte Talfahrt 18.00 Uhr

Über Poggio, Sant' Ilario in Campo und San Piero in Campo geht es hinab nach Cavoli, einem Badeort mit feinem Sandstrand. Ausflugsboote starten hier zur nahen Grotta Azzurra. 2 km entfernt liegt Seccheto mit einem Sandstrand, der grobkörniger ist, aber dafür ist es deutlich ruhiger. Manche schwören auch auf den weißen Sandstrand in der herrlichen Bucht Fetovaia.

*Strände von Cavoli, Seccheto und Fetovaia

Hauptanziehungspunkt an der Südküste ist das Seebad Marina di Campo (4200 Einw.) mit dem **breitesten Sandstrand Elbas.** Wassersportler finden hier Segel-, Surf- und Tauchschulen, Nachtschwärmer zieht es in die Bars und Restaurants des ehemaligen Fischerhafens. Der »Mediciturm« ist ein pisanisches Festungswerk aus dem 12. Jahrhundert. Etwa 2 km außerhalb von Marina di Campo in Richtung Lacona, in der Località La Foce, lohnt das **Aquarium** einen Besuch.

**Marina di Campo

L' Acquario dell' Elba: April – Ende Mai, Mitte Sept. – Mitte Okt. 9.00 bis 19.00, 1.6. – 15.9. 9.00 – 23.30 Uhr; Eintritt 8 €; www.acquarioelba.com

Auch der Golf von Lacona und der Golfo Stella weiter östlich können mit schönen Sandstränden aufwarten. Lacona gehört bereits zur Gemeinde Capoliveri auf der südöstlichen Halbinsel Calamita. Das hübsche Dorf Capoliveri, ehemals eine Bergarbeitersiedlung, heute eine der beliebtesten Ferienadressen auf Elba, besticht durch seine romantischen Gässchen und altertümlichen Häuschen, von denen viele in den letzten Jahren liebevoll restauriert worden sind. An die Vergangenheit des Dorfs erinnert heute ein Minenpark.

**Capoliveri

Zweitgrößter Hafen auf Elba ist der im 17. Jh. von den Spaniern befestigte, anmutige Ort Porto Azzurro (3550 Einw.) an der Ostküste. Eindrucksvoll erhebt sich über dem »Azurblauen Hafen« das un-

*Porto Azzurro

Marciana bezaubert durch seine alten Häuser und verwinkelten Gassen.

ter König Philip II. von Spanien errichtete, sternförmige Fort Longone, das seit 1858 als Gefängnis dient. In der 1606 im Stil des spanischen Barock erbauten Wallfahrtskirche Madonna del Monserrato gibt es eine Altartafel mit einer schwarzen Madonna mit Kind (18. Jh.). Vom Hafen starten Bootsausflüge zu den nahe gelegenen Inseln.

Rio Marina Nächster Halt an der nordöstlichen Inselküste ist der einstige Erzverladehafen Rio Marina. Die rostroten Fassaden an der platanengesäumten Hauptstraße zeugen vom hohen Eisenoxydgehalt der nahen Bergwerke. Das Mineralienmuseum im Palazzo del Burò ist Zentrum des Bergbauparks Elba.
❶ Juli, Aug. tgl. 9.30 – 12.30, 16.30 – 18.30, April – Juni, Sept., Okt. 9.30 bis 12.30, 15.30 – 18.30 Uhr; Eintritt 2,50 €; www.parcominelba.it

La Chiusa Der Weinbau auf Elba liefert zwar nur wenige, dafür aber ausgezeichnete Tropfen – die besten kommen von dem Gut La Chiusa. Sein »Elba Rosso« wird aus Sangiovese-Trauben, der »Elba Bianco« aus Procanicotrauben gekeltert. Die Eigentümerin Signora Bertozzi Corradi, eine Zeichentrickfilmproduzentin, verkauft auch Dessertweine, Grappa und Olivenöl.
❶ Localitá Magazzini 93; April – Sept. Mo. – Sa. 8.00 – 12.30, 16.00 – 20.30 Uhr, sonst nur Mo. – Sa. 8.00 – 12.00 Uhr; www.tenutalachiusa.it

Bevor man wieder nach Portoferraio kommt, sieht man von Weitem die **mittelalterliche Felsenburg** Volterraio auf einem 394 m hohen Bergkegel. Errichtet wurde die Fluchtburg von dem Pisaner Gherardu Rau um 1284, im 17. Jh. erfolgte der Ausbau des äußeren Bollwerks. Von hier oben konnte man feindliche Schiffe frühzeitig sehen. Das Auto kann man in der Nähe eines verlassenen Schafstalls parken. Von hier führt ein ziemlich beschwerlicher Weg (ca. 40 Min., gutes Schuhwerk ist Voraussetzung) hinauf. Die Aussicht ist allerdings die Mühe wert!

**Volterraio

ISOLA PIANOSA UND ISOLA DI MONTECRISTO

Nur 8 Seemeilen trennen Elba von der ehemaligen Gefängnisinsel Pianosa. Gerade einmal 280 Menschen leben heute auf dem flachen, etwa 10 km² großen Eiland, vor 10 Jahren waren es noch etwa doppelt so viele. Die Römer nannten es Planasia, im Mittelalter kam die Insel an Pisa, später an Genua und die Familie Appiani, bevor nordafrikanische Piraten die Inselbewohner Mitte des 16. Jh.s in die Sklaverei verschleppten. Von 1835 bis 1997 war Pianosa Strafkolonie. Mittlerweile kann man die Insel im Rahmen von organisierten Touren besuchen, auch Wandern, Mountainbiken und Schnorcheln ist möglich. Es wurde ein Nationalparkhaus eröffnet, außerdem gibt es eine einfach ausgestattete Unterkunft, die von einer Kooperative bewirtschaftet wird (www.hotelpianosa.it).

Isola Pianosa

❶ www.islepark.it; Boote von Rio Marina nach Pianosa: www.toremar.it

Die knapp 11 km² große Granitinsel Montecristo liegt 32 Seemeilen südlich von Elba. Schon 1971 wurde die Insel mit dem 645 m hohen Monte Fortezza wegen ihrer einzigartigen Flora und Fauna unter Naturschutz gestellt, seit 1996 gehört sie zum **Parco Nazionale dell' Arcipelago Toscano**. Ihren Namen verdankt sie dem hl. Maximilianus, der hier um 450 Zuflucht suchte und sie von Mons Jovis in Mons Christi »umtaufte«. Ende des 19. Jahrhunderts trafen sich Lebemänner in der Villa Reale zu exklusiven Jagdgesellschaften; später übernahm der neapolitanische Fürst und spätere König Italiens, Vittorio Emmanuele, die Pacht an der Cala Maestra. Im Botanischen Garten hinter der Villa wachsen Dattelpalmen, Eukalyptusbäume und Magnolien. Die Legende von einem Schatz, den die Mönche der Kamaldulenserabtei auf Montecristo versteckt hätten, lieferte die Idee für einen der erfolgreichsten Abenteuerromane der Weltliteratur: Alexandre Dumas' 1846 erschienenen Bestseller **»Der Graf von Monte Christo«**.

*Isola di Montecristo

❶ Zugänglich ist die Insel nur im Rahmen einer geführten Eintagesexkursion (max. 15 Pers.); 1.1. – 30.4. u. 31.8. – 31.10. mit Besuch des Inselmuseums und der Cala Maestra; Anmeldung 30 Tage im Voraus, Tel. 0 56 64 06 11

* Fiesole

✦ **G 10**

Provinz: Florenz/Firenze (FI)
Höhe: 295 m ü. d. M.
Einwohnerzahl: 14 350

Wenn es im Sommer in Florenz heiß und stickig wird, flüchten die Florentiner gern nach Fiesole, wo sich die Wohlhabenden ihre herrschaftlichen Villen bauen ließen. Das schöne Städtchen liegt nur 8 km entfernt, eingebettet zwischen zwei Hügeln oberhalb der Arnometropole, und ist gut mit Nahverkehrsmitteln zu erreichen.

SEHENSWERTES IN FIESOLE

Piazza Mino da Fiesole

Zentrum des sympathischen Orts ist die weite Piazza Mino da Fiesole, benannt nach dem Bildhauer Mino da Fiesole (um 1430 – 1484). Das Denkmal auf dem Platz, »Incontro di Teano« (1906), zeigt zwei bronzene Reiterstandbilder, die König Viktor Emanuel II. und Garibaldi verkörpern. An der nordwestlichen Schmalseite der Piazza stehen das Gebäude des Seminario (1697) sowie der ursprünglich aus dem 11. Jh. stammende Bischofspalast (Palazzo Vescovile), an der Südwestseite des Platzes der Palazzo Pretorio aus dem 14. Jh. – sein Portikus und seine Loggia wurden im 15. Jh. angefügt – und daneben das mittelalterliche Oratorium Santa Maria Primerana mit einem Portikus aus dem 16. Jahrhundert.

*Duomo San Romolo

Der 1024 begonnene, im 13. und 14. Jh. erweiterte und im 19. Jh. nochmals veränderte Dom erhebt sich an der Nordseite des Platzes. Weithin sieht man den 1213 fertiggestellten und gut 42 m hohen, zinnenbewehrten Glockenturm. Im Inneren des dreischiffigen Doms finden sich beachtenswerte Bildwerke. Die Terrakottastatue des Kirchenpatrons San Romolo schuf Giovanni della Robbia.

Museo Bandini

Nördlich an den Dom schließt sich das Museo Bandini an. Die sakralen Kunstwerke wurden im ausgehenden 18. Jh. von dem Kanoniker Angiolo Maria Bandini, Wissenschaftler und Bibliothekar an der Biblioteca Medicea Laurenziana in Florenz, zusammengetragen.
❶ 1.4. – 30.9. tgl. 9.00 – 19.00, März/Okt. tgl. 10.00 – 18.00, 1.11. – 28.2. Mi. – Mo. 10.00 – 15.00 Uhr; Eintritt: 12 €; www.museidifiesole.it

*Zona Archeologica

Nordöstlich hinter dem Dom liegt das Ausgrabungsgelände Zona Archeologica, beherrscht von einem zu Beginn des 19. Jh.s wiederentdeckten **römischen Theater,** das schon in der Kaiserzeit (1. Jh.

Fiesole erleben

ESSEN
La Reggia degli Etruschi 🪙🪙🪙
Via San Francesco 18
Tel. 05 55 93 85
www.lareggiadeglietruschi.com
Ins La Reggia degli Etruschi fahren die
Florentiner vorzugsweise an Wochenenden – man genießt von hier oben einen
tollen Blick auf Florenz, vor allem aber
speist man vorzüglich! Alles ist gut: die
originellen Appetizer, der geräucherte
Fisch, das gegrillte Fleisch, die Pastazu-
bereitungen und zu guter Letzt die Käse-
auswahl und die Desserts. Die Weinkarte
ist umfangreich und gut.

Vinandro 🪙 – 🪙🪙
Piazza Mino da Fiesole 33
Tel. 05 55 91 21
www.vinandrofiesole.com
Geschl. Mo.
Das Vianandro ist eine gemütliche kleine
Weinstube an der Hauptpiazza, es gibt
rustikale toskanische Gerichte und man
sitzt ebenfalls rustikal an einem großen
Gemeinschaftstisch.

ÜBERNACHTEN
Pensione Bencistà 🪙🪙🪙🪙
Via Benedetto da Maiano 4
Tel. 05 55 91 63
www.bencista.com
Schönes Landhaus inmitten von Oliven-
hainen mit 42 Z. und Suiten. Es gibt
Zimmer mit Blick auf Florenz!

Villa San Michele 🪙🪙🪙🪙
Via Doccia 4
Tel. 05 55 67 82 00
www.villasanmichele.com
Die Villa San Michele mit 46 Z. und Sui-
ten und jedwedem Komfort gehört zum
Nonplusultra der europäischen Hotellerie.

Le Cannelle 🪙🪙
Via Gramsci 52-56
Tel. 05 55 97 83 36
www.lecannelle.com
Ein charmantes Gästehaus mit nur 5 Z.
in der Nähe der zentralen Piazza

Villa Le Capanne 🪙
Via Partenese 2
Tel. 05 55 90 63
www.villalecapanne.it
In diesem zu einer Villa umgebauten
alten Turm 3 km nördlich von Fiesole
findet man eine ruhige Unterkunft.

v. Chr.) angelegt und unter den Kaisern Claudius und Septimius Se-
verus ausgebaut worden war. Das Halbrund hat einen Durchmesser
von 34 m und bietet rund 3000 Zuschauern Platz. Im Sommer finden
hier klassische Konzerte und Popkonzerte statt.
❶ s. Museo Bandini

Die römischen Thermenanlage in der Nähe des Theaters wurden **Thermen-**
ebenfalls zu Beginn der Kaiserzeit gebaut und unter Kaiser Hadrian **anlage**
erweitert. Obwohl die von mächtigen Pfeilern getragenen Bögen stets
sichtbar waren, erkannte man erst Ende des 19. Jh.s, dass es sich um

eine Badeanlage handelte, und legte den Komplex frei. Im Ostteil wurde das Wasser mit Hilfe von Heizöfen und Hypokausten erwärmt, die drei zentralen Räume waren Kaltbad (Frigidarium), lauwarmes Bad (Tepidarium) und Warmbad (Caldarium), die Becken im Westteil dienten als Schwimm- und Speicherbecken. In der Nordwestecke befinden sich Reste eines römischen und eines etruskischen Tempels (1. bzw. 3. Jh. v. Chr.). Nach Norden wird das Gelände von einem Stück der mächtigen etruskischen Stadtmauer aus dem 3. Jh. v. Chr. begrenzt.

Museo Archeologico Fiesole wurde im 7./ 6. Jh. v. Chr. von Etruskern gegründet; unter den Römern hieß die Siedlung im 1. Jh. v. Chr. Faesulae. In dem kleinen archäologischen Museum südlich oberhalb des römischen Theaters sind Funde aus etruskischer und römischer Zeit ausgestellt, u. a. Reste eines Marmorfrieses für die Bühnendekoration des römischen Theaters, eine Grabstele (470 – 460 v. Chr.; mit Totenmahl, Tanz und Kampf von Tieren), eine Nachbildung des Kopfes von Kaiser Claudius (41 – 54) und eine Dionysos-Statue, eine römische Kopie eines griechischen Originals.
❶ s. Museo Bandini

Museo Primo Conti Nordwestlich des Ausgrabungsgeländes gibt es eine Stiftung und ein kleines Museum für den toskanischen Maler Primo Conti (1900 bis 1988). Conti hatte sich zunächst dem Futurismus und Kubismus verschrieben, entwickelte nach dem Zweiten Weltkrieg aber einen eigenen Stil mit wilder Farbigkeit. Ausgestellt sind außer Contis Werken auch Dokumente zum italienischen Futurismus.
❶ Via Dupré 18; Mo. – Fr. 9.00 – 13.00 Uhr; Eintritt: 3 €

*Sant' Alessandro, Aussichtsterrasse Zwischen Bischofspalast und Seminargebäude führt ein Weg hinauf zu zwei kleinen Kirchen und einer Aussichtsterrasse, von der man einen guten Blick über Florenz hat. In dem kleinen Park erinnert ein Denkmal an die im Ersten Weltkrieg gefallenen Soldaten, ein anderes an drei Carabinieri, die 1944 von der SS getötet wurden.

San Francesco, Giardini Pubblici Schräg gegenüber ragt die Klosterkirche San Francesco auf, ein 1330 von Augustinermönchen gegründeter Bau, der 1407 an den Franziskanerorden überging, später umgestaltet und 1905 weitgehend erneuert wurde. Aufmerksamkeit verdient vor allem der Hauptaltar: Die »Verkündigung« schuf Raffaellino del Garbo, die »Anbetung der Hl. Drei Könige« stammt von Cosimo Rosselli. Sehenswert sind auch das Missionsmuseum und die idyllischen Klosterkreuzgänge. Vom Klosterplatz geht man durch den Stadtpark zurück ins Zentrum.

❶ Herbst/Winter Di. – Fr. 9.30 – 12.00, 15.00 – 17.00, Sa. 10.30 – 12.00, 15.00 – 17.00 Uhr; Frühling/Sommer Di. – Fr. bis 19.00 Uhr; Eintritt: Spende

Auf der Via Vecchia Fiesolana, die von Fiesole südwestlich abwärts führt, kommt man zur Villa Medici, die Michelozzo 1458 – 1461 für Cosimo den Älteren baute. Die Pazzi-Verschwörer planten 1478 zunächst, die Brüder Lorenzo und Giuliano de Medici hier zu ermorden, wählten dann aber den Dom in Florenz als Ort ihres Attentats.

Villa Medici

❶ Via Beato Angelico 2; nur die Gärten sind zu besichtigen; Mo. – Fr. 9.00 bis 13.00 Uhr; www.villamedicifiesole.it

Von Fiesole fährt der ATAF-Bus 47 zum Monumentalpark der Villa Peyron. Die auf Etruskerruinen erbaute Villa ist Ugo Giovannozzi zu verdanken. Der letzte Besitzer, Paolo Peyron, vermachte sie 1998 der Fondazione Parchi Monumentali Bardini e Peyron. Von hier bieten sich grandiose Blicke auf Florenz und nach Castel di Poggio.

Giardino e Museo di Villa Peyron

❶ Via Vincigliata 2; Villa/Museum/Garten: Ende März – Ende Okt. Sa., So. 10.00 – 18.00 Uhr; Eintritt: 15 € (nur Garten: 10 €); www.bardinipeyron.it

Gut 1 km südwestlich von Fiesole steht unmittelbar an der Stadtgrenze von Florenz die Häusergruppe San Domenico di Fiesole mit der 1406 – 1435 erbauten und im 17. Jh. erweiterten Kirche San Domenico, die mit Geldern von Barnaba degli Agli, einem Bürger von Fiesole, erbaut wurde. In der ersten Kapelle links ist das **Triptychon** am Altar sehenswert. Es wurde um 1430 von **Fra Angelico** gefertigt, der auch die »Kreuzigung« und eine Mariendarstellung für den Kapitelsaal im Konvent schuf. Der Sohn eines wohlhabenden Landwirts aus dem Mugello-Tal trat mit zwanzig Jahren in das Dominikanerkloster ein. Sein Ruf als vorzüglicher Maler verbreitete sich rasch, und als in Florenz 1436 das Dominikanerkloster San Marco neu gestaltet wurde, erhielt er den Auftrag, die Klosterzellen mit Szenen der Passion Christi auszugestalten. Sein Realismus zeigte offenbar erhebliche Wirkung: Es heißt, seine Mitbrüder seien beim Anblick der Kreuzigungsdarstellungen und des Bluts in Ohnmacht gefallen.

*San Domenico di Fiesole

Nordwestlich von San Domenico steht auf 123 m Höhe die Badia Fiesolana, an deren Kirchenfassade noch romanische Elemente erhalten sind. Bis 1028 befand sich hier die Kathedralkirche von Fiesole, bevor der Dom diese Funktion übernahm. Nachdem zunächst Kamaldulensermönche die Kirche samt einem Kloster (Badia = Abtei) neu aufgebaut hatten, ging die Anlage in den Besitz der Benediktiner über. In der Renaissance gestaltete man Kloster und Kirche neu; 1778 wurden Kirche und Ordenshaus aufgelöst. Seit 1976 beherbergt die Badia das internationale Hochschulinstitut »Università Europea«.

Badia Fiesolana

** **Florenz / Firenze**

+ G 10

Hauptstadt der Region Toskana
Höhe: 50 m ü. d. M.
Provinz: Florenz/Firenze (FI)
Einwohnerzahl: 370 700

Wohl nirgends gehen Dolce Vita und Kunstgenuss eine charmantere Liaison ein als in Florenz. Die Arnometropole gilt als die Wiege der Renaissance, hier wirkten Brunelleschi, Michelangelo, Donatello, Leonardo da Vinci, Boccaccio, Dante, Petrarca, Galilei und die mächtigen Medici, hier lag das Zentrum der italienischen Schriftsprache und Literatur.

Ihren Wohlstand haben die Florentiner seit dem Mittelalter als Handwerker, geschickte Kaufleute und ordentliche Verwalter stets zu sichern und zu mehren gewusst. Reichtum erwarben sie mit Webereien, Färbereien, Schneidereien und Seidenhandel, und noch heute ist die Bekleidungsindustrie ein wichtiger Einkommenszweig. Zeitweise beherrschten Florentiner Banken den Geldmarkt Europas, beeinflussten ihre Bankiers maßgeblich die europäische Politik.

Ausführlich beschrieben im Baedeker-Reiseführer »Florenz«

Die etruskische und römische Siedlung am Arno hatte kaum Bedeutung. Erst zu Beginn des 13. Jh.s stieg die Stadt durch Kriegsgewinne und Unternehmergeist zur angesehensten Stadt in Mittelitalien auf. Allmählich erstarkten die Zünfte, 1282 übernahmen sie die Regierung. Ab 1434 bestimmte **die reiche Kaufmannsfamilie der Medici** die Kommunalpolitik. Ihre wichtigsten Mitglieder Cosimo (1434 – 1464) und Lorenzo (1469 – 1492) führten die Republik zu ihrer höchsten Blüte und ließen sie zu einem Zentrum von Kunst und Wissenschaft werden. 1494 wurden die Medici vertrieben. Der kurzlebige **Gottesstaat unter dem Bußprediger Girolamo Savonarola** endete 1498 mit dessen Hinrichtung, es gab erneut eine republikanische Epoche. 1512 wurden die Medici durch spanische Truppen zurückgeführt, 1527 dann abermals vertrieben. 1530 schließlich, nach dem Einnahme der Stadt durch Karl V., wurde Alessandro de Medici als Herzog von Florenz eingesetzt. Nach seiner Ermordung 1537 folgte Cosimo I., der ab 1569 als Großherzog der Toskana regierte. Nach dem Aussterben der Medici ging das Land 1737 an das Haus Habsburg-Lothringen, das mit Ausnahme der napoleonischen Ära bis 1860 herrschte. Als sich die Toskana dem geeinigten Italien anschloss, erfuhr Florenz als **zeitweilige**

»Stadt der Medici«

Die Piazza del Duomo mit dem Dom, dem 82 m hohen Kampanile und dem Baptisterium gehören zu den Highlights in Florenz.

Hauptstadt des Königreichs (1865 – 1870) einen Aufschwung. Trotz Kriegsschäden 1944 und einer katastrophalen Arnoüberschwemmung 1966 ist Florenz eine der schönsten Städte in Italien.

✱✱ GRANDE MUSEO DEL DUOMO

www.ilgrandemuseodelduomo.it

Das Grande Museo del Duomo besteht aus dem Baptisterium, dem Dom, der Brunelleschi-Domkuppel, der Krypta Santa Reparata im Dom, dem Campanile und dem Museo dell'Opera del Duomo. Das Ticket für dieses »Supermuseum« kostet 15 € und ist 48 Std. gültig.

✱✱ BATTISTERO (TAUFKAPELLE) SAN GIOVANNI

❶ tgl. 8.15 – 18.30, So. bis 13.30 Uhr, teilweise 10.15 – 11.15 Uhr geschl.; Eintritt: siehe Grande Museo del Duomo, s. o.

Das älteste Gebäude am Domplatz, der **Piazza del Duomo,** ist das Baptisterium (1059 – 1128), das in seiner achteckigen Form auf frühchristliche Taufhäuser zurückgeht. Die Fassade des wohlproportionierten Baus ist durch Marmor-Inkrustationen gestaltet. Großen Ruhm verdankt die Taufkirche den drei monumentalen Bronzeportalen. Andrea Pisano schuf 1330 – 1336 die älteste, südliche Bronzetür mit 28 Reliefszenen aus dem Leben Johannes' des Täufers mit ruhig agierenden Gestalten und spannungsvoller Gebärde. Für das Nordportal wurde 1401 ein Wettbewerb ausgeschrieben, den **Lorenzo Ghiberti** gegen sechs Konkurrenten gewann (darunter Filippo Brunelleschi), er überzeugte mit

Die Reliefs (Kopien) an der Porta del Paradiso

einem dekorativ-illusionistischen Stil. Ghiberti arbeitete 1403 bis 1424 an der zweiflügeligen Tür mit 28 Feldern, in denen 20 Szenen aus dem Neuen Testament sowie vier Evangelisten und vier lateinische Kirchenväter dargestellt sind. Da Ghibertis Stil großen Anklang fand, erhielt er auch den Auftrag für die Osttür, die Michelangelo wegen ihrer Schönheit später als **»Porta del Paradiso«** bezeichnete. Wieder brauchte Ghiberti fast 30 Jahre (1425 bis 1452) für die Arbeit. Vor Ort ist eine Kopie zu sehen, das Original befindet sich im Dommuseum.

Highlights Florenz

▶ **Piazza del Duomo**
Mit Dom, Baptisterium und Kampanile ist der Platz ein einzigartiges Ensemble, seit 1982 Weltkulturerbe der UNESCO und ein Meilenstein der florentinischen Baukunst!
▶Seite 232 ff.

▶ **Piazza della Signoria**
Auf diesem majestätischen Platz schlägt das Herz von Florenz. Wo einstmals Volksversammlungen stattfanden, werden heute Eis und Cappuccino in den Straßencafés genossen.
▶Seite 247 ff.

▶ **Uffizien**
Was den Parisern der Louvre ist, sind den Florentinern die Uffizien. Ein Tag reicht längst nicht aus für diese Gemäldesammlung von Weltrang.
▶Seite 251 ff.

▶ **Ponte Vecchio**
Die berühmteste und älteste Brücke von Florenz.
▶Seite 256

▶ **Galleria dell' Accademia**
Sie wollen Michelangelos David im Original sehen? Hier steht er!
▶Seite 272

▶ **Santa Maria Novella und Santa Croce**
Wer mit Bettelordenskirchen karg ausgestattete Gotteshäuser assoziiert, wird angesichts der Kunstfülle in diesen beiden Kirchen eines Besseren belehrt.
▶Seite 265, 276

▶ **Palazzo Pitti und Giardino di Boboli**
Gleich mehrere Museen unter einem Dach und die größte und schönste Grünanlage der Arnometropole
▶Seite 257, 260

▶ **Museo Nazionale del Bargello**
Wer sich für Renaissance-Skulpturen und historisches Kunsthandwerk begeistert, sollte dieses Museum auf keinen Fall verpassen!
▶Seite 274

Auch innen verkleiden dünne Marmorplatten in geometrischen Mustern die Wandflächen. Nur wenig Licht fällt in den zweigeschossigen Raum, den kräftige Granitsäulen und Pilaster gliedern, überwölbt von einer achteckigen, doppelschaligen Kuppelkonstruktion. Die Gewölbe sind mit herrlichen Mosaiken aus dem 13. Jh. geschmückt. Von der Kuppelmitte aus erscheinen in sechs konzentrischen Ringbändern zunächst Pflanzenornamente, dann die himmlischen Heerscharen, gefolgt von der Schöpfungsgeschichte, der Josephslegende, Szenen aus dem Leben Christi und der Lebensgeschichte Johannes' des Täufers. Beachtenswert sind ferner das Grabmal (1425 – 1427) des Gegenpapstes Johannes XXIII., ein Gemeinschaftswerk von Donatello und Michelozzo, sowie der Marmorfußboden.

Innenraum

✱✱ DUOMO SANTA MARIA DEL FIORE

Dom: Mo. – Mi., Fr. 10.00 – 17.00, Sa. 10.00 – 16.45, So. 13.30 – 16.45,
Do. 10.00 – 16.30 Uhr; Zugang: Portale Maggiore, Piazza del Duomo;
Eintritt Dom, Kuppel, Krypta: 15 € (siehe Grande Museo del Duomo S. 232);
www.ilgrandemuseodelduomo.it
Kuppel: Mo. – Fr. 8.30 – 18.20, Sa. 8.30 – 17.00, So. 13.00 – 16.00 Uhr;
Zugang: Porta della Mandorla (Nordseite Dom)
Santa Reparata: Öffnungszeiten wie Dom, aber So. geschl.;
Zugang: Hauptschiff Dom

Nach der Peterskirche in Rom und dem Mailänder Dom ist Santa Maria del Fiore mit 8300 m² die drittgrößte Kirche Italiens, etwa 25 000 Menschen finden darin Platz. Obwohl von der Entstehungszeit her ein Bauwerk der Gotik, fehlen dem um 1294 begonnenen Dom weitgehend die typischen Elemente wie Strebepfeiler, Maßwerkformen und ausgeprägte Bauplastik. Wie das Baptisterium ist auch der Dom reich verkleidet mit verschiedenfarbigen Marmorplatten. Spätmittelalterlich sind noch die Portale an den Langhausseiten, während die üppig dekorierte Hauptfassade erst 1875 – 1886 nach Entwürfen von Augusto Conti in neugotischem Stil errichtet wurde. Als erster Dombaumeister gilt **Arnolfo di Cambio**. Nach dessen Tod übernahm 1330 die Wollweberzunft die Oberaufsicht der Dombauhütte und übertrug 1334 Giotto die Bauleitung, der sich im Wesentlichen um die Errichtung des Kampanile kümmerte. Die Baupläne für das Kirchenschiff wurden immer wieder geändert, bis 1368 endlich eine kleine, maßstabsgetreue Probekirche gebaut und jedes Abweichen von diesem Modell unter hohe Geldstrafen gestellt wurde. So entstanden bis zum Beginn des 15. Jh.s das Langhaus, die Umfassungsmauern der Choranlage und der Tambour für die Kuppel.

Innenraum Das Innere des Doms ist als dreischiffige Pfeilerbasilika angelegt. Das breit gelagerte Langhaus wirkt kühl, hallenartig, monumental. Kaum etwas erinnert an die filigranen, aufstrebenden Formen, die der Gotik in Frankreich und Deutschland eigen sind. An der Innenfassade mit drei Rundfenstern nach Entwürfen von Ghiberti befinden sich ein Mosaik der Marienkrönung (um 1300) und das Wandgrab des Bischofs Antonio d'Orso von Tino di Camaino. Das Zifferblatt der

---

! BAEDEKER TIPP

Dom: Tickets und Führungen

Für die meisten großen Sehenswürdigkeiten in Florenz empfiehlt es sich, Tickets vorab zu buchen – auch um lange Warteschlangen an den Ticketschaltern zu umgehen. B-ticket (www.b-ticket.com/b-ticket/uffizi) ist der offizielle online-Ticketverkauf von Firenze Musei (www.firenzemusei.it). Unter www.florence-museum.com kann man geführte Touren durch die Uffizien, die Galleria dell'Accademia etc. buchen.

gemalten 24-Stunden-Uhr (1443) mit vier Propheten- oder Evangelistenköpfen ist ein Werk Paolo Uccellos. Am Beginn des rechten Seitenschiffs erinnert eine Büste an Filippo Brunelleschi, den Baumeister der Domkuppel, dessen Grab sich in der Krypta befindet. Nur wenige Schritte weiter steht das Ehrenmal (1490) für Giotto, den Maler, Bildhauer und Architekt des Glockenturms. Die marmorne Prophetenstatue (um 1409) daneben stellt Daniel dar und gilt als **Jugendwerk Donatellos**. Rechts oberhalb des Seitenportals sieht man die 1521 aufgestellte Büste des Philosophen Marsilio Ficino (1433 – 1499), den Leiter der von Cosimo de Medici 1459 gegründeten Platonischen Akademie.

Vom Seitenschiff aus führt der Weg in die Vierung, über der sich das **Kuppelfresko mit dem Jüngsten Gericht** (1572 – 1579) von Giorgio Vasari und Frederico Zuccari befindet. Der Hauptaltar in der Vierung ist zusammen mit der Marmorbrüstung im Wesentlichen ein Werk Baccio Bandinellis (um 1555). In der Scheitelkapelle des Chors steht der Bronzeschrein (1432 – 1442) des Florentiner Bischofs und Stadtheiligen Zenobius, ein Werk von Ghiberti, während die Leuchter tragenden Engel auf dem Altar um 1450 von Luca della Robbia geschaffen wurden.

Im linken Querhausarm befindet sich die **Alte Sakristei** mit einem Bronzeportal (1446 – 1467) von Michelozzo und Luca della Robbia mit einer Darstellung der Kirchenpatronin Maria sowie der Evange-

Piazza del Duomo

1 Porta del Paradiso
2 Nordportal (Eingang)
3 Südportal
4 Hauptaltar

A Portale Maggiore
B Porta dei Cornacchini
C Porta della Mandorla
D Porta del Campanile
E Porta dei Canonici

F Santa Reparata (Krypta)
G Alte Sakristei
H Neue Sakristei

Brunelleschis Vermächtnis

Die Kuppel des Doms von Florenz ist das erste Bauwerk dieser Art in doppelschaliger Konstruktion und das ingenieurtechnische Vermächtnis des Filippo Brunelleschi.

Er verwendete dabei – erstmals auf einem achteckigen Grundriss – die Mauertechnik des Fischgrätverbands (»a spinapesce«), bei der die sich immer schräger auftürmenden Backsteine miteinander verkeilen.

▶ **Angaben zur Domkuppel**

Konstrukteur/Ingenieur	Filippo Brunelleschi
Auftragserteilung	1420
Schließung der Kuppel	1436
Fresken (Vasari, Zuccari)	4000 m²
Durchmesser	42 m
Gewölbehöhe	84 m
Höhe einschl. Laterne	114 m
Masse	37000 t

▶ **Baumaterialien:**
Marmor, Stein, Naturstein, Tuffstein, Ziegelstein, Eichenholz, Kastanienholz, Glas (Fenster), Steinketten, Eisenketten

▶ **Berühmte Kuppelbauten im Vergleich**

Felsendom (690 n. Chr.)
Jerusalem (Israel)
Kuppeldurchm.: 20 m

Hagia Sophia (537 n. Chr.)
Istanbul (Türkei)
Kuppeldurchm.: 31 m

Saint Paul's Cathedral (170
London (England)
Kuppeldurchm.: 34 m

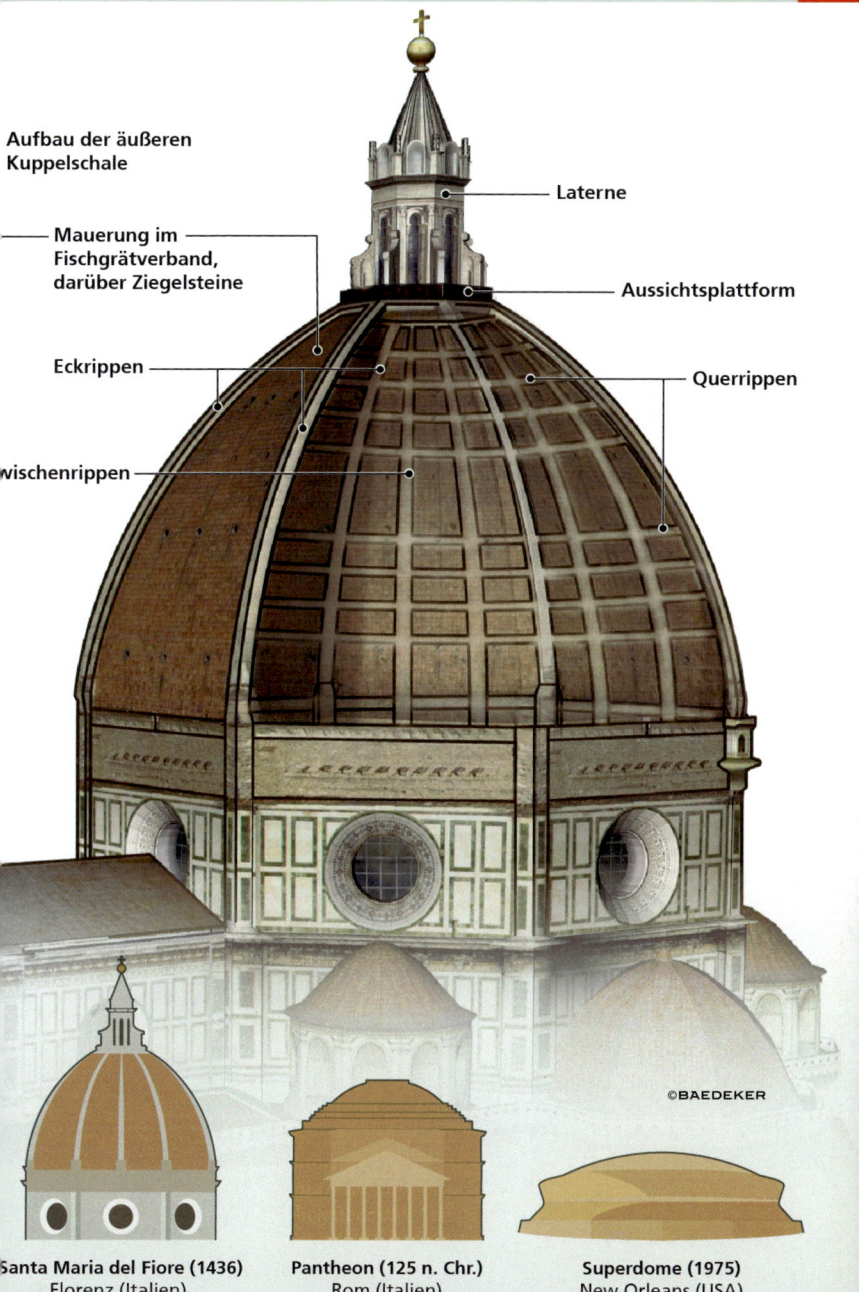

Aufbau der äußeren Kuppelschale

Laterne

Mauerung im Fischgrätverband, darüber Ziegelsteine

Aussichtsplattform

Eckrippen

Querrippen

wischenrippen

Santa Maria del Fiore (1436)
Florenz (Italien)
Kuppeldurchm.: 42 m

Pantheon (125 n. Chr.)
Rom (Italien)
Kuppeldurchm.: 43 m

Superdome (1975)
New Orleans (USA)
Kuppeldurchm.: 207 m

©BAEDEKER

Blick vom Kampanile, der seinen langen Schatten auf die Domkuppel wirft

listen und Kirchenväter. In der Lünette ist eine in weiß-blauer Fayence-Technik gearbeitete Auferstehung Christi (1442–1445) von Luca della Robbia angebracht. 1478 kam es im Zuge der Pazzi-Verschwörung während der Messe zu einem Attentat auf Lorenzo und Giuliano de Medici. Giuliano wurde ermordet, sein Bruder Lorenzo konnte sich in die Sakristei retten.

Im linken Seitenschiff auf der Höhe des vierten Pfeilers erinnert ein Tafelbild (1465) von Domenico di Michelino an Dante Alighieri, der mit seinem Hauptwerk, der »Divina Commedia«, in den Händen vor der Stadtsilhouette von Florenz abgebildet ist. Besonders eindrucksvoll sind zwei **gemalte Reiterstandbilder** an der Seitenschiffwand. Eines zeigt Giovanni Acuto, einen englischen Söldnerführer, der eigentlich John Hawkwood hieß und mit seinen Männern zunächst im Dienst Edwards III. von England Krieg gegen Frankreich führte, 1377 aber von den Florentinern abgeworben wurde, um für sie gegen den Papst zu kämpfen. 1394 beschloss die Regierung, ihm ein Denkmal zu setzen, was allerdings erst 1436 ausgeführt wurde – Paolo Uccello malte ein Reiterstandbild unter Verwendung neu entdeckter perspektivischer Effekte. Auch das zwanzig Jahre später gemalte Reiterstandbild des Niccolò da Tolentino, des Siegers der Schlacht von San Romano (1432), von Andrea del Castagno besticht durch die malerisch-illusionistische Darstellungsweise.

An den unter Santa Maria del Fiore freigelegten Relikten der Vorgänger-Domkirche **Santa Reparata** sind frühchristliche Mosaike und romanische Strukturen zu erkennen.

✳ KAMPANILE

● tgl. 8.15–18.50 Uhr (Eintritt: siehe Grande Museo del Duomo, S. 232)

Nach einem Entwurf von Giotto di Bondone wurde 1334–1384 der 82 m hohe Glockenturm errichtet. Seinen Schmuck bilden, abgesehen von der Marmorinkrustation, in den unteren Geschossteilen **Reliefs von Andrea Pisano,** u. a. die sieben Planeten, die sieben Tugenden, die sieben freien Künste und die sieben Sakramente. In den Nischen darüber erscheinen Statuen der Propheten, Sibyllen und Erzväter, einige wurden erst 1420–1435 von Donatello geschaffen. Man kann auf den Kampanile hinauf, es gibt keinen Aufzug, man muss 414 Stufen hochsteigen.

** MUSEO DELL'OPERA DEL DUOMO

❶ tgl. 9.00 – 19.00, im Sommer Mo., Fr., Sa. bis 21.00 Uhr (Eintritt: siehe Grande Museo del Duomo, S. 232)

Das Dombaumuseum zeigt auf drei Etagen in 28 Räumen 750 Top-Werke aus 720 Jahren Kunst- und Kulturgeschichte, darunter auch Meisterwerke von Donatello.

Im Erdgeschoss, im Salone del Paradiso (Saal 6) ist die nie vollendete und 1587 abgebrochene **erste Fassade des Doms** rekonstruiert worden. Dabei hat man viele der bislang nur als Einzelstücke ausgestellten Statuen wieder an den Platz stellen können, den sie einst in der Fassade hatten. Gegenüber wie auch in der Realität auf dem Domplatz sind die originalen und restaurierten Relieftafeln der berühmten **Paradiespforte des Baptisteriums** von Lorenzo Ghiberti aufgestellt.

In Saal 8 steht ein Spätwerk Donatellos, die heilige Magdalena; von dort geht es in den Saal 9 mit einer der berühmtesten Skulpturen der abendländischen Kunst: die **»Pietà«** von Michelangelo, die 1722 bis 1891 im Chorbereich des Doms aufgestellt war. Mit 23 Jahren schuf der Künstler die Pietà der Peterskirche in Rom, ein vollendetes Werk im traditionellen Versperbild-Stil. Mit 80 Jahren griff er nochmals zu Hammer und Meißel, um eine Pietà zu schaffen, die sich in der thematischen Verbindung von Schmerzensmann, Kreuzabnahme und Beweinung von seinem Erstlingswerk erheblich entfernt hat. Michelangelo ließ die Gruppe unvollendet, zerschlug sie sogar und war doch gleichzeitig so fasziniert, dass er zu ihren Füßen begraben sein wollte.

> **?** *Nicht versäumen*
>
> **BAEDEKER WISSEN**
>
> - das originale Holzmodell der Domkuppel-Laterne von Brunelleschi
> - die »Pietà« von Michelangelo
> - Nischenfiguren aus dem Dom von Donatello
> - Relieftafeln der Paradiespforte von Ghiberti

Im ersten Stock sind in Saal 14 die Reliefs des Kampanile ausgestellt. Die anschließende Galleria della Cupola (Saal 15) widmet sich Brunelleschi und der Domkuppel. Zu sehen sind u. a. die Totenmaske des Erbauers und das originale **Holzmodell für die Laterne der Domkuppel**. In der Sala delle Cantorie (Saal 23) befinden sich zwei marmorne Sängerkanzeln – die linke ist von Lucca della Robbia gearbeitet, die rechte ein Werk von Donatello –, die bis zu ihrem Abbau 1688 als Orgelbrüstungen im Dom dienten. In Saal 25 sind Messbücher und kostbare Reliquiare sowie andere Gold- und Silberarbeiten aus dem **Domschatz** ausgestellt.

Den Gang in den zweiten Stock sollte man vor allem unternehmen, um vom »Belvedere della Cupola« einen ungewöhnlichen Blick auf die Domkuppel zu werfen.

Florenz

Essen
1 Cibrèo
2 Winter Garden
3 Il Latini
4 Sostanza
5 Zà Zà
6 Trattoria Mario
7 Pizzeria Antica Porta
8 Trattoria Alfredo
9 Ruth's

Florenz erleben

AUSKUNFT

Uffizio Informazioni Turistiche
Via Cavour 1/R
Tel. 0 55 29 08 32
www.firenzeturismo.it
Mo. – Fr. 9.00 – 13.00 Uhr

Aeroporto »Amerigo Vespucci«
Firenze-Peretola
Via del Termine 1 (Ankunftsbereich)
tgl. 9.00 – 19.00 Uhr

Santa Maria Novella (Hbf.)
Tel. 0 55 21 22 45
Mo. – Sa. 9.00 – 19.00,
So. 9.00 – 14.00 Uhr

Piazza S. Giovanni I
Tel. 0 55 28 84 96
Mo. – Sa. 9.00 – 19.00,
So. 9.00 – 14.00 Uhr

STADTSTEUER

Die Kommune Florenz erhebt eine »Imposta« bzw. »Tassa di soggiorno«, eine Stadtsteuer, die Touristen auf die Übernachtungskosten aufgeschlagen wird. Sie ist nicht im Hotelpreis inbegriffen und orientiert sich am Qualitätsstandard: Für Ein- bis Fünfsterne-Hotels werden pro Person und für max. 10 Folgenächte je 1 – 5 € fällig. Ausgenommen sind Kinder bis 10 Jahre.

FIRENZECARD

Die Firenzecard (72 Std. gültig, 72 €) gilt für einen Erw. und ein Familienmitglied unter 18 Jahren (EU-Bürger). Man hat kostenfreien Eintritt bei 72 Museen und Sehenswürdigkeiten und an einigen Museen einen separaten Eingang mit kürzeren Warteschlangen. Verkauf in mehreren Touristeninformationen und Museen (u.a. Uffizien, Pal. Vecchio, Pal. Pitti, Museo Stefano Bardini). Online-Kauf/Info: www.firenzecard.it

MIT DEM AUTO IN DIE STADT

Zentrum und Oltrarno sind verkehrsberuhigt (Zona a traffico limitato – ZTL). Zu Hotels darf man in die ZTL fahren, muss dem Hotel aber zuvor sein Kennzeichen und die Ankunftszeit melden. Die meisten Hotels informieren auch über Parkmöglichkeiten. Die ZTL wird mit Überwachungskameras kontrolliert, alle Autos werden erfasst. Bei Verstößen folgen hohe Strafen.

Große Parkplätze sind am Hauptbahnhof Stazione Santa Maria Novella und an der Porta di Prato. Parken kann man auch auf einem bewachten oder blau markierten, kostenpflichtigen Parkplatz in den umliegenden Zonen der ZCS (Zona a controllo sosta) und die Nutzung öffentlicher Verkehrsmittel (ATAF, Tram). Tagestarife bieten Plätze wie »Oltrarno« (Porta Romana), »Beccaria« oder »Fortezza Fiera« (Fortezza da Basso) sowie das Parkhaus »Parterre« (Piazza Libertà, ATAF-Bus 1 fährt von hier ins Zentrum); www.firenzepareggi.it. Sinnvoll ist auch Parken an einer der Haltestellen der Tram T 1, die vom Vorort Scandicci zum Hbf. fährt. Fahrplan: www.gestramvia.it/orari.html

STADTBUSSE

Tickets sind im ATAF-Büro am Hbf., in Bars, Kiosken und bei Tabakhändlern erhältlich. Einfache Fahrt: ca. 1,20 €; Flughafenbus (Volainbus): 6 € (hin und zurück 10 €). Fahrplan: www.ataf.net

Fast wie in der Fankurve im Stadion: Beim mitreißenden Calcio in Costume, dem historischen Fußballspiel in Florenz, geht's hoch her.

VERANSTALTUNGSTIPPS
»Scioppio del Carro« am Ostersonntag: Am Altar des Doms wird eine Rakete in Taubenform gestartet, die an einem Seil durch die Kirche auf den Domplatz »fliegt« und dort einen Ochsenkarren mit Feuerwerkskörpern entzündet.
»Calcio in Costume«: Auf einem Sandplatz (Piazza Santa Croce) kämpfen zwei Mannschaften in historischen Kostümen darum, einen Ball in ein Netz zu bekommen. Das Endspiel wird am 24. Juni im Rahmen der Festa di San Giovanni ausgetragen.
»Firenze Spettacolo«: Stadtmagazin mit allen Veranstaltungen des Monats (www.firenzespettacolo.it)

EINKAUFEN
Florenz ist ein Mode-, Lederwaren-, Stoff-, Delikatessen- und Schmuckparadies, aber auch sündhaft teuer. Haupteinkaufsstraße ist die Via Calzaiuoli zwischen Dom und Piazza della Signoria. Das Herz der Modewelt schlägt in der Via de' Tornabuoni und in den angrenzenden Gassen, in denen alle großen Namen wie Armani oder Dolce & Gabbana vertreten sind. Schuhe findet man im Borgo San Lorenzo oder in der Via Cerretani, Schmuck auf dem Ponte Vecchio, Antiquitäten im Borgo Ognissanti, in der Via Maggio und in der Via Fossi. Schöne Märkte sind der Mercato San Lorenzo in der Via dell'Ariento oder der Mercato Centrale.

ESSEN
❶ *Cibrèo* €€€€
Via del Verocchio 8 R
Tel. 0 55 234 11 00
www.edizioniteatrodelsalecibreofirenze.it
Ruhetag So. u. Mo.; Feinschmeckerlokal von Fabio Picchi in der Nähe des Marktes Sant'Ambrogio.

❷ *Winter Garden* €€€€
Piazza Ognissanti 1
Tel. 0 55 27 16 37 70
www.stregis.com/Florence
In dem herrlichen Jugendstil-Saal des Luxushotels St. Regis ist ein Restaurant eingerichtet. Hier wird sehr gute florentinische Küche angeboten.

❸ *Il Latini* €€€
Via dei Palchetti 6/R
Tel. 0 55 21 09 16
www.illatini.com
Mo. Ruhetag

Hier gibt es die berühmte Bistecca fiorentina, ein 2 – 3 cm dickes Lendenstück, das nur mit einem Spritzer Olivenöl gewürzt wird. An der Decke hängen die Schinkenkeulen.

❹ *Sostanza* ⊖⊖
Via del Porcellana 25
Tel. 0 55 21 26 91
Di. Ruhetag
Traditionsreiches Florentiner Gasthaus, in dem schon Chagall und Steinbeck speisten; unser Tipp: hausgemachte Tortellini

❺ *Zà Zà* ⊖⊖
Piazza del Mercato Centrale 26/R
Tel. 0 55 21 54 11
www.trattoriazaza.it
Tgl. 12.00 – 15.00, 19.00 – 1.00 Uhr
Beliebtes Lokal, in dem es fantasievoll zubereitete Florentiner Gerichte gibt. Vor allem Leute aus dem Viertel kommen hierher. Unbedingt reservieren und Pollo alla Cacciatora oder Ribollita probieren!

❻ *Trattoria Mario* ⊖
Via Rosina 2/R
Tel. 0 55 21 85 50
www.trattoriamario.com
Mo. – Sa. nur 12.00 – 15.30 Uhr, Aug. geschl.
Die winzige Trattoria in der Nähe des Mercato Centrale ist ein typischer Familienbetrieb und sehr beliebt – wo sonst würde man bei einem vollen Restaurant auf dem Gehweg warten, bis der Patrone einen zu Tisch bittet? Sohn Romero brillierte als TV-Koch.

❼ *Pizzeria Antica Porta* ⊖
Via Senese 23/R
Tel. 0 55 22 05 27
www.anticaportafirenze.it
Mo. Ruhetag

Es gibt Traditionelles, außerdem hervorragende Pizzen mit Büffel-Mozzarella. Die Calzone mit Trüffelcreme lohnt sich!

❽ *Trattoria Alfredo* ⊖
Via dei Leoni 14/R
Tel. 0 55 29 49 12
Mo. – Fr., So. 12.00 – 15.00, 18.45 – 22.30 Uhr, Sa. geschl.
Alfredo Lettieri und seine fünf Mitstreiter bieten im Schatten der Uffizien täglich wechselnde Speisen: unprätentiös, streng saisonal und zu zivilen Preisen. Freitags gibt es immer Fisch.

❾ *Ruth's* ⊖
Via Farini 2
Tel. 05 52 48 08 88
www.kosheruth.com
Fr. abends, Sa. mittags, jüd. Feiertage geschl.
Frische vegetarische, koschere Küche, auch Fisch, im Gemeindezentrum rechts der Synagoge. Auch Take-away.

ÜBERNACHTEN
❶ *Brunelleschi* ⊖⊖⊖⊖
Piazza Sant' Elisabetta 3
Tel. 05 52 73 70
www.hotelbrunelleschi.it
Ein byzantinischer Turm mit 95 Zimmern im Herzen von Florenz. Ein Privatmuseum informiert über die Geschichte des Hauses und seinen Namensgeber. Von der Dachterrasse bietet sich ein herrliches Stadtpanorama.

❷ *Villa Mangiacane* ⊖⊖⊖⊖
Via Faltignano 4
San Casciano
Tel. 05 58 29 01 23
www.mangiacane.icom
Luxuriös restaurierte Renaissancevilla (26 Z.) auf einer Hügelkuppe inmitten von

Luxurös: Villa Mangiacane

Olivenhainen und Weinbergen 12 km südlich von Florenz. Loggia mit Traumblick auf die Arnostadt und Spa-Bereich.

❸ *Plaza Hotel Lucchesi* ❻❻❻❻

Lungarno della Zecca Vecchia 38
Tel. 05 52 62 36
www.hotelplazalucchesi.it
Dieses Traditionshaus am Arno gibt es seit 1860. 10 Suiten und 87 Zimmer mit WIFI, teils mit Balkon und Aussicht auf Santa Croce, Dom und Palazzo Vecchio.

❹ *Beacci Tornabuoni* ❻❻❻

Via de' Tornabuoni 3
Tel. 0 55 21 26 45
www.tornabuonihotels.com
Zentral gelegene, stilvolle Pension in der renommierten Einkaufsmeile. Das Frühstück wird auf der Dachterrasse serviert.

❺ *Palazzo Guadagni* ❻❻ – ❻❻❻

Piazza Santo Spirito 9
50125 Firenze (Oltrarno)
Tel. 05 52 65 83 76
www.palazzoguadagni.com

2009 wurde dieser Renaissance-Palast mit 14 Zimmern im Herzen von Oltrarno mit Deckenfresken, Kaminen und Loggia perfekt restauriert. Man wohnt im goldenen, silbernen oder grünen Zimmer und genießt gehobenen 3-Sterne-Komfort. In der Roof Garden Bar kann man sich Cocktails mixen lassen und sie mit grandiosem Ausblick auf die Stadt genießen.

❻ *La Terrazza su Boboli* ❻❻ – ❻❻❻

Viale Petrarca 122
50125 Florenz (Oltrarno)
Tel. 05 52 33 73 94
www.laterrazzasuboboli.com
Elegantes, ruhiges B&B mit Blick über den Boboli-Garten. Es gibt sechs schöne Zimmer mit Parkettböden, ein paar davon haben einen Balkon. Das köstliche Frühstücksbuffet wird in der kühlen Jahreszeit in der Lounge serviert, an Sommermorgenden auf der Terrasse. Kostenfreie Parkplätze.

❼ *La Scaletta* ❻ – ❻❻

Via d. Guicciardini 13
Tel. 0 55 28 30 28
www.hotellascaletta.it
Hotel in schönem historischen Gebäude mit 11 einfachen, gepflegten Zimmern. Blick auf die Stadt von der hübschen Dachterrasse.

❽ *Crocini* ❻

Corso Italia 28
Tel. 0 55 21 29 05
www.hotelcrocini.com
Günstiges Hotel in der Nähe des Teatro Comunale mit hübschem Garten. 20 einfach ausgestattete, ruhige Zimmer und Frühstücksraum zum begrünten Innenhof hin.

VOM DOMPLATZ ZUR PIAZZA DELLA SIGNORIA

Mehrere Wege führen vom Domplatz zur Piazza della Signoria, so die elegante Via Calzaiuoli oder die parallel verlaufenden kleinen Gassen wie die Via dei Cerchi, in der winzige Läden und ausgezeichnete Feinkostgeschäfte zum Schauen und Kaufen verleiten.

*Orsan-
michele
Das palastartige Gebäude (1337 – 1350) an der Via dell' Arte della Lana hatte die Doppelfunktion eines städtischen Getreidespeichers und eines Oratoriums. Die äußeren Arkaden des Untergeschosses, unter denen anfangs Markt abgehalten wurde, wurden erst Jahrzehnte nach der Fertigstellung des Gebäudes in gotischem Maßwerk geschlossen. Ende des 14. Jh.s nahmen sich die Zünfte der Ausschmückung des Baus an und beauftragten dafür namhafte Bildhauer. Daher stammen auch die meisten Figuren (zum Teil durch Kopien ersetzt) in den 14 Außennischen aus dem beginnenden 15. Jh., darunter bedeutende Zeugnisse der Renaissanceskulptur.

Nischenfiguren: In der Via Calzaiuoli, mit der linken äußeren Nische beginnend, sieht man zunächst ein Werk der Frührenaissance: die Bronzestatue (1414) Johannes' des Täufers von Lorenzo Ghiberti, die er im Übergangsstil von der Gotik zur Renaissance für die Zunft der Tuchhändler und Großkaufleute ausführte. Schon zum Hochrenaissancestil zählt die Bronzegruppe »Christus und der ungläubige Thomas« (1465 – 1483) von Andrea del Verrocchio für die Nische des Handelsgerichts. In den nächsten beiden Nischen stehen der Evangelist Lukas (1597 – 1603) von Giambologna für die Zunft der Richter und Notare sowie der Apostel Petrus (um 1420) aus dem Umkreis von Donatello für die Schlachter. Für die zwei folgenden Nischen schuf Nanni di Banco den hl. Philippus (1410 – 1412), eine trotz Kontrapost noch flächig aufgefasste Gewandfigur für die Gerberzunft sowie die vier gekrönten Heiligen (1414 – 1417) für die Zunft der Steinmetze und Zimmerleute als Gruppe von vier unter Diokletian gemarterten frühchristlichen Bildhauern (Sockelrelief). Donatello meißelte den hl. Georg (um 1416) als Ritterheiligen für die Nische der Waffenschmiede (das Original befindet sich im Bargello, vor Ort steht eine Bronzekopie). Zwar steht die Figur noch in einer Nische, doch ist der Weg zur frei stehenden Statue bereits vorgezeichnet. Die

BAEDEKER TIPP !

Ermäßigungen für Museen

In vielen Museen haben EU-Bürger unter 18 und über 65 Jahren freien Eintritt, 18 – 25 Jahre alte EU-Bürger erhalten 50 % Rabatt. Bürger aus Nicht-EU-Staaten erhalten oft 50 % Ermäßigung. Sparen kann man mit Kombi-Tickets für mehrere Museen (biglietti cumulativi). Jeweils am ersten So. im Monat bieten viele Museen freien Eintritt.
Information:
www.firenzeturismo.it

Bronzefigur des Evangelisten Matthäus (1424) von Lorenzo Ghiberti
für die Geldwechslerzunft wirkt sicherer im Körperaufbau als der hl.
Johannes. Statt traditionell frontal erscheint die Gestalt nun leicht
seitlich gewendet. In den nächsten Nischen stehen der hl. Stephanus
(1427 – 1428), von Ghiberti für die Wolltuchhändler geschaffen, und
der schlanke, hoch aufgerichtete hl. Eligius (um 1420), von Nanni di
Banco für die Hufschmiedezunft. Der Evangelist Markus (1411 bis
1415) ist von Donatello für die Zunft
der Leinen- und Altwarenhändler
gearbeitet worden. In den weiteren
Nischen wurden der hl. Jacobus
(nach 1422) von Niccolò di Pietro
Lamberti für die Kürschner und
Pelzhändler, die Madonna della
Rosa (1399), Giovanni di Piero Tedesco zugeschrieben, für die Zunft
der Ärzte und Apotheker sowie der
Evangelist Johannes (1515) von Baccio da Montelupo für die Seidenwe-
ber- und Goldschmiedezunft aufgestellt.

Das Innere von Orsanmichele, eine
zweischiffige gotische Halle, birgt
ein Marmortabernakel (1359) von
Andrea Orcagna mit Szenen aus

> **BAEDEKER TIPP**
>
> ❗ *Vorbestellen statt warten*
>
> Exorbitante Warteschlangen vor
> allem an den Uffizien und an der
> Galleria dell' Accademia vermei-
> det man am besten durch Ticket-
> Vorbestellung (mind. 3 Tage im
> Voraus, Tel. 0 55 29 48 83). Diesen
> offiziellen Service (4 €, für andere
> staatl. Museen 3 €) gibt es auch
> online (www.firenzemusei.it,
> www.uffizi.it). Auch manche Ho-
> tels übernehmen Vorbestellun-
> gen. Achtung vor nicht autorisier-
> tem Ticketverkauf im Internet!

dem Marienleben und eine Marientafel (1347) von Bernardo Daddi
als Ersatz für das verbrannte wundertätige Gnadenbild. In der 1. Etage gibt es ein **Skulpturenmuseum** (Museo delle Sculture). In Orsanmichele finden klassische Konzerte statt.

Kirche: tgl. 10.00 – 17.00 Uhr
Museum: Mo. 10.00 – 17.00 Uhr; Eintritt frei

** PIAZZA DELLA SIGNORIA

Seit dem 14. Jh. ist die Piazza della Signoria das politische Zentrum
der Stadt. Heute bevölkern Besucher aus aller Welt die Cafés rund
um den weiten Platz. Prunkstück der Piazza ist der **Neptunbrunnen,**
von den Florentinern als »Biancone« (großer Weißer) verspottet. Er
sollte 1565 anlässlich der Hochzeit von Francesco de Medici, Sohn
Cosimos I., mit der Prinzessin Johanna von Österreich vollendet
werden, was aber erst 1578 durch Bartolomeo Ammanati geschah.
Eine Granitscheibe im Pflaster in der Nähe des Neptunbrunnens erinnert an die Hinrichtung und Verbrennung Savonarolas und seiner
Mitbrüder Buonvicini und Maruffi 1498. Das Reiterstandbild (1594)
von Giambologna zeigt Großherzog Cosimo I. de Medici.

Piazza della Signoria

Der beeindruckende Platz, auf dem früher die Volksversammlungen stattfanden, wird vom wuchtigen Turm des Palazzo Vecchio beherrscht. Man genießt das Leben auf der Piazza am besten von einem der feinen Straßencafés gegenüber dem Palazzo.

❶ Palazzo Vecchio
Der Palazzo dei Priori entstand in den Jahren 1299 bis 1314; umbenannt in Palazzo Vecchio wurde er, nachdem die Residenz der Medici in den Palazzo Pitti verlegt wurde.

❷ Turm
Bis heute Sitz der Stadtverwaltung

❸ Loggia dei Lanzi
In der offenen dreijochigen Halle sind berühmte Skulpturen aufgestellt wie »Perseus mit dem Haupt der Medusa« von Benvenuto Cellini. Unter der rechten Arkade ist die Marmorgruppe »Raub der Sabinerinnen« von Giambologna zu sehen.

❹ Neptunbrunnen
Wegen des marmornen Riesen, dem Meeresgott Neptun, wird dieser Brunnen auch »Il Biancone« (der große Weiße) genannt.

Nicht weit vom Brunnen erinnert heute eine in den Boden eingelassene Bronzetafel an die Verbrennung des Dominikanermönchs Savonarola 1498 auf der Piazza della Signoria.

Darstellungen zur Geschichte der Stadt Florenz und der Medici gestaltet, während die Längswände riesige Schlachtenbilder von Vasari
zieren. An der südlichen Schmalseite steht die berühmte Marmorstatue »Genius des Sieges« von Michelangelo. Ein Schmuckstück des
Florentiner Manierismus ist das prächtige kleine ***Studierzimmer
des Großherzogs Francesco I.** (Studiolo di Francesco I.), das Giorgio Vasari 1570 – 1575 entwarf und bedeutende Maler und Bildhauer
der Zeit ausstatteten. Im **Liliensaal** (Sala dei Gigli) im zweiten Stockwerk mit Fresken von Ghirlandaio und seiner Werkstatt (1482 – 1484)
steht die ausdrucksvolle Bronzegruppe »Judith und Holofernes« (um
1460) von Donatello. Die Privatgemächer der Eleonora von Toledo,
der 1562 verstorbenen Gattin Cosimos I., sind mit Deckenfresken im
Stil des Manierismus ausgestattet. Bedeutend ist die **Privatkapelle
Eleonoras** mit den Wandbildern zur Geschichte Moses' (1540 bis
1545) von Agnolo Bronzino.

Nach den Landsknechten, die ab dem 16. Jh. als Wachtposten der
Medici-Fürsten dienten, wird die offene gotische Pfeilerhalle Loggia
dei Lanzi (1374 – 1381) genannt. Zuvor war sie der Ort für offizielle
Zeremonien: Hier wurden Botschafter und Fürsten empfangen, die
Prioren und der Gonfaloniere eingesetzt. Außen über den Rundbö-
gen zieren in den Nischen Tugendallegorien (1383 – 1391) die Log-
gia. Geht man im Uhrzeigersinn durch die Halle, so fällt zunächst die
Bronzestatue des »Perseus mit dem Haupt der Medusa« (1545 – 1554)
ins Auge, ein Meisterwerk von Benvenuto Cellini, das er im Auftrag
Cosimos I. schuf. Der antike Held zeigt in triumphaler Geste das ab-
geschlagene Haupt der Medusa, eines Ungeheuers, das Perseus mit
Hilfe der Götter töten konnte. Unter der rechten Arkade liefert
Giambologna mit seinem »Raub der Sabinerinnen« (1579 – 1582) ein
weiteres Beispiel für den Manierismus.

****Loggia
dei Lanzi**

** GALLERIA DEGLI UFFIZI

Uffizien: Di. – So. 8.15 – 18.50 Uhr; Eintritt: 8 €, 1. So. im Monat frei;
www.uffizi.it
Vasari-Korridor: Den Vasari-Korridor kann man nur im Rahmen von
Führungen besichtigen, die über Agenturen organisiert werden. Die
Preise liegen zwischen 70 und 90 €;
www.corridoiovasariano.com, www.ticketsflorence.com

Zwischen dem Palazzo Vecchio und der Loggia dei Lanzi befindet
sich der Eingang zu einem der reichsten Museen der Welt, den Uffizien, ursprünglich ein 1560 – 1580 für die Verwaltungsämter (Uffizi)
des Herzogtums errichteter Bau, der mittels eines Korridors mit dem
Palazzo Vecchio und der Loggia dei Lanzi verbunden war. Die weltberühmte Sammlung der Uffizien mit Meisterwerken europäischer

**Eingang
Loggiato
degli Uffizi**

Galleria degli Uffizi

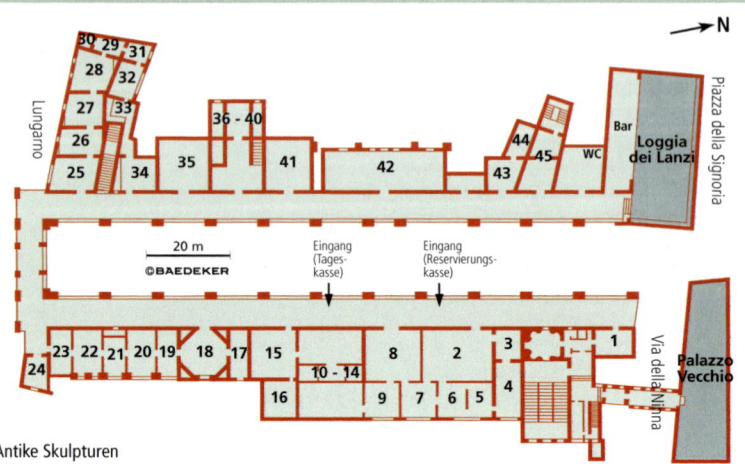

1 Antike Skulpturen
2 Toskanische Maler
  des 13. Jh.s:
  Cimabue, Giotto u. a.
3 Sienesische Maler
  des 14. Jh.s
4 Florentinische
  Maler des 14. Jh.s
5-6 Gotische Malerei
7 Toskanische Maler
  (Frührenaissance)
8 Filippo Lippi
9 Botticelli, Pollaiolo
10-14 Botticelli, van der Goes
15 Perugino, da Vinci u.a.

16 Landkarten
17 Saal des
  Hermaphroditen
18 Tribuna: Griechische
  Plastiken
  Gemälde von Vasari,
  Bronzino, Pontormo
19 Perugino, Signorelli
20 Dürer, Cranach
21 Bellini, Giorgione,
  Carpaccio u. a.
22 Holbein, David,
  Altdorfer, Memling

22 Correggio, Mantegna
23 Miniaturen des
  15.-18. Jh.s
24 Michelangelo
25 Fra Bartolomeo
26 Sarto, Raffael
27 Pontormo, Rosso
  Fiorentino
28 Tizian
29 Parmigianino, Dossi
30 Künstler des 16. Jh.s
  aus der Emilia
31 Veronese

32 Tintoretto, Bassan
33 Vasari, Bronzino
34 Lotto, Moroni
35 Barocci und die
  toskanische
  Gegenreformation
36-40 Archäologische Sä
41 Rubens, van Dyck
42 Saal der Niobe
43 Caravaggio
44 Niederländische
  Malerei des 17. Jh
45 Werke des 18. Jh.

Malerei und antiken Skulpturen ging aus einer Privatgalerie der Medici-Fürsten hervor, die von der letzten Erbin des Hauses der Stadt
Florenz überlassen wurde. Saal 1 beherbergt **archäologische Exponate** aus der römischen Antike. Der Rundgang sollte im ersten Stock
im Saal 2 mit toskanischer Malerei um 1300 beginnen, von dort sind
bis zum Saal 16 die Gemälde chronologisch und anschließend nach
Schulen, Regionen und Ländern bis 1700 gehängt. Der **Vasari-Korridor,** der den Palazzo Vecchio mit dem Palazzo Pitti verbindet, kann
nur im Rahmen von Führungen, die unregelmäßig angeboten werden, besichtigt werden. Zu sehen ist eine eindrucksvolle Sammlung
von Porträts italienischer und ausländischer Künstler (Leonardo,
Raffael, Michelangelo, Rembrandt, Ensor etc.).

In Saal 2 beeindrucken drei großformatige Madonnentafeln: »Thronende Madonna mit Engeln« (um 1275) von Cimabue, die »Maestà« (1285) von Duccio sowie die »Maestà« (um 1310) von Giotto. Sie verdeutlichen den Übergang von der byzantinischen Malerei mit der Mariendarstellung als wesenlose Himmelskönigin zu einer auf Beobachtung gegründeten Bildvorstellung von einer menschlichen Frauengestalt. In Saal 3 hängt Simone Martinis »Verkündigung« (um 1333), ein Gemälde von großer Feinheit und Eleganz, in Saal 5 / 6 ist der internationale gotische Stil u. a. mit der prachtvoll inszenierten »Anbetung der Könige« (1423) von Gentile da Fabriano vertreten. Die Werke der Frührenaissance in Saal 7 sind wegen der erstmaligen Verwendung der Zentralperspektive von Bedeutung, darunter die »Hl. Anna Selbdritt« (um 1420) von Masaccio, die »Schlacht von San Romano« (um 1456) von Paolo Uccello, die von natürlichem Sonnenlicht durchflutete »Thronende Madonna mit Heiligen« (um 1445) von Domenico Veneziano sowie die nach dem Vorbild der antiken Medaillenkunst in strengem Profil gestalteten **Bildnisse des Herzogspaares von Urbino** (um 1465) von Piero della Francesca. In Saal 8 strahlt Filippo Lippis mädchenhafte »Madonna mit Kind und zwei Engeln« (um 1465) Heiterkeit und Anmut aus. Die Kleinplastiken der Brüder Antonio und Piero Pollaiolo in Saal 9 sind ein Ausdruck intensiver und anspruchsvoller Anatomiestudien.

Säle 2 – 9 Toskanische Malerei vom 13. Jh. bis zur Frührenaissance

> **?** *Nicht versäumen*
>
> BAEDEKERWISSEN
>
> - Saal 2: Madonnentafeln von Cimabue, Giotto und Duccio
> - Saal 7: Bildnisse des Herzogspaares von Urbino von Piero della Francesca
> - Saal 10: Geburt der Venus von Botticelli
> - Saal 15: Verkündigung von Leonardo da Vinci
> - Saal 25: Heilige Familie von Michelangelo
> - Saal 26: Madonna mit dem Stieglitz von Raffael

Mit ungefähr dreißig Jahren malte Sandro Botticelli das Altarbild »Anbetung der Könige« (um 1475), in dem er zahlreiche Zeitgenossen porträtierte. Es folgten die **»Geburt der Venus«** und die **»Primavera«** als Auftragsarbeiten für Lorenzo di Pierfrancesco de Medici, einen Vetter von Lorenzo il Magnifico. Die »Geburt der Venus« entstand vermutlich 1482/1483. Botticelli verbindet darin antikes und christliches Gedankengut. So malt er einen weiblichen Akt nach dem Vorbild einer antiken Statue der Liebesgöttin Venus und greift indirekt auf den Typus des christlichen Taufbildes zurück. Im selben Saal befindet sich auch der berühmte **Portinari-Altar,** der kurze Zeit vor der »Geburt der Venus« als Auftragswerk Tommaso Portinaris, des Leiters der Medici-Bank-Filiale in Brügge, von Hugo van der Goes gemalt wurde. Der Altar beeindruckt zwar durch seinen Naturalismus und Realismus, aber insgesamt bleibt die Malerei nördlich der Alpen stark mystisch-religiös geprägt.

Säle 10 – 14 Botticelli

Saal 15,
Saal 16
Verrocchio,
Leonardo

Leonardo da Vinci wurde bei Andrea del Verrocchio ausgebildet; gemeinsam mit ihm malte er die **»Taufe Christi im Jordan«** (um 1470). Seine »Verkündigung« (1470/1475) in extremem Breitformat besticht durch die atmosphärische Landschaftswiedergabe und die emotional bewegten Gestalten. In der »Anbetung der Weisen« (begonnen 1481) hat Leonardo die aufkommende Krisenstimmung seiner Zeit subtil erfasst. Seine Madonna mit dem Kind ist umringt von Menschen, die der Geburt des Gottessohnes teils mit Verwunderung, teils mit Schrecken begegnen.

Saal 20
Deutsche
Renaissance-
malerei

Die deutsche Renaissancemalerei in Saal 20 wird vertreten durch Meisterwerke von Lucas Cranach: Porträts von Martin Luther und seiner Frau Katharina von Bora, ein Selbstbildnis und ein eindrucksvolles Melanchthon-Porträt sowie »Adam und Eva« in leicht erotischer Manier. Von Albrecht Dürer sind zu nennen »Madonna mit Kind« (1526), »Bildnis des Vaters« (1490) und »Anbetung der Könige« (1504), kurz vor seiner zweiten Italienreise entstanden.

Saal 21
Venezia-
nische
Renaissance-
malerei

Die venezianische Renaissancemalerei, für die eine weiche, tonale Farbgebung und ausgewogene Licht-Atmosphäre sowie harmonische Landschafts- und ruhige Figurendarstellungen charakteristisch sind, ist mit der »Christlichen Allegorie« (um 1485) von **Giovanni Bellini** präsent, mit zwei Szenen aus dem Leben Moses' (Urteil Salomos, Feuerprobe) und dem Bildnis eines Malteserritters von Giorgione.

Saal 24 – 26
Michelangelo,
Raffael

Michelangelos »Heilige Familie« (1503/1504) in Rundform zeigt keinerlei religiöses Pathos. Dem für die Hochzeit von Agnolo Doni mit Maddalena Strozzi gemalten Bild sieht man Michelangelos starkes Interesse an der Bildhauerkunst an, erscheint die Familie doch wie aus einem Block gemeißelt. Von Raffael sind in Saal 26 drei wichtige Werke zu sehen: ein Selbstporträt (um 1506), das er als Dreiundzwanzigjähriger malte, seine liebliche »Madonna mit dem Stieglitz« in effektvoller Dreieckskomposition und das Porträt »Papst Leo X. mit zwei Kardinälen«.

Saal 27
Rosso
Fiorentino

Einer der frühen Manieristen war Rosso Fiorentino. Seine Vorliebe für den flächenförmigen Aufbau von Körpern und kühle Farbgebungen zeigt sich im Gemälde »Moses verteidigt die Töchter Jethros« (1523), das Bezug nimmt auf die alttestamentliche Erzählung, nach der Moses die Hirten am Brunnen vertreibt und die Herden der sieben Töchter Jethros' trinken lässt.

Saal 28
Tizian

Von den Werken Tizians sind die »Venus von Urbino« (1538), »Ludovico Beccadelli« (1552), »Venus und Cupido« (1560), »Eleonora Gonzaga della Rovere«, »Francesco Maria, Herzog von Urbino« und »La Flora«, eines seiner schönsten Frauenbildnisse, zu sehen. Die

Stehen und staunen – Kunstgenuss in den Uffizien

»Venus von Urbino«, gemalt für den Herzog von Urbino, besticht durch ihre Farbkomposition. Die Rottöne verklammern die einzelnen Bildteile raumperspektivisch und flächendiagonal miteinander.

In Saal 31 hängen Werke von Paolo Veronese, in Saal 32 »Leda mit dem Schwan«, »Venezianischer Admiral« und Porträts von Tintoretto sowie »Das Konzert« und »Zwei Hunde« von Jacopo Bassano, in der Passage 33 vor allem kleinformatige Werke manieristischer Maler wie Alessandro Allori und Giorgio Vasari. In Saal 34 sind Porträts von Giovanni Battista Moroni und die »Hl. Familie mit hll. Hieronymus und Anna« (1534) von Lorenzo Lotto zu sehen. **Säle 31 – 34**

Neben der deutschen Renaissancemalerei ist auch die niederländische Malerei des »Goldenen 17. Jahrhunderts« in den Uffizien vertreten, u. a. mit Arbeiten von Peter Paul Rubens, so das Bildnis Kaiser Karls V. und ein Porträt seiner ersten Frau Isabella Brant. Im 1779/1780 klassizistisch dekorierten Saal (Nr. 42) steht die Niobiden-Gruppe, eine römische Kopie nach griechischen Originalen, die neben der Medici-Venus die kostbarste antike Skulptur in Florenz ist. **Säle 41 – 44**

Saal 45   Im letzten Saal kehrt die Ausstellung wieder zur italienischen Malerei zurück. Im 18. Jh. übernahmen die Venezianer erneut die Führung, insbesondere mit den berühmt gewordenen **Stadtansichten von Canaletto** oder Guardi, die hier gezeigt werden.

* Museo di Storia della Scienza (Museo Galileo)   An der Rückseite der Uffizien kurz vor dem Arno ist im Palazzo Castellani das sehenswerte Museum zur Geschichte der Wissenschaften untergebracht. Besonders spannend ist der Saal mit den **Originalinstrumenten von Galilei**, z. B. dem Fernrohr, mit dem der Wissenschaftler die Jupitermonde entdeckte.
❶ Mo. – So. 9.30 – 18.00, Di. 9.30 – 13.00 Uhr; Eintritt: 9 €; www.museogalileo.it

** Ponte Vecchio   Eine Flussüberquerung existierte hier wohl schon in **etruskischer Zeit.** Die römische Via Cassia querte an dieser Stelle auf einer Holzbrücke den Arno. Ab dem 13. Jh. entstanden Läden und Wohnungen auf der Brücke, dem Großherzog missfielen jedoch Lärm und Gerüche. Ab 1593 durften nur noch Goldschmiede handeln. Die Brückenmitte schmückt seit 1900 eine Büste des berühmtesten Goldschmieds Benvenuto Cellini. Auf der Ostseite verläuft der Vasari-Korridor oberhalb der kleinen Brückenhäuser über die »Alte Brücke«.

Ponte Vecchio mit kleinen Läden und dem Vasari-Korridor

PALAZZO PITTI UND SÜDLICHES ARNOUFER

An der weiten Piazza dei Pitti, die einem Ehrenhof vergleichbar ist, erhebt sich der monumentale Pitti-Palast. Die Pitti waren eine **angesehene Florentiner Kaufmannsfamilie,** die es an Stolz und Ehrgeiz mit den Medici aufnahm. Unter Luca Pitti entstand auf dem linken Arnoufer etwas oberhalb der Stadt ein repräsentativer Stadtpalast. Der Architekt Luca Fancelli leitete – möglicherweise nach Entwürfen Brunelleschis – die ersten Bauarbeiten (1457 – 1466). Zwischen 1558 und 1570 ließ Eleonora von Toledo, die Frau Cosimos I., den Palazzo, den sie 1549 erworben hatte, gänzlich erneuern und vergrößern. Die Dekoration der Medici-Gemächer bildete den Grundstock für die Galleria Palatina. Antike und zeitgenössische Statuen kamen hinzu. Heute sind im Palast mehrere Museen untergebracht.

**Palazzo Pitti

Vom Innenhof geht es rechts zum Aufgang in die Galleria Palatina, die Gemäldegalerie im ersten Stock. Die Bilder sind nicht chronologisch, sondern nach dekorativen Kriterien geordnet, um die Prunkräume mit dem Mobiliar nach dem Geschmack der Medici-Fürsten zur Schau zu stellen. Von der Treppe aus durchquert man das Vestibül, die Sala degli Staffieri, die Galleria delle Statue, die Galleria delle Nicchie und kommt in die Sala di Venere mit den ersten Gemälden.
❶ Di. – So. 8.15 – 18.50 Uhr; Eintritt: 8,50 € (inkl. Galleria d'Arte Moderna)

Galleria Palatina

Sala di Venere: In der Saalmitte steht die »Italische Venus« (1810) von Antonio Canova, ein Auftragswerk Napoleons. Vier Gemälde bezeugen die Entwicklung des Venezianers Tizian (»Das Konzert«, »Bildnis einer Dame«, Porträts von Papst Julius II. und Pietro Aretino). Aus der Frühzeit Tintorettos stammt »Venus, Amor und Vulkan«. Weitere bedeutende Werke im Saal der Venus sind die »Rückkehr der Jäger« (Sustermans), »Rückkehr der Bauern von der Arbeit« und »Odysseus bei den Phäaken« (Rubens) sowie die »Seelandschaft bei Sonnenuntergang« (Salvatore Rosa).
Sala di Apollo: Von den Arbeiten im 16. und 17. Jh.s im Apollo-Saal sind besonders erwähnenswert: »Maria Magdalena« (um 1531) und »Bildnis des Ippolito Riminaldi« (um 1540 – 1545), beide von Tizian. Das Doppelporträt König Karls I. von England und seiner Frau Henriette von Frankreich (nach 1623) malte van Dyck. Rosso Fiorentino schuf um 1520 die »Pala Dei« genannte monumentale »Sacra Conversazione« für die Kapelle der Familie Dei in Santo Spirito.
Sala di Marte: Die Deckengemälde im Saal des Mars mit Allegorien zum Thema Krieg stammen von Pietro da Cortona. In Korrespondenz dazu steht Rubens' großformatiges Werk **»Die Folgen des Krieges«.** Es erzählt, wie Venus vergeblich versucht, Mars davon abzuhalten, in den Krieg zu ziehen. Rubens schuf das Werk 1638 unter dem Eindruck des Dreißigjährigen Krieges.

Gemäldegalerie

Palazzo Pitti

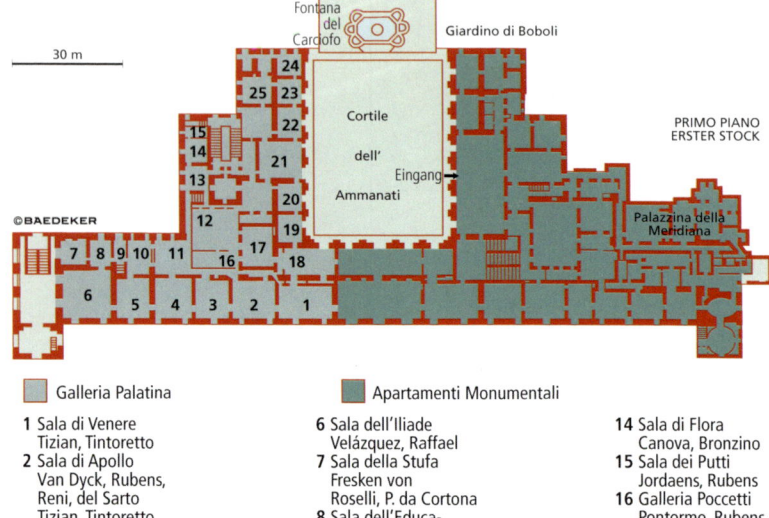

Galleria Palatina   Apartamenti Monumentali

1 Sala di Venere
  Tizian, Tintoretto
2 Sala di Apollo
  Van Dyck, Rubens,
  Reni, del Sarto,
  Tizian, Tintoretto
3 Sala di Marte
  Tintoretto, Reni,
  Tizian, Rubens,
  Murillo, Veronese
4 Sala di Giove
  Raffael, Bordone,
  Rubens, del Sarto,
  Perugino, Guercino
5 Sala di Saturno
  Raffael, Perugino,
  Ghirlandaio

6 Sala dell'Iliade
  Velázquez, Raffael
7 Sala della Stufa
  Fresken von
  Roselli, P. da Cortona
8 Sala dell'Educa-
  zione di Giove
  Caravaggio, Allori
9 Bagno di Napoleone
10 Sala di Ulisse
  Raffael, Reni, Lippi
11 Sala di Prometeo
  Signorelli, Lippi,
  Botticelli, Reni
12 Corridoio d. Colonne
13 Sala della Giustizia
  Veronese, Tizian

14 Sala di Flora
  Canova, Bronzino
15 Sala dei Putti
  Jordaens, Rubens
16 Galleria Poccetti
  Pontormo, Rubens,
  Ribera, Dughet
17 Sala della Musica
18 Sala Castagnoli
19 Sala delle Allegorie
20 Sala delle Belle Arti
21 Salone d'Ercole
22 Sala dell'Aurora
23 Sala di Berenice
24 Sala di Psiche
25 Sala della Fama

Sala di Giove: Auch der Jupiter-Saal ist mit Deckenbildern von
Pietro da Cortona geschmückt. Der Raum diente als Thronsaal der
Großherzöge, das Deckengemälde nimmt darauf Bezug. Zu den
wichtigsten Kunstwerken zählen »Die drei Alter des Menschen« (um
1510 – 1520), das **Giorgione** zugeschrieben wird, »Madonna mit der
kleinen Schwalbe« von Guercino, »Johannes der Täufer« (um 1520)
von Andrea del Sarto und »Die Grablegung Christi« (um 1511/1512)
von Fra Bartolomeo. »La Velata« (um 1516), auch »La Fornarina«
genannt, gehört zu den schönsten Frauenporträts von Raffael.
Sala di Saturno: Im Saal des Saturn hängen Bilder von Raffael und
seinen Zeitgenossen Perugino, Fra Bartolomeo, Andrea del Sarto.
Sala dell'Iliade: Die Ausstattung des Ilias-Saals wurde 1819 – 1825

erneuert. Luigi Sabatelli malte das Deckengemälde »Olymp« und die Lünetten mit Szenen aus Homers Ilias. Zwei großformatige Bilder Andrea del Sartos (1526, 1530), die die Himmelfahrt Marias zeigen, hängen einander gegenüber. Beachtenswert sind zudem »Philipp IV. von Spanien« von Velázquez, Raffaels »Schwangere« und das »Bildnis des Grafen Waldemar Christian« von Sustermans.

Sala della Stufa: Der kleine Saal des Ofens wurde 1627 von dem florentinischen Künstler Matteo Rosselli dekoriert, die Gemälde schuf Pietro da Cortona 1637 und 1640/1641. Sie thematisieren die vier Zeitalter: das Goldene, Silberne, Kupferne und Eiserne.

Sala di Ulisse: An der Decke des Odysseus-Saals ist die Heimkehr des Troja-Helden dargestellt, eine Anspielung auf die Rückkehr Ferdinands III. von Lothringen nach Florenz (1815). Das Hauptaugenmerk aber gilt Raffaels »Madonna dell' Impannata« (um 1512).

Sala di Prometeo: Fast alle Tondi (Rundbilder) im Besitz der Galleria Palatina hängen im Saal des Prometheus. Sie stammen ebenso wie die anderen Werke in diesem Raum aus dem 15. und 16. Jh., vertreten sind u. a. Filippo Lippi, Sandro Botticelli sowie Pontormo mit dem »Martyrium der Zehntausend« (1529/1530). Der benachbarte Säulenkorridor ist vor allem flämischen und holländischen Landschaftsmalern des 17. Jh.s gewidmet.

Sala della Giustizia: Im Saal der Gerechtigkeit sind Werke der venezianischen Malerei des 16. Jh.s versammelt, u. a. Tizians »Bildnis des Tommaso Mosti«, Tintorettos »Venus, Vulkan und Cupido«; sowie Veroneses »Taufe Christi« (1576).

Sala Castagnoli — Der Saal ist nach dem Künstler Giuseppe Castagnoli benannt, der nach 1815 das Deckengemälde schuf. An den Längswänden stehen zwei kolossale Marmorstatuen aus der Villa Medici in Rom. Der Musentisch in der Raummitte wurde zwischen 1800 und 1855 in der Florentiner Werkstatt für Steineinlegearbeiten gefertigt.

Quartiere del Volterrano: Die mit der Sala delle Allegorie beginnende Saalflucht war zur Zeit der Medici Winterwohnung der Großherzogin. Aus dieser Zeit stammt nur noch die Dekoration des ersten Raums, die anderen erhielten nach 1815 eine neue Ausstattung.

Appartamenti ex Reali: Die ehemaligen Gemächer der Könige von Italien, in denen Vittorio Emanuele II., Umberto I., Königin Margherita und Vittorio Emanuele III. wohnten, sind mit kostbaren Möbeln, Gemälden, Statuen und Gobelins ausgestattet.

Galleria d' Arte Moderna — Die Galerie der Modernen Kunst im zweiten Stock des Pitti-Palasts vermittelt einen guten Überblick über die Malerei Italiens und der Toskana des 19. und 20. Jh.s, besonders interessant sind die Werke der »Macchiaioli«. Die Vertreter dieser toskanischen Schule (u. a. Giovanni Faltori, Silvestro Lega, Telemaco Signorini) erhielten ihren Namen aufgrund ihrer anti-akademischen Pinselstrichführung. Den

Abschluss bildet eine ebenfalls sehenswerte Zusammenstellung von Werken italienischer Meister der Klassischen Moderne wie Severini, Giorgio de Chirico und Morandi.

❶ Di. – So. 8.15 – 18.50 Uhr; Fintritt: 8,50 € (inkl. Galleria Palatina)

Museo degli Argenti Im Erd- und Zwischengeschoss des Palazzo Pitti ist in den Räumen, die zur Zeit der Medici als Sommerwohnung fungierten, die Silbersammlung untergebracht. Silber- und Goldschmuck, Edelsteine, Elfenbeinarbeiten der Medici werden hier präsentiert, zudem Juwelen zeitgenössischer Designer des 20. Jh.s, u. a. von Bulgari, Pino Castagna, Franco Grilli, Mari Ishikawa und Cartier, dazu Schmuck toskanischer (Bino Bini, Armando Piccini) und venezianischer Künstler (Mario Pinton, Alberto Zorzi).

❶ tgl. 8.15 – 18.50, April/Mai, Sept./Okt. bis 18.30, März bis 17.30, Jan./Feb., Nov./Dez. bis 16.30 Uhr; 1. u. 4. Mo./Monat geschl.; Eintritt: 7 €

Galleria del Costume Die Kostümgalerie in der angrenzenden Palazzina della Meridiana zeigt Männer- und Frauenkleidung von 1700 bis 1920.

❶ s. Museo degli Argenti

*Giardino di Boboli Am Hang hinter dem Palazzo Pitti erstreckt sich der Boboligarten, eine **herrliche Parkanlage,** die zu Spaziergängen einlädt. Nachdem Herzog Cosimo I. 1549 den Pitti-Palast erworben hatte, wurde auch das angrenzende Areal angekauft, das zuvor teilweise der Familie der Boboli oder Bobolini gehört hatte. Die Umgestaltungen zum Park wurden zwischen 1550 und 1658 von Niccolò Pericoli, Bernardo Buontalenti und später von Alfonso Parigi d. J. durchgeführt. Sehenswert sind die Fontana del Bacco – ein Brunnen (nach 1560) mit der Figur des Hofzwergs Cosimo I. auf einer Schildkröte – und die Grotta del Buontalenti (1583 – 1588) mit Hirten- und Schafsfiguren aus Stalaktiten und Gipsabdrücken der »Gefangenen« Michelangelos.

BAEDEKER TIPP

! *Kaffeepause*

Ab 1775 wurde in dem für Leopold II. errichteten Rokokopavillon im Boboligarten Kaffee ausgeschenkt. Heute ist der Prachtbau leider geschlossen. Aber Espresso, Cappuccino oder ein Gläschen Wein bietet auch die schöne Cafeteria im Innenhof des Palazzo Pitti.

Weitere Schmuckstücke sind das **Amphitheater für Hoffeste** mit ägyptischen Obelisken und römischem Granitbecken, der Neptunbrunnen (1565), die Kolossalstatue der Abbondanza (1636), der Terrassengarten Giardino del Cavaliere mit Affenbrunnen sowie in der Palazzina del Cavaliere (18. Jahrhundert) das **Porzellanmuseum** mit italienischem, französischem und deutschem Porzellan.

❶ s. Museo degli Argenti

Blick vom südlichen Arnoufer auf das Stadtzentrum

Kurios, mitunter etwas gruselig, vor allem aber qualitativ hochwertig sind die naturgetreu nachempfundenen Wachsfiguren des 18. Jh.s im Museum rechts des Palazzo Pitti.

Museo Zoologico »La Specola«

❶ Via Romana 17; Winter Di. – So. 9.30 – 16.30, Sommer 10.30 – 17.30 Uhr; Eintritt: 6 €

In der Villa Bardini, Costa San Giorgio 2, östlich des Giardino di Boboli sind das dem Lebenswerk des Künstlers Pietro Annigoni gewidmete **Museo Pietro Annigoni** und das **Museo Fondazione Roberto Capucci** zum Thema Seide untergebracht. Sonderausstellungen zeitgenössischer Kunst bietet das **BardiniContemporanea**. Abends sitzt man gut im Ristorante Bardini mit schöner Terrasse.
Zugänge zum **Giardino Bardini** sind an der Costa San Giorgio 2 und der Via dei Bardi 1r. Besonders beeindrucken die Hortensien-, Azaleen- und Kameliengärten. Die Terrasse des **Belvedere** kann als Aussichtspunkt über Florenz mit der Piazzale Michelangelo mithalten.

Villa Bardini, Giardino Bardini

Museo Pietro Annigoni und Museo Fondazione Roberto Capucci: Di. bis So. 10.00 – 19.00 Uhr; Eintritt: 6 €; www.museoannigoni.it
BardiniContemporanea: tgl. 8.15 – 18.30 Uhr
Giardino Bardini: März tgl. 8.15 – 17.30, April/Mai, Sept./Okt. tgl. bis 18.30, Juni – Aug. bis 19.30, Nov. – Feb. bis 16.30 Uhr; Eintritt: 10 €

Im Museo Stefano Bardini in der Via dei Renai weiter östlich ist die Sammlung des berühmten Kunsthändlers und Antiquars Bardini – Möbel, Skulpturen, Gemälde, Keramiken und Teppiche aus Antike, Renaissance und Barock – ausgestellt.

Museo Stefano Bardini

❶ Via dei Renai 37; Fr. – Mo. 11.00 – 17.00 Uhr; Eintritt: 6 €; http://museicivicifiorentini.comune.fi.it/bardini

Abladen und Verbringen von Bildern aus den Uffizien in den neuen Bergungsort S. Leonhard im Passeiertal

Foto aus der Privatsammlung von Rodolfo Siviero

Casa Museo Rodolfo Siviero In dem kleinen Museum am Arnoufer ist die Privatsammlung von Rodolfo Siviero (1911 – 1983) zu sehen, die Antiquitäten und ein halbes Dutzend Gemälde von Giorgio de Chirico (Schenkungen), Werke von Giacomo Manzù, Ardengo Soffici und Pietro Annigoni umfasst. Der Kunsthistoriker und -sammler Siviero, der eine überaus schillernde Figur und eine Art James Bond der Kunstszene gewesen sein muss, spielte nach 1945 eine wesentliche Rolle beim Recherchieren von Kunstwerken, die während der Besatzung von den Deutschen außer Landes gebracht bzw. von Nazi-Größen privat einkassiert worden waren. Über 100 Kunstwerke aus den Uffizien gelangten damals ins Südtiroler St. Leonhard (u. a. Botticelli, Perugino, Ghirlandaio) und nach Taufers (Skulpturen). Siviero war offiziell von der italienischen Regierung mit der Nachforschung und Rückführung beauftragt. Zu den geretteten Werken zählt u. a. Fra Angelicos »Verkündigung Mariens«.
❶ Lungarno Serristori 1; Sa. 10.00 – 18.00, So., Mo. 10.00 – 13.00 Uhr; Eintritt frei; www.museocasasiviero.it

*Piazzale Michelangelo Von der Piazza Giuseppe Poggi führen Treppen und die Viale Giuseppe Poggi hinauf zum Piazzale Michelangelo. Von dem trubeligen und touristischen Platz, auf dem auch eine Kopie des berühmten David steht, bietet sich ein spektakulärer Blick über Florenz.

**Santo Spirito Der äußerlich eher unscheinbare Renaissancebau der Heiliggeistkirche an der Piazza Santo Spirito westlich des Palazzo Pitti gilt als

Meisterwerk Brunelleschis. 1434 begann der Umbau der Augustinerkirche, erst 1481 – 35 Jahre nach Brunelleschis Tod – war er vollendet. Im Innern überrascht die strenge Gliederung und Symmetrie der dreischiffigen Säulenbasilika, wobei das Vierungsquadrat die alles bestimmende Maßeinheit war. Die entscheidenden Bauelemente sind der römischen Antike nachgebildet, so die Säulen mit korinthischen Kapitellen und den darauf ruhenden Gebälkstücken. Die Fensterrose an der Fassade wurde nach einem Entwurf Peruginos gefertigt. Vom linken Seitenschiff geht es in eine 1494 von Cronaca gebaute Vorhalle, und von dort in die Sakristei, die als Renaissance-Zentralbau über achteckigem Grundriss von Giuliano da Sangallo 1495 – 1496 erbaut wurde. In der Vierung steht der mit Steineinlegearbeiten gestaltete Tabernakelaltar (1709) von Caccini, im rechten Querschiff beeindruckt das Altarbild »Madonna mit Kind, Heiligen und Stiftern« (1490) von Filippino Lippi.

❶ Mo., Di., Do. – Sa. 9.30 – 12.30, 16.00 – 17.30, So. 11.30 – 12.30, 16.00 bis 17.30 Uhr. Andrea Orcagnas Kreuzigungs- und Abendmahlfresko im Refektorium des Augustinerkonvents (Piazza Santo Spirito 24) ist Sa. 10.30 bis 13.30 Uhr zu sehen; Eintritt: 2,20 €

Die Piazza del Carmine liegt in einem belebten volkstümlichen Viertel. Der Kirchenbau des Karmeliterordens an dem Platz wurde 1268 begonnen, aber erst 1476 fertiggestellt. 1771 beschädigte ein Brand die Kirche so schwer, dass sie gänzlich neu gestaltet werden musste. Im Innern beeindruckt an der Stirnwand des linken Querhausarms die **barocke Cappella Corsini** von Pierfrancesco Silvani, deren Kuppelfresko 1682 Luca Giordano ausführte. In der Kapelle befinden sich die Gräber von Neri und Piero Corsini mit drei Marmorhochreliefs.

Santa Maria del Carmine

Durch den Anfang des 17. Jh.s angebauten Kreuzgang rechts neben der Karmeliterkirche kommt man zur Cappella Brancacci, die Felice Brancacci, ein reicher florentinischer Kaufmann, 1424 – 1428 von **Masaccio und Masolino** mit Fresken ausstatten ließ. Erstmals wandten die Maler hier die Linearperspektive an und schufen mit Adam und Eva eine der frühesten Aktdarstellungen. Die unvollendeten Fresken im unteren Teil der Längswände wurden 1483 – 1485 von Filippino Lippi fertig gemalt. Restaurierungen machten ihre enorme Plastizität und Farbintensität wieder sichtbar.

*Cappella Brancacci

❶ Mo., Mi. – Sa. 10.00 – 17.00, So. 13.00 – 17.00 Uhr; Eintritt: 6 €

Am Arnoufer zieht sich der Lungarno Giucciardini entlang. In Höhe des Palazzo Frescobaldi, eines mittelalterlichen, im 17. Jh. umgebauten Familienpalasts, stellt der Ponte Santa Trinità (1567 – 1570), der 1944 zerstört, aber nach Plänen Ammanatis wieder aufgebaut wurde, die Verbindung zum Nordufer des Arno her.

Ponte Santa Trinità

WESTLICHE ALTSTADT

Palazzo Spini-Feroni

Im gotischen Palazzo Spini-Feroni am nördlichen Ende des Ponte Santa Trinità zeigt das * **Schuhmuseum** rund 10 000 Kreationen von **Salvatore Ferragamo.** Greta Garbo, Audrey Hepburn oder Marilyn Monroe trugen Schuhe des Designers, der mit 18 Jahren sein Schuhgeschäft in Hollywood eröffnete.

❶ Piazza Santa Trinità 5 r; tgl. 10.00 – 19.30 Uhr; Eintritt: 6 €; www.museoferragamo.it

*Santa Trinità

Die gotische Dreifaltigkeitskirche (14. Jh.) mit frühbarocker Fassade besitzt mit der Sassetti-Kapelle (zweite rechts vom Altarraum) ein Renaissancejuwel: Domenico Ghirlandaio schuf das Altarbild mit der Anbetung des Kindes (1479 – 1485) und die Wandfresken mit Szenen aus der Franziskus-Legende. Beachtenswert ist auch in der vierten Kapelle rechts im Langhaus ein Freskenzyklus (1420 – 1425) mit Szenen aus dem Marienleben von Lorenzo Monaco.

❶ Mo. – Sa. 8.00 – 12.00, 16.00 – 18.00, So. 16.00 – 18.00 Uhr

*Via de' Tornabuoni

Die Via de' Tornabuoni und die umliegenden kleineren Straßen sind für ihre zahlreichen eleganten Modegeschäfte bekannt.

*Palazzo Davanzati

Die strenge Fassade des Palazzo Davanzati wird durch drei mächtige Portale geteilt, oben von einer Loggia abgeschlossen und in der Mitte von einem prächtigen Wappen der Davanzati geschmückt, in deren Besitz der Palast 1578 überging. Der Palazzo Davanzati beherbergt das **Museo della Casa Fiorentina Antica,** in dem Möbel, Zeichnungen, Skulpturen, Teppiche, Keramiken, Stoffe und Gegenstände des täglichen Gebrauchs aus Mittelalter, Renaissance und Barock gezeigt werden. Beeindruckend ist der Papageiensaal im ersten Stock mit einer vorgetäuschten Teppichwandbemalung, die Papageien zeigt.

❶ Di. – So. 8.15 – 13.50; Führungen 10.00, 11.00, 12.00 Uhr; Eintritt: 2 €

*Piazza della Repubblica

An diesem Platz sollte man sich in eines der vielen Cafés setzen. Literaturbegeisterte sollten ihren Cappuccino im Giubbe Rosse (»Rote Westen«) trinken, dem Stammcafé der Futuristen und Schriftsteller der 1920er-Jahre. Auch heute noch findet man hier vermutlich das größte Angebot an Tageszeitungen. An der Stelle der heutigen Piazza befand sich einst das **römische Forum.** Bis 1888 wurde hier Markt abgehalten, überragt von Donatellos Statue der Abbondanza (heute Kopie). Dann mussten die Marktbuden einem monumentalen Triumphbogen (1895) und einigen Verwaltungspalästen weichen.

*Palazzo Strozzi

Auftraggeber für den Palast war Filippo di Matteo Strozzi, Mitglied der Strozzi-Familie, die als Rivalin der Medici viele Jahre aus Florenz verbannt war. Der 1489 – 1536 nach Plänen von Giuliano da Sangallo erbaute Renaissancepalast mit drei Schauseiten ist dank der Fondazione Strozzi ein wichtiges Kulturzentrum. Die Palastgeschichte wird im Cortile präsentiert. Im **Piano Nobile** finden international beachtete Ausstellungen statt, und im Untergeschoss widmet sich das **CCCS** (Centro di Cultura Contemporanea Strozzina) zeitgenössischer Kunst. Den »Spazio Agora Z« schuf der Architekt Claudio Neri.

Piano Nobile: tgl. 10.00 – 20.00, Do. bis 23.00 Uhr

CCCS: Di. – So. 10.00 – 20.00, Do. bis 23.00 Uhr; www.strozzina.org

❶ Eintritt: 10 €, CCC Do. ab 18.00 Uhr 5 €; www.palazzostrozzi.org

Der Palazzo Rucellai in der Via della Vigna Nuova wurde nach Entwürfen von Leon Battista Alberti 1446 – 1451 durch den Architekt Bernardo Rossellino errichtet. Er gehört zu den bedeutenden Stadthäusern der Renaissance in Florenz. Auftraggeber war Giovanni di Paolo Rucellai, ein reicher Großkaufmann, dessen Wappen, ein vom Wind aufgeblähtes Segel, im Friesband erkennbar ist.

*Palazzo Rucellai

Die Bogenhalle gegenüber wurde 1460 ebenfalls von Alberti für Repräsentationszwecke der Rucellai erbaut. Die heute verglaste Loggia wird für Ausstellungen genutzt.

Loggia dei Rucellai

Hinter dem Häuserblock des Palazzo Rucellai wurde 1988 die ehemalige Kirche San Pancrazio (14. / 15. Jh.) in ein Museum für den toskanischen Bildhauer, Maler und Grafiker Marino Marini (1901 bis 1980) umgebaut. Zu sehen sind 176 Skulpturen, Gemälde, Zeichnungen und Grafiken von Marini, die, angefangen mit dem Gemälde »Die Jungfrauen« von 1916, aus allen Schaffensperioden des Künstlers stammen. Pferd und Reiter sind eines der zentralen Themen des Bildhauers. Marini beschäftigte sich außerdem bevorzugt mit Pomona, einer voluminösen Fruchtbarkeitsgöttin.

*Museo Marino Marini

❶ Sa. – Mo. 10.00 – 19.00, Mi. – Fr. 10.00 – 13.00 Uhr; Eintritt: 6 €; www.museomarinomarini.it

Der Palast der Familie Antinori (15. Jh.) an der Piazza Antinori hat einen hübschen Brunnenhof, in den ein Blick lohnt. In der berühmten, aber teuren Enoteca kann man Weine probieren und erlesene toskanische Spezialitäten kosten.

*Palazzo Antinori, Enoteca

SANTA MARIA NOVELLA UND UMGEBUNG

An der weitläufigen Piazza Santa Maria Novella, auf der im Mittelalter Bußprozessionen stattfanden, entstand am Ort eines Oratoriums 1246 – 1300 die große Dominikanerkirche. Glockenturm und Sakristei stammen aus der ersten Hälfte des 14. Jh.s, die Fassade schuf

**Santa Maria Novella

1458 – 1470 **Leon Battista Alberti** im Auftrag Giovanni Rucellais, dessen Wappensiegel in der Mitte zu sehen ist. Alberti übernahm den Baustil des Baptisteriums, fügte aber als Neuerung das Attikageschoss mit Dreiecksgiebel, Zitat eines antiken Tempels, hinzu.
● Mo. – Do. 9.00 – 17.30, Fr. 11.00 – 17.30, Sa. 9.00 – 17.00, So. 12.00 – 17.00 Uhr; Eintritt: 5 €

Innenraum Im Innern der fast 100 m langen Pfeilerbasilika sind einige **herausragende Kunstwerke** versammelt, so ein herrliches Kruzifix von Giotto, am zweiten Pfeiler links die von Brunelleschi 1445 entworfene Marmorkanzel und das Wandfresko der Trinität (1425 – 1427) von Masaccio, bei dem er als erster Künstler seit der Antike die Linearperspektive anwendete. Nardo di Cione schuf um 1357 die Fresken mit Themen aus Dantes »Göttlicher Komödie« in der erhöht liegenden Cappella Strozzi, hier hängt auch das Altarbild »Erlöser und Heilige« (1357) von Andrea Orcagna. In der rechts anschließenden Cappella Gaddi fällt u. a. das Gemälde über dem Altar »Jesus erweckt die Tochter des Jairus« (1571 / 1572) von Bronzino ins Auge. In der danebenliegenden Cappella Gondi befindet sich **das berühmte Holzkruzifix von Brunelleschi** (1421 – 1425), die erste Christus-Darstellung ohne Lendentuch.
Hauptchorkapelle und rechtes Querschiff: Die Hauptchorkapelle wurde von Domenico Ghirlandaio 1486 – 1490 mit Szenen aus dem Leben Marias und Johannes' des Täufers ausgemalt, die zudem eine Fülle von Porträts berühmter Zeitgenossen, Einblicke in vornehme Bürgerstuben, Landschaftspanoramen und große Festmähler zeigen. Die Cappella di Filippo Strozzi rechts der Hauptchorkapelle ist mit **Fresken von Filippino Lippi** (1497 – 1502) ausgestaltet, die das Leben der Apostel Philippus und Johannes thematisieren. Das Grabmal Filippo Strozzis führte Benedetto da Maiano 1491 – 1493 aus. In der Cappella Rucellai sind eine Bronzegrabplatte (ca. 1423) für den Dominikanerordensgeneral Dati von Lorenzo Ghiberti und die Marmorstatue »Madonna mit Kind« (ca. 1345) von Nino Pisano beachtenswert.

Obelisken auf der Piazza

Wussten Sie schon, was es mit den Obelisken auf der Piazza Santa Maria Novella auf sich hat? Sie erinnern daran, dass zur Zeit der Medici-Fürsten hier Wagenrennen abgehalten wurden. Die Obelisken dienten bei den Rennen als Wendemarken.

*Museo di Santa Maria Novella Im Museum von S. M. Novella geht man zunächst in den »Grünen Kreuzgang«. Er verdankt seinen Namen dem Farbton der Fresken von Paolo Uccello. Die Erzählung beginnt mit der Schöpfung der Tiere und dem Sündenfall (um 1430); die dramatische Darstellung der Sintflut entstand 20 Jahre später. Sehenswert sind die **Ausmalungen der Cappella degli Spagnoli** (Spanische Kapelle), die nach 1340 von Jacopo Talenti als Kapitelsaal des Dominikaner-Klosters erbaut und von

Im Reich der Düfte: die Officina Profumo-Farmaceutica

Eleonora von Toledo, der Gemahlin Cosimos I., ihrem spanischen Gefolge für Gottesdienste zugewiesen wurde. Andrea (di Bonaiuto) da Firenze schuf ab 1365 ein großartiges Bildprogramm der Dominikaner-Theologie, das den Weg des Menschen zum Heil aufzeigt.
❶ Mo.–Do., Sa. 9.00–17.00 Uhr; Eintritt 2,70 €

Eine Sehenswürdigkeit ist auch die Officina Profumo-Farmaceutica di Santa Maria Novella. Produkte aus der Apotheke werden in alle Welt verkauft, z. B. der Bestseller »Pot pourrie«. Das angeschlossene Museum zeigt historisches Apothekergerät, Schalen und Gläser.
❶ Via della Scala 16; 9.00–20.00 Uhr; Eintritt frei; www.smnovella.com

Officina Profumo-Farmaceutica

Die Sammlung des nationalen Museums für Fotografie an der Piazza Santa Maria Novella 14r beruht auf dem einzigartigen, 1853 gegründeten Archiv der Gebrüder Alinari. Das Museum im sogenannten Palazzo »delle Leopoldine« hat einen Fundus von 2,75 Mio. Negativen sowie 900 000 historischen Positiven (Drucke, Stiche, Bromabzüge, Daguerrotypien, Fotoplatten). In sieben Ausstellungssektionen werden Exponate aus dem Fundus gezeigt, zudem gibt es Sonderausstellungen prominenter Fotografen. Das integrierte **Museo Tattile** ermöglicht Sehbehinderten und Blinden die Möglichkeit zur Erfahrung von Fotografie.
❶ Do.–Di. 10.00–18.30 Uhr, Eintritt: 9 €, Mo. 6 €; www.mnaf.it

*MNAF (Museo Nazionale Alinari della Fotografia)

SAN LORENZO UND UMGEBUNG

** San Lorenzo

Nordwestlich des Doms steht die Kirche San Lorenzo, vor deren unvollendeter Fassade Marktstände mit Kleidung und Souvenirs ein buntes Bild bieten. Dazwischen fällt der Blick auf das von Baccio Bandinelli 1540 geschaffene Denkmal für Giovanni delle Bande Nere (1360 – 1429), Vater Cosimos I. und Stammvater der herzoglichen Medici-Dynastie. Die Kirche soll bereits 393 vom hl. Ambrosius außerhalb der damaligen Stadtmauern geweiht worden sein. Die heutige Kirche erbaute Filippo Brunelleschi ab 1419 im Auftrag der Medici, deren Pfarrkirche San Lorenzo war. Die Arbeiten wurden nach seinem Tod von Antonio Manetti abgeschlossen (1460). Michelangelo lieferte Entwürfe für die Fassade, die jedoch nie verwirklicht wurden.

❶ Mo. – Sa. 10.00 – 17.00, März – Okt. auch So. 13.30 – 17.30 Uhr; Eintr.: 5 €; www.operamedicealaurenziana.org

> **!** **BAEDEKER TIPP**
>
> *Für den kleinen Hunger:*
>
> Der Mercato Centrale nördlich von San Lorenzo ist etwas für Liebhaber des guten Geschmacks. In der Markthalle gibt es im Erdgeschoss Fisch, Fleisch und Käse, im Obergeschoss Obst, Gemüse und Imbissstände. Wer Kutteln mag, sollte hier »Panino con lampredotto« probieren – eine echte florentinische Spezialität.

Innenraum

Das Innere von San Lorenzo zeigt eine Synthese aus frühchristlicher Basilika und antiker Formensprache. Zur hochrangigen Ausstattung zählt in der zweiten Kapelle des rechten Seitenschiffs das Altarbild **»Vermählung Mariens«** (1523) von Rosso Fiorentino, dessen Manierismus im komplizierten Bildaufbau und in den changierenden Farben zum Ausdruck kommt. Im Fußboden erinnert eine runde Gedenkplatte aus kostbarem Material an Cosimo de Medici den Alten (1389 – 1464), dessen Gebeine mit denen des von ihm sehr geschätzten Bildhauers Donatello (um 1386 – 1466) in der Krypta darunter ruhen. Im Übergang vom Langhaus zur Vierung beeindrucken die beiden Bronzekanzeln von Donatello, ausdrucksstarke Meisterwerke, die nach seinem Tod von Schülern vollendet wurden. Im linken Seitenschiff schuf Agnolo Bronzino mit dem Fresko »Marter des hl. Laurentius« (1565 – 1569) eines seiner **manieristischen Hauptwerke** mit extremen Figurenverschränkungen und fahler Farbigkeit. In der ersten Ostwandkapelle im linken Querhausarm besticht das Altarbild der »Verkündigung« (um 1440) von Fra Filippo Lippi.

Sagrestia Vecchia

Im linken Querschiff befindet sich der Zugang zur Alten Sakristei. Von ihrem Stifter Giovanni di Averardo, bekannt als Bicci de Medici (1360 – 1429) und Stammvater der bürgerlichen Medici, war sie als Grabkapelle gedacht, wurde jedoch mit der öffentlichen Funktion einer Sakristei verbunden. Der zentralräumliche Kuppelbau gilt als die erste epochemachende Schöpfung Brunelleschis (1418 – 1428). Die Ausstattung schuf Donatello zwischen 1437 und 1443. In der Mitte befindet sich der Marmorsarkophag von Giovanni di Bicci de Medici und seiner Frau Piccarda di Odoardo Bueri. In die Querhauswand ist das Doppelgrabmal (1472) für Cosimos Söhne Giovanni und Piero von Andrea del Verrocchio eingelassen. Vom Kreuzgang aus geht es ins **Museo del Tesoro.** Meisterhaft sind eine Reliquienbüste des hl. Petrus und Michelozzos 1444 aus Silber gefertigter Christus, Teil eines Kruzifixes, das Cosimo der Ältere in Auftrag gab.

Vom Langhaus kommt man in den stimmungsvollen Kreuzgang, von dem aus eine Treppe zur Biblioteca Laurenziana führt. Sie wurde nach Plänen Michelangelos 1524 – 1571 für die kostbare Büchersammlung der Medici errichtet. Im Lesesaal mit Bänken und Pulten nach Entwürfen Michelangelos werden Kodizes, Handschriften und Messbücher (6. – 16. Jh.) gezeigt. ****Biblioteca Medicea Laurenziana**

❶ Mo., Mi., Fr. 8.00 – 14.00, Di., Do. bis 17.30 Uhr; Eintritt: 3 €; www.bmlonline.it

Die Medici-Kapellen gehören zwar als Anbau zu San Lorenzo, bilden aber ein Museum mit separatem Eingang (Piazza Madonna degli Aldobrandini). Man kommt zunächst in eine Krypta mit Gräbern der Medici-Familie, dann in die **monumentale Grabkapelle der ruhmreichen Medici-Fürsten** und schließlich in die Neue Sakristei. Der Bau der gigantischen Grablege begann 1605, an der Innenausstattung aus Steinlegearbeiten wurde bis ins 20. Jh. gearbeitet. ****Museo delle Cappelle Medicee**

❶ tgl. 8.15 – 13.50, im Sommer bis 18.00 Uhr, geschl. 2. u. 4. So. und 1., 3., 5. Mo. im Monat; Eintritt: 7 €; www.cappellemedicee.it

Von der Fürsten-Kapelle geht es hinunter zur Neuen Sakristei, die eigentlich eine Grabkapelle ist und mit Unterbrechungen von 1520 bis 1534 von **Michelangelo** errichtet und ausgeschmückt wurde, ohne je vollendet worden zu sein. An der Eingangswand sind Lorenzo der Prächtige und sein Bruder Giuliano, der 1478 der Pazzi-Verschwörung zum Opfer fiel, begraben. Rechts und links in den Wandnischen befinden sich das Grabmal von Giuliano, dem Herzog von Nemours, einem Sohn Lorenzos des Prächtigen, der Michelangelo den Auftrag für die Grabdenkmäler erteilt hatte, sowie das Grabmal von Lorenzo, dem Herzog von Urbino, einem Enkel Lorenzos des Prächtigen. In sitzender Haltung, gekleidet in eine römische Feldherrnrüstung, schaut Giuliano de Medici aufmerksam mit seitlich gedrehtem Kopf auf die Madonna und die hll. Cosmas und Damian, die beiden Schutzheiligen der Medici. Unter Giuliano liegen auf dem schrägen Sarkophagdeckel die Figur der Nacht mit Halbmond und Stern im Haar sowie die Figur des Tages. Beide Sarkophagfiguren sind nach antiken Vorbildern gearbeitet worden. Gegenüber zeigt ****Sagrestia Nuova** eine weitere Nischenfigur Lorenzo de Medici, dessen Kopf nachdenklich in die Hand gestützt ist. Auf dem Sarkophagdeckel darunter ruhen die zwei allegorischen Gestalten des Abends bzw. der Dämmerung (links) und des Morgens oder der Morgenröte (rechts). Die männliche Figur der Abenddämmerung verkörpert die geistige Ermattung, die träge Masse des einschlafenden Körpers, wohingegen die weibliche Figur das Erwachen und die sich langsam entfaltende Kraft von Körper und Geist versinnbildlicht. Michelangelo wollte mit dieser Kapelle in der **Verbindung von Architektur, Skulptur und Malerei** ein philosophisch-künstlerisches Gebilde schaffen, das den Weg des Lebens von der Materie (Flussgötter, Sarkophag) über die Menschwerdung (Tag und Nacht = Leben und Tod, Statue Giulianos) bis zum ewigen Leben (Auferstehungsfresko) widerspiegelt.

*Palazzo Medici-Riccardi

Mit dem Palazzo Medici schuf Michelozzo 1444 – 1464 für Cosimo den Alten den **Prototyp des florentinischen Stadtpalastes** mit festungsartiger Schaufront in Anlehnung an den Palazzo Vecchio. Die bürgerlichen Medici und die Medici-Fürsten, deren Wappen mit fünf Kugeln, den »palle«, und einer Lilie am Palast zu sehen sind, wohnten hier, bis Cosimo I. 1540 in den Palazzo Vecchio umzog. 1659 erwarben ihn die Riccardi, die ihn vergrößerten und die Palastfront verlängerten, 1818 ging er in den Besitz der Großherzöge der Toskana über. Durch den Torbogen betritt man den ersten quadratischen Hof, mit zwölf Marmormedaillons über den von Säulen getragenen Rundbögen und der Statue des Bacchus von Baccio Bandinelli. Dahinter liegt ein kleinerer Gartenhof.

Vom Haupthof führt eine Treppe hinauf zur **Cappella dei Magi** mit dem *** Freskenbild von Benozzo Gozzoli** »Der Zug der Heiligen Drei Könige nach Bethlehem« (1459/1460). Gozzoli porträtierte den Mailänder Herzog Cosimo den Alten, den Patriarchen Josephus von Konstantinopel als ältesten König, gefolgt vom oströmischen Kaiser Johannes VII. und Lorenzo de Medici als jüngstem König.

❶ Eingang Via Cavour 3; tgl. außer Mi. 9.00 – 19.00 Uhr; Einlass alle 7 Min. (max. 10 Besucher); Eintritt: 7 €; www.palazzo-medici.it

UM DIE PIAZZA SAN MARCO

*San Marco

Die Kirche San Marco, 1299 – 1310 vom Silvestriner-Orden erbaut, wurde zusammen mit dem Kloster im Jahr der Domweihe (1436) von Papst Eugen IV. den Dominikanern von ▶ Fiesole übertragen. Cosimo der Alte ermöglichte durch großzügige Schenkungen einen Umbau der Kirche und einen Neubau des Klosters. Mit den Arbeiten (1437 – 1452) wurde Michelozzo betraut. Giambologna fügte 1588 die Seitenaltäre, die Kapelle des hl. Antonin und die Salviati-Kapelle hinzu. 1678 erfolgte eine Umgestaltung der Kirche durch Pier

Francesco Silvani, 1777 – 1780 wurde die Fassade umgearbeitet.

Innenraum: In der einschiffigen Kirche beeindruckt an der Eingangswand das Kruzifix aus der Schule Giottos. Links im Langhaus befindet sich die Grabkapelle des hl. Antonin, des 1526 heiliggesprochenen Erzbischofs und Dominikanerpriors; ein **architektonisches Hauptwerk von Giambologna** (1578 – 1589), der auch für die Ausstattung sorgte: sechs lebensgroße Nischenstatuen und sechs Bronzereliefs mit Szenen aus dem Leben des hl. Antonin. Kehrt man auf der rechten Seite zum Ausgang zurück, fallen drei Kostbarkeiten ins Auge: eine barocke Marmortür, die zur Sakristei führt, das byzantinische Mosaik »Betende Madonna« (705 – 707), das aus Rom stammt, sowie das Gemälde »Madonna mit Kind« (1509) mit Baldachinmotiv, das Fra Bartolomeo della Porta schuf.

Das Kloster San Marco (der Eingang befindet sich rechts neben der Kirche), von Michelozzo im Renaissancestil errichtet, vermittelt mit seiner Ausstattung ein eindrucksvolles Beispiel spätmittelalterlicher Frömmigkeit. Im Pilgerhospiz befinden sich mehrere Tafelbilder von Fra Angelico, u. a. **der Altar der Leinweber** (1433) sowie Tafeln mit Szenen aus dem Leben Jesu (1450), die berühmte »Kreuzabnahme« (1435) und das »Jüngste Gericht« (1430). Auf der anderen Seite gegenüber dem Eingang ist das Fresko »Hl. Dominikus zu Füßen des Kreuzes« zu sehen; diagonal gegenüber dem Eingang in der Lünette das Fresko »Ecce Homo«, beide von Fra Angelico. Im Refektorium ist das Fresko »Jüngstes Gericht« von Fra Bartolomeo sehenswert. In der Sala dei Lavabo beeindruckt ein Werk Fra Bartolomeos, das Tafelbild »Madonna mit der hl. Anna und anderen Heiligen« (1510). Im Kapitelsaal füllt das Fresko »Kreuzigung« von

**Museo di San Marco

> ! **Spektakuläre Mathematik**
>
> BAEDEKER TIPP
>
> Tram 1 bis Halt »Federiga«, dann Bus 9 bis »Fogginio« bringen Sie zu den vier Ausstellungen im grandiosen Mathematik-Museum »Il Giardino di Archimede«: »Jenseits des Kompass – die Geometrie der Kurven«; »Pythagoras und sein Theorem«; »Leonardo Pisano: die arabische Wissenschaft und die Wiedergeburt der Mathematik im Westen« und »Der Natur helfen – von Galileo ins heutige Leben«. Via San Bartolo a Cintoia 19a, web.math.unifi.it/archimede; Mo. – Fr. 9.00 – 13.00 Uhr, bei Veranstaltungen auch sonntags geöffnet; Eintritt: 6 €

Fra Angelico eine ganze Wand; das kleine Refektorium birgt eine berühmte Abendmahl-Darstellung (nach 1480) von Ghirlandaio.

Im ersten Stock befinden sich mehr als vierzig **Mönchszellen**, die Fra Angelico zusammen mit seinen Schülern mit **Fresken** geschmückt hat. Hervorzuheben ist die innige Darstellung der »Verkündigung« gegenüber dem Treppenaufgang. In der Wohnung des Priors wird an Girolamo Savonarola erinnert, ab 1491 Prior von San Marco und 1498 als Häretiker und Schismatiker hingerichtet.

Der große Saal der **Bibliothek** mit kostbaren Manuskripten, Messbüchern und Bibeln beeindruckt durch seine strenge Architektur, für die Michelozzo (1444) verantwortlich zeichnete.

❶ Mo. – Fr. 8.15 – 13.50, Sa., So. 8.15 – 16.50 Uhr, 2. und 4. Mo. im Monat geschl.; Eintritt: 4 €

**Galleria dell' Accademia

Die Ostseite der Piazza San Marco wird vom Universitätsgebäude begrenzt, an das die Galerie der Kunstakademie anschließt. Sie ging aus einer ersten Akademie von 1562 hervor, die 1784 von Großherzog Pietro Leopoldo I. neu belebt wurde. Als größten Schatz verwahrt die Sammlung herausragende Skulpturen von Michelangelo sowie Gemälde aus Mittelalter und Renaissance. In der Galleria del David stehen vier unvollendete der insgesamt sechs Figuren von Gefangenen, die Michelangelo 1519 – 1536 für das Grab von Papst Julius II. in Rom schuf. Nach Michelangelos Tod wurden sie als Grottenverzierung im Giardino di Boboli aufgestellt und gingen 1909 an die Akademie über. Ebenfalls unvollendet blieb die Figur des Apostels Matthäus, den Michelangelo 1505/1506 meißelte. **Michelangelos weltberühmter »David«** erhielt nach seiner Entfernung von der Piazza della Signoria, wo er unter Regen und Wind stark gelitten hatte, 1873 seinen neuen und endgültigen Platz im Rotundensaal der Akademie. Mit 26 Jahren hatte sich Michelangelo eines riesigen, aber als verhauen und wegen seiner unglücklichen Proportionen (mehr als 4 m hoch, doch wenig »tief«) als unbrauchbar geltenden Marmorblocks angenommen und 1501 – 1504 eine Figur von jugendlicher Kraft und Schönheit geschaffen, den »David«, der nach den Worten der Bibel als Hirte für das israelische Volk den aussichtslos scheinenden Kampf gegen Goliath gewann. Die Renaissancefigur wurde zum Symbol des Freiheitssinns in Florenz. Im ersten der drei Florentinischen Säle steht die Adimari-Truhe, eine längliche Kleidertruhe, deren Vorderseite einen Hochzeitszug des 15. Jh.s illustriert. Außerdem sind hier Werke von Filippo Lippi, Fra Bartolomeo und Perugino zu sehen. In den Byzantinischen Sälen werden die ältesten Gemälde der Akademie-Sammlungen aus der zweiten Hälfte des 13. Jh.s und dem 14. Jh. aufbewahrt.

❶ Di. – So. 8.15 – 18.50 Uhr; Eintritt: 12,50 €, jeder erster So./Monat frei; www.galleriaaccademiafirenze.beniculturali.it

UM DIE PIAZZA SANTISSIMA ANNUNZIATA

Die Via C. Battisti führt auf die großzügig angelegte, wunderschöne Piazza. An ihrer Nordseite steht die Verkündigungskirche, an der Ostseite das Waisenhaus, an der Südseite der Palazzo Grifoni (16. Jh.), heute Repräsentationssitz der Region.

*Piazza Santissima Annunziata

Die Verkündigungskirche, um 1250 als Oratorium des Serviten-Ordens entstanden, wurde 1444 – 1481 von Michelozzo völlig neu gestaltet. Durch das mittlere Portal im siebenbogigen Portikus betritt man den Chiostrino dei Voti, einen Vorhof, der nach den dort aufgehängten Votivgaben benannt wurde. Er ist mit einem bedeutenden Freskenzyklus aus dem frühen 16. Jh. geschmückt, der rechts mit der Himmelfahrt Marias (Rosso Fiorentino) beginnt; es folgen die Heimsuchung (Pontormo), die Verlobung Marias (Franciabigio), die Geburt Marias (Andrea del Sarto), die Hll. Drei Könige (Andrea del Sarto), die Geburt Christi (Alessio Baldovinetti) und Szenen aus dem Leben des hl. Filippo Benizzi (Cosimo Rosselli, Andrea del Sarto). Das einschiffige Kircheninnere wird von Seitenkapellen flankiert, der Chor ist als Rotunde angelegt. Die erste Kapelle links ist die Cappella Feroni mit dem Fresko »Erlöser und hl. Julian« (1455) von Andrea del Castagno. Vom selben Künstler stammt in der nächsten Kapelle die »Dreifaltigkeit«. Die Rotunde wurde von Michelozzo begonnen (1444) und von Leon Battista Alberti in veränderter Ausführung vollendet. Beeindruckend sind in der vierten Kapelle von links das Gemälde »Auferstehung« (1550) von Agnolo Bronzino und die Cappella della Madonna del Soccorso, ein Werk Giambolognas (1594 – 1598). Er entwarf sie als seine eigene Grabstätte mit schönen Fresken, Statuen und Reliefs. Die Kuppel der Chorrotunde schmückt ein Fresko mit der Krönung Marias von Volterrano (1681 – 1683).

**Santissima Annunziata

● tgl. 7.30 – 12.30, 16.00 – 18.30 Uhr; Eintritt frei

Das Findelhaus, 1419 von Filippo Brunelleschi begonnen, ist der erste neuzeitliche Profanbau mit Säulenvorhalle wie bei einem antiken Tempel anstelle der mittelalterlichen Stützpfeiler. Ergänzt wird die Architektur durch Freskierungen der Arkaden und Lünetten über den Eingängen sowie durch zehn farbige **Terrakotta-Medaillons** in den äußeren Bogenzwickeln mit der Darstellung von Wickelkindern (um 1463), die Andrea della Robbia fertigte. Der Auftrag für den Neubau ging von der reichen Seidenhändlerzunft aus, die ein Heim für ausgesetzte Neugeborene, die unschuldigen Kinder (Innocenti), errichten ließ. Diese Institution ist immer noch städtisches Waisenhaus – bis 1875 konnten Babys mittels eines drehbaren Hohlzylinders am linken Rand der Säulenhalle unerkannt von ihren Müttern abgelegt werden.

*Spedale degli Innocenti

*Museo degli Innocenti

Das Museo degli Innocenti widmet sich der »Kindheit in der Renaissance« und dem Verhältnis des 600 Jahre alten Waisenhauses zu Florenz (»Gli Innocenti e la città«). Neben dem historischen Archiv bietet die »Bottega dei Ragazzi« italienischen wie ausländischen Kindern bis 11 Jahren den spielerischen Zugang zur Kunst. In der Galerie sind ca. 50 Bilder, Skulpturen, Miniaturen und Möbel des 14. – 18. Jh.s zu sehen, u. a. Werke von Giovanni del Biondo, Rossellino, Benedetto da Maiano, Domenico Ghirlandaio, Andrea del Sarto und Luca della Robbia (Terrakotta-Madonna).
❶ tgl. 10.00 – 19.00 Uhr; Eintritt: 7 €; www.istitutodeglinnocenti.it

*Museo Archeologico Nazionale

Der Palazzo della Crocetta beherbergt das 1870 gegründete, bedeutendste archäologische Museum Mittelitaliens. Besonderes Augenmerk gilt dem vielfarbigen Sarkophag der Larthia/Seianti (zwischen 217 und 147 v. Chr.) aus Martinella bei Chiusi. Im Garten befinden sich Rekonstruktionen von etruskischen Gräbern und Grabdenkmälern. Die etruskisch-griechisch-römische Abteilung umfasst etruskische Urnen und Sarkophage, darunter den bemalten Marmorsarkophag Ramtha Hucznais aus Tarquinia, sowie etruskische, griechische und römische Bronzen wie den »Idolino«, die griechische Statue eines jungen Epheben (5. Jh. v. Chr.) oder den »Stehenden Redner« (Aulus Metellus, 3. Jh. v. Chr.). Statuen, Büsten, Keramiken, Reliefs, Sarkophage, Mumien, Bilder und Gebrauchsgegenstände dokumentieren die verschiedenen ägyptischen Dynastien, darunter ist ein noch sehr gut erhaltener Holzwagen aus der Zeit von Ramses I. Bemerkenswert sind die Münz- und Schmuckkollektionen sowie die Vasensammlung mit der berühmten »François-Vase« (6. Jh. v. Chr.).
❶ Via della Colonna; Di. – Fr. 8.30 – 19.00, Mo., Sa., So. 8.30 – 14.00 Uhr; Eintritt: 4 €; http://musei.firenze.it/museo_archeologico_nazionale.htm

✶✶ MUSEO NAZIONALE DEL BARGELLO

❶ tgl. 8.15 – 13.50 Uhr; 1., 3., 5. Mo. und 2., 4. So. im Monat geschl., Eintritt: 4 €, Ausstellungen 7 €

Gebäudegeschichte

Der 1250 von den Florentiner Bürgern als Siegeszeichen über den Adel errichtete Monumentalbau an der Via Proconsolo nordöstlich der Piazza della Signoria wurde 1261 Sitz des Podestà, war ab 1502 Gericht mit Gefängnis, ab 1574 Sitz des »bargello« (Büttel) genannten Polizeipräsidenten. Seit 1859 beherbergt er eines der bedeutendsten Skulpturenmuseen Italiens.

Erdgeschoss

Gleich die erste Halle rechts vom Eingang birgt **Hauptwerke von Michelangelo,** darunter das ausdrucksstarke frühe Werk »Trunkener Bacchus« (1496/1497). Das Rundrelief der Madonna (1504 bis 1505) für Bartolomeo Pitti ist in der Darstellung Marias als Seherin eine Vorstufe zu seinen Sibyllen in der Sixtinischen Kapelle. Michelangelos Marmorbüste des »Brutus« (um 1540) spielt auf die Ermordung des grausamen Herzogs Alessandro de Medici durch seinen Vetter Lorenzino 1537 an, blieb allerdings unvollendet.

In der Loggia des ersten Obergeschosses sind v. a. die Bronzewerke von Giambologna sehenswert: die Brunnenfigur des »Merkur« (1580), ein virtuoses Standbild, das die Gesetze der Statik aufzuheben scheint, sowie die »Allegorie der Architektur« von klassizistischer Kühle. Meisterwerke des großen Renaissancebildhauers Donatello **Erstes Obergeschoss**

beherbergt der nach ihm benannte Saal, darunter den Marmordavid (1410 – 1416), seine früheste Monumentalstatue, sowie Standfigur und Relief des hl. Georg (1415 – 1417), die seine dramatische Figurenkonzeption bezeugen. Meisterhaft ist der marmorne, »Marzocco« genannte Löwe (1418 – 1420), ferner die weich modellierte, knabenhafte Bronzefigur des David (um 1435), die **erste Aktfigur seit der Antike.** Reizvoll ist zudem ein Stilvergleich zwischen Ghiberti und Brunelleschi, deren **Konkurrenzreliefs für die zweite Tür des Baptisteriums** mit der Opferung Isaaks (1401/1402) erhalten sind.

Skulpturenstudium im Bargello

Unter den farbigen Keramikarbeiten ist die »Thronende Madonna« (um 1460) von Luca della Robbia herausragend. Im ersten Obergeschoss sind u. a. zu sehen: Fresken von Paradies und Hölle sowie Heiligenlegenden (um 1330/1340) in der Kapelle des Podestà, Majoliken sowie Möbel und Glasarbeiten.

Andrea del Verrocchio, der Lehrer Leonardo da Vincis, zeigt mit seinem bronzenen »David« (vor 1476) die fein modellierte, naturalistische Figur eines Hirtenknaben. Herausragend sind außerdem die 1474 geschaffene, sehr realistische Porträtbüste des Pietro Melini von Benedetto da Maiano, die Marmorbüste des Matteo Palmieri (1468) von Antonio Rossellino sowie die Keramikbüste eines jugendlichen Kriegers (1479 – 1480) von Antonio Pollaiuolo mit einem Herkules-Hydra-Relief auf dem Brustpanzer. Pollaiuolo modellierte um 1480 auch die Bronzegruppe mit Herkules und Antäus. Weitere Räume beherbergen eine Medaillen- und Waffensammlung, Textilien, Kleinbronzen und glasierte Terrakotta-Werke von Andrea della Robbia. **Zweites Obergeschoss**

SANTA CROCE UND UMGEBUNG

**Santa Croce
Mit ihren zahlreichen **Grab- und Denkmälern** und **bedeutenden Malereien** – u. a. mit eindrucksvollen Werken von Giotto – gehört die Kirche zu den eindrucksvollsten Sakralbauten Italiens. Ihre stattlichen Ausmaße (115 m lang und 38 m breit) machen sie zur größten Franziskanerkirche überhaupt. Begonnen wurde der Bau 1294 vermutlich von Arnolfo di Cambio, 1385 war er mit Ausnahme der Fassadenverkleidung (19. Jh.) fertig. Im Rahmen von Führungen können Besucher den **Restauratoren** von Santa Croce bei der aktuellen Arbeit in den Werkstätten und der Cappella Maggiore über die Schultern schauen.

❶ Mo. – Sa. 9.30 – 17.00, So. 14.00 – 17.40 Uhr; Eintritt: 8 €; Eingang links am Largo Bargellini; www.santacroceopera.it

Linkes Seitenschiff
Der Rundgang beginnt im linken Seitenschiff. Gegenüber dem ersten Pfeiler befindet sich das im 18. Jh. entstandene Monument für Galileo Galilei mit den Allegorien der Geometrie und Astronomie. Beim fünften Pfeiler ist im Boden die **Grabplatte für Lorenzo Ghiberti**, den Schöpfer der Paradiestür, eingelassen. Die Stirnwandkapelle im

Blumenmarkt in den Kolonnaden an der Piazza della Repubblica

linken Seitenschiff birgt das Holzkruzifix (um 1421) von Donatello, an dem Brunelleschi kritisierte, dass sein Freund einen Bauern ans Kreuz genagelt habe, und daraufhin selbst einen edel gestalteten Gekreuzigten für Santa Maria Novella schuf. Rechts gegenüber liegt die Cappella Bardi di Vernio mit Fresken (1340) zur Vita des hl. Sylvester von Maso di Banco. Die angrenzende Cappella Pulci zeigt Malereien (um 1330) mit den Martyrien der Erzdiakone Laurentius und Stephanus von Bernardo Daddi. Die große **Hauptchorkapelle** ist mit Wandfresken (um 1380) zur Legende des hl. Kreuzes von Agnolo Daddi geschmückt. Die rechts angrenzende **Cappella Bardi** besitzt einen Freskenzyklus (um 1320) mit wichtigen Stationen der Franziskuslegende, der Giotto zugeschrieben wird. Wie revolutionär seine Malkompositionen waren, wird im Vergleich mit dem um 1270 entstandenen Altarbild mit kleinen Einzelszenen und der großen, flächig wirkenden Gestalt des Franziskus deutlich.

Die Cappella Peruzzi birgt ****Wandmalereien von Giotto,** die man als Hauptwerke seines Schaffens bezeichnen kann: die um 1320 entstandenen Fresken mit Szenen aus dem Leben Johannes' des Evangelisten und Johannes' des Täufers.

An der Stirnwand des Querschiffs liegt die Cappella Baroncelli. Von Taddeo Gaddi, einem Schüler Giottos, stammen die Fresken (1332 bis 1337) der Propheten und des Marienlebens, darunter die »Verkündigung an die Hirten«, ein seltenes Nachtbild der mittelalterlichen Malerei. Die um 1383 entstandenen Fresken in der anschließenden Cappella Castellani malten Agnolo Gaddi und seine Schüler.

Durch eine prachtvolle Tür geht es durch den von Michelozzo angelegten Gang (Corridoio della Sagrestia) in die Sakristei, in der kostbare Schränke der Renaissance und eine »Kreuzigung« von Taddeo Gaddi zu sehen sind. Hinter der Sakristei erstreckt sich die Cappella Rinuccini aus dem 14. Jh. mit Fresken von Giovanni da Milano, die aus dem Leben Marias und Maria Magdalenas erzählen. Am Ende des Sakristei-Korridors betritt man die 1434 – 1445 von Michelozzo für Cosimo de Medici erbaute Noviziatenkapelle. Vom Korridor hat man auch Zugang zur Lederschule (Scuola del Cuoio), in der handgefertigte Taschen und andere Lederartikel angeboten werden. **Sakristei**

Im rechten Seitenschiff steht das Grabmal für den Komponisten Gioacchino Rossini sowie das Grab des Florentiner Gelehrten und Kanzlers der Republik, Leonardo Bruni, für den Bernardo Rossellino um 1450 den **Prototyp des Florentiner Renaissance-Grabmals** schuf. Wenige Schritte weiter sieht man das graziöse Verkündigungs-Relief von Donatello (1435). Etwa in der Mitte des Seitenschiffs steht das Wandgrabmal (1787) mit der Allegorie der Diplomatie für den politischen Philosophen Niccolò Machiavelli. Am nächsten Pfeiler befindet sich die Renaissancekanzel (um 1480) von Benedetto da **Rechtes Seitenschiff**

Maiano, und an der Wand gegenüber ruht der Dichter und Wegbereiter des Risorgimento Vittorio Alfieri (†1803) in einem klassizistischen Grabmal von Antonio Canova. Es folgt der monumentale Kenotaph (1829) für Dante Alighieri, der 1321 in Ravenna starb und dort begraben liegt. Vasari entwarf das **Grabmal für Michelangelo** mit den Personifikationen der Skulptur, Malerei und Architektur.

Klosterareal, Kreuzgänge, Santa-Croce-Museum
Rechts neben der Kirche befindet sich der Zugang zum Klosterbereich von Santa Croce mit dem Ersten Kreuzgang und der von Brunelleschi ab 1430 im Auftrag von Andrea de Pazzi errichteten **Cappella dei Pazzi**. Dieser frühe Zentralbau der Renaissance mit Terrakottareliefs von Andrea della Robbia diente als Familienkapelle und als Kapitelsaal der Franziskanermönche. Vom ersten Kreuzgang führt ein Durchgang zum großen zweigeschossigen Kreuzgang, der um 1452 von Bernardo Rossellino nach Brunelleschis Plan errichtet wurde. Das Museum ist im Refektorium und in angrenzenden Räumen untergebracht. Zu seinen Hauptwerken gehören das 120 m² große »Abendmahl« (1330 – 1340) von Taddeo Gaddi, das große Kruzifix (nach 1270) von Cimabue, ein meisterliches, durch die Arnoüberschwemmung 1966 schwer beschädigtes Spätwerk, ein Bronzestandbild von Donatello, »Der hl. Ludwig« (1423) sowie »Stigmata«, eine Terrakottagruppe von Andrea della Robbia.

*Casa Buonarroti
In dem Haus Via Ghibellina 70 nördlich von Santa Croce, das Michelangelo Buonarotti für seinen Neffen Leonardo kaufte, wurde eine Erinnerungsstätte für den Künstler eingerichtet, in seine »Kentaurenschlacht« zu sehen ist, ein Marmorrelief, das Michelangelo mit 17 Jahren schuf. Das etwas früher entstandene Marmorflachrelief »Madonna mit Kind« (wegen der Treppenabbildung auch »Madonna della Scala« genannt) ist voller Melancholie – der Blick der Gottesmutter scheint ahnungsvoll in die Ferne bereits auf den Tod Jesu gerichtet zu sein. Beachtung verdienen auch das Holzkruzifix (1494) für Santo Spirito, denn Christus wird hier nicht als Schmerzensmann, sondern als sanftmütiger Jüngling dargestellt, sowie das Holzmodell für die nie vollendete Fassade der Kirche San Lorenzo.
❶ Mi. – Mo. 10.00 – 17.00, Nov. –Febr. bis 16.00 Uhr; Eintritt: 6,50 €; www.casabuonarroti.it

Sinagoga
Die 1874 – 1882 nach dem Vorbild der Hagia Sophia in Istanbul erbaute Synagoge mit ihrer grünlichen Kuppel gilt als prächtigste Europas. Einige Architekturelemente sind im maurischen Stil gehalten. Angeschlossen ist das Museo Ebraico (»Jüdisches Museum«), das u. a. Dokumente zur Geschichte der Florentiner Juden zeigt.
❶ Via Farini; Juni – Sept. So. – Do. 10.00 – 18.30, Fr. 10. – 17.00, Okt. – Mai So. – Do. 10.00 – 17.30, Fr. 10.00 – 15.00 Uhr; Eintritt 6,50 €; http://moked.it/firenzebraica/orari-museo

AUSSERHALB DER ALTSTADT

Vom Piazzale Michelangelo führt die Via Monte alle Croci hinauf zum Kloster San Miniato al Monte, das sich über dem Grab des hl. Minias erhebt, der um das Jahr 250 in Florenz als Märtyrer starb. Die Gründung geht auf Cluniazenser um 1018 zurück, mit dem Bau wurde um 1050 begonnen. Zu Beginn des 13. Jh.s war die Kirche weitgehend fertiggestellt. Im 16. Jh. zur Festung ausgebaut und im 17. Jh. als Hospital, Bettler- und Altersheim genutzt, ist das Klosterareal seit 1924 Olivetaner-Mönchen anvertraut. Links neben der Kirche liegt **der stimmungsvolle Friedhof,** rechts steht der Sommerpalast der Florentiner Bischöfe aus dem 14. Jh., seit 1534 Teil des Klosters. Die zweigeschossige Fassade ist mit dünnen Marmorplatten inkrustiert. Im Obergeschoss leuchtet ein Mosaik (2. Hälfte 13. Jh.), das Christus zwischen Maria und San Miniato darstellt. Der Giebel wird von einem vergoldeten Adler bekrönt, der ein Wollbündel in den Krallen trägt. Er ist das Wappentier der reichen

*San Miniato al Monte

Auch das gibt es noch in der Arnometropole: Villen mit großzügigen Gärten.

Tuchhändler Zunft, die lange Zeit die Bauhütte von San Miniato finanzierte. Der 1499 eingestürzte Kampanile wurde unvollendet gelassen.

Innenraum: Eindrucksvoll ist der Innenraum, eine spätantike, frühchristliche Säulenbasilika, angelegt als dreischiffiges Langhaus ohne Querschiff mit offenem Dachstuhl. Der traditionsgemäß über dem Märtyrergrab erhöhte Chor gab ursprünglich dem eintretenden Pilger den Blick in die Hallenkrypta (11. Jahrhundert) und auf die Gebeine des hl. Minias frei. Michelozzos tonnengewölbtes **Marmorziborium** mit weiß-hellblauen Terrakottakassetten von Luca della Robbia im Langhaus wurde 1448 im Auftrag Pieros de Medici geschaffen. Als Rückwand verwendete man ein Altarbild von Agnolo Gaddi (um 1396) mit Szenen aus dem Martyrium des hl. Minas.

Cappella del Cardinale di Portogallo: Die Grabkapelle des Kardinals von Portugal, 1461–1466 im Auftrag des portugiesischen Königs Afonso V. von Manetti an das linke Seitenschiff gebaut, orientiert sich als Zentralraum stark an der Alten Sakristei, die Brunelleschi für San Lorenzo schuf. Die Innendekoration verbindet christliches und antikes Gedankengut: Antonio Rossellinos Sarkophaggestaltung erinnert an ein römisches Vorbild, ein Mithrasopfer sowie Putti dekorieren die Grabmalnische. Die Liegefigur des Toten ist als Mahnung an das Jüngste Gericht auf den leeren Richterstuhl gegenüber ausgerichtet. Die Terrakottafiguren schuf Luca della Robbia.

Krypta: Links und rechts des Marmorziboriums führen Treppen hinunter zur Krypta mit Fresken (14. Jh.) von Taddeo Gaddi.

Presbyterium und Apsis: Die Marmorschranken und die Marmorkanzel (2. Hälfte 12. Jh.) gehören zu den wertvollsten spätromanischen Ausstattungsstücken der Kirche. Die Apsis ziert das Mosaik »Christus mit Maria und San Miniato«. Es wurde 1297 geschaffen, lässt byzantinischen Einfluss erkennen und wurde in der zweiten Hälfte des 19. Jh.s fast vollständig erneuert.

Sakristei: Von der Apsis kommt man rechts in die Sakristei, in der Spinello Aretino nach 1387 mit den »Legenden des hl. Benedikt« sein Meisterwerk hinterließ. Durch die Sakristei geht es in den Kreuzgang mit Fresken von Andrea del Castagno und Paolo Uccello.

❶ tgl. 9.30–13.00, 15.00–19.00 Uhr; Eintritt frei; Sakristei/Fresken: 1 €

*Museo Stibbert Der englische Offizier Frederick Stibbert – weit gereist und vermögend – sammelte überall auf der Welt Waffen, Kunst, Kultobjekte, Kleider und Alltagsgegenstände. In seiner Villa in den Hügeln nördlich der Stadt (Bus 4) füllt die umfangreiche Sammlung 60 Säle.

❶ Via Federico Stibbert 26, Mo.–Mi. 10.00–14.00, Fr.–So. 10.00–18.00 Uhr; Eintritt: 8 €; www.museostibbert.it

UMGEBUNG VON FLORENZ

Das ehemalige Kartäuserkloster liegt 5 km südlich von Florenz am Ortsausgang von Galluzzo (Bus 37). Niccolò Acciaiuoli, Florentiner Staatsmann und Freund Petrarcas, ließ das festungsartige Kartäuserkloster 1341 anlegen, später wurde der Komplex, den heute Benediktinermönche bewohnen, mehrfach erweitert. In der Klosterkirche San Lorenzo befindet sich das berühmte Grabmal des Kardinals Agnolo II. Acciaiuoli, das Francesco da Sangallo zugeschrieben wird. Die Pinakothek des Klosters besitzt u. a. Lünettenfresken von Pontormo nach Zeichnungen von Albrecht Dürer und eine »Madonna mit Kind« von Lucas Cranach.

*Certosa del Galluzzo

❶ Winter Di. – Sa. 9.00 – 11.00, 15.00 – 16.00, So. 15.00 – 16.00 Uhr, Sommer jeweils bis 17.00 Uhr; Eintritt: Spende

Rechts oberhalb der Verbindungsstraße Florenz – Sesto steht die ***Villa la Petraia** (nicht ausgeschildert). Ferdinando de Medici erwarb das Anwesen 1575 und ließ es durch Buontalenti umgestalten, erhalten blieb der alte Verteidigungsturm. Im 19. Jh. diente das Anwesen den italienischen Königen als Sommersitz. Heute befindet es sich in Staatsbesitz und kann besichtigt werden. Vom reizvollen Park hat man eine gute Sicht bis nach Florenz.

**Medici-Villen

Nur wenige Hundert Meter westlich der Villa la Petraia steht die **Villa Medicea di Castello**, die in ihrer heutigen Anlage auf das 16. Jh. zurückgeht. Die Villa ist Sitz der Accademia della Crusca und nicht zugänglich, wohl aber der ausgedehnte Park mit seinen prächtigen Wasserspielen, Grotten und Statuen. Die Figurengruppe des zentralen Brunnens zeigt Herkules im Kampf mit dem Riesen Antäus.

Villa la Petraia: Via della Petraia 40; April – Sept. 8.30 – 19.00, März, Okt. bis 18.00, Nov. – Febr. bis 16.30 Uhr, 2. und 3. Mo. im Monat geschl.; Führungen alle 45 Min.; Eintritt frei; www.polomusale.firenze.it
Villa Medicea di Castello: Via Castello 47; stark wechselnde Öffnungszeiten (Infos unter Tel. 055 45 26 91); Eintritt frei

Weitere Villen nördlich und westlich von Florenz findet man unter den Stichwörtern ▶ Prato und ▶ Borgo San Lorenzo, jeweils Umgebungsziele.

Weitere Villen der Medici

In Coverciano östlich von Florenz zeigt das Museo del Calcio anhand von Trikots, Devotionalien, Spielszenen, Schiedsrichtern, Veteranen und Stars wie Riva, Maldini, Cannavaro oder Riviera **italienische Fußballgeschichte**.

Museo del Calcio

❶ Viale Aldo Palazzeschi 20, Mo. – Fr. 9.00 – 13.00, 15.00 – 19.00, Sa. 9.00 bis 13.00 Uhr; Eintritt. 5 €; www.museodelcalcio.it

** Giglio / Isola del Giglio

✦ P/Q 8

Provinz: Grosseto (GR)
Größe: 21 km²
Einwohnerzahl: 1470

11 Seemeilen westlich des Monte Argentario liegt das grüne, bergige Giglio. Die zweitgrößte toskanische Insel, die im Januar 2012 in die Schlagzeilen geriet, als das Kreuzfahrtschiff »Costa Concordia« an einem Felsen direkt vor ihrer Ostküste leckschlug, ist ansonsten ein Eldorado für Ruhe Suchende, Badeurlauber und Taucher.

Ausführlich beschrieben im Baedeker-Reiseführer »Elba«
Schmale, attraktive Sandbuchten zum Baden und Schnorcheln liegen nördlich und südlich der Halbinsel Lazzaretto (Arenella-Strand, Caletta-Bucht bzw. Cala delle Canelle, Cala degli Alberi), Giglios größter Strand im Nordwesten in der **Bucht von Campese.** Die kleineren Strände sind nur über Fußpfade zu erreichen. Tauchgänge über Sandgrund und Seegraswiesen verspricht die Unterwasserwelt.

Giglio Porto
Die Fähren vom Festland legen an der Ostküste in Giglio Porto an. In dem geschäftigen Hafen stehen die Häuser fächerförmig gedrängt auf dem schmalen Küstenstreifen um die Kaimauer. Restaurants, Bars und Läden buhlen um Kundschaft. Die wuchtige Torre del Porto wurde 1596 auf Veranlassung von Großherzog Ferdinand I. errichtet.

*Giglio Castello
Eine steile Serpentinenstraße führt hinauf zu dem 400 m hoch gelegenen Hauptort der Insel, Giglio Castello. In der Festung, in pisanischer Zeit begonnen und von den Genuesen und den Großherzögen der Medici verstärkt, ist ein kleines Inselmuseum eingerichtet. Innerhalb der Ringmauern prägen **verwinkelte Gassen** und die ortstypischen schmalen, steilen Außentreppen das Bild. Besuchenswert ist die Kirche San Pietro Apostolo (15. Jh.).

Campese
Der moderne Ort in schöner Lage ist wegen seines langen Sandstrands bei Urlaubern beliebt. Aus dem ehemaligen Fischerdorf ist ein Ferienort mit beachtlicher touristischer Infrastruktur geworden (u. a. auch Tauchschulen).

Isola di Giannutri
Die flache, 2,6 km² große Felseninsel Giannutri 15 Seemeilen südöstlich von Giglio hieß bei den Griechen wegen ihrer Halbmondform »Artemisia«, bei den Römern »Dianum« (Bogen der Diana). Sie ist mit Fähren von Maregiglio und Wassertaxis von Porto Santo Stefano aus zu erreichen (im Sommerhalbjahr nur mit Guide). Giannutri gilt

Giglio erleben

AUSKUNFT
Via Provinciale 9, Giglio Porto (Hafen)
Tel. 05 64 80 94 00
www.isoladelgiglio.it

FÄHREN / AUSFLUGSBOOTE
Fähren ab Porto Santo Stefano
(▶ Monte Argentario; Busse von Bahnhof
Grosseto und von Rom). Schiffsausflüge
von Elba.

Reedereien
www.maregiglio.it
www.toremar.it

ESSEN
Da Maria ❸❸❸
Via della Casa Matta 12, Giglio Castello
Tel. 05 64 80 60 62
Mi. sowie Jan. u. Feb. geschl.
Restaurant mit Familientradition, in dem
es täglich frischen Fisch gibt.

La Paloma ❸❸
Via Umberto I 48, Giglio Porto
Tel. 05 64 80 92 33
Sept. – Juni Mo. geschl., Juli/Aug. tgl.
geöffnet.
Claudio Bossini hat gute Meeresspeziali-
täten im Angebot.

ÜBERNACHTEN
Castello Monticello ❸❸❸
Via Provinciale
Giglio Porto

Tel. 05 64 80 92 52
www.hotelcastellomonticello.com
April bis Ende September geöffnet. Dieses schöne Hotel ist in einer Villa von
1920 mit Terrasse und Meerblick oberhalb von Giglio Porto eingerichtet; 29 Z.

Arenella ❸❸❸
Via Arenella 5
Giglio Porto
Tel. 05 64 80 93 40
www.hotelarenella.com
Familienfreundliches Hotel mit 27 Zimmern. Zum Sonnenbaden gibt es eine
große Terrasse mit Bar, der Strand ist nur
ein paar Gehminuten entfernt.

Hotel Bahamas ❸❸
Via Cardinale Oreglia 22
Giglio Porto
Tel. 05 64 80 92 54
www.bahamashotel.it
Solide und gepflegt. Das Hotel steht
oberhalb des Hafens, aus einigen Zim-
mern hat man Meer- u. Hafenblick; 28 Z.

CAMPING
Baia del Sole ❸
Cala Sparavieri, Campese
Tel. 05 64 80 40 36
www.campingbaiadelsole.com
Der einzige Campingplatz auf Giglio mit
ca. 50 Plätzen – teilweise direkt über
dem Meer gelegen – und ein paar Bun-
galows. Baden kann man an dem Fels-
strand, der zum Campingplatz gehört.

als Tipp für **passionierte Taucher.** Im Nordwesten sind oberhalb
der Bucht Cala Maestra Reste einer römischen Siedlung (1./2. Jh.)
erhalten, darunter eine Therme und die stattliche Villa der Patrizierfamilie Domizi Aenobarbi (nicht zugänglich). Auf Giannutri gibt es
nur Apartments und schlichte Zimmer.

✳ Grosseto

✧ N 9

Provinz: Grosseto (GR)
Höhe: 10 m ü. d. M.
Einwohnerzahl: 82 300

Vor 150 Jahren noch ein verschlafenes Dorf, gewinnt die heutige Provinzhauptstadt zunehmend an Attraktivität. Die günstige Lage, gute Einkaufsmöglichkeiten sowie ein hübscher Altstadtkern machen das fahrradfreundliche Grosseto ebenso interessant wie das Kunst- und Kulturangebot.

Geschichte   Grosseto entstand im Mittelalter aus einem kleinen Kastell, das die Via Aurelia, die alte Römerstraße von Pisa nach Rom, bewachte. Nachdem das etruskische Rusellae 935 von den Sarazenen zerstört worden war, verlegte Papst Innozenz II. den Bischofssitz 1138 nach Grosseto. Die Medici ließen die Befestigungen Grossetos verstärken und neue Entwässerungskanäle ziehen, auch die Großherzöge der Toskana initiierten verschiedene Verbesserungen, die der Stadt einen bescheidenen wirtschaftlichen Aufschwung brachten. Nach 1930, als die ▶Maremma trockengelegt wurde, stieg die Stadt zu einem wohlhabenden Landwirtschaftszentrum mit zunehmender Industrie auf.

Auf dem Hauptplatz von Grosseto: links der Dom, rechts das Rathaus

SEHENSWERTES IN GROSSETO

Das historische Stadtzentrum ist von einem unregelmäßigen Mauer-
sechseck mit sechs Bastionen umgeben, das von Baldassare Lanci
1574 im Auftrag des Großherzogs Francesco I. begonnen und 1593
unter Ferdinand I. vollendet wurde. Bereits 1835 ließ Leopold II. die
Befestigungsanlage in einen **öffentlichen Wallgarten** umwandeln.

*Mediceische Befestigungen

Hauptplatz in der Altstadt ist die Piazza Dante Alighieri mit dem
Denkmal für Leopold II. (1797 – 1870), den letzten Habsburger Erb-
großherzog der Toskana. An der Nordseite ragt die rot-weiße Mar-
morfassade des Doms San Lorenzo auf. Vom Ursprungsbau, den
Sozzo di Rustichino um 1300 auf den Grundmauern einer älteren
Kirche ausführte, ist das Südportal erhalten. Dessen Architrav zeigt
»Christus und die Evangelisten«. Im Innern birgt das linke Quer-
schiff die »Himmelfahrt Mariä« (1474) von Matteo di Giovanni.

*Piazza Dante Alighieri, Duomo

Das **Archäologie- und Kunstmuseum** nördlich des Doms präsentiert Funde aus Roselle (s. u.) und dokumentiert Häusertypen, Mau-
ertechniken und Infrastruktur. Zu den Exponaten gehören etruskische Schwarztonvasen, Terrakotten und Keramik der hellenistischen
Epoche sowie römische Statuen der Kaiserzeit. Im Kunstmuseum
sind Werke des 13. – 19. Jh.s zu sehen, u. a. Sassetas »Madonna delle Ciliegie«, Majoliken und Münzen aus Mittelalter und Renaissance.
Das **Diözesanmuseum** zeigt Sakralgegenstände, u. a. ein Guido da
Siena zugeschriebenes »Jüngstes Gericht« (14. Jh.) aus Grossetos Kirche San Leonardo.
Musei di Maremma: Piazza Baccarini 3; Okt. – Juni Di. – Sa. 10.00 – 19.00,
So. 10.00 – 13.00, 16.00 – 19.00; 1.7. – 30.9. Di. – Sa. 10.00 – 20.00, So.
10.00 – 13.00, 17.00 – 20.00 Uhr; Eintritt: 5 €; www.museidimaremma.it

*Museo Archeologico e d'Arte della Maremma

Symbol des Naturhistorischen Museums ist ein Hominide: **Oreopi-
thecus Bambolii** wurde 1872 von dem Paläontologen Paul Gervais
in der Mine von Montebamboli bei Massa Marittima entdeckt. 1996
wurde der Hominidenkörper von dem Südafrikaner Ronald Clarke
dreidimensional rekonstruiert. In dem Museum wird das Leben auf
der Erde u. a. anhand eines »Lebensbaums« präsentiert. Zum Museum gehören das Aquarium und das astronomische Observatorium
in Roselle.
Naturhistorisches Museum: Strada Corsini 5, 15.6. – 15.9. Di. – Fr. 9.00 bis
13.00, Sa. 10.00 – 13.00, 17.00 – 20.00, So. 17.00 – 20.00; 16.9. – 14.6
Di. – Fr. 9.00 – 13.00, Sa. 9.00 – 13.00, 16.00 – 20.00, So. 16.00 – 20.00
Uhr; Eintritt: 5 €; www.museonaturalemaremma.it
Aquarium: Via Porciatti 12; Juli/Aug. Di. – Sa. 17.00 – 23.00, April – Juni,
Sept. – Dez. Di. – Sa. 9.30 – 12.30, 15.00 – 19.00 Uhr; Eintritt frei
Observatorium: Fr. 21.30 Uhr; Eintritt frei

Museo di Storia Naturale della Maremma, Aquarium

** AREA ARCHEOLOGICA DI ROSELLE

🕐 Okt. – März 8.30 – 16.45, sonst 10.15 – 18.45 Uhr; Eintritt: 4 €;
https://archeotoscana.wordpress.com/about/roselle-area-archeologica

Reste der
Etruskerstadt
Rusellae

Ein Muss für Freunde der Antike liegt auf einer Hügelflanke des Poggio di Moscona 9 km nordöstlich von Grosseto: die Überreste der Etruskerstadt Rusellae, Mitglied des Zwölfstädtebundes. In der Antike war sie durch einen See von Vetulonia getrennt, eine Handelsstraße sicherte die Anbindung zum nördlichen und südlichen Etrurien. Laut Livius wurde Rusellae 294 v. Chr. von den Römern erobert und unter Augustus ausgebaut. Nach der Völkerwanderung verfiel die Stadt. Erhalten blieben Reste der 3 km langen, aus 2 m hohen Kalksteinblöcken errichteten Mauer, die beide Stadthügel wohl seit dem 7. Jh. v. Chr. umgab. Der älteste Siedlungsteil ist der nördliche Bezirk **mit etruskischen Häusern** aus ungebrannten Ziegeln, die wahrscheinlich aus dem 7. Jh. v. Chr. stammen, während die regelmäßig gesetzten Steinreihen auf der westlichen Seite aus dem 2. Jh. v. Chr. erhalten sind. Auf dem Südhügel breiteten sich in der hellenistischen Epoche bis zum Ende des 2. Jh.s v. Chr. Quartiere der Handwerker aus. Brunnen und Zisternen stellten die Wasserversorgung sicher, ein **Kanalisationssystem** entsorgte die Abwässer. Ausgrabungen haben drei Stadttore zutage gebracht, vier weitere werden entsprechend den Zufahrtswegen vermutet. Entlang dieser Straßen sind Überreste von Gräbern aus archaischer und hellenistisch-römischer Zeit zu sehen. Innerhalb der Mauern wurden römische Gebäude freigelegt, darun-

Grosseto

A Piazza Dante Alighieri
B Piazza del Duomo
C Piazza Baccarini
D Piazza dell'Indipendenza
E Piazza del Popolo
F Piazza Frateli Rosselli
G Piazza Palma
H Piazza del Mercato
J Piazza De Maria
K Piazza Esperanto
1 Prefettura
2 San Francesco
3 Museo Archeologico
  e d'Arte della Maremma
4 Municipio

Essen
❶ Grantosco
❷ Antico Borgo

Übernachten
❶ Grand Hotel Bastiani
❷ Maremma

250 m

©BAEDEKER

ter ein Amphitheater, das kaiserliche Forum, Reste einer Villa aus der Kaiserzeit sowie die mit Platten befestigte Römerstraße.

* VETULONIA

Vetulonia liegt 20 km nordwestlich von Grosseto oberhalb der Mündungsebene des Ombrone. Hier stieß man auf Reste einer einst blühenden Etruskerstadt: In Vetluna bzw. Vatluna lebten über 10 000 Menschen, Gold-, Silber- und Erzvorkommen sorgten im 7./6. Jh. v. Chr. für Reichtum, der am Ende des römischen Bürgerkriegs (1. Jh. v. Chr.) durch Brandschatzung verloren ging. Die Wiederentdeckung im Ortsteil Poggiarello Renzetti, den heutigen »Scavi Città«, gelang dem Arzt und Hobbyarchäologen Isidoro Falchi um 1896. Nach ihm ist das *Museo Archeologico »I. Falchi«* benannt, in dem Goldschmuck, Exponate der Villanova-Kultur, Funde und ein Fries aus dem »Haus der Medea« ausgestellt sind. Glanzobjekt ist ein goldener Skarabäusring, der 2007 in der Tomba dello Scarabeo (Nekropolis

Etrusker-hochburg Vetluna

Grosseto erleben

AUSKUNFT
Piazza del Popolo 3
Tel. 05 64 42 79 18, 91 60 05 54
www.prolocogrosseto.it

VERANSTALTUNG
Internationales Jazz-Festival im Juli

ESSEN
❶ Grantosco ●●●
Via Solferino 4
Tel. 0 56 42 60 27
Im Grantosco sitzt man in schöner Weinflaschendeko und bekommt sehr gute Gerichte vom Maremma-Rind, ebenso Wildschwein. Vorzüglich sind auch die guten Desserts.

❷ Antico Borgo ●●
Via Garibaldi 52
Tel. 0 56 42 06 25
http://anticoborgogr.altervista.org
Mo. Ruhetag. Kleine Trattoria im histori-

schen Zentrum. Ravioli mit Steinpilzen vom Monte Amiata und zum Dessert Ricotta-Törtchen mit Zitronencreme probieren!

ÜBERNACHTEN
❶ Grand Hotel Bastiani ●●●
Piazza Gioberti 64
Grosseto
Tel. 0 56 42 00 47
www.hotelbastiani.com
Elegantes Palazzo-Ambiente in 48 Zimmern mit Tradition und Charme im Herzen der Stadt

❷ Hotel Maremma ●●
Via F. Paolucci de Calboli 11
Grosseto
Tel. 0 56 42 22 93
www.hotelmaremma.it
Mitten in der Fußgängerzone liegt dieses klassische Hotel mit eigenem Parkplatz. 30 Zimmer mit Klimaanlage, Wi-Fi, TV.

von Casenovole, Civitella Paganico) entdeckt wurde. Der Weg ist mit »Scavi Città« ausgeschildert, Parkplätze gibt es direkt am Zugang. Das Museum ist perfekt für Behinderte und Blinde ausgestattet.

❶ Okt. – Feb. Di. – So. 10.00 – 16.00, März – Mai bis 18.00, Juni, Sept. Di. bis So. 10.00 – 14.00, 16.00 – 20.00, Juli/Aug. tgl. 10.00 – 14.00, 16.00 bis 20.00 Uhr; Eintritt: 4,50 €; museidimaremma.it/it/museo.asp?keymuseo=58

*Etruskische Nekropolen Die Grabstätten der Etrusker liegen unterhalb der antiken Etruskerstadt. Charakteristischer Grabtyp Vetulonias sind die **»Circoli«,** kreisförmige Steinsetzungen mit einer Grabkammer und darüber aufgeschüttetem Erdhügel. An der Via dei Sepolcri – der »Gräberstraße«, die sich Richtung Grilli hinzieht – liegt zunächst die Tomba del Belvedere, ein Kammergrab mit kurzem Zugang.

Tomba della Pietrera: Das architektonisch interessanteste Grab ist die zweistöckige Tomba della Pietrera (2. Hälfte des 7. Jh.s v. Chr.) nordöstlich der Siedlung. Die Tomba erinnert an die Kuppelgräber von Mykene in Griechenland – ein künstlicher Hügel, der von einem kreisförmigen Sockel mit mehr als 60 m Durchmesser begrenzt wird. Zu dem 14 m hohen Grab führt ein 22 m langer Zugang. Ein Pfeiler in der Mitte der unteren Grabkammer trug die Kalksteindecke. Nach ihrem Einsturz, vermutlich noch während der Fertigstellung, wurde das Grab aufgeschüttet und eine stabilere Kalksandsteinkonstruktion gewählt, um die obere Grabkammer mit dem künstlichen Kuppelgewölbe zu schaffen.

Tomba del Diavolino: Aus derselben Zeit stammt die 15 m hohe, viereckige Kammer der Tomba del Diavolino weiter nördlich, ebenfalls mit einem künstlichen Tumulus versehen, der von einem kreisförmigen Sockel begrenzt wird. In der Mitte der Grabkammer ist noch der Sockel des Zentralpfeilers erhalten. Den Namen erhielt das Kuppelgrab nach einer hier gefundenen Bronzestatuette des Totengottes Charon, die man seinerzeit als Teufelchen deutete (zu sehen im Museo Archeologico, Florenz).

❶ s. Museo Archeologico »I. Falchi«

Livorno

✦ H 4/5

Provinz: Livorno (LI)
Höhe: Meereshöhe
Einwohnerzahl: 161 150

Die Provinzhauptstadt 20 km südlich von Pisa ist wichtigster Hafen der Toskana. Das Leben in der drittgrößten toskanischen Stadt wird von Fischerei, Containerfracht- und Fährverkehr bestimmt. Hübsch sind der Stadtteil Venezia Nuova und die Riviera degli Etruschi.

Angesichts der Industrieanlagen und modernen Bauten vergisst man leicht, dass Livorno eine traditionsreiche Stadt ist. Sie war lange Zeit Hafen von Pisa, doch nach der Niederlage der Pisaner wurde sie 1405 von den Genuesen übernommen. Die wiederum verkauften Livorno 1421 für 100 000 Goldgulden an Florenz. Die Medici gründeten 1571 einen neuen Hafen und ließen eine **Stadt auf fünfeckigem Grundriss** anlegen, die sie mit einem Wassergraben, dem Fosso Reale, umgaben. Dieses Fünfeck bildet heute das Zentrum von Livorno.

Alte Stadt, junges Gesicht

SEHENSWERTES IN LIVORNO

Die ovale, weitläufige Piazza della Repubblica am Rand des Zentrums überdeckt einen Teil des Fosso Reale. Auf dem historischen Platz stehen die Standbilder der Großherzöge Ferdinand III. und Leopold II. aus dem 19. Jh. einander gegenüber.

Piazza della Repubblica

An der Piazza della Repubblica beginnt die moderne Via Grande, Livornos Hauptgeschäftsstraße. Am Kreuzungspunkt mit der Via Cairoli weitet sie sich zur Piazza Grande, an der der Dom steht. Die 1594 – 1606 erbaute Bischofskirche wurde nach ihrer Zerstörung 1943 originalgetreu wieder aufgebaut. Das Museo di Santa Giulia zeigt ein Tafelbild aus der Giotto-Schule: die hl. Julia, Stadtpatronin von Livorno, stehend mit acht Episoden aus ihrem Leben.
❶ Mo. – Fr. 9.00 – 13.00 Uhr; Eintritt frei; www.santagiulia.org

Via Grande, Piazza Grande, Duomo

Auf der Piazza Micheli, die sich zum Hafen öffnet, zeigt das »Monumento dei Quattro Mori« Großherzog Ferdinand I. (1587 – 1609) als erfolgreichen Kämpfer gegen das Piratentum und die Sarazenen. Verkörpert wird dies durch die »quattro mori«, die sich ihm zu Füßen in Ketten winden. Der alte Hafen wird nach seinen Gründern Porto Medizeo genannt.

Quattro Mori, Porto Mediceo

Den nördlichen Abschluss des alten Hafenbereichs bildet die Alte Festung, 1521 – 1523 im Auftrag des Kardinals Giulio de Medici von Antonio da Sangallo gebaut. Der Komplex wird von einem runden Turm überragt, der noch von einer älteren Befestigungsanlage aus dem 11. Jh. stammt. Zwischen Alter Festung und Neuer Festung entstand ab 1629 das Kaufmannsviertel »Venezia Nuova«. Das **von Kanälen und Brücken geprägte Viertel** gehört zu den hübschesten Ecken von Livorno. Hier steht auch das 1705 erbaute Öl-Lagerhaus Bottini dell' Olio, das für Wechselausstellungen genutzt wird. In der Kirche Santa Caterina ist eine »Marienkrönung« von Giorgio Vasari zu sehen. Folgt man dem Fosso Reale weiter in östlicher Richtung, kommt man zur Neuen Festung, ein von Wassergräben umzogenes Bollwerk, das 1590 angelegt wurde und heute als Grünanlage dient.

Fortezza Vecchia, *Venezia Nuova, Fortezza Nuova

Livorno erleben

AUSKUNFT
Via A. Pieroni 18/20
Tel. 05 86 89 42 36
www.costadeglietruschi.it

FÄHREN
Vom Porto Mediceo pendeln Fähren
nach Elba und zu den Inseln des Arcipelago Toscano. Am Porto Mercantile
legen die Fähren nach Sardinien/Korsika
ab. Fahrpläne: Tel. 05 86 20 29 01,
www.portolivorno2000.it.

BOOTSTOUREN
In der Touristeninformation kann man
Bootstouren auf den Medici-Kanälen
buchen (Abfahrt: Scali D' Azeglio).

EINKAUFEN
Die Händler am neuen Mercatino
Americano (Via della Cinta Esterna)
haben u. a. italienische Designermode
im Programm.

ESSEN
❶ *La Perla* ❸❸❸
San Vincenzo, Riviera degli Etruschi
Via della Meloria 9
Tel. 05 65 70 21 13
www.laperladelmare.it
Sommer tgl., Winter nur Sa., So. geöff-
net. Strandrestaurant mit raffinierter
Fischküche. Tipp: Tonno rosso alle erbe
e riso basmati.

❷ *Il Sottomarino* ❸❸
Via Terrazzini 48
Tel. 05 86 88 70 25
Mo. und Di. Ruhetag. Sympathische
Trattoria, die auf Meerestiere spezialisiert
ist und die berühmte Livorneser Fisch-
suppe, Cacciucco, serviert.

❸ *Osteria del Mare* ❸❸
Borgo dei Cappuccini 5
Tel. 05 86 88 10 27
Do. Ruhetag, Sept. geschl.
Die Familie Mazza führt in zwei Räumen
eine beliebte Fischertaverne. Man sollte
die Muschelgerichte oder Gnocchi mit
Scampi probieren, dazu einen der guten
Hausweine.

ÜBERNACHTEN
❶ *Gran Duca* ❸❸❸
Piazza Micheli 16-18
Tel. 05 86 89 10 24, www.granduca.it
Hotel mit 80 Zimmern in optimaler Lage
am Hafen, 2007 komplett renoviert. Mit
Parkplatz, Fitness und Wellness. Zum
Hotel gehört ein Partnerhaus mit Apart-
ments auf Capraia.

❷ *Hotel Al Teatro* ❸❸❸
Via Mayer 42
Tel. 05 86 89 87 05
www.hotelalteatro.it
Palast aus dem 19. Jh. mit kleinem
Garten in der Nähe des Teatro Goldoni.
Die 8 Zimmer sind nach Komponisten
und Musikern benannt.

❸ *Villa Tramonto* ❸❸ – ❸❸❸
San Vincenzo Riviera degli Etruschi
Via Sirena 16
Tel. 05 65 70 18 58
www.hotelvillatramonto.com
Die einmalig schöne Lage direkt am
Meer mit hauseigenem Strand macht
dieses kleine Familienhotel (11 Z.) zu
einer empfehlenswerten Adresse für
Badeurlauber. Liegestühle und Sonnen-
schirme sind inklusive. Zum Hotel gehört
ein Fischrestaurant. Rad-, Vespa-Verleih,
Bootsausflüge werden angeboten.

Die am Ende des Zweiten Weltkriegs durch Bomben zerstörte Synagoge der auf portugiesisch-spanische Wurzeln zurückgehenden jüdischen Gemeinde (16./17. Jh.) galt als eine der schönsten Europas. 1958 – 1962 errichtete Angelo di Castro einen spektakulären, dem Rationalismus verpflichteten Betonneubau. Form und Gestalt erinnern an ein Wüstenzelt (Auszug aus Ägypten). Im Kellergeschoss sind Fotos der alten Synagoge zu sehen.

* Synagoge

❶ Piazza Benamozegh 1; Informationen zur Besichtigung Tel. 05 86 89 62 90

Auf einem Stadtrundgang darf keinesfalls eine der schönsten Markthallen Italiens fehlen: Im **Mercato Centrale** von 1894 verkauft ein Metzger sogar koschere Ware.

* Markthalle

Das Teatro Goldoni mit einem spektakulären Glasdach bietet Opernfreunden eine Ausstellung über den am 7.12.1864 in Livorno geborenen Komponisten Pietro Mascagni (u. a. Cavalleria rusticana). Das

* Teatro Goldoni

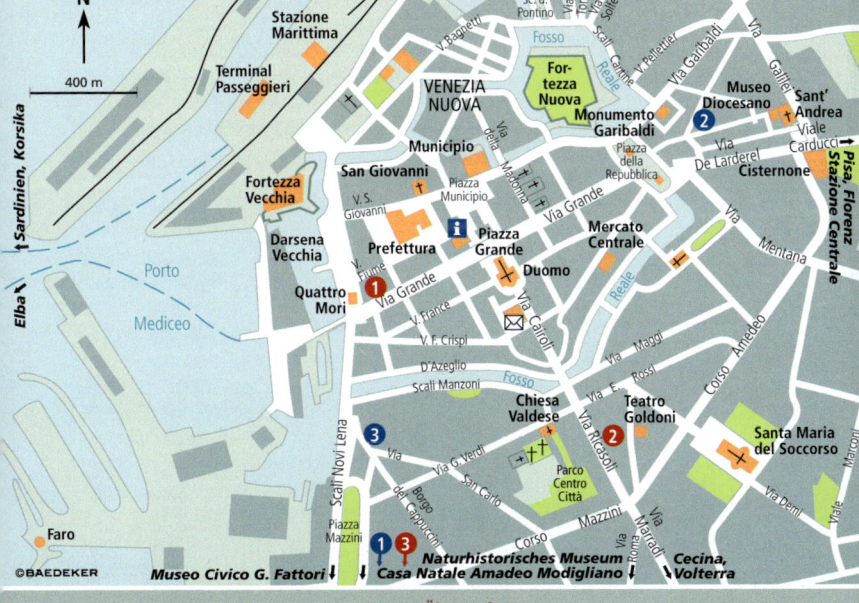

Livorno

Essen
❶ La Perla
❷ Il Sottomarino
❸ Osteria del Mare

Übernachten
❶ Gran Duca
❷ Hotel Al Teatro
❸ Villa Tramonto

»Museo Mascagnano« mit Fotografien, Musikinstrumenten etc. kann auf drei Touren entdeckt werden.

❶ Via Goldoni 83; derzeit wegen Umbauarbeiten geschlossen; www.goldoniteatro.it

Museen Das **Museo Fattori** an der Via San Jacopo in Aquaviva zeigt insbesondere Arbeiten der Malergruppe Macchiaioli um Giovanni Fattori (1825 – 1908). Die Macchiaioli überwanden den Akademismus und orientierten sich an dem aufkommenden Impressionismus. Auch Amadeo Modigliani (▶Berühmte Persönlichkeiten) hatte bei den Macchiaioli gelernt, bevor er nach Paris ging. Sein Geburtshaus, die **Casa Natale Amadeo Modigliani,** ist zu besichtigen. In der Villa Henderson aus dem 18 Jh. ist das **Naturhistorische Museum** untergebracht, mit Garten, Amphitheater und Planetarium. Das **Museo Diocesano** weiter nördlich zeigt liturgisches Gerät (17. – 19. Jh.) und zwei Tafelbilder aus der Giotto-Schule.

Museo Fattori: Di. – So. 10.00 – 13.00, 16.00 – 19.00 Uhr; Eintritt: 6 €; http://pegaso.comune.livorno.it/index
Casa Natale Amadeo Modigliani: Via Roma 38; nur Sa. 16.00 – 19.00 Uhr; Führung: 6 €
Naturhistorisches Museum: Via Roma 234; Di., Do., Sa. 9.00 – 13.00, 15.00 – 19.00, Fr. 9.00 – 13.00, So. 15.00 – 19.00 Uhr; Eintritt: 5 €
Museo Diocesano: Via del Seminario 61; Mo. – Fr. 9.00 – 13.00, Di., Fr. 16.00 – 19.00 Uhr; Eintritt frei

Aquarium Das **drittgrößte Aquarium Italiens** an der Terrazza Mascagni zeigt auf 3000 m² die faszinierende Unterwasserwelt des Mittelmeers.
❶ Apr. – Sept. tgl. 10.00 – 18.00, Juli/Aug. bis 20.00 Uhr, sonst stark eingeschränkte Öffnungszeiten; Eintritt: 14 €; www.acquariodilivorno.it

*Viale Italia Die mondäne Viale Italia führt an der Küste entlang in Richtung Süden aus der Stadt hinaus. An ihr finden sich Grünanlagen, Jugendstilvillen und einige Badestellen.

* RIVIERA DEGLI ETRUSCHI

Küste südlich von Livorno Südlich von Livorno erstreckt sich die Riviera degli Etruschi (Etrusker-Küste). Landschaftlich reizvoll ist insbesondere das Gebiet um Rosignano Marittimo, wo sich die Berge bis ans Meer ziehen. Im

»Venezia Nuova«, Livornos von Wasser geprägtes Stadtviertel

Hinterland gibt es kleine Bergdörfer mit teils herausragendem önologischem Angebot. Südlich von Rosignano liegen breite Strände mit klassischen Pinienwäldern, ideal zum Baden und für Wassersport.

Hinter Calafuria streift die Küstenstraße Quercianella, einen sympathischen Badeort mit vielen privaten Ferienhäusern unter Pinien und einem steinigen Strand, zu dem steile Treppen hinabführen. ***Quercianella**

Das hübsche Seebad Castiglioncello 8 km südlich war im 19. Jh. bei betuchten Badegästen sehr beliebt. Dass sich daran bis heute nicht viel geändert hat, zeigen die vielen Hotels und Pensionen und die vergleichsweise hohen Preise. In der Sandbucht reiht sich Badeanstalt an Badeanstalt. Das Archäologische Museum im Ortsteil Poggetto zeigt Funde aus Castiglioncello (Etruskernekropole) und Cecina. ***Castiglion-cello**
❶ Via del Museo 8; Juli/Aug. Di. – So. 9.00 – 13.00, 16.00 – 20.00, Sept. – Juni Di. – So. 9.00 – 13.00 Uhr; Eintritt frei

Wunderschön liegt das alte Bergdorf Rosignano Marittimo auf einer Hügelspitze etwa 3 km landeinwärts, überragt von einer Burg. Von hier ist zu erkennen, wie die Landschaft flacher wird und die Hügel sich allmählich ins Landesinnere zurückziehen. Weiter südlich sind die Orte weniger attraktiv, die Strände aber weitläufiger und das Campingplatzangebot größer. Von Cecina bis zur Marina di Bibbona bei Bolgheri zieht sich die unter Naturschutz gestellte »Pineta«, deren Pinien bis an den feinsandigen Strand heranreichen. Sonnenanbeter findet man v. a. am ***Strand von Vada,** einem der schönsten Strände an der Etruskischen Riviera. **Rosignano Marittimo, Vada**

Cecina, Marina di Cecina
Die Kleinstadt Cecina liegt touristisch im Windschatten des sich nahtlos anschließenden Badeorts Marina Cecina, dessen Hauptattraktionen der Strand und der Aquapark sind. In Cecinas Ortsteil La Cinquantina lohnen das **Archäologische Museum** in der Villa Guerrazzi und der schöne **Park** des Anwesens, ebenso der **Archäologische Park** der Villa Romana di San Vincenziano (1. Jh. v. Chr.).
Archäologisches Museum und Park: 1.2. – 31.5., 13.9 – 30.11. Sa., So. 15.30 – 19.00, 1.6. – 31.8. Di. – So. 18.00 – 22.00, 1.9. – 12.9. Di. – So. 16.00 -19.30 Uhr; Eintritt: 4 €
Archäologischer Park: Via Ginori 33; 1.2. – 31.5., 13.3. – 30.11. Sa., So. 14.00 – 17.30, 1.6. – 31.8. Di. – So. 17.00 – 21.00, 1.9. – 12.9. Di. – So. 16.00 – 19.30 Uhr; Eintritt: 3,50 €; www.comune.cecina.li.it

Bolgheri
Die 5 km lange, schnurgerade **Zypressenallee** zwischen San Guido und Bolgheri beschrieb der **Nobelpreisträger Giosuè Carducci** in der Ode »Davanti a San Guido« und machte so Bolgheri unsterblich. Im nahen **Castagneto Carducci** erinnern der Literaturpark »Giosuè Carducci« und das Museum im Wohnhaus des Schriftstellers an ihn. Das **Museo dell' Olio** an der Piazzetta della Gogna ist Italiens Lieblingsfrüchten gewidmet. Bolgheri bietet Galerien, Kunsthandwerksläden, Restaurants und Weinhandlungen, in denen die »Supertoskaner« Sassicaia und Ornellaia verkauft werden. In den Höfen ringsum werden Obst, Wildschwein und Fleisch vom Chianina-Rind angeboten. Ein originelles Mitbringsel ist Dr. Taffis Parfüm im Laden »Acqua di Bolgheri«. Die schattigen Landstraßen um Bolgheri bieten sich für Radausflüge an.
Literaturpark: Mo. – Fr. 10.00 – 13.00 Uhr; www.parchiletterari.com/ parchi/carducci
Museo dell' Olio: Di. – So. 10.00 – 12.30, 17.30 – 19.30 Uhr; Eintritt frei

Picknick mit Aussicht

Etwa 10 km südlich von Livorno steigt die Küstenstraße plötzlich an und umrundet ein felsiges Kap, Calafuria genannt. Die Autos werden hier einfach am Straßenrand geparkt – und ab geht es an die mäßig steile Felsküste, wo man auf großen roten Steinen herumklettern, sonnenbaden oder wunderbar picknicken kann.

*San Vincenzo
San Vincenzo, knapp 30 km südlich von Cecina, ist berühmt für weite, weiße Sandstrände, die südlich des Seebads auch frei zugänglich sind, und einen dichten Pinienwald, der bis ans Meer reicht. Beliebt sind Radausflüge in den Naturpark »Costiero di Rimigliano« sowie die »Etrusker«-Radrundtour nach Populonia, Piombino und Campiglia Marittima (40,5 km).

Der weitläufige **Park San Silvestro**, der sich auch zum Wandern sehr gut eignet, dokumentiert die Metallgewinnung in dieser Region von

der Etruskerzeit bis 1976. Das Bergwerk **Miniera del Temperino** ***Parco Ar-**
lädt zur »Reise ins Herz der Erde«, mit der Bergwerksbahn der Gal- **cheomineraio**
leria Lanzi-Temperino kann man eine unterirdische Tour machen. **di San**
Höhepunkt ist das im 10. und 11. Jh. auf Betreiben der Adelsfamilie **Silvestro**
Gherardesca angelegte Bergarbeiterdorf **Rocca San Silvestro.** Die
Kirche und in Teilen auch der mittelalterliche Mauerring sind noch
erhalten. In den * **Musei della Rocca di Campiglia** ist ein Archäologisches Museum eingerichtet. Die Burggschichte begann 1004 n. Chr.
mit der Adelsfamilie Gherardesca.

Parco Archeominerario di San Silvestro: 15.3. – 31.5., 1.10. – 31.10.
Di. – So. 10.00 – 18.00, 1.6. – 30.6., 1.9. – 30.9. Di. – So. 10.00 – 19.00,
1.7. – 31.8. tgl. 9.30 – 19.30 Uhr, sonst stark eingeschränkt; Eintritt: 9–16 €;
www.parchivaldicornia.it

Musei della Rocca di Campiglia: Juni/Sept. Sa., So. 10.00 – 13.00, 15.00
bis 19.00, Juli/Aug. Di. – So. 10.00 – 13.00, 16.00 – 20.00 Uhr; Eintritt: 4 €

* POPULONIA UND SAN CERBONE

Populonia war als Mitglied des etruskischen Zwölfstädtebundes eine
bedeutende Stadt. In ihren besten Zeiten lebten in der Stadt, die
durch Eisenproduktion reich wurde, rund 25 000 Einwohner. Die
Nekropole von Populonia, San Cerbone, ist heute eine der besterhaltenen Ausgrabungsstätten aus etruskischer Zeit und deshalb eine viel
besuchte Sehenswürdigkeit an der Etruskischen Riviera.
Die ältesten Spuren im Gebiet des etruskischen **Pupluna** reichen bis
ins 9. Jh. v. Chr. zurück. Die Etrusker verhütteten schon früh die Kup-
fererze der Colline Metallifere und die Eisenerze der Insel Elba. Die
wohlhabende Eisenschmiede ließ die Hafenstadt erblühen, ihre
Schiffe segelten bis nach Griechenland und Kleinasien. Im 1. Jh. v.
Chr. wurde die Stadt in den Wirren des Bürgerkrieges zwischen Sul-
la und Marius zerstört.
Die antike **Akropolis** der heutigen »Oberstadt« Populonia Alta ist
aus römisch-etruskischer Zeit erhalten. Im 14./15 Jh. wurde Populonia mit einer Burg befestigt, von deren Türmen man Blick über den
fantastischen Golf von Baratti hat. Im mittelalterlichen Ortskern präsentiert die **Privatsammlung Gasparri** Etruskerfunde.

❶ **Privatsammlung Gasparri:** Via do Sotto 8, Di. – So. 10.00 – 13.00,
15.00 – 19.00, Winter nur Sa., So. 10.00 – 13.00, 15.00 – 19.00 Uhr;
Eintritt: 1,50 €

San Cerbone, die Nekropole von Populonia, lag östlich unterhalb der ***San**
Stadt. Vom 9. bis zum 2. Jh. v. Chr. wurden hier Menschen beigesetzt. **Cerbone**
Bis zum Beginn des 20. Jh.s war die Gräberstadt von erzhaltigen
Schlacken aus den Schmelzöfen von Populonia bedeckt – und blieb
deshalb so gut konserviert. Als die Schlackenhalden ab 1908 erneut

ausgebeutet wurden, kamen die Grabstätten zutage. Die meisten Fundstücke wanderten ins Archäologische Museum in Florenz, doch die Gräber sind noch vor Ort zu besichtigen. Drei Grabtypen lassen sich unterscheiden: Zu den älteren zählen die in den Tuff geschnittenen Grabkammern und die »Tumuli«, heute von Gras bewachsene Rundgräber mit einem aus Kragsteinen zusammengefügten, »unechten« Gewölbe. Jünger sind die Ädikula-Gräber. Die aus Quadern errichteten und mit einem Satteldach aus Steinplatten gedeckten Bauwerke sehen aus wie kleine, frei stehende Hauser oder Tempel.

Parco Archeologico Baratti e Populonia

Der 80 ha große Archäologische Park von Baratti und Populonia umfasst die Necropoli di San Cerbone und die Necropoli delle Grotte, außerdem Eisenerzschmieden und -schmelzen der Etrusker. Zum Park gehört auch das heutige Dorf Populonia Alta mit der Akropolis. Der ausgeschilderte Parkplatz befindet sich an der Straße, die am Golf von Baratti entlangführt. Pendelbusse fahren von hier nach Populonia Alta hinauf. Das Besucherzentrum des Parks mit Buchladen, Café und Snackbar liegt ca. 300 m vom Parkplatz in einer ehemaligen Fabrikantenvilla.

Vom Besucherzentrum starten farbig markierte Rundwege. Für die beiden Nekropolen sollte man 4 – 5 Std. einplanen. Empfehlenswert sind Führungen, um auch das Innere der **Tomba dei Carri** (Grab der Streitwagen, 7. Jh. v. Chr.) zu sehen; das Hügelgrab hat einen Durchmesser von 28 m. Höhepunkt der Besichtigung ist das Halbrund der Tuffstein-Grabkammern der **Necropoli delle Grotte.** Der blau markierte Rundweg »Via del Ferro« (Eisenweg) führt zu weiteren Tumuli-Gräbern und einer freigelegten Erzverhüttungsstätte.

❶ März – Mai, Okt. Di. – So. 10.00 – 18.00, Juni, Sept. Di. – So. 10.00 bis 19.00, Juli/Aug. tgl. 9.30 – 19.30, Nov. Sa., So. 10.00 – 17.00, Dez. – Feb. Sa., So. 10.00 – 16.00 Uhr

INSELN VOR LIVORNO

Isola di Gorgona

Gorgona, gut 18 Seemeilen vor Livorno und nur etwas mehr als 2 km² groß, ist die nördlichste und kleinste Insel im Toskanischen Archipel. Da sie als Gefängnisinsel genutzt wird, ist ein Besuch nur in geringem Maß möglich, hin und wieder werden Fahrten ab Portoferraio (▶ Elba) organisiert.

Isola di Capraia

Die 35 Seemeilen von Livorno entfernte, 19 km² große Insel Capraia war bis 1986 Strafkolonie, heute tummeln sich hier Wassersportler, allen voran **Taucher und Schnorchler.** Ihre höchste Erhebung ist mit 447 m der Monte Castello. Einziger Inselort ist Capraia an der Nordküste oberhalb des Hafens. Seine Festung San Giorgio wurde während der pisanischen Ära in die Felswand gehauen und im 14. Jh.

Inseln in Sicht: Von Livorno starten die Fähren nach Korsika und Elba und zu den kleinen Inseln des Toskanischen Archipels.

von den Genuesen verstärkt. Südöstlich am Monte Campanile kann man Mäusebussarde und Turmfalken beobachten, während in den steilen Kliffs der unzugänglichen Westküste Meeresvögel nisten. Im Sommer nehmen zahlreiche Privatjachten Kurs auf die Insel. Über die Geschichte der Insel als Strafkolonie kann man sich im Rahmen von geführten Wanderungen informieren.

❶ Agenzia Viaggi e Turismo Parco; tgl. Fähren ab Livorno/Porto Mediceo, Fahrzeit 2,5 Std., www.toremar.it; Schiffsausflüge auch ab Elba; www.isoladicapraia.it

✱✱ Lucca

✦ F/G 5/6

Provinz: Lucca (LU)
Höhe: 19 m ü. d. M.
Einwohnerzahl: 84 900

Lucca gilt vielen als Inbegriff einer toskanischen Stadt – offen, lebendig und mit gemütlicher Atmosphäre. In den romantischen Altstadtgassen laden traditionsreiche Geschäfte zum Bummeln und Einkaufen ein. Lucca ist auch eine Stadt für Liebhaber von guter Patisserie: Nach alten Rezepten werden Köstlichkeiten hergestellt, so z. B. der Castagnaccio, ein süßer Kastanienkuchen, oder der Buccellato, ein Hefekranz mit Anis und Rosinen, den man am besten ofenwarm isst.

Geschichte Der Stadtname geht vermutlich auf die Etrusker zurück, die mit »Luk« einen Sumpf zwischen den Armen des Serchio bezeichneten. Der Name übertrug sich auf die römische Niederlassung Colonia Luca, in der sich 56 v. Chr. Julius Caesar, Gnaeus Pompeius und Marcus Licinius Crassus trafen, um ihr Triumvirat zu beschließen. Die Kaiser des Heiligen Römischen Reichs begünstigten Lucca, sodass die Stadt bis ins hohe Mittelalter noch vor Florenz und Pisa die größte und wichtigste Kommune der Toskana war. Die **Produktion von Seidenstoffen und Brokat** sowie die Blattgoldschlägerei brachten ihr Wohlstand. Schon um 1117 erkämpften die selbstbewussten Luccheser ihre Unabhängigkeit. Vorübergehend unter der Herrschaft von Condottieri (Söldnerführern), erhielt Lucca 1369 von Kaiser Karl IV. die Freiheit wieder.

VON DER PORTA VITTORIO EMANUELE ZUR PIAZZA SAN MICHELE

Spaziergang auf der Stadtmauer Spaziergängern und Radfahrern bieten die begrünten Wälle der Stadtmauer einen herrlichem Blick auf die Altstadt und die Silhouette des Apennin. Ein erster Schutzwall mit vier Toren aus wuchtigen Kalksteinblöcken bestand bereits zu Zeiten der Römer. Im 12./13. Jh. wurden auch neue Stadtteile im Nordosten befestigt, im 14. Jh. auf Befehl von Castruccio Castracani eine weitere Festung, die Augusta, innerhalb dieser Stadtmauern erbaut. Heute ist die Altstadt von einem 4,2 km langen **Mauergürtel mit elf Bastionen und sechs Toren umgeben. Dieses Festungswerk, 12 m hoch und im Fundament 30 m stark, wurde 1504 – 1645 von flämischen Ingenieuren errichtet und war mit 126 Kanonen bestückt. Der gewaltige Wall schützte die Stadt nicht vor Angriffen, wohl aber vor den Überschwemmungen des Serchio. In der ersten Hälfte des 19. Jh.s wurde auf dem breiten Mauerring eine Allee angelegt – aus dem Befestigungswerk wurde eine **Parkanlage.**

Porta Vittorio Emanuele Der nachfolgend beschriebene Stadtrundgang startet im Westen der Altstadt an der Porta Vittorio Emanuele mit der Tourismusinformation an der Piazza Verdi. In den Kasematten von San Donato lässt das **Antico Uffizio della Zecca di Lucca** die Geschichte des Luccheser Münzwesens lebendig werden. Beliebtes Souvenir ist die »Pinocchio-Zechine«. Die Via San Paolino führt hier stadteinwärts.

Antico Uffizio della Zecca di Lucca: Di. – Fr. 10.00 – 12.30, 15.00 – 18.00, Mo. 15.00 – 18.00, Sa. 10.00 – 12.30 Uhr; Eintritt: 5 €; www.zeccadilucca.it

Nächtliches Lucca: stimmungsvoll beleuchtete Gasse

Lucca erleben

Palazzo Ducale - Cortile Carrara 1
Tel. 05 83 41 71
www.luccaturismo.it

TRANSPORT
Lucca ist die Stadt der Fahrräder. Fahrradverleih: Cicli Bizzarri, Piazza Santa
Maria 32, www.ciclibizzarri.net; Bici-
clette A. Poli, Piazza S. Maria 42, www.
biciclettepoli.com; Vermietung und Touren mit Vespa-Roller oder Ducati-Motor-
rad bei Speciality Tours, Via della Caval-
lerizza 21, Tel. 05 83 95 41 39.

PUCCINI-FESTIVAL
Das Festival »Puccini e la sua Città«
(www.puccinielasualucca.it) würdigt den
Sohn der Stadt. In der Basilika San Giovanni, Via del Duomo, ist das ganze Jahr
über tgl. 19.00 Uhr Musik von Puccini
und Verdi zu hören; Eintritt: 15 €

EINKAUFEN
In Lucca kann man in schönen Traditi-
onsgeschäften einkaufen, in Familien-
betrieben, die seit Generationen existieren – die meisten in der Via Fillungo.

Camiceria Cerri
Via Fillungo 178
Luccas Stoffherstellung hat Tradition,
gute Kleidung gehört zum guten Ton.
Dieses gediegene Hemdengeschäft
bietet das Einsticken von Monogram-
men in Minutenschnelle, auch in
Mitgebrachtes.

Carli
Via Fillungo 95
Ein kleines Paradies für alle, die alten
Schmuck und feines Tafelsi!ber lieben

Vineria Marsili Costantino
Piazza San Michele 38
Spirituosen- und Delikatessenladen mit
verführerischer Auswahl

Buccellato Taddeucci
Piazza San Michele 34
Wunderbar altmodische Pasticceria,
1881 gegründet

Caffè Casali
Piazza San Michele 40
Hier gibt es die echten Toscani-Zigarren,
die hier in Lucca von Hand hergestellt
werden.

Enoteca Vanni
Piazza S. Salvatore 7
www.enotecavanni.com
In der Enoteca Vanni werden seit 1965
gute Weine, Olivenöl und Grappa
verkauft.

ESSEN
❶ *Antica Locanda dell' Angelo* €€€
Via Pescheria 21
Tel. 05 83 46 77 11
www.anticalocandadellangelo.com
Kein Ruhetag. Seit 1414 wird hier ge-
kocht und gegessen. Familienbetrieb,
einst schlicht, heute mit Stil. Sehr gute
Weine.

❷ *Da Giulio in Pelleria* €
Via delle Conce 45
Tel. 0 58 35 59 48
So. Ruhetag, aber jeder 3. So. im Monat
geöffnet. Eine beliebte und sehr freundliche Trattoria, in der man das Beste aus
der Luccheser Küche probieren kann.
Besonders gut sind die Linsen- und Boh-
nensuppen.

❸ *Gigi* €
Piazza del Carmine 7
Tel. 05 83 46 72 66
www.gigitrattoria.it
Kein Ruhetag
Carmine Mariniello bietet in seinem
sympathischen Lokal ein leckeres
Meeres-Risotto oder Roastbeef mit
Rucola und Pilzen und stolz ist er auf
seine wundervollen Desserts – natürlich
aus guter Eigenproduktion, z. B. Tirami-
su »alla Gigi«. Mittags gibt es günstige
Menüs.

❹ *Da Leo* €
Via Tegrimi 1
Tel. 05 83 49 22 36
Kein Ruhetag
Ein Klassiker! 1949 existierte hier eine
Weinumfüllstation, 1974 eine Osteria.
1980 übernahm die Familie Buralli vom
»alten Leo«! Spezialität: Dinkel-/Boh-
nensuppe.

ÜBERNACHTEN
❶ *La Luna* €€€
Via Fillungo
Corte Compagni 12
Tel. 05 83 49 36 34
www.hotellaluna.it
Dieses Hotel, eingerichtet in einem
Palast aus dem 12. Jh., liegt sehr zentral
in der Nähe der Piazza Anfiteatro. In
einigen der 30 Zimmer sind noch Fresken aus dem 17. Jh. erhalten!

❷ *San Marco* €€ – €€€
Via San Marco 368
Tel. 05 83 49 50 10
www.hotelsanmarcolucca.com
Das nahe der Stadtmauer gelegene San
Marco blickt auf eine interssante Ge-
schichte zurück: Es war früher einmal
Fabrikhalle, dann Kirche und schließlich
Kino. Heute ist es ein vollklimatisiertes,
ruhiges Hotel mit 42 Zimmern, Terrasse
und Garten.

Der äußerlich schlichte Palazzo Mansi (16. Jh.), Via Galli Tassi 43,   **Museo**
wurde im 18. Jh. in prunkvollem Barock ausgestattet und ist Sitz der   **Nazionale**
Staatlichen Gemäldegalerie. Der Großteil der Sammlung war 1847   **di Palazzo**
ein Geschenk von Großherzog Leopold II. anlässlich Luccas Aufnah-   **Mansi**
me ins Großherzogtum. Besondere Beachtung verdienen die Werke
von Domenico Beccafumi (»Enthaltsamkeit des Scipio«, 1520/1530)
und Pontormo (»Portrait des jungen Alessandro Medici«, 1525), ferner »Petrus der Eremit vor dem Dogen« von Paolo Veronese und
Andrea del Sartos »Hl. Anna Selbdritt«. Die zweite Etage beherbergt
Werke der Zeit des Neoklassizismus bis ins 20. Jh. (Eklektizismus)
sowie ein Porträt Giacomo Puccinis von Luigi de Servi. In der ehemaligen Palastküche zeigt die Handweberei die mit Originalwerk-
zeug hergestellte lokale Tradition der Textilherstellung.
❶ Di. – Sa. 8.30 – 19.30 Uhr; Eintritt: 4 €;
www.luccamuseinazionali.it

Die Kirche San Paolino an der Via San Paolino ist Luccas einzige Re-   **San Paolino,**
naissancekirche, 1522 – 1539 wurde sie errichtet, vermutlich stand an   **Piazza**
dieser Stelle bereits ein römischer Tempel. Im Presbyterium des ein-   **Cittadella**
schiffigen Gotteshauses zeigt ein frühchristlicher Sarkophag, in dem

Lucca

250 m
©BAEDEKER

1 Palazzo della Provincia
2 Sant' Alessandro
3 Palazzo Pretorio
4 San Cristoforo

5 Torre delle Ore
6 Casa di Puccini
7 Palazzo Orsetti
8 San Salvatore

Essen
❶ Antica Locanda dell' Angelo
❷ Da Giulio in Pelleria
❸ Gigi
❹ Da Leo

Übernachten
❶ La Luna
❷ San Marco

der hl. Paulinus beigesetzt wurde, die Darstellung des Guten Hirten. Die beiden Sängerkanzeln sind Werke von Nicolà und Vincenzo Civitali. An der kleinen Piazza Cittadella wenige Schritte weiter laden die Gelateria Santini oder das Café Cittadella zu einer Pause.

PIAZZA SAN MICHELE UND UMGEBUNG

Piazza San Michele, Palazzo Pretorio

Die von der weißen Fassade der gleichnamigen Kirche dominierte Piazza San Michele ist seit Jahrhunderten das **pulsierende Herz der Stadt.** Markantestes Gebäude neben der Kirche ist der Palazzo Pretorio an der Südseite des Platzes, der 1492 nach Entwürfen von Matteo Civitali begonnen und 1588 im Stil der Renaissance von Vincenzo Civitali vollendet wurde. Seine Loggia im Erdgeschoss schmückt die Statue des Baumeisters.

An der Stelle des einstigen römischen Forums stand bereits um 800 eine kleine Kapelle. Der Neubau der dreischiffigen Säulenbasilika wurde im 12. Jh. begonnen. Die fünfgeschossige Westfassade wurde für einen größeren Bau konzipiert, zu dessen Realisierung es aber nicht kam. Die Säulen der Zwerggalerien in den oberen Geschossen sind mit verschiedenfarbigem Stein inkrustiert; den Giebel krönt eine Statue des Erzengels Michael. Bis auf das 1512 eingezogene Gewölbe, das die flache Holzdecke ersetzte, blieb der romanische Charakter des Innenraums erhalten. Das große, von einheimischen Künstlern um 1200 geschaffene Kruzifix zeigt den in Stuck ausgeführten Körper Christi ohne Seitenwunde in triumphaler Haltung, umrahmt von gemalten Szenen wie z. B. der Grablegung und einem feinen Ornamentband. Am ersten rechten Seitenaltar ist eine weißblaue Terrakottafigur (»Madonna mit dem Kind«) von Andrea della Robbia zu sehen, die Ostwand des rechten Querschiffs schmückt das um 1480/1500 entstandene Tafelbild »Die Heiligen Rochus, Sebastian, Hieronymus und Helena« von Filippino Lippi.

❶ tgl. 7.40 – 12.00, 15.00 – 18.00, Winter 9.00 – 12.00, 15.00 – 17.00 Uhr

*San Michele in Foro

In einer Seitengasse südwestlich der Piazza San Michele, an der Piazza Sant'Alessandro, steht die gleichnamige Pfarrkirche, die vermutlich schon Mitte des 11. Jh.s entstanden ist. Das Relief des hl. Papstes Alexander wurde erst im 13. Jh. hinzugefügt. Blendbögen aus dem 12. Jh. verzieren die Apsis, das Baldachinportal am Seitenschiff stammt vom Ende des 15. Jahrhunderts. Der dreischiffige Innenraum ist nüchtern. Teilweise wurden auch römische Säulen und Kapitelle als Spolien verwendet.

Sant' Alessandro

Im Haus Corte San Lorenzo 9 wurde am 22.12.1858 der Komponist Giacomo Puccini (▶ Berühmte Persönlichkeiten) geboren. Ein kleines Museum mit persönlichen Erinnerungen lässt sein Leben Revue passieren, hier werden auch Konzerte veranstaltet.

❶ Mai– Okt. tgl. 10.00 – 19.00, sonst Di geschl. und März, Apr., Okt. bis 18.00, Nov. – März 10.00 – 13.00, 15.00 – 17.00 Uhr; Eintritt: 7 €; www.puccinimuseum.org

Casa natale di Giacomo Puccini

NÖRDLICHE ALTSTADT UND VIA FILLUNGO

An der Piazza San Salvatore nördlich der Piazza San Michele stehen ein schöner klassizistischer Brunnen und – überragt von einem Wohnturm aus dem 12. Jh. – die schlichte Kirche San Salvatore, die

Piazza San Salvatore

San Michele in Foro mit der fünfgeschossigen Fassade,
die für eine größere Kirche entworfen worden war

auf das 12. Jh. zurückgeht. Bemerkenswert ist am rechten Seitenportal der auf ca. 1180 datierte, reich verzierte Architrav mit einem Nikolauswunder des Meisters Biduino.

Santa Maria Corteorlandini, Palazzo Orsetti

Die Ende des 12. Jh.s errichtete Kirche Santa Maria Corteorlandini (Zugang von der Via del Loreto) wird auch Santa Maria Nera genannt, da hier eine Kopie der Madonna von Loreto verehrt wird. Ein Seitenportal mit Inschriftenarchitrav, der Glockenturm und zwei Chorapsiden erinnern an den romanischen Bau, dessen Inneres aber um 1719 mit Fresken und Stuckaturen, säulengerahmten Altären und **prachtvoller Orgelempore** ein barockes Aussehen erhielt.
Der Amtssitz des Bürgermeisters, der Palazzo Orsetti, ist ein Renaissancebau mit zwei schönen Rundbogenportalen. In der Via Santa Giustina 16 befindet sich die sogenannte **Puccini-Oper,** die sich mit Ausstellungen, Shop etc. dem Komponisten widmet.

*Palazzo Controni-Pfanner

Der um 1667 erbaute Palazzo, Via degli Asili 33, besitzt einen hübschen Barockgarten mit Statuen und Springbrunnen. Im zugänglichen Teil des häufig für Filmaufnahmen genutzten Palastes der Braudynastie Pfanner ist dauerhaft eine Sammlung alter medizinischer Geräte ausgestellt. Pietro Pfanner (1864 – 1935) war Chirurg und 1920 – 1922 Bürgermeister von Lucca.
❶ 1.4. – 31.10. tgl. 10.00 – 18.00 Uhr; Eintritt: 6 €;
www.palazzopfanner.it

An der Stelle einer Kirche aus dem 6. Jh. wurde 1112 – 1147 die Basilika San Frediano erbaut, die dem 588 verstorbenen irischen Pilgermönch und späteren Bischof von Lucca geweiht ist. Auffällig und ungewöhnlich ist die Ausrichtung des Gotteshauses nach Westen. Der Grund: Als man im 13. Jh. den Bau erhöhte und die schon bestehende Taufkapelle sowie die Cappella della Santa Croce integrierte, waren die Stadtmauern bereits an der Stelle hochgezogen, an der sich der Eingang der Kirche befunden hätte. Also verlegte man diesen kurzerhand an die Ostseite und die Apsis mit dem Altar auf die Westseite. Die Fassade wird von einem großen **Goldmosaik** mit Christus in der Mandorla beherrscht, flankiert von zwei Engeln und den zwölf Aposteln in einer Reihe darunter. Der Entwurf zu dem Werk wird Berlinghiero Berlinghieri zugeschrieben (um 1230). Neben der Apsis ragt der hohe, zinnenbekrönte Glockenturm auf. Im romanisch geprägten **Innenraum** fällt das ungewöhnlich hohe, flach gedeckte Mittelschiff auf. In der ersten Kapelle des rechten Seitenschiffs befindet sich ein besonders schönes **romanisches Taufbecken** (Mitte des 12. Jh.s). Das untere Rundbecken trägt Reliefdarstellungen aus dem Leben Moses'. Die Abbildung Christi als Guter Hirte mit Aposteln oder Propheten zeigt byzantinische Einflüsse. Das obere Becken ist als Tempelchen gestaltet. Die vierte Kapelle des linken Seitenschiffs, die Cappella Trenta (1413), schmückt ein reiches gotisches Marmorpolyptychon mit Flachreliefs von Jacopo della Quercia (»Madonna mit Kind und Heiligen«, 1422). Derselbe Künstler gestaltete auch die Grabplatten des Kaufmanns Lorenzo Trenta und seiner Gemahlin. Ein römischer Sarkophag aus dem 3. Jh. enthält die Gebeine des heiligen Richard von Wessex, der 722 auf einer Pilgerreise in Lucca starb. Auf den 1508 entstandenen Fresken in der Augustinuskapelle ist unter anderem auch dargestellt, wie das hochverehrte byzantinische Kreuz vom Hafen Luni in den Dom von Lucca überführt wurde.

*San Frediano

Die stimmungsvolle, ovale Piazza del Anfiteatro ist komplett von Wohnhäusern mit hellen Fassaden und den typischen grünen Fensterläden umbaut. Hier stand in römischer Zeit das im 2. Jh. erbaute **Amphitheater** – deshalb die ovale Form des Platzes. Im Mittelalter wurden über den Mauern der Arena Häuser errichtet, deren Ein- bzw. Durchgänge zum Teil die Gewölbe der antiken Zuschauerränge waren. Bis zum Beginn des 19. Jh.s war der Platz vollständig zugebaut. Erst 1830 – 1839 wurden die Häuser im Inneren des Ovals abgerissen und der Platz geschaffen.

*Piazza del Anfiteatro

Vornehme alte Häuserfassaden bestimmen das Bild der von Norden nach Süden verlaufenden Via Fillungo, die wegen ihrer vielen traditionellen und teilweise sehr eleganten Geschäfte die Haupteinkaufsstraße Luccas ist. Auch Cafés gibt es hier zur Genüge. An der Via

**Via Fillungo

Fillungo ragt auch der **Torre delle Ore** (Uhrenturm) auf, auf den man hinaufsteigen kann.

*Case und Torre Guinigi

Ein kleiner Abstecher führt von der Via Fillungo nach Osten in die Via S. Andrea, in der ein 44 m hoher, auf der Spitze mit Steineichen bewachsener Turm die Blicke auf sich zieht. Er gehört zu dem Gebäudekomplex der Case und Torre Guinigi, der Stadthäuser jener Adelsfamilie, unter deren Herrschaft Lucca zu Anfang des 15. Jh.s eine friedliche, von Wohlstand geprägte Zeit erlebte. Die beiden einander gegenüberliegenden Paläste wurden im 14./15. Jh. erbaut und später verändert. In der heute vermauerten Loggia dei Guinigi an der Via Sant' Andrea fanden einst die großen Familienfeste statt.
❶ Nov. – Feb. tgl. 9.30 – 16.30, März/Okt. 9.30 – 17.30, April/Mai 9.30 bis 18.30, Juni – Sept. 9.30 – 19.30 Uhr; Eintritt: 3,50 €

ÖSTLICHE ALTSTADT

Via Santa Croce, Santa Maria Forisportam

Die Via Santa Croce bildet die große Querachse zur Via Fillungo. Der breite, dreigeschossige Palazzo Bernardini an der Via Santa Croce wurde Anfang des 16. Jh.s um einen eleganten Innenhof gebaut. Flache Pilaster gliedern das Erdgeschoss, Rundbogenfenster die Obergeschosse. Die Kirche Santa Maria Forisportam (13. Jh.) steht weiter östlich etwas zurückversetzt an einer Piazza. Der Beiname Forisportam bedeutet so viel wie »vor dem Tor« – erbaut wurde die Kirche vor dem Stadttor, außerhalb der römischen Mauern. Die **Fassade im pisanisch-romanischen Stil** blieb unvollendet, zeigt aber drei schöne Portale mit antikisierendem Dekor. Der dreischiffige Innenraum birgt einen als Taufbecken dienenden frühchristlichen Sarkophag (mit Darstellung des Guten Hirten und Daniels in der Löwengrube), im rechten Seitenschiff ein barockes Ziborium und Altartafeln aus dem 17. Jh. mit der »Hl. Lucia« und der »Assunta« von Guercino.

**Museo Nazionale di Villa Guinigi

Unbedingt sehenswert ist die Villa Guinigi, die sich der Stadtherr Paolo Guinigi 1413 – 1420 erbauen ließ. Seit 1948 ist hier das Nationalmuseum untergebracht (behindertengerechter Zugang Via della Quarquonia). Die Ausstellung zeigt im Erdgeschoss etruskische Grabfunde, römische Mosaiken und Marmorurnen (2. Jh.), spätantike Fresken aus der Kirche Santi Giovanni e Reparata (5. Jh.), frühmittelalterliche Kapitelle und romanische Steinmetzarbeiten. Unter den hochmittelalterlichen Kunstschätzen in der Abteilung »Von der Gotik zur Renaissance« ragen drei Kruzifixe heraus: das Tafelkreuz aus der Luccheser Servitenkirche (um 1150), das berühmte, signierte Kreuz von Berlinghiero Berlinghieri (nach 1220) und das Tafelkreuz aus dem Konvent San Cerbone (1288). Eine von zwei Terrakotta-Madonnen (mit Kind) wird Donatello zugeschrieben. Die

Abteilung »Von der Renaissance zur Gegenreformation« präsentiert u. a. eine bemalte Terrakotta-»Madonna mit Kind« (1490) des Luc- chesers Matteo Civitali. Unter den Werken von Fra Bartolomeo ragt die »Erscheinung Gottvaters vor Maria Magdalena und Katharina von Siena« (1509) heraus. Die Ausstellung im 1. Stock endet mit dem Manierismus. Zurück im Erdgeschoss folgt die Zeit der Gegenrefor- mation bis zum Neoklassizismus mit Gemälden von Guido Reni und Pietro Paolinia »Bankett des hl. Gregor des Großen«.

❶ Di. – Sa. 8.30 – 19.30 Uhr; Eintritt: 4 €; www.luccamuseinazionali.it

Noch im Jahr der Heiligsprechung von Franziskus (1228) begann der Bau der einschiffigen Franziskanerkirche gegenüber der Villa Guini- gi. Im Inneren fanden Umbauten im 14. und 17. Jh. statt.

San Francesco

Das im Palazzo Boccella (16. Jh.) residierende Lu.C.C.A. (Lucca Cen- ter of Contemporary Art) veranstaltet hochrangige Wechselausstel- lungen. Acht Säle sind für die permanente Ausstellung reserviert, u. a. mit Werken von Balzano, Pulcinelli und Maranghi.

Lu.C.C.A. Museum

❶ Via della Fratta 36, Juli – Nov. Di. – So. 10.00 – 19.00 Uhr; Eintritt: 9 €; www.luccamuseum.com

Zum Anschauen und Relaxen: Straßenkunstobjekt auf der Piazza del Anfiteatro

** DUOMO SAN MARTINO / PIAZZA SAN MARTINO

Bau-
geschichte

Im 6. Jh. soll der Luccheser Bischof Fredianus an dieser Stelle eine Kirche gegründet haben, die im 8. Jh. Bischofssitz wurde. Bischof Anselmo da Baggio, der spätere Papst Alexander II. (1061 – 1073), veranlasste den Umbau, und vom 13. – 15. Jh. erneuerte man die dem hl. Martin geweihte Kirche vollständig.

Fassade

Die reich verzierte romanische Fassade ist das Werk des lombardischen Baumeisters Guidetto da Como – eine Inschrift in der ersten Zwerggalerie trägt das Datum der Fertigstellung: 1204. Das Erdgeschoss ist durch die Vorhalle geprägt, darüber liegen drei Stockwerke mit Zwerggalerien, die oben wahrscheinlich noch durch einen Giebel abgeschlossen werden sollten. Der rechte Teil der Fassade ist um zwei Arkadenbögen schmaler als der linke – diesen Platz nimmt der Kampanile ein. Der schlanke, 69 m hohe Glockenturm ist unten in braunem Stein, oben in hellem Travertin ausgeführt und wird von einem Zinnenkranz abgeschlossen. Die Vorhalle wurde Mitte des 13. Jh.s von lombardischen Bildhauern mit qualitätvollem **Skulpturenschmuck** ausgestattet. Die Reliefs am Hauptportal zeigen Szenen aus dem Leben des Kirchenpatrons, am rechten Portal ist der hl. Regulus mit dem Glaubensbekenntnis und im Disput mit den Arianern zu sehen, im Tympanon ist seine Enthauptung dargestellt. Am Türsturz des linken Portals sind »Verkündigung«, »Geburt Jesu«, »Anbetung der Könige« und im Tympanon die »Kreuzabnahme« zu erkennen, hervorragende Werke aus der Zeit um 1260 – 1270, von denen die beiden letztgenannten Nicola Pisano zugeschrieben werden.

> ! **BAEDEKER TIPP**
>
> ### Kombiticket
>
> Wer auf Kultur-Tour durch Lucca ist, kann etwas Geld sparen: Für die Besichtigung der Dom-Sakristei, des Dommuseums und des Baptisteriums von San Giovanni kann man ein Kombiticket für 6 € kaufen.

Innenraum

Das Innere des Doms, das im Wesentlichen im 14./15. Jh. seine heutige Gestalt erhielt, lohnt wegen einiger bedeutender Ausstattungsstücke. Ursprünglich an der Westfassade, jetzt aber an ihrer Innenwand befindet sich die berühmte Skulpturengruppe »Der hl. Martin mit dem Bettler«, die auf etwa 1300 datiert wird. In der fast schon freiplastischen Gestaltung der Reiterstatue manifestiert sich der Übergang von der Romanik zur Gotik. Im rechten Querschiff steht das Grabmal des Pietro da Noceto, Sekretär Papst Nikolaus' V. (1447 bis 1455), gegenüber das Grabmal des Mäzens Domenico Bertini. Beide stammen von Matteo Civitali und sind bedeutende Beispiele der Grabmalskulptur im 15. Jahrhundert. Rechts der Apsis steht der Grabaltar des hl. Regulus (1484) mit einer Renaissance-Liegefigur.

Als ein Hauptwerk der Frührenaissance gilt das in der Sakristei aufgestellte **✶✶Grabmal der Ilaria del Carretto,** der zweiten Frau von
Paolo Guinigi, das Jacopo della Quercia aus Siena schuf. Die 1405
jung Verstorbene wird als Liegende dargestellt, mit friedlichem Gesichtsausdruck, gerade so, als ob sie schlafen würde. Das eng anlie-
gende Gewand ist in kunstvolle Falten gelegt, die zierliche Gestalt
darunter bleibt erkennbar – eine deutliche Abkehr von der »unkör-
perlichen« Figurenauffassung der Gotik. Am Kopfende prunkt das
gemeinsame Wappen der mächtigen Guinigi und Carretto, zu Füßen
der Toten wacht ein Hund als Symbol der ehelichen Treue.

Das religiös wie künstlerisch bedeutendste Werk im Dom aber ist der
✶✶Volto Santo (Heiliges Antlitz). Das Kruzifix steht in einem 1484
eigens dafür geschaffenen, achteckigen Marmortempelchen von Matteo Civitali. Das als wundertätig verehrte Gnadenbild dürfte im
13. Jh. entstanden sein. Der Legende zufolge wurde es von Nikodemus aus dem Holz einer Libanonzeder geschnitzt und kam auf aben-
teuerlichen Wegen nach Lucca. Noch heute wird es alljährlich am
13. September in einer Prozession durch die Stadt getragen.

Die **Sakristei** ist Teil des zum Museum gewandelten Complesso
Monumentale e Archeologico della Cattedrale.

❶ März – Ende Okt. Mo. – Fr. 9.30 – 18.00, Sa. 9.30 – 18.45, So. 9.00 bis
10.00, 11.45 – 18.00 Uhr, sonst. Mo. – Fr. bis 17.00, Sa. bis 18.45, So.
11.30 – 17.00 Uhr; Eintritt: 3 €; www.museocattedralelucca.it

**Fahrradstadt Lucca: Mit dem Rad kommt man überall hin und kann
dabei jederzeit einen Plausch halten.**

Duomo San Martino

Im Dom von Lucca befinden sich einige einzigartige Meisterwerke: das Grabmal der Ilaria del Carretto, eine fein gearbeitete Marmorskulptur, die aus Porzellan zu sein scheint, das 1592 von Tintoretto gemalte »Letzte Abendmahl« sowie das Holzkruzifix, Volto Santo, das einst der hl. Nikodemus zusammen mit Engeln aus Zedernholz geschnitzt haben soll.

❶ Vorhalle

Mitte des 13. Jh.s statteten lombardische Bildhauer die Vorhalle mit Reliefschmuck aus.

❷ Der hl. Martin zu Pferd

Die um 1300 gefertigte Skulptur zeigt den Schutzheiligen der Franken, dem das Gotteshaus geweiht wurde, nachdem Karl der Große 774 das Langobardenreich eingenommen hatte.

❸ Innenraum

Innen erwarten die Besucher farbiger Marmor und einige hochrangige Kunstwerke: u.a. im rechten Schiff Alessandro Alloris »Darstellung Mariä im Tempel«.

❹ Sakristei

In der Sakristei am rechten Seitenschiff befinden sich der Sarkophag der Ilaria del Carretto dei Marchesi di Savona, der 1405 verstorbenen Gattin von Paolo Guinigi, sowie Domenico Ghirlandaios in lebhaften Farben gemaltes Altarbild »Sacra Conversazione«.

❺ Bedeutende Altarbilder

Auf Federico Zuccaris »Anbetung der Könige« (1595) und Tintorettos »Letztes Abendmahl« (1592) trifft man über dem zweiten bzw. dritten Altar auf der rechten Seite.

❻ Grabmal des Pietro da Noceto

Es gilt als erstes Werk Matteo Civitalis, das dieser Ende des 15. Jh.s nach dem Vorbild Florentiner Grabmäler von Santa Croce geschaffen hat.

Als Höhepunkt gilt das »Lichterfest« am 13. September. Im historischen Zentrum werden dabei sämtliche Gebäude mit Kerzen beleuchtet und um 21.00 Uhr beginnt am Dom San Martino eine Prozession durch die Altstadt.

Das in der restaurierten Caserma Lorenzini (Piazza San Romano 4) eingerichtete Nationale Comic-Museum entstand aus den alljährlich mit großem Erfolg in Lucca veranstalteten Comic-Ausstellungen und belegt die enge Verbindung der Stadt zu den Fumetti (Comic-Zeichnungen). Das Museum zeigt rare Dokumente der Comic-Geschichte und dreidimensionale Comic-Figuren.

MUF (Museo Nazionale del Fumetto e dell' Immagine)

❶ Di. – So. 10.00 – 19.00 Uhr; Eintritt: 4 €; www.museoitalianodelfumetto.it

UMGEBUNG VON LUCCA

Ca. 6 km westlich von Lucca steht in Marlia die prächtige Villa Reale, auch Villa Orsetti oder Villa Pecci-Blunt genannt. Das schmucke Gebäude wurde zu Beginn des 18. Jh.s für die Familie Orsetti errichtet. 1806 erwarb Napoleons Schwester **Elisa Baciocchi** den Bau und ließ ihn dem Geschmack ihrer Zeit entsprechend ausgestalten. Fürst Metternich und Paganini gehörten zu den Gästen. Die herrlichen Parkanlagen folgten ursprünglich dem Vorbild der Barockgärten von Versailles, wurden aber im 19. Jh. in einen englischen Landschaftspark umgewandelt.

Villa Reale

Park: 1.3. – 30.11. tgl. 10.00 – 18.00, sonst So. 10.00 – 16.00 Uhr; Eintritt: 8 €; www.parcovillareale.it

Die * **Villa Mansi** (16./18. Jh.) in Segromigno in Monte, 14 km nördlich von Lucca (ausgeschildert), ist nicht öffentlich zugänglich, dafür aber der herrliche Park mit seltenen alten Bäumen.
Auch die * **Villa Torrigiani** einige Kilometer weiter östlich in Camigliano (ausgeschildert) ist von einem schönen alten Park umgeben. Das wertvolle Interieur und die Deckenfresken können nur im Rahmen von Führungen besichtigt werden
In San Pancrazio 7 km von Lucca steht die **Villa Grabau** (16. Jh.) mit altem Park, einem Heckentheater von 1814 und luxuriösem Übernachtungsangebot (www.villagrabau.it). Ebenfalls in San Pancrazio steht die auf das Jahr 1042 und auf die Familie des kaiserlichen Beraters Buonviso di Corrado (Fam. Buonvisi) zurückgehende **Villa Oliva**. Seit 40 Jahren finden hier regelmäßig Konzerte statt.

Weitere Villen bei Lucca

Villa Mansi: 1.4. – 31.10. Di. – So. 10.00 – 13.00, 15.00 – 19.00 Uhr; Eintritt: 5 €
Villa Torrigiani: tgl. 1.3. – 31.5., 1.10. – 30.11. 10.00 – 13.00, 15.00 bis 17.00, 1.6. – 30.9 bis 18.30 Uhr; Eintritt: Park 7 €, mit Villa 10 €
Villa Grabau: 1.4. – 30 .6., 1.9. – 31.10. tgl. 10.00 – 13.00, 14.00 – 18.00, 1.7. – 31.8. tgl. 10.00 – 13.00, 15.00 – 19.00, 1.11. – 31.3. nur So. 10.00 bis 13.00, 14.30 – 17.30 Uhr; Eintritt frei
Villa Oliva: 15.3. – 5.11. tgl. 9.30 – 12.30, 14.00 – 18.00 Uhr; Eintritt: 7 €; www.villaoliva.it

Im Parco di Pinocchio dreht sich alles um die berühmte Langnase.

Teatrino di Vetriano Das »kleinste Theater der Welt« mit 70 m² Fläche und 99 Plätzen ist in Vetriano nördlich von Lucca zu finden (zwischen Pescaglia und Borgo a Mezzano). Es entstand 1890 durch Schenkung und Eigeninitiative von Dorfbewohnern. Die Besucher brachten die Stühle früher selbst mit. Im Sommer treten Stars der Mailänder Scala auf.

❶ Besichtigung n. V. (Kustodin Cristina, Tel. 05 83 35 81 31); Eintritt: 5 €

Collodi In dem schmucken Bergdorf – 12 km vor Montecatini Terme an der SS 435 - verfasste Carlo Lorenzi 1878 unter dem Pseudonym Carlo Collodi (▶ Berühmte Persönlichkeiten) die »Geschichte einer Gliederpuppe«. Später wurde sie als »Abenteuer des Pinocchio« ein Weltbestseller. Ein bemerkenswerter Skulpturenrundweg mit Romanfiguren führt durch den **Parco di Pinocchio** (Pinocchio-Freizeitpark). Animationsangebote wie Malerei und Maskenbau, Feenzauber im Zirkuswagen oder ein Piratenschiff sorgen für Unterhaltung.

Die Architekten Emilio Faroldi und Maria Pilar Vettori schufen mit dem **Collodi Butterfly House** eine Tropenanlage für Schmetterlinge aus allen Erdteilen. Mit dem Florentiner Büro Gurrieri restaurierten sie auch das Labyrinth, die Wasserspiele und das Freilufttheater im **Giardino Garzoni**, einem der schönsten Barockgärten Italiens. Die nicht zugängliche »Villa der 100 Fenster« entstand ab 1652 im Auftrag des Markgrafen Romano Garzoni.

Parco di Pinocchio 27.2. – 1.11. tgl. 9.00 Uhr bis Sonnenuntergang, 2.11. bis 26.2. Sa., So. 10.00 Uhr bis Sonnenuntergang; Eintritt: 27.2. – 1.11. 11 €, sonst 10 €; www.pinocchio.it

Collodi Butterfly House/Giardino Garzoni: Öffnungszeiten wie Parco di Pinocchio; Eintritt: 27.2. – 1.11. 13 €, sonst 8 €

✳ Maremma

Provinz: Grosseto

Der südliche Teil der toskanischen Küste zwischen Piombino und dem Monte Argentario heißt Maremma, was so viel wie »zum Meer gehörend, am Meer gelegen« bedeutet. Tatsächlich erstreckte sich hier – und auch an den Küstenabschnitten südlich und nördlich davon – einst das Meer, bevor sich allmählich Lagunen und fruchtbares Schwemmland ausbildeten und schließlich eine sumpfige Ebene entstand.

Um die typische Maremma-Landschaft als solche zu erhalten, wurde südlich von Grosseto ein rund 70 km² großes Areal als Naturpark ausgewiesen – der Parco Naturale della Maremma. Lange, feinsandige Strände, die von dichten Pinienwäldern und mediterraner Macchia gesäumt werden, stille Buchten und kristallklares Wasser machen den Reiz dieses Küstenabschnitts aus. Besonders schöne Strände gibt es am südlichen Golf von Follonica mit dem noblen Urlaubsparadies **Punta Ala** und dem Fischerdorf **Castiglione della Pescaia**.

In der Maremma boomt seit einiger Zeit zudem der **Fahrradtourismus**, wer die flache Landschaft mit dem Rad erkunden möchte, findet zahlreiche Möglichkeiten. Und Urlauber freuen sich über gut ausgestattete Campingplätze.

Maremma erleben

AUSKUNFT
Castiglione della Pescaia
Piazza Garibaldi 6
Tel. 05 64 93 36 78
www.turismoinmaremma.it

ESSEN
Pierbacco €€€
Piazza della Repubblica 24
Castiglione della Pescaia
Tel. 05 64 93 35 22
Okt. – Mai Mi. Ruhetag, sonst durchgehend geöffnet; Jan. geschl.
Pierpaolo Rotoloni und Koch Valentino haben ein hervorragendes Fischlokal

mitten in Castiglione della Pescaia. Überzeugend ist auch die gute und große Weinauswahl.

ÜBERNACHTEN
Hotel Capo d'Uomo €€€€
Talamone
Tel. 05 64 88 70 77
www.hotelcapoduomo.com
Ein echtes Traumhotel, von dem man Blick hinunter aufs Meer und auf die Rocca Senese hat und zudem Direktzugang zum Meer. Sonnenterrassen und viel Grün sorgen für Erholung; 22 Zimmer, 2 Suiten.

Italiens Wilder Westen

*Von Wildwestromantik ist das Leben in der Maremma weit entfernt –
und dennoch gibt es ein paar Parallelen: ein schwach besiedelter Landstrich, Pferde und Rinder in freier Natur und berittene Viehhirten.*

Eigentlich ist die Maremma ein **Sumpfland.** Die Etrusker waren die Ersten, die dieser Region Siedlungsraum abtrotzten. Sie legten **Entwässerungskanäle** an und gründeten die Städte Rusellae und Vetulonia. In den Colline Metallifere, dem Erz führenden Hügelland südlich der Cecina, bauten sie Mineralien ab. Die Römer übernahmen das etruskische Erbe und verteilten das fruchtbare Land an Veteranen, doch als das Imperium zusammenbrach, verfielen auch die Entwässerungsanlagen. Das Land versumpfte erneut, und die

Malaria breitete sich aus. Die Bewohner flohen vor dem tödlichen Fieber in die Berge, wohin auch die Zentren der geistlichen und weltlichen Macht verlegt wurden. Im Mittelalter und auch unter den habsburgischen Großherzögen gab es wiederholt Versuche, das Land wieder trockenzulegen; doch trotzdem blieb die Maremma bis weit ins 19. Jh. ein armer, ungeliebter Landstrich mit hoher **Kriminalität** – der »Wilde Westen« Italiens. Während sich die meisten Maremmani auf den Feldern der Großgrundbesitzer als Tagelöhner ver-

Typisch für die Landschaft der Maremma sind die langhornigen weißen Rinder, die in frei laufenden Herden gehalten werden.

dingen mussten, entwickelten die Romantiker im fernen Livorno und Florenz das **idealisierte Bild** vom idyllischen Alltag der Maremma-Bauern inmitten einer **unverfälschten Natur,** hielten Landschaftsmaler Rinderherden und halbwilde Pferde in stimmungsvollen Szenen fest. Der Bau der Eisenbahnlinie entlang der Küste brachte ab 1860 neue Arbeitsplätze, verursachte aber auch einen erneuten Anstieg der Malaria – die wassergefüllten Abraumgruben waren eine ideale Brutstätte für die gefürchteten Stechmücken. Erst ab den 1930er-Jahren konnte die Maremma zu großen Teilen endgültig trockengelegt werden. Auch die Bodenreform rund zwanzig Jahre später trug entscheidend zur Veränderung der Landschaft bei. Heute werden in den **fruchtbaren Ebenen** Gerste, Mais, Obst, Gemüse und Wein angebaut.

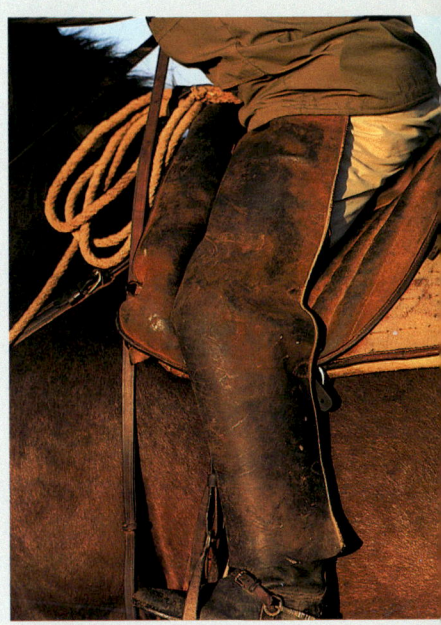

Maremma-Cowboy im Sattel

Cowboys der Maremma

Typisch für die Maremma ist eine besondere Form der **Viehzucht**: In frei laufenden Herden werden hier langhornige **weiße Rinder** gehalten. Sie sind ausgesprochen robust, widerstandsfähig gegen Krankheiten und sehr genügsam. Seltener trifft man auf die **halbwilden Maremma-Pferde,** Maremmanos, die ebenfalls in Herden die Landschaft durchstreifen. Sowohl die Maremmanos als auch die Maremma-Rinder werden von den **»Butteri«,** den Viehhirten im Pferdesattel, durch die sumpfigen Ebenen getrieben – mit einer Hand die Zügel, mit der anderen den langen Hirtenstab, den Uncino, haltend. Tagtäglich schauen die Butteri nach ihren Herden, deren Bestand jedes Jahr ein bisschen kleiner wird. Wer sich vor Ort ein Bild vom Alltagsgeschäft der Maremma-Cowboys und ihren Reitkünsten machen möchte, muss entweder im August zum **»Torneo dei butteri«** nach Alberese oder zu einem der großen Viehtriebe, die mehrmals im Jahr stattfinden. Reitausflüge organisieren die Azienda Regionale Agricola di Alberese, Loc. Spergolaia, Alberese, Tel. 05 64 40 71 80; www.alberese.com, sowie das 50 Anbieter vereinigende Konsortium Naturalmente Toscana, Via del Bersagliere 7/9, Alberese, Tel. 05 64 40 72 69, www.naturalmentetoscana.it

SEHENSWERTES IN DER MAREMMA

Golfo di Follonica

Sonnenanbeter zieht es an die einladenden Strände des Golfo di Follonica. Im Ort Follonica, der schon in der Antike für seine Eisenverhüttung bekannt war, gibt es ein frühes Zeugnis des Industriezeitalters: In der von den Großherzögen geförderten Gießerei und der von Carlo Reishammer Mitte des 19. Jahrhunderts gestalteten Eisenhütte ist ein Museum (Museo del Ferro e della Ghisa) eingerichtet worden.

In Scarlino im Hinterland sind im Sommer im Museum »**Portus Scabris« (MAPS)** die 2001 beim Bau des Touristenhafens entdeckten antiken Unterwasserfunde zu sehen. Ebenfalls im Hinterland vermitteln das Museum und Theater im **Parco Minerario Naturalistico di Gavorrano** Einblicke in das Bergbauwesen.

Museo del Ferro e della Ghisa: 15.6. – 31.8. tgl. 17.30 – 22.30, 1.9. bis 14.6. Mi., Fr. – So. 9.00 – 13.00, 15.00 – 18.00 Uhr; Eintritt frei
MAPS: Via delle Collacchie 1; Juni/Sept. Sa., So. 10.00 – 13.00, 16.00 bis 19.00, 1.7. – 31.8. Di. – So. 10.00 – 13.00, 16.00 – 19.00 Uhr; Eintritt frei
Parco Minerario Naturalistico di Gavorrano: Juli, August Di. – So. 9.45 bis 13.15, 15.45 – 19.15 Uhr; Eintritt: 8 €; www.parcominerario.it, www.teatrodellerocce.it

*Castiglione della Pescaia

Das Fischerstädtchen 22 km westlich von Grosseto ist die Perle der maremmischen Küste und im Sommer nicht selten ausgebucht. Dominiert wird der Ort von der mittelalterlichen Rocca Aragonese (14./15. Jh.; in Privatbesitz). Der Aufstieg führt durch hübsche verwinkelte Gässchen und wird mit einer herrlichen Aussicht belohnt. Viel Betrieb herrscht unten am Kanalhafen, um den sich der Ort entwickelt hat. Hier gibt es garantiert frischen Fisch, denn neben dem Tourismus ist der Fischfang immer noch eine wichtige Einnahmequelle. Lange, gepflegte Sandstrände erstrecken sich beiderseits der Bruna-Mündung, abseits findet man auch kostenlose Strände.

> **BAEDEKER TIPP**
>
> ! *Cowboys aus der Nähe:*
>
> »Butteri« heißen die berittenen Viehhirten der Maremma. Sie hüten die frei laufenden Rinder und treiben sie durch das sumpfige Gelände. Wer dabei zuschauen möchte, kann sich bei Equinus di Adriano Peloso, Via dell' Unione 37, Grosseto, informieren und anmelden (Tel. 0 56 42 49 88, www.cavallomaremmano.it).

15 km nordwestlich liegt auf einer Landzunge der mondäne Badeort **Punta Ala.** Hier ist die exklusive Seite der Maremma zu Hause: erstklassige Hotels, gepflegte Campingplätze, schöne Villenviertel, elegante Geschäfte und ein großzügiger Jachthafen. Sport wird großgeschrieben in Punta Ala – von Wassersport bis Polo gibt es alles. Der 18-Loch-Platz des **Punta Ala Golf Clubs** gehört zu den schönsten Italiens (►Baedeker-Tipp S. 125).

Der Küstenabschnitt zwischen Principina a Mare und Talamone mit der parallel verlaufenden Kette der Monti dell' Uccelina ist seit 1975 Naturpark. Im Frühjahr und Herbst ist dieser frei zugänglich, vom 15.6. – 15.9. finden nur Führungen durch die 50 Mitglieder des Konsortiums »Naturalmente Toscana« statt. Es werden verschiedene Touren angeboten – auch zu Pferd, per Kutsche, im Kanu und auf dem Rad. Shuttlebusse fahren vom Naturparkzentrum Alberese zu den Ausgangspunkten der Touren. Im Besucherzentrum bietet ein Delikatessenladen frische Spezialitäten und auch Maremma-Bier.

**Parco Naturale della Maremma

❶ Via del Bersagliere 7/9, Alberese; Parköffnungszeiten: tgl. 8.00 – 17.00 Okt. – April 8.30 – 13.30 Uhr; www.naturalmentetoscana.it
Touren/Führungen: Per Kanu (2 Std., 14 €), Kutsche (4 Std., 19 €), zu Pferd (2 Std. 40 €, 4 Std. 60 €), Inselexpeditionen (25 – 35 €) zu Fuß und per Rad (Verleih: 4 Std. 7 €, 1 Tag 11 €)

Acht schöne Wanderwege verschiedener Schwierigkeitsgrade (3 bis 6 Std., Mitte Juni – Sept. nur mit Führung) erschließen das ca. 100 km² große Naturschutzgebiet, in dem Wildschweine, Damwild, Dachse, Steinmarder, Maremma-Pferde und weiße Maremma-Rinder leben. Am Ombrone-Ufer kann man auch Störche, Seidenreiher und Kormorane beobachten. Eine Wanderroute führt im Schatten uralter Eichen zur Abteiruine San Rabano (10. Jh.), im Verlauf des »Waldwegs« wird auf die wichtigsten Bäume und Sträucher hingewiesen, auf dem »Turmweg« streift man die Olivenstraße und passiert zwei der acht alten Spähtürme. Zu den unterschiedli-

Wanderwege

Pinienallee in der flachen Maremma-Landschaft

Flacher Sandstrand im Parco Naturale bei Marina di Alberese

chen Landschaftsformen gehören eine ausgewaschene Steilküste im Süden und weiter nördlich einsame Strände mit Salz liebender Vegetation, die von der mediterranen Macchia mit Garrigue und immergrünen Hartlaubgewächsen abgelöst wird, je weiter man sich von der Strandlinie entfernt. Nördlich der Ombrone-Mündung wechseln sich im Sumpfgebiet **Padule della Trappola** Küstenseen mit flachen Dünen ab, die Zone landeinwärts ist trockengelegt.

Charakteristisch für diese Gegend sind die halbwilden **Maremma-Rinder,** die auf den satten Wiesen der einstigen Malariasümpfe das ganze Jahr über im Freien grasen. Im Winter bieten die Binnengewässer zahlreichen Zugvögeln Schutz. Südlich des Ombrone erstreckt sich ein kompakter Dünenbereich, unterbrochen von kleinen sumpfigen Niederungen und ausgedehnten Hainen mit Schatten spendenden Schirmpinien.

! **BAEDEKER TIPP**

Parco Naturale erkunden

In Talamone bietet Paolo Fanciulli (»Il pescatore«) Bootsausflüge mit Fischfang, Essen an Bord und Landausflügen durch den Naturpark. Er organisiert auch Rad-, Reit- und Trekkingtouren sowie Übernachtungen im Park. Info: Tel. 33 57 06 96 03 (auf Deutsch), www.paoloilpescatore.it.

Talamone Der schöne Fischerort Talamone gilt heute als Mekka für Surfer, Kiter und Schnorchler. Die Sienesen, einst Herren über Talamone, bauten im 15. Jh. die Burg über dem Hafen. Talamone hat ein **Aquarium** mit einer Rettungsstation für Meeresschildkröten.

❶ Via Nizza 24; 12.6. – 15.9. tgl. 9.00 – 12.00, 14.00 – 17.00 Uhr, 1.4. bis 11.6. nur Fr. – So.; Eintritt: 3 €; www.acquario-posidonia.com

** Massa Marittima

✦ **L 8**

Provinz: Grosseto (GR)
Höhe: 380 m ü. d. M.
Einwohnerzahl: 8800

Marittima bedeutet eigentlich »am Meer«, und möglicherweise lag Massa Marittima früher tatsächlich einmal am Wasser. Heute thront das wunderbare Städtchen fast 20 km landeinwärts am Rand der Maremma, auf einem Hügel an den südlichen Ausläufern der Colline Metallifere. Vom Torre del Candeliere, auf dem höchsten Punkt von Massa Marittima, genießt man einen fantastischen Blick.

Schon Etrusker und Römer beuteten die blei-, kupfer- und silbererzhaltigen Lagerstätten der Colline Metallifere aus. Der Aufstieg der Stadt zum Zentrum der Maremma setzte im 8. Jh. ein. Um 1300 zählte die Bergbaustadt rund 10 000 Einwohner, 1310 erließ man in der freien Kommune mit dem »Codice Mineraio« das erste italienische Bergbaugesetz, das Schürfrechte, Grubenanteile und Gewinnverteilung festschrieb. Unter sienesischer Herrschaft wurde der Bergbau ab Mitte des 14. Jh.s stillgelegt und erst im 19. Jh. wieder aufgenommen. Durch Malaria sanken bis zum 19. Jh. Bevölkerungszahl und wirtschaftliche Bedeutung. Nach der Trockenlegung der Sümpfe lebte die Stadt erneut auf, der Bergbau wurde allerdings eingestellt.

Bergbaustadt

SEHENSWERTES IN MASSA MARITTIMA

Herzstück der Altstadt ist die weite, unregelmäßig geschnittene Piazza Garibaldi, ein ebenso eigenwilliger wie charmanter Platz, der vollständig von mittelalterlichen Bauten umstellt ist.

**Piazza Garibaldi

Die Stufen einer breiten Freitreppe führen an der Südseite der Piazza zum Dom, der 1228 nach dem Vorbild Pisas im romanischen Stil begonnen und 1304 im gotischen Stil vollendet wurde. Rundbogige Blendarkaden, die sich in ihrem unteren Teil an den Wänden des Langhauses fortsetzen, schmücken die Mitte des 13. Jh.s unter Mitarbeit Giovanni Pisanos errichtete Fassade. Im Türsturz des Hauptportals erzählt ein sorgfältig gearbeitetes Relief fünf Episoden aus dem Leben des Kirchenpatrons San Cerbone (493 – 575), der in Afrika geboren und später Bischof von Populonia wurde. Auch das Innere der dreischiffigen Kirche bewahrt hervorragende Kunstwerke. Im rechten Seitenschiff steht das aus einem einzigen Travertinblock gearbeitete Taufbecken (1380) mit Reliefdarstellungen aus dem Le-

Duomo San Cerbone

Massa Marittima erleben

AUSKUNFT

Via Todini 3/5,
Tel. 05 66 90 27 56
www.turismoinmaremma.it

VERANSTALTUNG

Balestro del Girifalco, das Stadtfest mit
Bogenschützenwettbewerb in mittelal-
terlichen Kostümen, jedes Jahr am 20.
Mai oder am darauffolgenden Sonntag.

ESSEN

Osteria Tronca €€
Vicolo Porte 5, Tel. 05 66 90 19 91
Nur abends geöffnet, Mi. Ruhetag,
Jan. – März geschl.
Gemütliche Osteria – es gibt typische
Gerichte aus der Maremma und auch
Weine aus der Region.

Il Bacchino €
Via Moncini 8
Tel. 05 66 94 02 29

Vinothek und Gourmetshop mit einer
riesigen Auswahl an Weinen; außerdem
werden kleine Snacks und Fingerfood
angeboten.

ÜBERNACHTEN

Duca del Mare €€
Piazza Dante Alighieri 1/2
Tel. 05 66 90 22 84
www.ducadelmare.it
Zentral gelegenes, ruhiges Haus (28 Z.),
das auch bei Radfahrern sehr beliebt ist.
Im Garten gibt es einen Pool.

Il Girifalco € – €€
Via Massetana Nord 25
Tel. 05 66 90 21 77
www.ilgirifalco.com
Familiäres Hotel mit 30 Zimmern, Garten, Pool und Fitnesssauna. Es gibt ein
großes Frühstücksbuffet. Mountainbikes
stehen zur freien Verfügung.

ben Johannes' des Täufers von Giroldo da Como. Das um 1316 ausgeführte Altarbild »Madonna delle Grazie« in der linken Chorkapelle wird der Werkstatt Duccio di Buoninsegnas oder Simone Martini
zugeschrieben. Hinter dem Hochaltar steht der auf 1324 datierte
Sarkophag des San Cerbone. Acht Reliefs des sienesischen Bildhauers Goro di Gregorio erzählen das Leben des »Apostels der Maremma«: Gotenkönig Totila wirft den gefangenen Cerbone seinen
Bären zum Fraß vor, die aber befreien den Heiligen; Cerbone liest die
Messe, wird bei Papst Virgilius verleumdet und muss sich in Rom
verantworten, wo Gänse seine Unschuld beweisen; der Heilige melkt
eine Hirschkuh für Gesandte des Papstes und heilt Kranke.

Palazzo Pretorio An der Südwestecke der Piazza Garibaldi steht der ganz aus Travertin
erbaute Palazzo Pretorio bzw. Palazzo del Podestà (um 1230). Seine
Fassade schmücken die Stadtwappen von Massa Marittima und Siena
und die Wappen der Podestà. Das im Palast eingerichtete * **Museo
Archeologico** zeigt etruskische Ausgrabungsfunde aus Poggio Castiglione und Lago dell' Accesa.

Kleine Stadt, großartiger Platz: Die Piazza Garibaldi in Massa Marittima ist einer der faszinierendsten Plätze in der Toskana.

Im **Museo di Arte Sacra** ist eine Gemäldesammlung zu sehen, u. a. der Kunstschatz von Massa, eine von Ambrogio Lorenzetti um das Jahr 1335 gemalte »Maestà«. Das figurenreiche Tafelbild zeigt Maria als liebevolle Mutter mit dem Kind auf einem Thron, zu dem Glaube (Fides), Hoffnung (Spes) und Liebe (Caritas) als Stufen mit entsprechenden Personifikationen führen, während zahlreiche Apostel, Kirchenlehrer und Engel andächtig zu Füßen der Muttergottes knien.
Museo Archeologico: April – Okt. tgl. 10.00 – 13.00, 15.30 – 19.00, Nov. – März 10.00 – 13.00, 15.00 – 17.00 Uhr; Eintritt: 3 €; www.museidimaremma.it
Museo di Arte Sacra: Corso Diaz 36; April – Sept. Di. – So. 10.00 – 13.00, 16.00 – 19.00, Okt. – März 11.00 – 13.00, 15.00 – 17.00 Uhr; Eintritt: 5 €

Der benachbarte Travertinpalast wurde aus drei romanischen Wohntürmen des 13. und 14. Jh.s zusammengefügt. Das Amtszimmer des Bürgermeisters schmücken Fresken aus dem 16. Jahrhundert. **Palazzo Comunale**

Durch die schmale Via Moncini, in der vor allem kleine Handwerksbetriebe zu Hause sind, geht es hinauf zur Fortezza, den im 14. Jh. von den Sienesen verstärkten Befestigungen. Gut erhalten sind der Arco dei Senesi (1337), der Verbindungsbogen zum mächtigen Torre ***Fortezza, Torre del Candeliere** del Candeliere (1228), zu dessen Aussichtsplattform eine schmale, schwindelerregend steile Treppe führt.

❶ April – Okt. Di. – So. 10.00 – 13.00, 15.00 – 18.00, Nov. – März Di. – So. 11.00 – 13.00, 14.30 – 16.30 Uhr; Eintritt: 2,50 €

*Museo di Arte e Storia delle Miniere

Im Renaissance-Palazzo delle Armi (1442) gegenüber informiert das Museo di Arte e Storia delle Miniere über die großen Zeiten des Eisenerz- und Mineralienabbaus sowie über Arbeitstechniken und die geologische Beschaffenheit der Gesteine. Führungen gehen in einen stillgelegten, 700 m langen Stollen an der Via Corridani (Museo della Miniera). Das Museum ist auch Infopunkt des **Parco Colline Metallifere.**

Parco Colline Metallifere: www.parcocollinemetallifere.it

Museo di Arte e Storia delle Miniere: 1.4. – 15.7. Di. – So. 15.30 – 17.30, 16.7. – 31.8. Di. – So. auch 10.30 – 13.00 Uhr; Eintritt: 1,50 €

Museo della Miniera: April – Juni, Sept./Okt. stündlich Di. – So. 10.00 bis 12.45, 15.00 – 17.45, 1.7. – 31.8. halbstündlich Di. – So. 10.00 – 12.30, 15.00 – 17.30 Uhr, Nov. – März Di. – So. halbstündlich 10.00 – 12.00, 15.00 bis 16.30 Uhr; Eintritt: 5 €

Eine der schmalen Gassen der alten Bergbaustadt

Das Museo degli Organi, Italiens einziges Museum für mechanische Orgeln, zeigt eine tragbare Orgel von 1686 sowie die Entwicklung des Pianoforte anhand eines Bösendorfer Klaviers von 1840.

❶ Corso Diaz 28; im Sommer tgl. 10.00 – 13.00, 15.30 – 19.00, im Winter tgl. 10.30 – 12.30, 15.00 – 18.00 Uhr; Eintritt: 4 €; www.museodegliorgani.it

Museo degli Organi

Im Museo di Arte Sacra im angrenzenden Complesso di S. Pietro all' Orto wird Massas kulturhistorische Bedeutung im 14./15. Jh. deutlich. Zu sehen sind die Originalskulpturen Giovanni Pisanos von der Domfassade und ein Holzkruzifix desselben Künstlers sowie Werke von Pietro und Ambrogio Lorenzetti (1319 – 1347). Derselbe Eingang führt zur *** Collezione Angiolino Martini** mit 750 Werken des 20. Jh.s, u. a. von Guttuso, Schifano, Nespolo oder Bueno.

❶ April – Okt. Di. – So. 10.00 – 13.00, 15.00 – 18.00, Nov. – März Di. – So. 11.00 – 13.00, 15.00 – 17.00 Uhr; Eintritt: 5 €

Museo di Arte Sacra

Sehr zu empfehlen ist der **Giardino dei Suoni**, der Garten der Töne des bayrischen Künstlers Paul Fuchs in Boccheggiano nordöstlich von Massa Marittima, in dem Metall und Wind für Atmosphäre sorgen. Das **Aquarium Mondo Marino** in Valpiana südwestlich der Stadt behandelt u. a. das Thema Biodiversität.

Giardino dei Suoni: Anmeldung: Tel. 05 66 99 82 21; www.paulfuchs.com
Aquarium Mondo Marino: Juni/Sept. Di. – So. 10.30 – 12.30, 15.00 bis 19.30, Juli/Aug. Di. – So. 10.00 – 20.00, Okt. – Mai Di. – So. 10.00 – 12.30, 15.30 – 18.30 Uhr; Eintritt: 6 €; www.aquariummondomarino.com

Attraktionen bei Massa

* Montalcino

✦ L 11

Provinz: Siena (SI)
Höhe: 564 m ü. d. M.
Einwohnerzahl: 5300

Schon von Weitem sieht man Montalcino auf einem Hügel oberhalb der Flüsse Ombrone und Asso liegen, von einer Burg überragt und von Weinbergen umgeben, in denen die Trauben für den berühmten Brunello di Montalcino wachsen. Ursprünglich war das Städtchen wohl von Wald umgeben – deshalb der Name »Steineichenberg« (Mons Ilcinus). Boden und Klima sind aber außerordentlich günstig für den Weinanbau, der heute für seine Spitzenerzeugnisse weltweit bekannt ist.

Erfinder des viel gepriesenen, ausschließlich aus Sangiovese-Grosso-Trauben erzeugten **Brunello di Montalcino** war 1842 die Familie

Bondi-Santi. Knapp 140 Jahre später erhielt der granatrote Tropfen als erster Wein Italiens das höchste Prädikat D.O.C.G. zuerkannt. Sind die Rebstöcke jünger als zehn Jahre, wird aus den gleichen Trauben der rubinrote Rosso di Montalcino gekeltert, die erschwinglichere Variante des kostspieligen Brunello, der unbestritten zur Topkategorie der italienischen Weine gehört.

SEHENSWERTES IN MONTALCINO

*Fortezza
Am besten parkt man an der Piazza Fortezza vor der Burg, die Mitte des 14. Jahrhunderts unter sienesischer Herrschaft erbaut wurde. Zwischen 1555 und 1559 war sie der letzte Zufluchtsort von 600 Sienesen, die aus ihrer von Kaiser Karl V. belagerten Heimatstadt geflohen waren und hier eine Art Exilregierung der Stadtrepublik bildeten. In der Burg gibt es eine ausgezeichnete **Enoteca,** die alle Brunello-Sorten, Pecorino, Wildschweinschinken und Olivenöle im Angebot hat.

*Museo Civico e Diocesano
Von der Burg geht es zum ehemaligen Augustinerkloster in der Via Ricasoli 31 (Fußgängerzone). Klosterkreuzgang und 12 weitere Räume bilden den stimmungsvollen Rahmen für die Sakralkunstwerke des Stadt- und Diözesanmuseums. Beeindruckend sind die spätgotischen, auf Goldgrund gemalten und in kostbaren Farben schwelgenden Altarbilder sienesischer Meister wie Simone Martini, Giovanni di Paolo oder Bartolo Fredi, die durch die sparsame und zurückhaltende Präsentation bestens zur Geltung kommen. Von hoher Qualität sind auch die Holzbildwerke des Museums aus dem 12. bis 17. Jh., zwei Bände einer im 12. Jh. entstandenen »Biblia Atlantica« aus dem benachbarten Kloster Sant' Antimo sowie die beachtlichen Terrakotten aus der Della-Robbia-Werkstatt.
❶ April – Okt. Di. – So. 10.00 – 13.00, 14.00 – 17.50, Nov. – März Di. – So. 10.00 – 13.00, 14.00 – 17.40 Uhr; Eintritt: 4,50 €

*Piazza del Popolo
Den Mittelpunkt des mauerumgürteten Städtchens bilden die beiden am Hang gelegenen Plätze Piazza Garibaldi und etwas weiter unten die Piazza del Popolo. Letztere wird überragt vom schlanken, hohen Turm des wappengeschmückten Palazzo Comunale, heute Sitz der Gemeindeverwaltung und des Konsortiums von Brunello und Rosso di Montalcino. Ein beliebter Treffpunkt an diesem Platz ist das 1888 eröffnete **Caffè Fiaschetteria** mit kleinen Marmortischen, Thonetstühlen und großen Spiegeln an der Wand.

Stadtmauer
Wer sich einen Überblick über die Stadt verschaffen will, sollte einen Spaziergang auf der gut erhaltenen mittelalterlichen Stadtmauer machen. Sie hat sechs Tore und war einst mit 19 Türmen befestigt.

Montalcino erleben

AUSKUNFT
Costa del Municipio 1
Tel. 05 77 84 93 31
www.prolocomontalcino.com

VERANSTALTUNG
Am letzten So. im Okt. findet die Sagra del Tordo statt (Umzug in historischen Kostümen, Bogenschießen), im Juli das beliebte Jazz- und Wein-Festival.

ESSEN
Trattoria L' Angolo ⓔ – ⓔⓔ
Via Ricasoli 9
Tel. 05 77 84 80 17
Di. Ruhetag. Gemütliche Trattoria – empfehlenswert sind die hausgemachte Pasta und das Wildschweinragout.

ÜBERNACHTEN
Castello di Velona Resort & Spa ⓔⓔⓔⓔ
Loc. Velona
Tel. 05 77 83 90 02
www.castellodivelona.it

In der umgebauten alten Burg, die am Franken-Pilgerweg nach Rom lag, wurde ein 5-Sterne-Hotel mit 28 Zimmern und 18 Suiten eingerichtet. Mit Pool, Weingut und Restaurant.

Vecchia Oliviera ⓔⓔⓔ – ⓔⓔⓔⓔ
Porta Cerbaia / Via Landi 1
Tel. 05 77 84 60 28
www.vecchiaoliviera.com
10 Zimmer und 1 Suite in einer alten Ölmühle vor den Stadttoren. Alle Zimmer tragen Blumennamen. Es gibt eine schöne Panoramaterrasse und einen Pool.

Porta Castellana ⓔⓔ
Via S. Lucia
Tel. 05 77 83 90 01
www.portacastellana.it
Für Liebhaber individueller Unterkünfte. Die drei Doppelzimmer – Lavendel-, Safran-, Narzissen-Zimmer – sind hübsch eingerichtet, und Annalisa Mancini kümmert sich persönlich um das Wohl ihrer Gäste.

Das **Brunello-Weingut** südwestlich von Montalcino lädt zur Degustation in seine Balsameria und die Enoteca ein. Das zugehörige Museo del Vetro Giovanni F. Mariani zeigt die Entwicklung der Glasherstellung von der Antike bis ins 20. Jh., auch anhand von **Murano-Glas** und rarer Exponate von Picasso, Cocteau und Dalí.

Museo del Vetro Giovanni F. Mariani

❶ Poggio alle Mura, S. Angelo Scalo; April – Okt. tgl. 10.00 – 19.00, Nov. bis März bis 18.00 Uhr; Eintritt: 4,50 €

UMGEBUNG VON MONTALCINO

Inmitten von Wiesen und Olivengärten steht 10 km südlich von Montalcino im lieblichen Starcia-Tal die ehemalige Benediktinerabtei Sant' Antimo, deren Kirche ein Kleinod romanischer Baukunst ist. Der Legende nach veranlasste Karl der Große 781 die Grundsteinlegung des Klosters – als Dank für das Ende einer Pestepidemie.

**Abbazia Sant' Antimo

Eingebettet in eine idyllische Landschaft: die Abbazia Sant' Antimo

Durch zahlreiche Schenkungen vergrößerte sich der Grundbesitz der Abtei zu einem fürstlichen Reichslehen, sodass Sant'Antimo im Hochmittelalter zu den **wohlhabendsten und mächtigsten Klöstern der Toskana** gehörte. Mit dem Niedergang der Staufer, vermutlich aber auch wegen des kostspieligen Kirchenbaus, schwand der Klosterbesitz gegen Ende des 13. Jh.s, der Konvent verfiel und wurde 1462 schließlich von Papst Pius II. aufgehoben, der die Ruine der neu gegründeten Diözese Montalcino übertrug. Zu Beginn des 20. Jh.s regte der Architekt Giuseppe Partini den Wiederaufbau des Klosters an, von dem nur die Kirche, Teile des Kapitelhauses und das Refektorium erhalten blieben.

Seit 1992 wird Sant'Antimo von Prämonstratenserchorherren bewohnt und kann besucht werden. Die 1118 begonnene und ganz in Travertin ausgeführte Abtei zeigt die klaren **Formen der Romanik.** Die dreischiffige Kirche, deren Bau 1260 eingestellt wurde, besitzt kein Querhaus. Die Seitenschiffe setzen sich in einem an französische Vorbilder erinnernden Chorumgang mit Kapellenkranz fort. Nördlich ist der gedrungene Kampanile aus dem 12. Jh. angefügt, südlich eine aus karolingischer Zeit stammende Kapelle, die als Sakristei genutzt wird. Die Seitenportale sind durch kunstvolle **Reliefs mit lombardischen Blattornamenten und Tiermotiven** hervorgehoben. Säulen und Bündelpfeiler trennen das Innere der 42 m langen Basilika in drei Schiffe. An den Kapitellen entfaltet sich in einzigartiger Weise der reiche Ornamentalschmuck der burgundisch beeinflussten Romanik: Adler, Greife, Schafe, Widder u. a. Tiermotive wechseln mit Schachbrett- und Flechtwerkmustern. Besonderes Augenmerk gilt der Darstellung von Daniel in der Löwengrube (zweite Säule rechts), die dem Maître de Cambestany zugeschrieben wird.

Kirche: tgl. 7.00 – 19.00 Uhr

Besichtigung: Mo. – Sa. 10.00 – 12.30, 15.30 – 17.30, So. 9.00 – 10.30, 15.30 – 18.00 Uhr

Führungen: Guido Burlando, Tel. 34 94 79 63 74

Andachten/Messen mit gregorianischen Gesängen: Mo. – Sa. 5.45, 7.00, 9.00, 9.15, 12.45, 14.45, 19.00, 20.30, 21.00 Uhr; So. 0.00 (Juli/Aug. 1.00), 7.30, 9.00, 11.00, 12.45, 14.45, 18.30, 20.30, 21.00 Uhr

Die romantische kleine Backsteinstadt (3200 Einw.) nördlich von Montalcino entstand ab dem 13. Jh. auf den Resten des römischen Kastells Percenna. Sie erhielt im 14. Jh. eine Ringmauer nach dem Vorbild Sienas. Auf dem Weg von Rom nach Pisa starb am 24. August 1313 Kaiser Heinrich VII. hier, er wurde im Dom von Pisa beigesetzt. In der Via Socini 18 ist das Museo d'Arte Sacra eingerichtet. In den Jugendstilräumen werden Tafel- und Altarbilder der Sieneser Schule gezeigt, u. a. auch eine Madonna von Duccio di Buoninsegna.   ***Buonconvento**

❶ April – Okt. Di. – So. 10.00 – 13.00, 15.00 – 18.00, Nov. – März Sa., So. 10.00 – 13.00, 15.00 – 17.00 Uhr; Eintritt: 3,50 €

** MONTE OLIVETO MAGGIORE

❶ tgl. 9.15 – 12.00, 15.15 – 17.00, im Sommer 9.00 – 12.00, 15.00 – 18.00 Uhr; liturgische Feiern (mit gregorianischen Gesängen): Mo. – Sa. 18.15, So. 11.00 Uhr; www.monteolivetomaggiore.it

Der Hauptsitz der Benediktinerkongregation der Olivetaner steht ca. 10 km nordöstlich von Buonconvento auf einer von Zypressen gesäumten Anhöhe inmitten der Sieneser Crete-Landschaft. Die »Abtei zum Großen Ölberg« wird vor allem wegen des berühmten Freskenzyklus über das Leben des hl. Benedikt von Norcia besucht, ein Meisterwerk der italienischen Wandmalerei.   **Hauptsitz der
Olivetaner**

1313 nahm der adlige Sieneser Bernardo Tolomei Abschied von allem Weltlichen und zog sich mit zwei Freunden an diesen Platz zurück, um nach der strengen Auslegung der Ordensregel des hl. Benedikt ein asketisches Leben zu führen. 1320 wurde der Grundstein für das Kloster gelegt, das sich zu einem Zentrum geistlichen und kulturellen Lebens entwickelte. Bernardo Tolomei starb 1348 bei der Krankenpflege während der großen Pestepidemie.

Eine schattige Zypressenallee führt zum Eingang des Klosterbezirks mit einem zinnenbewehrten Torturm (um 1393). Beide Seiten des Klostertors schmückt jeweils eine Terrakotta-Skulptur von Luca della Robbia. Die Konventsgebäude aus rotem Backstein entstanden   **Kloster-
gebäude
und Kirche**

zwischen 1387 und 1514. Die im frühen 15. Jh. erbaute, 1772 barockisierte Kirche besitzt ein intarsiengeschmücktes Chorgestühl aus dem frühen 16. Jh. und ein großes, 1520 von einem Ordensbruder gestaltetes Lesepult. Im Refektorium (1387 – 1390) sind Fresken des Laienbruders Paolo da Alfidena aus dem 17. Jh. erhalten.

**Freskenzyklus des hl. Benedikt

Der große zweigeschossige Kreuzgang, zwischen 1426 und 1443 erbaut, ist die Topsehenswürdigkeit des Klosters. Abt Domenico Airoldi von Lecco gab den Auftrag für die Ausmalung des Kreuzgangs, an der ab 1495 der berühmte Renaissancemaler **Luca Signorelli** und ab 1505 der Piemonteser Giovanni Antonio Bazzi, besser bekannt als **Sodoma,** arbeiteten. 35 Szenen – Episoden aus dem Leben des Ordensgründers, des hl. Benedikt (um 480 – 547) – umfasst der Freskenzyklus. Nr. 1 – 19 und 29 – 35 wurden von Sodoma, Nr. 21 – 28 von Signorelli und seinen Mitarbeitern gemalt.

Fresken an der Ostseite

Die 35 Episoden aus dem Leben des Ordensgründers beginnen an der Ostseite des Kreuzgangs. Zunächst wird über die Jugendjahre des Heiligen in Norcia erzählt, von seinem Abschied von der Familie, als er weggeht, um in Rom zu studieren (1). Die hedonistischen und epikureischen Lehren überzeugen Benedikt nicht, so verlässt der Jüngling die römische Schule (im Hintergrund gekennzeichnet durch Engelsburg und Tiber), um ein entbehrungsreiches Dasein zu führen (2). Die folgende Szene zeigt, wie im Dorf Affile durch das Gebet Benedikts ein zerbrochener Holztrog auf wundersame Weise wieder zusammengefügt wird (3) – der junge Mann rechts vor der Zuschauergruppe ist ein Selbstporträt Sodomas. In der Einsiedelei in Subiaco erhält der Heilige die Ordenstracht vom Mönch Romanus (4), der Benedikt in seiner Eremitenhöhle auch mit Brot versorgt (5), trotz aller Störversuche des Teufels. Zu Ostern erscheint Christus einem Weltpriester, der daraufhin sein Festmahl dem fastenden Benedikt bringt (6). Vor seiner Höhle unterweist Benedikt die Bauern der Umgebung in der göttlichen Lehre (7). Als der Geist der Unkeuschheit den verlassenen Mönch in einer paradiesischen Landschaft mit erotischen Visionen heimsucht, kasteit sich Benedikt im Dorngebüsch (9). Auf Bitten einiger Eremiten wird Benedikt ihr Abt, doch seine strenge Lehre findet wenig Anklang, sodass die

Mönche ihn ermorden wollen (10). Als er sich über dem Giftbecher bekreuzigt, zerbricht dieser. Schließlich verlässt Benedikt das Kloster (11). Nun lässt der Heilige 12 Klöster zum Ruhm Gottes errichten.

Farbenreich und lebendig zeigt Sodomas Fresko die Begegnung von Benedikt und den beiden römischen Jünglingen Maurus und Placidus (12). Mit körperlicher Züchtigung befreit Benedikt einen besessenen Glaubensbruder (13). Für die Wasserversorgung dreier Klöster lässt er auf einer Bergkuppe eine Quelle entspringen (14) und sorgt dafür, dass die in einen See gefallene Axtscheide eines Mitbruders auf wundersame Weise an den Griff zurückkehrt (15). Als der Mönch Placidus beim Wasserholen abstürzt, lässt Benedikt den jungen Maurus über das Wasser schreiten, um den Ertrinkenden zu retten (16). Einem Botenjungen, der dem Heiligen nur einen von zwei Weinkrügen überbringt, um den anderen für sich zu behalten, prophezeit der fromme Einsiedler die Verwandlung des gestohlenen Weins in eine Schlange (17). Um seinen Widersacher zu töten, schickt der neidische Priester Florentius ein vergiftetes Brot an Benedikt, das allerdings von einem zahmen Raben fortgetragen wird (18). Auch der Versuch, die Glaubensbrüder mit sieben hübschen Kurtisanen zu verführen, scheitert – die Mönche bleiben keusch (19). Das folgende

Fresken an der Südseite

Detail aus den Fresken von Sodoma im Großen Kreuzgang des Klosters. Dargestellt sind Szenen aus dem Leben des hl. Benedikt.

Fresko (1540), auf dem Benedikt die Mönche Maurus nach Frankreich und Placidus nach Sizilien entsendet (20), stammt von Sodomas Schwiegersohn Bartolomeo Neroni, genannt Riccio, der sich links von Maurus als König Frankreichs porträtiert haben soll. Auf dem ersten von Signorellis Bildern berichtet ein Mönch von der Strafe Gottes: Der Widersacher Florentius hat unter den einstürzenden Mauern seines Palasts den Tod gefunden (21). Benedikt zieht weiter nach Monte Cassino und lehrt die Einwohner das Evangelium – rechts im Bild demontieren Mönche eine heidnische Apoll-Statue (22) –, er beseitigt zudem Götzenbilder und vertreibt den Satan von einem Stein (23). Als ein Mönch beim Bau des neuen Klosters durch Teufelswerk von einer Mauer fällt, erweckt Benedikt den Toten wieder zum Leben (24). Entgegen der Ordensregel gönnen sich zwei Mönche außerhalb des Klosters ein Mahl in einer Schenke mit zwei hübschen Dienerinnen, woraufhin Benedikt sie zur Rede stellt (25). Ebenso rügt er den Bruder des Mönchs Valerianus, der die Fastenzeit nicht einhält (26). Auch Gotenkönig Totila kann den frommen Mann nicht täuschen: Als Totila seinen Schildhalter Riggo statt seiner in schimmernder Rüstung zu Benedikt sendet, befiehlt dieser dem königlichen Gefolgsmann, das Gewand abzulegen, das ihm nicht zusteht (27). Im Hintergrund sieht man Riggo dem König Bericht abstatten; besonders bemerkenswert ist die prachtvolle Ausstattung der Höflinge und Ritter. Daraufhin reist Totila selbst an, um dem Heiligen seine Aufwartung zu machen (28). Auch Benedikt erhebt sich, um dem König die Ehre zu erweisen.

Fresken an der Nordseite

Die nachfolgenden Fresken stammen wieder von Sodoma. Das erste Bild erzählt, wie Benedikt dem adligen Theoprobus die im Vordergrund dargestellte Zerstörung von Monte Cassino durch die Langobarden voraussagt (29). Durch wundersam vermehrte Mehlvorräte speist Benedikt seine Glaubensbrüder – die Fische auf dem Tisch symbolisieren die Brotvermehrung Christi im Neuen Testament (30). Im Traum erscheint der Heilige zwei Mönchen und zeigt ihnen, wie sie ein Kloster in Terracina bauen sollen (31). Der Mönch mit dem Senkblei ist vermutlich ein Selbstbildnis des Olivetaners Fra Giovanni da Verona, der das Chorgestühl von Monte Oliveto Maggiore entwarf. Zwei adlige Frauen, die nach dem Tod keinen Seelenfrieden finden können und zur Totenmesse aus dem Grab steigen, werden durch ein Almosen Benedikts erlöst (32). Auch ein verstorbener junger Mönch kann im Grab keine Ruhe finden, bis Benedikt ihm eine geweihte Hostie auflegt (33). Als ein Glaubensbruder das Kloster verlassen will, trifft er, kaum außerhalb der Mauern, auf ein furchtbares Ungeheuer; er deutet dies als Zeichen des Himmels und kehrt reuevoll zurück (34). Mit einem einzigen Blick befreit Benedikt auf dem letzten Bild einen gefesselten Bauern aus den Händen des räuberischen Goten Zalla (35).

** **Monte Amiata** ──────────── ✦ **M 12**

Provinz: Siena (SI) und Grosseto (GR)
Höhe: 1738 m ü. d. M.

Zwischen den Flusstälern von Orcia, Fiora und Paglia überragt das Massiv des Monte Amiata die Hügellandschaft der südlichen Toskana. Kastanien-, Eichen- und Buchenwälder bedecken seine Hänge und laden zu ausgedehnten Wanderungen ein. Im Herbst findet man hier Maronen und Steinpilze, im Winter zieht es Skifahrer auf die Pisten. An den Ausläufern des erloschenen Vulkans kann man in warmen Quellen baden.

Von der teils steil ansteigenden Ringstraße, die den Amiata umzieht, zweigt eine Stichstraße zum Gipfel (Vetta) mit Restaurants und Schutzhütten ab. Das beliebte Ausflugsziel wird von einer Funkstation und einem stählernen Gitterkreuz (1910) überragt. ***Vetta Amiata**

SEHENSWERTES RUND UM DEN MONTE AMIATA

Das winzige Thermalbad in 524 m Höhe verdankt seinen Namen dem Serviten-Prior Filippo Benizi (1233 – 1285), der 1269 aus dem Konklave von Viterbo floh und so seiner Papstwahl entging. Er **Bagni San Filippo**
fand hier ein Refugium und wurde im 17. Jh. heiliggesprochen. Zum Kurhotel Terme San Filippo (www.termesanfilippo.com) gehört ein Open-Air-Thermalbad (37 °C), das öffentlich zugänglich ist. Vergnüglich ist in einem nahen bewaldeten Tal das kostenlose Bad im Naturbecken des ***Fosso Bianco,** eines Wasserfalls, der seinen Namen wegen seiner weißen Kalkablagerungen erhielt. Das Wasser ist so warm, dass man selbst bei kühleren Temperaturen noch ein Bad nehmen kann! Ein Stück weiter kommt man zur Balena Bianca (weißer Wal), einem Wildbach, der hyperthermisches Wasser führt.

> **BAEDEKER TIPP**
>
> ! *Amiata-Wölfe*
>
> Das Besucherzentrum des Parco Faunistico e delle Riserve Naturali Monte Amiata in Arcidosso präsentiert die sechs Naturreservate des Parks und das Ökosystem am Monte Amiata. Außerdem werden Ausflüge in den Park angeboten (Juli Di. – Fr. 16.00 – 19.00, Sa., So. 10.00 – 13.00, 16.00 – 19.00 Aug. Di. – So. 10.00 – 13.00, 16.00 – 19.00, Sept., Okt. geschl., Winter nur Fr. nachm. und Sa., So. sowie Fr. nachm.; Eintritt: 3 €; www.museidimaremma.it/it/museo.asp?keymuseo=39)

Die ehemalige Bergbaustadt liegt an der Ostflanke des Monte Amiata am Rand des Paglia-Tals zwischen Kastanienwäldern und Pinien- **Abbadia San Salvatore**

Monte Amiata erleben

AUSKUNFT
APT Amiata
Via Adua 25
Abbadia San Salvatore
Tel. 05 77 77 58 11
www.terresiena.it

ESSEN
Aiuole ❸❸
Loc. Bivio (Abzweig Aiuole)
Arcidosso
Tel. 05 64 96 73 00
Ruhetage So. abends und Mo.
Das Lokal liegt an der Straße Arcidosso –
Santa Fiora. Lionella und Ugo Quattrini

verwöhnen mit bäuerlicher Minestrone,
Schweinebraten in Brunello oder Lamm
vom Rost.

ÜBERNACHTEN
Kappa Due – K2 ❸ – ❸❸
Via del Laghetto 15
Abbadia San Salvatore
Tel. 05 77 77 86 09
www.hotelk2.net
Ein kleines Familienhotel mit 16 Zimmern etwas außerhalb des Städtchens
in einem Kastanienwald. Im Restaurant
kocht Mutter Mariella nach lokaler
Tradition.

hainen. Im 8. Jh. errichteten die Langobarden hier ein Benediktinerkloster, dessen Kirche heute die Hauptattraktion des Ortes ist. Von der Abtei (s. u.) kommend, gelangt man durch das nördliche Tor (Porta del Castello bzw. Porta della Badia) zum historischen Stadtkern, der seinen mittelalterlichen Charakter recht gut bewahrt hat. Bei der Porta del Torrione sind **Reste des ehemaligen Kastells** erhalten, das 1347 von den Grafen von Santa Fiora an die Stadt Siena und von dieser an die Medici überging.

Der **Bergbaupark** am oberen Ortsrand besitzt neben dem Museum (Via Hamman) mit der **Galleria livello VII** eine weitere Attraktion. Im unterirdischen Gang illustrieren Werkzeug und Maschinen den Quecksilberabbau bis ins 19. Jh.

Bergbaupark: 15.6. – 1.11. tgl. 9.30 – 12.30, 15.30 – 18.30 Uhr; Eintritt: 3 €
Galleria: (nur Führungen) 1.7. – 31.8. tgl. 10.00, 16.00 Uhr; Eintritt: 4 €

*Abbazia di San Salvatore

Die »Abtei des Heiligen Erlösers« gehört zu den ältesten Klöstern der Toskana. Die Gründung der Abtei ist indes strittig: Eine Schenkungsurkunde aus dem 8. Jh. benennt das Jahr 743 und einen Langobardenkönig Rachis, eine andere Version gibt den aus Friaul zugewanderten langobardischen Abt Erfo als Gründer und 762 als Gründungsjahr an. Im Jahr 800 zwang vermutlich eine Epidemie die Truppen Karls des Großen auf dem Krönungszug nach Rom, hier auszuruhen. Für die Heilung durch ihre Kräuter erhielten die Mönche wenig später vom Kaiser großzügige Privilegien und Ländereien, die im 11. und 12. Jh. bis zum Monte Cetona und vom Orcia-Fluss bis zum Monte Argen-

Sanft gewellte Landschaft in den Ausläufern des Monte Amiata

tario reichten. Der Höhepunkt der Macht wurde unter dem Abt Winizzone erreicht, der eine neue Kirche bauen ließ, die 1036 geweiht wurde. 1228 ging die Abtei an die Zisterzienser, schließlich fiel sie Siena zu. Das Kloster wurde 1782 geschlossen, seit 1939 gehört es wieder dem Zisterzienserorden.

Dass die Abteikirche im romanischen Stil erbaut wurde, ist auch trotz mehrfacher Umbauten noch deutlich sichtbar. Im einschiffigen Innern der Oberkirche erzählen die **Fresken aus dem 17. Jh.** die Legende um König Rachis. Daneben berichten vier lateinische Inschriften von einem Jagdausflug des Königs zum Monte Amiata, wo ihm der Erlöser erschienen sein soll – Rachis legte daraufhin das Mönchsgelübde ab und gründete die Abtei. Das im späten 12. Jh. angefertigte Holzkruzifix rechts neben dem Eingang, das Ähnlichkeiten mit dem Kreuz der Abtei Sant' Antimo (▶ Montalcino) aufweist, entstand vermutlich in Siena nach burgundischen Vorbildern. Am eindrucksvollsten ist die fünfschiffige Krypta aus vorromanischer Zeit, deren Gewölbe von 28 Trachytsäulen mit reich verzierten Kapitellen getragen wird.

Von Abbadia San Salvatore sind es ca. 16 km (über Piancastagnaio und Pietralunga) in den 3000-Seelen-Ort Santa Fiora, der südwestlich des Monte Amiata auf einem Felsen in 687 m Höhe liegt. Der Hauptplatz, die Piazza Garibaldi, wurde über den Resten einer Aldobrandeschi-Burg errichtet. In der Kirche Santa Fiora e Lucilla sind **Terrakotta-Arbeiten** zu sehen, die Andrea della Robbia zugeschrieben werden. Unterhalb des Ortes an der Fiora-Quelle ließ Graf Sforza in seinem Park einen Fischteich anlegen, in dem sich auch heute noch Forellen tummeln.

*Santa Fiora

*Arcidosso   Am Westabhang des Amiata liegt in 660 m Höhe das romantische Bergdorf Arcidosso mit einer Burg der Aldobrandeschi, die 1331 von den Sienesen unter dem Befehlshaber Guidoriccio aus Fogliano besetzt wurde und 1559 an die Medici überging. Mitte des 19. Jh.s lebte in dem kleinen Ort der charismatische Fuhrmann Davide Lazzaretti (1834 – 1878), der 1872 mit rund 80 armen Bauern- und Hirtenfamilien eine Bruderschaft gründete, um das »Reich Gottes zu verwirklichen«. Da der »Prophet vom Amiata« sowohl der Kirche als auch den Latifundienbesitzern unbequem wurde, erschossen Carabinieri ihn am 18. August 1878 bei einer friedlichen Prozession. Sein Grab befindet sich auf dem Friedhof von Santa Fiora.

*Giardino   Kurz vor Seggiano 10 km nördlich hat der Künstler Daniel Spoerri
di Daniel   auf seinem 15 ha großen Anwesen an den Hängen des Monte Amia-
Spoerri   ta mit dem »Kunstgarten« ein kleines Paradies geschaffen. Über 50 Skulpturen von zum Teil international bekannten Künstlern sind auf dem Areal so verteilt, dass sie mit der Landschaft eine Symbiose bilden. Im Wald versteckte er beispielsweise ein mit Einrichtungsgegenständen und persönlichen Versatzstücken in Bronze gegossenes Hotelzimmer (»Chambre No. 13 de l' Hotel Carcassonne Paris«), auf dem Wiesenparkplatz vor dem Eingang steht wie zufällig abgestellt die »Rolltreppenbank« von Susanne Runge. Eine schöne Ergänzung zu den Kunstwerken ist Spoerris botanischer Lehrpfad.

> **!** *Rund um die Uhr bei Spoerri*
>
> **BAEDEKER TIPP**
>
> Im Giardino Daniel Spoerri kann man sich in aller Ruhe länger aufhalten: Für das leibliche Wohl sorgen ein Café und das Ristorante »Non solo Eat Art«, und zudem kann man in Apartments im Garten auch übernachten: www.danielspoerri.org

❶ Ostern bis 30.6., 16.9. – 31.10. Di. – So. 11.00 – 20.00, 1.7. – 15.9. tgl. 11.00 – 20.00 Uhr; Eintritt: 10 €; www.danielspoerri.org

Monte Argentario

✦ P 9/10

Provinz: Grosseto (GR)

Drei schmale Landzungen verbinden das Festland mit dem »Silberberg«, der Halbinsel Monte Argentario, die 35 km südlich von Grosseto ins Tyrrhenische Meer ragt. Macchia, Hügel, Grotten und schroffe Felsen charakterisieren das Landschaftsbild. Dazwischen laden Strände und Buchten zum Baden, Jachthäfen und feudale Sommerresidenzen künden von vermögenden Urlaubern. Bettenburgen entstanden hier nie.

Einst war das der Küste vorgelagerte Promontorio dell' Argentario eine Insel. Durch Anschwemmung entstand zunächst eine 4 km lange und 500 – 600 m breite Landzunge, auf der jetzt die Stadt Orbetello liegt. Später bildeten sich die beiden äußeren Sandbänke, der Tombolo di Feniglia im Süden und der Tombolo di Giannella im Norden, sodass die knapp 26 km² große Lagune von Orbetello entstand.

SEHENSWERTES AUF DEM MONTE ARGENTARIO

In Porto Santo Stefano pulsiert das Leben der Halbinsel. Noch vor einigen Jahrzehnten war Porto Santo Stefano ein kleines Fischerdorf, heute ist es ein Badeort, in dessen Hafen Luxusjachten und Fischerboote ankern und die Fähren zur Insel ▶ Giglio starten. Im 17. Jh. war der Hafen wichtiger Stützpunkt der spanischen Handelsflotte, geschützt von der erhöht angelegten Festung. Ein Aquarium zeigt das Leben unter Wasser (www.acquarioargentario.org), zudem ist ein Meeresmuseum geplant.
    Porto Santo Stefano

Höchste Erhebung des Monte Argentario ist der 17 km südöstlich aufragende Monte Telegrafo (635 m). An klaren Tagen reicht der Blick bis nach Korsika, landeinwärts bis zum ▶ Monte Amiata.
    Monte Telegrafo

Porto Santo Stefano, lebendiger Badeort und wichtigster Hafen auf dem Monte Argentario

Monte Argentario erleben

AUSKUNFT
Porto Santo Stefano
Piazzale Sant' Andrea
Tel. 05 64 81 42 08
www.turismoinmaremma.it

ESSEN
Il Gambero Rosso ❻❻❻❻
Porto Ercole, Lungomare Doria 70
Tel. 05 64 83 26 50
Mi. Ruhetag, Mitte Nov. bis Mitte Feb.
geschl.
Exquisites Fischlokal, das als bestes am
Platz gilt. Im Sommer sitzt man draußen
auf der Terrasse mit Blick auf den Hafen.

Il Cantinone ❻❻❻
Capalbio, Piazza Porticina 4
Tel. 05 64 89 61 81
www.cantinone.it
Mo. Ruhetag (nicht von Juli – Sept.).
Elegantes Restaurant im Schlossgewölbe
von Capalbio. Hier wird regionale Küche
auf hohem Niveau serviert, es gibt auch
Biogerichte. Im Sommer speist man auf
der schönen Aussichtsterrasse.

Trequarti (3/4) ❻
Piazzale del Valle 11
Porto S. Stefano
Tel. 05 64 81 06 70
www.bartrequarti.com
Erstklassige Gelateria und Bar, dazu
familiäre Trattoria/Pizzeria. Tauchertreff
am Hafen (Cala Galera Diving Center).
Sehr freundliche Bedienung.

ÜBERNACHTEN
Il Pellicano ❻❻❻❻
Porto Ercole
Tel. 05 64 85 81 11
www.pellicanohotel.com
Dieses Nobelhotel (32 Z., 15 Suiten) bei
Porto Ercole zählt zu den besten Adressen in dieser Region. Die mit wildem
Wein bewachsene Villa schmiegt sich an
die Steilküste des Monte Argentario. Antikes Mobiliar und Gemälde des 18. und
19. Jh.s geben den Räumen eine persön-
liche Note. Auf Sonnenanbeter wartet
ein kleiner Privatstrand, und das Spitzenrestaurant ist weithin bekannt.

La Palma ❻❻❻
Capalbio
Via di Chiarone 5
Loc. Chiarone Scalo
Tel. 05 64 89 03 41
www.albergolapalma.com
Gepflegte Hotel- und Apartmentanlage
mit Lounge-Bar im Garten, Pool und
Whirlpool. Ca. 1 km zum feinen Sand-
strand Chiarone.

Vecchia Maremma ❻❻
Orbetello
Statale 1 – Via Aurelia km 146
Quattrostrade
Tel. 05 64 86 30 05
www.vecchiamaremma.it
Familiäre Atmosphäre und angenehmen
Komfort bietet dieses Haus. Mit Restau-
rant, Pool und großem Garten.

Port' Ercole Wichtigster Treffpunkt an der Ostküste ist das ehemalige Fischerdorf
Port' Ercole, das auf den antiken »Portus Herculis« zurückgeht. Der
Ferienort liegt malerisch **an einer kleinen Bucht,** die im Süden von
einem Bergsporn mit einer alten Festung, dem Forte Stella, abgeschlossen ist. In der Pfarrkirche in der Altstadt wurde der Maler Mi-

chelangelo da Caravaggio beigesetzt, der hier am 18. Juli 1610 an den
Folgen einer Verwundung starb.

Forte Stella: Apr. – Juni und Sept. Sa., So. 10.30 – 12.30, 16.00 – 18.00 (im
Sept. 18.00 – 20.00), Juli, Aug. tgl. 10.00 – 13.00, 18.00 – 21.00 Uhr;
Eintritt: 2 €; www.portoercole.org

Die vom Festland ausgehende Landzunge, auf der das Städtchen Or-   **Orbetello**
betello (15 200 Einw.) liegt, war vermutlich schon im 8. Jh. v. Chr.
von Etruskern besiedelt. Während des Mittelalters wechselte die
Stadt häufig den Besitzer. Zunächst regierten die Aldobrandeschi,
dann die Familie Orsini, bevor Siena 1414 – 1455 die Macht übernahm. Ab Mitte des 16. Jh.s be-
herrschten die Spanier vorübergehend den Monte Argentario und
erklärten Orbetello zum Hauptort
ihres kleinen »Stato dei Presidi«.
1815 kam die Halbinsel zum Großherzogtum Toskana, 1842 wurde die
Landzunge durch einen Deich zum
Monte Argentario hin verlängert
und so die Lagune geteilt.
Orbetello besitzt noch beachtliche
Reste der etruskischen Seemauer aus
dem 4. Jh. v. Chr. sowie die 1557 unter dem spanischen König Philipp II.
begonnenen und 1620 unter Philipp

> **!** **BAEDEKER TIPP**
>
> *Biohof »LaSelva«*
>
> In Albinia führt Karl »Carlo«
> Egger, Pionier des Ökolandbaus,
> seinen seit 1980 bestehenden
> Bio-Hof »LaSelva«. Olivenöl, der
> Biowein »Morellino di Scansano«,
> Obst, Gemüse werden hier produ-
> ziert und im Hofladen verkauft.
> Außerdem werden Zimmer und
> Apartments vermietet (Strada
> Provinciale 81, www.laselva-bio.
> eu; DZ 48 bis 58 €).

III. vollendeten Befestigungsanlagen. Der Dom wurde 1376 errichtet
und im 17. Jh. durch zwei Seitenschiffe erweitert. Die gotische Travertinfassade schmückt ein schönes Portal sowie die Büste des hl.
Benedikt. Sehenswert ist der kostbare **Frontone di Talamone,** der
im Erdgeschoss eines 1692 erbauten Pulvermagazins (Polveriera
Guzman) ausgestellt ist. Der Terrakottafries eines Tempels aus etrus-
kisch-hellenistischer Zeit, der bei Talamone entdeckt wurde, entstand um 150 v. Chr. Er zeigt die Endphase des heroisch mythischen
Kampfes der »Sieben gegen Theben«.

Frontone di Talamone: 1.1. – 30.6., 1.10. – 31.12. Fr., Sa. 14.30 – 17.30,
So. 10.00 – 13.00 Uhr, sonst nur Sa., So.; Eintritt frei

UMGEBUNG DES MONTE ARGENTARIO

7 km südöstlich von Orbetello liegen oberhalb des Villenorts An-   ***Ruinen von**
sedonia die Ruinen der 273 v. Chr. gegründeten römischen Kolonie   **Ansedonia-**
Cosa. Schon im 1. Jh. n. Chr. wurde der Ort aufgegeben – wahr-   **Cosa**
scheinlich wegen Malaria. Lange Zeit galten die Überreste Cosas als
etruskisch, bevor Ausgrabungen amerikanischer Archäologen zeig-

Giardino dei Tarocchi: im Reich fantastischer Fabelwesen

ten, dass die Stadt eine römische Gründung war und der Verteidigung gegen die Etrusker diente. Eindrucksvoll sind die knapp 1,5 km langen, in polygonaler Technik errichteten **Ringmauern aus dem 3. – 1. Jh. v. Chr.**, die durch 18 zinnenbewehrte Türme und drei Tore verstärkt waren, die zum Teil noch auszumachen sind. Am besten erhalten ist die Porta Romana im Nordosten, durch die man den antiken Bezirk betritt. Von der alten Stadt sind noch das Forum mit Basilika, zwei Tempel und die hoch gelegene, ummauerte Akropolis (Oberstadt) mit dem Kapitolstempel aus dem 2. Jh. zu sehen. Trotz des unebenen Geländes weist der Stadtkern ein regelmäßiges Netz rechtwinkliger Straßen auf. Im **Museo della Città di Cosa** in der Via delle Ginestre sind u. a. zwei Torsi aus julisch-claudischer Zeit, Amphoren, Bronze- und Silbermünzen ausgestellt.

❶ tgl. 1.5. – 30.9. 9.00 – 19.00, 1.10. – 30.4. 9.00 – 17.00 Uhr; Eintritt: 2 €

Tagliata Etrusca
Bergab geht es – vorbei an der von Sarazenen erbauten Torre San Biagio – zur Tagliata Etrusca (Etruskischer Einschnitt), einem in den Tuffstein gehauenen Abzugskanal. Die Bezeichnung ist irreführend: Auch der Kanal wurde von den Römern angelegt, die allerdings verdankten ihre Wasserbaukenntnisse großenteils den Etruskern. Der 2 bis 2,5 m breite Kanal verhinderte nicht nur die Versandung des antiken Hafens, sondern entwässerte auch das flache Hinterland und bewahrte den kleinen Burano-See vor dem Versumpfen. Der WWF bietet im Naturreservat Lago di Burano Führungen an.

❶ Führungen: Sept. – Mai So. 10.00 und 14.30, Juli/Aug,. Mo., Mi., Sa. 18.00 Uhr

*Capalbio
Rund 18 km östlich von Ansedonia liegt Capalbio mit einer Stadtmauer, auf die man hinaufgehen kann. Im Castello Aldebrandesco Collacchioni war schon Giacomo Puccini zu Gast. Hier finden regelmäßig Kunstausstellungen statt.

❶ tgl. 10.00 – 12.30, 17.30 – 23.00 Uhr

15 km östlich von Orbetello liegt Pescia Fiorentina an der Grenze zum Latium. Schon von Weitem sieht man die Traumgestalten der im Mai 2002 mit 72 Jahren verstorbenen Künstlerin **Niki de Saint Phalle,** die sich hier in einem stillgelegten Steinbruch des Dorfs Garavicchio einen Lebenstraum erfüllte. Riesige Fabelwesen, geflügelte Ungeheuer und glitzernde Türme ragen aus dem Olivenhain, in dem die Bildhauerin zwischen 1979 und 1997 ein eigenwilliges Fantasieland schuf. Begonnen hatte Niki de Saint Phalle den Tarot-Garten zusammen mit ihrem Lebensgefährten Jean Tinguely. Tinguely errichtete nach ihren Modellen Skelette aus Stahlgeflecht, die mit einer 15 cm dicken Zementschicht überzogen und dann mit schillernden Spiegelscherben, buntem Murano-Glas und farbigen Keramikplatten verkleidet wurden. Für die größeren Skulpturen musste jede Kachel einzeln geformt und gebrannt werden. Vorlage für die 22 Figuren war das Kartenspiel Tarot bzw. Tarock.

**Giardino dei Tarocchi

❶ 1.4. – 15.10. tgl. 14.30 – 19.30 Uhr; Eintritt: 12 €; http://ilgiardinodeitarocchi.it/de

* Montecatini Terme

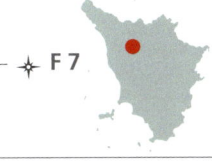

✦ F 7

Provinz: Pistoia (PT)
Höhe: 27 m ü. d. M.
Einwohnerzahl: 21 400

Montecatini ist der größte und eleganteste Kurort der Toskana und eines der berühmtesten Thermalbäder Europas. In den prachtvollen Thermenanlagen kurierten schon viele Mitglieder der europäischen Königshäuser, Literaten von Weltrang und Stars aus Hollywood ihre Leiden. Den jährlich 800 000 Kurgästen werden Trabrennen, Modenschauen, hochkarätige Konzertreihen und Ausstellungen geboten.

Die Heilquellen waren bereits in der Antike bekannt, wie Funde römischer Votivgaben aus dem 1. Jh. belegen. In seinem Buch über italienische Bäder erwähnt der Arzt Ugolino Simoni 1417 drei Badehäuser und die Wirksamkeit des Heilwassers bei Leberleiden. Unter den Medici, denen Montecatini seit 1583 gehörte, wurde das Wasser zwar getrunken, doch die Bedeutung des Bads entdeckte man erst im 18. Jh. wieder. Vor allem der Initiative von Großherzog Leopold I. ist

BAEDEKER TIPP

❗ *Cialde di Montecatini*

Montecatinis berühmte »Cialde« schmecken am besten zu Dessertwein und Eis oder in heiße Schokolade getaucht. Topadressen für ein »Cialde«-Mitbringsel sind die Geschäfte von Paolo Bargilli, Viale P. Grocco 2 u. Viale Verdi 92.

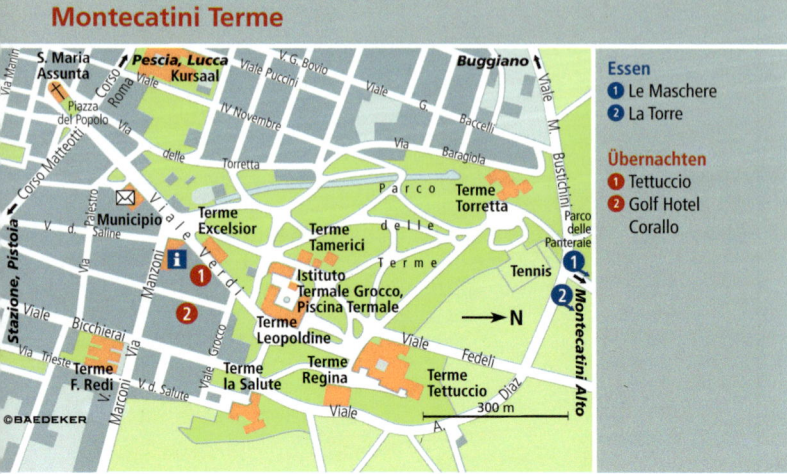

Montecatini Terme

S. Maria Assunta / Pescia, Lucca Kursaal / Buggiano / Essen
❶ Le Maschere
❷ La Torre

Übernachten
❶ Tettuccio
❷ Golf Hotel Corallo

Terme Excelsior · Terme Tamerici · Terme Torretta · Istituto Termale Grocco, Piscina Termale · Terme Leopoldine · Terme la Salute · Terme Regina · Terme Tettuccio · Terme F. Redi · Municipio

©BAEDEKER · 300 m

es zu verdanken, dass der Ort modernisiert wurde und ab 1773 die glanzvollen Etablissements Regina, Terme Leopoldine, Tettuccio und Palazzina Regia erhielt. Als Europas Bäder um 1900 zum Treffpunkt der mondänen Gesellschaft avancierten, fanden sich auch in Montecatini **illustre Gäste** ein. Verdi vollendete hier seine Oper »Othello«, Puccini komponierte in Montecatini 1895 an »La Bohème«.

SEHENSWERTES IN MONTECATINI TERME

*Kurbezirk Ein wichtiges Zentrum von Montecatini Terme ist der Kurpark mit der Hauptachse Viale Verdi, an der elegante Hotels und auch die Tourismusinformation zu finden sind. Das Lebensgefühl der »Bagnaioli«, wie die Bewohner von Montecatini Terme genannt weden, inmitten prächtiger Villen- und Jugendstilarchitektur erlebt man in den Bars und Liberty-Cafés. Angesagt sind die Caffetteria Carlotta oder die New York Bar am Corso Roma. Das Neorenaissance-Rathaus (1911), Viale Verdi 46, besitzt wertvolle Jugendstil-Dekorationen von Galileo Chini. Im Gebäude ist Joan Mirós 1975 – 1978 geschaffenes Monumentalgemälde »Verhüllte Frau im Vogelflug« zu bewundern.

*Thermen Dass die Kur in Montecatini ein eher exklusives Vergnügen darstellt, ist nicht zuletzt an der Architektur der Thermen erkennbar. Eindrucksvoll sind an der Hauptstraße Viale Verdi das **Stabilimento Excelsior,** 1968 durch einen eigenwilligen, aber wenig einfühlsamen Anbau erweitert, sowie die 1775 eingeweihte klassizistische **Terme**

Montecatini Terme erleben

AUSKUNFT
Viale Verdi 66/68
Tel. 05 72 77 22 44
www.montecatiniturismo.it

ESSEN
❶ Le Maschere €€€
Piazza Giusti 21, Montecatini Alto
Tel. 05 72 77 00 85
www.lemaschere.eu
Mo. Ruhetag. Beliebtes Restaurant im
Teatro dei Risorti. Im Sommer wird auch
draußen serviert. Probieren Sie die Salami mit getrockneten Steinpilzen!

❷ La Torre €€€
Montecatini Alto, Piazza Giusti 8
Tel. 0 57 27 06 50
www.latorre-montecatinialto.it
Di. Ruhetag.
Restaurant im Torre »Signorelli« direkt

am Hauptplatz des stimmungsvollen
kleinen Borgo. Auch das günstigere »La
Rughetta« und die Enoteca »Il Torrino«
sind hier zu finden.

ÜBERNACHTEN
❶ Tettuccio €€€ – €€€€
Montecatini Terme, Viale Verdi 74
Tel. 0 57 27 80 51
www.hoteltettuccio.it
Elegantes Haus der Jahrhundertwende
(70 Z.) direkt gegenüber den Excelsior-
Thermen

❷ Golf Hotel Corallo € – €€
Montecatini Terme, Viale Cavallotti 116
Tel. 0 57 27 82 88
www.golfhotelcorallo.it
Ein angenehmes Haus mit sehr zuvor-
kommendem Service und ausgezeichne-
tem Restaurant (65 Z.)

Leopoldine. Ins Auge fällt auch der imposante Neobarockbau der **Terme Tettuccio** aus dem Jahr 1927 am Ende der mit Blumenbeeten verzierten Allee. Auch wer nicht zur Kur hier ist, sollte einen Blick in das Innere der eleganten Anlage werfen. Hinter den Kolonnaden liegen herrliche Wandelhallen, in denen die Kurgäste sich ihre tägliche Trinkration abholen. Die monumentale Architektur öffnet sich zu dem schönen Park hinter der Thermalanlage (Eintritt Therme: 6 €).

Auf kurvenreicher Straße geht es – vorbei an der Terme Tettuccio – hinauf nach Montecatini Alto. Alternativ zum Auto nimmt man die Standseilbahn (Funicolare), die Talstation befindet sich in der Nordostecke des Kurparks. Von dem alten Städtchen auf knapp 290 m Höhe hat man einen **herrlichen Blick über die Ebene.** Der Ortskern ist autofrei. An der zentralen, etwas geneigt am Hang gelegenen Piazza Giuseppe Giusti findet man gemütliche Cafés und Restaurants sowie ein kleines Theater, das aus der Zeit um 1900 erhalten geblieben ist. Sehr schön ist die Aussicht von der Terrasse des Gran Caffè Il Giardino.

*Montecatini Alto

Funicolare: März – Okt. tgl. 9.30 – 13.00, 14.30 – 24.00 Uhr zur halben und vollen Stunde; Ticket: 7 €; www.funicolare-montecatini.it

Grotta Maona Auf dem Weg nach Montecatini Alto liegt die Grotta Maona, Italiens einzige Stalaktiten- und Stalagmitengrotte mit zwei Schächten.
❶ Viale Fedeli, Führungen: 1.4. – 31.10. 9.00 – 12.00, 15.00 – 18.00 Uhr; Eintritt: 4,50 €

UMGEBUNG VON MONTECATINI TERME

Monsumma-no Terme Eine Altstadt auf der Höhe und Thermen in der Ebene sind auch das Kennzeichen des etwa 5 km östlich gelegenen Kurorts Monsummano Terme. 1849 entdeckte man hier eine Tropfsteinhöhle mit unterirdischem See, die *Grotta Giusti Terme, die Giuseppe Verdi zum »achten Weltwunder« erklärte. Die Wassertemperatur steigt in den verbundenen Grottenräumen bis auf 34 °C und erzeugt ein hoch wirksames Heilklima; Dampfbäder werden bei Arthrose, Stoffwechselstörungen und Atemwegserkrankungen verordnet. Entschlackt wird im »Paradies«, im »Purgatorium« (Fegefeuer) und in der »Hölle«. Dem 1809 in Monsummano geborenen Satiriker Giuseppe Giusti, einem Wegbereiter des Risorgimento, ist das **Museo Nazionale di Casa Giusti** gewidmet. Das **Museo della Città e del Territorio** in Monsummanos alter Pilgerherberge an der Piazza F. Martini präsentiert Stadt- und Kurgeschichte.
Grotta Giusti Terme: März – Nov.
Museo Nazionale di Casa Giusti: Viale Vincenzo Martini 18; 1.5. – 31. 10. Mi. – Mo. nachm., 1.11. – 30.4. auch vorm.; Eintritt frei
Museo della Città e del Territorio: Mo. 9.00 – 12.00, Mi. – Fr. 16.00 – 18.30, Sa., So. 9.00 – 12.00, 16.00 – 18.30 Uhr; Eintritt: 3 €; www.museoterritorio.it

Marmorbecken und gediegene Wasserhähne in den Tettuccio-Thermen

Zwischen Montecatini Terme und Pescia führt eine steile Straße hinauf in das mittelalterlich geprägte Bergdorf Buggiano. Die Fassade des Palazzo Pretorio (13. Jh.) ist mit Wappenschilden (15./16. Jh.) geschmückt. Die romanische Pfarrkirche wurde 1038 für eine Benediktinerabtei gegründet und im 13. und 16. Jh. teilerneuert. **Buggiano**

PESCIA

Der Ort Pescia liegt 10 km nordwestlich von Montecatini Terme am Ufer der Pescia, die den Bewohnern jahrhundertelang den Betrieb von Papiermühlen, Seidenspinnereien und Gerbereien ermöglichte. Spargelkulturen, Olivenbäume und Blumenzucht prägen das Umland. Im Giardino degli Agrumi im nahen Castellare di Pescia gedeihen 200 Zitrusgewächse (www.giardinodeglia-grumi.it). Der Fluss teilt Pescia in zwei unterschiedliche Stadtteile. Geschäftiges Zentrum auf dem **Westufer** ist der längliche **Mazzini-Platz,** auf dem samstags Markt abgehalten wird. Das Nordende des Platzes beherrscht das wappengeschmückte Rathaus. Auffälligstes Bauwerk auf dem **Ostufer** ist der **Dom,** nach dem sich die Pesciner, die auf dieser Seite wohnen, auch als »Domaioli« bezeichnen. Das Gotteshaus wurde im späten 17. Jh. auf romanischen Fundamenten errichtet und 1726 zum Bischofssitz erhoben. Die Fassade ist ein Werk aus dem späten 19. Jh., der mächtige Kampanile stammt möglicherweise noch vom romanischen Vorgängerbau. Für Kunstfreunde ist die schlichte Franziskanerkirche **San Francesco** weitaus interessanter; sie bewahrt ein berühmtes Tafelbild, das 1235 von Bonaventura Berlinghieri aus Lucca gemalt wurde und den hl. Franziskus und sechs Szenen aus seinem Leben darstellt. Mit diesem Gemälde wurde eine Bildkomposition, die bis dahin nur Christus und Maria vorbehalten war – Figur im Zentrum, umgeben von erzählenden Szenen –, für die Wiedergabe eines erst wenige Jahre zuvor Verstorbenen und kurz danach Heiliggesprochenen verwendet.

Städtchen am Fluss

BAEDEKER WISSEN

? *Die Karriere des Ivo Livi*

Wussten Sie, dass Ivo Livi am 13.10.1921 in Monsummano Terme geboren wurde? Sie kennen ihn unter dem Künstlernamen Yves Montand. Als Dreijähriger musste der spätere Schauspieler und Sänger mit seinem Vater vor den Faschisten nach Marseille fliehen, wo seine Familie eine neue Heimat fand. Montands Karriere begann 1944 in Paris. Durch den Film »Lohn der Angst« (1953) wurde der Chansonnier als Schauspieler weltberühmt.

In Pietrabuona 5 km nördlich von Pescia dokumentiert das **Museo della Carta di Pescia** die Geschichte der Papierherstellung vor Ort. **Pietrabuona**
❶ Mo. – Fr. 9.00 – 13.00 Uhr, Führungen Mo. und Fr. 9.30 – 12.30, Sa. 9.30 bis 13.30 Uhr; Eintritt frei; www.museodellacarta.org

** Montepulciano

✧ **L 13**

Provinz: Siena (SI)
Höhe: 605 m ü. d. M.
Einwohnerzahl: 14 600

Auf einem steilen Tuffsteinhügel zwischen dem ▶ Val di Chiana und dem Val d'Orcia thront ein charmantes architektonisches Kleinod: Mit seinen stattlichen Renaissancepalästen und mittelalterlichen Backsteinhäusern in einem Gassenlabyrinth ist Montepulciano eines der besterhaltenen alten Städtchen in der Toskana. Musikliebhaber kommen wegen des sommerlichen Musikfestivals hierher, Weinliebhaber wegen der vielen Enoteche und des bekannten Vino Nobile di Montepulciano.

Geschichte Der Legende nach wurde Montepulciano von dem Etruskerkönig Porsenna gegründet. Wahrscheinlich verdankt der Ort seine Entstehung dem römischen Geschlecht der Publicii. Noch heute nennen sich die Einwohner von Montepulciano »Poliziani« – von Mons Politianus, dem römischen Namen der Stadt. Im Mittelalter war die freie Kommune abwechselnd mit Siena und Florenz verbündet, bis sie sich 1511 endgültig der Arnostadt unterwarf.

SEHENSWERTES IN MONTEPULCIANO

Sant' Agnese Von Norden kommend sieht man außerhalb des Mauerrings gegenüber dem Park Poggifanti die Kirche Sant' Agnese. Von einer ersten Kirche an dieser Stelle stammt noch das gotische Eingangsportal sowie im Innern, in der ersten Seitenkapelle rechts, ein Madonnenfresko aus der Schule des Simone Martini. Der marmorne Reliquienschrein der heiligen Agnes befindet sich am Hauptaltar.

Man betritt die von einer Mauer umzogene Altstadt durch die **Porta al Prato**, die im 14. Jh. erbaut und um 1520 von Antonio da Sangallo d. Ä., einem im frühen 16. Jh. in Montepulciano tätigen Baumeister, in eine neue Medici-Befestigung integriert wurde. Das Tor ist mit dem toskanischen Wappen und den Florentiner Löwen geschmückt. Von hier führt der leicht gewundene

Altehrwürdige Renaissancepaläste säumen die Piazza Grande.

Corso durch die Stadt bis zum Südosttor, der Porta delle Farine aus dem 14. Jahrhundert.

Nach wenigen Metern erreicht man die Piazza Savonarola mit der Barockkirche San Bernardo und dem Palazzo Avignonesi (Nr. 91), dessen Entwurf Giacomo da Vignola zugeschrieben wird. Die Spätrenaissance-Fassade, im unteren Teil aus sogenanntem Polstermauerwerk, ist in den beiden Obergeschossen durch je eine Fensterreihe mit abwechselnden Dreiecks- und Segmentgiebeln gegliedert.

Piazza Savonarola

Am Palazzo Bucelli einige Schritte weiter auf der rechten Seite sind etruskische Aschenurnen mit Fabelwesen in den Sockel eingemauert, außerdem sind etruskische und lateinische Inschriften erhalten.

Palazzo Bucelli

Wenige Schritte bergauf schließt sich die Piazza Michelozzo an. Die elegante Fassade der Kirche Sant'Agostino entwarf Michelozzo di Bartolomeo 1427, wobei er Formen der Gotik mit denen der Frührenaissance vereinte. Das Terrakottarelief im Tympanon über dem Portal stellt Maria, Johannes den Täufer und den hl. Augustinus dar. Das Innere der einschiffigen Kirche, die im späten 18. Jh. umgestaltet wurde, birgt ein Holzkruzifix aus dem 15. Jh. sowie Gemälde von Alessandro Allori und Federico Barocci aus dem 16./17. Jahrhundert. Auf dem Uhrturm gegenüber, dem Torre di Pulcinella (16. Jh.), schlägt eine weiß gekleidete, maskierte **Pulcinella**-Figur, die ein Mönch aus Neapel mitgebracht haben soll, die Stunden (Aufstieg: Spende zum Erhalt des Turms).

Sant' Agostino, Torre di Pulcinella

Montepulciano erleben

AUSKUNFT
Minzoni G. (Piazza)
(unterhalb Porta Al Prato)
Tel. 05 78 75 73 41
www.prolocomontepulciano.it

EINKAUFEN
Consorzio del Vino Nobile
di Montepulciano
Piazza Grande 7, Tel. 05 78 75 78 12
www.consorziovinonobile.it
54 Weine von Erzeugern aus der Region
kann man hier probieren und z. T. kaufen.

VERANSTALTUNGEN
Bravio delle botti
heißt das Stadtfest von Montepulciano
am 29. August, bei dem 80 kg schwere
Weinfässer durch die Stadt gerollt werden (www.braviodellebotti.com).

Cantiere Internazionale d'Arte
Musikfestival: Klassik und moderne
Kompositionen (letzte Juliwoche;
www.fondazionecantiere.it)

ESSEN
❶ *Le Logge del Vignola*
€€€ – €€€€
Via delle Erbe 6, Tel. 05 78 71 72 90
www.leloggedelvignola.com
Di. Ruhetag, Mitte Nov. bis Mitte Dez.
geschl.
In einer ehemaligen Bäckerei mitten in

Montepulciano haben drei Freunde ein
stilvolles Restaurant eröffnet. Mittags
gibt es ein empfehlenswertes Touristen-
menü, abends speist man bei Kerzen-
licht; Aperitif und Amuse-Gueule gibt es
gratis als Entrée.

❷ *Trattoria di Cagnano* €€ – €€€
Via dell'Opio nel Corso 30
Tel. 05 78 75 87 57
www.trattoriadicagnano.it
In dem sympathischen einfachen Lokal
werden deftige Gerichte zubereitet; die
Küche legt Wert darauf, dass alle Pro-
dukte direkt aus der Region stammen.
Die Trattoria gehört zu einer B-&-B-
Unterkunft.

ÜBERNACHTEN
❶ *Il Borghetto* €€€
Via di Borgo Buio 7, Tel. 05 78 75 75 35
www.ilborghetto.it
Zentral gelegenes kleines Stadthotel in
einem Haus aus dem 15. Jh. mit herrlichem Blick auf die Altstadt, 15 Z.

❷ *Il Marzocco* €€
Piazza Savonarola 18
Tel. 05 78 75 72 62
www.albergoilmarzocco.it
Traditionsreicher Familienbetrieb in
einem Palazzo aus dem 16. Jh. Die 16
Zimmer sind einfach und geschmackvoll
eingerichtet, z. T. mit Balkon.

Santa Lucia In der Via Saffi steht die Barockkirche Santa Lucia. Die Pläne für den
Sakralbau lieferte Flaminio del Turco. In der Cepparikapelle ist eine
»Madonna della Misericordia« von Luca Signorelli zu sehen.

Palazzo Durch die Via del Poggiolo kommt man zum travertinverkleideten
Benincasa, Palazzo Benincasa und zur Kirche San Francesco, die ihr heutiges
San Francesco Aussehen einem Umbau im 18. Jh. verdankt. Von der Terrasse neben

der Kirche bietet sich ein wunderbarer Blick auf die Umgebung von Montepulciano und auf die Chiesa San Biagio.

Der Palazzo Neri Orselli (Via Ricci 10) im spätgotisch-sienesischen Stil beherbergt das Stadtmuseum, dessen Sammlung auf eine Schenkung Francesco Crocianis aus dem Jahr 1859 zurückgeht. Zu den ausgestellten Bildwerken vom 15.–18. Jh. gehören mehrere Terrakotten von Andrea della Robbia, Madonnendarstellungen von Jacopo di Mino del Pelliccaio und Raffaelino del Garbo, Filippo Lippis »Kreuzigung« sowie Arbeiten von Carlo Cignani und Antonio Coli. Im ersten und zweiten Stock werden auch einige etruskische Aschenurnen aus ▶ Chiusi und San Casciano gezeigt.

*Museo Civico, Pinacoteca Crociani

❶ Sommer Di.–So. 10.00–13.00, 15.00–19.00, Winter bis 18.00 Uhr; Eintritt: 4,15 €

Die von ehrwürdigen Renaissancepalästen umstandene Piazza Grande – offiziell: Piazza Vittorio Emanuele – am höchsten Punkt der Altstadt ist das Zentrum Montepulcianos. An der Ecke zur Via Ricci steht der Palazzo del Capitano del Popolo aus dem 14. Jh., eines der wenigen verbliebenen Beispiele gotischer Architektur in Montepulciano. Der etwas zurückversetzte Palazzo Tarugi wird **Antonio da Sangallo d. Ä.** zugeschrieben, wobei das obere Stockwerk vermutlich von Baldassare Peruzzi ausgeführt wurde. Der offenen Loggia im Erdgeschoss entsprach eine ähnliche im zweiten Stock, die heute zugemauert ist. Der Brunnen vor dem Palast mit den zwei Greifen und zwei Löwen, die das Wappen der Medici halten, wurde 1520 unter Verwendung von zwei etruskischen Säulen errichtet.

**Piazza Grande

An der Ostseite des Platzes schließt sich der Palazzo Contucci an, der wiederum ein Werk von Antonio da Sangallo d. Ä. ist. Auftraggeber des 1519 begonnenen Palasts war Kardinal Giovanni Maria del Monte, der spätere Papst Julius III. Als Sangallo 1534 starb, übernahm Baldassare Peruzzi die Ausführung des »Piano nobile«; das obere Mezzaningeschoss wurde erst 1690 im Auftrag der Familie Contucci zugefügt. Im Hauptsaal sind Fresken des Barockmalers Andrea Pozzo zu sehen.

*Palazzo Contucci

1561 verlegte der Bischof von Chiusi seinen Sitz nach Montepulciano, da das Chiana-Tal zunehmend versumpfte. An der Piazza Grande, an der damals eine Pfarrkirche aus dem 15. Jh. stand, ließ er einen neuen Dom bauen. Ippolito Scalzas entwarf die Pläne für den frühbarocken Bau und ließ ihn 1592–1630 errichten. Das Bauwerk blieb unvollendet: Die Verkleidung fehlt, die Fassade präsentiert sich in Backsteinoptik. Die Untergeschosse des Kampanile stammen noch von dem Vorgängerbau. Im Innern der dreischiffigen Kirche ist links vom Hauptportal die liegende Figur des Bartolomeo Aragazzi zu se-

*Duomo

hen, eines Sekretärs Papst Martins V. (1417 – 1431). Das 1437 angefertigte, später zerlegte Grabmal ist ein Frührenaissance-Werk von
Michelozzo di Bartolomeo. Weitere Teile befinden sich an anderen
Stellen im Dom: an den ersten beiden Langhauspfeilern Reliefs mit
der hl. Jungfrau und Mitgliedern der Familie Aragazzi, am südöstlichen Vierungspfeiler eine Statue des hl. Bartholomäus und der Grab-
sockel als Mensa des Hauptaltars. Das auf 1401 datierte, spätgotische
Triptychon über dem Hochaltar schuf der sienesische Meister Taddeo di Bartolo.

**Palazzo
Comunale**

Die Westseite der Piazza Grande begrenzt der wuchtige Palazzo Comunale, dessen Turm einen **herrlichen Rundblick über die Stadt**
bis zum ▶ Monte Amiata gewährt. Begonnen wurde der Palast bereits
gegen Ende des 14. Jh.s, seine heutige Gestalt erhielt er jedoch 1424
nach Entwürfen des Florentiner Renaissance-Baumeisters Michelozzo, wie Pläne des Architekten zeigen, die 1965 gefunden wurden. Die
schlichte Fassade mit dem Zinnenkranz und der Turm mit Aufsatz
erinnern an den Palazzo Vecchio in Florenz.
❶ Mo. – Sa. 9.00 – 13.00 Uhr; Eintritt frei.

**Via S. Donato,
Santa Maria
dei Servi**

Vom Dom die Via S. Donato nach Süden entlang, kommt man an der
um 1880 in historisierenden Formen neu erbauten Festung vorbei
und schließlich außerhalb der Stadtmauern zu der Kirche Santa Maria dei Servi mit gotischer Fassade. Der Grundstein für das Gotteshaus wurde im 14. Jh. gelegt, das einschiffige Innere im späten 17. Jh.
durch den Jesuiten Andrea Pozzo barockisiert. Bemerkenswert ist
das Tafelbild am dritten Altar links von einem Schüler Duccio di Buoninsegnas.

Via dell' Opio

Durch die Via del Poliziano geht es in die Via dell' Opio und in den
östlichen Teil der Altstadt. Das Haus Via dell' Opio Nr. 5 ist das um
1400 errichtete Geburtshaus des Dichters **Poliziano** (1454 – 1494),
der eigentlich Agnolo Ambrogini hieß. Nach der Ermordung seines
Vaters verließ der 15-jährige Agnolo seine Heimatstadt und ging
nach Florenz, wo er die Freundschaft Lorenzo de Medicis gewann.
Etwas weiter – die Straße heißt jetzt Via di Voltaia – steht die zwischen 1702 und 1714 von Andrea Pozzo erbaute Jesukirche.

***Via di
Voltaia,
Palazzo
Cervini**

In der Via di Voltaia findet man zahlreiche Keramik- und Weinläden
sowie das alteingesessene Caffè Poliziano (Nr. 27 – 29). Im Palazzo
Cervini (Nr. 21) hat heute die Banca Populare dell' Etruria ihren Sitz.
Der mächtige dreiflügelige Palast wurde im Auftrag von Kardinal
Marcello Cervini, dem späteren Papst Marcellus II., von Antonio da
Sangallo d. Ä. zwischen 1518 und 1534 errichtet, blieb aber unvoll-
endet. An der Piazza delle Erbe lohnen die Logge del Grano (oder
Logge del Mercato) von Vignola einen Blick.

Montepulciano

1 Museo Civico
2 Palazzo del Capitano
  del Popolo

3 Palazzo Tarugi

Essen
❶ Le Logge del Vignola
❷ Trattoria di Cagnano

Übernachten
❶ Il Borghetto
❷ Il Marzocco

UMGEBUNG VON MONTEPULCIANO

Etwa 1 km nördlich der Piazza S. Agnese steht die Ende des 16. Jh.s nach einem Entwurf Ippolito Scalzas erbaute Kirche Santa Maria delle Grazie. Sie birgt eine kostbare Orgel, die der Kirche vermutlich zu Weihnachten des Jahres 1600 von dem Patrizier Vincenzo Salimbeni gestiftet wurde. Die Pfeifen des Instruments sind aus Zypressenholz und erzeugen die charakteristische Klangvielfalt der italienischen Renaissanceorgeln.

Santa Maria delle Grazie

2 km südwestlich von Montepulciano ragt eindrucksvoll am Ende einer Zypressenallee die Kirche San Biagio auf, die als eines der signifikantesten Bauwerke der toskanischen Spätrenaissance gilt. Sie wurde nach Plänen von Antonio da Sangallo d. Ä. zwischen 1518

*San Biagio

Über dem Grundriss eines griechischen Kreuzes erbaut: die Renaissancekirche San Biagio. Oberhalb thront Montepulciano.

und 1545 als **Wallfahrtskirche für ein Madonnenbild** erbaut. Den Grundriss bildet ein griechisches Kreuz. Über der zentralen Vierung wölbt sich die hohe Tambourkuppel. Von den zwei von Giuliano di Baccio geplanten, frei stehenden Türmen wurde nur einer bis zur Spitze fertiggestellt. Der in der Tradition Bramantes konzipierte Bau aus goldgelbem Travertin ist nicht nur von außen interessant: Die Fresken im Presbyterium stammen vermutlich von den Brüdern Zuccari aus dem 16. Jh., das marmorne Altarretabel (1584) hinter dem Hauptaltar wird Lisandro und Giannozzo Albertini zugeschrieben. Zu der sorgsam restaurierten Orgel aus dem 18. Jh. gehören noch Teile des Vorgängerinstruments.

Terme di Montepulciano, Sant' Albino Die kohlensäurereichen Quellen von Sant' Albino knapp 4 km außerhalb an der Straße nach Chianciano Terme waren schon im Altertum bekannt. Das heutige Wellness-Center (Sa., So. 8.00 – 12.30 Uhr) bietet Reiki, Ayurveda, Aromatherapie, Massagen und Heilanwendungen bei Bronchial- und Lungenproblemen oder Rheuma. Die hauseigene Kosmetikreihe »Renaissance« enthält einen Weinextrakt mit Antioxydantien-Wirkung (www.termemontepulciano.it).

Schon der Etruskerkönig Porsenna und Horaz schwärmten von den heilenden Thermalquellen 10 km südlich von Montepulciano. Chiancianos ältestes Thermalbecken (1. Jh.) galt als größtes der Antike. Auch Karl der Große weilte schon hier. Pirandello widmet den Thermen zwei Erzählungen, Fellini nutzte das Ambiente für sein Meisterwerk »Achteinhalb« (www.termechianciano.it). Die Erfolge bei Nieren-, Leber- und Atemwegsleiden sprachen sich mit dem Badausbau ab 1915 herum. Der **Parco Acqua Santa** mit dem Kurhaus und der größere **Parco di Fucoli** östlich der Viale delle Terme mit Tennisplätzen, Rollschuh- und Bocciabahn bilden das Herz der Kurstadt. Regen Zuspruch hat auch der **Parco Sorgente Sant' Elena** dank des gleichnamigen Mineralwassers.

*Chianciano Terme

> **BAEDEKER TIPP**
>
> ! **Frantoio La Macina**
>
> Lassen Sie sich von dem eher nüchternen Ambiente nicht abschrecken: Dora Forzioni und ihr Team stellen ein wunderbares Olivenöl her! Chianciano Terme, Strada Cavine e Valli 34 (unterhalb von Chianciano Terme), www.frantoiolamacina.it

3 km nördlich des Kurbezirks liegt das hübsche * **Centro Storico** mit romantischen Häusern und Bogengängen. Im **Museo Civico Archeologico delle Acque** illustrieren die Abteilungen »Welt der Toten«, »Heiligtümer«, »Siedlungen«, »Thermen aus römischer Zeit« das Leben der Etrusker und Römer vom 6./5. Jh. v. Chr. bis ins 4. Jahrhundert. Die aus Privatbesitz erworbene Sammlung des * **Museo d'Arte di Chianciano** zeigt asiatische Kunst, Zeichnungen von Tiepolo und Werke des 20. Jh.s, u. a. von Renato und Guercino Guttuso, René Magritte und Edvard Munch.

Parco Acqua Santa: 1.6.–30.9. Eintritt: 9,50 €; 1.10.–31.5. Eintritt: 7,50 €
Parco di Fucoli: nur April–Okt.; Eintritt: 5,50 €
Parco Sorgente Sant' Elena: April–Nov.; www.termesantelena.it
Museo Civico Archeologico delle Acque: Viale Dante 80; Ostern–Okt. Di.–So. 10.00–13.00, 16.00–19.00, Nov.–Ostern Sa., So. 10.00 bis 13.00, 16.00–19.00 Uhr; Eintritt: 5 €; www.museoetrusco.it
Museo d'Arte di Chianciano: Via della Libertà 280; Di.–So. 10.00 bis 13.00, 16.00–19.30 Uhr; Eintritt: 5 €

5 km westlich von Chianciano Terme liegt in bezaubernder Landschaft das Gut La Foce. Die Besitzer Antonio und Iris Origo ließen in den 1920er-Jahren einen Garten mit Buchsbaumhecken, Granatapfelbäumen, Lavendelrabatten, Zitronenbäumen und einen Rosengarten mit einer Glyzinienpergola anlegen. Über ihre Zeit während des Zweiten Weltkriegs in La Foce hat Iris Origo ein beeindruckendes Tagebuch geschrieben (Baedeker Tipp S. 42). Vom Belvedere bietet sich ein guter Blick auf die grandiose Zypressenallee.

*La Foce

❶ Führungen durch den Garten: April–Okt. Mi. 15.00, 16.00, 17.00, 18.00, Sa., So. 11.30, 15.00, 16.30 Uhr; Eintritt: 10 €; mit B & B/Apartmentvermietung; www.lafoce.com

** Pienza

+ **L 13**

Provinz: Siena (SI)
Höhe: 491 m ü. d. M.
Einwohnerzahl: 2180

Eine Musterstadt im Stil der Renaissance sollte Corsignano werden, so wollte es ihr Erbauer Enea Silvio Piccolomini (1405 – 1464), der spätere Papst Pius II. Die Arbeiten an der päpstlichen Residenz begannen 1459 und waren drei Jahre später schon so weit gediehen, dass Pius II. den Ort zur Stadt und zum Bischofssitz erhob und ihm seinen eigenen Namen gab, »die Stadt des Pius«. Der Bauherr verstarb vor Vollendung seines Projekts, erhalten blieb ein winziges, aber einzigartiges städtebauliches Ensemble, das zu den meistbesuchten Touristenzielen in der südlichen Toskana gehört und gemeinsam mit San Quirinco d'Orcia unter UNESCO-Schutz steht.

** PIAZZA PIO II.

Herzstück des Städtchens

Pienzas Leben spielt sich auf der trapezförmigen Piazza ab, die den Namen von Papst Pius II. trägt und von den wichtigsten Gebäuden der Stadt gerahmt wird: Dom, Palazzo Comunale, Palazzo Borgia und Palazzo Piccolomini.

*Duomo Santa Maria Assunta

Der Dom Mariä Himmelfahrt wurde 1459 – 1462 nach Entwürfen von Rossellino über einer romanischen Marienkirche errichtet. Pfeiler und Blendarkaden gliedern seine Travertinfassade. Im Giebel sieht man das **päpstliche Wappen Pius' II.**: die Tiara und die gekreuzten Schlüssel Petri, dazu das Wappenschild der Familie Piccolomini. Das noch von der Gotik beeinflusste Bauwerk ist als Hallenkirche angelegt, ein Bautyp, der in Italien verhältnismäßig selten ist. Wegen des abschüssigen Geländes waren für die Apsis umfangreiche Stützkonstruktionen erforderlich, und noch heute bereitet der Untergrund Probleme. Der lichte Innenraum überrascht mit einigen sehr schönen Madonnenbildern, darunter an der Wand links die »Madonna mit Heiligen« von Matteo di Giovanni und in der Kapelle links vom Chor die »Himmelfahrt Mariä« von Vecchietta.

> **!** **BAEDEKER TIPP**
>
> *Für Freunde des Pecorino*
>
> Pienzas Pecorino gilt als einer der besten in Italien. Livio Zazzeri bietet im Le Bontà di Pio, Corso Rossellino 6, opulente Geschenkpakete und Delikatessenversand auch ins Ausland (www.zazzeripienza.com, www.lebontadipio.com).

Pienza erleben

AUSKUNFT
Ufficio Informazioni, Corso Rossellino 30
Tel. 05 78 74 99 05
www.comune.pienza.siena.it

EINKAUFEN
Feinschmecker und Liebhaber von
Kunsthandwerk werden auf dem Corso
Rossellino fündig. Tipp: Am ersten Sonn-
tag im September findet Pienzas
berühmtes Käsefest statt.

ESSEN
Latte di Luna ⊝ – ⊝⊝
Via San Carlo 2/4
Tel. 05 78 74 86 06
Di. Ruhetag. Trattoria mit sehr hüb-
schem Sitzplatz im Freien. Besonders zu
empfehlen sind das gebratene Schwei-

nefleisch und Semifreddi all' arancio
(Halbgefrorenes mit Orange).

ÜBERNACHTEN
Il Chiostro di Pienza ⊝⊝⊝ – ⊝⊝⊝⊝
Corso Rossellino 26
Tel. 05 78 74 81 29
www.anghelhotels.it/relaischiostrodipi-
enza/it
In dem Kloster aus dem 15. Jh. entstand
dieses gediegene Altstadthotel mit 37
Zimmern, 6 Suiten, Pool und Panorama-
restaurant.

Il Giardino Segreto ⊝
Via Condotti 13, Tel. 0 57 86 04 52
www.ilgiardinosegretopienza.it
Sympathische Unterkunft (3 App.,
2 DZ), zentral und doch sehr ruhig
in einem Seitensträßchen nahe der
Piazza Pio II. gelegen.

Kardinal Rodrigo Lanzol Borgia, der spätere Papst Alexander VI. und
Urbild des ebenso klugen wie skrupellosen Renaissancepolitikers, der
für sein ausschweifendes Leben bekannt wurde, erteilte Ende des
15. Jh.s den Auftrag für den bischöflichen Palast an der Westseite des
Platzes. Über dem Portal prangt das Borgia-Wappen mit dem Stier.

Palazzo Borgia

In dem Renaissancepalais neben dem Palazzo Borgia zeigt das Diözesanmuseum seine Schätze, u. a. Tafelbilder aus dem 14. Jh. und
flämische Gobelins des 16. Jahrhunderts. Auch das Madonnenbild
aus dem benachbarten Monticchiello von Pietro Lorenzetti hat hier
eine Bleibe gefunden, nachdem es vor Ort gleich zweimal Kunstdie-
be herausgefordert hatte. Besonders stolz ist man auf das mit Gold-
fäden durchwirkte Messgewand von Pius II., eine englische Arbeit
aus dem 14. Jh., die der Papst von Thomas Palaiologos, dem Bruder
des letzten byzantinischen Kaisers, als Geschenk erhielt.

*Museo Diocesano

❶ 16.3. – 31.10. Mi. – Mo. 10.00 – 13.00, 15.00 – 19.00, 1.11. – 19.12.,
7.1. – 15.3. Sa., So. 10.00 – 13.00, 14.00 – 17.00, 20.12. – 6.1. Mi. – Mo.
10.00 – 13.00, 14.00 – 17.00 Uhr; Eintritt: 4,10 €

Zwischen Dom und Museo Diocesano geht es zur Stadtmauer von
Pienza. Von der breiten, begehbaren Mauer bietet sich ein wunderbarer Blick in das Val d' Orcia.

*Stadtmauer, Panorama

Palazzo Comunale
Fast zierlich wirkt die durch eine Loggia aufgelockerte Travertinfassade des Rathauses (14. Jh.) gegenüber dem Dom. Der Turm stammt aus dem 17. Jahrhundert. Den Ratssaal schmückt ein Madonnenfresko (15. Jh.) aus der Sieneser Schule.

*Palazzo Piccolomini
Rechts neben dem Dom erhebt sich der dreigeschossige Palazzo Piccolomini, ein Hauptwerk Rossellinos **nach dem Vorbild des Florentiner Palazzo Rucellai.** Die Fassade aus sorgsam behauenem Sandstein und Travertin ist durch Halbpfeiler und horizontale Gurtgesimse mit dazwischenliegenden Fenstern gegliedert. Ebenfalls von Rossellino stammt der Entwurf für den Ziehbrunnen, Pozzo dei Cani genannt, aus dem Jahr 1462. Der Innenhof mit seinen Arkaden – die beiden oberen Geschosse nur als Architekturmalerei – lohnt einen Blick, ebenso die Gartenfront an der Südseite mit drei übereinanderliegenden Loggien, von denen aus man auf die »hängenden Gärten« blicken konnte. Das erste Obergeschoss mit Speisesaal, Waffensaal und Bibliothek kann besichtigt werden.
❶ 16.10. – 14.3. Di. – So. 10.00 – 16.30, 15.3. – 15.10. Di. – So. 10.00 bis 18.30 Uhr; Eintritt: 7 €; www.palazzopiccolominipienza.it

San Francesco
Das schlichte einschiffige Gotteshaus hinter dem Piccolomini-Palast geht auf das 13. Jh. zurück. Das angrenzende ehemalige Kloster mit Kreuzgang aus dem 15. Jh. beherbergt heute Hotelgäste.

Kleine Pause unter den Arkaden des Rathauses. Auf der gegenüberliegenden Seite der trapezförmigen Piazza Pio II. ragt der Dom auf.

UMGEBUNG VON PIENZA

Etwa 5 km südöstlich von Pienza thront auf einer Hügelkuppe das mittelalterliche, von einer Wehrmauer umzogene Dorf Monticchiello. Jedes Jahr Ende Juli / Anfang August wird in Monticchiello Straßentheater, das populäre »Teatro povero«, veranstaltet – gespielt von den Dorfbewohnern, die mit dieser Tradition in den 1970er-Jahren begannen. Am neu gestalteten Kirchplatz, der Piazza Nuovo, sind im alten Kornspeicher das »TePoTraTos« (Teatro Popolare Tradizionale Toscano) und ein Museum zur Geschichte des »Teatro povero« eingerichtet.

Monti-cchiello

❶ Führungen: Di. – So. stündlich 10.00 – 12.00, 15.00 – 18.00 Uhr, im Winter reduziert; Eintritt: 4 €; www.tepotratos.it

** Pisa

— ✦ **G 5**

Provinz: Pisa (PI)
Höhe: 4 m ü. d. M.
Einwohnerzahl: 88 200

Kaum eine Stadt wurde durch eine Bausünde so berühmt wie Pisa – eigentlich hätte der Dom-Kampanile gar nicht gebaut werden dürfen, denn die Stadt steht auf Schwemmland. Pisa war ursprünglich ein Lagunenort, heute liegt es 10 km von der Versilia-Küste entfernt am Ufer des Arno. Über Dom und Schiefen Turm gerät die Stadt selbst etwas in Vergessenheit – sehr zu Unrecht, denn Pisa hat eine schöne Altstadt, sehenswerte Museen, ausgezeichnete Einkaufsmöglichkeiten und das Alltagsleben einer Universitätsstadt zu bieten.

Wahrscheinlich ist Pisa eine griechische Gründung aus dem 7. oder 6. Jh. v. Chr., später besiedelten Etrusker den Lagunenort. Aus ihrer Sprache ist der Stadtname Pisa als Begriff für Mund abgeleitet, der das Mündungsdelta von Serchio und Arno bezeichnete. Bereits die Römer richteten in der damals noch direkt am Meer gelegenen Stadt einen Hafen ein. Der Sieg über die Sarazenen bei Messina und Palermo im Jahr 1063 leitete den Aufstieg der Stadt ein. Reich geworden durch den **Orienthandel** kontrollierte die Seerepublik im 12. Jh. die Küstenregionen des Nahen Ostens, Griechenlands, Nordafrikas, Siziliens, Sardiniens und der Balearen. Ende des 12. Jh.s bekam Pisa Konkurrenz, v. a. von Lucca und Florenz, aber auch von den Seestädten Amalfi und Genua. Die **Niederlage der pisanischen Flotte gegen die Genuesen am 6. August 1284** besiegelte das Ende der Großmacht. Pisa musste Besitzungen aufgeben, kam

Bedeutende Hafenstadt

Highlights Pisa

▶ **Dom und Baptisterium**
Zwei Highlights der romanischen
Baukunst in der Toskana
▶Seite 360 ff.

▶ **Schiefer Turm**
Trotz oder gerade wegen seiner
Schieflage ist der berühmte Turm
einen Aufstieg wert.
▶Seite 360 ff.

▶ **Camposanto**
Ein Besuch des Friedhofs an der
Piazza del Duomo lohnt wegen des
großartigen Freskenschmucks.
▶Seite 369 f.

▶ **Museo Nazionale di San Matteo**
Gehört zu den großen Museen der
Toskana.
▶Seite 375 f.

▶ **Borgo Stretto**
Eine schmale Gasse, aber Pisas
schönste Einkaufsstraße
▶Seite 372

▶ **Piazza Vettovaglie**
Auf diesem stimmungsvollen Platz
kaufen die Pisaner ihr Obst und
Gemüse.
▶Seite 372

zeitweise unter die Herrschaft der Mailänder Visconti und wurde
schließlich 1406 von Florenz eingenommen. Die Medici unterstützten große Bauvorhaben in Pisa wie die Regulierung von Arno und
Serchio sowie den Bau von Brücken und Kanälen. Vom 16. Jh. bis
zur Einigung Italiens 1859 gehörte die Stadt zum Großherzogtum
Toskana.

✴✴ PIAZZA DEL DUOMO

Pisas Hauptsehenswürdigkeiten – der Dom mit dem Schiefen Turm,   **»Platz der**
das Baptisterium und der Camposanto – sind am Domplatz vereint,   **Wunder«**
einem weitläufigen Areal am nordwestlichen Altstadtrand, das auch
als Campo dei Miracoli, Platz der Wunder, bekannt ist. Die in
Carrara-Marmor errichteten Baudenkmäler gehören seit 1987 zum
Kulturerbe der UNESCO. Wer den Dombezirk leer und entspannt
erleben möchte, muss frühmorgens kommen, ansonsten teilt man
ihn mit vielen anderen Besuchern.
Baptisterium: tgl. April – Sept. 8.00 – 19.30, Okt. 8.30 – 19.00, März 8.30
bis 17.00, Dez./Jan. 9.30 – 16.30, Feb. u. Nov. 9.00 – 17.00 Uhr
Camposanto: tgl. Juni – Aug. 8.00 – 23.00, April, Mai, Sept. 8.00 – 20.00,
Okt. 9.00 – 19.00, März 9.00 – 18.00, Nov. – Feb. 10.00 – 17.00 Uhr

**Sicher eines der berühmtesten Wahrzeichen in Europa: Pisas Schiefer
Turm, der jahrelang gesperrt war, weil er stabilisiert werden musste.**

Schiefer Turm Der Torre Pendente, der Schiefe Turm, ist das Wahrzeichen der Stadt (▶ Baedeker Wissen, S. 361). Nach jahrelanger Restaurierung und Stabilisierung ist er wieder begehbar, Einlass alle 30 Min. in Gruppen (max. 40 Pers.); **Kinder unter acht Jahren dürfen nicht, ältere nur in Begleitung Erwachsener hinauf. Aufgrund des Andrangs ist eine Online-Reservierung 15 – 45 Tage im Voraus empfehlenswert, ansonsten muss man mit langen Warteschlangen rechnen.

! BAEDEKER TIPP

Tipps für die Besichtigung:

Ticketbüros für Sehenswürdigkeiten an der Piazza del Duomo sind hinter dem Schiefen Turm und im Museo delle Sinopie, hier kann man Tickets kaufen und vorab reservieren. Da der Andrang groß ist, empfiehlt sich eine Online-Buchung zwei Wochen im Voraus über www.opapisa.it, telefonisch ist keine Buchung möglich. Eintrittspreise sind nach Anzahl der Sehenswürdigkeiten (Baptisterium, Camposanto und/oder Museo delle Sinopie) gestaffelt (5 –8 €).

❶ tgl. Juni – Aug. 8.30 – 22.00, April/Mai, Sept. 9.00 – 20.00, Okt./Jan. bis 19.00, März 9.00 – 18.00, Dez. 10.00 bis 17.00, Feb./Nov. 10.00 – 18.00 Uhr; Eintritt: 16 €, online 18 €, Online-Reservierung: www.opapisa.it, Online-Tickets holt man an Kasse 2 im Museo delle Sinopie (mit Ausweis) ab.

** DUOMO SANTA MARIA ASSUNTA

❶ tgl. April – Sept. 10.00 – 20.00, Okt. bis 19.00, Nov. – März bis 18.00 Uhr; Eintritt frei (man muss aber ein Ticket für eine der anderen Attraktionen haben oder ein kostenloses Zugangsticket am Kartenschalter holen)

Bauge-schichte Der Dombau wurde durch den Seesieg über die Sarazenen 1063 ermöglicht. Einer Fassadeninschrift ist zu entnehmen, dass der Erlös einer Fracht »von sechs mit Schätzen reich beladenen, vor Sardinien gekaperten Sarazenenschiffen« die finanziellen Mittel für den Bau einer großen Bischofskirche lieferte. Bereits 1118 wurde der Neubau, wenngleich noch unvollendet, von Papst Gelasius II. geweiht. Der erste Baumeister, Buscheto, betrat mit seinen Plänen Neuland, denn für die fünfschiffige romanische Säulenbasilika mit dreischiffigem Querhaus und Vierungskuppel gab es in Italien keine Vorbilder. Mitte des 12. Jh.s verlängerte man die Kirche nach Westen; dort setzte der Nachfolger Buschetos, Rainaldo, dem Langhaus die Fassade vor.

Fassade Die prächtige, klar gegliederte Fassade hatte **Vorbildfunktion für den romanischen Kirchenbau in der Toskana. Über einem geschlossen wirkenden Erdgeschoss mit Blendarkaden und drei Portalen erheben sich vier nach oben abgestufte Geschosse, bei denen loggienartige Bogenreihen vor die eigentliche Wand treten. Den Mittelschiffsgiebel krönt eine Madonnenstatue, die vermutlich von Andrea Pisano stammt. Die drei bronzenen Portale wurden nach einem schweren Kirchenbrand 1595 in der Werkstatt Giambolognas gefer-

Bloß nicht zu gerade!

Normalerweise taugen Bausünden nicht unbedingt als Besuchermagnet. In Pisa liegt der Fall aber anders, denn alle Besucher der Stadt bestaunen insbesondere den Schiefen Turm, der durch seine extreme Neigung der Stadt zwar einige Probleme bereitete, zugleich aber als Wahrzeichen alle anderen Denkmäler in Pisa in den Schatten stellt.

Wie so oft, wenn Unglaubliches geschieht, muss eine Legende herhalten. Die Legende vom Schiefen Turm erzählt, dass er bei seiner Vollendung noch **kerzengerade** dagestanden habe. Nach Abschluss der Bauarbeiten versuchten die Stadtväter, den Baumeister um seinen Lohn zu prellen. Verärgert befahl er dem Turm, ihm zu folgen. Und tatsächlich: Zum Entsetzen aller neigte sich der Kampanile beträchtlich. Die Stadtväter bezahlten daraufhin umgehend das vereinbarte Geld, doch der enttäuschte Baumeister ließ die Stadt mit einem schiefen Turm zurück.

Berühmte Baumeister

Eine Inschrift rechts vom Eingang belegt das Jahr der Grundsteinlegung: 1173. Pisa war damals zur mächtigsten Seerepublik Italiens aufgestiegen und konnte für den Bau des Kampanile die bedeutendsten Architekten und Steinmetze gewinnen. Bis zum dritten Stockwerk zeichnete **Bonanno Pisano** gemeinsam mit Guglielmo aus Innsbruck verantwortlich. Doch schon vor der Fertigstellung begann sich der Turm nach Süden abzusenken. Als Gegengewichte auf der Nordseite und Stützmauern

Nach jahrelanger Stabilisierung kann man wieder auf den Schiefen Turm und den Blick von oben auf den »Platz der Wunder« genießen.

auf der Überhangseite wenig Erfolg zeitigten, wurden die Arbeiten eingestellt. Man befürchtete, der Turm könne einstürzen. Fast 100 Jahre vergingen, bevor sich erneut ein Baumeister an den Turm wagte. **Giovanni di Simone** setzte dem Kampanile 1272 drei weitere Stockwerke auf und versuchte, die Schieflage durch die Verwendung von schwererem Baumaterial auf der Nordseite auszugleichen. 1301 wurden die Glocken aufgehängt, 1360 – 1370 vollendete **Tommaso Pisano** den Marmorturm mit einem offenen Glockenstuhl.

Aus der Nähe betrachtet, ist der knapp 57 m hohe, frei stehende Glockenturm noch viel schiefer als erwartet. Der Sockel ruht auf einem künstlichen Kiesbett und misst über dem Erdboden gut 4 m. In Höhe der Loggiengeschosse vermindert sich die Wandstärke des alles tragenden Zylinders (Innenweite 7,40 m) auf 3,30 m, immer noch genug, um die 294-Stufen-Wendeltreppe in sich aufzunehmen, die bis zur obersten Plattform hinaufführt. In den mehr als acht Jahrhunderten seiner schiefen Existenz hatte sich das Wahrzeichen Pisas bis 1990 um mehr als 5 Grad aus der Senkrechten geneigt, was einer **Abweichung um 4,86 m** entspricht. Das Turmfundament war 2,25 m tief nach Südosten eingesunken. Bei einer geschätzten Kippbewegung von 1 mm pro Jahr wäre das Bauwerk demnach im Jahr 2000 umgefallen, nämlich dann, wenn die Zylinderachse die Nordkante durchschnitten hätte. Als Experten eine zusätzliche Drehung um die eigene Achse feststellten – von unvorhersehbaren Gefahren wie der plötzlichen Senkung des Bodens, einem Erdbeben

Nächtlich illuminiert: der Campo dei Miracoli mit dem Dom, seinem schiefen Kampanile und dem Baptisterium

oder einer Materialermüdung ganz zu schweigen –, wurde der aus dem Lot geratene Turm im November 1990 gesperrt, um mit einem äußerst aufwendigen Sanierungsprogramm die Einsturzgefahr zu bannen.

Der Boden gibt nach

Ursache für die mangelnde Standhaftigkeit des Turms ist der weiche Schwemmlanduntergrund. Während die ersten 10 m durch das Gewicht von 14 450 t zu einer steinartigen Konsistenz komprimiert worden sind, lassen sich die darunterliegenden Schichten aus Lehm und Sand nur schwer kalkulieren. Je mehr Flüssigkeit die wassergetränkte Ton-Sand-Schicht enthält, desto mehr Widerstand bietet sie dem absinkenden Kampanile, weshalb seit über 20 Jahren jegliche Wasserentnahme im Umkreis von 1,5 km untersagt ist. Erste dokumentierte Sanierungseingriffe wussten davon aber wenig: So versuchte man 1839 durch Abpumpen von Grundwasser, den Boden zu stabilisieren – ein eher schädliches Unterfangen.

Als die Technik der Zementinjektion entdeckt wurde, erhielt auch der Torre Pendente 1934 und 1959 »Aufbauspritzen«, die jedoch augenscheinlich die Schieflage eher beschleunigten, da sich die Zementmassen in der Tiefe wie ein Anker an das Fundament hefteten und dieses nach unten zogen.

Vorschläge zur Lösung des Problems waren ebenso kurios wie einfallsreich. Ein **Japaner** schlug vor, einen zweiten Turm mit entgegengesetzter Neigung zu bauen, ein **Australier** wollte das Problem mit einem Stützkorsett lösen, andere Konzepte sahen gar die völlige Demontage mit späterem Wiederaufbau vor. Viel diskutiert wurde die Methode eines **Dortmunder Unternehmens**, das mit Hilfe von Hydraulikpressen das Bauwerk millimeterweise nach oben schieben wollte. Bereits über 300 Bauwerke im deutschen Steinkohlerevier waren mit diesem Verfahren wieder gerade gerückt worden. 1992 wurde entschieden, die Basis in Höhe des untersten Arkadenrings mit 18 Stahlseilen zu umschlingen, um ein seitliches Auseinanderbrechen der Mauern zu verhindern. Gleichzeitig verankerte man nach Plänen von **Fritz Leonhardt** – Erbauer des Stuttgarter Fernsehturms – an der Nordseite des Turmfundaments eine mit 600 t beschwerte Stahlbetonplatte, die den Boden zusammenpressen und stabilisieren sollte. Auch dieser Vorschlag hatte seine Kritiker, da nicht absolut sicher war, ob sich der Turm in seiner Senkrichtung aufrichten oder eher zur Seite abdrehen würde.

Mitte 1994 kam dann endlich die **Erfolgsmeldung**: Absenkung gestoppt! 1999 war der Turm fast wieder so »gerade« wie 30 Jahre zuvor. Ein letzter Eingriff hat den Turm um rund 40 cm weiter aufgerichtet. Dennoch bleibt eine Schieflage von knapp 4,5 m Überstand. Aber nun ist der Kampanile nur noch schief und nicht mehr einsturzgefährdet. Und die Gründe, warum die Pisaner ihren Schiefen Turm nicht in einen ganz normalen geraden Turm verwandeln wollen, liegen auf der Hand.

Monument mit Schieflage

Schon kurz nach Baubeginn des Turms wurde eine gewisse Schlagseite offenkundig. Seitdem ist Pisa damit beschäftigt, das attraktive Sorgenkind der Stadt in die Senkrechte zu bringen. Eine schier unendliche Geschichte.

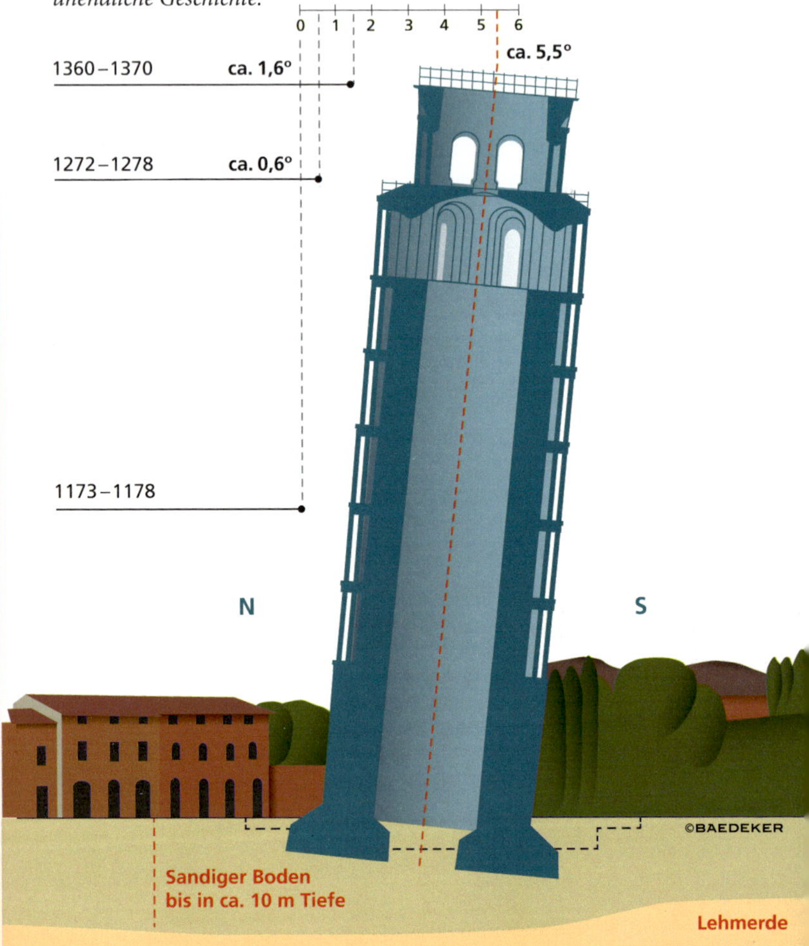

0 | 1 | 2 | 3 | 4 | 5 | 6

1360–1370 ca. 1,6°

ca. 5,5°

1272–1278 ca. 0,6°

1173–1178

N   S

©BAEDEKER

Sandiger Boden bis in ca. 10 m Tiefe

Lehmerde

▶ **Der Schiefe Turm in Zahlen**

ab Boden
55 m
hoch

14 500
Tonnen
schwer

294 Stufen

12 m
Durch-
messer

Seit 1987
UNESCO-
Weltkulturerb

▶ **Turmbau mit Problemen**

1173 – 1178
Dombaumeister
Bonanno Pisano

Nach der Fertigstellung der ersten drei Geschosse wird wegen der bereits zu diesem Zeitpunkt aufgetretenen Neigung nach Süden der Bau gestoppt. Der Turm besteht größtenteils aus Marmor und Kalk. Der brüchige Kalk und der sandige Boden stellen das größte Risiko für einen Zusammenbruch des Turmes dar.

1272 – 1278
Giovanni
di Simone

Um die Neigung in Richtung Süden zu verringern, wird auf der Nordseite schwereres Baumaterial benutzt. Trotzdem endet der Bau vorerst mit dem siebten Stock.

1360 – 1370
Tommaso
Pisano

Fast 100 Jahre später wird der Glockenturm vollendet. Als weitere Maßnahme gegen die Neigung nach Süden sind an der Südseite der Glockenstube nur vier Stufen angebracht, statt sechs wie an der Nordseite.

▶ **Die Sicherungsmaßnahmen**
1990 wird der Turm wegen großer Einsturzgefahr geschlossen.

1993
600 Tonnen Bleibarren werden als Gegengewicht auf der Nordseite platziert.

1995
Erdanker werden 40 m tief im Boden versenkt. Der Versuch misslingt. Der Stahlbeton wird auf 960 Tonnen aufgestockt.

1998
Stahlseilpaare werden um den Turm gespannt, um die Fundamente zu entlasten.

▶ **Die Rettung**
1999:
Neigungsverringerung durch Abtragen des Erdbodens an der Nordseite

Vorübergehende Fixierung mit zwei Stahlkabeln

Die obere Schicht des sandigen Schlamms wird mit einem Schneckenbohrer zutage gefördert, damit sich der Turm allmählich aufrichtet.

Stahlbeton

◀ 103 m ▶

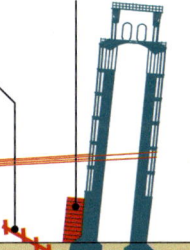

▶ **Kein Alleinstellungsmerkmal: weitere schiefe Türme in Europa (Auswahl)**

Oude Kerk, Delft
NL

Oberkirche,
Bad Frankenhausen,
DE

Schiefer Turm
von Newjansk,
RU

Oldehove,
Leeuwarden
NL

Albert Memorial
Clock Tower,
Belfast, IR

Schiefer-Turm
St-Moritz,
CH

Kirchturm
Suurhusen,
DE
(angeblich der
schiefste Turm
der Welt)

80 m
60
40
20
0

Pisa erleben

AUSKUNFT

Piazza Vittorio Emanuele II 16,
Tel. 05 04 22 91
Piazza del Duomo, Tel. 0 50 55 01 00
www.pisaunicaterra.it

ANREISE

Der internationale Flughafen »Galileo
Galilei« ist Ziel vieler Billigfluglinien.
Flug-Info: Tel. 0 50 84 93 00, www.pisa-
airport.com (Mietwagen, Zug- und Busverbindung (LAM rossa) zum Hauptbahnhof Pisa). Taxi: Tel. 0 50 54 16 00.

AUTOFAHREN / PARKEN

Wie in Florenz gibt es auch in Pisa eine
ZTL, eine verkehrsberuhigte Zone, die mit
Kameras überwacht wird. Kostenpflichti-
ge Parkplätze gibt es an der Piazza Manin (200 m vom Dom; ca. 1,50 €/Std.).
Kostenfrei parkt man an der Via Pietrasanta. Von dort fährt ein Bus (»Navetta«;
1 €) zur Piazza dei Miracoli (5 Min.).

VERANSTALTUNGEN

Am Abend des 16. Juni erstrahlen die
Paläste am Arno zur Luminara in Kunst-
licht. Am 17. Juni startet die Regatta di
San Ranieri (Ruderregatta der vier Stadt-
teile). Am letzten Sa. im Juni, 20 Uhr:
Umzug des populären Gioco del Ponte
(Brückenspiel) mit 780 Kostümierten und
41 Pferden. Attraktiv sind die Musikfesti-
vals Musica sotto la Torre (Frühling/Som-
mer) und Anima Mundi (Herbst/Winter).
An jedem zweiten Wochenende im
Monat findet im Centro Storico ein
Kunsthandwerkermarkt statt.

ESSEN

❶ Osteria La Mescita ⓔⓔⓔ
Via Cavalca Domenico 2
Tel. 05 03 14 46 80
www.osterialamescitapisa.com
In dem stilvollen Ristorante dominieren
frisches Gemüse und Kräuter die fantasievolle Küche. Erlesene Weinkarte.

tigt. Bedeutender als die Türen an der Hauptfassade ist die sorgsam
restaurierte ****Porta di San Ranieri,** früher der Haupteingang der
Kirche. Sie befindet sich an der dem Schiefen Turm zugewandten
Seite des südlichen Querhauses und ist benannt nach dem Schutzpat-
ron Pisas. Die bronzenen Türflügel, um 1180 von Meister Bonannus
in einzelnen Platten gegossen, zeigen in vier großen und 20 kleinen
Reliefs das Leben von Christus und Maria. Elfenbeinarbeiten aus Byzanz und römische Bronzetüren standen bei diesem Werk Pate, das
zu den Wegweisern der abendländischen Bildhauerkunst gehört.

Innenraum Das Innere des Doms wurde durch den Brand 1595 weitgehend zerstört, doch einige herausragende Ausstattungsstücke blieben erhalten. Das berühmteste ist die 1302 bis 1312 entstandene ****Marmorkanzel, ein Spätwerk von Giovanni Pisano.** Der Kanzelkorb ruht
auf Säulen, von denen vier als Figuren gestaltet sind: Erzengel Michael, Samson oder Herkules (als Personifikation christlicher Stärke),
Christus (mit den vier Evangelisten zu Füßen) sowie Ecclesia (als
Personifikation der Kirche mit zwei Säuglingen für das Alte und

❷ *Osteria dei Cavalieri* ⓔⓔ – ⓔⓔⓔ
Via San Frediano 16
Tel. 0 50 58 08 58
www.osteriacavalieri.pisa.it
Sa. mittags, So. und Aug. geschl.
Schönes Lokal im Uni-Viertel. Typische
Pisaner Gerichte, auch Kutteln und
Tagliata mit Steinpilzen.

❸ *Antica Trattoria »Da Bruno«*
ⓔⓔ – ⓔⓔⓔ
Via Luigi Bianchi 12
Tel. 0 50 56 08 18
www.anticatrattoriadabruno.it
Di. Ruhetag
Zu Piero Cei kommen die Einheimischen
und Stimmung ist garantiert. Probieren
kann man Ribollita, Pappardelle alla
Cacciatore oder Stockfisch.

ÜBERNACHTEN
❶ *Royal Victoria* ⓔⓔⓔⓔ
Lungarno Pacinotti 12
Tel. 0 50 94 01 11
www.royalvictoria.it

Das Royal Victoria ist ein altehrwürdiger
Palast direkt am Arnoufer mit großem
Treppenhaus und edlen Marmorfußbö-
den. Das Haus besticht durch seinen
altmodischen Charme und den unauf-
dringlichen Komfort.

❷ *Hotel Francesco*
ⓔⓔ – ⓔⓔⓔ
Via Santa Maria 129
Tel. 0 50 55 54 53
www.hotelfrancesco.hostel.com
Sehr einfaches Hotel in der Altstadt nahe
der Piazza del Duomo. Es gibt eine Früh-
stücksterrasse und man kann Fahrräder
mieten.

❸ *Albergo Amalfitana* ⓔⓔ
Via Roma 44
Tel. 05 02 90 00
www.hotelamalfitana.it
Familiäres Hotel mit 21 Zimmern –
besonders ruhig sind die Zimmer nach
hinten. Einfach, sauber, gutes Preis-
Leistungs-Verhältnis.

Neue Testament). Zu Füßen des Evangelisten Johannes sieht man das
Selbstbildnis Pisanos und ein Porträt des Auftraggebers, Burgundio
di Tado. Die zentrale Stütze des Kanzelbeckens bilden drei Frauenfi-
guren, die vermutlich die Kardinaltugenden Glaube, Liebe und Hoffnung verkörpern. Reliefs an der Kanzelbrüstung illustrieren Szenen
aus dem Neuen Testament, wie die Geburt Johannes' des Täufers, die
Verkündigung und Heimsuchung Mariä, die Geburt Jesu usw. Im
Hauptschiff hängt ein Leuchter aus dem Jahr 1586, von dem fälsch-
licherweise behauptet wird, er habe Galileo Galilei auf die Gesetze
der Pendelbewegung aufmerksam gemacht. Am rechten vorderen
Chorpfeiler ist eine Darstellung der hl. Agnes von Andrea del Sarto
bemerkenswert. Das mehrfach restaurierte Apsismosaik aus dem
13./14. Jh. zeigt den thronenden Christus zwischen Maria und Johannes dem Evangelisten – Letzterer ist ein Werk des Florentiners Cimabue von 1302. Im südlichen Querhausarm befindet sich ein weiteres
bedeutendes Ausstattungsstück, das fragmentarische, nach 1313 von
Tino di Camaino geschaffene Grabmal Kaiser Heinrichs VII., der
nach kurzer Regierungszeit (1308 – 1313) gestorben war.

Pisa

Essen
1. La Mescita
2. Osteria dei Cavalieri
3. Antica Trattoria »Da Bruno«

Übernachten
1. Royal Victoria
2. Francesco
3. Amalfitana

✶✶ BATTISTERO

❶ März – Sept. tgl. 8.00 – 20.00, Okt. 9.00 – 19.00, Nov., Jan, Febr. 10.00

bis 18.00, Dez. 10.00 – 17.00 Uhr; Eintritt siehe Kasten S. 360

Westlich des Doms steht **eine der größten Taufkirchen der Christenheit,** das 1152 unter Baumeister Diotisalvi begonnene und u. a. von Nicola Pisano und seinem Sohn Giovanni fortgeführte Baptisterium – wie häufig in Italien von der Hauptkirche getrennt. Als Zentralbauten in runder oder achteckiger Form gehen die Baptisterien auf separate, frühchristliche Taufkirchen zurück. Da die Bauarbeiten sich über zwei Jahrhunderte hinzogen, vereint der Rundbau Elemente der **Romanik und Gotik.** Das kuppelförmige Dach war urspünglich kegelförmig, erhielt aber 1358 durch eine außen aufgemauerte Wölbung eine Form, die eine halbrunde Kuppel suggeriert. Die meisten **Außenfiguren an den Galerien und Portalen** sind heute durch Kopien ersetzt, die Originale befinden sich im Dommuseum. Das Hauptportal gegenüber dem Domeingang besticht durch seinen an der antiken Sarkophagkunst orientierten Skulpturenschmuck. Lichterfüllt und fast 55 m hoch ist der Innenraum; er ist bekannt für seine hervorragende Akustik. Im Mittelpunkt steht das achteckige Taufbecken (1246), ein prächtiger Brunnen mit Rosettenschmuck und Marmoreinlagen von Guido Begarelli aus Como. Die 1260 von **Nicola Pisano** geschaffene ✶✶**Marmorkanzel** zählt zu den bedeutendsten Werken romanischer Bildhauerei. Sie ruht auf sieben Säulen und ist völlig freistehend. In der Tradition mittelalterlicher Darstellungen stehen die Löwen, die als Säulenträger fungieren und die Überwindung des Bösen zum Ausdruck bringen sollen. Eine epochale Neuerung ist dagegen die Herkules- bzw. Samsonfigur als Personifikation der Stärke, die mit weiteren Tugendfiguren das sechseckige Kanzelbecken stützt. Expressive Darstellung kennzeichnet die Reliefs an der Brüstung mit Verkündigung und Geburt Jesu, Anbetung der Hirten, Anbetung der Könige, Darstellung im Tempel, Kreuzigung und Jüngstem Gericht.

Die pisanische Überlieferung berichtet, dass Erzbischof Ubaldo dei Lanfranchi vom vierten Kreuzzug etliche Schiffsladungen Erde von Golgatha mitgebracht habe, um den Bürgern der Stadt die Bestattung in heiligem Boden zu ermöglichen. Doch erst ab 1278 wurden unter Leitung von Giovanni di Simone die Bauten des Camposanto, des »Heiligen Feldes«, ausgeführt. Diesen Friedhof, der die Piazza del Duomo nach Norden abschließt, rahmen monumentale Arkadengänge mit gotischen Maßwerkfenstern. Im Boden der Wandelgänge befinden sich Grabplatten pisanischer Patrizier; an den Seiten stehen antike Sarkophage, u. a. jener mit der Geschichte der tragischen Liebe von Hippolyt, Sohn des Theseus, zu seiner Stiefmutter Phädra. Bis zum Zweiten Weltkrieg schmückten ✶✶ **Fresken** aus dem 14./15. Jh.

✶✶Camposanto

Innenraum des fünfschiffigen romanischen Doms

die Wände der Arkadengänge. Bei einem Bombenangriff am 27. Juli 1944 wurden sie durch das herabfließende geschmolzene Blei der Bedachung zerstört. Durch erfolgreiche Restaurierung konnte ein Teil der Fresken gerettet und die einst intensive Farbtönung wiederhergestellt werden. Besonders beeindruckend ist der »Triumph des Todes«, ein Großgemälde, das unter dem Eindruck der großen Pest von 1348 entstanden war: Links vorne treffen drei vornehme Reiter auf die offenen Särge dreier Könige, darüber üben sich Eremiten im Gebet. Auf der anderen Seite feiert eine wohlhabende Gesellschaft sorglos im Wald. Halb Teufel, halb Frau wartet der Sensenmann auf die Menschen, die am Tag des Jüngsten Gerichts der ewigen Verdammnis preisgegeben oder der himmlischen Gerechtigkeit teilhaftig werden.

*Museo delle Sinopie Eine empfehlenswerte Ergänzung zur Besichtigung des Camposanto ist der Besuch im Sinopienmuseum, das die mit Rötelkreide auf die Wand aufgetragenen **Vorzeichnungen für die Fresken** im Camposanto aufbewahrt. Die Sinopia war der wichtigste Beitrag des Künstlers, der damit die Komposition bis ins Detail festlegte. Die Ausführung der Fresken wurde oft Schülern und Gehilfen anvertraut. Das Museum zeigt die Sinopien der Camposanto-Fresken in direkter Gegenüberstellung zu den Reproduktionen der Wandgemälde.

❶ s. Baptisterium

Am östlichen Ende des Domplatzes, an der Piazza dell' Arcivescovado 6, gewährt das Museo dell' Opera del Duomo Einblick in die mittelalterliche Dombauhütte und zeigt Kunstwerke und Bauplastik von Dom und Baptisterium. Besonders reichhaltig dokumentiert ist die **pisanische Bildhauerkunst** zwischen dem 12. und dem 15. Jh. mit den Originalskulpturen von der Fassade des Baptisteriums von Nicola und Giovanni Pisano, den Skulpturen des zerstörten Grabmals (1315) von Heinrich VII. sowie Teilen des Grabaltars von San Ranieri (1306). Vom Domschatz sind u. a. drei Reliquiare zu sehen, eines davon arabischer Herkunft aus Elfenbein. Die Gemäldesammlung wird ab 2012/2013 in eine neue Pinakothek an der Piazza dei Miracoli ausgelagert und hier nur noch Bildhauerkunst gezeigt.

*Museo dell' Opera del Duomo

❶ s. Baptisterium

VOM DOMPLATZ ANS ARNOUFER

Der Stadtrundgang beginnt am Domplatz und führt zunächst durch die von schönen alten Stadtpalästen gesäumte Via Santa Maria hinunter zum Arnoufer. In der Via Luca Ghini 5, einer Seitengasse der Via Santa Maria, liegt der Eingang in den Botanischen Garten. Er wurde bereits 1543 von dem Arzt und Botaniker Luca Ghini auf Anordnung des Großherzogs Cosimo de Medici angelegt und dient heute v. a. Forschungszwecken des Botanischen Instituts. Im Gartenareal und in den Gewächshäusern gedeihen Lorbeerbäume, kalifornische Palmen, Ginkgo und seltene Heilkräuter.

*Via Santa Maria, Orto Botanico

❶ Mo. – Fr. 8.30 – 17.00, Sa. 8.30 – 13.00 Uhr; Eintritt: 2,50 €

Im Haus Via Santa Maria Nr. 26 soll Galileo Galilei (▶Baedeker Wissen S. 68) gewohnt haben – sein Geburtshaus lag wohl im Ostteil der Stadt nahe der Kirche Sant' Andrea Forisportam. Heute zeigt die Gedenkstätte, die über eine reichhaltige Bibliothek verfügt, eine Sammlung mit Schriften Galileis und seiner Schüler.

Domus Galilaeana

❶ Mo – Fr. 9.00 – 13.00 Uhr; Eintritt frei; www.domusgalilaeana.it

Die Uferstraße Lungarno Pacinotti war einst die vornehmste Adresse in Pisa. Der schönste der teilweise restaurierten Patrizierpaläste ist der Palazzo Reale, mit dessen Bau 1559 nach Plänen des Florentiner Baccio Bandinelli begonnen wurde. Auftraggeber war Cosimo I. Heute beherbergt der Palast das Museo Nazionale di Palazzo Reale. Glanzstück des Museums ist die Altartafel von Raffael, die dieser bereits mit 17 Jahren geschaffen hat. Außerdem sind Gemälde von Francesco Francia, Bernardo Strozzi, Frans van Francken und Joos van Cleve zu sehen.

*Museo Nazionale di Palazzo Reale

❶ Mo., Mi. – Sa. 9.00 – 14.00 Uhr; Eintritt: 5 €;
www.polomusealetoscana.beniculturali.it

Am Arnoufer In Richtung Piazza Garibaldi und Borgo Stretto kommt man an dem Renaissance-Palazzo alla Giornata vorbei, Sitz des Rektorats der Universität Pisa. Der im 16. Jh. erbaute Agostini-Palast (Lungarno Pacinotti 27) fällt wegen seiner Dreipassfenster und Terrakotta-Reliefs ins Auge. Das hier eingerichtete **Caffè dell' Ussero,** in dem sich Mitte des 19. Jh.s Anhänger des Risorgimento trafen, ist das älteste Kaffeehaus in Pisa. Ebenfalls aus dem 19. Jh. stammt das benachbarte Hotel Royal Victoria (Lungarno Pacinotti 12).

BORGO STRETTO UND UNIVERSITÄTSVIERTEL

**Borgo Stretto An Pisas ältester Arnobrücke, dem Ponte di Mezzo, öffnet sich die Uferpromenade zur Piazza Garibaldi, auf der ein Denkmal an den Nationalhelden erinnert. Rechts neben den Arkaden des Casino dei Nobili beginnt der Borgo Stretto (»Schmales Stadtviertel«), der seinem Namen alle Ehre macht. Mit seinen hübschen Laubengängen ist er heute Fußgängerzone und Pisas wichtigste Flaniermeile und Einkaufsstraße.

Nach wenigen Metern sieht man rechts die Kirche San Michele in Borgo, die vor 990 und vermutlich über einem römischen Marstempel erbaut wurde. Die romanisch-gotische Fassade ist einer Erneuerung im 14. Jh. zu verdanken. 1944 wurde der Kirchenbau durch Bomben schwer beschädigt. Beim Wiederaufbau kam über dem linken Portal ein Michaelsfresko (13. Jh.) zum Vorschein.

*Piazza Vettovaglie Ein schmaler, überdachter Durchgang führt vom Borgo Stretto in das Gassengewirr der Altstadt hinein und als Erstes zur Piazza Vettovaglie, einem viereckigen Hof mit Arkaden, auf dem täglich ein Obst- und Gemüsemarkt abgehalten wird.

*Piazza Dante Alighieri, Universität Von dort folgt man der Via di Cavalca nach Westen zur Piazza Dante Alighieri. Der **palmenbestandene, verkehrsfreie Platz im Universitätsviertel** eignet sich wunderbar für eine Pause in einem der Cafés. 40 000 Studenten sind an der renommierten Universität von Pisa eingeschrieben. Sie geht auf eine Rechtsschule des 12. Jh.s zurück, die 1329 das päpstliche Privileg zur Lehre von Theologie, Jurisprudenz und Medizin erhielt. 1543 erhob Cosimo I. sie zur toskanischen Universität.

San Frediano Nordöstlich schließt sich die kleine Piazza San Frediano mit der gleichnamigen Kirche an, die bereits 1077 urkundlich belegt und im 12. Jh. fertiggestellt wurde. Die durch Blendbögen mit Rauten gegliederte Fassade ist romanisch, das Innere der dreischiffigen Säulenbasilika erhielt bei Restaurierungsarbeiten im 16. und 17. Jh. eine zeitgemäße Ausstattung.

Pisa ist als Studentenstadt beliebt – vielleicht wegen der Brücken, auf denen man so schön sitzen und plaudern kann?

* PIAZZA DEI CAVALIERI

Die Via San Frediano stellt nach Norden die Verbindung zur Piazza dei Cavalieri her, die von stattlichen Renaissancebauten umstellt ist. Der »Platz der Ritter« war in Mittelalter und Renaissance das weltliche Zentrum der Altstadt.

Renaissance-Platz

Besonders auffällig ist der prächtige, mit Wappenschilden, Sgraffiti und den Büsten von sechs toskanischen Großherzögen aus der Medici-Dynastie geschmückte Palast an der Nordseite des Platzes. Seit dem 13. Jh. stand hier der Palast der Stadtältesten. 1562 erhielt Giorgio Vasari den Auftrag, den Palast als Sitz der Ritter des Stephansordens zu erweitern, ein in Erinnerung an den Florentiner Sieg über Siena am 2. August (Stephanstag) 1554 gegründeter und dem toskanischen Großherzog unterstellter Ritterorden. Die offizielle Aufgabe des Ordens sollte die Abwehr der Sarazenenüberfälle an den toskanischen Küsten sein, inoffiziell war er aber auch ein wichtiges Instrument der Herrschaftssicherung der Medici-Fürsten über Pisa. Seit 1810 beherbergt der Palazzo das von Napoleon gegründete Universitätskolleg »Scuola Normale Superiore«, eine Eliteschule. Vor dem Gebäude erinnert ein Standbild Piero Francavillas an den Großherzog Cosimo I. (1596).

**Palazzo dei Cavalieri (della Carovana)

Der Uhrenpalast an der Nordwestseite des Platzes wurde 1607 für den Stephansorden errichtet. Vasari zeichnete auch hier als Baumeister verantwortlich und stellte mit diesem Bau äußerst geschickt die Verbindung zwischen dem Staatsgefängnis (Torre delle Sette Vie,

Palazzo dell' Orologio

nach den sieben Straßen, die auf den Platz mündeten) und dem Palazetto dei Gualandi (auch Torre della Fame = Hungerturm) her. Graf Ugolino della Gherardesca soll hier 1288 mit seinen Söhnen den Hungertod erlitten haben. Man warf ihm vor, sein Amt als Capitano del Popolo von Pisa missbraucht zu haben.

Santo Stefano dei Cavalieri Von Giorgio Vasari stammten auch die Pläne für die Kirche Santo Stefano, die er 1569 für den **Ritterorden** errichtete. 1606 erhielt das Gebäude eine von Giovanni de Medici konzipierte, spätmanieristische Marmorfassade. Die beiden seitlichen Flügel waren ursprünglich Umkleideräume für die Ritter des Stephansordens, die zu den Gottesdiensten ihr Ordensgewand anlegten. Erst im 17. Jh. wurden sie in die Kirche einbezogen. In den Feldern der 1605 entstandenen Kassettendecke ist die Geschichte des Ordens dargestellt, Gemälde an den Wänden schildern Episoden aus dem Leben des hl. Stephan.

Via Corsica Dass Pisa eine Studentenstadt ist, merkt man besonders in der Via Corsica, die die Piazza dei Cavalieri an der Westseite verlässt und dann in die Via dei Mille mit Internetcafés, Buchläden und Antiquariaten übergeht.

SPAZIERGANG ZUM MUSEO NAZIONALE

San Pierino Ausgangspunkt dieses Spaziergangs ist der Borgo Stretto. Nur wenige Gehminuten südöstlich der Einkaufsstraße steht an der Via Cavour die 1072–1119 vermutlich auf antiken Fundamenten erbaute Kirche San Pierino bzw. San Pietro in Vinculis (Sankt Petrus in Ketten). Im Innern der dreischiffigen Säulenbasilika sind die Mosaikböden und einige Kapitelle aus römischer Zeit sehenswert sowie die ungewöhnlich große Krypta, die sich unter der gesamten Kirche erstreckt.

Palazzo Toscanelli Der Toscanelli-Palast an der Uferstraße, die an diesem Abschnitt Lungarno Mediceo heißt, soll im 16. Jahrhundert nach einem Entwurf Michelangelos erbaut worden sein. 1821/1822 logierte Lord Byron hier.

Palazzo Medici Die Ursprünge des Palastes an der Piazza Mazzini sind älter als die Medici-Herrschaft in Pisa. Der stattliche Bau, heute Sitz der Präfektur, wurde im 13. Jh. errichtet und im 14. Jh., als das Geschlecht der Appiano Pisa beherrschte, umgestaltet. Ende des 15. Jh.s residierte Lorenzo de Medici während seiner Pisa-Aufenthalte in dem Palast.

*Museo Nazionale di San Matteo Im ehemaligen Benediktinerkloster San Matteo am Lungarno Mediceo hat das Nationalmuseum seinen Sitz. Es beherbergt eine der **wichtigsten Kunstsammlungen der Toskana.** Zu den zahlreichen

Exponaten zählen in erster Linie Gemälde und Skulpturen der toskanischen Schulen vom Hochmittelalter bis zur Renaissance. Zudem besitzt das Museum wertvolle Textilien, Handschriften und eine beachtliche Keramiksammlung vom 11. bis 15. Jahrhundert.

Als besondere Kostbarkeiten des Museums gelten die Werke der **pisanischen Malerei des 12. und 13. Jahrhunderts.** Vor allem monumentale, auf Holz gemalte Kruzifixe vom Ende des 12. Jh.s zeigen einen Wandel der Christusdarstellung von einer göttlich-triumphierenden Auffassung als byzantinisch-romanischer Typus zur menschlich-leidenden Wiedergabe in frühgotischem Stil, zu einer Zeit also, als die Bußpredigten durch die Bettelorden aufkamen. Großartige **Tafelkreuze** von Bonaventura Berlinghiero und Giunta di Capitinio bilden die Höhepunkte der ersten Hälfte des 13. Jahrhunderts. Neben der Exsultet-Rolle schuf der sogenannte Maestro di San Martino (evtl. Raniero di Ugolino) um 1280 das byzantinisch beeinflusste Tafelbild »Thronende Maria mit Kind«, ein Meisterwerk der pisanischen Schule. Aus derselben Zeit stammt auch die »Hl. Katharina von Alexandria«. In der **Malerei des 14. Jh.s** nimmt das 1320 vollendete, 43-teilige **Polyptychon von Simone Martini** den ersten Rang ein. Auf Goldgrund erscheinen im Zentrum die Madonna mit Kind, links davon der Evangelist Johannes, Dominikus und Maria

Romantische Kulisse: das Arnoufer bei Nacht mit seinen hell erleuchteten Palästen

Magdalena, rechts Johannes der Täufer, Petrus Martyr und Katharina von Alexandria. Die Predella zeigt in der Mitte den Schmerzensmann zwischen dem Evangelisten Markus und Maria, umgeben von weiteren Heiligen. Weitere Werke des 14. Jh.s sind die Tafeln mit der Legende des hl. Galgano (um 1355), von großer Erzählkraft und aus der Hand eines unbekannten Meisters, eine reizvolle Madonnendarstellung von Francesco Traini (um 1350) sowie die »Madonna del Latte« (um 1370) von Barnaba da Modena. Die **Renaissancemalerei** ist u. a. mit einer Paulus-Tafel (1426) von Masaccio vertreten, einer »Anbetung« von Benozzo Gozzoli und einer »Sacra Conversazione« von Domenico Ghirlandaio. Unter den **Gemälden des Barock** sticht die »Himmlische und Irdische Liebe«, ein Werk aus der ersten Hälfte des 17. Jh.s von Guido Reni, hervor.

Unter den **Skulpturen** des 14. Jh.s sind die expressiven Kanzelreliefs von Tino di Camaino zu nennen und die marmorne, farbig gefasste »Madonna del Latte«, eine faltenreiche Gewandfigur, die Nino, der Sohn Andrea Pisanos, für die Kirche Santa Maria della Spina schuf. Aus dem 15. Jh. stammen Teile einer Verkündigungsgruppe von Francesco di Valambrino, eine Christusbüste, Andrea del Verrocchio zugeschrieben, und die in vergoldeter Bronze gearbeitete Reliquienbüste des hl. Rossore, eines sardischen Märtyrers aus dem 3. Jh., ein Werk Donatellos von 1427.

❶ Di. – Sa. 8.30 – 19.00, So. 9.00 – 13.30 Uhr; Eintritt: 5 €

Giardino Scotto

Vom Museo Nazionale ist es nicht mehr weit in den Giardino Scotto am südlichen Arnoufer. Der im 19. Jh. angelegte, weitläufige Park beginnt direkt hinter dem Ponte alla Fortezza.

NORDÖSTLICHE ALTSTADT

San Francesco

Östlich der Piazza dei Cavalieri erstreckt sich das Stadtviertel San Francesco. Die Gründung einer kleinen Kirche an der gleichnamigen Piazza ist schon für 1211 belegt, also noch zu Lebzeiten des hl. Franziskus; fertiggestellt wurde sie 1270. In der zweiten Seitenkapelle rechts befindet sich das **Grab von Graf Ugolino della Gherardesca und seinen Söhnen,** die im Palazetto dei Gualandini (Palazzo dell' Orologio) den Hungertod starben. Sehenswert sind auch die Gemälde zur Franziskuslegende und ein marmornes Polyptychon aus dem 14. Jh. von Tommaso Pisano, das die Muttergottes mit Heiligen zeigt. Durch die Sakristei gelangt man in einen Kapellenraum mit Fresken des Sienesen Taddeo di Bartolo von 1397.

Santa Caterina

Der Dominikanerorden ließ 1251 – 1310 unweit nordwestlich von San Francesco an der Piazza Santa Caterina über einem älteren Gebäude eine Kirche errichten. Um 1327 wurde die in pisanischer Manier mit Maßwerkrosette und Zwerggalerie geschmückte Fassade angefügt, noch später folgte der Kampanile. Im Innern sind die marmorne Verkündigungsgruppe (um 1360) und das prunkvolle Marmorgrabmal für Erzbischof Simone Saltarelli – beide von Nino Pisano – sehenswert. Zu den Hauptwerken der Pisaner Malerei des 14. Jh.s gehört an der Nordwand des Langhauses »Die Glorie des hl. Thomas von Aquin« (um 1342) von Francesco Traini.

SÜDLICHES ARNOUFER

Im Museo della Grafica, eingerichtet im Palazzo Lanfranchi, sind die ab 1957 von Carlo Ludovico Ragghianti zusammengetragenen Designsammlungen, die Privatkollektionen Timpanaro und Argan und Schenkungen bedeutender Künstler zu sehen.   **Museo della Grafica**
❶ Lungarno Galilei 9; tgl. 9.00 – 19.00 Uhr; Eintritt: 3 €; www.museodellagrafica.unipi.it

Der Palazzo Gambacorti (14. Jh.) am Lungarno Gambacorti in Höhe des Ponte di Mezzo ist heute Sitz der Stadtverwaltung. Der einstige Besitzer, Pietro Gambacorti, war Stadtherr von Pisa und wurde 1393 in seinem Palast von Verschwörern erschlagen. In unmittelbarer Nachbarschaft entstanden zwischen 1603 und 1605 die Logge dei Banchi, der überdachte Tuchmarkt.   **Palazzo Gambacorti**

Im BLU Palazzo d' Arte e Cultura, kurz Palazzo Blu, finden regelmäßig große Kunstausstellungen statt. Dauerhaft ist die Sammlung der Stadtsparkasse zu sehen: Möbel, Gemälde und Skulpturen lassen das herrschaftliche Leben in dem alten Adelspalast lebendig werden.   **Palazzo Blu**
❶ Lungarno Gambacorti 9; Mo. – Fr. 10.00 – 19.00, Sa., So. bis 20.00 Uhr; www.palazzoblu.org

300 m weiter westlich steht die als offene Gebetshalle für Reisende und Flussschiffer gegründete, 1332 zum gotischen Oratorium umgebaute und oft bewunderte Kirche.   ***Santa Maria della Spina**
Der Anlass für den Umbau war ein aus dem Heiligen Land mitgebrachter Dorn (spina) aus der Krone Christi, den man hier aufbewahren wollte. Auffällig für eine so kleine Kirche ist die **reiche Fassadengestaltung** mit drei Giebeln, tabernakelartigen Türmchen und Maßwerkrosetten. Hinter dem Renaissancealtar steht eine Figurengruppe »Madonna mit den hll. Pet-

> **BAEDEKER TIPP** !
>
> ### SMS – für Freunde moderner Kunst
>
> Zeitgenössische Kunst präsentiert außer dem Palazzo Blu auch das Centro Espositivo San Michele degli Scalzi (Centro SMS) am Parco delle Piagge. Der renovierte mittelalterliche Komplex mit 1600 m² Ausstellungsfläche ist an der Viale delle Piagge östlich außerhalb der Altstadt am Arnoufer zu finden.

Palazzo Blu, interessanter Ausstellungsort für moderne Kunst

rus und Johannes d. T.« (um 1345) von Andrea Pisano und Gehilfen. Nino Pisanos »Madonna del Latte« ist eine Replik des Originals, das im Museo Nazionale di San Matteo zu sehen ist.
❶ April – Sept. Di. – Fr. 10.00 – 14.00, 15.00 – 18.00, Sa., So. bis 19.00, Okt. – März Di. – So. 10.00 – 14.00 Uhr; Eintritt: 2 €

San Paolo a Ripa d' Arno Knapp 300 m südwestlich steht in der Nähe des Arnoufers die Kirche San Paolo a Ripa d' Arno, die im 12. Jh. als romanische Kuppelkirche gebaut wurde – ein Bautypus, den man in der Toskana selten findet. Unübersehbar ist der Einfluss der Dombauhütte, so z. B. an der durch Rundbogen und Zwerggalerien strukturierten Fassade. Das Innere der dreischiffigen Basilika birgt das Grabmal des Gelehrten Burgundio (Ende 12. Jh.), für das ein antiker römischer Sarkophag Verwendung fand. Ein weiterer wurde über dem Portal des linken Querhausarmes eingemauert.

*Sant' Antonio Abate Kirche und Konvent von Sant' Antonio Abate an der gleichnamigen Piazza nur wenige Schritte von der Piazza Vittorio Emanuele II entfernt gehen auf das Jahr 1341 zurück. Der zufälligen Begegnung einer

Pisaner Studentin mit dem Künstler **Keith Haring** (1958 – 1990) in New York ist das imposante **Wandgemälde** »Tuttomondo« (Die ganze Welt) an der Konventmauer zu verdanken. Es entstand 1989 und gilt als letztes Werk des Künstlers. Die 30 ineinander verschachtelten Figuren sollen jeweils Aspekte des Friedens symbolisieren.

1998 entdeckte man auf dem Gelände des Bahnhofs Pisa-San Rosso Reste eines etruskisch-römischen Stadthafens. Bei Grabungen wurden mehrere antike Schiffe und ihre Ladungen – Amphoren, Keramik, orientalisches Kunsthandwerk, keltischer Goldschmuck – geborgen. Die Funde waren in den Arsenali Medicei ausgestellt, eine Wiedereröffnung ist geplant.

Cantiere delle Navi Antiche di Pisa

UMGEBUNG VON PISA

6 km südwestlich von Pisa lohnt San Piero a Grado einen Besuch. Der Legende nach soll der Apostel Petrus auf der Fahrt nach Rom an dieser Stelle, die damals noch an der Küste lag, angelandet sein. Die von ihm gegründete »Ecclesia ad gradus« (Kirche an den Stufen) avancierte schon früh zu einer wichtigen Station für die von Norden kommenden Rompilger. Erbaut wurde die dreischiffige Basilika aus Tuffstein und Marmor im 11. Jh., Ausgrabungen belegen die Existenz eines Vorgängerbaus aus dem 6. Jahrhundert. Ungewöhnlich ist, dass die Kirche auch im Westen eine Apsis besitzt. Hauptschmuck im Innern ist der bedeutende **Freskenzyklus** im Mittelschiff, der um 1300 vermutlich von einem Künstler aus Lucca, Deodato Orlando, gemalt wurde. Die untere Zone zeigt Papstporträts, die mittlere Szenen aus dem Leben der Apostel Petrus und Paulus und die obere das Himmlische Jerusalem.

*San Piero a Grado

> **!** BAEDEKER TIPP
>
> *Pasta fresca*
>
> Wer italienische Pasta liebt und sehen möchte, wie man sie herstellt, sollte einen Abstecher nach Lari 35 km südöstlich von Pisa machen – z. B. auf der Fahrt von Pisa nach Florenz (Autobahn nach Florenz bis Ponsacco, dann noch 10 km südlich). Hier kann man die Pastafabrik der Familie Martelli besichtigen, die bereits seit 1926 existiert. Via S. Martino 3, Tel. 05 87 68 42 38, www.martelli.info

Wunderschöne Pinienhaine und Steineichenwälder erstrecken sich rund 4 km westlich von Pisa als Teil des 23 000 ha großen Parco Naturale di Migliarino – San Rossore – Massaciuccoli (▶Versilia). Im Besucherzentrum San Rossore werden **Ausflüge** zu Fuß, per Rad, im »Trenino« (Zug) oder im Bus angeboten.

*Parco Naturale di Migliarino

❶ Geführte Touren: Sa., So. 8.00 – 19.30, Winter bis 17.30 Uhr; www.parcosanrossore.org

*Marina di Pisa, Tirrenia

10 km südwestlich liegt an der Arnomündung das Seebad Marina di Pisa mit einem modernen Jachthafen. Das ehemalige Fischerdorf wurde zu Beginn des 20. Jh.s als Badeort populär, worauf heute noch die schönen Jugendstilvillen hinweisen. Es gibt nur einen schmalen Sandstrand, dafür aber ausgezeichnete und gut besuchte Fischrestaurants, die auf Stelzen im Wasser stehen. Etwas südlich liegt der moderne Badeort Tirrenia mit breiten, feinsandigen Stränden.

Monte Pisano, San Giuliano Terme

Der nordöstlich von Pisa ansteigende Monte Pisano ist ein angenehmes und bislang nicht überlaufenes Wandergebiet. Mit dem Bagni di Pisa Natural Spa Resort (www.bagnidipisa.com) wurde der Kurtourismus in San Giuliano Terme am Fuß des Monte Pisano stark aufgewertet. San Giuliano Terme ist das **Zentrum für Drachenflieger** in der Toskana.

Calci

Das Dorf Calci liegt am Südwesthang des Monte Pisano im Valgraziosa inmitten von Olivenhainen. Im Ort steht die bereits 823 urkundlich erwähnte ***Pieve di Sant' Ermolao**, deren heutiger Bau auf das 11./12. Jh. zurückgeht. Die elegante Fassade zeigt Blendarkaden nach dem Vorbild der Pisaner Romanik, der Kampanile blieb unvollendet. Schmuckstück der Kirche ist das reliefverzierte romanische Taufbecken eines unbekannten Meisters aus dem 12. Jh., das den Einfluss antiker Sarkophage erkennen lässt.

*Certosa di Calci/Museo Nazionale della Certosa di Calci

1 km außerhalb von Calci liegt die 1366 gegründete, nach Pavia **zweitgrößte Kartause des Landes,** heute nationales Monument. Der im 17./18. Jh. barockisierte Klosterbau hat zwei Kreuzgänge, den kleineren entwarf Lorenzo da Settignano im 15. Jh., den größeren mit den Mönchszellen errichtete Anfang des 17. Jh.s der Baumeister Cartoni. Die Barockkirche besitzt ein Kuppelfresko aus dem 17. Jahrhundert. Zur Kartause gehört das **naturkundliche Museum der Universität Pisa,** das Fossilien, Mineralien und Tierpräparate aus verschiedenen Regionen Italiens zeigt.
Kartause: Di. – Sa. 8.30 – 18.30, So. 8.30 – 12.30 Uhr (Führung zu jeder vollen Stunde); Eintritt: 5 €
Museum: Juni – Aug. tgl. 10.00 – 20.00, sonst 10.00 – 19.00 Uhr; Eintritt: 8 €

Pontedera

Eine gelungene Auswahl an schönen alten Vespa-Modellen kann man im **Museo Piaggio** in dem ca. 21 km südöstlich gelegenen Ort Pontedera bewundern. Mehr als 33 000 Besucher sahen 2010 u. a. die berühmte »Vespa 98cc 1946« (heutiger Wert: 66 000 €), eine »Paperino« (1943/44), das Mofa »Ciao« und die berühmte »Ape« (»Biene«), ein dreirädriger Kleintransporter der Wirtschaftswunderära.
❶ Di. – Fr., 2. u. 4. So./Monat 10.00 – 18.00, Sa. 10.00 – 13.00, 14.00 bis 18.00, Uhr; Eintritt frei; www.museopiaggio.it

* Pistoia

✦ F 8

Provinz: Pistoia (PT)
Höhe: 65 m ü. d. M.
Einwohnerzahl: 90 300

Pistoia liegt 35 km nordwestlich von Florenz im fruchtbaren Ombrone-Tal. Beeindruckend ist das geschlossene mittelalterliche Stadtbild mit sehenswerten Baudenkmälern und Museen. Die Altstadt hat sich ihren Charme bewahren können, den man besonders am Domplatz und im Marktviertel spürt, das zu den schönsten der Toskana zählt.

Pistoia entstand als Handelsstadt an der römischen Heeresstraße Via Cassia. Im 12. und 13. Jahrhundert erlebte sie ihre Blütezeit. Doch die Streitigkeiten mit den Nachbarstädten waren folgenschwer. Im Norden stritt Pistoia mit Bologna um die Kontrolle der Apenninen-Pässe, im Westen lauerte die Seerepublik Pisa, im Osten expandierte das guelfische Florenz. Eine militärische Niederlage führte 1254 zur florentinischen Vorherrschaft. Die Schleifung der Stadtmauern im Jahr 1307 bedeutete die Unterwerfung Pistoias, im 16. Jahrhundert wurde es in das toskanische Großherzogtum eingegliedert.

Alte Handelsstadt

> **!**
>
> **BAEDEKER TIPP**
>
> ### *Giostra dell'Orso*
>
> Wem es beim Palio in Siena oder bei der Giostra del Saracino in Arezzo zu voll ist, dem sei Pistoias Stadtfest empfohlen. Am 25. Juli feiert Pistoia die Giostra dell'Orso zu Ehren des hl. Jacopo mit Umzug und Wettkampf zu Pferd auf dem Domplatz, bei dem vier Mannschaften symbolisch einen Bären erlegen. Tickets: APT Pistoia oder www.giostradellorso.it (Stehplatz 8 €, Sitzplatz 22 €).

SEHENSWERTES IN PISTOIA

Der überraschend weitläufige Domplatz, Mittelpunkt des historischen Stadtkerns, präsentiert sich seit eh und je in harmonischer Strenge ohne – ungewöhnlich für eine italienische Stadt – Geschäfte oder Straßencafés. Kirchliche und weltliche Macht sind einträchtig vereint: der Dom mit Kampanile und Baptisterium, Bischofspalast, Palazzo del Podestà, der wappengeschmückte Palazzo Comunale und der mittelalterliche Wohnturm Torre di Catilina.

*Piazza del Duomo

Der romanische Dom wurde im 12. und 13. Jh. an der Stelle eines Vorgängerbaus aus dem 5. Jh. errichtet. Der **Fassade im Stil der pisanisch-lucchesischen Romanik** ist ein Portikus vorgelagert. Das farbige Majolika-Kassettengewölbe vor dem Hauptportal stammt

*Duomo San Zeno

Pistoia

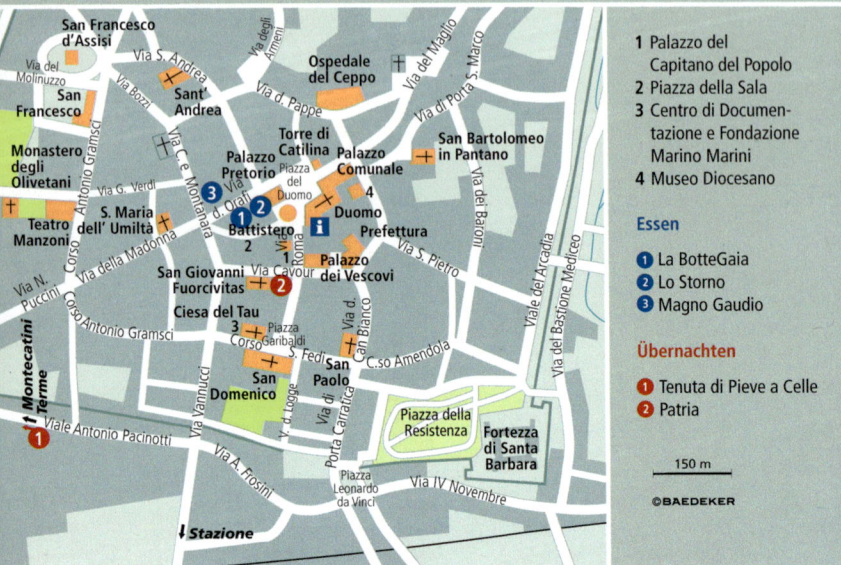

San Francesco d'Assisi
Via S. Andrea
Via del Molinuzzo
Via Bozzi
San Francesco
Sant' Andrea
Via degli Armeni
Via d'Peppe
Ospedale del Ceppo
Via del Maglio
Via di Porta S. Marco
Monastero degli Olivetani
Via Antonio Gramsci
Via G. Verdi
Via C. e. Montanara
Torre di Catilina
Palazzo Pretorio
Piazza del Duomo
Palazzo Comunale
San Bartolomeo in Pantano
Via di Boroni
Teatro Manzoni
S. Maria dell' Umiltà
Via d'Orafi
Via della Madonna
3
Battistero
1 2
2
Duomo
Prefettura
4
i
Palazzo dei Vescovi
Via S. Pietro
Via N. Puccini
Corso Antonio Gramsci
San Giovanni Fuorcivitas
Via Cavour
2
Ciesa del Tau
3
Piazza Garibaldi
Corso S. Fedi
San Paolo
Via d'. San Blanco
C.so Amendola
Viale di Bastione Mediceo
Viale d'Arcadia
↓ Montecatini Terme
Viale Antonio Pacinotti
1
Via Vannucci
San Domenico
Via di Logge
Via di Porta Carratica
Piazza della Resistenza
Fortezza di Santa Barbara
Via A. Frosini
Piazza Leonardo da Vinci
Via IV Novembre
↓ Stazione

1 Palazzo del Capitano del Popolo
2 Piazza della Sala
3 Centro di Documentazione e Fondazione Marino Marini
4 Museo Diocesano

Essen
1 La BotteGaia
2 Lo Storno
3 Magno Gaudio

Übernachten
1 Tenuta di Pieve a Celle
2 Patria

150 m

©BAEDEKER

von Andrea della Robbia, ebenso das Terrakotta-Relief in der Portallünette, das die Madonna mit zwei Engeln zeigt (1505). Der dreischiffige Innenraum wurde dem Zustand des 13. Jh.s wieder angeglichen. Gleich neben dem Eingang befindet sich das Grabmal von Cino da Pistoia mit der sitzenden Figur des Dichters. Es ist das Werk eines unbekannten Meisters aus dem Jahr 1337. In der Capella di San Jacopo, die man vom rechten Seitenschiff aus betritt, steht das bedeutendste Ausstattungsstück, der **Silberaltar des hl. Jakobus,** ein Meisterwerk der italienischen Gold- und Silberschmiedekunst, hergestellt zwischen 1287 und 1456 für eine Jakobsreliquie, die der Bischof von Pistoia 1144 vom Erzbischof von Santiago de Compostela erhalten hatte. Die 628 Figuren sind aus Silberblech getrieben, teilweise vergoldet und über einem Kern aus Holz, Wachs und Harz montiert. An der Frontverkleidung sind 15 Szenen aus dem Neuen Testament dargestellt (1316). Die rechte Seite zeigt neun Szenen aus dem Alten Testament (1361 – 1364), die linke bildet neun Szenen der Jakobus-Vita ab (1367 – 1371). Die Statue des hl. Jakobus auf dem Thron schuf Giglio Pisano. Die beiden Prophetenfiguren links am Altaraufsatz werden Brunelleschi zugeschrieben.

❶ tgl. 8.00 – 12.30, 16.00 – 19.00 Uhr; Eintritt frei, Eintritt zum Silberaltar (Altare argenteo): 2 €

Pistoia erleben

AUSKUNFT
Piazza del Duomo 4
Tel. 0 57 32 16 22
www.pistoia.turismo.toscana.it

PARKEN / BUS / TAXI
Vom Parcheggio Cellini südöstlich der
Altstadt verkehrt der Shuttlebus »M«
(Navetta »Il Micco«). Parkmöglichkeiten
gibt es außerdem an der südlichen
Stadtmauer (Viale A. Pacinotti) und auf
dem Parkplatz Pertini (ausgeschildert;
Fr./Sa. abends verkehrt von hier 20.00
bis 3.00 Uhr alle 20 Min. der kostenfreie
Shuttle »La Civetta« in die Altstadt).
Bus 1 (BluBus) zirkuliert vom Bahnhof
ums Centro Storico. Taxi: »Amico
Pistoia«, Tel. 05 73 50 95 30.

MUSEUMSSYSTEM
(SISTEMA MUSEALE) PISTOIA
Museo Civico, Rospigliosi-Museen,
Diözesanmuseum, Museo del Ricamo,
Centro e Fondazione Marino Marini und
Palazzo Fabroni (Museum für visuelle
Gegenwartskunst) besucht man entwe-
der mit Sammelticket A (Eintritt in zwei
Museen 6 €, mit Pal. Fabroni 7 €) oder
Sammelticket B (alle Museen 9 €, mit
Pal. Fabroni 12 €).

ESSEN
❶ La BotteGaia €€€
Via del Lastrone 17
Tel. 05 73 36 56 02
www.labottegaia.it
Mo. Ruhetag
In La BotteGaia gehts einfach aber stilvoll zu, hier gibt es regionale Slow-Food-
Gerichte, viel Geräuchertes, auch Vege-
tarisches, eine gute Weinkarte und eine
schöne Terrasse mit Domblick.

❷ Lo Storno €
Via del Lastrone 8
Tel. 0 57 32 61 93
So. Ruhetag, Mo./Di. abends und Aug.
geschl.
Das La Storno ist eine alteingesessene
Trattoria, in der typische italienische
Gerichte auf den Tisch kommen: große
Auswahl an traditionellen Primi und
Secondi.

❸ Magno Gaudio €
Via Curtatone e Montanara 12
Tel. 0 57 32 69 05
Eine Mischung aus Café und Restaurant,
hier bekommt man Frühstück, aber auch
jede Menge Fischgerichte in ganz schön
kreativen Zubereitungen. Das beliebte
Lokal hat außerdem WLAN, und man
kann sich mit Panini für unterwegs ein-
decken.

ÜBERNACHTEN
❶ Tenuta di Pieve a Celle €€€€
Via di Pieve a Celle 158
Tel. 05 73 91 30 87
www.tenutadipieveacelle.it
Ein hübscher kleiner Luxus-Agriturismo
3 km außerhalb von Pistoia. Die Zimmer
sind nach duftenden Pflanzen benannt
und farblich entsprechend gestaltet.

❷ Patria €€€
Via Crispi 8/12
Tel. 05 73 35 88 00
www.patriahotel.com
Der Charme dieses Traditionshauses
ist zwar schon ein wenig verblichen,
aber die zentrale Lage des Hotels gleicht
dieses kleine Manko wieder aus. Das
Caffè Patria öffnet morgens, mittags
und zum Fünfuhrtee.

Ladenwerkstätten wie diese gibt es auch in der Toskana nur noch selten – wer Altes mag, wird in Pistoia aber fündig.

*Kampanile

66 m hoch ragt der Kampanile neben dem Dom in den Himmel. Der markante, an venezianische Vorbilder erinnernde Glockenturm ist das Wahrzeichen Pistoias. Besonders schön sind die drei oberen Geschosse mit den zierlichen Arkaden und grün-weiß gestreifter Marmorinkrustation aus dem 13. Jahrhundert. Das Glockengeschoss sowie die ziegelsteinverblendete Turmspitze sind eine Erweiterung des 16. Jahrhunderts.

❶ Aufstieg n. V. (mind. 4 Pers.) im Tourismusbüro der APT Pistoia, Piazza del Duomo 4; Eintritt: 7 €

Palazzo dei Vescovi

Der romanische Palast neben dem rechten Seitenschiff des Doms war einst der Bischofspalast. Seine Front ist mit Wappenschilden aus dem 14. Jh. geschmückt. Der Palast ist heute Sitz der Touristeninformation und des **Domkapitelmuseums**, in dem u. a. Sakralgegenstände und die Gemäldesammlung Bigongiari mit florentinischen Werken des 17. Jh.s gezeigt werden.

❶ Besichtigung nur im Rahmen von Führungen Di., Do., Fr. 10.15, 11.45, 13.15, 14.45, Sa., So. 10.15, 11.45, 13.15, 15.00, 16.30 Uhr; Eintritt: 5 €

*Battistero S. Giovanni

Das Baptisterium weist den charakteristischen achteckigen Grundriss einer Taufkirche auf. Begonnen wurde der Bau 1338 von Cellino di Nese nach Plänen Andrea Pisanos. Die Außenverkleidung besteht aus grünem und weißem Marmor. Im Tympanon des gotischen Hauptportals ist eine Madonnenfigur zu sehen, im Türsturz darunter Szenen aus dem Leben des Johannes. Im Innern blieb das Taufbecken von Lanfranco da Como aus dem Jahr 1226 erhalten.

Der schmucklose Palazzo del Podestà bzw. Palazzo Pretorio rechts neben dem Baptisterium wurde 1367 als Amtssitz für den von Florenz eingesetzten Stadtvogt (Podestà) errichtet. Nur der Innenhof befindet sich noch im Originalzustand. Zwischen 1844 und 1846 erhielt der Stadtpalast durch eine Restaurierung sein jetziges Aussehen. Heute ist hier ein Teil des städtischen Gerichts untergebracht.

Palazzo Pretorio

Gegenüber steht der wappenverzierte Palazzo Comunale, der mit seinen Arkaden im Erdgeschoss und den gebündelten Dreipassfenstern in den Obergeschossen mittelalterliche Eleganz ausstrahlt. Der Bau wurde 1294 unter der guelfischen Regierung begonnen und erst 1385 durch den sienesischen Architekten Michele di Memmo fertiggestellt. 1637 fügte man den brückenartigen Verbindungtrakt zum Dom an. In der Mitte prangt das Medici-Wappen mit den päpstlichen Schlüsseln, das auf den Eingriff Clemens' VII. in die Stadtgeschichte hinweist. Der Palast ist Sitz eines Dokumentationszentrums zum Werk des aus Pistoia stammenden Architekten Giovanni Michelucci (1891 – 1990) und des Stadtmuseums, das eine umfangreiche Sammlung mit Fresken und Gemälden des 13. – 18. Jahrhunderts besitzt.

*Museo Civico

Stadtmuseum: Do. – So. 10.00 – 18.00 Uhr
Sammlung Michelucci: Di. – Sa. 10.00 – 17.00, So. 9.30 – 12.30 Uhr; Eintritt: 3,50 €

An der Via Ripa del Sale 3 steht der Palast der Familie Rospigliosi, deren illustrer Spross Papst Clemens IX. war. Der Palast beherbergt heute mehrere Museen. Das **Museo Clemente Rospigliosi** präsentiert historisches Mobiliar und Gemälde (16./17. Jh.), das **Diözesanmuseum** zeigt Chorbücher und Handschriften aus Pistoia und das **Museo del Ricamo** ist Pistoias Stickerei-Tradition gewidmet, zu sehen sind u. a. die Brokattechniken »in bianco« (weiß) und »sul bianco« (auf weißem Tuch) mit Exponaten des 18. – 20. Jahrhunderts.

Palazzo Rospigliosi

Museo Clemente Rospigliosi: derzeit wegen Restaurierung geschl., sonst: Di. – Sa. und 2. So. im Monat 10.00 – 13.00, 15.00 – 18.00 Uhr
Museo del Ricamo: Di. – Do. 10.00 – 13.00, Fr., Sa. und 2. So. im Monat 10.00 – 13.00, 15.00 – 18.00 Uhr

Das im 13. Jh. als Krankenhaus und Pilgerherberge gegründete Hospital an der Piazza Giovanni XXIII führt seinen Namen aufgrund seines Almosen-Opferstocks (Ceppo). Im 16. Jh. erhielt es nach Florentiner Vorbild einen Portikus mit Majolikafries, eine der schönsten Arbeiten aus der Werkstatt der della Robbia. Es zeigt die sieben Werke der Barmherzigkeit – mithin Aufgaben eines Krankenhauses – (Bekleidung der Nackten, Beherbergung der Pilger, Krankenpflege, Versorgung von Gefangenen, Erteilung der Sterbesakramente, Versorgung der Hungernden und der Durstigen).

Ospedale del Ceppo

Der Majolikafries des Ospedale del Ceppo zeigt, was Nächstenliebe alles bedeuten kann.

Pistoia Sotterranea

Führungen in die Renaissance-Kellergewölbe des Ospedale zeigen das unterirdische Pistoia, **»Pistoia Sotterranea«**, sie schließen eine Besichtigung des Anatomischen Theaters der Accademia Medicea und des Museums für chirurgische Instrumente (Museo dei Ferri Chirurgici) im Hospital mit ein.

🕐 1.4. – 30.9. tgl. 10.00 – 19.00, sonst bis 18.00 Uhr, Führungen etwa stündlich, max. 30 Pers.; Eintritt: 9 €

San Bartolomeo in Pantano

Auf dem Rückweg zum Domplatz lohnt ein Abstecher zu der Kirche, die ab 1159 außerhalb der mittelalterlichen Stadtmauer in einem Sumpfgebiet (pantano = Sumpf) erbaut wurde. Auffällig an ihrer schönen, von Rundbögen auf Halbsäulen gegliederten Fassade ist der reliefverzierte Architrav über dem Hauptportal (1167), der stilistisch an die Reliefs auf römischen Sarkophagen erinnert. Die Kanzel ist ein Meisterwerk der frühen toskanischen Bildhauerkunst und stammt von Guido da Como (um 1250).

*Piazza della Sala

Am schönsten ist Pistoia rund um die Piazza della Sala mit dem charakteristischen Ziehbrunnen. Hier gibt es noch mittelalterliche **Ladenwerkstätten** mit Steinbänken vor den Fenstern. Lohnend ist ein Bummel über den vormittäglichen **Gemüsemarkt** auf der Piazza.

*San Giovanni Fuorcivitas

Vom Gemüsemarkt sind es nur ein paar Schritte zur Via Cavour, die den Verlauf der alten Stadtmauer markiert. Ursprünglich außerhalb der Stadtmauer (fuor civitas = außerhalb der Stadt) lag die um 1150

begonnene und im 14. Jh. vollendete Benediktinerkirche mit weiß-
grün gestreifter Fassade. Im Türsturz des Portals ist ein 1160 von
Gruamonte geschaffenes **Abendmahlrelief** zu sehen, eine der
schönsten Arbeiten des einheimischen Bildhauers. Im einschiffigen
Kirchenraum verdient vor allem die Kanzel von Fra Guglielmo da
Pisa (um 1270) Beachtung. Bei dem kostbaren Weihwasserbecken
handelt es sich wahrscheinlich um das erste selbstständige Werk Giovanni Pisanos. Die sechseckige Basis zeigt u. a. Personifizierungen
der drei Kardinaltugenden Glaube, Liebe und Hoffnung. Ein weiteres Meisterwerk der Sakralkunst, ein Polyptychon (1353 – 1355), befindet sich neben dem Hauptaltar; es stammt von Taddeo Gaddi.

Durch die Via Crispi kommt man in den Süden der Altstadt zur Ein-
kaufsstraße Corso Silvano Fedi. In der ehemaligen Ordenskirche
Sant' Antonio dei Frati del Tau am Corso Silvano Fedi wurde dem
1901 in Pistoia geborenen und 1980 verstorbenen Bildhauer **Marino
Marini,** der für seine archaischen Menschen- und Tierfiguren be-
kannt ist, ein Museum eingerichtet. Die Cafeteria im »Chiostro delle
Ortensie« (Hortensienkreuzgang) ist eine Ruheoase und offiziell
»Area destressizzata«, stressfreie Zone.

**Centro
di Documen-
tazione e
Fondazione
Marino
Marini**

❶ Okt. – März Mo. – Sa. 10.00 – 17.00, April – Sept. Mo. – Sa. 10.00 bis
18.00 Uhr; Eintritt: 3,50 €

Die Ordenskirche südlich gegenüber wurde um 1300 begonnen und
verkörpert die schlichte Gotik der Bettelordensarchitektur. Die im
Zweiten Weltkrieg schwer beschädigte Kirche besitzt noch sehenswerte Fresken-Fragmente aus dem 14. Jahrhundert. Hinter dem
rechten Seitenaltar befindet sich das imposante Grabmal des Filippo
Lazzari, das 1462 bis 1468 von Bernardo und Antonio Rossellino angefertigt wurde.

**San
Domenico**

Westlich außerhalb des alten Stadtkerns steht eine ungewöhnliche
Kirche und Pistoias wichtigstes Renaissancebauwerk. Fertiggestellt
wurde das 1495 begonnene Zentralbau 1561 von **Giorgio Vasari.** Er
entwarf die **Kuppel,** die wie eine Miniaturausgabe der Florentiner
Domkuppel aussieht. Das breit gelagerte Vestibül suggeriert einen
wesentlich größeren Bau, als es der achteckige Hauptraum dann ein-
lösen kann. Am Hauptaltar hängt das wundertätige Madonnen-Fres-
ko (Giovanni di Bartolomeo Cristiani, um 1370) aus dem Vorgängerbau, das 1490 den Anlass für einen Kirchenneubau lieferte.

**Madonna
dell' Umiltà**

Die romanische Kirche Sant' Andrea im Nordwesten der Altstadt
geht auf das 8. Jh. zurück. Ihre **herrliche Fassade** entspricht im Aufbau denen anderer Kirchen in Pistoia, insbesondere der von San Bartolomeo. Besonders fein gearbeitet sind die Kapitelle und das Relief
über dem Hauptportal (1166). Die ***Kanzel von Giovanni Pisano,**

***Sant'
Andrea**

ein 1298 – 1301 entstandenes Hauptwerk des Künstlers, ist das wertvollste Stück der Ausstattung. Sie ruht auf sieben roten Porphyrsäulen, die eine spitzbogige Arkatur tragen. Auf den üppig verzierten Kapitellen erheben sich die Figuren von Sibyllen und Propheten. Die Kanzelreliefs erzählen in fünf Bildfeldern die Geschichte Christi. Giovanni Pisano schuf außerdem das Holzkruzifix in der linken Seitenkapelle.

Palazzo Fabroni

Im Palazzo Fabroni ist das **Centro di Arti Visive Contemporanee** eingerichtet. Ausgestellt ist Pop Art, Minimal Art und Arte Povera. Die Dauerschau basiert auf Schenkungen.

❶ Via Sant' Andrea 18; Fr. – So. 10.00 – 13.00, 15.00 – 18.00 Uhr; Eintritt: 3,50 €; www.palazzofabroni.it

Giardino Zoologico

Der Zoo westlich der Stadt gilt als einer der besten Italiens, u. a. bekommt man sibirische Tiger, Elefanten und Giraffen zu Gesicht.

❶ Via Pieve a Celle 160a; Mo. – Fr. 9.30 – 18.00, Sa., So. bis 19.00 Uhr; Eintritt: 15 €; www.zoodipistoia.it

* Pitigliano

✈ O 12/13

Provinz: Grosseto (GR)
Höhe: 313 m ü. d. M.
Einwohnerzahl: 3900

Die mittelalterlichen Häuser von Pitigliano scheinen nahtlos aus dem steilen Tufffelsen herausgewachsen zu sein. Von Manciano kommend bietet sich der eindrucksvollste Blick auf das zwischen Schluchten aufragende Tuffsteinplateau mit dem Felsenstädtchen, das auch ohne Stadtmauer einer Festung gleicht. Die Kulisse wirkt geradezu märchenhaft, und ebenso erscheint Pitigliano bei einem abendlichen Spaziergang durch die sparsam beleuchteten, verwinkelten Gassen.

*Gassen und Höhlen

Bereits Etrusker und Römer siedelten auf dem Felsen. Die guelfenfreundliche römische Familie Orsini machte Pitigliano 1293 zum Stammsitz ihrer Grafschaft, später kam der Ort an die Florentiner Familie Strozzi und 1604 zum Großherzogtum Toskana.
Schmale Treppengassen und überwölbte Durchgänge sind ebenso typisch für Pitigliano wie die Höhlen, die in das weiche Gestein geschlagen wurden. Sie dienten den Etruskern als Grabkammern, später als Vorratskammern. Die Römer nutzten die kühlen Räume als **Weinkeller,** und auch heute lagern hier vorzügliche Tropfen der Region, allen voran der »Bianco di Pitigliano«.

Pitigliano erleben

AUSKUNFT
Piazza Garibaldi 12
www.tuttopitigliano.com

ESSEN
Il Tufo Allegro €€€
Vicolo della Costituzione 5, Pitigliano
Tel. 05 64 61 61 92
www.iltufoallegro.com
Di. u. Mi. mittags geschl.
Kleines Lokal in einer Tuffsteinhöhle
nahe der Synagoge. Tolles Essen, guter
Service. Unbedingt reservieren.

ÜBERNACHTEN
Hotel della Fortezza €€ – €€€
Piazza Cairoli 5
Sorano

Tel. 05 64 63 35 49
www.fortezzahotel.it
Ein stilvolles Hotel mit 12 Zimmern in
der Fortezza Orsini in Sorano. Aus allen
Zimmern hat man einen grandiosen
Ausblick. Angenehmer freundlicher
Empfang.

Hotel Relais Valle Orientina €€€
Loc. Valle Orientina
Tel. 05 64 61 66 11
www.valleorientina.it
Wer Ruhe sucht, findet sie hier. 3 km
außerhalb von Pitigliano im Orientina-
Tal steht dieses friedliche Hotel mit
nettem Wellnessbereich und Swimming-
pool. Für Sportliebhaber gibt es einen
Tennisplatz.

SEHENSWERTES IN PITIGLIANO

An die einstigen Stadtherren, die römischen Orsini, erinnert der zinnenbewehrte Palazzo aus dem 14. Jh., den der Renaissancearchitekt Giuliano da Sangallo in einen Palast mit Brunnenhof umgestaltete. Das Palastmuseum (mit Museo Diocesano) zeigt Gold- und Silberarbeiten, Münzen und u. a. das Tafelbild »Madonna auf dem Thron mit gekröntem Kind zwischen Engeln und den hl. Petrus und Franziskus« (1494), vermutlich ein Werk des Sienesen Guidoccio Cozzarelli. Der Aquädukt an der Via Cavour entstand 1636 – 1639 auf Betreiben der Medici.
Palazzo Orsini, Aquädukt
❶ Aug. tgl. 10.00 – 13.00, 15.00 – 18.00, Winter bis 17.00, August tgl. 10.00 – 20.00 Uhr, Mitte Jan. – Mitte März geschl.; Eintritt: 4,50 €

Im Museo Civico Archeologico della Civiltà Etrusca sind etruskische Vasen und Keramiken sehenswert sowie neuere Funde aus der Region rund um Pitigliano. Zum Museum gehört auch der **Archäologische Park** »Alberto Manzi« 2 km außerhalb.
Museo Civico Archeologico della Civiltà Etrusca
Museum: Piazza Fortezza Orsini 59c; Öffnungszeiten wechseln häufig: meist Do. – Mo. 10.00 – 19.00 Uhr; Di. u. Mi. geschl., häufig nur nachmittags 14.00 – 19.00 oder vormittags 10.00 – 14.00 Uhr geöffnet; www.comune.pitigliano.gr.it/index.php?T1=8018&T2=1; Eintritt: 3 €
Park: Via Cava del Gradone; Öffnungszeiten wie Museum; Eintritt: 4 €

Piazza Gregorio VII
Die Piazza Gregorio VII wird von der Barockfassade des im Mittelalter errichteten, im 18. Jh. umgestalteten Doms und dem mächtigen Kampanile beherrscht. Ein Travertinpfeiler auf dem Platz trägt das Wappen der Orsini mit dem Bär, italienisch »orso«.

Synagoge, Klein-Jerusalem
Bis ins 20. Jh. gab es in Pitigliano eine große jüdische Gemeinde, die seit 1598 eine Synagoge besitzt. Die Synagoge und das alte Getto, das als »Piccolo Gerusalemme della Maremma« (Klein-Jerusalem der Maremma) bezeichnet wird, können besichtigt werden; zu sehen sind ein altes Ritualbad der Frauen, eine koschere Metzgerei, Weinkelterei, Färberei und Bäckerei sowie das Museo di Cultura Ebraica. Der Zugang zum Viertel ist am Vicolo Marghera/Vicolo Manin. Der jüdische Friedhof (Cimitero Ebraico) außerhalb von Pitigliano an der SS 74 Richtung Manciano kann ebenfalls besichtigt werden.
❶ 1.4. – 30.9. So. – Fr. 10.00 – 13.00, 14.30 – 18.00, 1.10. – 31.3. So. – Fr. 10.00 – 12.00, 15.00 – 17.00 Uhr; Eintritt: 5 €; www.lapiccolagerusalemme.it

> **BAEDEKER TIPP**
>
> **! Lo Sfratto**
>
> In der Bäckerei »Panificio del Ghetto«, Via Zuccarelli 167, verkauft Giovanni Bianchini »Lo Sfratto dei Goym«. Die Stockform der süßen Spezialität soll daran erinnern, wie die Juden im 16. Jh. aufgefordert wurden, im Getto zu leben. Der Befehl zur Räumung (sfratto) ihrer Wohnung erfolgte mit Stockschlägen an die Tür.

Vie Cave
Pitigliano ist umzogen von Hohlwegen (Vie Cave), die die Etrusker in den Tuff schlugen. Sie dienten dem Transport von Waren, aber wohl auch religiösen Zwecken. Acht Wege führen ins Umland (Information und Karte im Tourismusbüro). Gut begehbar ist außer der Via Cava di San Giuseppe auch die Via Cava di Poggio Cani.

UMGEBUNG VON PITIGLIANO

*Sorano
Auf dem Gipfel eines Tuffsteinplateaus liegt das mittelalterliche Sorano, das ebenfalls von einer Burg der Orsini gekrönt wird. Obwohl nur 9 km von Pitigliano entfernt, ist Sorano bis heute wenig beachtet und nahezu unverändert und besitzt daher einen ganz besonderen Charme. Vor Sorano fallen die dunklen Öffnungen in den Felswänden auf: höhlenartige Grabkammern aus dem 3./2. vorchristlichen Jahrhundert. Im **Mittelalter- und Renaissancemuseum** in Soranos Festung (13. Jh.), einem Meisterwerk der Militärarchitektur, ist ein Turmzimmer mit Grotesken (16. Jh.) von Interesse. Im Erdgeschoss befindet sich ein Büro des Archäologischen Parks »Città del Tufo«. Zu dem Park gehört auch der nach der Kapelle (18. Jh.) an der Provinzstraße 22 benannte Felsen von San Rocco mit einer **Etruskernekropole** (3./2. Jh. v. Chr.). Eine grandiose Aussicht bietet sich vom

Masso Leopoldino (Via del Poggetto). Das Plateau wurde von Leopold von Lothringen im 18. Jh. befestigt.
Museum: 1.4. – 30.9. tgl. 10.00 – 13.00, 15.00 – 19.00, Okt. bis 18.00
Uhr; Eintritt: 4 €; www.leviecave.it
Etruskernekropole: April – Sept. tgl. 10.00 – 19.00, Okt. bis 18.00 Uhr
Masso Leopoldino: 1.4. – 30.9. tgl. 10.00 – 13.00, 15.00 – 19.00, Okt. bis
18.00 Uhr; Eintritt: 2 €

Auch die um 1000 v. Chr. angelegte Felssiedlung Vitozza am Ortsrand von San Quirico 5 km südöstlich von Sorano ist Teil des »Città del Tufo«-Parks. Die 200 Grotten waren bis ins 19. Jh. bewohnt. **San Quirico / Vitozza**
❶ April – Sept. tgl. 10.00 – 19.00, Okt. bis 18.00 Uhr

Das Bilderbuchstädtchen Sovana, eine Etruskergründung, erlebte seine Blütezeit im 11. Jh.: Um 1021 kam hier jener Mönch Hildebrand zur Welt, der 1077 als Papst Gregor VII. Kaiser Heinrich IV. vor Canossa auf die Knie zwang. Aus dem 11. Jh. stammen auch die ***Sovana**

Felsenstadt: Pitigliano wirkt wie eine uneinnehmbare Festung, die Häuser scheinen direkt aus dem Tuffsteinplateau gewachsen.

Wabernde Dämpfe: Thermalwasserkaskaden südlich von Saturnia

Festung der kaisertreuen Aldobrandeschi und die fünfschiffige Hallenkrypta des Doms. Dessen gotisches Gewölbe wurde erst im 14. Jh. eingefügt. Lombardische und südfranzösische Steinmetze schufen um 1100 die bemerkenswerten **Reliefszenen der Pfeilerkapitelle.** In der spätromanischen Kirche Santa Maria an der Piazza del Municipio ist herausragende lombardisch-karolingische Steinmetzkunst zu sehen: Der Hochaltar wird von einem steinernen Ziborium mit kunstvoller Ornamentik (9. Jh.) überspannt. Im Palazzo Pretorio befindet sich das **Besucherzentrum** des »Città del Tufo«-Parks mit einem Museum.

Besucherzentrum: Piazza del Municipio 12a; Apr.–Sept. tgl. 10.00–19.00, Okt. bis 18.00, Nov., März nur Sa., So. 10.00–18.00 Uhr; Eintritt: 5 €

*Tomba Ildebranda

Zwei Rundwege erschließen die ausgeschilderten Etruskernekropolen (4.–2. Jahrhundert v. Chr.). Besonders eindrucksvoll ist das Hildebrandgrab (Ende 3./Anf. 2. Jahrhundert v. Chr.) auf dem Poggio Felceto. Das in den Fels gehauene Grab verdankt seinen Namen Papst Gregor VII., dem Mönch Hildebrand. Über einem Sockel mit seitlichen Treppen erheben sich gerippte Säulen mit kunstvoll verzierten Kapitellen. Ursprünglich war der Scheintempel mit Stukatur verkleidet und besaß im oberen Bereich bunt bemaltes Gebälk; heute sind noch Spuren davon erhalten. Ein unterirdischer Dromos führt zu der rechteckigen Grabkammer mit einer steinernen Totenbank.

❶ Apr.–Sept. tgl. 10.00–19.00, Okt. bis 18.00, Nov., März nur Sa., So 10.00–18.00 Uhr; Eintritt: 5 €

Der Thermalort Saturnia liegt an der antiken Via Clodia auf einem Travertinfels im Hochtal des Flusses Albenga. Der Legende nach soll der Gott Saturn hier Zuflucht gesucht haben. Unter den Etruskern hieß der Ort Aurinia, ab 280 v. Chr. wurde er römisch. Saturnias **37,5 °C warme schwefelhaltige Quellen** wurden schon in der Antike geschätzt. Sie versprechen Linderung bei Rheuma, Atemwegserkrankungen und Verdauungsproblemen. 5 km außerhalb von Saturnia in Richtung Manciano sprudelt Thermalwasser über die Travertinfälle **Cascate del Molino** in Naturbecken, die zum kostenlosen Bad einladen (mit Parkplatz und Bar). Komfortabler ist das Blackrose Spa im Hotel Terme di Saturnia, dem **größten Thermalresort Europas.** Auch Nicht-Hotelgäste können Anwendungen buchen (www.terme-disaturnia.it).

Saturnia

> ### ! BAEDEKER TIPP
> *Gutes Schuhwerk*
>
> Wer in den Becken der Cascate del Molino baden möchte, sollte ein wenig vorsorgen, damit es ein wirkliches Vergnügen wird: Da der Naturstein teilweise rau, teilweise aber auch rutschig ist, sollte man Badeschuhe mitbringen!

* Prato

✦ **F 9**

Provinz: Prato (PR)
Höhe: 63 m ü. d. M.
Einwohnerzahl: 189 000

Ländliche Idylle darf man hier nicht erwarten, denn die Industrievororte von Prato und Florenz sind fast zusammengewachsen. Prato ist die zweitgrößte und eine der reichsten Städte der Toskana. Seit eh und je ist sie die Metropole der Textilindustrie – heute ist sie bekannt für ihre Outlet-Center. Und was man vielleicht nicht vermuten würde: Das historische Zentrum der Industriestadt ist völlig intakt und einen Besuch wert.

Prato entstand vermutlich auf den Resten einer etruskisch-römischen Siedlung. Während der ruhmreichen Stauferepoche wurde die Stadt Amtssitz eines kaiserlichen Vikars. Im 14. Jh. fiel Prato für 17 500 Goldflorin an Florenz, und trotz gelegentlicher Aufstände waren die Geschicke beider Städte seitdem eng verbunden. Wie in Florenz entwickelte sich auch in Prato früh das Textilgewerbe. Den größten Aufschwung erlebte die Textilindustrie nach dem Zweiten Weltkrieg, als die Prateser zerschlissene Stoffreste und abgetragene Kleidungsstücke aus dem zerstörten Europa sammelten und zu neuen Stoffen verarbeiteten. Das Geschäft blühte, bis 1975 verdreifachte

Textilstadt

Prato erleben

AUSKUNFT
Piazza Buonamici 7
Tel. 0 57 42 41 12
www.pratoturismo.it

ESSEN
❶ *Il Piraña* ❻❻❻❻
Via Guiseppe Valentini 110
Tel. 0 57 42 57 46
www.ristorantepirana.it
Sa. mittags geschl., So. Ruhetag; Aug.
geschl.
Erstklassiges Fischrestaurant in postmo-
dernem Ambiente

❷ *Osteria Cibbè* ❻
Piazza Mercatale 49
Tel. 05 74 60 75 09
www.cibbe.it
So. Ruhetag, Aug. geschl.
Einfache, sympathische Osteria, in der
eine Spezialität aus Prato angeboten

wird: Sedani ripeni alla Pratese, gefüllter
Bleichsellerie

ÜBERNACHTEN
❶ *Flora* ❻❻ – ❻❻❻
Via Cairoli 31
Tel. 0 57 43 35 21
www.hotelflora.info
Mitten in der Altstadt liegt dieses
einfache und solide Hotel mit 31
Zimmern. Atmosphäre und Service
sind sehr freundlich.

❷ *Villa Rucellai* ❻❻ – ❻❻❻
Via di Cannetto 16-18
Loc. Canneto
Tel. 05 74 46 03 92
www.villarucellai.it
Eine nette Alternative, allerdings
4 km nordöstlich von Prato, ist dieses
gemütliche B & B mit 12 Zimmern in
einer schönen Renaissancevilla.

---

sich die Einwohnerzahl. In den späten 1970er-Jahren bewirkte die
asiatische Konkurrenz eine wirtschaftliche Stagnation, doch eine
weitere Spezialisierung führte bald wieder zur Gesundung: Heute ist
Prato die Stadt der **Outlets**. 1992 erhielt die Stadt im unteren Bisenzio-Tal die lange geforderte verwaltungspolitische Unabhängigkeit
von Florenz und wurde eine eigenständige Provinz.

SEHENSWERTES IN PRATO

***Castello dell'
Imperatore**
Die wuchtige Stauferfestung an der Piazza Santa Maria delle Carceri,
1237 – 1248 **im Auftrag Friedrichs II. gebaut**, ist hinsichtlich ihrer
Bauart und ihres vorzüglichen Erhaltungszustands einzigartig im
nördlichen Mittelitalien. Das Castello dell' Imperatore (bzw. Fortezza
di Santa Barbara), als Erweiterungsbau eines Kastells der Grafen von
Prato im 10. Jh. entstanden, ähnelt den zahlreichen Wehrbauten, die
der Kaiser in seinen süditalienischen Lieblingsprovinzen errichten
ließ. Die Stauferkastelle glichen äußerlich dem römischen Castrum
und dienten in erster Linie der Verteidigung, waren im Innern aber

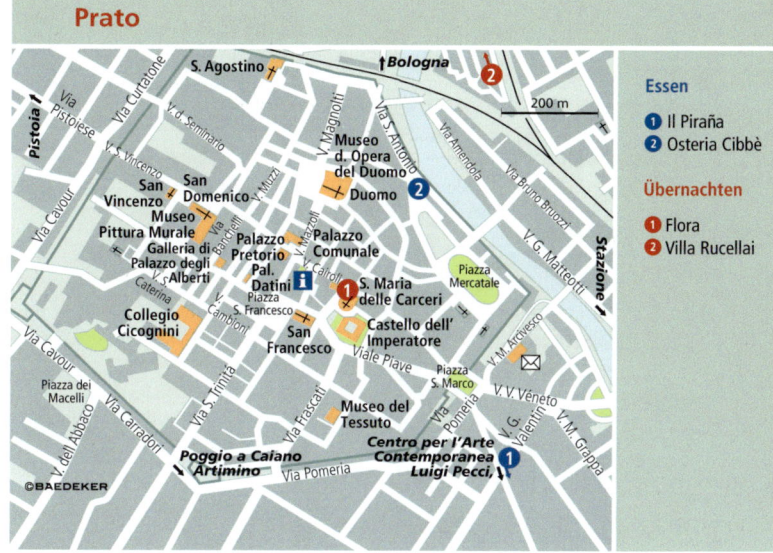

Prato

S. Agostino

↑Bologna

Essen

① Il Piraña
② Osteria Cibbè

Übernachten

① Flora
② Villa Rucellai

Via Pistoiese
Pistoia ↑
Via Curtatone
V. d. Seminario
Via Cavour
Via S. Vincenzo
San Vincenzo
San Domenico
Museo Pittura Murale
Galleria di
Palazzo degli Alberti
Via Caterina
Collegio Cicognini
Via Cavour
Piazza dei Macelli
V. dell'Abbado
Via Carradori
Via S. Trinita
Via Cambioni
Piazza S. Francesco
San Francesco
Via Frascati
Via Magnolfi
Via Muzzi
Palazzo Pretorio
Pal. Datini
Piazza
Museo d. Opera del Duomo
Duomo ②
Palazzo Comunale
Via Calzoli
S. Maria delle Carceri
Castello dell' Imperatore
Viale Piave
Piazza S. Marco
Via Pomeria
Poggio a Caiano
Artimino
Via Pomeria
Museo del Tessuto
Centro per l'Arte Contemporanea Luigi Pecci,
Via S. Antonio
Via Amendola
V. Bruno Buozzi
Piazza Mercatale
V. G. Matteotti
Stazione ↗
V. M. Arcivesco
V. V. Véneto
V. G. Valentini
V. M. Grappa

200 m

©BAEDEKER

sehr wohnlich gestaltet – leider haben die Innenräume des Castello dell' Imperatore ihre ursprüngliche Gestalt vollständig eingebüßt.
❶ Mo., Mi. – Fr. 16.00 – 19.00, Sa., So. 10.00 – 13.00, 16.00 – 19.00 Uhr; Eintritt: 2,50 €

Der Cassero in der gleichnamigen Straße ist ein unsichtbarer mittelalterlicher Fluchtweg, der vom Castello zur Stadtmauer führte. Der Boden war so beschaffen, dass man selbst Pferde nicht hörte.
❶ 1.4. – 30.6., Sept./Okt. Mi. – Mo. 16.00 – 19.00 Uhr

Cassero

Die Kirche gegenüber der Nordecke des Kastells wurde für ein wundertätiges Marienbild errichtet, das die Wand eines hier befindlichen Gefängnisses (Carcere) zierte. Giuliano da Sangallo entwarf den eigenwilligen Renaissancebau (1484 – 1495) auf dem Grundriss eines griechischen Kreuzes. Eine dezente Kuppel überwölbt die Vierung, farbiger Marmor verkleidet die Fassaden, im Innern prunken Terrakotta-Medaillons von Andrea della Robbia.
❶ tgl. 7.00 – 12.00, 16.00 – 19.00 Uhr

Santa Maria delle Carceri

Mittelpunkt der Stadt ist die Piazza del Comune mit dem Denkmal des weit über Prato hinaus berühmten Textilkaufmanns Francesco di Marco Datini. Beherrscht wird der Platz von der mittelalterlichen, völlig unregelmäßigen Fassade des Palazzo Pretorio. Der Capitano

Palazzo Pretorio, Museo Civico

del Popolo, Fresco de Frescobaldi, hatte 1284 den Wohnkomplex erworben und dort den ersten Amtssitz der Stadtregierung eingerichtet. Die Freitreppe mit Balkon, die Zinnen und der Glockenturm wurden im 16. Jh. angefügt. Der Palast beherbergt das Museo Civico mit der Städtischen Kunstgalerie. Es besitzt Meisterwerke des 14./15. Jh.s, u. a. von Fra Filippo Lippi, Filippino Lippi, Bernardo Daddi und Giovanni da Milano, ist aber zurzeit zu Restaurierungszwecken geschlossen. Die 2010 von Prato in New York ersteigerte Kreuzigungsdarstellung von Filippino Lippi ist bis zur Wiedereröffnung im Museum von San Domenico ausgestellt.

Palazzo Datini
Im spätgotischen Palazzo Datini in der Via Rinaldesca wohnte Francesco di Marco Datini, an den das Standbild auf der Piazza del Comune erinnert. Das Gebäude, Ende des 14. Jh.s errichtet, ist ein seltenes Beispiel spätgotischer Profanarchitektur, das die Entwicklung des 15. Jh.s schon vorwegnimmt. Von den Fassadenmalereien, die die Familiengeschichte illustrieren, sind nur noch Fragmente zu erkennen. Die Fresken im Innenhof hingegen sind gut erhalten. Im Erdgeschoss zeigt die **Casa Museo Francesco di Marco Datini** eine

Die Außenkanzel ist ein auffälliger Hingucker am Dom von Prato.

Ausstellung zum Leben des spätmittelalterlichen Tuchfabrikanten und Kaufmanns (ca. 1335 – 1410). Handelsverträge, Kontobücher, Versicherungspolicen und eine umfangreiche Korrespondenz sind elektronisch aufbereitet.

❶ Juni – Aug. Mo. – Fr. 9.00 – 12.30, 16.00 – 19.00, Sa. nur vorm., Sept. bis Mai Mo. – Fr. 9.00 – 12.30, 15.00 – 18.00 Uhr, Sa. nur vorm.; Eintritt frei

Der den hll. Stephanus und Johannes dem Täufer geweihte Dom war bereits im Hochmittelalter (10. Jh.) das geistliche Zentrum der Stadt. Zwischen 1385 und 1457 erhielt er seine heutige Form. Das reiche Prato konnte sich die besten Künstler leisten, darunter Giovanni Pisano und Donatello, Michelozzo und Filippo Lippi. Der festlich dekorative Charakter der grün-weißen Fassadeninkrustation wird durch die prächtige **Außenkanzel** deutlich verstärkt. Die von Donatello und Michelozzo 1434 – 1438 gemeinsam ausgeführte Kanzel (Kopie; Original im Dommuseum) dient dem Reliquienkult des Mariengürtels, der mehrmals im Jahr – u. a. Ostern, am 15. August und Weihnachten – auf der Außenkanzel gezeigt wird. Das dreischiffige Langhaus ist unverändert romanisch geblieben. Die reliefverzierte Kanzel im Mittelschiff ist ein Gemeinschaftswerk von Mino da Fiesole und Antonio Rossellino aus dem Jahr 1437.

** Duomo Santo Stefano

** Fresken von Filippo Lippi: Mit der Ausmalung der Hauptchorkapelle (1452 – 1466) hinterließ der Maler und Dominikanermönch Fra Filippo Lippi – assistiert von seinem Gehilfen Fra Diamante – einen der schönsten Freskenzyklen der Frührenaissance in Italien. In siebenjähriger Arbeit wurden die Fresken Anfang des 21. Jh.s restauriert. Der Zyklus zeigt Szenen aus dem Leben der beiden Kirchenpatrone, die der Künstler auf eine für damalige Verhältnisse undramatische, ja geradezu spielerische Weise interpretierte. Besonders deutlich wird dies im wunderbar leicht gemalten »Festmahl des Herodes« mit der tanzenden Salome, für die angeblich Filippo Lippis Geliebte Modell gestanden haben soll.

* Cappella del Sacro Cingolo: In der Cappella del Sacro Cingolo (1385 – 1395) links neben dem Eingang wird der heilige Mariengürtel (sacra cintola) aufbewahrt. Die von Agnolo Gaddi ausgeführten Fresken erzählen die Legende dieser Reliquie: Bei ihrer Himmelfahrt überlässt Maria ihren Gürtel dem Apostel Thomas, der ihn einem Priester schenkt. Ein Kaufmann aus Prato bringt den wundertätigen Mariengürtel von einer Reise ins Heilige Land mit in seine Heimatstadt, wo er ihn sowohl den kirchlichen als auch den weltlichen Vertretern vermacht. Deshalb besitzen noch heute der Bischof und der Bürgermeister je einen Schlüssel zu dem Schrein.

Dom: Mo. – Sa. 7.30 – 19.00, So. 7.30 – 12.00, 13.00 – 19.00 Uhr
Kapelle: Mo. – Sa. 10.00 – 17.00, So. 13.00 – 17.00 Uhr; Eintritt: 3 €, Führungen (auch auf Deutsch) Do. 15.30, 16.30, Sa. 10.00, 11.00, 15.30, 16.30 Uhr; 5,50 €

*Museo dell' Opera del Duomo
Das Dommuseum wurde im Bischofspalast eingerichtet. Zu seinen Schätzen gehören mittelalterliche Tafelbilder, liturgisches Gerät, Goldschmiedearbeiten und eine auf 1262 datierte »Madonna mit dem Erzengel Michael und den hll. Peter und Paul« von Giroldo di Jacopo da Como und Donatellos sieben Originalreliefs der Außenkanzel.

❶ Piazza del Duomo 49; Mo. – Sa. 10.00 – 13.00, 14.00 – 17.00, So. 14.00 bis 17.00 Uhr; Eintritt: 5 €; www.diocesiprato.it/museo-dellopera-del-duomo

*San Domenico, Museo di Pittura Murale
Die Ordenskirche wurde zwischen 1283 und 1322 erbaut. Ihre Marmorverkleidung blieb unvollendet, Gründe dafür sind nicht bekannt. Abgesehen von einem polychromen Tafelkreuz aus der Zeit um 1400 besitzt die Kirche eine barocke Ausstattung. Im angrenzenden Kloster lebte der religiöse Reformer **Fra Girolamo Savonarola,** bevor er nach Florenz ging. Das Gebäude beherbergt heute ein Museum mit Fresken und Vorzeichnungen aus den Kirchen in Prato und bietet einen Einblick in die Technik der Wandmalerei (Pittura Murale).

❶ Piazza San Domenico, 8; derzeit wegen Restaurierung geschlossen (sonst So. – Mo. 14.00 – 20.00 Uhr; Eintritt: 5 €)

Das **Museo del Tessuto** südlich der Altstadt widmet sich der Geschichte der Textilherstellung ab dem 12. Jh. in Prato, aber auch anderswo. Gezeigt werden Geräte zur Textilverarbeitung und Stoffmuster aus verschiedenen Jahrhunderten und unterschiedlichen Ländern.

❶ Via Santa Chiara 24; Di. – Do. 10.00 – 15.00, Fr., Sa. 10.00 – 19.00, So. 15.00 – 19.00 Uhr; Eintritt: 8 €; www.museodeltessuto.it

Galleria di Palazzo degli Alberti
Im Palazzo degli Alberti kann man sich die Gemäldesammlung der Banca Popolare di Vicenza ansehen, darunter Werke von Filippo Lippi, Giovanni Bellini oder Caravaggio.

❶ Via degli Alberti 2; Mo. – Fr. 8.30 – 13.00, 15.00 – 17.00 Uhr nur mit Anmeldung Tel. 05 74 61 75 25; Eintritt frei; www.galleriapalazzoalberti.it

*Centro per l' Arte Contemporanea Luigi Pecci
An der Ausfallstraße Viale della Repubblica südöstlich außerhalb der Stadt steht der Museumskomplex für moderne Kunst. Das von Italo Gamberini realisierte Museum mit großem Skulpturenpark (u. a. Arbeiten von Enzo Cucchi, Barbara Kruger und Mauro Staccioli) ist eines der Zentren für moderne Kunst in der Toskana und symboli-

siert nicht zuletzt den Reichtum Pratos. Auch im **öffentlichen Raum** zeigt die Stadt viele **moderne Kunstwerke**, z. B. von Henry Moore auf der Piazza San Marco, von Salvadore Messina im Apsidengarten von San Francesco (Piazza S. Maria delle Carceri) oder von Giò Pomodoro eine Hommage an Pablo Neruda (»Isla negra«; Garten an der Via C. Marx).

❶ Di., Do. 13.00 – 18.00, Mi., Fr. 10.00 – 13.00 Uhr; Eintritt frei; www.centropecci.it

UMGEBUNG VON PRATO

Die in die sanft hügelige Landschaft um Prato gebauten Herrschaftsvillen zeugen von der Begeisterung, die reiche Städter im 15. und 16. Jh. für das Landleben entwickelten. Während sich der Prateser Stadtadel im fruchtbaren Bisenzio-Tal seine Landsitze errichtete, bauten die Florentiner Medici südlich von Prato am Fuß des Monte Albano zwei ihrer schönsten Landresidenzen, zunächst bei Poggio a Caiano, später bei Artimino.

Herrschaftliche Villen

Eine der prunkvollsten Medici-Villen überhaupt steht am Rand der Ortschaft Poggio a Caiano südlich von Prato inmitten einer herrlichen Parkanlage mit Gewächshäusern und exotischen Ziergärten. Lorenzo il Magnifico ließ sich die Sommerresidenz ab 1485 von Giuliano da Sangallo erbauen. Er selbst erlebte ihre Fertigstellung nicht mehr, aber Leo X., der erste Medici-Papst, genoss den ländlichen Luxus in vollen Zügen. Die Größe des Wohnbereichs war beachtlich: Ein Arkadengang schmückte das Erdgeschoss, weitläufige Terrassen umgaben das erste Stockwerk, und eine stattliche Loggia mit Säulen und Architrav zitierte die antike Tempel- und Palastarchitektur. Mit der **Ausmalung der Innenräume** waren die namhaftesten Freskenmaler des 16. Jh.s beauftragt, u. a. Andrea del Sarto, Pontormo und Alessandro Allori. Als Königsresidenz für Vittorio Emmanuele II. erfuhr der noble Landsitz in der zweiten Hälfte des 19. Jh.s einige Veränderungen, z. B. wurden damals die Freitreppen gebaut. Die Innenausstattung blieb nur fragmentarisch erhalten. Im Originalzustand befindet sich noch der Hauptsaal (Salone di Leone X) mit Alloris Fresken (1580). In der Villa ist Italiens einziges **Museum für Stillleben** (Natura morta) eingerichtet. In den Scuderie zeigt ein Museum die Werke von **Ardengo Soffici** von 1904 bis 1962.

**Villa Medicea in Poggio a Caiano

❶ Park: Juni – Aug. tgl. 8.15 – 19.30, April, Mai, Sept., Okt. bis 18.30, März bis 17.30, Nov. – Feb. bis 16.30 Uhr; Villa im Rahmen von Führungen tgl. 8.30 bis jeweils 1 Std. vor Parkschließung; Eintritt frei; www.comune.poggio-a-caiano.po.it
Museo Ardengo Soffici: April – Okt. Mi. – So. 10.00 – 13.00, 14.30 – 19.00, Nov. – März nur Sa. So. bis 17.30 Uhr; Eintritt: 3 €

*Villa Medicea in Artimino Die Medici-Villa in Artimino, auch La Ferdinanda genannt, ist UNESCO-Weltkulturerbe und kann heute für Tagungen und Hochzeiten gemietet werden. Ab 1587 errichtete Bernardo Buontalenti die stilvolle Landvilla für Ferdinando I., wobei er sich ganz offensichtlich an der benachbarten Medici-Villa in Poggio a Caiano orientierte. La Ferdinanda fällt jedoch wesentlich bescheidener aus und passt besser ins ländliche Ambiente – keine Arkadengänge, Terrassen und auch die Loggia wirkt schlichter. Statt dekorativer Dachaufbauten ziert eine Kaminlandschaft das Ziegeldach – daher auch der Beiname Villa dei Cento Camini. Auch im Inneren setzte man auf Zurückhaltung. Dazu passt die betont **ländliche Gartengestaltung** mit Wein- und Olivenpflanzungen. La Ferdinanda beherbergt ein **Archäologisches Museum,** das Bucchero-Keramiken, Bronzevasen und Statuetten zeigt und Teil des Archäologischen Parks Carmignano ist.

Villa: Führungen Sa., So. 10.30 u. 16.00 Uhr, Anmeldung: Tel. 055 87 51 41
Arch. Museum/Arch. Park: 1.3. – 31.10. Mo., Di., Do., Fr. 9.30 – 13.30, Sa., So. 9.30 – 13.30, 15.00 – 18.00; 1.11. – 28.2. Sa., So. 9.30 – 13.30, 14.00 – 16.00 Uhr; Eintritt: 4 €;
www.parcoarcheologicocarmignano.it

** San Gimignano

✦ I 9

Provinz: Siena (SI)
Höhe: 334 m ü. d. M.
Einwohnerzahl: 7100

Schon von Weitem ragen die mit UNESCO-Mitteln sorgsam restaurierten Geschlechtertürme von San Gimignano auf einem Hügel des Elsa-Tals auf. Im »Manhattan des Mittelalters« erhält man eine Vorstellung des städtischen Lebens jener Zeit.

Rivalitäten Der Hügel war bereits von Etruskern besiedelt, doch die Geschichtsschreibung erwähnt die Kommune erst im 8. Jahrhundert. Die durch den Ort führende antike Handelsstraße nach Rom bescherte den Bewohnern einträgliche Geschäfte. Wie in vielen Städten ließen sich **die rivalisierenden Adelsfamilien** von San Gimignano als Ausdruck ihrer politischen Macht die sogenannten Geschlechtertürme errichten – 72 waren es am Ende des Mittelalters, heute sind es noch 15. Da jede Familie mit ihrem Turm die anderen übertreffen wollte, musste die Stadt eingreifen: 1255 wurde der Rathausturm zum Maßstab bestimmt, den kein anderer Turm überragen durfte. Der endgültige Maßstab war 1311 gesetzt, als der neuere Rathausturm mit 54 m Höhe gebaut wurde. 1353, nach der großen Pestepidemie, wurde die freie Kommune von Florenz übernommen – und von diesem Zeitpunkt an wurde nicht mehr gebaut.

San Gimignano aus der Vogelperspektive: Von den einst
72 Wohntürmen der Stadt stehen heute immerhin noch 15.

SEHENSWERTES IN SAN GIMIGNANO

An der Porta San Giovanni, dem besterhaltenen Stadttor im Mauerring von 1300, befindet sich das Museo della Tortura, das u. a. grau-
same »Hilfsmittel« der Inquisition zeigt. Ausführliche Beschriftun-
gen gibt es auf Englisch und Italienisch. Zu dem Museum gehört das
Museum der Todesstrafe (Museo della Pena di Morte) in der Via San
Giovanni 15 a, in dem u. a. ein elektrischer Stuhl ausgestellt ist; für
einen Besuch mit Kindern nicht geeignet.
Beide Museen: tgl. 10.00 – 19.00 Uhr, Winter nur Sa., So. 10.00 – 19.00
Uhr; Eintritt: 10 €; www.torturemuseum.it

Museo della Tortura, Museo della Pena di Morte

Man folgt der Via San Giovanni mit Souvenirläden und Cafés nördlich in Richtung Zentrum. Hinter der romanischen Fassade der ehemaligen Pfarrkirche San Francesco verbirgt sich heute eine Enoteca
mit herrlichem Talblick. Der Pratellesi-Palast (14. Jh.) schräg gegenüber beherbergt die kommunale Bibliothek. Im dortigen Lesesaal
fertigte Vincenzo Tamagni ein Fresko (1528) an, das die mystische
Hochzeit der hl. Katharina von Alexandrien darstellt.

San Francesco, Palazzo Pratellesi

Die stimmungsvolle Piazza della Cisterna, das Herz der mittelalterlichen Stadt, erhielt ihren Namen nach dem 1273 eingeweihten Ziehbrunnen aus Travertin. **Türme und Paläste** umstehen den Platz, u. a.
die Casa Razzi mit einem Turmstumpf, die Casa Salvestrini, ehemals
Ospedale degli Innocenti und jetzt Albergo La Cisterna, der Palazzo
Tortoli und der Palazzo del Popolo. Zum Palazzo dei Cortesi gehört

*Piazza della Cisterna

Das Manhattan des Mittelalters

Im frühen Mittelalter errichteten einflussreiche Adelsfamilien
Türme, um sich bei möglichen Fehden verteidigen zu können.
Im Lauf der Zeit wurden sie zu Statussymbolen: Je höher
ein Turm war, umso höher war auch das Ansehen des
Geschlechts in der jeweiligen Stadt oder Region.

▶ **Andere Geschlechter- und Wohntürme**
in Deutschland und Italien

100 m

50 m

Frankenturm
(21 m)
in Trier
ca. 1100

Nassauer Haus
(28 m)
in Nürnberg
ca. 1200

Goldene Kreuz
(32 m)
Haidplatz
in Regensburg
ca. 1250

Baumburger Turm
(28 m)
in Regensburg
ca. 1270

Goldener Turm
(42 m)
in Regensburg
9 Geschosse
ca. 1270

Due Torri
in Bologna
Asinelli (97 m)
Garisenda (48 m)
1109–1119

In Bologna gibt es
noch 20 von ursprünglich
180 derartigen Türmen.

▶ **Stadtbild von San Gimignano**
von Süden aus gesehen

Von den ursprünglichen 72 Türmen
sind heute noch 15 gut erhalten.

Torre Grossa
(54 m, gebaut 1311)

Torre
Rognosa (52 m)

Torre dei Cugnanesi

Torri dei
Salvucci
(51m)

Torre
dei Becci

Turm der Collegiata

Porta San Giovanni

Collegiata

Torri degli Ardinghelli und
Torre di Palazzo Pellari
(1237)

Palazzo del Popolo
Im Gebäude befindet sich das Museo Civico mit der Pinakothek, in der Arbeiten der Florentinischen Schule und der Sieneser Schule zu sehen sind.

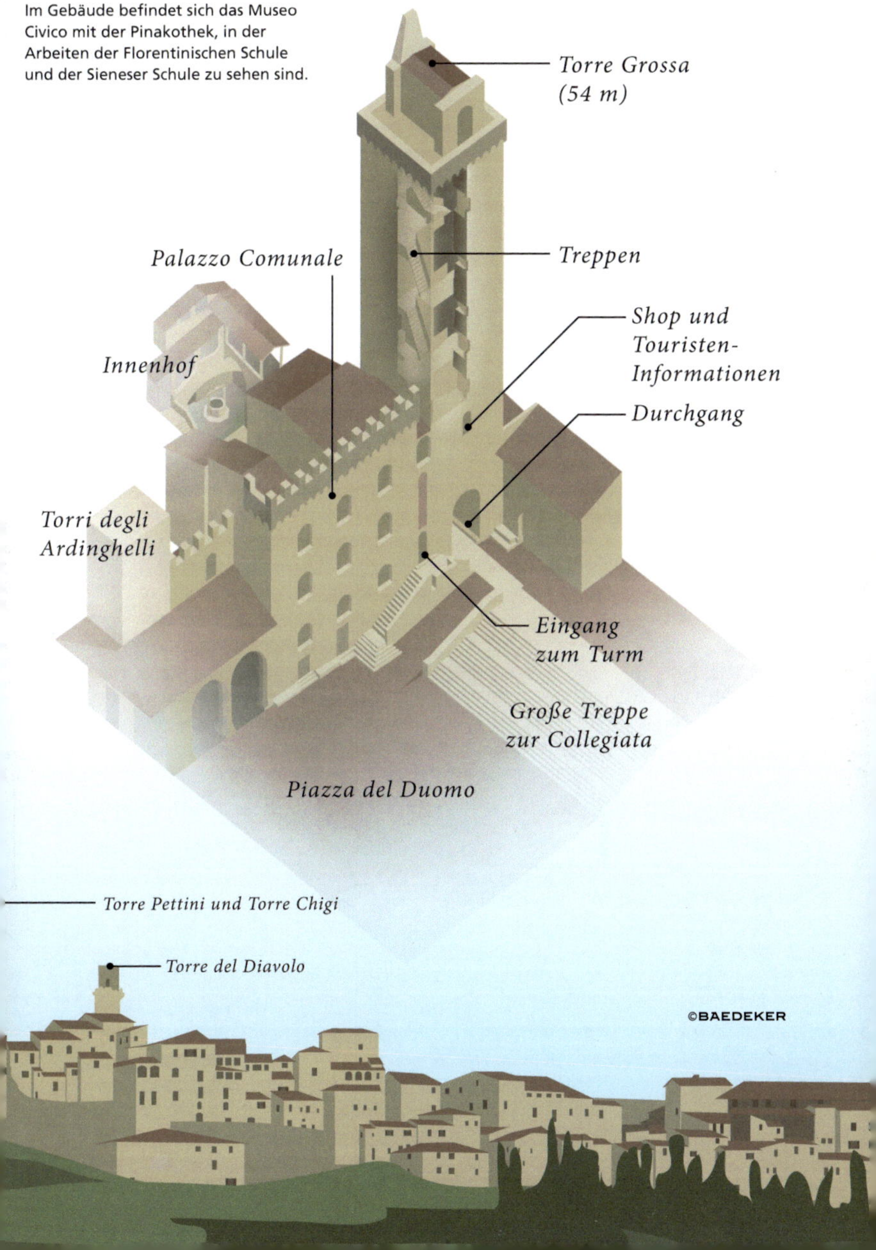

Torre Grossa
(54 m)

Palazzo Comunale

Treppen

Innenhof

Shop und Touristen-Informationen

Durchgang

Torri degli Ardinghelli

Eingang zum Turm

Große Treppe zur Collegiata

Piazza del Duomo

Torre Pettini und Torre Chigi

Torre del Diavolo

©BAEDEKER

San Gimignano erleben

AUSKUNFT
Piazza del Duomo 1
Tel. 05 77 94 00 08
www.sangimignano.com

VERANSTALTUNG
Fiera delle Messi
Fest am dritten Juniwochenende mit
Umzug in historischen Kostümen und
Wettkämpfen. Am 12.3. wird die Festa
di Santa Fina gefeiert. Märkte werden
jeden Donnerstag abgehalten. Ein kultu-
reller Höhepunkt ist das Sommerfestival
San Gimignano Estate.

SAMMELTICKET
Das Sammelticket für Palazzo Comunale
und Museo Civico, Pinacoteca, Torre
Grossa und andere Sehenswürdigkeiten
in San Gimignano kostet 6 € (mit Ausstellungen 7,50 €). Ticketverkauf in der
Tourismusinformation oder den Museen.

ESSEN
❶ *Dorandó* ❸❸❸
Vicolo dell' Oro 2
Tel. 05 77 94 18 62
www.ristorantedorando.it
Mo. Ruhetag, Dez. – Feb. geschl.
Das rustikale Slow-Food-Restaurant in
Domnähe bringt kreativ-traditionelle
Gerichte auf den Tisch. Ein Muss zum
Finale: die Crema di Procopio, Halbge-
frorenes mit Honig, Nüssen, Schokolade
und Rum.

❷ *Osteria delle Catene* ❸ – ❸❸
Via Mainardi 18, Tel. 05 77 94 19 66
www.osteriadellecatene.it
Mi. Ruhetag
Katerina, Gino und Virgilio bieten eine
Auswahl von fünf Menüs, und auch der

Schmorbraten in Chianti ist hervorragend. Man sitzt schön unter einem
urigen Gewölbe.

ÜBERNACHTEN
Man glaubt es kaum, wenn man es nicht
selbst erlebt hat: San Gimignano bei Tag
und San Gimignano am Abend sind zwei
völlig unterschiedliche Städte. Eine Übernachtung innerhalb der alten Stadtmauern lohnt sich allein deshalb. Wenn die
letzten Busse abgefahren sind, gehört
die Stadt denen, die über Nacht bleiben!

❶ *La Cisterna* ❸❸ – ❸❸❸
Piazza della Cisterna 23/24
Tel. 05 77 94 03 28
www.hotelcisterna.it
Florentischer Stil prägt die 50 hübschen Zimmer in dem Stadtpalast des
14. Jh.s. Vom angeschlossenen Restaurant »Le Terrazze« schweift der Blick
über das Elsa-Tal.

❷ *L'Antico Pozzo* ❸❸❸
Via San Matteo 87
Tel. 05 77 94 20 14
www.anticopozzo.com
Hotel mit 18 Zimmern in einem ge-
schmackvoll restaurierten romantischen
Palast mit Patio mitten in San Gimigna-
no. Busshuttle Parkplatz – Hotel; auch
Garagen.

❸ *Podere Sant´Elena* ❸❸
Loc. Racciano 42/A, San Gimignano
Tel. 05 77 94 19 62
www.poderesantelena.com
Etwa 2 km südwestlich von San
Gimignano – eine einladende B & B-
Alternative zu den Stadthotels. Zimmer
teilweise mit Blick auf San Gimignano.

der hohe Teufelsturm. Die Legende erzählt, dass sein einstiger Besitzer ihn nach der Rückkehr von einer Reise höher vorfand als vor der Abreise und dies für ein Werk des Teufels hielt. Der Arco dei Becci markiert den Verlauf der ältesten Stadtmauer aus dem 11. Jahrhundert.

Eine breite Freitreppe führt hinauf zur romanischen Kirche Mariä Himmelfahrt an der benachbarten **Piazza del Duomo.** Der Name Domplatz ist irreführend, da San Gimignano niemals Bischofssitz war. 1456 erweiterte Giuliano da Maiano die 1148 geweihte Kirche, die im Lauf der Zeit mehrmals umgestaltete Fassade wurde nie verkleidet. An ihrer Innenseite zeigt ein Fresko (1456) von **Benozzo Gozzoli** das Martyrium des hl. Sebastian. Hier befinden sich auch zwei Holzstatuen der Verkündigung (um 1421) von dem Sieneser Bildhauer Jacopo della Quercia, die 1426 von Martin di Bartolomeo bunt bemalt wurden.

*Collegiata Santa Maria Assunta

Fresken: Sehenswert ist die Kirche vor allem wegen ihrer Wandmalereien. Die realistisch dargestellten **Szenen zum Jüngsten Gericht (um 1393) an der Westwand stammen von dem Sieneser Taddeo di Bartolo. Im rechten Seitenschiff schuf Barna da Siena Mitte des 14. Jh.s einen monumentalen Freskenzyklus mit Darstellungen aus dem Neuen Testament: Die erste Reihe erzählt von der Verkündigung bis zur Flucht nach Ägypten, die zweite von Jesus im Tempel bis zum Triumph in Jerusalem, die dritte vom Letzten Abendmahl bis zum Pfingstwunder. Wie der Künstlerbiograf Giorgio Vasari überliefert, stürzte Barna bei der Bewunderung seiner vollendeten »Kreuzigung« vom Gerüst und starb an den Folgen seiner Verletzung. Die Fresken wurden von seinem Neffen und Schüler

> **BAEDEKER TIPP** !
>
> *Gelato-Genuss*
>
> In der Toskana kann man sich vor gutem Eis kaum retten. Vom Eis aus der Gelateria an der Piazza della Cisterna 4 in San Gimignano schwärmen aber alle gleichermaßen. Unbedingt probieren: das köstliche Schokoladeneis!

Giovanni d' Asciano um 1380 vollendet. Im linken Seitenschiff befinden sich ähnlich großartige Fresken (um 1356–1367) von Bartolo di Fredi mit Szenen aus dem Alten Testament.

Am Ende des rechten Seitenschiffs wurde 1468 – 1475 die **Cappella di Santa Fina** in reinsten Renaissanceformen errichtet; sie ist ein Werk von Giuliano und Benedetto da Maiano. Die als wundertätig verehrte Bauerntochter Fina ist die Schutzheilige San Gimignanos. Der Aufsatz des Marmoraltars trägt den Sarkophag, der bis 1738 die Gebeine der hl. Fina enthielt. Domenico Ghirlandaio malte 1475 die Fresken »Papst Gregor kündigt der hl. Fina ihren Tod an« und »Totenfeier der Heiligen« und vermutlich auch das auf 1476 datierte Verkündigungsfresko in der Loggia del Battistero.

❶ 1.4. – 31.10. Mo. – Fr. 9.30 – 19,10, Sa. 9.30 – 17,10, So. 12.30 – 17,10; 1.11. – 31.3. Mo. – Sa. 9.30 – 16.40, So. 12.30 – 16.40 Uhr

San Gimignano

N ←   250 m

Porta
San Jacopo   Fonti

San Jacopo   Porta
                  dei Fonti   San Lorenzo
                                   in Ponte

Museo
della Pena
di Morte   San
                Francesco   Porta
                                 San Giovanni
Palazzo   Museo della
Tinacci   Collegiata   Palazzo Tortura
Sant'   Pratellesi
Agostino   San Pietro

Porta   Porta
San Matteo   di Quercecchio

Volterra, Siena, Florence

Certaldo, Pisa

© BAEDEKER

1 Piazza della Cisterna
2 Palazzo Tortoli
3 Arco dei Becci
4 Palazzo del Podestà
5 Piazza del Duomo
6 Palazzo del Popolo

7 Museo d'Arte Sacra,
   Museo Etrusco
8 Torri Salvucci
9 Palazzo Cancelleria
10 Palazzo Pesciolini
11 Piazza Sant' Agostino

Essen
1 Dorandó
2 Osteria delle Catene

Übernachten
1 La Cisterna
2 L'Antico Pozzo
3 Podere Sant' Elena

*Palazzo
del Popolo,
Torre Grossa

Links neben der Collegiata steht das 1288 vermutlich von Arnolfo di Cambio begonnene, 1323 erweiterte Rathaus, der Palazzo del Popolo. Vom 1311 vollendeten »Dicken Turm« (Torre Grossa), laut Verordnung mit 54 m Höhe das Höchstmaß aller Türme San Gimignanos, bietet sich ein **herrlicher Panoramablick.** Durch einen wappengeschmückten Innenhof mit einem Ziehbrunnen von 1361 und drei Wandfresken an der Richterloge kommt man zur überdachten Freitreppe, die zum ***Museo Civico** hinaufführt. Die Sala Dante im zweiten Stock erhielt ihren Namen nach einem Aufenthalt des Dichters am 8. Mai 1300, Dante wollte damals die Räte der Stadt dazu bewegen, der Guelfischen Liga beizutreten. Die rechte Wand des Raums nimmt eine auf 1317 datierte Maestà von Lippo Memmi ein. Die Pinakothek mit hervorragenden Werken der florentinischen und sienesischen Malerei des 13. bis 15. Jh.s. enthält u. a. ein Kruzifix von Coppo di Marcovaldo (13. Jh.), eine auf 1466 datierte »Muttergottes mit Kind und Heiligen« von Benozzo Gozzoli, eine »Madonna in Glorie« von Pinturicchio (1512) sowie eine aus zwei Rundtafeln bestehende Verkündigung von Filippino Lippi, die 1482 in Auftrag gegeben wurde. In der angrenzenden Camera del Podestà zeigen Fresken von Memmo di Filippuccio (frühes 14. Jh.) Szenen des mittelalterlichen Alltags.

❶ 1.3.–31.10. tgl. 9.30 – 19.00, 1.11.–28.2. tgl. 10.00 – 17.30; Eintritt: 6 €

Palazzo del Podestà

Gegenüber der Collegiata steht der alte Palazzo del Podestà, der 1239 auf den Häusern der Familie Mantellini errichtet und 1537 in ein Theater umgebaut wurde. Überragt wird der Palast von dem 51 m hohen Geschlechterturm **Torre Rognosa.**

Via San Matteo

Am Anfang der Via San Matteo stehen die Zwillingstürme der Familie Salvucci aus dem 13. Jahrhundert. Beachtung verdienen die mit Bogenfenstern ausgestattete Casa-Torre Pesciolini (Nr. 32) aus dem 14. Jh. und der Palazzo Tinacci (Nr. 60/62) mit Fenstern aus verschiedenen Stilepochen.

Rocca

Hinter der Collegiata führt ein kurzer, steiler Weg hinauf zur Burg, die 1353 von den Florentinern an der höchsten Stelle des Stadthügels angelegt und 1555 auf Befehl Cosimos I. de Medici geschleift wurde. Teile der Mauern und ein Wehrturm blieben erhalten.

Sant' Agostino

Der einschiffige Backsteinbau im Norden der ummauerten Altstadt wurde 1280 – 1298 im kargen Stil der Bettelordensarchitektur errichtet. Im Innern befindet sich gleich rechts die Cappella di San Bartolo mit einem 1494 von Benedetto da Maiano geschaffenen prachtvollen Marmoraltar, in dem die Gebeine des hl. Bartolo aus San Gimignano ruhen. Den Hauptaltar ziert ein Tafelbild der Marienkrönung (1483) von Piero del Pollaiuolo.

**Fresken von Benozzo Gozzoli: Das Hauptaugenmerk gilt dem auf 1464 / 1465 datierten Freskenzyklus in der zentralen Chorkapelle, ein Werk von Benozzo Gozzoli. In 17 Bildern schildert der Maler die Lebensstationen des hl. Augustinus (354 – 430).

Die chronologisch angelegten Szenen beginnen in der unteren Reihe links: Augustinus wird als Knabe von seinen Eltern einem Schulmeister übergeben; als Jüngling wird er in die Universität von Karthago aufgenommen; die hl. Monika betet für ihren Sohn Augustinus; der Heilige reist mit dem Schiff nach Italien; Augustinus wird an Land empfangen; der kaum 20-Jährige lehrt in Rom; Augustinus reist nach Mailand ab.

In der mittleren Reihe: Audienz beim Bischof von Mailand und bei Kaiser Theodosius; Monika bittet um die Bekehrung ihres Sohnes;

Disputation zwischen Augustinus und Ambrosius; Augustinus liest im Garten seines Freundes Alipius den Paulusbrief; Augustinus wird am folgenden Weihnachtstag durch Ambrosius getauft und gründet seinen Orden; Augustinus und der Knabe am Meer; Erklärung der Ordensregeln; Tod der hl. Monika.

In der oberen Reihe: Augustinus als Bischof von Hippo, der seine Gemeinde segnet; Bekehrung des Häretikers Fortunatus; Vision des hl. Hieronymus; Tod und Himmelfahrt des hl. Augustinus.

Weitere sehenswerte Fresken sind »Der hl. Sebastian« (1524) von Benozzo Gozzoli am dritten Altar links, Sebastiano Mainardis »hl. Bartolo« (1487) sowie »Mariä Geburt und Himmelfahrt« (um 1400) von Bartolo di Fredi in der Kapelle neben dem Hauptaltar. Durch die Sakristei erreicht man den südlich angrenzenden Kreuzgang (15. Jh.) mit dem Kapitelsaal.

San Giovanni Valdarno

—————————————— ✛ H 12

Provinz: Arezzo (AR)
Höhe: 134 m ü. d. M.
Einwohnerzahl: 17 150

Das obere Arno-Tal (Valdarno) wird im Westen von den Hügeln des Chianti, im Osten vom höheren Pratomagno gerahmt. Die Region ist von Industrie geprägt und wenig einladend. Lohnend ist aber das Städtchen San Giovanni Valdarno auf halber Strecke zwischen Arezzo und Florenz.

Sehens- Interessant ist die städtebauliche Anlage von San Giovanni Valdarno,
wertes das im 14. Jh. mit einem rechtwinkligen Straßensystem planmäßig errichtet wurde. Die zentrale Piazza Cavour ist extrem lang gezogen, sie wird quasi aus zwei Plätzen gebildet, zwischen denen der Palazzo Preterio (auch Palazzo d' Arnolfo) aus dem 13. Jh. steht, ein Palazzo mit offenen Arkadengängen, der durch seinen reichen Wappenschmuck auffällt. In dem Palazzo soll ein Museum zur Stadtplanungsgeschichte in der Toskana eingerichtet werden. An der kleineren Piazza Masaccio hinter dem Palazzo Preterio steht die im 15. Jh. geweihte Kuppelbasilika Santa Maria delle Grazie mit einer klassizistischen Vorhalle von 1840. Der dreischiffige Kirchenraum birgt ein als wundertätig verehrtes Gnadenbild der Muttergottes (um 1400). Im Oratorio di San Lorenzo aus dem 14. Jh., ebenfalls an der Piazza, ist ein Altar von Giovanni del Biondo (14. Jh.) zu sehen.

Im **Museo della Basilica di S. Maria delle Grazie,** eingerichtet im Gebäude neben der Basilika, sind mehrere bedeutende Gemälde ausgestellt, darunter die aus Sicherheitsgründen aus dem Convento di

San Giovanni Valdarno erleben

AUSKUNFT
Piazza Cavour 3
Tel. 0 55 94 37 48
www.prolocosangiovannivaldarno.it

ESSEN
Osteria di Rendola ❸❸❸ – ❸❸❸❸
Via di Rendola 72-86
Loc. Fattoria di Rendola, Montevarchi
Tel. 05 59 70 77 13
Okt. – Mai nur abends, sonst auch
mittags
DIe Osteria di Rendola findet man
mitten in der Landschaft in einem

Gebäudekomplex von 1750, in dem
auch ein Hotel eingerichtet ist. Serviert
wird kreative, der jeweiligen Jahreszeit
angepasste Küche. Im Sommer sitzt man
auf einer schönen Veranda.

ÜBERNACHTEN
Valdarno ❷❷
Via Traquandi 13 / 15
Montevarchi
Tel. 05 59 10 34 89
www.hotelvaldarno.net
Gepflegtes Hotel in Bahnhofsnähe.
61 Zimmer mit gutem Komfort.

Montecarlo (15. Jh.; 2 km entfernt) hierhergebrachte »Verkündigung« von Fra Angelico (um 1430).

Das Haus Corso Italia 83 gilt als Geburtshaus von Masaccio, des genialen Malers der Frührenaissance. Am 21.12.1401 wurde er hier in San Giovanni Valdarno, möglicherweise aber auch in Gaiole in Chianti geboren. In dem Haus wurde mit dem **Museo Casa Masaccio** ein Zentrum für moderne Kunst eingerichtet. Ausstellungen der Casa Masaccio werden meist in anderen Räumen veranstaltet.

Museo della Basilica: Mi. – So. 10.00 – 13.00, 14.30 – 18.30 Uhr; Eintritt: 3,50 €

Museo Casa Masaccio: Di. – Sa. 16.00 – 19.00, So. 10.00 – 12.00, 16.00 bis 19.00 Uhr; Eintritt frei

UMGEBUNG VON SAN GIOVANNI VALDARNO

5 km südlich von San Giovanni Valdarno liegt das mittelalterliche Städtchen Montevarchi mit einem eindrucksvollen geschlossenen Ortsbild. Sehenswert ist die Piazza Varchi mit dem Ensemble von Palazzo del Podestà und der Kirche San Lorenzo. Im Bollwerk der florentinischen Stadtmauer (1328) ist das Kunstzentrum **Cassero per la scultura italiana dell'Ottocento e del Novecento** eingerichtet. In 20 Räumen werden Skulpturen des 19./20. Jh. aus Privatbesitz gezeigt, u. a. Werke von Michelangelo Monti, Alberto Giacomasso, Vamore Gemignani oder Donatello (Dodi) Bortolotti.

*Montevarchi

❶ Via Trieste 1; Do. – So. 10.00 – 13.00, 15.00 – 18.00 Uhr; Eintritt: 3 €; www.ilcasseroperlascultura.it

Gropina Ein kleines kunsthistorisches Juwel verbirgt sich im 2 km entfernten Gropina. Die romanische Pfarrkirche Sankt Peter wurde zwischen 1150 und 1220 auf römischen und etruskischen Grundmauern errichtet. Besonderes Augenmerk gilt den monolithischen Säulen und Pfeilern mit frühromanischen, sorgfältig gearbeiteten Kapitellen in lombardischer Tradition. Sie zeigen u. a. ein Schwein mit Ferkeln, einen Wolf mit seiner Beute, einen Adler, Löwen, den Kampf der Tugenden und Laster, Reiter, Blattornamente und Weinreben. Aus dem 12. Jh. stammt auch die schöne Kanzel mit Reliefs der Evangelistensymbole (Löwe, Engel, Adler) und reichem Schmuck.

San Miniato

✸ **G 8**

Provinz: Pisa (PI)
Höhe: 156 m ü. d. M.
Einwohnerzahl: 28 000

San Miniato – am Schnittpunkt der Via Francigena und der alten Römerstraße Pisa–Florenz gelegen – avancierte im Mittelalter zum Stützpunkt der deutschen Kaiser in der Toskana. Bis zum Zweiten Weltkrieg führte es den Beinamen »al tedesco«. Heute ist San Miniato bekannt für seine weißen Trüffeln.

Grabungen im Ortsteil San Genesio brachten eine Römersiedlung und frühmittelalterliche Bauten zutage. Ab 715 bauten Langobarden eine dem Märtyrer San Miniato geweihte Kirche. Bereits unter Otto I. gab es eine kaiserliche Burg auf der Anhöhe und ein zunehmend guelfisch gesinntes Dorf außerhalb der Festungsmauern. 1172 kam es zu einem Aufstand gegen die Kaiserburg, der mit der Zerstörung aller Häuser und Besitzungen außerhalb der Burgmauern endete. Friedrich II. ließ die Festung 1217 – 1223 erneuern.
Am 22.7.1944 kamen im Dom von San Miniato 55 Menschen ums Leben, angeblich handelte es sich um einen Racheakt der Deutschen nach der Ermordung eines ihrer Soldaten. Der Beiname »al tedesco« wurde daraufhin aufgegeben. Die Brüder Paolo und Vittorio Taviani, Söhne der Stadt und Zeitzeugen, verfilmten die Ereignisse in dem Film »Die Nacht von San Lorenzo«, der in dem fiktiven Ort »San Martino« spielt. Eine Gedenktafel am Rathaus erinnert an die Ereignisse im Dom. Neuere Recherchen ergaben jedoch, dass das Blutbad im Dom auf ein Artilleriefeuer der Alliierten zurückging. Am 22.7.2008 wurde am Rathaus eine zweite Tafel angebracht, auf der der frühere italienische Präsident Oscar Luigi Scalfaro erklärt, dass die Verantwortung für das Blutbad im April 1944 bei den Alliierten läge.

San Miniato erleben

AUSKUNFT
Piazza del Popolo 1
Tel. 0 57 14 27 45
www.sanminiatopromozione.it

ESSEN
Pepenero ⓔⓔⓔⓔ
Via IV Novembre 13
Tel. 05 71 41 95 23
www.pepenerocucina.it
Di. Ruhetag, im Jan. geschl.
Chef Gilberto Rossi, bekannter italienischer TV-Koch, lädt zu hervorragenden Gerichten mit Pfifferlingen (finferli) oder Trüffeln (tartufi). Es ist immer voll, ohne Reservierung geht nichts. Zum Pepenero gehört das Peperino quasi nebenan, ein Gourmetluxus für nur 2 (!) Gäste. Das romantischste und kleinste Restaurant der Toskana ist im Stil des 19. Jh.s gehalten. Auch hier Reservierung erforderlich.

ÜBERNACHTEN
Fattoria Aglioni ⓔⓔ
Via Gello 12
Tel. 05 71 40 80 41, www.aglioni.it
Altes Gutshaus 6 km von San Miniato mit schönen Zimmern im Haupthaus sowie Apartments (schick: die Maisonette in der ehemaligen Scheune) und Pool. Hervorragende Küche (Kochkurse), Trüffel-Feinschmecker-Wochenenden im November.

SEHENSWERTES IN SAN MINIATO

Der Ort thront auf einer der höchsten Erhebungen der Region. Ganz oben auf der Rocca Federiciana steht der **Friedrichsturm**, ein Überbleibsel der ehemaligen Kaiserburg. 1944 wurde er zerstört, 1958 wieder aufgebaut und ist seitdem das Wahrzeichen der Stadt.
Stadt mit Ausblick
❶ 1.4. – 30.9. Di. – So. 11.00 – 18.00, 1.10. – 31.3. bis 17.00 Uhr

Als Ausgangspunkt für einen Rundgang empfiehlt sich die Piazza del Popolo, an der die um 1330 erbaute Kirche San Domenico mit unverkleideter Fassade steht. Im einschiffigen Innern sind Fresken zum Leben des hl. Dominikus (um 1700) zu sehen, außerdem das von Bernardo Rossellino gearbeitete Grabmal für den angesehenen Arzt Giovanni Chellini († 1461), der das Hospital neben der Kirche Santa Maria a Fortino gründete.
Piazza del Popolo, San Domenico

Das bischöfliche Seminar wurde 1650 – 1708 an der Talseite der Piazza della Repubblica errichtet und im Lauf der Zeit durch die Eingliederung kleinerer Häuser an der Befestigungsmauer erweitert, bis eine durchgehende, schön bemalte Fassadenfront entstand.
*Seminario Vescovile

Im Palazzo Comunale, dem Rathaus an der Via Vittime del Duomo, ist die archäologische Sammlung von San Miniato untergebracht. Zum Gebäudekomplex des Palazzo Comunale gehört das Oratorio del Lorentino, in dem früher ein heiliges Kreuz aufbewahrt wurde,
Palazzo Comunale

das seit 1715 in der **Chiesa del Santissimo Crocifisso** (1705 – 1718) auf der gegenüberliegenden Straßenseite seinen Platz hat. In der Chiesa del Santissimo Crucifisso sind schöne Fresken von Antonio Domenico Barberini zu sehen.

Archäologische Sammlung: 1.4. – 31.10. Sa. 15.00 – 18.00 , So. 11.00 – 18.00, 1.11. – 31.3. Sa., So. 11.00 – 18.00 Uhr; Eintritt: 2,50 €

***Duomo,
Museo
Diocesano**
Ein Treppendurchgang führt von der Piazza della Repubblica hinauf zur »Domwiese« (Prato del Duomo). Der Dom wurde 1220 – 1250 auf Resten der Vorgängerkirche Santa Maria Assunta (8. Jh.) errichtet, 1378 – 1489 nutzten die Florentiner ihn als Waffenkammer. Nach 1489 wurde der Festungsturm Torre di Matilde in den Bau einbezogen. Erst 1622 erhob Papst Gregor XV. die barock erneuerte Kirche zur Kathedrale. Das Museo Diocesano nebenan besitzt Arbeiten aus der florentinischen Schule Giottos.

Museo Diocesano: 1.4. – 31.10. Do. – So. 10.00 – 18.00, 1.11. – 31.3. Do. – So. 10.00 – 13.00, 14.00 – 17.00 Uhr; Eintritt: 2,50 €

EMPOLI

**Industrie-
stadt**
Empoli, knapp 8 km nordöstlich von San Miniato im Arnotal gelegen, ist eine moderne Kleinstadt, die für ihre Glas- und Bekleidungsindustrie bekannt ist. Noch vor 30 Jahren gab es fast keine toskanische Familie, die nicht ein handgefertigtes Stück aus grünem Glas aus Empoli besaß. Mittlerweile sind die kleinen Handwerksbetriebe verschwunden. Obwohl Industriestadt, hat Empoli ein hübsches Zentrum mit netten Fußgängerstraßen wie der Via del Giglio.

**Sehens-
wertes**
Zentraler Platz von Empoli ist die von Arkaden umzogene und mit einem Najaden-Brunnen geschmückte Piazza Farinata degli Uberti, die nach einem berühmten Mitglied der Florentiner Patrizierfamilie Uberti aus dem 13. Jh. benannt ist. Das auffälligste Gebäude am Platz ist die Kollegiatskirche St. Andreas mit ihrer Ende des 12. Jh.s angefügten Fassade aus grünem und weißem Marmor.
Empfehlenswert ist der Besuch des Kollegiatsmuseums an der benachbarten Piazzetta della Propositura. Die Sammlung umfasst kostbare toskanische Gemälde und Skulpturen (spätes 14. bis 17. Jh.).
Der früheren Glasherstellung von Empoli ist das **MuVe (Museo del Vetro)** im alten Salzlager (17. Jh.) gewidmet, es zeigt Glasprodukte aus der Zeit von 1650 – 1970.

Kollegiatsmuseum: Di. – So. 9.00 – 12.00, 16.00 – 19.00 Uhr; Eintritt: 3 €
MuVe: Via Ridolfi 70; Di. – So. 10.00 – 19.00 Uhr; Eintritt frei

Montelupo
Bei Ausgrabungen im 10 km östlich von Empoli gelegenen Gebiet von Montelupo fand man Spuren steinzeitlicher Siedlungen, der

Der Weg ist das Ziel: Auf den toskanischen Landstraßen kommt man nicht schnell, aber entspannt voran.

Villanova-Kultur sowie etruskischer und römischer Besiedlung. Die Grabungsfunde werden in der wohl besten prähistorischen Sammlung der Toskana im **Museo Archeologico di Montelupo** gezeigt. Unter florentinischer Herrschaft entwickelte sich Montelupo zu einem bedeutenden Zentrum von farbig glasierter Keramik, der Majolika. Das **Museo della Ceramica di Montelupo** präsentiert Vasen und Wappen (14. – 18. Jh.s.) berühmter Florentiner Familien wie der Medici, Strozzi und Machiavelli. Im Palazzo Pretorio (um 1427) in der Via Baccio Sinibaldi ist das Museo Contemporanea mit einer Kunstsammlung des 19./20. Jh.s und modernem Keramikdesign von Fernando Farulli, Ettore Sottsass oder Eva Zeisel eingerichtet.

Museo Archeologico di Montelupo: Via S. Lucia; Di. – So. 10.00 – 19.00, Mi., Do. auch 21.00 – 23.30 Uhr; Eintritt: 5 €

Museo della Ceramica di Montelupo: Piazza Vittorio Veneto 11, Öffnungszeiten/Eintritt wie Museo Archeologico; www.museomontelupo.it

VINCI

Das 11 km nördlich von Empoli am Südhang des Monte Albano gelegene Vinci ist Geburtsort des Künstlers, Technikers und Naturforschers Leonardo da Vinci (► Berühmte Persönlichkeiten) und Zentrum der »Terre del Rinascimento«.

❶ Via della Torre 11; www.toscananelcuore.it/vinci

Geburtsort von Leonardo da Vinci

Das Museo Leonardiano hat seine Räume in der Burg der Conti Guidi (10. – 13. Jh.) und in der Palazzina Uzielli. Die **Palazzina Uzielli** an der von **Mimmo Palatino** gestalteten Piazza dei Guidi zeigt Leo-

*Museo Leonardiano

nardos Baumaschinen und seine Ideen zur Mechanisierung der Textilherstellung. In der **Guidi-Burg** sind mehr als 60 maßstabsgetreue Modelle nach Leonardos Zeichnungen sowie Flug- und Militärmaschinen ausgestellt. Über eine Außentreppe kommt man in den ersten Stock mit Fortbewegungsmodellen, u. a. dem berühmten »Automobil« (selbst fahrender Wagen) und dem hölzernen »Fahrrad« sowie einem Modell der Florentiner Domkuppel. Die **Bibliothek** besitzt Faksimiles aller Handschriften und Zeichnungen des Universalgenies sowie alle Buchausgaben ab 1651. Den Burgplatz dominiert die nach Leonardos Ideen geschaffene Holzskulptur von Mario Ceroli. Sie ist Teil des **Skulpturenwegs,** der zur Taufkapelle der Kirche Santa Chiara und zur Piazza della Libertà mit dem Bronze-Pferd (1997) der Bildhauerin Nina Akamu führt.

Museum: März – Okt. tgl. 9.30 – 19.00, Nov. – Feb. bis 18.00 Uhr; Eintritt: 11 € (Kombiticket;Tickets in der Palazzina Uzielli); www.museoleonardiano.it
Bibliothek: Anmeldung erforderlich; www.bibliotecaleonardiana.it

*Museo Ideale Leonardo da Vinci

Das Privatmuseum in den Gewölbekellern zeigt landwirtschaftliches Gerät und Modelle utopischer Maschinen nach Zeichnungen von Leonardo.

❶ Via Montalbano 2; www.museoleonardo.com

Casa Natale di Leonardo

Das Haus, das als Leonardos Geburtshaus gilt, steht im 3 km entfernten Anchiano. Wer zu Fuß nach Anchiano gehen möchte, kann den Wanderweg 14 nehmen. In der Casa Natale di Leonardo werden eine Büste des Genies, die Rekonstruktion eines Schlafzimmers (15. Jh.), Reproduktionen von Entwürfen Leonardos und eine Landschaftsdarstellung der Toskana gezeigt.

❶ s. Museo Leonardiano

Ein magischer Ort: das Thermalbecken mitten in Bagno Vignoni

* San Quirico d' Orcia

—————————————————— ✛ **L 12**

Provinz: Siena (SI)
Höhe: 424 m ü. d. M.
Einwohnerzahl: 2770

**San Quirico d'Orcia ist kein spektakuläres, aber ein gepfleg-
tes, sympathisches Städtchen mit einer fast völlig intakten
Stadtmauer. Es liegt an der alten Frankenstraße über den
Flusstälern von Orcia und Asso knapp 45 km südöstlich von
Siena. 1154 empfing Friedrich Barbarossa hier die Gesandten
von Papst Hadrian IV. – ein Ereignis, an das alljährlich am dritten Junisonntag mit einem Fest erinnert wird.**

Die romanische **Stiftskirche** wurde im 12. Jh. an der Stelle gebaut, an
der bereits im 8. Jh. eine Kirche stand. Im 13. Jh. wurde sie um die
Querhäuser erweitert. Der barocke Chor wurde 1653 vollendet, der
Kirchturm 1806 angefügt. Die schlichte Fassade besitzt ein eindrucksvolles romanisches Westportal (um 1080) mit einer Darstellung von Papst Damasus II. in der Lünette. Das Seitenportal wird der
Schule Giovanni Pisanos zugeschrieben (um 1288). Im Innern ist das
intarsiengeschmückte Chorgestühl von 1502 sehenswert. Ideal für
eine Pause ist der kleine **Park** Horti Leonini neben dem mittelalterlichen Stadttor Porta Nuova. Hinter unscheinbarem Eingang verbirgt
sich der 1540 von Diamide Leoni entworfene Garten im italienischen
Stil mit schönen Blumenrabatten und Buchsbaumhecken.

**Sehens-
wertes**

UMGEBUNG VON SAN QUIRICO D'ORCIA

Die Hügellandschaft zwischen San Quirico d'Orcia im Westen, Sarteano im Osten und Radicofani im Süden gehört zum Schönsten, was
die Toskana zu bieten hat: Wälder und Felder, durch die sich kleine
Landstraßen schlängeln, Zypressenalleen wie aus dem Bilderbuch,
Gehöfte, die einsam auf Hügelkuppen liegen, versteckte kleine Burgen oder aussichtsreich gelegene Städtchen. Das Tal wurde von der
UNESCO zum Weltkulturerbe erklärt.

**Val d' Orcia

Den 4 km südlich liegenden Kurort schätzten Katharina von Siena
und Lorenzo de Medici, seine Heilquellen waren auch schon den Römern bekannt. Berühmtheit erlangte das im 15. Jh. angelegte **Thermalbecken** mitten im Ort, das der russische Regisseur Andrej Tar-
kowsky als eindrucksvolle Kulisse für seinen Film »Nostalghia«
wählte. Das große Becken und die Renaissancebauten ringsum bilden ein wunderbares Ensemble. Frei zugänglich ist der **Parco dei**

***Bagno
Vignoni**

San Quirico d' Orcia erleben

AUSKUNFT
Piazza Chigi 2
Tel. 05 77 89 97 28
www.comunesanquirico.it

ESSEN
Ristorante La Parata ⬤⬤
Piazza del Moretto 40, Bagno Vignoni
Tel. 05 77 88 75 08
Mo. Ruhetag.
Giancarlo Diodato bereitet dreimal pro
Woche frische Pasta (Pici, gefüllte Ravioli

und Pappardelle mit Wildschweinragout). Schön sitzt man auf der Terrasse.

ÜBERNACHTEN
Posta Marcucci ⬤⬤⬤⬤
Via Arca Urcea 43, Bagno Vignoni
Tel. 05 77 88 71 12
www.hotelpostamarcucci.it
Traditionshotel unterhalb des Dorfzent-
rums von Bagno Vignoni mit 36 Zim-
mern. Das Thermalfreibad ist auch für
Nicht-Hotelgäste zugänglich.

Mulini mit Ausgrabungen alter Mühlenfundamente. Die Mühlsteine
wurden früher von Thermalwasser angetrieben. Linker Hand der
Ausgrabungen führt ein ausgeschilderter Weg bergab zur kostenfrei-
en Badestelle mit türkis leuchtenden Bassins. Von Juni bis Okt. öffnet
auch das Thermalbad Stabilimento Termale di Bagno Vignoni, Piazza del Moretto 32. Am Ortseingang erfüllt das luxuriöse Resort Ther-
mae Adler Spa alle Wellness-Wünsche (www.adler-thermae.com).

Sansepolcro

✦ **H 15**

Provinz: Arezzo (AR)
Höhe: 330 m ü. d. M.
Einwohnerzahl: 16 400

**Piero della Francesca ist der berühmteste Sohn von Sansepol-
cro im oberen Tibertal. Bedeutende Werke dieses herausragenden Renaissance-Malers kann man in der örtlichen Pinakothek bewundern. Bekannt ist die etwas spröde Industrie- und
Handelsstadt auch für ihre Goldschmiedekunst.**

Sansepolcro bedeutet »Heiliges Grab«. Den Namen verdankt die
Stadt laut einer Legende den beiden Jerusalem-Pilgern Arcano und
Egidio, die im 10. Jh. Reliquien vom Grab Christi mitbrachten, für
die sie ein Oratorium errichteten. Zunächst widmeten sich die Kamaldulenser der Pflege der geheiligten Stätte und gründeten hier
auch eine Abtei. In späteren Jahren wechselten die Stadtherren häufig, bis Sansepolcro um die Mitte des 15. Jh.s an Florenz fiel.

Sansepolcro erleben

AUSKUNFT
Via Matteotti 8
Tel. 05 75 74 05 36
www.valtiberinaintoscana.it/sansepolcro

ESSEN / ÜBERNACHTEN
Relais Oroscopo di Paola e
Marco ❸❸
Via Togliatti 68

Loc. Pieve Vecchia
Tel. 05 75 73 48 75
www.relaisoroscopo.com
Hier kann man majestätisch nächtigen
und fürstlich speisen. Die Küche von
Paola und Marco ist weit über Sansepolcro hinaus bekannt. Zu dem Hotel mit
10 individuellen Zimmern gehört auch
ein Pool.

SEHENSWERTES IN SANSEPOLCRO

Die städtische Gemäldegalerie im Palazzo della Residenza zeigt Gemälde des 14. – 16. Jh.s, darunter Werke von Luca Signorelli und dem
in Sansepolcro geborenen Santi di Tito sowie Terrakotten aus der
Werkstatt der della Robbia, außerdem Kunst des 20. Jh.s, u. a. von M.
Baragli, M. Argenti, G. Lanfredini, Benedetto, Francesco und Salvatore d' Amore. Ihre Bedeutung verdankt die Pinakothek aber den
Werken von **Piero della Francesca** (um 1416 – 1492), der überwiegend in Umbrien und an den Höfen von Ferrara, Rimini und Urbino
arbeitete und in seiner Heimatstadt hohes Ansehen genoss. Am 12.
Oktober 1492 wurde er im Dom beigesetzt – an dem Tag, an dem
Kolumbus seinen Fuß in die Neue Welt setzte. Perspektivische Darstellung, geometrische Strenge und eine neue plastisch-konstruktive
Malweise sind wesentliche Elemente seiner Kunst, die man u. a. an
seiner »Auferstehung«, die 1463 für den großen Ratssaal des Palasts
entstand, studieren kann. Seine erste große selbstständige Arbeit war
der Misericordien-Altar für die Laienbruderschaft von Sansepolcro.
1445 hatte er sich verpflichtet, die 23 Tafelbilder innerhalb von drei
Jahren zu vollenden, die Fertigstellung zog sich jedoch 15 Jahre hin.
Das Mittelbild beherrscht eine Schutzmantelmadonna, zu ihren Füßen sieht man die wichtigsten Stifter der Bruderschaft.
❶ Via Niccolò Aggiunti 65; 15.6.–15.9. 9.30 – 13.30, 14.30 – 19.00, 16.9. bis
14.6. bis 18.00 Uhr; Eintritt: 8 €; www.museocivicosansepolcro.it

*Pinacoteca Comunale (Museo Civico)

Das Kräutermuseum im nur wenige Schritte entfernten Palazzo
Bourbon del Monte widmet sich der Geschichte der medizinischen
Heilkräuter im Verlauf des letzten Jahrtausends. Zu sehen sind u. a.
alte Destillationsapparate, seltene Kräuter, Botanikbücher.
❶ Via Niccolò Aggiunti 75; 1.4. – 30.9. tgl. 10.00 – 13.00, 15.00 – 19.00,
1.10. – 31.3. Di. – So. 10.00 – 13.00, 14.30 – 18.00 Uhr; Eintritt: 8 €;
www.abocamuseum.it

Aboca-Museum

Duomo **San Giovanni** **Evangelista**	Der Dom in der Via Matteotti gehörte schon als Abteikirche zum 1012 – 1049 errichteten Kamaldulenser-Kloster. Hinter der romanischen Fassade öffnet sich eine dreischiffige Basilika, die schon den **Übergang zur Gotik** aufweist. Das überlebensgroße Nussholzkruzifix aus dem 12. Jh. in der linken Chorkapelle zeigt Einflüsse des »Volto Santo« aus Lucca. Im Presbyterium ist ein schöner Terrakotta-Tabernakel aus der Werkstatt der della Robbia zu sehen.
Palazzo **delle Laudi**	Der Laudi-Palast links vom Dom entstand an der Schwelle zum Barock (1591 – 1609) mit arkadengesäumtem Innenhof; hier ist heute das Rathaus untergebracht. In der Via Matteotti werden ebenso wie in der Via XX Settembre, auf der Piazza Torre di Berta und auf der Piazza Gramsci jeweils dienstags und donnerstags sehenswerte Wochenmärkte abgehalten.
San Francesco	Durch das Portadella-Pesa-Tor betritt man die Piazza San Francesco mit der gleichnamigen Kirche. Vom ursprünglichen Bau aus dem 13. Jh. sind die Fassade und der Glockenturm erhalten, der übrige Bau wurde im Spätbarock erheblich verändert.
Museo **della Vetrata** **Antica**	Neues Leben zog mit dem Museo della Vetrata Antica in die altarlose Kirche San Giovanni Battista ein. Bis 1810 befand sich hier Piero della Francescas »Taufe Christi«, die 1859 in Londons National Gallery gelangte. Die Sammlung Bernardini und die Schenkung Fatti zeigen nun Kirchenfenster des 19. /20. Jh.s, u. a. eine präraffaelitische Kreuzigungsszene, die dem Kreis um William Morris zugeschrieben wird. Magische Transparenz besitzt Rosa und Cecilia Casellis Adaption des Letzten Abendmahls von Leonardo da Vinci. ❶ Via Giovanni Buitoni 9; 15.4. – 30.9. Fr. – So. 10.00 – 13.00, 14.30 bis 17.30 Uhr, 1.10. – 14.4. nur Sa., So.; Eintritt: 2,50 €

UMGEBUNG VON SANSEPOLCRO

*Anghiari	10 km südwestlich von Sansepolcro liegt Anghiari mit seinen engen Altstadtgassen. Der Ort wurde durch die Schlacht am 29. Juni 1440 berühmt. Hier trugen die mit dem Papst verbündeten Florentiner den Sieg über das Heer des Herzogs von Mailand davon – das Ereignis wurde von Leonardo da Vinci auf einem monumentalen Gemälde für den großen Saal des Palazzo Vecchio in Florenz festgehalten. Sehenswert ist Anghiaris wappengeschmückter Palazzo Pretorio (14. Jh.). Ein Tipp: Käse, Steinpilze, schwarze Trüffeln und Stoffe kauft man in der Leinenweberei Busatti (seit 1842), Via Mazzini 14.
Monterchi	Besucher kommen in das unscheinbare Dorf 10 km südlich von Sansepolcro in erster Linie wegen eines berühmten Werks von Piero

Versteckt in der toskanischen Provinz: Die Madonna del Parto ist eines der eindrucksvollsten Werke von Piero della Francesca.

della Francesca. Bei Restaurierungsarbeiten der Wallfahrtskapelle im Jahr 1888 kam die »Madonna del Parto« (Maria der Entbindung, um 1460), ein ***Fresko von Piero della Francesca,** zum Vorschein, die nun im Museum »Madonna del Parto«, Via della Reglia 1, zu sehen ist. Die Madonna spielte im verfilmten Bestseller »Visus« von Richard Hayer eine große Rolle.

❶ 1.4. – 31.10. 9.00 – 13.00, 14.00 – 19.00, 1.11. – 31.3. Mi. – Mo. 9.00 bis 13.00, 14.00 – 17.00 Uhr; Eintritt: 6,50 €; www.madonnadelparto.it

** Siena

✦ K 10/11

Provinz: Siena (SI)
Höhe: 322 m ü. d. M.
Einwohnerzahl: 54 500

Sienas eindrucksvolle Stadtsilhouette mit Türmen und Kuppeln unterstreicht ihren Rang als schönste Stadt der Region. Der charakteristische rotbraune Farbton kommt nicht von ungefähr: Früher wurde die Tonerde der Gegend als natürliches Pigment für Malerfarben verwendet – das begehrte, warme Sienabraun. Die gotisch geprägte Stadtanlage wird von einem mächtigen mediceischen Mauerring umzogen, im Zentrum liegt die berühmte Piazza del Campo.

Sienas drei Stadtteile, die Terzi (Drittel), erstrecken sich über drei Hügel. Im Süden liegt der Terzo di Città um die Einkaufsmeile Via di

Stadt auf drei Hügeln

Siena

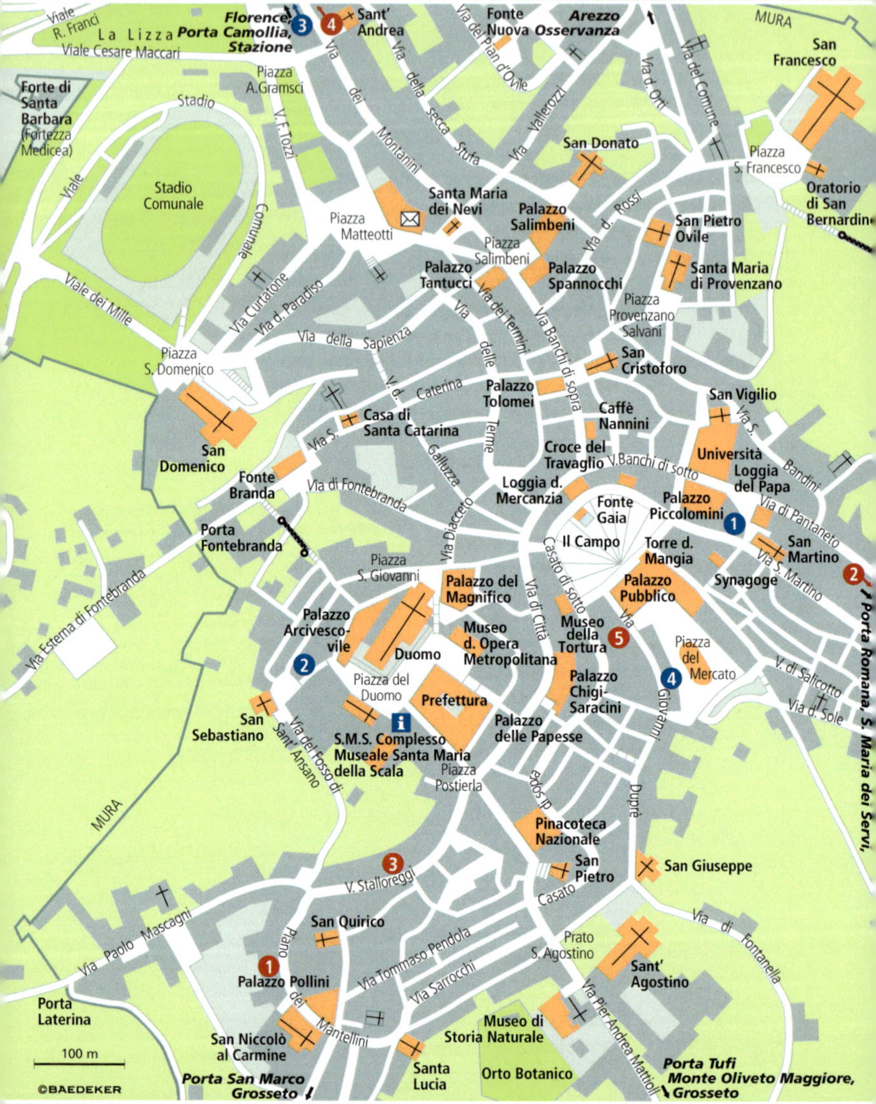

Viale R. Franci
La Lizza
Viale Cesare Maccari
Florence, Porta Camollia, Stazione
Sant' Andrea
Fonte Nuova
Arezzo Osservanza
MURA
Forte di Santa Barbara (Fortezza Medicea)
Piazza A.Gramsci
Stadio
Stadio Comunale
Viale
Comunale
V.F.Tozzi
Via dei Montanini
Via della secca Stufa
Via del Pian d'Ovile
Via Vallerozzi
Via d. Orti
Via del Comune
San Francesco
Piazza S. Francesco
Oratorio di San Bernardino
San Donato
Santa Maria dei Nevi
Piazza Matteotti
Palazzo Salimbeni
Piazza Salimbeni
Via d. Rossi
San Pietro Ovile
Santa Maria di Provenzano
Palazzo Tantucci
Palazzo Spannocchi
Piazza Provenzano Salvani
Viale dei Mille
Via Curtatone
Via d. Paradiso
Via della Sapienza
Via dei Termini
Via delle Terme
Via Banchi di sopra
Piazza S. Domenico
San Cristoforo
Palazzo Tolomei
V. d. Caterina
Casa di Santa Catarina
Caffè Nannini
San Vigilio
Via S. Bandini
San Domenico
Via S.
Galluzza
Croce del Travaglio
V.Banchi di sotto
Università
Loggia del Papa
Fonte Branda
Via di Fontebranda
Loggia d. Mercanzia
Fonte Gaia
Palazzo Piccolomini
Via di Pantaneto
Porta Fontebranda
Via Diacceto
Il Campo
Torre d. Mangia
San Martino
Via S. Martino
Synagoge
Piazza S. Giovanni
Via Esterna di Fontebranda
Palazzo del Magnifico
Casato di sotto
Palazzo Pubblico
Porta Romana, S. Maria dei Servi,
Palazzo Arcivescovile
Museo d. Opera Metropolitana
Via di Città
Museo della Tortura
Via
Piazza del Mercato
Duomo
Piazza del Duomo
Palazzo Chigi-Saracini
Giovanni
V. di Salicotto
Via d. Sole
Prefettura
San Sebastiano
Sant' Ansano
Via del Fosso di
Palazzo delle Papesse
S.M.S. Complesso Museale Santa Maria della Scala
Piazza Postierla
Via di Città
Duprè
MURA
Pinacoteca Nazionale
San Pietro
San Giuseppe
V. Stalloreggi
Casato
Via di Fontanella
San Quirico
Via Paolo Mascagni
Piano
Prato S. Agostino
Via Tommaso Pendola
Via Sarrocchi
Sant' Agostino
Palazzo Pollini
dei
Mantellini
Porta Laterina
Museo di Storia Naturale
Via Pier Andrea Mattioli
San Niccolò al Carmine
100 m
Santa Lucia
Orto Botanico
Porta Tufi Monte Oliveto Maggiore, Grosseto
Porta San Marco Grosseto
©BAEDEKER

Essen

1 Osteria le Logge
2 Antica Osteria da Divo
3 Il Mestolo
4 Trattoria Papei

Übernachten

1 Palazzo Ravizza
2 Santa Caterina
3 Hotel Duomo
4 Hotel Executive Siena
5 Locanda Garibaldi

Rolltreppe

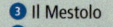

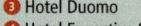

Siena erleben

AUSKUNFT

Complesso Santa Maria della Scala
Piazza Duomo 1
Tel. 05 77 28 05 51, www.terresiena.it

VERKEHR

Der Altstadtkern ist Fußgängerzone,
umgeben wird dieser Bereich von der
überwachten Zona al Traffico Limitato
(ZTL). Kostenpflichtig parkt man an der
Fortezza Medicea, auf den Plätzen Santa
Caterina und San Francesco (beide mit
Rolltreppenanschluss in die Altstadt) und
in den Parkhäusern (www.sienaparcheg-
gi.com). Auch vom Bahnhof führen Roll-
treppen in die Oberstadt.

NICHT VERSÄUMEN!

Rund um Sienas legendäres Pferderen-
nen, dem an zwei Tagen stattfindenden
Palio (2. Juli, 16. August), steht die Stadt
Kopf. Tipp: Frühzeitg Karten kaufen!
(► Baedeker Wissen S. 102)

EINKAUFEN

In der Via di Città und in der Via Banchi
di Sopra findet man die meisten, aber
wohl auch die teuersten Einkaufsadres-
sen. Die Drogheria Manganelli (Via di
Città 71/73) stellt seit 1879 das Panforte, Sienas berühmtes Früchtebrot, nach
alten Rezepten her. Unter den Cafés und
Pasticcerie ist Nannini hervorragend (Via
Banchi di Sopra 24), bei Einheimischen
sind aber vor allem »Il Magnifico«, Via
dei Pellegrini 27, und Enzo Bini, Via di
Stalloreggi 91/93, beliebt. Hochwertige
Lebensmittel haben die Pizzicheria
»Morbidi« (Via Banchi di Sopra 73/75)
und der Supermarkt des Agrarkonsorti-
ums Siena, Via Pianigiani 5 – 9. Schinken

(Cinta Senese) und Käse: Gino Cacino,
Piazza del Mercato 31.

ESSEN

❶ *Osteria le Logge* €€€
Via del Porrione 33
Tel. 05 77 4 80 13
www.giannibrunelli.it
Dieses Restaurant in absolut zentraler
Lage ist in einer alten Apotheke eingerichtet. Der ansprechende Hauptraum im
Erdgeschoss ist sehr beliebt, die Osteria
daher meist gut besucht – Reservierung
empfohlen! Das Essen selbst erfüllt nicht
immer allerhöchste Erwartungen, Vor-
speisen und Primi sind aber zuverlässig
gut.

❷ *Antica Osteria da Divo* €€€
Via Franciosa 25/29
Tel. 05 77 28 60 54
www.osteriadadivo.it
Tgl. geöffnet
Tuffsteingrotte mit herrlichem Gewöl-
be und Nischen für Romantikdinner
zu zweit. Feine Sieneser und Avant-
garde-Küche. Interessant sind die
Safrangerichte.

❸ *Il Mestolo* €€€
Via Fiorentina 81
Tel. 0 57 75 15 31
www.ilmestolo.it
So. Ruhetag
Gaetano und Nicoletta offerieren
beste italienisch-toskanische Küche
in eleganter Atmosphäre. Im Sommer
kann man auch draußen unter einer
Pergola speisen, an Weinproben und
Degustationsmenüs teilnehmen.
Exzellente Weinkarte.

❹ Trattoria Papei €€ – €€€
Via del Mercato 6
Tel. 05 77 28 08 94
www.anticatrattoriapapei.com
Trattoria im Zentrum von Siena, wegen
der guten Lage kommen sehr viele
Touristen hierher.

ÜBERNACHTEN
❶ Palazzo Ravizza €€€
Piano dei Mantellini 34
Tel. 05 77 28 04 62
www.palazzoravizza.it
Seit 1924 gibt es dieses Hotel in einem
alten Stadtpalast in Siena. Die Zimmer
mit hohen Holz- oder Stuckdecken und
handbemalten Terrakotta-Fliesen verströmen altmodischen Charme. Frühstück
auch im Garten.

❷ Santa Caterina €€€
Via E. S. Piccolomini 7
Tel. 05 77 22 11 05
www.hotelsantacaterinasiena.com
Gediegenes Hotel am Rand der Altstadt
mit 22 stilvollen Zimmern und üppigem
Frühstücksbuffet. Unbedingt ein Zimmer
zum Garten nehmen!

❸ Hotel Duomo €€€
Via di Stalloreggi 38
Tel. 05 77 28 90 88
www.hotelduomo.it
Sehr angenehmes Drei-Sterne-Hotel
mit 23 Zimmern in Domnähe

❹ Hotel Executive Siena €€ – €€€
Via N. Orlandi 32
Tel. 05 77 33 12 10
www.executivehotel-siena.com
Das unprätentiös sachliche Hotel mit
73 Zimmern liegt vor den Toren der
Altstadt, also außerhalb der ZTL.
Busverbindung ins Zentrum.

❺ Locanda Garibaldi €€
Via G. Duprè 18
Tel. 05 77 28 42 04
Preisgünstiges Hotel in zentraler Lage
direkt hinter dem Campo. Vorbestellen,
da nur sieben Zimmer! Silvia Bettina
betreibt auch die Osteria im Haus.

Città mit der Pinacoteca Nazionale und dem Dombezirk auf dem
höchsten Punkt der Stadt, im Norden der von wohlhabenden Kaufleuten mit schmucken Palästen gestaltete Terzo di Camollia um die
Via Banchi di Sopra und im Osten der Terzo di San Martino.

Geschichte Sienas Geschichte ist seit der Römerzeit durch Fakten belegt. Die Rivalitäten der kaisertreuen Stadt mit dem papsttreuen Florenz ende-
ten 1235 mit einem harten Frieden für Siena, der eine Reform der
städtischen Regierung mit sich brachte. Von nun an lag sie bei einem
Gremium von 12 Adligen und 12 Bürgern. Ihren Wohlstand verdankte die Stadt nicht zuletzt den **Silberminen von Montieri** und
den blühenden Geldgeschäften – die Sieneser Bankhäuser gehörten
zu den zahlungskräftigsten in ganz Europa. Nach einem triumphalen
Sieg über die Florentiner in der Schlacht von Montaperti im Jahr
1260 musste sich die Stadt 1269 erneut Florenz unterordnen und die
Stadtregierung den Kaufleuten überlassen. Diese riefen den Neuner-
rat als Regierungsorgan ins Leben, der Siena von 1287 – 1355 eine

friedvolle Periode bescherte, mit der eine **großartige Kulturblüte** einherging. 1348 verursachte die Pest einen katastrophalen Bevölkerungs- und Wirtschaftsrückgang. Von 1487 bis 1512 regierte Pandolfo Petrucci, genannt »Il Magnifico«, die Stadt. Unter seinen weniger beliebten Nachfolgern wurde Siena bald erneut zum Zankapfel kaiserlicher und päpstlicher Interessen. 1559 wurde es im Frieden von Chateau-Cambrésis an Herzog Cosimo I. abgetreten – das Ende der freien Stadtrepublik war damit besiegelt.

** PIAZZA DEL CAMPO

Die zentrale Piazza del Campo wurde im 13./14. Jh. angelegt und 1956 zur ersten Fußgängerzone Italiens erklärt. In ihrer baulichen Geschlossenheit zählt sie zu den schönsten Plätzen weltweit. Das fächerartig aus hellem Travertin und rotem Backstein in neun Sektoren geteilte Pflaster steigt zum Halbrund der eleganten gotischen Paläste an, die den Platz im Nordwesten begrenzen. Den Abschluss des mittleren Sektors bildet die *Fonte di Gaia (Freudenbrunnen), die einst Sienas Wasserversorgung sicherte. Das reich geschmückte rechteckige Wasserbassin, ein Meisterwerk von Jacopo della Quercia (1419), wurde 1868 erneuert. Die Originalreliefs befinden sich im Palazzo Pubblico. Zweimal im Jahr ist die Piazza del Campo Schauplatz des legendären Palio-Rennens (▶ Baedeker Wissen S. 102).

Herz der Stadt

An der Südseite der Piazza steht der großartige Palazzo Pubblico, ein 1309 aus Travertin und Backstein errichteter, gotischer Kommunalpalast. Die Blockhaftigkeit des Baus wird durch die Reihen spitzbogiger Drillingsfenster und die Zinnenbekrönung aufgelockert. In den Bogenfeldern ist das weiß-schwarze Wappen Sienas, die »Balzana«, angebracht. In der Mitte des ersten Obergeschosses sieht man das Wappen der Medici-Fürsten, die seit 1570 als Großherzöge der Toskana regierten. An der Fassade finden sich Darstellungen der Kapitolinischen Wölfin – ein Verweis auf die sagenhafte Stadtgründung Sienas durch Senus, den Sohn des Remus.

**Palazzo Pubblico mit Museo Civico*

Der Palazzo ist Sitz des **Museo Civico,** das herrliche **Fresken von Lorenzetti** besitzt, in denen sich das Selbstbewusstsein der Stadt im 14. und 15. Jh. widerspiegelt. Am berühmtesten ist die Allegorie »Das gute und das schlechte Regiment« (1340), die Ambrogio Lorenzetti für die Sala della Pace (Friedenssaal) entwarf. Das Fresko gilt als eines der frühesten Beispiele profaner Bildkunst in Italien. Im »Buongoverno« sind eindrucksvoll Tugenden wie Gerechtigkeit, Großmut, Friedensliebe und Eintracht sowie Alltagsszenen mit der Stadtvedute von Siena dargestellt, denen im »Malgoverno« die Auswirkungen von Tyrannei, Hochmut, Geiz, Betrug, Verrat, Grausamkeit und Misswirtschaft gegenüberstehen.

In der ****Sala del Mappamondo** malte Simone Martini das Fresko der »Maestà« (= thronende Madonna, um 1315) und gegenüber die Darstellung des Feldherrn Guidoriccio da Fogliani (1329), eines der ältesten, stilistisch wegweisenden Reiterbilder der gotischen Kunst. Die vielen Beispiele einer »Maestà« in Siena erklären sich aus der **Verehrung der Gottesmutter** seit der siegreichen Schlacht von Montaperti 1260; vor der Schlacht waren ihr die Stadtschlüssel mit der Bitte um Hilfe zum Sieg geweiht worden – Siena nannte sich anschließend »Civitas Virginis«. Zwei weitere große Fresken in diesem Raum zeigen den Sieg der sienesischen Truppen über die Florentiner bei Poggio Imperiale, Werke von Giovanni di Cristoforo und Francesco d' Andrea (1479). Ihren Namen erhielt die Sala del Mappamondo nach einer Weltkarte Ambrogio Lorenzettis aus dem Jahr 1344, die verloren gegangen ist. Angeschlossen an den Weltkartensaal ist die Stadtpalast-kapelle mit einem Vorraum (Anticappella), den 1414 Taddeo di Bartolo mit einem Freskenzyklus ausschmückte. Die Sala di Balia bemalte Spinello Aretino 1407 mit Szenen aus dem Leben Papst Alexanders III. Ein schöner Abschluss des Museumsbesuchs ist der Ausblick vom obersten Stockwerk (Loggia dei nove) auf den Marktplatz und über die Stadt.

❶1.11. – 15.3. tgl. 10.00 – 18.00, 16.3. – 31.10. bis 19.00 Uhr; Eintritt: 9 €

Blick hinunter von der Aussichtsplattform der Torre del Mangia: Wie ein Fächer präsentiert sich die Piazza del Campo von oben.

An der linken Ecke des Palazzo Pubblico ragt der Rathausturm, einer der kühnsten Turmbauten des Mittelalters, in die Höhe. Bis zur Spitze des metallenen Glockenkäfigs erreicht der Turm, den die Brüder Minuccio und Francesco di Rinaldo 1338 – 1344 bauten, eine Höhe von 102 m. Seinen Namen verdankt er dem Glöckner Mangiaguadagni (wörtlich übersetzt etwa »Verdienstfresser«), der durch sein Läuten die Arbeitszeiten regelte. Wer bis zur Turmplattform hinaufsteigt, wird mit einem prächtigen Panoramablick über die Stadt und das Umland belohnt. An der Turmbasis ist die **Cappella di Piazza** der Palastfassade vorgesetzt, die 1352 zum Dank für die Erlösung von der Pest im Jahr 1348 errichtet und 1463 erheblich verändert wurde. Mit ihren antikisierenden Formen bildet sie einen auffallenden Kontrast zur strengen Fassade des Palazzo Pubblico.

Torre del Mangia

> ! **BAEDEKER TIPP**
>
> ### Siena-Tickets
>
> **Biglietto cumulativo:** Sammelticket für Museo Civico, SMS (Complesso Museale Santa Maria della Scala) und Torre del Mangia (20 €).
> **Sammelticket** für Museo Civico und SMS (48 Std. gültig; 13 €).
> **Opa Si Pass:** 3-Tage-Ticket der Dommuseen für Dom, Libreria Piccolomini, Battistero San Giovanni, Museo dell' Opera Metropolitana, Cripta u. Oratorio di S. Bernardino (8 – 15 €, nach Saison; Tickets Info Point, Dom-platz, Mo. – Fr. 9.00 – 17.00 Uhr).

❶ Sommer tgl. 10.00 – 19.00, im Winter bis 16.00 Uhr; Eintritt: 10 €

An der Nordostecke der Piazza del Campo – die Hauptfassade ist zur Via Banchi di Sotto ausgerichtet – steht der Palazzo Piccolomini. Bauherr war Nanni Todeschini, ein Schwager des späteren Papsts Pius II. Der Renaissancebau beherbergt das Staatsarchiv und das **Museo delle Tavolette di Biccherna.** Tavolette di Biccherna sind kleine bemalte Holztafeln, die sich regelrecht zu Kunstwerken entwickelten; ab dem 13. Jh. wurden die Tafeln für Sienas Finanzverwaltung angefertigt, die sie als Aktendeckel und Verwaltungsregister benutzte.

Palazzo Piccolomini

❶ Führungen: Mo. – Sa. 9.30, 10.30, 11.30 Uhr; Eintritt frei

Am Vicolo del Bargello in der Nähe der Piazza del Campo befindet sich das **Museo della Tortura**. Im Untergeschoss ist eine Folterkammer aus Zeiten der Inquisition zu sehen.

Museo della Tortura

❶ tgl. 10.00 – 19.00, Sonderausstellungen bis 20.00 Uhr; Eintritt: 8 €

ZWISCHEN PIAZZA DEL CAMPO UND DOM

Von der Piazza del Campo sind es nur ein paar Schritte bergauf zur Via di Città, der Hauptstraße in der Altstadt. Hier steht die 1428 errichtete Loggia della Mercanzia, das alte Handelsgericht. Der Bau

**Via di Città, Loggia della Mercanzia

zeigt den Übergangsstil von der Spätgotik zur Renaissance; das Obergeschoss wurde im 17. Jh. aufgesetzt. An den Pfeilern mit reich geschmückten Kapitellen, über denen sich Arkaden spannen, sind die Statuen von Petrus und Paulus, Viktor und Ansano zu sehen.

*Palazzo Chigi-Saracini

Der Palazzo Chigi-Saracini, im Grundriss an die Biegung der Via di Città angepasst, wurde um 1320 fertiggestellt und 1787 vergrößert. Seine von einem mächtigen zinnenbekrönten Turm überragte und von spitzbogigen Fenstern durchbrochene Fassade gehört zu den schönsten der Stadt. Reizvoll ist der Kontrast zwischen grauem Naturstein in den beiden unteren Stockwerken und Backstein im dritten Geschoss. Der Palazzo beherbergt die Musikhochschule, die u. a. Meisterkurse und Sommerkonzerte veranstaltet. Die Räumlichkeiten sind nur nach Voranmeldung zu besichtigen.

Palazzo Piccolomini delle Papesse

An der Ecke, an der die schmale Treppengasse zum Dom hinaufführt, steht der um 1460 für Caterina Piccolomini, die Schwester von Papst Pius II., erbaute Wohnpalast, der auch »Palast der Päpstinnen« genannt wird. Die Pläne für den schönen Renaissancepalast im florentinischen Stil stammten vermutlich von Bernardo Rossellino.

★★ DUOMO SANTA MARIA ASSUNTA

❶ 1.3. – 1.11. Mo.–Sa. 10.30 – 19.00, So. 13.30 – 18.00 (sonst bis 17.30 Uhr); Eintritt: 4 €, in der Hauptsaison 7 €; Ticket-Bestellung: Tel. 05 77 28 63 00; www.operaduomo.siena.it

Sienas bedeutendstes Bauwerk ist die Kathedrale, einer der eindrucksvollsten gotischen Kirchenbauten Italiens. Mitte des 12. Jh.s wurde über einem Vorgängerbau der Domneubau begonnen, doch erst 1264 war das Gewölbe fertiggestellt. 1284 begannen die Bauarbeiten an der Westfassade, ab 1316 wurde der Chor nach Osten verlängert. Der schlanke, mit schwarz-weißen Marmorstreifen verkleidete Glockenturm stammt aus der zweiten Hälfte des 13. Jahrhunderts. 1339 beschloss die Bürgerschaft eine **Erweiterung,** die den Dom zum größten Bauwerk Italiens gemacht hätte: Der bestehende Bau sollte als Querhaus in eine über 100 m lange Kirche integriert werden, deren Hauptachse rechtwinklig zu der bisherigen verlaufen wäre. Aus Geldmangel und wegen bautechnischer Probleme gerieten die Arbeiten ins Stocken, und nach der verheerenden Pestepidemie 1348 wurde das Projekt aufgegeben. Welche unglaubli-

!
BAEDEKER TIPP

Der 2-Sterne-Fußboden

Wer zwischen Ende Juni und Ende Oktober nach Siena kommt, kann den Domfußboden tgl. 10.00 – 19.00 Uhr in seiner ganzen Schönheit anschauen (Ticket: 7 €). In der übrigen Zeit wird er zum Schutz mit Holzdielen abgedeckt.

Duomo Santa Maria Assunta

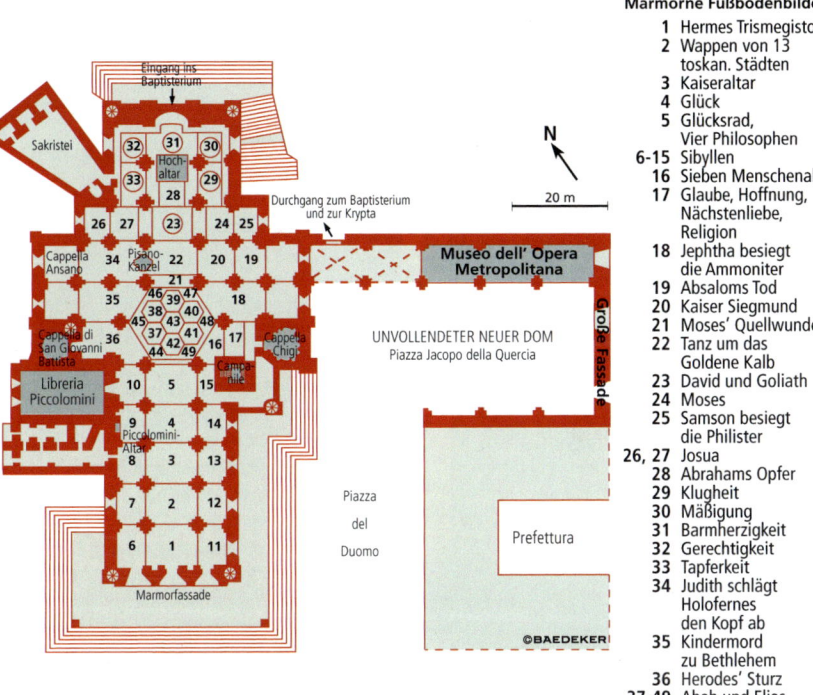

Marmorne Fußbodenbilder

1 Hermes Trismegistos
2 Wappen von 13 toskan. Städten
3 Kaiseraltar
4 Glück
5 Glücksrad, Vier Philosophen
6-15 Sibyllen
16 Sieben Menschenalter
17 Glaube, Hoffnung, Nächstenliebe, Religion
18 Jephtha besiegt die Ammoniter
19 Absaloms Tod
20 Kaiser Siegmund
21 Moses' Quellwunder
22 Tanz um das Goldene Kalb
23 David und Goliath
24 Moses
25 Samson besiegt die Philister
26, 27 Josua
28 Abrahams Opfer
29 Klugheit
30 Mäßigung
31 Barmherzigkeit
32 Gerechtigkeit
33 Tapferkeit
34 Judith schlägt Holofernes den Kopf ab
35 Kindermord zu Bethlehem
36 Herodes' Sturz
37-49 Ahab und Elias

chen Ausmaße der neue Dom haben sollte, lässt sich heute noch anhand der bereits hochgezogenen Bauteile in der Verlängerung des rechten Querhauses erkennen. Es handelt sich um das nordöstliche Seitenschiff, in dem heute das Dommuseum untergebracht ist, die gewaltige »Große Fassade« und drei Joche der südwestlichen Langhauswand.

Giovanni Pisano, den man aus Pisa geholt hatte, entwarf die Westfassade, die 1297 vollendet wurde. Mit der kräftigen plastischen Durchmodellierung, dem üppigen Skulpturenprogramm und den drei tief einschneidenden Portalen überwand Pisano die romanische Formensprache und orientierte sich an den **Kathedralfassaden Frankreichs.** Außer dem im Rosettengeschoss stammt auch der gesamte Skulpturenschmuck von ihm.

**Westfassade

Innenraum Der durch hohe Arkaden in drei Schiffe geteilte Innenraum bildet einen starken Kontrast zu der strahlenden Fassade. Die dunkelgrün-weißen Marmorstreifen, die düstere Atmosphäre und das Fehlen von Sitzbänken lassen an arabische Baukunst denken. Das Mittelportal ist an der Fassadeninnenseite mit Reliefs zum Marienleben (1483) und zur Legende des hl. Ansano (um 1480) geschmückt. Auf dem Gesims unterhalb des Obergaden sitzen die Büsten von Christus und 172 Päpsten – von Petrus bis Lucius III. (†1185) –, die von 36 Medaillonporträts römischer Kaiser (15. / 16. Jh.) in den Bogenzwickeln ergänzt werden.

Ein einzigartiges Kunstwerk ist der ****Fußboden** mit seinen 56 in Marmor geritzten bzw. mit Einlegearbeiten gestalteten Darstellungen – einem aufgeschlagenen Buch vergleichbar, das aus dem Alten Testament berichtet und Tugenden und Allegorien zeigt. Die Arbeiten am Fußboden wurden 1369 begonnen und dauerten rund 200 Jahre. An der Entstehung der 56 Bildwerke waren zahlreiche namhafte Künstler, darunter auch Pinturicchio (»Glück«), beteiligt.

Der Rundgang beginnt beim ***Piccolomini-Altar** im dritten Joch des nördlichen Seitenschiffs. Andrea Bregno schuf ihn 1485 für den Sieneser Kardinal Francesco Piccolomini. Er sollte nachträglich mit Skulpturen ausgeschmückt werden, darunter 15 von Michelangelo. Über die Frage, welche der Künstler tatsächlich selbst geschaffen hat, herrscht keine einhellige Meinung.

Ein Meisterwerk der Gotik: der Dom von Siena

Neben dem Piccolomini-Altar befindet sich der Eingang in die Piccolomini-Bibliothek. Die von Lorenzo di Mariano 1497 gestaltete Eingangswand ist ein Meisterwerk der Hochrenaissance, der Bibliotheksraum selbst einer der schönsten und am besten erhaltenen seiner Zeit. Auftraggeber des 1495 begonnenen Baus war Kardinal Francesco Piccolomini, ab 1503 Papst Pius III., der für die Büchersammlung seines Onkels Enea Silvio Piccolomini (Papst Pius II., ▶ Pienza) einen würdigen Aufbewahrungsort schaffen wollte. Die herrlichen **Fresken an Decke und Wänden** wurden 1502 – 1509 von dem aus Perugia stammenden Pinturicchio und seinen Schülern gemalt. Die Wandbilder zeigen, beginnend beim rechten Fenster, folgende Szenen: Enea Silvio Piccolomini begleitet Kardinal Capranica zum Konzil von Basel (1432); als Gesandter des Konzils tritt Piccolomini vor den schottischen König Jakob I.; Kaiser Friedrich III. krönt Piccolomini zum Dichter; Piccolomini unterwirft sich Papst Eugen IV.; als Erzbischof von Siena führt er Friedrich III. und Eleonore von Portugal einander zu; Papst Calixtus III. reicht ihm den Kardinalshut; Piccolomini wird als Pius II. zum Papst gekrönt; Pius II. versucht in Mantua, die christlichen Fürsten gegen die Türken zu vereinen; Heiligsprechung der Katharina von Siena; Pius II. trifft zur Vorbereitung des Türkenfeldzugs in Ancona ein. In den Schaukästen an den Wänden werden Handschriften aus dem 15. Jh. gezeigt. Die römische Marmorgruppe der drei Grazien, eine Kopie nach griechischem Vorbild, wurde um 1500 in Rom entdeckt.

**Libreria Piccolomini

Der Rundgang führt weiter zu der Renaissance-Kapelle Johannes' des Täufers (1482) mit der Bronzestatue des Täufers (1457), einem expressiven Spätwerk von Donatello, einem Standbild der hl. Katharina von Alexandria (1487) von Neroccio und Fresken mit Szenen aus dem Leben des Johannes von Pinturicchio. In der Kapelle des hl. Ansanus, der das Christentum nach Siena gebracht haben soll und unter Kaiser Diokletian starb, ist das Grabmal für Kardinal Riccardo Petroni (1317 / 1318), ein frühes Meisterwerk von Tino di Camaino, einen Blick wert. Vier Stützfiguren tragen den Sarkophag mit Reliefs und Apostelfiguren. Die auf 1430 datierte bronzene Grabplatte des Bischofs Giovanni Pecci ist ein Werk Donatellos.

Cappella di San Giovanni Battista, Cappella Ansano

Zu den bedeutendsten Kunstwerken im Dom zählt die Kanzel, die 1266 – 1268 von Nicola Pisano unter Mitarbeit seines Sohnes Giovanni und von Arnolfo di Cambio geschaffen wurde. Sie ruht auf neun Säulen aus Granit, Porphyr und Marmor. Die äußeren stehen auf Sockeln bzw. Löwenfiguren, die Mittelsäule ist am Fuß mit Allegorien der Sieben Freien Künste und der Philosophie verziert. Über den Kapitellen erscheinen die Personifikationen der christlichen Tugenden und in den Bogenzwickeln Propheten. Die Brüstung zeigt hervorragend gearbeitete Reliefs im Stil antiker Sarkophage.

**Kanzel von Nicola Pisano

Duomo Santa Maria

Auf dem höchsten Punkt der Stadt erhebt sich der stattliche Dom Santa Maria mit romanischen und gotischen Stilelementen in der Fassade. Unterhalb des Chors schließt sich das Baptisterium San Giovanni an, während seitlich noch Überreste des »Neuen Doms« zu sehen sind, mit dem die Sieneser im 14. Jh. den bestehenden erweitern wollten.

❶ 1.3. – 1.11. Mo. – Sa. 10.30 – 19.00,
So. 13.30 – 18.00 (sonst bis 17.30 Uhr);
Eintritt: 4 €, in der Hauptsaison 7 €
Ticket-Bestellung: Tel. 05 77 28 63 00
www.operaduomo.siena.it

❶ Marmorfassade
Ende des 13. Jh.s entwarf Giovanni Pisano die Fassade des Doms, inspiriert von der französischen Gotik.

❷ Libreria Piccolomini
Die Piccolomini-Bibliothek wurde von Kardinal Francesco Piccolomini (später Pius III.) zu Ehren seines Onkels Pius II. gegründet. Hier befinden sich die berühmten Fresken von Pinturicchio mit Szenen aus dem Leben des späteren Papstes.

❸ Capella di San Giovanni
In der Renaissancekapelle sind ein Freskenzyklus von Pinturicchio und eine Bronzestatue Johannes' des Täufers von Donatello (1457) zu sehen.

❹ Kanzel von Nicola Pisano
Die oktogonale Kanzel von Nicola Pisano (13. Jh.) ruht auf Säulen, die von Löwen gestützt werden.

❺ Battistero di San Giovanni
Als 1316 der Domchor erweitert wurde, wurde eine Unterkirche (das Baptisterium) errichtet.

❻ Museo dell'Opera Metropolitana
Im Erdgeschoss des Dommuseums sind unter anderem die von Pisano und seinen Mitarbeitern gefertigten überlebensgroßen Originalskulpturen der Fassade zu sehen, die dort im Laufe der Zeit durch Kopien ersetzt wurden.

❼ Il Facciatone
Die Erweiterungspläne, die die Stadtväter von Siena hatten, wurden wegen Geldmangels und technischer Probleme sowie vom Ausbruch der Schwarzen Pest 1348 gestoppt. An diese Ambitionen erinnert heute noch die teilweise vollendete Außenmauer – Il Facciatone (die große Fassade) genannt.

❽ Krypta
Auf der Domrückseite liegt der Zugang zur Krypta aus dem 13. Jh. Sie wurde erst 1999 nach 700 Jahren wiederentdeckt. Ihre Wände sind mit gut erhaltenen Fresken aus dem 13. Jh. bemalt, die Künstler der Sieneser Schule geschaffen haben.

dekoration des Doms: »Hl. Katharina von Siena empfängt die Wundmale Christi« (um 1515) und »Geburt Mariens« (um 1543).

Zu den Höhepunkten im zweiten Stockwerk, in dem man den Rundgang beginnen sollte, gehören ein beschädigtes Kruzifix vom Ende
des 12. Jh.s, eines der ältesten Zeugnisse der sienesischen Malkunst,
und der Altaraufsatz mit Christus in der Mandorla – das früheste, auf
1215 datierte Bild der sienesischen Malerei (beide Saal 1).

**Zweites
Obergeschoss
Saal 1**

Die »Madonna mit Kind« (um 1262) von Guido da Siena in Saal 2
zeigt in den stark gestreckten Körpern und in der betonten Linien-
führung noch byzantinische Einflüsse, während das Johannes-Reta-
bel (um 1280) und der Petrus-Altar (1280/1290) von anonymen
Meistern den Übergang von der byzantinischen Formstrenge zu na-
turalistischer und farbnuancenreicher Gestaltungsweise demonstrieren. Aus der Werkstatt von Guido da Siena stammen in Saal 2 außerdem ein Diptychon sowie fünf Tafeln zur Passion Christi, die
wahrscheinlich zur »Maestà« im Palazzo Pubblico gehörten.

Saal 2

An der höchsten Stelle der Altstadt von Siena ragt der Dom auf.

*Saal 3 /
Saal 4
Altartafeln
von Duccio di
Buoninsegna

In den Räumen 3 und 4 sind zwei mehrteilige Altartafeln (um 1310) von Duccio di Buoninsegna, dem Begründer der gotischen Malerei Sienas, zu sehen: »Madonna zwischen den Heiligen Augustinus, Paulus, Petrus und Dominikus«, in lebensnaher Gestaltung und in feinen Farbabstufungen gemalt, sowie »Madonna zwischen den Heiligen Agnes, Johannes Evangelista, Johannes der Täufer und Maria Magdalena« mit plastischer Modellierung der Figuren, ferner die kleine Tafel der »Madonna dei Franceskani« (um 1300), daneben weitere Werke aus dem Umkreis Duccios.

Saal 5 / Saal 6

Gotische Tafelbilder aus der zweiten Hälfte des 14. Jh.s von Bartolo di Fredi (»Anbetung der Könige«, 1370/1380), Taddeo di Bartolo (»Verkündigung«, »Anbetung der Hirten«) sowie Luca di Tommè (u. a. »Hl. Anna Selbdritt«, 1367) sind in Saal 5 ausgestellt, während in Saal 6 ein Tafelbild des großen sienesischen Meisters Simone Martini die »Vier Wunder des hl. Agostino Novello« (1330) darstellt.

**Säle 7 – 11
Tafelbilder
der Brüder
Lorenzetti

Die auf Duccio folgende Malergeneration ist mit Hauptwerken der Brüder Ambrogio und Pietro Lorenzetti präsent. Von Pietro Lorenzetti sind in Saal 7 »Thronende Madonna mit Heiligen und Engeln« sowie Szenen aus der Geschichte des Karmeliterordens (1328 / 1329)

Nannini-Pasticcerien laufen nach wie vor unter klangvollem Namen, sind aber nicht mehr in Familienbesitz.

mit plastischen Figuren und perspektivischer Raumerschließung zu sehen. Ambrogio Lorenzetti ist mit zwei kleinen Landschaftsdarstellungen (um 1340) vertreten, »Stadt am Meer« und »Kastell am Ufer eines Sees«, außerdem mit »Madonna in der Glorie« (um 1340) und »Verkündigung« (1344).

In den nachfolgenden Räumen sind Maler aus dem Umkreis von Simone Martini ausgestellt, so Lippo Memmi (»Madonna mit Kind«, um 1340) und Naddo Ceccarelli (»Madonnen-Polyptychon«) mit ausgeprägtem gotischen Formgefühl. Beachtung verdienen in Saal 11 auch mehrere Werke des um 1400 arbeitenden Taddeo di Bartolo, darunter »Thronende Madonna« und ein Verkündigungsaltar mit Anklängen an den internationalen Stil der Gotik.

Simone Martini und sein Umkreis

Ein Hauptmeister der Sieneser Malerei in der ersten Hälfte des 15. Jh.s ist der in Saal 12 und 13 ausgestellte Giovanni di Paolo, der unter Verwendung der Zentralperspektive in Verbindung mit dem Farbenreichtum der sienesischen Maltradition Werke von besonderem Reiz schuf, wie »Madonna mit Kind im Kreise musizierender Engel« (1433), »Madonna dell' Umiltà« (um 1455) oder »Darbringung im Tempel« (1447 / 1448). Ferner ist das Werk von Stefano di Giovanni, genannt Sassetta, von großer Bedeutung für die Entwicklung der sienesischen Malerei im 15. Jh.; von ihm sind leider nur die Predella und Bekrönung eines zwischen 1423 und 1426 entstandenen Polyptychons zu sehen.

Saal 12 / Saal 13

Werke aus der zweiten Hälfte des 15. Jh.s sind in den Sälen 14 – 19 ausgestellt, u. a. »Madonna zwischen Heiligen« (1470) von Matteo di Giovanni, drei Madonnentafeln (um 1476 / 1495) von Neroccio di Bartolomeo Landi in spätgotisch-manieriertem Stil, außerdem eine »Verkündigung« (um 1470) des Malers Francesco di Giorgio Martini, teils in überfeinertem Linienstil, teils in plastischer Figurenmodellierung vor Landschafts- und Architekturprospekten ausgeführt.

Säle 14 – 19

Das dritte Obergeschoss beherbergt die Sammlung der Sieneser Familie Spannocchi mit Gemälden aus dem 16. und 17. Jh., darunter Arbeiten flämischer Meister sowie Werke von Tintoretto und Albrecht Dürer.

Drittes Obergeschoss

Am Prato Sant' Agostino sind in der 1258 erbauten Kirche Sant' Agostino die »Kreuzigung« von Perugino (1506), die Francesco di Giorgio Martini zugeschriebenen Fresken aus dem späten 15. Jh. (»Geburt Marias«, »Anbetung Christi«) und ein Maestà-Fresko von Ambrogio Lorenzetti in der Cappella Piccolomini sehenswert.

Sant' Agostino

❶ Mo. – Sa. 14.30 – 17.30 Uhr; Eintritt: 2,50 €

Museo di Storia Naturale, Orto Botanico

Im ehemaligen Kamaldulenserkloster ist das sehenswerte Naturhistorische Museum untergebracht. Bereits seit 1588 existiert der benachbarte Botanische Garten (Orto botanico), den man ebenfalls besichtigen kann.

Museo di Storia Naturale: Mo. – Mi., Fr. 9.00 – 13.00, 15.00 – 18.00, Do. 9.00 – 13.00 Uhr; Eintritt frei

Orto Botanico: Via Pier Andrea Mattioli 4; Mo. – Fr. 8.00 – 12.30, 14.30 bis 17.30, Sa. 8.00 – 12.00 Uhr; Eintritt frei

VOM DOMPLATZ ZUM FORTE DI SANTA BARBARA

Via Diacceto

Vom Domplatz geht es über die Piazza San Giovanni abwärts in die schmale Via Diacetto. Nach etwa 50 m hat man einen herrlichen Blick auf die Bettelordenskirche San Domenico. Die schmale, von **hohen Stützbogen** überspannte Via della Galluzza führt zur Dominikanerkirche.

*Casa di Santa Caterina

Die schmale Via Santa Caterina führt zum **Geburtshaus** der hl. Katharina von Siena (1347 – 1380) mit einem Sanktuarium, das 1464 – drei Jahre nach ihrer Heiligsprechung – errichtet wurde. In dem Renaissanceportal ist zu lesen:»Sponsae Kristi Catherinae Domus« (Haus der Katharina, Braut Christi). Katharinas Eintreten für die Rückkehr der Päpste aus Avignon nach Rom und ihre Visionen führten 1461 zur Heiligsprechung durch den aus Siena stammenden Papst Pius II. Für die Pilgermassen baute man im 16. Jh. das Obere Oratorium und schmückte es mit **Wandbildern aus Katharinas Leben.** Im Oratorio del Crocefisso befindet sich das romanische Kruzifix, vor dem die Heilige 1375 laut Überlieferung die Wundmale Christi empfing.

❶ Costa di S. Antonio 6; tgl. 9.00 – 12.30, 15.00– 18.00 Uhr; Eintritt frei

Fonte Branda

Etwa 100 m weiter westlich steht der große Brunnen von Bellamino aus dem Jahr 1198 mit der ältesten Steinmetzinschrift Sienas. Seine heutige Ausgestaltung erfuhr das Brunnenhaus im Wesentlichen durch Giovanni di Stefano um das Jahr 1246.

San Domenico

An der Piazza San Domenico steht die ab 1226 erbaute Dominikanerkirche. Der wuchtige Ziegelbau besteht aus einem einschiffigen Langhaus mit rechteckig geschlossenem Chor sowie einem hohen Querhaus mit zwei den Chor flankierenden Kapellen. Das von Andrea Vanni 1370/1380 wohl noch zu Lebzeiten der Heiligen gemalte Fresko in der kreuzgewölbten Katharinenkapelle gilt als *** ältestes Bildnis der hl. Katharina.** Die Katharinenkapelle birgt außerdem zwei Hauptwerke von Sodoma: die »Verzückung der hl.

Katharina« und »Ohnmacht der hl. Katharina« (beide um 1525). Zudem ist ein Marmortabernakel (1466) von Giovanni di Stefano zu sehen, in dem das Haupt der in Rom verstorbenen und dort in der Kirche Santa Maria sopra Minerva beigesetzten Heiligen aufbewahrt wird.

Über die Viale dei Mille kommt man jenseits des Sportstadions zu der Festung, die 1560 Herzog Cosimo I. in Auftrag gegeben hatte. Von den Mauern der mächtigen Fortezza Medicea bietet sich ein schöner Blick über die Stadt. **Forte di Santa Barbara**

In den Gewölben der ersten Bastion links entkorkt die ***Enoteca Italiana** ausgezeichnete Tropfen und unterrichtet in einer Ausstellung über italienischen Weinbau. Angeschlossen ist das Ristorante Millevini, das von Alberto Degortes geführt wird. Die Weinkarte listet mehr als 1000 Weine.

❶ Di. – Sa. 15.00 – 20.00 Uhr; www.enoteca-italiana.it

VOM CAMPO IN DIE NORDÖSTLICHE ALTSTADT

Am Croce di Travaglio, dem »Kreuz der Mühen«, in der Nähe der Loggia di Mercanzia trifft die Via di Città mit den beiden anderen Haupteinkaufsstraßen der Innenstadt zusammen: **Via Banchi di Sopra** und **Via Banchi di Sotto**. **Croce di Travaglio**

100 m nördlich des Croce di Travaglio öffnet sich die Via Banchi di Sopra zu einer kleinen Piazzetta. Linker Hand steht der 1205 erbaute Palazzo Tolomei, einer der ältesten Stadtpaläste von Siena, mit gotischem Maßwerk in den Spitzbogenfenstern. In der ursprünglich romanischen, im 18. Jh. aber völlig neu gestalteten Kirche San Cristoforo gegenüber ist ein bemerkenswertes Holzkruzifix aus dem 14. Jh. zu sehen. **Palazzo Tolomei, San Cristoforo**

Auch an der Piazza Salimbeni ist ein hübsches Bauensemble erhalten. Dominiert wird die Piazza von dem wehrhaften gotischen **Palazzo Salimbeni** (14. Jh.), in dem eine der ältesten öffentlichen Kreditanstalten Italiens ihren Sitz hat. Unter dem Namen Monte della Pietà wurde sie 1472 gegründet: Der angehäufte »Geldberg der Barmherzigkeit« gab in Not geratenen Bürgern günstige Kredite. Als Monte dei Paschi – die Monte-Kredite wurden durch Erträge aus den Weiden (Pascoli) der Maremma finanziell abgesichert – existiert die Bank seit 1624. ***Piazza Salimbeni**

Rechts neben dem Salimbeni-Palast steht der 1470 begonnene **Palazzo Spannocchi**. Der Bauherr war Ambrogio Spannocchi, Schatzmeister des Piccolomini-Papstes Pius II. Das elegante Renaissancegebäude wurde 1880 um die schönen Loggien erweitert.

Beim Bummel durch Sienas Altstadtgassen

San Francesco Der Grundstein für die gotische Franziskanerkirche wurde 1326 gelegt, doch erst 1484 waren die Arbeiten abgeschlossen. Mit ihrem großen Predigtraum und dem flachen Chorabschluss zeigt die Kirche die Merkmale der Bettelordensarchitektur. Der Kampanile wurde 1765 angefügt, die Fassade 1894 bis 1912 umgestaltet. Das von einem offenen Dachstuhl überspannte, weiträumige Innere ahmt mit der schwarz-weißen Wandbemalung die Marmorverkleidung des Doms nach. An den Langhauswänden hängen die Standarten der alten Handwerkszünfte. Im linken Querschiff sind Fresken aus dem 14. Jh. sehenswert: »Kreuzigung« von Pietro Lorenzetti sowie »Der hl. Ludwig von Toulouse vor Papst Bonifaz VIII.« und »Martyrium der sieben Franziskaner von Ceuta« seines Bruders Ambrogio Lorenzetti.

Oratorio di San Bernardino Dem hl. Bernhardin (1380 – 1444), Mitglied des Franziskanerordens, wurde neben der Kirche an der Stelle, an der er für gewöhnlich predigte, Ende des 15. Jh.s ein kleines doppelgeschossiges Oratorium errichtet, das wegen seiner Fresken einen Blick lohnt. Sehenswert sind die Fresken aus dem 16. Jh. von Sodoma (hl. Ludwig, Maria im Tempel, hl. Antonius von Padua, hl. Franz von Assisi, Heimsuchung, Himmelfahrt und Krönung Marias), von Domenico Beccafumi (Vermählung Marias, Madonna mit Engeln, Tod Marias) und von Girolamo del Pacchia (Marias Geburt, hl. Bernhardin von Siena, Gabriel, Verkündigung an Maria). In Nebenräumen des Oratoriums wurde das **Museo Diocesano di Arte Sacra (MDAS) eingerichtet, in dem Werke der Sieneser Schule ab dem 14. Jh. ausgestellt sind. Besonders eindrucksvoll ist das »Oratorio Superiore« mit Fresken aus dem frühen 16. Jahrhundert.

❶ derzeit wegen Umbauarbeiten geschlossen

IN DEN SÜDÖSTLICHEN STADTTEIL

Die Via Banchi di Sotto ist die Hauptachse der südöstlichen Altstadt, des Terzo di San Martino, mit seiner lebendigen Atmosphäre, kleinen Geschäften und vielen Cafés – man merkt, dass hier die Universität von Siena und die renommierte Università per Stranieri, die Ausländeruniversität, ihren Sitz haben. ***Terzo di San Martino, Via Banchi di Sotto**

In der Via Banchi di Sotto steht die 1462 vollendete zierliche Loggia del Papa, ein dreibogiger Bau des Architekten Antonio Federighi. Ihren Namen verdankt die Loggia Papst Pius II. (Enea Silvio Piccolomini), dessen Familie eng mit Siena verbunden war. **Loggia del Papa**

Man folgt der Via Banchi di Sotto, der Via Pantaneto und der Via Roma stadtauswärts und biegt in die Via San Clemente ein, die zur Kirche Santa Maria dei Servi führt (13. Jh.). Die Kirche des Servitenordens wurde im 15. / 16. Jh. im Stil der Zeit verändert. Die schlichte Fassade blieb unvollendet, neben ihr ragt der romanische Kampanile aus dem 13. Jh. auf. Beachtung verdienen im dreischiffigen Innern rechts das Bild »Madonna del Bordone« von Coppo di Marcovaldo (1261) und in der zweiten Kapelle des rechten Querhauses das berühmte **Fresko »Kindermord zu Bethlehem«** (um 1330) von Pietro Lorenzetti. Von Santa Maria dei Servi ist es nicht mehr weit zur Stadtmauer mit der **Porta Romana,** einem schlichten Tor von 1327. **Santa Maria dei Servi**

Südöstlich der Piazza del Campo ist Sienas 1786 errichtete Synagoge am Vicolo delle Scotte im Rahmen von Führungen zu besichtigen. Ein Museum zu 700 Jahren hebräischer Stadtkultur ist im Aufbau. Zwei Mahntafeln an der Außenwand erinnern an den Holocaust und an den 28.6.1799, als der Verwüstung des Sieneser Gettos durch die anti-napoleonische Bewegung »Viva Maria« 13 Menschen zum Opfer fielen. **Synagoge**

❶ Mo., Do., So. 10.30 – 17.30 Uhr; Anmeldung: Tel. 05 77 27 13 45; Eintritt. 4 €; www.jewishtuscany.it

UMGEBUNG VON SIENA

3 km nördlich der Altstadt steht die Chiesa dell' Osservanza, die um 1476 über einem älteren, vom hl. Bernhardin gestifteten Gotteshaus errichtet wurde. Nach weitgehender Zerstörung durch einen Luftangriff 1944 wurde die Kirche originalgetreu wieder aufgebaut. Das einschiffige Langhaus besitzt acht Seitenkapellen. In der dritten Kapelle rechts befindet sich das 1454 von Francesco d' Antonio angefertigte Reliquiar des hl. Bernhardin, in der vierten Kapelle ist das schöne Triptychon (Madonna mit den hll. Ambrosius und Hieronymus, **Chiesa dell' Osservanza**

um 1436) eines unbekannten Meisters zu bewundern. Die **Verkündigungsgruppe aus farbig gefasster Terrakotta** an den Pfeilern des Triumphbogens zwischen Langhaus und Chor stammt von Andrea della Robbia, die Pietà (15. Jh.) in der Sakristei von Giacomo Cozzarelli.

*Monteriggioni

Wer von Siena die Autobahn nach Monteriggioni nimmt, verschenkt eine wunderbare Fahrt auf der Landstraße, die durch Wald, Weinberge und Felder mit dunkelbraun gefärbtem Boden führt. Das 1203 gegründete Städtchen liegt etwa 10 km nordwestlich von Siena auf einem Hügel über dem Elsa-Tal. Teile des gut erhaltenen Mauerrings (13. Jh.) mit 14 Wehrtürmen sind begehbar; die Stadtmauer wird von Dante in der »Göttlichen Komödie« erwähnt. Das **Burgmuseum** zeigt Reproduktionen mittelalterlicher Rüstungen und Waffen. Monteriggioni ist Sitz aller toskanischen Aktivitäten entlang der **Via Francigena,** auch des neuen Kulturfestivals am Pilgerweg (Juni bis Sept.; www.francigena.provincia.siena.it).

Burgmuseum: 16.2. – 31.3. Mi. – Mo. 10.00 – 13.00, 14.00 – 16.00, 1.4. bis 30.9. 9.30 – 13.30, 14.00 – 19.30, 1.10. – 31.10. 10.00 – 13.30, 14.00 bis 18.00, Nov., Dez. Mi. – Mo. 10.00 – 13.30, 14.00 – 16.00 Uhr; Eintr.: 3 €

Das Ocker der Erde und das dunkle Grün der Zypressen – Impression aus der Umgebung von Siena

Lohnend ist auch der Besuch des 2 km westlich von Monteriggioni **Abbadia**
gelegenen Zisterzienserklosters Abbadia a Isola aus dem 11./12. Jahr- **a Isola**
hundert. Der Ort taucht als »Borgonuovo« in den Aufzeichnungen
des Erzbischofs Sigerichs des Ernsten von Canterbury (994) als Pil-
gerstation der späteren Via Francigena auf. Heute ist die romanische
Basilika der Klosterkirche zu besichtigen.

Die Crete, eine bizarre, von Tälern zerfurchte, meist kahle Hügel- ***Crete Senesi**
landschaft südöstlich von Siena, übt einen eigentümlichen ästhetischen Reiz aus. Die unwirtliche, von Erosion bedrohte Landschaft ist
das Ergebnis von massiver Abholzung und Überweidung. An vielen
Stellen ist der Boden fortgeschwemmt und der Lehmboden tritt zutage – der Name Crete leitet sich von »creta« (Ton, Kreide) ab.

Das mittelalterliche Festungsdorf Murlo südlich von Siena erreicht ***Murlo**
man über die SS 2 und den Abzweig hinter Monteroni dʻ Arbia. Im
imposanten Palazzo Vescovile ist das **Antiquarium** untergebracht, in
dem Funde aus der nahe gelegenen Nekropole Poggio Civitate gezeigt werden, u. a. eine fast vollständig erhaltene Dachkonstruktion
und der Giebel eines Gebäudes aus dem 5. Jh. vor Christus.
Antiquarium: April – Juni, Sept. Di. – So. 10.00 – 13.00, 15.00 – 19.00,
Juli/Aug. auch 21.00 – 23.00, März, Okt. nur bis 17.00, Nov. – Feb. Di. – Fr.
10.00 – 13.00, Sa., So. auch 15.00 – 17.00 Uhr; Eintritt: 3,20 €

Asciano liegt 25 km südöstlich von Siena in den Ausläufern der Cre- **Asciano**
te. Beachtenswert ist die aus Travertin errichtete romanische Kirche
Santʻ Agata (11. – 14. Jh.). Das **Museo Civico Archelogico e dʼ Arte**
Sacra im Palazzo Corboli zeigt Sieneser Gemälde, Skulpturen, Majo-
liken und Schmuck (13. – 19. Jh.) sowie Goldschmuck, Bronzefibeln
und Ascheurnen aus fünf etruskischen Kammergräbern, die auf dem
Poggio Pinco östlich von Asciano entdeckt wurden.
Museo Civico Archelogico e dʼ Arte Sacra: Corso Matteotti 122; 1.3. bis
31.10. Di. – So. 10.30 – 18.30, 1.11. – 28.2. Fr. – So. 10.30 – 17.30 Uhr;
Eintritt: 4,50 €

»Weißes Gold«, »Diamant der Küche«: Im ersten italienischen **Trüf-** **San Giovanni**
felmuseum im Kastell von San Giovanni dʻ Asso, Piazza Gramsci 1, **dʼAsso**
dreht sich alles um die edle Delikatesse des weißen Trüffels.
Trüffelmuseum: 1.7. – 31.8. Do. – So. 11.00 – 13.00, 16.00 – 19.00,
1.3. – 30.6., 1.9. – 30.9. Do. 14.30 – 17.30, Fr. – So. 11.00 – 13.00, 14.30
bis 17.30 Uhr; 1.10. – 28.2. nur Sa., So. 10.00 – 13.00, 14.00 – 18.00 Uhr;
Eintritt: 3 €

In Rapolano Terme gibt es zwei **Thermalanlagen.** Reste eines recht- **Rapolano**
eckigen etruskisch-römischen Thermalbades sind in der Terme An- **Terme**
tica Querciolaia (35 – 39 °C) erhalten (Via Trieste, www.termeaq.it).

Wohltemperiert ist die Terme San Giovanni (39 – 40 °C, Via Terme di San Giovanni 52, www.termesangiovanni.it). Das **Museo dell' Antica Grancia** in einer ehemaligen Ölmühle im Ortsteil Serre di Rapolano ist Olivenanbau und Ölgewinnung gewidmet. Es kooperiert mit Sienas Museum SMS und zeigt auch zeitgenössische Kunst.
❶ 1.4. – 1.11. Di. – So. 10.00 – 13.00, 15.00 – 18.00 Uhr; Eintritt: 2 €

✱✱ SAN GALGANO

Abteikirche: Juli, Aug. 9.00 – 20.00, Juni, Sept. bis 19.00, April, Mai, Okt. bis 18.00, Nov. – März bis 17.30 Uhr; Eintritt: 3 €; www.sangalgano.info, www.prolocochiusdino.it
L'Eremo di Montesiepi: tgl. 9.00 bis Sonnenuntergang; Eintritt frei

Ruine einer bedeutenden Zisterzienserabtei

Die Ruine der Abtei von San Galgano, die als eindrucksvolle Kulisse in Andrej Tarkowskys Film »Nostalghia« in die Filmgeschichte einging, liegt ca. 35 km südwestlich von Siena etwas abseits der Straße nach Massa Marittima. Die Abteigründung geht auf das 12. Jh. zurück. Der Legende nach erschien der Erzengel Gabriel dem jungen Adligen Galgano Guidotti aus dem nahen Chiusdino im Traum und wies ihn an, in einer **Einsiedelei auf dem Hügel Montesiepi** den Weg zu Gott und zur Natur zu suchen. Als Zeichen seines Verzichts auf jegliche Waffengewalt soll Galgano dort sein Schwert in eine Felsspalte gestoßen haben – der aus dem Fels herausragende Schaft wird seither als Kreuz verehrt. Im Alter von nur 33 Jahren starb der Eremit, der 1185 von Papst Lucius III. heilig gesprochen wurde. Wenige Jahre nach seinem Tod ließen sich Zisterzienser auf den Montesiepi nieder, doch schon bald wurde das dortige Kloster zu klein und man beschloss, in die fruchtbare Talebene umzusiedeln. Um 1224 wurde mit dem Bau der Abbazia di San Galgano begonnen, Ende des 13. Jh.s war sie nahezu vollendet. Durch Stiftungen, päpstliche und kaiserliche Zuwendungen gewann das Kloster bis zum Ende des 14. Jh.s zunehmend an Einfluss und Besitz. Doch Überfälle florentinischer Söldner und die Ausbeutung der Güter durch die sogenannten Kompturäbte setzten der Blüte im 15. Jh. eine Ende. 1816 wurde das Kloster aufgelöst.

Klosterkirche

Der 69 m lange Sakralbau, dessen Dach nicht mehr erhalten ist, gilt als klassisches Beispiel der Zisterziensergotik, die ihren Ursprung in der Île-de-France hatte. Die Mauern der dreischiffigen Kirche, die über dem Grundriss eines lateinischen Kreuzes hochgezogen wurden, sind bis heute gut erhalten; sie sind teils in Travertin, teils in Ziegelmauerwerk ausgeführt. Der ältere Teil des Langhauses hat vier Geschosse mit spitzbogigen Arkaden und Obergadenfenstern, der jüngere nur drei. Die Türstürze tragen kunstvolle Blütenkapitelle, das Hauptportal schmückt ein mit Akanthusblättern verzierter Fries des

Faszinierend: die Kirchenruine der einstigen Zisterzienserabtei
San Galgano

13. Jahrhunderts. Bestechend sind die wunderschöne Apsis und die grandiose Flucht von Spitzbögen und Fenstern, über denen sich der Himmel wölbt. Von den Klosteranlagen sind der Ostflügel und Teile des großen Kreuzgangs erhalten.

Der ursprüngliche Kern des Zisterzienserklosters ist eine kleine romanische Rotunde, die 1182 über dem Grab des hl. Galgano auf dem Montesiepi errichtet wurde. Über dem Sockel aus Naturstein zeigt das Mauerwerk Steinstreifen und Sichtziegelbau im Wechsel. Die Kuppel des L'Eremo di Montesiepi erinnert an etruskische Grabmäler, während der Tambour dem Grab der Caecilia Metalla an der Via Appia in Rom ähnelt. Die zahllosen, in Spiralform angeordneten Steinringe sind ein mittelalterliches Symbol für den Menschen, der zu seinem Schöpfer aufsteigt. In der Fußbodenmitte steckt in einem Felsen das Schwert Galganos, das allerdings aus dem 19. Jh. stammt. Die im 14. Jh. angefügte Backsteinkapelle birgt herrliche **Fresken des Sienesers Ambrogio Lorenzetti**. Teile des doppelreihigen Zy-

*L'Eremo di Montesiepi

klus sind nur schlecht erhalten, wie die Szenen aus dem Leben des hl. Galgano und die »Verkündigung«. Letztere bezieht in ihre Darstellung ein Fenster und die Kassettendecke mit ein, sodass ein räumlicher Eindruck entsteht. Bei einer Restaurierung zeigte sich, dass die Figur der Muttergottes in der Maestà eine Übermalung war; in einem ersten Gemälde war sie als Königin der Engel ohne Kind dargestellt. Zu Marias Füßen liegt die Ursünderin Eva; die zwei knienden Frauen symbolisieren die Nächstenliebe (Früchte verteilend) und die Liebe Gottes (ein Herz darbringend). Bei den dargestellten Zisterziensermönchen handelt es sich vermutlich um den Ordensgründer Robert von Molesme und den hl. Bernhard von Clairvaux.

Val di Chiana

✛ I–L 13/14

Provinzen: Siena (SI) und Arezzo (AR)

Das weite Tal der Chiana südlich von Arrezzo war jahrhundertelang Sumpfgebiet. Schon die Etrusker versuchten, das Schwemmland zu entwässern und bauten hier Getreide an.

Mit dem Niedergang des weströmischen Reichs gewann der Sumpf das Chiana-Tal zurück. Das von Dante als »unbewohnbarer Pestsumpf« bezeichnete Tal trockenzulegen, gelang erst Mitte des 18. Jh.s unter den Habsburgern. Schnell entwickelte sich das Val di Chiana zu einer Kornkammer Italiens. Auch Zuckerrüben, Oliven und Wein gehören heute zur intensiven Landwirtschaft, die zudem für ihre Chianina-Rinder bekannt ist.

SEHENSWERTE ORTE IM VAL DI CHIANA

Castiglion Fiorentino
Die Kleinstadt liegt zwischen Arezzo und Cortona auf einem Hügel am Ostrand des Val di Chiana. Von den mit Wappen geschmückten Loggien Vasaris (2. Hälfte 16. Jh.) an der Piazza del Municipio hat man einen herrlichen Blick in die Umgebung. Die **Torre del Cassero** (1325), das Wahrzeichen der Stadt, kann man besteigen, seit 1804 schlägt hier die Glocke »Calfurnia«. In der **Pinacoteca Comunale** in der Via del Cassero sind hochkarätige Goldschmiedekunst und Meisterwerke aus den Schulen von Arezzo und Siena, u. a. ein Tafelbild des Margaritone d'Arezzo »Hl. Franziskus« (um 1280) und eine »Madonna« von Taddeo Gaddi (um 1350), ausgestellt.
Sehr zu empfehlen ist das **Archäologische Museum** im Palazzo Pretorio samt anschließendem unterirdischem Rundgang. Es zeigt 2800 Jahre Ortsgeschichte, die mit einer etruskischen Wehrsiedlung be-

ginnt. Der **Percorso Archeologico Sotteraneo** führt in die Krypta
der Kirche Sant' Angelo, deren Wände teilweise aus Blöcken der Et-
ruskermauer (4. Jh. v. Chr.) bestehen, und zu Ausgrabungen unter
der Piazza del Cassero mit einem rechtwinkligen Etruskertempel
(4. – 2. Jh. v. Chr.). Der polychrome Tempelfries mit Gorgonenhaupt,
Lotosblüten und roten Rosen befindet sich im Museum.

Die zweigeschossige Wallfahrtskirche Madonna della Consolazione
an der Porta San Michele wurde 1607 im Stil der Spätrenaissance auf
achteckigem Grundriss errichtet; sie birgt einen barocken Hochaltar,
dessen Madonnenfresko Luca Signorelli zugeschrieben wird.

Torre del Cassero: 1.5. – 30.9. Sa., So. 10.00 – 13.00, 16.00 – 19.00 Uhr;
Eintritt: 1,50 €

Pinacoteca Comunale: 1.4. – 31.10. Di. – Fr. 10.00 – 12.30, 16.00 – 18.30,
Sa., So. 10.00 – 12.30, 16.00 – 19.00, Nov. – März Di. – So. 10.00 – 12.30,
15.30 – 18.00 Uhr; Eintritt: 3 €

Archäologisches Museum: Via del Tribunale 8, geöffnet wie Pinakothek;
Eintritt: 3 €

Castello di Montecchio Vesponi

3 km südlich liegt Castello di Montecchio Vesponi mit einer intakten
Burg (11./13. Jh.), deren 270 m lange Zinnenmauern und acht massive Wehrtürme beeindruckend sind, desgleichen der auf quadrati-
schem Grundriss ruhende, 30 m hohe Zentralturm. Ende des 14. Jh.s
ging der Besitz als Lehen an den Engländer John Hawkwood alias
Giovanni Acuto, der 1377 – 1394 Reiterführer der Florentiner Truppen war. Orietta Floridi Viterbini, letzte »Nachfahrin« von Sir John,
begrüßte hier 1992 Queen Elizabeth II. und nutzt ihr Burggelände
heute für Austellungen prominenter Künstler wie Giacomo Manzù.

*Lucignano

Lucignano ist mit seinem geschlossenen, mittelalterlichen Ortsbild
und Kopfsteinpflastergassen eine Perle der Toskana. Auf dem höchsten Punkt der Stadt thront die Kirche San Michele (Ende 16. Jh.). An
ihrer Rückseite steht der Palazzo Comunale, in dem ein **Museum**
eingerichtet ist. Sehenswert ist der von unbekannten Meistern gemalte Zyklus in der Sala Tribunale, der römische Imperatoren, Dichter
und Kirchenlehrer gleichberechtigt nebeneinander zeigt (2. Hälfte
15. Jh.). Prunkstücke sind zwei Werke von Luca Signorelli (»Der hl.
Franziskus empfängt die Stigmata«, »Madonna mit Kind«) und der
ab 1350 gefertigte sogenannte Lebensbaum (L' albero della vita). Ab
1438 wurde er zum Reliquiar umgebaut, letzte Hand legte 1471 der
Sieneser Goldschmied Gabriello d' Antonio an.

Museum: 27.3. – 31.10. Mo., Mi. – Fr. 10.00 – 13.00, 14.00 – 18.00, Sa.,
So. bis 19.00; 1.11. – 26.3. Mo. 10.00 – 13.00, Mi. – Fr. 10.00 – 13.00,
14.00 – 17.00, Sa., So. bis 18.00 Uhr; Eintritt: 5 €

Monte San Savino

Monte San Savino 7 km nördlich ist zwar nicht so charmant wie Lucignano, hat aber durchaus auch seinen Reiz. Die längliche Piazza

Gamurrini wird vom Cassero beherrscht: Das wehrhafte Gebäude (14. Jh.) ist Sitz des **städtischen Museums** sowie einer Keramiksammlung. Am Corso Antonio da Sangallo stehen stolze Palazzi und die Loggia der Kaufleute (1520). Die Arkadenhalle schuf der berühmte Sohn der Stadt, Andrea Sansovino (um 1460 – 1529). Gegenüber lohnt der Blick in den wuchtigen Palazzo del Monte (frühes 16. Jh.). Kardinal del Monte ließ damals einen hübschen Innenhof und einen terrassierten Garten mit Amphitheater anlegen.

Museum: Ostern bis 30.9. Di. – So. 9.00 – 12.00, 15.00 – 18.00 Uhr, 1.10. bis Ostern nur Sa. u. So. sowie Mi. vorm.; Eintritt: 1,55 €

Versilia

✛ **E–G 3/4**

Provinz: Massa-Carrara und Lucca

Strand und Meer vor der grandiosen Kulisse der Alpi Apuane bietet die Versilia-Küste im Nordwesten der Toskana an der Grenze zu Ligurien.

*Toskanische Riviera

Als Viareggio im 19. Jh. zum mondänen Seebad ausgebaut wurde, folgten bald auch die anderen Küstenorte. Heute verbindet die Staatsstraße 1, die antike Via Aurelia, die Badeorte der Toskanischen Riviera miteinander. Hunderte Hotels aller Preiskategorien säumen die Küste, an den Sandstränden reiht sich im Juli und August Sonnenschirm an Sonnenschirm.

FORTE DEI MARMI

*Elegantes Seebad

Die Feriadstadt (7750 Einw.) entwickelte sich im 19. Jh. rund um die 1782 – 1788 von Großherzog Leopold I. erbaute Festung zum vornehmsten Seebad an der Versilia-Küste. Zu Beginn des 20. Jh.s sah der Badeort illustre Gäste wie d' Annunzio und seine Muse Eleonora Duse, Thomas Mann und Aldous Huxley. Das noble Erscheinungsbild mit vielen Cafés in den Fußgängerstraßen rund um die Piazza Garibaldi, mit renovierten und blumengeschmückten Häusern und Geschäften im obersten Preissegment hat sich bis heute erhalten. Im mondänen Forte dei Marmi trifft man sich zum Shopping, die Modeläden erfüllen alle Wünsche – von Armani bis Zegna. Der feinsandige, sanft abfallende Strand macht Forte dei Marmi auch für Familien interessant. Sehenswert ist die Seebrücke, und in der Festung zeigt das gut besuchte **Satire- und Karikaturmuseum** seine Schätze.

Museum: 1.6. – 14.9. tgl. 17.00 – 20.00, 21.00 – 24.00, 15.9. – 31.5. nur Fr. – So. 15.30 – 19.30 Uhr; Eintritt frei; www.museosatira.it

Versilia erleben

AUSKUNFT
Viale Carducci 10
Viareggio
Tel. 05 84 96 22 33
www.luccatourist.it

VERANSTALTUNG
Viareggio ist im Februar Hochburg des
Karnevals mit prachtvollen Umzügen
entlang der Küstenpromenade. Im Sommer findet in Torre del Lago das Puccini-
Opernfestival statt (www.puccinifestival.
it). Der Markt in Forte dei Marmi (Mi.
und So.; www.ilmercatodelforte.it) zählt
zu den besten Italiens und wartet mit
Designermode auf. Beliebt ist auch Piet-
rasantas Antiquitätenmarkt (jeder erste
So. im Monat).

ESSEN
Da Lorenzo ●●●●
Forte dei Marmi
Via Carducci 61
Tel. 05 84 87 40 30
Mitte Juni bis Mitte Sept. nur abends;
Mo. Ruhetag, Di. mittags und 15.12. –
31.1. geschl.
Das Da Lorenzo wird als Gourmettreff
gehandelt, insofern darf man hier wohl
Spitzenservice erwarten!

Trattoria Il Marzocco ●●
Pietrasanta
Via Marzocco 64
Tel. 05 84 714 46
www.trattoriailmarzocco.it
Hier im Zentrum von Pietrasanta ist ein
Hauch von Sizilien zu finden. In dieser
sympathisch geführten und beliebten
Trattoria gibt es fein zubereitete boden-
ständige Gerichte.

Antica Locanda »Da Luca« ●
Viareggio
Via Buonarroti 63
Tel. 05 84 42 55 29
Kein Ruhetag
Luca Lucchesi sorgt für exzellente Fisch-
gerichte und leckere Pastavariationen
und sein Bruder Andrea betreibt das
einfache Hotel nebenan.

ÜBERNACHTEN
Viareggio ist wie die gesamte Versilia-
Küste ein ziemlich teures Pflaster. In
der Stadt gibt es eine Reihe stolzer
Traditionshotels, aber auch ein sehr
großes Angebot an kleinen Pensionen,
die vor allem in der Nähe des Stadtparks
zu finden sind.

Plaza e de Russie ●●●●
Viareggio
Piazza d' Azeglio 1
Tel. 0 58 44 44 49
www.plazaederussie.com
Im Stil der Belle Époque 1871 als erstes
Hotel von Viareggio am Hauptplatz des
Seebads erbaut und bis heute eine der
besten Adressen. Die Mahlzeiten werden
auf der Dachterrasse serviert; zum
Strand sind es ca. 100 m.

Hotel Bacco ●● – ●●●
Via Michele Rosi 24
Lido di Camaiore
Tel. 05 84 61 95 40
http//:bacco-hotel.com
Das Bacco ist ein gepflegtes, gastliches
Hotel, aus dessen Zimmern man teilwei-
se einen herrlichen Blick hat. Relaxen
kann man auf der schönen Dachterrasse
und am Pool.

PIETRASANTA F 4

*Bildhauer-
städtchen

Wer sich für Marmor interessiert, sollte nicht nur nach Carrara, son-dern auch nach Pietrasanta (24 800 Einw.) fahren. In dem Hauptort der Versilia haben seit Jahrhunderten renommierte Bildhauerwerk-stätten und Bronzegießereien ihren Sitz, es gibt unzählige kleine Werkateliers, in denen man Bildhauern bei der Arbeit zusehen kann. Benannt wurde das Städtchen nach Guiscardo Pietrasanta, Stadtvogt von Lucca, der Mitte des 13. Jh.s die Siedlung anlegen ließ.

Sehens-
wertes

Das Herz der Altstadt ist der weite, rechteckige Domplatz. Breite Treppen führen zum 1296 begonnenen **Duomo San Martino,** des-sen Backstein-Kampanile das Wahrzeichen der Stadt ist. Das Baptis-terium rechterhand birgt ein Taufbecken (um 1509) von Donato Bentis, schräg gegenüber steht die Torre dell' Orologio (1534). Im Palazzo Moroni am oberen Platzabschluss hat das Archäologische Museum seinen Sitz (derzeit geschl.). Die **Keramiksammlung des Museums** ist im Kulturzentrum Luigi Russo im Kreuzgang der Kir-che Sant' Agostino ausgestellt. Im Kulturzentrum Luigi Russo befin-det sich auch das **Museo dei Bozzetti,** das eine Sammlung von mehr als 500 Gipsmodellen und Skulpturenentwürfen besitzt, u. a. von Werken von Henri Georges Adam, André Bloc, César, Niki de Saint Phalle, Jean Robert Ipousteguy, Alicia Penalba oder Kan Yasuda. Ein Magnet ist auch die Kirche **Sant' Antonio Abate,** Via Mazzini 103, mit zwei **Altarfresken von Fernando Botero.** Sie thematisieren »Paradiso« und »Inferno«. Unzweifelhaft lässt Botero auch den »größten Feldherrn aller Zeiten« (A. Hitler) in der Hölle schmoren.

Keramiksammlung im Kulturzentrum Luigi Russo: Via S. Agostino 1; 1.7. – 31.8. Di. – So. 18.30 – 20.00, 21.00 – 24.00, 1.9. – 30.6. Di. – So. 16.00 – 19.00 Uhr; Eintritt frei.

Museo dei Bozzetti: Kernöffnungszeiten: Mo. 9.00 – 13.00, Di. – Sa. 9.00 – 13.00, 19.00 – 23.00 Uhr, So. wechselnde Öffnungszeiten, im Winter Mo. geschl.; Eintritt frei; www.museodeibozzetti.it

Sant' Antonio Abate: Via Mazzini 103; tgl. 1.7. – 31.8. 8.00 – 23.00, 1.9. bis 30.6. 8.00 – 19.30 Uhr; Eintritt frei

VIAREGGIO F 4

*Seebad
mit Flair

Viareggio (64 500 Einw.) ist das »städtischste« Seebad der Versilia-Küste, geprägt von Villen, Hotels und Cafés, die nach einem Brand 1917, der die alten Holzgebäude zerstört hatte, im typisch italieni-schen **Jugendstil** (stile liberty) bzw. im Art déco erbaut wurden. Maria Louisa von Spanien, Herzogin von Lucca, hatte den Ausbau des einstigen Fischerdorfs initiiert und die rechtwinklige Straßenan-lage aufbauen lassen; 1820 verlieh sie Viareggio die Stadtrechte. In der zweiten Jahrhunderthälfte entstanden um die pinienbestandene Piazza d' Azeglio, an der Piazza Mazzini und der Piazza Puccini die ersten vornehmen Hotels, die bald schon Prominenz beherbergten, u. a. Thomas Mann, der sich hier zu seiner 1930 erschienenen Novelle »Mario und der Zauberer« inspirieren ließ, Arnold Böcklin oder Lord Byron.

Über 200 Hotels und Pensionen, die älteren meist mit prächtigen Stuckfassaden, stehen an der kilometerlangen, vierspurigen Uferstraße. Parallel dazu verläuft die breite, von Palmen und Pinien gesäumte **Strandpromenade.** An der Strandseite der Flaniermeile reihen sich Jugendstilpavillons aneinander. Die Häuser entlang der Strandpromenade entstanden überwiegend in den 1920er- und 1930er-Jahren. Ein schönes Beispiel ist das legendäre **Grand Caffè Margherita** mit seinen zwei Türmchen. Heute führt ein Rundweg zu den Höhepunkten des Jugendstils. Auch das **Centro Matteucci per l' Arte Moderna** widmet sich diesem Erbe, und zudem zeigt es Werke der Künstlergruppe der Macciaioli, der »toskanischen Impressionisten«. **Sehenswertes**

Die 1822 erbaute **Villa Paolina Bonaparte** beherbergt heute zwei interessante städtische Museen. Im **MUS (Museo degli strumenti musicali)** sind mehr als 200 Musikinstrumente aus aller Welt zu sehen. Das **MAB (Museo Archeologico A. C. Blanc)** zeigt Funde aus dem Neolithikum bis zur Einführung der Schrift und Antikes aus der Versilia. Sehenswert sind zudem die Monumentalräume der einstigen Sommerresidenz.

In der **Galleria d' Arte Moderna e Contemporanea (GAMC)** im Palazzo delle Muse sind eine hochwertige Sammlung internationaler Kunst des 20. Jh.s (u. a. Robert Rauschenberg) und eine Werkschau des in Viareggio geborenen Malers Lorenzo Viani (1882 – 1936) zu sehen. Eindringlich stellt er auf seinen Monumentalbildern auch das Leben an der Versilia-Küste von 1900 bis 1920 dar.

Centro Matteucci per l'Arte Moderna: Via d' Annunzio 28; Juli/Aug. Mo. bis Fr. 17.00 – 23.00, Sa., So. 10.00 – 13.00, 17.00 – 23.00, Juni, Sept. Di. – Fr.. 15.30 – 19.30, Sa., So. 10.00 – 13.00, 15.30 – 19.30, Winter Fr. nachm. und Sa., So.; Eintritt: 8 €; www.centromatteucciartemoderna.it
MUS und MAB: Via Machiavelli 2; Sommer Di. – So. 18.00 – 23.00, Winter Di. – So. 15.30 – 19.30 Uhr; Eintritt: 3 €; www.comune.viareggio.lu.it
GAMC: Piazza Mazzini 22; 1.7. – 31.8. Di. – So. 18.00 – 23.00, 1.9. – 30.6. Di. – So. 15.30 – 19.30 Uhr, vormittags n.V.; Eintritt: 8 €; www.gamc.it

In der aus 16 Hangars gebildeten »Citadelle del Carnevale« am Nordrand von Viareggio ist das Museo del Carnevale eingerichtet, in dem man sich u. a. Karnevalswagen ansehen kann. **Citta del Carnevale**

❶ Via Santa Maria Goretti; Sommer Fr. – So. 21.00 – 23.00, Winter Sa., S0. 16.00 – 19.00 Uhr; Eintritt frei; http//:viareggio.ilcarnevale.com

Die **Villa Borbone,** ein restaurierter Villenkomplex südlich des Zentrums, geht auf Maria Louisa von Spanien, die Herzogin von Lucca, zurück. Mitte des 19. Jh.s wurde hier eine vormals bescheidene Hauskapelle zur repräsentativen Grablege der Bourbon-Parma ausgebaut. Kapelle und Park sind zugänglich.

❶ Viale dei Tigli; Mo. – Sa. 9.00 – 12.00, Mo., Mi. auch 15.00 – 18.00 Uhr; Eintritt frei

✳ PARCO NATURALE UND LAGO DI MASSACIUCCOLI

Südlich von Viareggio erstreckt sich an der Küste bis nach Livorno der **Parco Naturale di Migliarino – San Rossore – Massaciuccoli,** ein überwiegend aus Pinien- und Steineichenwäldern bestehender, 23 000 ha großer Naturpark. Der 7 km³ große **Lago di Massaciuccoli** zeugt als letzter Rest von der ehemaligen Lagune, die durch Ablagerungen von Arno und Serchio verlandete. Guter Ausgangspunkt für Touren ist das Besucherzentrum im Gehöft San Rossore.

Besucherzentrum: Viale delle Cascine; tgl. 9.00 – 18.00 Uhr; geführte Touren: Tel. 05 84 38 37 26; www.oasilipumassaciuccoli.org

In seiner Villa in Torre del Lago komponierte Puccini »La Bohème« und »Madame Butterfly«.

Das am Massaciuccoli-See gelegene **Torre del Lago** verdankt seinen Beinamen Giacomo Puccini (▶ Berühmte Persönlichkeiten), der hier in seiner Jugendstilvilla u. a. »La Bohème« und »Madame Butterfly« komponierte. Die Villa ist heute als **Museum** eingerichtet. In einer Kapelle neben seinem Arbeitszimmer ist der Komponist beigesetzt, auf der Piazza Belvedere ehrt ihn ein Bronzedenkmal.

Das »Gran Teatro Giacomo Puccini« direkt am Ufer des Lago di Massaciuccoli hat eine Open-Air-Tribüne mit mehr als 3000 Plätzen, von denen man einen herrlichen Blick über den See hat. Das Vestibül im Innern ist mit Kostümen aus Puccini-Opern dekoriert.

Puccini-Museum: 1.4. – 30.6., 1.9. – 31.10 Di.   So. 10.00 – 12.30, 15.00
bis 18.20, Juli/Aug. Di. – So. 10.00 – 12.40, 16.00 – 20.40, 1.11. – 31.1. Di.
bis So. 10.00 – 12.40, 14.00 – 17.20, 1.2. – 31.3. Di. – So. 10.00 – 12.40,
14.30 – 17.10, Mo. jeweils nur nachm.; Eintritt. 7 €; www.giacomopuccini.it

** Volterra

✦ I 8

Provinz: Pisa (PI)
Höhe: 545 m ü. d. M.
Einwohnerzahl: 11 200

**Die einst bedeutende Stadt, die zum etruskischen Zwölfstäd-
tebund gehörte, liegt auf einer steil ansteigenden Höhe rund
60 km südöstlich von Pisa. Berühmt ist ihre Alabasterkunst.**

Die Besiedlung des Stadthügels reicht bis in die Jungsteinzeit zurück.
Als in der Umgebung des etruskischen Velathri Eisenerz entdeckt
wurde, erlebte die Siedlung ab dem 4. Jh. v. Chr. einen wirtschaftlichen Aufschwung. Sie prägte eigene Münzen und errichtete eine
mehr als 7 km lange Ringmauer. Im Mittelalter entwickelte sich
Volterra zu einem wohlhabenden Freistaat, der 1361 von Florenz unterworfen wurde.

SEHENSWERTES IN VOLTERRA

Im Herzen der Altstadt liegt die Piazza dei Priori, seit dem 13. Jh. ***Piazza**
der Versammlungs- und Marktplatz Volterras. Die Cooperativa Ar- **dei Priori**
tieri dell' Alabastro am Platz bietet Führungen in Alabaster-Werk-
stätten (www.artierialabastro.it). Wappen florentinischer Statthalter
schmücken den **Palazzo dei Priori** (1208 – 1254). Er ist der einstige Amts- und Wohnsitz des Podestà und der älteste erhaltene toskanische Stadtpalast. Der gegenüberliegende Palazzo Pretorio war
bis 1511 Sitz des Capitano del Popolo und später der Florentiner
Verwaltung. Der aus mehreren Gebäuden des 13. Jahrhunderts entstandene, zinnenbewehrte Bau wird von der Torre del Podestà
überragt, deren Gesims ein Alabasterschwein ziert, im Volksmund
»Porcellino« genannt.
Palazzo dei Priori: 16.3. – 1.11. tgl. 10.00 – 17.30, 2.11. – 15.3. Mo. – Fr.
10.00 – 16.30, Sa., So. 10.00 – 17.30 Uhr; Eintritt: 5 €

Die enge Via Turazza führt zum Dom, der 1120 geweiht und um ***Duomo**
1254 im Stil der Pisaner Romanik erweitert wurde. Der Kampanile **Santa Maria**
wurde nach einem Einsturz 1493 neu errichtet, aus statischen Grün- **Assunta**

Volterra

1 Piazza dei Priori
2 Palazzo dei Priori
3 Bischofspalast

4 Battistero
5 Museo Diocesano
d'Arte Sacra

6 Museo Civico
Pinacoteca
7 Casa-Torre Toscano

Essen
1 Enoteca del Duca
2 Ombra della Sera

3 Il Sacco Fiorentino

Übernachten
1 Villa Rioddi
2 Villa Nencini

den musste aber nachträglich ein Geschoss wieder abgetragen werden. Das dreischiffige Innere erhielt sein heutiges Aussehen weitgehend im 16. Jh. in den Formen der Renaissance, wobei man die Wände mit Streifen versah, die Kapitelle und Säulenschäfte neu verzierte und eine Kassettendecke einziehen ließ. Von der **romanischen Ausstattung** blieb die große »Kreuzabnahme« im rechten Querschiff – mit ihren schlanken Figuren in jener Zeit eine Seltenheit in Italien – erhalten. Die Kanzel wurde im 17. Jahrhundert unter Verwendung von Fragmenten aus dem 12. und 13. Jahrhundert zusammengesetzt. Ihre Reliefs aus dem 12. Jahrhundert zeigen alt- und neutestamentliche Szenen. Wunderbare Beispiele für die Malerei am Übergang vom Manierismus zum Barock entdeckt man an den Al-

Volterra erleben

AUSKUNFT
Piazza dei Priori 10
Tel. 0 58 88 61 50, www.volterratur.it

VERANSTALTUNG
Cene Galeotte
Einmal im Monat kochen 27 zumeist
lebenslänglich Verurteilte für max. 100
Gäste im Hochsicherheitsgefängnis in
der Fortezza Medicea. Die Cene Galeotte unter der Regie von Luca Marin (Rist.
Il Santo Bevitore, Florenz) dienen der
Resozialisierung. Der Gewinn aus Eintritt
(35 €) und Spenden geht an ein Sozial-
projekt in Brasilien, die Nachfrage ist rie-
sig. »Knasteinlass«: 19.30 Uhr. Buchungen: Argonauta Viaggi, Tel. 05 52 34 50
40, oder in der Touristeninformation.

ESSEN
❶ *Enoteca del Duca* ❸❸❸
Via di Castello 2, Tel. 0 58 88 15 10
www.enoteca-delduca-ristorante.it
Di. Ruhetag, Mitte Jan. bis Mitte Feb.
geschl.
Die Enoteca del Duca zaubert eine preis-
gekrönte Ribollita mit Trüffeln. Mittags
gibt es günstige Gerichte. Besonders
schön sitzt man im Garten im Hof.

❷ *Ombra della Sera* ❸❸ – ❸❸❸
Via Gramsci 70, Tel. 0 58 88 66 63

Mo. Ruhetag, Nov. und Ende Jan./Anf.
Feb. geschl.
Seit einem Vierteljahrhundert gibt es das
kleine, stilvolle Restaurant. Zwei von vie-
len Spezialitäten des Hauses: Zuppa alla
Volterrana und Ravioli alla Maremma.

❸ *Il Sacco Fiorentino* ❸❸
Via G. Turazza 13
Tel. 0 58 88 85 37
Mi. Ruhetag, Jan. geschl.
Ein elegantes Restaurant mit Enoteca,
in dem raffinierte Gerichte der Saison
zubereitet werden

ÜBERNACHTEN
❶ *Villa Rioddi* ❸❸❸
Loc. Rioddi
Tel. 0 58 88 80 53
www.hotelvillarioddi.it
Schönes Komforthotel mit 13 Zimmern
und Pool in einer ehemaligen Postkut-
schenstation aus dem 15. Jahrhundert

❷ *Villa Nencini* ❸❸
Borgo Santo Stefano 55
Tel. 0 58 88 63 86
www.villanencini.it
Hotel (14 Z.) gegenüber der Porta San
Francesco mit Garten und Schwimmbad.
Im ehemaligen Pferdestall ist eine Enote-
ca eingerichtet.

tarblättern in den Seitenschiffen, so auch die »Unbefleckte Empfängnis« des Manieristen **Pomaranchio** (1592). Barocke Dramatik durch
Hell-Dunkel-Effekte verkörpern die drei düsteren Gemälde in der
Cappella Inghirami mit Darstellungen zum Leben und Martyrium
des hl. Paul von Domenichino. Beachtenswert sind auch der marmorne Baldachin von 1471 über dem Altar und in der Cappella
dell' Addolorata die farbige Terrakotta-Gruppe »Maria und Joseph
mit dem Kind« vor einem von Benozzo Gozzoli gemalten Fresko
(Ankunft der Heiligen Drei Könige).

Battistero Ebenfalls aus dem 13. Jahrhundert stammt das gegenüber dem Dom errichtete Baptisterium, das erst etwa 300 Jahre später mit einer Kuppel überwölbt wurde. Die dem Dom zugewandte Front ist mit weißen und grünen Marmorstreifen verkleidet und von einem figurengeschmückten Portal durchbrochen. Blickfang in dem schlichten Innenraum ist das schöne Taufbecken von Andrea Sansovino (1502).

Arco Etrusco Vom Palazzo dei Priori führt eine Treppengasse (Via Porta all' Arco) hinunter zum Arco Etrusco, dem einzigen erhaltenen **etruskischen Stadttor** im antiken Mauerring. Auf das 4./3. Jh. v. Chr. sind die Quadersteine der Seiten und die drei stark verwitterten Köpfe am Außenportal datiert, der Gewölbebogen wurde im 1. Jh. von den Römern erneuert, das Mauerwerk stammt aus dem Mittelalter.

Museo d'Arte Sacra Das Museo d' Arte Sacra im Domkreuzgang zeigt sakrale Gegenstände aus dem Bistum Volterra, darunter eine glasierte Terrakotta-Büste des hl. Linus, des ersten Nachfolgers des hl. Petrus, von Andrea della Robbia, ein Büstenreliquiar des hl. Ottaviano aus getriebenem Silber (15. Jh.) von Antonio del Pollaiuolo, einen Tabernakel mit Miniaturmalerei (15. Jh.) der umbrischen Schule sowie ein vergoldetes Bronzekruzifix (16. Jh.) von Giambologna.
❶ Via Roma 1; vorübergehend geschlossen

*San Francesco Sehenswert ist die Kirche San Francesco (13. Jh.) an der Piazza M. Inghirami im Nordwesten der Altstadt. 1315 wurde ihr eine Kreuzkapelle angefügt, die **Cenni di Francesco** 1410 mit einem **Freskenzyklus** zur »Legenda Aurea« und Kindheit Christi ausmalte – rund 25 Jahre nach Gaddis Zyklus in Santa Croce (▶ Florenz) und 50 Jahre vor Piero della Francescas berühmtem Zyklus zur »Legende des heiligen Kreuzes« (▶ Arezzo).

Via Ricciarelli, Wohntürme Zurück ins Zentrum geht es durch die Via Ricciarelli, in der zwei mittelalterliche Wohntürme aus dem 12. und 13. Jh. zu sehen sind: die Casa-Torre Buonparenti (an der Kreuzung mit der Via Roma) und die Casa Ricciarelli (Nr. 34 – 36). Ein weiterer Wohnturm steht in der Via Matteotti: die Casa-Torre Toscano.

*Pinacoteca und Museo Civico Der Renaissancepalast Minucci-Solaini in der Via dei Sarti ist Sitz der Pinakothek und des Museo Civico. Das hohe Niveau der Sammlung mit Werken von Künstlern aus Florenz, Siena und Volterra machen vor allem so bedeutende Stücke aus wie die großen Holzstatuen der »Verkündigungsgruppe« (um 1420) von Francesco di Domenico Valdambrino aus dem Dom von Volterra, Luca Signorellis anmutige »Madonna mit Kind und Heiligen« (1491) sowie seine »Verkündigung« (1501), zwei Triptychen aus dem 14. / 15. Jh. von Taddeo di

Bartolo und Domenico Ghirlandaios lebendige Darstellung von »Christus mit den Heiligen Attinea, Greciniana, Benedikt und Romauld« (1492), die für den Benediktinerkonvent San Giusto angefertigt wurde. Höhepunkt der Sammlung ist aber die in kräftigen Farben leuchtende **»Kreuzabnahme«** von Rosso Fiorentino, die 1521 für die Kreuzkapelle von San Francesco an der Piazza M. Inghirami entstand. Das Gemälde ge-

hört zu den Meisterwerken des Florentiner Manierismus und lebt von der dynamischen Komposition: Die Figuren sind wie in einem Netz vor dem Bildgrund miteinander verknüpft, das Licht hebt einzelne Partien schlaglichtartig heraus.

❶ Via dei Sarti 1; 16.3.–1.11. tgl. 9.00 – 19.00, 2.11. – 15.3. 10.00 – 16.30 Uhr; Eintritt: 8 €

Ecomuse dell'Alabastro

Das benachbarte Alabastermuseum im Torre Minucci widmet sich dem Material, das für Volterra seit jeher bedeutend war. Zu den Exponaten zählen zwei etruskische Ascheurnen, zwei Kapitelle – die einzigen Beispiele für Alabasterarbeiten aus dem Mittelalter –, eine Sammlung herausragender Alabasterskulpturen des 18. und 19. Jh.s, Alabastermedaillons aus der Werkstatt von Alberto Funaioli sowie Werke des Volterraner Künstlers Raffaello Consortini.

❶ Piazza Minucci; 16.3. – 1.11. tgl. 9.30 bis 19.00, 2.11. – 15.3. Sa., So. 10.00 bis 16.30 Uhr; Eintritt: 8 €

*Palazzo Viti

Der Bau des Viti-Palasts wurde Ende des 16. Jh.s im Auftrag des Adligen Attilio Incontri begonnen. In der zweiten Hälfte des 19. Jh.s ging das Anwesen in den Besitz von Benedetto Giuseppe Viti über, einem wohlhabenden Kaufmann, dessen **Alabasterwerkstatt** bis zu ihrer Schließung 1874 der bedeutendste Kunsthandwerksbetrieb in Volterra war. Aus ihr stammen u. a. die Skulpturen im Treppenaufgang und die Leuchter im Ballsaal. Dort stehen auch zwei prächtige Alabaster-Kandelaber, die für Kaiser Maximilian von Habsburg bestimmt waren, aufgrund seiner Hinrichtung 1867 jedoch nicht mehr zur Auslieferung kamen. In den Vitrinen sind orientalische Paradiesvögel, chinesische Schachspiele und ein Bali-Tempel aus Balsaholz zu bewundern, alles Mitbringsel der Familie Viti von Handelsreisen. Sehenswert sind im Speisesaal die chinesischen Zeichnungen auf Reispapier aus dem 18. und 19. Jh., zwei lombardische Louis-XVI.-Truhen und das mit Blattgold überzogene Mobiliar im Roten Salon.

❶ Via dei Sarti 41; 31.3. – 1.11. tgl. 10.00 – 13.00, 14.30 – 18.30 Uhr, 2.11. bis 25.3. nur n. V., Tel. 0 58 88 40 47; Eintritt: 5 €

Teatro Romano

Die belebte Via Guarnacci führt aufwärts Richtung Porta Fiorentina. Unterhalb der mittelalterlichen Stadtmauer liegt die Ruine des römischen Theaters (1. Jh.), das der wohlhabende Stadtbürger Caecina und sein Sohn stifteten. Die Materialien für das Bauwerk stammten aus Volterras Umgebung: Sandstein für die Wände, Tuffstein für die Sitze, Lava für die Treppen. In der zweiten Hälfte des 3. Jh.s diente das Theater als Steinbruch für den Bau der benachbarten Therme. Zuschauerränge und die zweigeschossige Bühnenwand an der Piazza Caduti Martiri dei Lager Nazisti wurden teilweise wieder aufgebaut. Am Teatro Romano findet im Sommer samstags ein Markt statt.

❶ 16.3. – 1.11. tgl. 10.00 – 17.30, 2.11. – 15.3. Sa., So. 10.00 – 16.30 Uhr; Eintritt: 5 €

Museo della Tortura

Im **Museo della Tortura** an der Piazza XX Settembre sind diverse Foltergeräte aus verschiedenen Jahrhunderten ausgestellt, darunter auch eine Guillotine. Das Museum ist entsprechend den Filialen in San Gimignano, Siena und in der Republik San Marino aufgebaut.

❶ tgl. 10.00 – 19.00 Uhr; Eintritt: 8 €

**Museo Etrusco Guarnacci

Das Guarnacci-Museum gilt als eines der **bedeutendsten Etruskermuseen in Italien,** was unter anderem damit zusammenhängt, dass man in und um Volterra auf erstaunlich viele Zeugnisse der Etruskerzeit stieß. Das Museum verdankt seine Entstehung dem Geistlichen Mario Guarnacci (1701 – 1785), der seine Sammlung der Stadt vermachte.

Zu sehen sind rund 600 etruskische Aschenurnen (Cisten), zumeist aus dem 4. bis 1. Jh. v. Chr., als Volterra Zentrum der Urnenproduktion war. Die Deckel der aus Tuff, Alabaster oder Terrakotta gefertigten, kastenförmigen Urnen tragen Figuren der Verstorbenen, die Seiten sind mit mythologischen Reliefs verziert und waren ursprünglich bemalt. Die Motive reichen von Jagd-, Kampf- und Beisetzungsszenen über den Abschied des Verstorbenen von seinen Lieben und seine Reise ins Jenseits – das nach etruskischer Auffassung von Furcht erregenden Dämonen beherrscht war – bis zu Motiven aus der griechischen Mythologie. Besonders sehenswert ist die »Urna degli Sposi« (Urne der Brautleute) wegen der ausdrucksstarken Gesichter des Paares beim Festmahl. Das bedeutendste Stück unter den Bronzestelen ist die Statue eines Jünglings aus dem späten 3. Jh. v. Chr., **»Ombra della sera«** (Abendschatten) genannt, bei der man meint, ein Werk des 20. Jh.s vor sich zu haben. Zur Sammlung gehören weiterhin ein wunderbarer schwarzer Volterraner Krug (4. Jh. v. Chr.), ein Kyathos (einhenkeliger Becher) aus Bucchero-Ton, Bronzegerät, Votivstelen, Geschirr und Werkzeug, Schmuck sowie Marmorköpfe und Fußbodenmosaike der römischen Kaiserzeit.

❶ Via Don Minzoni 15 ; 16.3. – 1.11. tgl. 9.00 – 19.00, 2.11. – 15.3. 10.00 bis 16.30 Uhr; Eintritt: 8 €

Auf dem höchsten Punkt von Volterra steht die Medici-Festung, die heute Hochsicherheitsgefängnis ist. Sie gehört zu den mächtigsten Bollwerken der Renaissance-Architektur in Italien. Die Alte Burg im Osten wurde im 14. Jh. durch den Duca d' Athene errichtet, die Neue Burg entstand 1472 – 1475 im Auftrag von Lorenzo de Medici. Der Rundturm der Neuen Burg wird »Maschio« (Männchen) genannt, der halbelliptische Turm der Alten Burg »Femmina« (Weibchen). **Fortezza Medicea**

Am Westfuß der Medici-Festung erstreckt sich der Archäologische Park. Hier wurden 1926 bei Ausgrabungen Reste einer antiken Akropolis freigelegt, darunter die Fundamente von zwei Tempeln aus dem 2. Jh. v. Chr. und eine Zisterne (Piscina). **Acropoli Etrusca**
❶ 16.3. – 1.11. tgl. 10.30 – 17.30, 2.11. – 15.3. Sa., So. 10.00 – 16.30 Uhr; Eintritt: 5 €

Zahlreiche Überreste der 7 km langen, bis 11 m hohen etruskischen Stadtmauer des antiken Velathri sind erhalten. Sie umgab eine weitaus größere Fläche als das mittelalterliche Stadtgebiet. Gut erhalten sind die Mauern im Nordwesten an der Kirche Santa Chiara. **Etruskische Mauern**

UMGEBUNG VON VOLTERRA

Sehr eindrucksvoll sind die Balze (balza = Steilhang) nordwestlich der Stadt, eine unwirtliche, fast vegetationslose Landschaft, deren Hügel von tiefen Erosionsrinnen zerklüftet sind. Der fortschreitenden Verwitterung des weichen Sedimentgesteins sind schon etruskische Nekropolen, ein Abschnitt der antiken Mauern und eine mittelalterliche Kirche zum Opfer gefallen. Die Kamaldulenser-Abtei (Badia) musste 1861 wegen Einsturzgefahr aufgegeben werden. ***Le Balze**

Das geothermische Zentrum Larderello liegt 35 km südlich von Volterra am Monte Cerboli (691 m) an der Straße nach Massa Marittima. Es galt lange als das größte seiner Art weltweit. Bis zu 75 m ragen die Kühltürme des Dampfkraftwerks auf, das die 90 bis 230 °C heiße Erdwärme zur Stromgewinnung nutzt. Auf 240 km² speisen ca. 180 Bohrlöcher die Kraftwerke mit dem Dampf aus vulkanischen Quellen in bis zu 4000 m Tiefe. Die »Soffioni« genannten Dampfquellen liefern auch Borsäure, Borax und Ammoniumsulfat. Der Ort verdankt seinen Namen François de Larderel, einem Hersteller von Ammoniak-Derivaten, der 1818 hier eine Fabrik gründete. Das Museo della Geotermia der Elektrizitätsgesellschaft E.N.E.L. informiert über Geologie, Technik und Zukunft der Geothermie. **Larderello, geothermisches Kraftwerk**
❶ 16.3. – 31.10. tgl. 9.30 – 18.30, 1.11. – 15.3. Di. – So. 10.00 – 17.00 Uhr; Eintritt frei. Besichtigung der Geothermie-Anlagen: Tel. 0 58 86 77 24 oder www.enel.it (Mai – Okt. wöchentlich ein bis zwei Mal); Eintritt frei

PRAKTISCHE INFORMATIONEN

Wie kommt man am besten in die Toskana und was dürfen Sie auf keinen Fall zuhause vergessen? Was hat es mit der ZTL auf sich und wie fragt man auf Italienisch nach einem guten Restaurant?

Anreise · Reisevorbereitung

MIT DEM AUTO

Aus Deutschland
: Die schnellste Verbindungsstrecke von Deutschland nach Italien ist die Autobahn München–Innsbruck–Brenner und weiter nach Bozen, Verona, Modena, Bologna und Florenz. Alternativstrecke durch die Schweiz: auf der E 43 über Bregenz, St. Bernhard, Lugano und den Grenzübergang Chiasso nach Mailand. Von dort entweder über Bologna nach Florenz oder über Genua und La Spezia an die toskanische Küste.

Aus Österreich
: Aus dem westlichen Österreich fährt man am besten über den ganzjährig befahrbaren Reschenpass nach Italien, aus dem östlichen Österreich über Villach, Udine, Venedig, Bologna nach Florenz.
Aus dem mittleren Österreich fährt man über Lienz, dort auf die E 66, die bei Winnebach die Grenze passiert. Ab hier geht es über Brixen, Bozen, Verona, Modena und Bologna nach Florenz.

Aus der Schweiz
: Die Hauptrouten nach Italien führen über den Großen St. Bernhard, den Simplonpass, den St. Gotthard und den Malojapass. Die Tunnelstraße des Großen St. Bernhard ist mautpflichtig, für den St.-Gotthard-Tunnel genügt die Vignette.

Mautgebühren
: In **Österreich** sind Autobahnen gebührenpflichtig. Es gibt Jahres-, Zweimonats- und Zehntages-Vignetten. Auf mehreren Strecken wird zusätzlich eine Sondermaut erhoben; Infos: ARBÖ (www.arboe.at) sowie ASFiNAG (www.asfinag.at). Sondermaut und Vignetten können direkt, online und telefonisch erworben bzw. bezahlt werden. Der Kauf einer Videomaut-Karte erspart am Brenner, wo an der Videomaut-Abfertigung KFZ-Kennzeichen automatisch eingelesen werden und nebenan auch Kreditkartenautomaten eingerichtet sind, lange Wartezeiten (www.videomaut.at).
Für **Schweizer Autobahnen** braucht man eine Jahresvignette. Auf mehreren Strecken muss man zusätzlich noch eine Sondermaut zahlen. Jahresvignetten kann man direkt an der Grenze oder schon vorab online kaufen.
Auch auf **Italiens Autobahnen** wird eine Maut erhoben. Wartezeiten an den Mautstellen erspart die Via-Card (▶ Verkehr), die bargeldloses Zahlen ermöglicht (Information: www.autostrade.it; Informationen zu Mautgebühren in der Schweiz und in Italienfindet man unter: www.arboe.at/uploads/media/maut_schweiz_03-2016.pdf sowie www.arboe.at/uploads/media/maut_italien_03-2016.pdf.

MIT DEM BUS

Eurolines-Busse fahren im Linienverkehr aus mehreren Städten in Deutschland via München in die Toskana (Fahrtzeit München – Florenz ca. 9 Std.).

MIT DER BAHN

Für die Anreise in die Toskana ist die Bahn gut geeignet, vor Ort dagegen weniger, da viele kleine Orte nicht an das Bahnliniennetz angeschlossen sind. Gute Bahnverbindungen nach Florenz bestehen aus allen größeren Städten in Deutschland, Österreich und der Schweiz (Fahrtzeit München – Florenz ca. 8,5 Std., München – Pisa ca. 9,5 Std.).

Neben **Trenitalia**, hervorgegangen aus den italienischen Staatsbahnen (Ferrovie dello Stato; FS), verkehren auch Privatbahnen.

Es gibt verschiedene **Zugarten**: den langsamen Regionale, den Interregionale und Espresso, Intercity, Eurocity, Eurostar und den Hochgeschwindigkeitszug Pendolino. Für die letzten vier benötigt man Reservierungen, außerdem muss ein Zuschlag (supplemento) gezahlt werden.

Es gibt einfache (andata) und Rückfahrkarten (andata e ritorno) für erste und zweite Klasse (prima / seconda classe).

Internationale **Fahrkarten** sind ab dem Ausstellungsdatum zwei Monate lang gültig, wobei die Zugfahrt beliebig oft unterbrochen werden kann. Für in Italien gelöste Fahrkarten gilt: Bei Entfernungen bis zu 200 km gilt das Ticket 6 Stunden, über 200 km Fahrtstrecke 24 bis 48 Stunden. Fahrkarten müssen vor der Abfahrt am Bahnhof unbedingt abgestempelt werden!

Wer überlegt, möglichst weit mit dem **Autoreisezug** zu fahren, hat derzeit nur eine Möglichkeit: die Strecke Düsseldorf – Verona, die von Euro-Express angeboten wird (http://ee-autozug.com).

MIT DEM FLUGZEUG

Wichtigster Flughafen der Toskana ist der Aeroporto Galileo Galilei (www.pisa-airport.com) 2 km außerhalb von **Pisa** mit guter Bahn- und Busanbindung ins Stadtzentrum sowie Zugverbindungen nach Florenz (Fahrtzeit ca. eine Stunde), Lucca, Pistoia, Montecatino, Empoli oder Viareggio, Busverbindungen nach Florenz und einer Mietwagenstation. Er wird von Hamburg, Berlin-Tegel, Berlin-Schönefeld, Düsseldorf-Weeze, Köln-Bonn, Frankfurt, Frankfurt-Hahn, Stuttgart, München, Wien und Zürich direkt angeflogen.

Der kleine Flughafen Amerigo Vespucci (www.aeroporto.firenze. it) liegt 6 km außerhalb von **Florenz** in Peretola; Shuttle-Busse fahren vom Flughafen zum Hauptbahnhof Florenz. Er wird – teilweise mit einem Zwischenstopp – von Berlin-Tegel, Düsseldorf, Frankfurt am Main, Genf, München, Stuttgart, Wien und Zürich angeflogen und bietet auch gute One-Stop-Verbindungen via Rom.

EIN- UND AUSREISEBESTIMMUNGEN

Personalpapiere
Für Deutsche, Österreicher und Schweizer genügt der Personalausweis. Kinder brauchen einen eigenen Ausweis, ob Kinderreisepass, Reisepass oder Personalausweis hängt vom Alter ab; ein Eintrag im Elternpass gilt nicht mehr.

Fahrzeugpapiere
Autofahrer müssen Führerschein, Kfz-Schein und die Internationale Grüne Versicherungskarte dabeihaben. Kfz müssen das ovale Nationalitätskennzeichen haben, sofern sie kein EU-Kennzeichen tragen.

Haustiere
Auf EU-Ebene ist vorgeschrieben, dass Haustiere mit implantiertem Mikrochip reisen müssen und einen EU-Kleintierausweis samt Nachweis der Tollwutimpfung benötigen. Diese muss mindestens 30 Tage, maximal 12 Monate vor der Einreise erfolgt sein. Maulkorb und Leine muss man dabeihaben, außerdem das Hundeverbot insbesondere an Stränden beachten.

Zollbestimmungen
Innerhalb der Europäischen Union ist der Warenverkehr für private Zwecke weitgehend zollfrei. Es gelten lediglich gewisse Höchstmengen (z. B. für Reisende über 17 Jahren 800 Zigaretten, 10 l Spirituosen und 90 l Wein).
Für Reisende aus Nicht-EU-Ländern wie der Schweiz gelten folgende Freigrenzen: 200 Zigaretten oder 100 Zigarillos oder 50 Zigarren oder 250 g Tabak, ferner 2 l Wein oder andere Getränke bis 22 % Alkoholgehalt sowie 1 l Spirituosen mit mehr als 22 % Alkoholgehalt. Zollfrei sind außerdem andere Waren bis zu einem Wert von 430 € (300 € bei Einreise auf dem Landweg).

Krankenversicherung
Versicherte der deutschen Krankenkassen haben im Krankheitsfall in Italien Anspruch auf eine Behandlung nach den in Italien gültigen Vorschriften. Auch mit der **europäischen Krankenversicherungskarte** muss meistens ein Teil der Kosten selbst bezahlt werden. Gegen Vorlage der Quittungen übernimmt die Krankenkasse zu Hause dann die Kosten – allerdings nicht für jede Behandlung. Schweizer müssen ärztliche Behandlungen und Medikamente selbst bezahlen.

BAHN
In Deutschland
Tel. *01805 99 66 33
Tel. 0800 1 50 70 90
(kostenfreie Fahrplanauskunft)
www.bahn.de
www.fahrplan-online.de
http://ee-autozug.com

In Italien
Tel. 89 20 21
(nur national; vom Festnetz 0,55 €/Min.)
Tel. 0039 06 68 47 54 75
(aus dem Ausland)
www.trenitalia.com

In Österreich
www.oebb.at

In der Schweiz
www.sbb.ch

BUS
Eurolines – Deutsche Touring GmbH
Tel. 06196 207 85 01
www.eurolines.de

FLUGGESELLSCHAFTEN
Alitalia
Tel. 89 20 10,
Tel. +49 (0) 1806 07 47 47
(aus Deutschland)
www.alitalia.com
Tel. 0039 0 66 56 49
(Buchungen aus dem Ausland)

Lufthansa
Tel. 1 99 40 00 44 (in Italien)
www.lufthansa.com

Air Berlin
Tel. *01806 33 43 34 (Deutschland)
www.airberlin.com

Ryanair
Tel. *01805 56 62 00, 0 90 01 16 05 00
(deutschsprachig)
Tel. 8 00 58 27 17
(in Italien)
www.ryanair.com

Germanwings / Eurowings
Tel. 1 99 25 70 13 (in Italien)
www.eurowings.com

Austrian
Tel. 0039 02 89 63 42 96
Mo. – Fr. 9.00 – 20.00 Uhr
Sa., So. 9.00 – 15.00 Uhr
www.austrian.com

Swiss
Tel. 0041 (0)8 48 70 07 00
www.swiss.com

Etihad Regional
Tel. 0041 (0)919 73 28 50
http://www.etihadregional.com

TUIFly
Tel. *01806 00 01 20
Tel. *8 99 03 20 31 (in Italien)
www.tuifly.com

Da die Kosten für ärztliche Behandlungen und Medikamente teilweise vom Patienten bezahlt werden müssen und die Kosten eines evtl. notwendigen Rücktransports von den Krankenkassen nicht übernommen werden, empfiehlt sich der Abschluss einer zusätzlichen Reise-Krankenversicherung.

Private Reiseversicherung

Auskunft

AUSKUNFT

Staatliches Italienisches Fremdenverkehrsamt (ENIT)

Barckhausstraße 10
D-60325 Frankfurt am Main
Tel. 069 23 74 34
www.enit.it
www.italia.it/de

ENIT in Österreich

Mariahilfer Str. 1b
A-1060 Wien
Tel. 01 5 05 16 39
www.enit.it
www.italia.it

ENIT in der Schweiz

www.enit.ch
Für Interessierte aus der Schweiz, die eine Reise in die Toskana planen, ist der Standort in Frankfurt zuständig.

IN DER TOSKANA

In allen größeren Gemeinden gibt es Touristeninformationen (▶ Reiseziele von A bis Z.

GUTE WEBSITES

www.turismo.intoscana.it

Die offizielle Tourismus-Website gibt einen Überblick über die gesamte Region: Informationen zu Veranstaltungen, Ausflugszielen, Unterkünften und vieles mehr.

www.emmeti.it

Unterkünfte, Events, Museen, Wellness, Kirchen in den großen Toskana-Städten und in Italien

www.toskana.net

Die wichtigsten Reiseziele und Übernachtungsadressen.

www.turismoverde.it

Viele Agriturismo-Adressen in der gesamten Toskana

www.chianti.it

Alles rund um die Chianti-Region, Informationen zu allen Orten, viele Weinkellereien, Gastronomie, Unterkünfte und kulturelle Highlights

www.officialsiteshotels.com/it

Überblick über Hotels, Pensionen und Bed & Breakfast

www.rivieratoscana.com/de/ct

Übersicht über die Sehenswürdigkeiten an der toskanischen Küste, dazu gibt es viele praktische Hinweise.

www.virtualuffizi.com

Englischsprachige Website zu den Uffizien von Florenz mit Ticketverkauf

www.polomuseale.firenze.it/musei

Website mit Links zu allen großen Museen in Florenz. Auf diese Weise erhält man alle aktuellen Öffnungszeiten und Ticketpreise.

www.toskanaurlaub.at

Informationen auf Deutsch zu Städten und Sehenswürdigkeiten, außerdem Veranstaltungshinweise, dazu Unterkünfte, Kulinarisches, Landschaften und Natur.

www.terraditoscana.com
Infos zur Toskana, auch zu verschiedenen Kochkursen

BOTSCHAFTEN
Deutsche Botschaft
Via San Martino della
Battaglia 4
I-00185 Roma
Tel. 06 49 21 31
www.rom.diplo.de

Österreichische Botschaft
Via Pergolesi 3
I-00198 Roma
Tel. 0 68 44 01 41
www.bmeia.gv.at

Schweizer Botschaft
Via Barnaba Oriani 61
I-00197 Roma
Tel. 06 80 95 71
www.eda.admin.ch/roma

Mit Behinderung in der Toskana

Detailinformationen und individuelle Hilfe vor der Reise und vor Ort, Links zu behindertengerechten Angeboten inkl. Restaurants und Museen, Erste Hilfe, Dialyse-Notdienst, Taxi-Service, öffentliche Toiletten und reservierte Parkplätze für Behinderte bietet Turismo senza barriere in Florenz: www.turismosenzabarriere.it
Turismo senza barriere

Behindertengerechte Hotels und Herbergen findet man unter dem Stichwort »Urlaub ohne Barrieren« auf www.toscana.net, Angebote zu Ferien auf Bauernhöfen und Landgütern auf www.agriturist.it unter »agriturismo per tutti« und weiter »agriturismo per disabili«.
Hotels

»Turismo senza barriere« (barrierefreier Tourismus) nennt sich ein ambitioniertes **Projekt der Region Toskana**, dem es u. a. zu verdanken ist, dass ein Großteil der toskanischen Museen über behindertengerechte Zugänge verfügt. Gemäß dem Slogan »Turismo per tutti, turismo a misura« (Tourismus für alle, maßgeschneiderter Tourismus) gibt es Tipps, Ideen, Urlaubs- und Übernachtungsvorschläge unter www.turismo.intoscana.it/turismosenzabarriere.
Projekte

Dazu zählen auch verbesserte Angebote in den **Naturparks**. So bieten der Parco Naturale della Maremma, der Parco Naturale delle Alpi Apuane, der Parco dell' Orecchiella, die L' oasi Lipu Massaciuccoli oder die Parks im Casentino spezielle Angebote für Behinderte an.
Auch der **Zugang zu Stränden** und Strandeinrichtungen ist Thema, so

? **BAEDEKER WISSEN**

Turismo senza barriere

Viale XX Settembre 157 a
Sesto Fiorentino
50019 Florenz
Tel. 0039 05 54 48 13 82
www.turismosenzabarriere.it

z. B. in Livorno: Dort sind Badevergnügen im Stabilmento balneare dei Tre Ponti, in Quercianella, Bagni Paolieri oder Bagni Cala Bianca möglich.

Elektrizität

Das Stromnetz führt 220 Volt Wechselspannung; im Allgemeinen ist ein Adapter (ital. adattatore) nötig. Europanorm-Gerätestecker sind meist nur dann verwendbar, wenn sie dünne Kontaktstifte besitzen. Im Laden fragt man nach dem passenden Stecker (spina elettrica bzw. spina di/della corrente) für die Steckdose (presa di corrente, presa elettrica).

Etikette

Was kommt an in Italien und was nicht? La Bella Figura, der schöne äußere Schein, ist für die meisten Italiener und Italienerinnen ein inneres Bedürfnis. Auch wenn es sich bloß um den Gang zum Postamt oder einen Markteinkauf handelt, wer auf die Straße tritt, macht sich gern für die Öffentlichkeit fein – frei nach der Devise Coco Chanels, immer so angezogen zu sein, dass Frau jederzeit den Mann ihres Lebens treffen könnte. Im Zweifelsfall gibt man sein Geld eher für Mode (und gutes Essen) als für Möbel oder Fassadenanstriche aus. Umso verständnisloser oder amüsierter schaut man auf Touristen, die mit Badeschlappen Kirchen betreten, in Shorts Gemäldegalerien besichtigen, mit Sandalen in Restaurants sitzen oder gar mit nacktem Oberkörper durch die Altstadt schlendern – das würde selbst den Tifosi, den Fußballfans von Juventus Turin, Lazio Roma oder Sampdoria Genua im größten Fußballfieber kaum einfallen.

? BAEDEKER WISSEN

Raucher-Etikette

Ein Vino oder ein Grappa, dazu eine Zigarette – darauf müssen Raucher seit Januar 2005 in Restaurants und Bars verzichten. Es sei denn, sie befinden sich in einem abgeschlossenen, separat belüfteten Raucherraum. Ansonsten drohen Geldbußen, die zwischen 27,50 und 275,00 Euro liegen.

Barbesuche Bella Figura machen auch jeden Morgen die wahren Hauptdarsteller in den Hunderttausenden von Bars zwischen Bozen und Palermo: Die dampfenden Espresso bereitenden Baristi tragen meist korrekte Kellnerjacken und adrette Käppis und regieren souverän das vor ihnen stehende Publikum, an das sie mit unnachahmlicher Eleganz aufgeschäumte Cappuccini, frisch gebackene Cornetti und natürlich Gläser mit frischem Wasser verteilen. Wie langweilig ist gegen diesen Auftritt doch ein deutsches Frühstück! Brechen Sie ruhig einmal aus

der Hotelroutine aus und gönnen Sie sich eine Colazione all' italiana.
Und lassen Sie den Männern hinterm Tresen ein paar Münzen Trinkgeld – Serviceberufe werden oft schlecht bezahlt.

Fotografieren

»Bella Figura« macht es auch Fotografen leicht. Die meisten Italiener freuen sich, wenn sie vor die Linse kommen, ihr Theaterblut gerät in Wallung. Nutzen Sie die Chance für ein Schwätzchen. Oft will die Nachbarin noch schnell mit aufs Bild, Kinder winken die ganze Schulklasse zum Fototermin, der Padrone besteht darauf, dass auch die Kellnerbrigade abgelichtet wird. Ein Foto ist immer ein öffentliches Ereignis, ein Moment des Erwähltwerdens und der Lebensfreude.

Verkehr

Spontan sind Italiener auch hinter dem Steuer. Auch wenn die Strafen für Verkehrsdelikte drakonisch angehoben wurden, erweisen sich vor allem Süditaliener immer wieder als Lebenskünstler, die unbekümmert im Fiat auf Standspuren zum Überholen ansetzen oder in dritter Reihe parken. Wie schön, wenn das Verkehrschaos sich dann doch entwirrt, und möglichst viele Menschen mit möglichst vielen Gesten daran beteiligt sind. Denn dann wird die Straße zur lebendigen Piazza, wird die mechanisierte Routine des Alltags durchbrochen. Dass es dabei um Kommunikation und kaum je um Rechthaberei geht, beweist die kavaliersmäßige Rücksicht gegenüber Fußgängern, die im Gegensatz zu anderen mediterranen Ländern angenehm auffällt.

Arrangiarsi

Glücklich wird in Italien, wer auf die Leute zugeht und ihnen durch ein Lächeln oder eine Geste zu verstehen gibt, dass man es schätzt und genießt, es gerade mit diesem besonders kompetenten und gewinnenden Gegenüber zu tun zu haben. Fragen Sie ruhig nach dem Vornamen des Kellners, rufen Sie lieber ein »bravo«, »grande« oder »bello« zu viel als zu wenig. Und wenn wieder einmal etwas nicht klappen sollte, dann praktizieren Sie ganz machiavellistisch die uralte italienische Kunst des »arrangiarsi«. Ein verständnisvolles Kompliment führt bei Toskanern und Römern, bei Mailändern und Neapolitanern meist schneller zum Ziel als herrische Drohgebärden, die – Sie ahnen es schon – die Bella Figura beschädigen.

Geld

Euro

Italien gehört zur Eurozone. 1 CHF entspricht 0,92 Euro, 1 Euro entspricht 1,08 CHF.

Banken

Banken sind in der Regel Mo.–Fr. 8.30–13.00 Uhr geöffnet; nachmittags variieren die Öffnungszeiten (ca. 14.30 – 15.30 Uhr). An Tagen vor Feiertagen (prefestivi) schließen die Banken um 11.20 Uhr.

Geldauto-maten An Geldautomaten (bancomat) kann man mit Kredit- und Bank-Karten rund um die Uhr Geld abheben.

Kreditkarten Die meisten internationalen Kreditkarten werden von Banken, Hotels, Restaurants, Autovermietern und vielen Einzelhandelsgeschäften akzeptiert. Bei Verlust kann man unter dem zentralen Sperrnotruf Bankkarten, Kreditkarten und außerdem auch Mobiltelefonkarten sperren lassen (Tel. 00 49 / 116 116; www.sperr-notruf.de).

Quittungen In Italien sind Käufer verpflichtet, Kassenbelege (ricevuta fiscale oder scontrino) zu verlangen und aufzuheben. Es kann vorkommen, dass man nach dem Verlassen eines Geschäfts aufgefordert wird, die Quittung vorzuzeigen – damit soll Steuerbetrug erschwert werden. Der Ankauf imitierter Markenwaren, meist auf der Straße angeboten, ist untersagt und kann mit Geldstrafen bis 10 000 Euro geahndet werden, auch deshalb ist eine reguläre Quittung wichtig.

Gesundheit

Medizinische Versorgung Die medizinische Versorgung wird an vielen Orten durch die **Guardia Medica** gewährleistet. Den ärztlichen Bereitschaftsdienst in der Nacht (20.00 – 8.00 Uhr) und am Feiertag stellt die Guardia Medica notturna e festiva. Ärztlichen Notdienst bzw. erste Hilfe (Pronto soccorso) leisten außer Krankenhäusern (Ospedali) u. a. das Weiße Kreuz (Croce Bianca), das Grüne Kreuz (Croce Verde) und das Rote Kreuz (Croce Rossa Italiana). Wer einen Zahnarzt braucht, fragt nach einem »dentista«.

Medizinischer Notdienst
Tel. 118
Notarzt, Unfallambulanz

Medical Service Firenze (24 Std.)
Tel. 0 55 47 54 11
(dt., engl., frz.)
Klinik Sprechstunde:
Florenz, Via Roma 4
Mo. – Fr. 11.00 – 12.00, 13.00 – 15.00,
17.00 – 18.00,
Sa. 11.00 – 12.00, 13.00 – 15.00 Uhr

Deutschsprachige Kinderärztin (im Medical Center Florenz)
Dr. Hermione Silberhorn
Via Lorenzo il Magnifico 59
Tel. 0 55 47 54 11
mobil: Tel. 33 92 97 03 02

Ospedale Meyer (Kinderkrankenhaus)
Viale Pieraccini 24, Florenz
Tel. 05 55 66 21
www.meyer.it

Apotheken (farmacie) haben in der Regel Mo. – Fr. 9.00 – 13.00 und **Apotheken** 16.00 – 19.30 Uhr geöffnet. Sie schließen wechselweise mittwochs oder samstags. Ein Verzeichnis mit den nachts und an Feiertagen geöffneten Apotheken (Farmacie di turno) hängt in den Schaufenstern oder an den Türen aller Apotheken aus.

Literatur und Film

Boccaccio, Giovanni: Das Dekameron, Insel Taschenbuch   **Belletristik** Novellensammlung mit 100 Erzählungen, die ab 1348 nach der großen Pestepidemie von Florenz entstanden und als Ursprung der italienischen Prosa angesehen werden

Collodi, Carlo: Pinocchios Abenteuer. Thienemann Verlag 2003 Die fantasievolle Geschichte der langnasigen Holzpuppe, herrlich für Große und Kleine

Dante Alighieri: Göttliche Komödie, Reclam Verlag Das ab 1311 als allegorisch-lehrhaftes Gedicht in toskanischer Mundart verfasste Hauptwerk Dantes verweist an zahlreichen Stellen auf tatsächliche Ereignisse und Zeitgenossen des Dichterfürsten.

Forster, E. M.: Zimmer mit Aussicht, Nymphenburger Verlag 2002 Florenz 1907: Eine Engländerin verliebt sich auf einer Bildungsreise in einen jungen Schöngeist. Zunächst leugnet sie ihre Gefühle, findet dann aber den Mut, sich entgegen aller Konventionen zu entscheiden.

Fruttero, Carlo und Lucentini, Franco: Der Palio der toten Reiter (1992) und Das Geheimnis der Pineta (1993), Piper Verlag Spannende Krimis des erfolgreichen Schriftstellerduos.

Gernhardt, Robert: Toscana Mia, S. Fischer-Verlag 2011 Köstlicher Fundus an Texten und Einsichten und erster von möglicherweise mehr Bänden des 2006 verstorbenen Groß-Satirikers und Schöpfers der »Toscana-Therapie«, der 1972 ein Häuschen bei Arezzo kaufte und den Wandel der Region über drei Jahrzehnte erlebte.

Nabb, Magdalena: Tod in Florenz, Diogenes 1992 Spannender Kriminalroman, in dessen Mittelpunkt der etwas trottelige Kommissar Maresciallo Guarnaccia steht

Origo, Iris: Im Namen Gottes und des Geschäfts, C. H. Beck 1986 Lebensaufzeichnungen von Francesco di Marco Datini, einem Kaufmann aus Prato, zur Zeit der Frührenaissance

Toskana im Film

- **Achteinhalb:** Amüsantes Selbstporträt von Federico Fellini, in dem er die Krise eines Filmregisseurs schildert. Den Regisseur Guido Anselmi spielt Marcello Mastroianni.
- **Der englische Patient:** Spielt unter anderem in den letzten Tagen des Zweiten Weltkriegs auch in der verlassenen und verminten Villa San Girolamo in der Toskana.
- **Das Leben ist schön:** In »Das Leben ist schön« ist es Roberto Benigni gelungen, die Tragödie des Holocaust zum Thema einer bittersüßen Tragikomödie zu machen.
- **Tee mit Mussolini:** Eine Gruppe in der Toskana internierter englischer Ladies glaubt, unter dem besonderen Schutz Mussolinis zu stehen.
- **Zimmer mit Aussicht:** Sehr schöne, stimmungsvolle Umsetzung von E. M. Forsters Romanvorlage. Übrigens gab es den »Baedeker« schon damals: Wenn die junge Lucy Honeychurch durch die Straßen von Florenz schlendert, hat sie immer den roten Reiseführer bei sich, um ihren Bildungshunger zu stillen.
- **Die Nacht von San Lorenzo:** Meisterwerk der Gebrüder Taviani, das 1944 in dem erdachten Ort »San Martino« in der Toskana spielt und Kriegsgeschehnisse thematisiert, die sich tatsächlich in ihrem Heimatort San Miniato ereigneten.

Origo, Iris: Toskanisches Tagebuch 1943 / 44, C.H. Beck 1991
Eindrückliche und authentische Schilderungen über die Zeit des Zweiten Weltkriegs im Val d'Orcia (▶ Baedeker-Tipp S. 42)

Pratolini, Vasco: Chronik armer Liebesleute, Beck & Glückler Verlag 1991
Vom Leben und Lieben im Florenz zur Zeit des Faschismus

Sacchetti, Franco: Die wandernden Leuchtkäfer, Renaissancenovellen aus der Toskana, Wagenbach Verlag 1991
Sehr gelungene satirische Geschichten mit Biss

Mayes, France: Unter der Sonne der Toskana, Goldmann 2004
Autobiografische, romantische Liebesgeschichte; eine amerikanische Liebeserklärung an die Toskana!

Die Etrusker und Europa, Florenz / Berlin 1993
Ausgezeichneter Ausstellungskatalog über Geschichte und Kultur der Etrusker

Baur, Eva Gesine: Genießen mit Puccini, Verlag Bassermann 2010
Wiederbelebung der ursprünglichen Küche der Toskana – und das zu Klängen von Puccinis Meisterwerken (CD)

Bellosi, Luciano u. a.: Italienische Kunst, Wagenbach Verlag 1988

Burke, Peter: Die Renaissance in Italien, Sozialgeschichte einer Kultur zwischen Tradition und Erfindung, Wagenbach 1992

Cleugh, James: Die Medici. Macht und Glanz einer europäischen Familie, Piper 2002

Maus, Steffen: Italiens Weinwelten, Verlag Gebr. Kornmayer, 2011
Alles über den Vino vom renommierten Fachjournalisten Maus, auch zur Toskana, dazu Fotos von Markus Bassler. Ergänzend: www.wein-welten.com, ebenfalls von Steffen Maus.

Rita Henss (Text), **Christina Anzenberger-Fink, Toni Anzenberger** (Fotos): Dumont Bildatlas Toskana, Dumont Reiseverlag, Ostfildern 2016

Vasari, Giorgio: Lebensläufe der berühmtesten Maler, Bildhauer und Architekten der Renaissance, Manesse Verlag, 1993. Um 1550 verfasste Biografien berühmter Zeitgenossen.

Die Weine der Toskana – gut informiert genießen

Medien

»La Repubblica«, Italiens größte Tageszeitung, erscheint in Florenz mit eigenem Lokalteil, zweitgrößte nationale Zeitung ist der »Corriere della Sera«. Bedeutende überregionale Zeitungen sind die Turiner »La Stampa« und »Il Secolo XIX«. Größte toskanische Tageszeitung ist die in Florenz verlegte »La Nazione«, gefolgt von Livornos »Il Tirreno«, der vor allem an der toskanischen Küste gelesen wird. In den größeren Städten der Toskana bzw. in den viel besuchten Orten sind führende deutsche Zeitungen und Zeitschriften erhältlich.

Tageszeitungen

Über alle wichtigen Veranstaltungen in Florenz informiert das monatlich erscheinende »Firenze Spettacolo« (www.firenzespettacolo.it). In der Touristeninformation und in den Hotels erhält man ebenfalls das zweimal im Monat erscheinende »Florence Concierge Information«. Der Veranstaltungskalender erscheint auf Italienisch und Englisch.

Veranstaltungskalender

Notrufe

Allgemeiner Notruf
Tel. 113 (landesweit)

Polizeinotruf
Tel. 112 (landesweit)

Feuerwehr
Tel. 115 (landesweit)

Unfall und Krankendienst
Tel. 118 (landesweit)

Pannendienst des ACI
Tel. 116

ADAC-Pannendienst und Notruf
Tel. 03 92 10 41
Tel. 0049 89 22 22 22

ACE-Notrufzentrale Stuttgart
Kranken- und Fahrzeugrückholdienst
Tel. 0049 711 530 34 35 36

DRK-Flugdienst
Tel. 0049 211 91 74 99 39

Deutsche Rettungsflugwacht
Tel. 0049 711 70 10 70

Post · Telekommunikation

Postämter
Italienische Postämter sind nur für den Post- und Paketdienst und für die Geschäfte der Postbank zuständig. Sie sind Mo.–Fr. 8.25–13.45 und Sa. 8.25–12.00 Uhr geöffnet. Am Monatsletzten schließen alle Postämter um 12.00 Uhr.

Briefmarken
Briefmarken (Francobolli) kauft man in Postämtern oder, meist schneller, in Tabakwarengeschäften, die durch ein »T«-Schild (Tabacchi) gekennzeichnet sind. Ein Brief bis 20 g sowie eine Postkarte von Italien ins europäische Ausland kosten 1 €. Aktuelle Tarifliste Briefe/Pakete: www.poste.it/postali/estero

Telefonieren
Öffentliche Fernsprecher funktionieren größtenteils mit **Telefonkarten** (carta telefonica), die man u. a. in Bars, an Zeitungskiosken oder in Tabakgeschäften kaufen kann. Münztelefone gibt es kaum noch. Die **Ortsvorwahlen** sind Bestandteil der italienischen Rufnummern. Bei Anrufen aus dem Ausland und bei Ortsgesprächen muss immer die **Vorwahl einschließlich der 0** mitgewählt werden.

Mobil-telefone
Mobiltelefone (ital. telefono cellulare, auch »telefonino«) wählen sich automatisch via Roaming in das entsprechende italienische Partnernetz ein. Andere Mobilfunkteilnehmer und -nummern in Italien erkennt man an den dreistelligen Mobilfunkvorwahlen, die jeweils mit einer »3« beginnen. Gewählt wird ohne »0« vorweg, auch von Deutschland aus.

VORWAHLEN
von Deutschland, Österreich
und der Schweiz
nach Italien 0039

aus Italien
nach Deutschland 0049
nach Österreich 0043

in die Schweiz 00 41

TELEFONAUSKUNFT
Tel. 412
Tel. 1254
www.1254.it
www.paginebianche.it

Preise und Vergünstigungen

Nahezu alle Florentiner und viele andere große **Museen** in der Toskana gewähren freien Eintritt für Senioren über 65 Jahre (nur EU-Bürger), Rabatte für Kinder und Jugendliche sowie für junge Erwachsene bis 26 Jahre. Rabattübersichten für Florenz findet man auf www.firenzemusei.it oder www.polomuseale.firenze.it. Auch Kombi- und Sammeltickets für mehrere Museen bzw. Personen (Familien-tickets) sind im Angebot.

Die **Firenze Card** ermöglicht freien Eintritt in 72 Museen und Einrichtungen sowie freie Fahrt im öffentlichen Nahverkehr (72 €, 72 Stunden gültig); Information: www.firenzecard.it.

Mit der elektronischen **VVC-Card** (Voglio-vivere-cosi-card – »Voglio vivere cosi«: So will ich leben) erhält man Rabatt in 100 Regionalmuseen, zukünftig auch in Naturparks, Thermen und auf Golfplätzen. Kostenloser Download per Smartphone: www.turismo.intoscana.it.

> **BAEDEKER WISSEN**
>
> **?** *Was kostet wie viel?*
>
> 3-Gänge-Menü: 25 – 45 €
> Einfache Mahlzeit: 12 – 18 €
> Espresso: ab 0,90 €
> 1 l Super-Benzin: ca. 1,55 €
>
> Preise für Restaurants ► S. 78
> Preise für Übernachten ► S. 117

Reisezeit

Klima

Typisch für die Toskana sind trockene, heiße Sommer und feuchte, milde Winter. An den Küsten der Toskana sind die Temperaturen ausgeglichener als im Hinterland, d. h. im Winter etwas höher und im Sommer etwas niedriger. Der meiste Regen – über 2000 mm pro Jahr – fällt im Apennin und in den Apuanischen Alpen, an den Küsten liegt die Regenmenge unter 1000 mm, im tiefer gelegenen Landesinneren ist es am trockensten (Florenz 840 mm, Siena 860 mm pro Jahr).

Frühling und Herbst Die beste Zeit für Wander- oder Kulturreisen in die Toskana sind April, Mai und Juni sowie September und Oktober. Im April kann man den Beginn der Blüte erleben, aber in dieser Jahreszeit wie auch im Herbst gibt es auch noch kühlere Tage mit Regen und Wind. In Florenz werden im Mai schon regelmäßig Tagestemperaturen von 20 – 22 °C gemessen. Als ideal gelten die Monate Mai und Juni, wenn Klatschmohn und Ginster in voller Blüte stehen und die Temperaturen an schönen Tagen schon so hoch klettern, dass man genüsslich auf einer Piazza sitzen oder in freier Natur picknicken kann. Für den Zeitraum Mai / Juni sprechen auch die vielen traditionellen Feste und Veranstaltungen, für den Herbst die zahlreichen Weinfeste, die vor allem – aber nicht nur – im Chianti gefeiert werden.

Sommer Von Juli bis September ist es meist trocken und sehr warm in der Toskana – die bevorzugte Zeit für einen Badeurlaub an der Küste oder auf einer der Inseln. In Florenz schwanken die Temperaturen im Juli zwischen 28 und 33 °C tagsüber und 18 – 20 °C nachts. In den erhöht liegenden Städten weht auch in den heißen Monaten oft ein Lüftchen, das die Hitze erträglich macht.

Sprache

In der Toskana hört man viele italienische Dialekte. Dennoch ist die Verständigung verglichen mit anderen Regionen problemlos, denn schließlich bildet das Toskanische die Grundlage für die italienische Schriftsprache. Wer sich bemüht, wenigstens ein paar kleine Brocken Italienisch zu sprechen – und seien sie grammatikalisch noch so unkorrekt –, erntet in Italien meistens viel Sympathie und wird mit einem ehrlich gemeinten »brava« bzw. »bravo« belohnt, was so viel wie »tüchtig« bedeutet.

Kleiner Sprachführer Italienisch

Zahlen

zero	0	diciannove	19
uno	1	venti	20
due	2	ventuno	21
tre	3	trenta	30
quattro	4	quaranta	40
cinque	5	cinquanta	50
sei	6	sessanta	60
sette	7	settanta	70

otto	8	ottanta	80
nove	9	novanta	90
dieci	10	cento	100
undici	11	centouno	101
dodici	12	mille	1000
tredici	13	duemille	2000
quattordici	14	diecimila	10000
quindici	15		
sedici	16	un quarto	1/4
diciassette	17	un mezzo	1/2
diciotto	18		

Auf einen Blick

Sì/No	Ja/Nein
Per favore/Grazie	Bitte/Danke
Non c'è di che	Gern geschehen
Scusi!/Scusa!	Entschuldigen Sie!
Come dice?	Wie bitte?
Non La/ti capisco	Ich verstehe Sie/dich nicht
Parlo solo un po' di ...	Ich spreche nur wenig ...
Mi può aiutare, per favore?	Können Sie mir bitte helfen?
Vorrei ...	Ich möchte ...
(Non) mi piace	Das gefällt mir (nicht)
Ha ...?	Haben Sie ...?
Quanto costa?	Wie viel kostet?
Che ore sono?/Che ora è?	Wie viel Uhr ist es?
Come sta?/Come stai?	Wie geht es Ihnen/dir?
Bene, grazie. E Lei/tu?	Danke. Und Ihnen/dir?

Unterwegs

a sinistra/a destra/diritto	nach links/nach rechts/geradeaus
vicino/lontano	nah/fern
Quanti chilometri sono?	Wie weit (in Kilometern) ist das?
Vorrei noleggiare ...	Ich möchte ... mieten
... una macchina	... ein Auto
... una bicicletta	... ein Fahrrad
... una barca	... ein Boot
Scusi, dov'è ...?	Bitte, wo ist ...?
la stazione centrale	der Hauptbahnhof
la metro(politana)	die U-Bahn
l'aeroporto	der Flughafen
all'albergo	zum Hotel

Ho un guasto.	Ich habe eine Panne.
Mi potrebbe mandare un carro-attrezzi?	Würden Sie mir einen Abschleppwagen schicken?
Scusi, c'è un'officina qui?	Gibt es hier eine Werkstatt?
Dov'è la prossima stazione di servizio?	Wo ist die nächste Tankstelle?
benzina normale	Normalbenzin
super/gasolio	Super/Diesel
deviazione	Umleitung
senso unico	Einbahnstraße
sbarrato	gesperrt
rallentare	langsam fahren
tutti direzioni	alle Richtungen
tenere la destra	rechts fahren
zona di silenzio	Hupverbot
zona tutelata inizio	Beginn der Parkverbotszone
Aiuto!	Hilfe!
Attenzione!	Achtung!
Chiami subito ...	Rufen Sie schnell ...
... un'autoambulanza	... einen Krankenwagen
... la polizia	... die Polizei

Ausgehen

Scusi, mi potrebbe indicare ...?	Wo gibt es ...?
... un buon ristorante?	... ein gutes Restaurant?
... un locale tipico?	... ein typisches Restaurant?
C'è una gelateria qui vicino?	Gibt es hier eine Eisdiele?
Può riservarci per stasera un tavolo per quattro persone?	Kann ich für heute Abend einen Tisch für vier Personen reservieren?
Alla Sua salute!	Auf Ihr Wohl!
Il conto, per favore.	Bezahlen, bitte.
Andava bene?	Hat es geschmeckt?
Il mangiare era eccellente.	Das Essen war ausgezeichnet.
Ha un programma delle manifestazioni?	Haben Sie einen Veranstaltungskalender?

Einkaufen

Dov'è si può trovare ...?	Wo finde ich ...?
... una farmacia	... eine Apotheke
... un panificio	... eine Bäckerei
... un negozio di articoli fotografici	... ein Fotogeschäft
... un grande magazzino	... ein Kaufhaus
... un negozio di generi alimentari	... ein Lebensmittelgeschäft

... il mercato	... den Markt
... il supermercato	... den Supermarkt
... il tabaccaio	... den Tabakladen
... il giornalaio	... den Zeitungshändler

Übernachten

Scusi, potrebbe consigliarmi ...?	Können Sie mir ... empfehlen?
... un albergo	... ein Hotel
... una pensione	... eine Pension
Ho prenotato una camera.	Ich habe ein Zimmer reserviert.
È libera ...?	Haben Sie noch ...?
... una singola	... ein Einzelzimmer
... una doppia	... ein Zweibettzimmer
... con doccia/bagno	... mit Dusche/Bad
... per una notte	... für eine Nacht
... per una settimana	... für eine Woche
... con vista sul mare	... mit Blick aufs Meer
Quanto costa la camera ...?	Was kostet das Zimmer ...?
... con la prima colazione?	... mit Frühstück?
... a mezza pensione?	... mit Halbpension?

Arzt und Apotheke

Mi può consigliare un buon medico?	Können Sie mir einen guten Arzt empfehlen?
Mi può dare una medicina per ...	Geben Sie mir bitte ein Medikament gegen ...
... mal di testa	... Kopfschmerzen
... mal di gola	... Halsschmerzen
... mal di denti	... Zahnschmerzen
... influenza	... Grippe
... tosse	... Husten
... la febbre	... Fieber.
... scottatura solare	... Sonnenbrand
... costipazione	... Verstopfung
Soffro di diarrea.	Ich habe Durchfall.
Ho mal di pancia.	Ich habe Bauchschmerzen.

Speisekarte

prima colazione	Frühstück
caffè, espresso	kleiner Kaffee ohne Milch
caffè macchiato	kleiner Kaffee mit wenig Milch

caffè latte	Kaffee mit Milch
cappuccino	Kaffee mit aufgeschäumter Milch
tè al latte/al limone	Tee mit Milch/Zitrone
cioccolata	Schokolade
frittata	Omelett/Pfannkuchen
pane/panino	Brot/Brötchen
pane tostato	Toast
burro	Butter
salame	Wurst
prosciutto	Schinken
miele	Honig
marmellata	Marmelade
iogurt	Joghurt

antipasti	**Vorspeisen**
affettato misto	gemischter Aufschnitt
anguilla affumicata	Räucheraal
melone e prosciutto	Melone mit Schinken
vitello tonnato	kalter Kalbsbraten mit Thunfischsauce

primi piatti	**Nudel- und Reisgerichte, Suppen**
pasta	Nudeln
fettuccine/tagliatelle	Bandnudeln
gnocchi	kleine Kartoffelklößchen
polenta (alla valdostana)	Maisbrei (mit Käse)
vermicelli	Fadennudeln
minestrone	dicke Gemüsesuppe
pastina in brodo	Fleischbrühe mit feinen Nudeln
zuppa di pesce	Fischsuppe

carni e pesce	**Fleisch und Fisch**
agnello	Lamm
ai ferri/alla griglia	vom Grill
aragosta	Languste
brasato	Braten
coniglio	Kaninchen
cozze/vongole	Miesmuscheln/Venusmuscheln
fegato	Leber
fritto di pesce	gebackene Fische
gambero, granchio	Garnelen

maiale	Schweinefleisch
manzo/bue	Rind-/Ochsenfleisch
pesce spada	Schwertfisch
platessa	Scholle
pollo	Huhn
rognoni	Nieren
salmone	Lachs
scampi fritti	gebackene Langusten
sogliola	Seezunge
tonno	Thunfisch
trota	Forelle
vitello	Kalbfleisch

verdura	**Gemüse**
asparagi	Spargel
carciofi	Artischocken
carote	Karotten
cavolfiore	Blumenkohl
cavolo	Kohl
cicoria belga	Chicorée
cipolle	Zwiebeln
fagioli/fagiolini	weiße/güne Bohnen
finocchi	Fenchel
funghi	Pilze
insalata mista/verde	gemischter/grüner Salat
lenticchie	Linsen
melanzane	Auberginen
patate	Kartoffeln
patatine fritte	Pommes frites
peperoni	Paprika
pomodori	Tomaten
spinaci	Spinat
zucca	Kürbis

formaggi	**Käse**
parmigiano	Parmesan
pecorino	Schafskäse
ricotta	quarkähnlicher Frischkäse

dolci e frutta	**Nachspeisen und Obst**
cassata	Eisschnitte mit kandierten Früchten

coppa assortita	gemischter Eisbecher
coppa con panna	Eisbecher mit Sahne
tirami su	Löffelbiskuit mit Mascarpone-creme
zabaione	Eierschaumcreme
zuppa inglese	likörgetränktes Biskuit mit Vanillecreme

bevande	**Getränke**
acqua minerale	Mineralwasser
aranciata	Orangeade
bibita	Erfrischungsgetränk
bicchiere	Glas
birra scura/chiara	dunkles/helles Bier
birra alla spina	Bier vom Fass
birra senza alcool	alkoholfreies Bier
bottiglia	Flasche
con ghiaccio	mit Eis
digestivo	Digestif
gassata/con gas	mit Kohlensäure
liscia/senza gas	ohne Kohlensäure
secco	trocken
spumante	Sekt
succo	Fruchtsaft
vino bianco/rosato/rosso	Weiß-/Rosé-/Rotwein
vino della casa	Hauswein

Toiletten

Museen, Cafés Nahezu alle Museen verfügen über Toiletten. Natürlich kann man auch (mitunter gegen Gebühr) auf Cafés und Restaurants ausweichen, während Bars oft nicht über solche Einrichtungen verfügen – oder dies zumindest vorgeben.

Standard Insgesamt ist der Standard öffentlicher Toilettenanlagen in der Toskana erheblich gestiegen, dennoch sind sie in vielen Orten nicht zuletzt aufgrund von Vandalismus geschlossen oder in prekärem Zustand. Häufig fehlt Toilettenpapier, auch aus hygienischen Gründen wird auf Sitztoiletten verzichtet.

Florenz Die Frage nach einer öffentlichen Toilette (servizio igienico, bagno pubblico, bagno) ist in Florenz eine der meistgestellten Fragen, insbesondere von Touristen mit Kindern. Die Stadt hat dies erkannt und einen Prospekt zum Thema herausgegeben.

Insgesamt gibt es im historischen Zentrum 14 öffentliche Toiletten mit folgenden **Öffnungszeiten**: 1.4. – 31.10. tgl. 9.00 – 21.00, 1.11. – 31.3. 9.00 – 19.00 Uhr. Zu finden sind sie im Centro Arte e Cultura, dem Ticketoffice der Opera Santa Maria del Fiore an der Piazza San Giovanni 7 gegenüber dem Baptisterium (tgl. 8.30 – 18.30 Uhr) sowie an der Piazza Santa Maria Novella auf der Platzseite der Fratellanza Militare. Im Bahnhof S. M. Novella sind im unteren Bereich (sottopasso) Toiletten zu finden (tgl. 9.00 – 21.00 Uhr). Weitere Toiletten gibt es im Bereich Santa Croce am Tourismusbüro Borgo Santa Croce 29r, nahe dem Palazzo Vecchio in der Via Filippina, im Bereich San Lorenzo in der Via della Stufa, nahe dem Palazzo Pitti (Oltrarno) in der Via dello Sprone sowie in der Via S. Agostino. Dort kann man auch eine **Dusche** (doccia) nehmen.

Öffentliche und behindertengerechte Toiletten, die man meist für 0,60 € benutzen kann, finden sich zudem nahe der Piazzale Michelangelo in der Viale Galilei, im Parco delle Cascine (Viale Kennedy), an der Fortezza da Basso sowie im Bereich der Piazza Ghiberti an der Piazza Madonna della Neve. Auch die Parkplätze/Parkhäuser Parterre (Piazza Libertà), Sant' Ambrogio, Porta al Prato und Calza (Porta Romana) verfügen über Toilettenanlagen.

In Pistoia und Siena wurden öffentliche Toiletten an **P & R-Anlagen** eingerichtet, in Arezzo gibt es Toiletten am **Rolltreppensystem** der Piazza Giovanni Paolo II. Die Thermalbäder etwa in Montecatini Terme, Chianciano Terme, Saturnia oder Bagno Vignoni bieten meist schmucke öffentliche sanitäre Einrichtungen. *Pistoia, Siena, Arezzo*

Verkehr

Geschwindigkeitsbegrenzungen für Pkws, Motorräder und Wohnmobile bis 3,5 t sind in Ortschaften 50 km/h, außerhalb von Ortschaften 90 km/h, auf Schnellstraßen 110 km/h, auf Autobahnen 130 km/h; Pkws und Wohnmobile über 3,5 t bzw. Pkw mit Anhänger: außerhalb von Ortschaften und auf Schnellstraßen 80 km/h, auf Autobahnen 100 km/h. Bei Regen sind auf Autobahnen generell maximal 110 km/h erlaubt! Wer auf Italiens Straßen zu schnell fährt und erwischt wird, muss mit hohen Geldstrafen rechnen. *Verkehrsvorschriften*

Pkw müssen tagsüber auf Autobahnen und außerhalb von Ortschaften mit **Abblendlicht** fahren, Motorräder auf allen Straßen.

Die **Promillegrenze** liegt bei 0,5. Achtung: Drakonische Strafen von direkt erhobener Geldstrafe über Fahrverbot, Autokonfiszierung bis hin zu Gefängnisstrafen drohen.

Telefonieren am Steuer ist nur mit Freisprecheinrichtung gestattet. Wer nicht mit dem eigenen Auto einreist, benötigt eine schriftliche **Vollmacht** in italienischer Sprache. Die Mitnahme der Grünen Versicherungskarte wird empfohlen, **Warndreieck, Verbandskasten und Warnweste** sind Pflicht.

Weitere Vorschriften Bei Totalschaden muss man den Zoll verständigen, da sonst u. U. für das Schadensfahrzeug Einfuhrzoll bezahlt werden muss. **Privates Abschleppen** auf Autobahnen ist verboten. Im Falle einer Panne werden ausländische Auto- oder Motorradfahrer vom Pannendienst des italienischen Automobilclubs zur nächsten Werkstatt geschleppt.

Auf Motorrädern über 50 ccm besteht **Helmpflicht**, Missachtung kann die Konfiszierung der Maschine bis zu 60 Tagen bedeuten.

Autobahn Fast alle Autobahnen (autostrada) in Italien sind gebührenpflichtig (pedaggio). Die Autobahngebühr bezahlt man bar, mit Kreditkarte oder mit der **Via-Card**, die man in Italien bei den Automobilclubs, bei ACI-Büros an den Grenzübergängen, bei Autobahneinfahrten, in Tabakwarengeschäften sowie an Tankstellen erhält.

Tankstellen Die Einfuhr und der Transport von Benzin in Kanistern sind verboten. Es gibt bleifreies **Superbenzin** (97 Oktan; Super senza piombo) und **Diesel** (gasolio). Tankstellen sind in der Regel von 7.00 bis 12.00 und 14.00 bis 20.00 Uhr geöffnet. An Autobahnen gibt es meist einen 24-Stunden-Service. An Wochenenden, oft auch während der Mittagspause und nachts, kann an vielen Tankstellen nur an automatischen Tanksäulen getankt werden.

Autodiebstahl Vor allem Kleinbusse und teure oder noch ziemlich neue Autos werden häufig aufgebrochen oder sogar gestohlen. Wichtigste Regel beim Abstellen von Fahrzeugen: Nichts im Auto liegen lassen, Handschuhfach leer räumen und offen lassen, Autoradio, wenn möglich, herausnehmen. Wer kann, sollte das Fahrzeug nachts auf einem abgeschlossenen Parkplatz oder in einer Garage parken. Ist ein Fahrzeug gestohlen worden, muss die Polizei benachrichtigt werden; eine Bescheinigung der Polizei ist für die Schadensmeldung bei der Versicherung unbedingt erforderlich.

ZTL und Parken Die meisten Städte in der Toskana haben ein verkehrsberuhigtes Zentrum (ZTL – Zona Traffico Limitato), in dem nur Anliegerverkehr gestattet ist. Verkehrssünder erwarten happige **Strafgebühren**, die Hauptzufahrten sind videoüberwacht und erfassen sämtliche Autokennzeichen. Bußgelder werden auch nach dem Urlaub EU-weit am Heimatort eingetrieben.

Fast überall sind außerhalb der Altstadt **Parkplätze** ausgewiesen,

MIETWAGEN
Avis
Tel. 06171 6 80
www.avis.de

Europcar
Tel. 040 5 20 18 80 00
www.europcar.de

Hertz
Tel. *01806 33 35 35
www.hertz.de

Sixt
Tel. *01806 66 66 66
www.sixt.de

Maggiore
Flughafen Florenz: Tel. 0 55 31 12 56
Flughafen Pisa: Tel. 05 04 25 74
Tel. 0039 06 22 45 60 60
(Reservierung aus dem Ausland)
www.maggiore.it

AUTOMOBILCLUBS IN ITALIEN
Automobile Club d' Italia (ACI)
Tel. 05 52 48 61
Tel. 80 31 16 (**Pannendienst**; gebüh-
renfrei, von Festnetz und Mobil-Tel.)
www.acifirenze.it
www.aci.it

Touring-Club Italiano (TCI)
Tel. 8 40 88 88 02 (Pronto Touring,
italienweit)
www.touringclub.it

AUTOMOBILCLUBS IN
DEUTSCHLAND
ADAC
Hansastr. 19
80686 München
Tel. 089 76 76-0

Tel. 00 49 89 22 22 22 (**Pannendienst**
und Notruf)
Tel. 00 49 89 76 76 76 (bei Verletzung
und Erkrankung)
www.adac.de

ACE
Schmidener Str. 227
70374 Stuttgart
Tel. 0711 53 03-0
www.ace-online.de

AUTOMOBILCLUBS IN
ÖSTERREICH
ÖAMTC
Schubertring 1-3
1010 Wien
Tel. 0043 (01) 71 19 91 02 00
Notruf: Tel. 120
www.oeamtc.at

AUTOMOBILCLUBS IN DER
SCHWEIZ
ACS
Wasserwerkgasse 39
3000 Bern 13
Tel. 0041 (0)31 328 31 11
Tel. 0041 (0)44 628 88 99 (**Pannen-
dienst**, landesweit)
www.acs.ch

TCS
Chemin de Blandonnet 4
1214 Vernier/Genf
Tel. 58 8 27 22 20
Tel. 0844 88 81 11 (landesweit)
Tel. 0800 140 140 (**Pannendienst**)
Tel. *0900 57 12 34 (Verkehrs- u. Touris-
musinformationen für Nichtmitglieder)
www.tcs.ch

PANNENDIENST
▶ Notrufe

von denen man schnell zu Fuß oder – seltener – per Bus ins Zentrum kommt. Viele hoch gelegene Altstädte verfügen heute über Rolltreppensysteme (z. B. Arezzo, Siena). **P & R-Angebote** funktionieren oder sind im Aufbau, Busse pendeln zu und in den Altstädten (z. B. Pisa, Pistoia, Florenz).

An nicht markierten Straßenrändern ohne Halteverbotszeichen oder in weiß markierten Parkboxen ist **Parken kostenfrei**, mitunter braucht man eine Parkscheibe (Disco Orario). Blau markierte Flächen und Straßenränder sind **kostenpflichtig**, man zahlt am Parkautomaten. Grundsätzliches **Parkverbot** gilt bei gelb-schwarzer oder durchgehend gelber Bodenmarkierung am Straßenrand. Auch auf gelb markierten Flächen darf nicht geparkt werden. Vorsicht vor nicht autorisierten »Parkplatzwächtern« in Florenz! **Falschparken** kann teuer werden (in Florenz 83 €).

Wer in Italien ein Auto mieten möchte, muss mindestens 21 Jahre alt sein, eine Kreditkarte haben und seinen Führerschein zumindest ein Jahr besitzen. Bei internationalen Autovermietern kann man von Deutschland aus in der Regel billiger buchen. Sie haben Vertretungen an den Flughäfen Pisa und Florenz (tgl. 8.30–23.00 Uhr) und direkt in Florenz. Örtliche Autovermieter stehen im Telefonbuch unter »Noleggio« bzw. »Autonoleggio«.   Mietwagen

Zeit

In Italien gilt die Mitteleuropäische Zeit (MEZ). Für die Sommermonate von Ende März bis Ende Oktober gilt seit 1996 europaweit die Sommerzeit (MESZ = MEZ + 1 Std.).

Mit der Vespa über Land: ein Vergnügen auf Straßen mit wenig Verkehr, wie auf dieser Pinienallee in der Maremma

Register

Reisen verbindet Menschen und Kulturen. Doch wer reist, erzeugt auch CO_2. Der Flugverkehr trägt

nachdenken • klimabewusst reisen
atmosfair

mit bis zu 10% zur globalen Erwärmung bei. Wer das Klima schützen will, sollte sich nach Möglichkeit für die schonendere Reiseform entscheiden (wie z.B. die Bahn). Gibt es keine Alternative zum Fliegen, kann man mit atmosfair klimafördernde Projekte unterstützen.

atmosfair ist eine gemeinnützige Klimaschutzorganisation unter der Schirmherrschaft von Klaus Töpfer. Flugpassagiere spenden einen kilometerabhängigen Betrag und finanzieren damit Projekte in Entwicklungsländern, die den Ausstoß von Klimagasen verringern helfen. Dazu berechnet man mit dem Emissionsrechner auf **www.atmosfair.de** wie viel CO_2 der Flug produziert und was es kostet, eine vergleichbare Menge Klimagase einzusparen (z.B. Berlin – London – Berlin 13 €).

atmosfair garantiert die sorgfältige Verwendung Ihres Beitrags. Alle Informationen dazu auf www.atmosfair.de. Auch der Karl Baedeker Verlag fliegt mit atmosfair.

Verzeichnis der Karten und Grafiken

Bildnachweis

age fotostock / Look-foto S. 213

AKG S. 311 (oben links, unten)

Bildagentur Huber/Johanna
S. 5 (unten), 120

Bilderberg/Horacek S. 190

Bilderberg/Schmid S. 179

Bernhart/Huber-Images S. 74

dpa S. 67, 72

Druffner, Frank S. 5 (oben)

DuMont Bildarchiv/Christina Anzenberger-Fink & Toni Anzenberger S. 49, 53, 440

DuMont Bildarchiv/Achim Gaasterland
S. 99, 100, 101, 419

DuMont Bildarchiv/Thomas P. Widmann
S. 1, 2, 3 (unten), 9, 15, 29, 50, 60, 80, 86, 89, 90, 104, 106, 112, 126, 128, 170, 181, 184, 198, 203, 224, 231, 243, 249 (oben), 256, 261, 276, 279, 284, 293, 297, 299, 307, 309, 314, 319, 320, 324, 337, 340, 347, 352, 358, 361, 370, 373, 375, 391, 396, 401, 414, 424, 433, 435, 445, Umschlagklappe hinten

fotolia/nikhensley90 S. 83 (Mitte)

fotolia/perbacco S. 82 (unten)

fotolia/Comugnero Silvana S. 82 (oben), 83 (oben und unten)

Galenschovski, Carmen S. 272

Gerth, Roland S. 386

Huber-Images/P. Del Duca S. 221

Interfoto S. 24, 248

Irek/Huber-Images S. 41

istockphoto/luca_coscarelli S. 392

Kirchgessner, Markus S. 17, 113, 148

laif/Sabine Bungert S. 110

laif/Raffaele Celentano S. 8, 19 (unten), 76, 162, 216, 304, 323, 356, 362, 428, 486

laif/Gaasterland S. 193, 250, 316

laif/Harscher S. 58, 95, 249 (unten rechts)

laif/Henglein-Klover S. 12, 19 (oben)

laif/Kreuels S. 413, 460

laif/Krinitz S. 310, 442

laif/Hans Madej Umschlagklappe vorne

laif/Jörg Modrow U 2 (2. v. unten)
S. 125

laif/Perkovic Vorsatz (oben), S. 201, 473

laif/Fulvio Zanettini S. 18 (oben)

LOOK-Foto/Jan Greune S. 85

LOOK-Foto/Jürgen Richter S. 3 (oben), 328

LOOK-Foto/Frank van Groen S. 7, 46

Mauritius S. 312, 317

Mosler, Axel M. S. 10, 23, 335

picture-alliance S. 64

picture-alliance/dpa S. 255

picture-alliance/akg-images/
Paul Almassy S. 26

picture-alliance/akg-images/
Doris Poklekowski S. 34, 249 (unten links)

picture-alliance/CARCONI S. 44

pa/akg-images/Rabatti-Domingie S. 189

picture-alliance/ZB-Fotoreport S. 102

Reincke, Madeleine S. 165

Renckhoff, Dirk S. 155, 238, 331

Sorges, Jürgen S. 4 (oben u. unten), 18 (unten), 79, 96, 114, 119, 262, 267, 378, 452

Stadler/Silvestris S. 436

Strüber, Reinhard S. 35, 38

Thomas, Martin S. 5 (Mitte), 32, 232, 275

Villa Mangiacane S. 245

Widmann, Thomas P. U 2 (oben), S. 36, 144, 150, 311 (oben rechts), 344, 384, 431 (unten links), 432, U4

Wurth, Andrea S. 431 (oben u. unten rechts)

Titelbild: Franz Marc Frei

Impressum

Ausstattung:
174 Abbildungen, 35 Karten und grafische Darstellungen, eine große Reisekarte
Text:
Jürgen Sorges, Eva Maria Blattner, Achim Bourmer, Marlies Burget, Michael Machatschek, Andreas März, Dr. Reinhard Paesler, Peter Peter, Dr. Madeleine Reincke, Reinhard Strüber, Ursula Thurner, Andrea Wurth
Bearbeitung:
Baedeker Redaktion (Dr. Eva Missler)
Kartografie:
Franz Huber, München;
MAIRDUMONT Ostfildern (Reisekarte)
3D-Illustrationen:
jangled nerves, Stuttgart
Infografiken:
Golden Section Graphics GmbH, Berlin
Gestalterisches Konzept:
independent Medien-Design, München
Chefredaktion:
Rainer Eisenschmid, Baedeker Ostfildern

18. Auflage 2017

© KARL BAEDEKER GmbH, Ostfildern für MAIRDUMONT GmbH & Co KG; Ostfildern

Anzeigenvermarktung:
MAIRDUMONT MEDIA
Tel. 0049 711 4502 0
Fax 0049 711 4502 1012
media@mairdumont.com
http://media.mairdumont.com

Printed in China

Trotz aller Sorgfalt von Redaktion und Autoren zeigt die Erfahrung, dass Fehler und Änderungen nach Drucklegung nicht ausgeschlossen werden können. Dafür kann der Verlag leider keine Haftung übernehmen.
Kritik, Berichtigungen und Verbesserungsvorschläge sind jederzeit willkommen. Schreiben Sie uns, mailen Sie oder rufen Sie an:

Verlag Karl Baedeker / Redaktion
Postfach 3162
D-73751 Ostfildern
Tel. 0711 4502-262
info@baedeker.com
www.baedeker.com

FSC
www.fsc.org
MIX
Paper from responsible sources
FSC® C011918

Die Erfindung des Reiseführers

Als **Karl Baedeker** (1801 – 1859) am 1. Juli 1827 in Koblenz seine Verlagsbuchhandlung gründete, hatte er sich kaum träumen lassen, dass sein Name und seine roten Bücher einmal weltweit zum Synonym für Reiseführer werden sollten.

Das erste von ihm verlegte Reisebuch, die 1832 erschienene **Rheinreise,** hatte er noch nicht einmal selbst geschrieben. Aber er entwickelte es von Auflage zu Auflage weiter. Mit der Einteilung in die Kapitel »Allgemein Wissenswertes«, »Praktisches« und »Beschreibung der Merk-(Sehens-)würdigkeiten« fand er die klassische Gliederung des modernen Reiseführers, die bis heute ihre Gültigkeit hat. Der Erfolg war überwältigend: Bis zu seinem Tod erreichten die zwölf von ihm verfassten Titel 74 Auflagen! Seine Söhne und Enkel setzten bis zum Zweiten Weltkrieg sein Werk mit insgesamt 70 Titeln in 500 Auflagen fort.

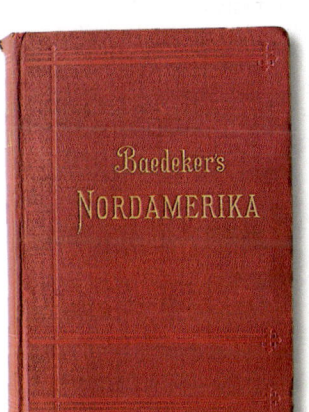

Bis heute versteht der Karl Baedeker Verlag seine große Tradition vor allem als eine Kette von Innovationen: Waren es in der frühen Zeit u. a. die Einführung von Stadtplänen in Lexikonqualität und die Verpflichtung namhafter Wissenschaftler als Autoren, folgte in den 1970ern der erste vierfarbige Reiseführer mit professioneller Extrakarte. Seit 2005 stattet Baedeker seine Bücher mit ausklappbaren 3D-Darstellungen aus. Die neue Generation enthält als erster Reiseführer Infografiken, die (Reise-) Wissen intelligent aufbereiten und Lust auf Entdeckungen machen.

In seiner Zeit, in der es an verlässlichem Wissen für unterwegs fehlte, war Karl Baedeker der Erste, der solche Informationen überhaupt lieferte. In der heutigen Zeit filtern unsere Reiseführer aus dem Überfluss an Informationen heraus, was man für eine Reise wissen muss, auf der man etwas erleben und an die man gerne zurückdenken will. Und damals wie heute gilt für Baedeker: Wissen öffnet Welten.

Baedeker Verlagsprogramm

- Algarve
- Allgäu
- Amsterdam
- Andalusien
- Argentinien
- Australien
- Australien • Osten
- Bali
- Barcelona
- Bayerischer Wald
- Belgien
- Berlin • Potsdam
- Bodensee
- Brasilien
- Bretagne

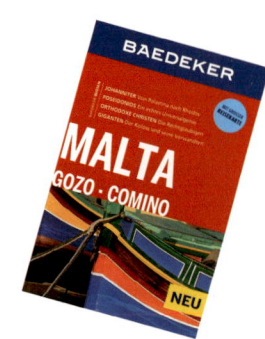

- Brüssel
- Budapest
- Burgund
- China
- Dänemark
- Deutsche Nordseeküste
- Deutschland
- Deutschland • Osten
- Dresden
- Dubai • VAE
- Elba
- Elsass • Vogesen
- Finnland

- Florenz
- Florida
- Franken
- Frankfurt am Main
- Frankreich
- Frankreich • Norden
- Fuerteventura
- Gardasee
- Golf von Neapel
- Gran Canaria
- Griechenland
- Großbritannien
- Hamburg
- Harz
- Hongkong • Macao
- Indien
- Irland
- Island
- Israel
- Istanbul
- Istrien • Kvarner Bucht
- Italien
- Italien • Norden
- Italienische Adria
- Italienische Riviera
- Japan
- Jordanien
- Kalifornien
- Kanada • Osten
- Kanada • Westen
- Kanalinseln
- Kapstadt • Garden Route
- Kenia
- Köln
- Kopenhagen
- Korfu • Ionische Inseln
- Korsika
- Kos
- Kreta

- Kroatische Adriaküste • Dalmatien
- Kuba
- La Gomera
- La Palma
- Lanzarote
- Leipzig • Halle
- Lissabon
- London
- Madeira
- Madrid
- Malediven
- Mallorca
- Malta • Gozo • Comino

- Marokko
- Mecklenburg-Vorpommern
- Menorca
- Mexiko
- Moskau
- München
- Namibia
- Neuseeland
- New York
- Niederlande
- Norwegen
- Oberbayern

- Oberital. Seen •
  Lombardei •
  Mailand
- Österreich
- Paris
- Peking
- Polen
- Polnische
  Ostseeküste •
  Danzig • Masuren
- Portugal
- Prag
- Provence •
  Côte d'Azur
- Rhodos
- Rom

- Sri Lanka
- Stuttgart
- Südafrika
- Südengland
- Südschweden •
  Stockholm
- Südtirol

- USA • Südwesten
- Usedom
- Venedig
- Vietnam
- Weimar
- Wien
- Zürich
- Zypern

**Viele Baedeker-Titel
sind als E-Book
erhältlich:
shop.baedeker.com**

- Sylt
- Teneriffa
- Tessin
- Thailand
- Thüringen
- Toskana
- Tschechien
- Türkische
  Mittelmeerküste
- USA
- USA • Nordosten
- USA • Nordwesten

- Rügen • Hiddensee
- Rumänien
- Sachsen
- Salzburger Land
- St. Petersburg
- Sardinien
- Schottland
- Schwarzwald
- Schweden
- Schweiz
- Sizilien
- Skandinavien
- Slowenien
- Spanien
- Spanien • Norden •
  Jakobsweg

Kuriose Toskana

Was ein Lottoschein bewirken kann, wie Silvio Berlusconi einst sein Geld verdiente und warum es die Chinesen in die Toskana zieht – merkwürdige Geschichten, die die Toskana zu bieten hat.

►Las Vegas auf toskanisch

Im August 2009 wurde eine Bar in der Gemeinde Bagnone (Provinz Massa-Carrara) zur Touristenattraktion, weil ein dort abgegebener, 2 € teurer Lottoschein den nationalen Jackpot in Höhe von 147 807 299 € geknackt hatte.

►Feiern auch im November

Seit 2001 feiert die Toskana jedes Jahr am 30. November den Regionalen Feiertag. Er erinnert an die Abschaffung der Todesstrafe im Großherzogtum Toskana im Jahr 1786.

►Teufel zu Besuch in Pisa?

An der Nordseite des Pisaner Doms findet sich ein Marmorblock aus römischer Zeit mit einer Reihe von etwa 150 schwarzen Vertiefungen. Fragen Sie nach den »Unghiate del diavolo«, den Kratzern des Teufels …

►Chinesen schon da

Ca. 10 % der Bewohner der Toskana sind Ausländer (ca. 340 000), überwiegend Rumänen (ca. 71 000), Albaner (ca. 66 000), Afrikaner, Lateinamerikaner und Asiaten. In der Provinz Prato und um Florenz dagegen bilden Chinesen die stärkste ausländische Gruppierung, sie übernahmen weite Teile der Textilindustrie und sorgen für neue »Wirtschaftswunder«.

►Jobwunder auf Elba: Schunkeln mit Silvio

Die Bar Kontiki in Rio Marina hat Silvio Berlusconi im Juli 2011 seinen alten, krisensicheren Job angeboten, sollte er als Ministerpräsident zurücktreten. Auf Kreuzfahrtschiffen und im Kontiki hatte Berlusconi in den 1950er-Jahren mit Liebesschnulzen und -schlagern seine Karriere gestartet.

►Elba bienenfleißig

Elbas Fahne zeigt drei Bienen. Erstmals gehisst wurde sie am 4.5.1814 auf Geheiß Napoleons. Möglich ist, das Bonaparte auf den Fleiß der Bevölkerung anspielen wollte, sicher aber, dass er die Fahne der polnischen Kavallerie zum Vorbild nahm.

►Kein Baufehler: Löcher für den Wein

An vielen Florentiner Palazzi sieht man in Erdgeschosshöhe ca. 40 cm hohe Löcher, die »Bucchette di vino«, die einst als Durchreichen für Wein dienten. Sie entstanden im 14. Jh., als Weinanbau und Konsum explodierten und etwa 60 000 cogne (ca. 450 l) Wein pro Jahr nach Florenz geliefert und durch diese Löcher verkauft wurden.